U0529129

谨以此书献给龙岗建区30周年!

革新所至
地方之为

深圳高速城市化的龙岗样本
（1980—2023）

魏广玉　邓春林　等　著

中国社会科学出版社

图书在版编目（CIP）数据

革新所至　地方之为：深圳高速城市化的龙岗样本：1980—2023/魏广玉等著 . —北京：中国社会科学出版社，2023.12
　　ISBN 978-7-5227-2816-2

Ⅰ. ①革… Ⅱ. ①魏… Ⅲ. ①城市建设—研究—深圳—1980—2023　Ⅳ. ①F299.276.53

中国国家版本馆CIP数据核字（2023）第243988号

出 版 人	赵剑英
责任编辑	谢欣露
责任校对	周晓东
责任印制	王　超
出　　版	中国社会科学出版社
社　　址	北京鼓楼西大街甲158号
邮　　编	100720
网　　址	http://www.csspw.cn
发 行 部	010-84083685
门 市 部	010-84029450
经　　销	新华书店及其他书店
印刷装订	三河市华骏印务包装有限公司
版　　次	2023年12月第1版
印　　次	2023年12月第1次印刷
开　　本	710×1000　1/16
印　　张	33.25
字　　数	541千字
定　　价	168.00元

凡购买中国社会科学出版社图书，如有质量问题请与本社营销中心联系调换
电话：010-84083683
版权所有　侵权必究

龙岗区地图

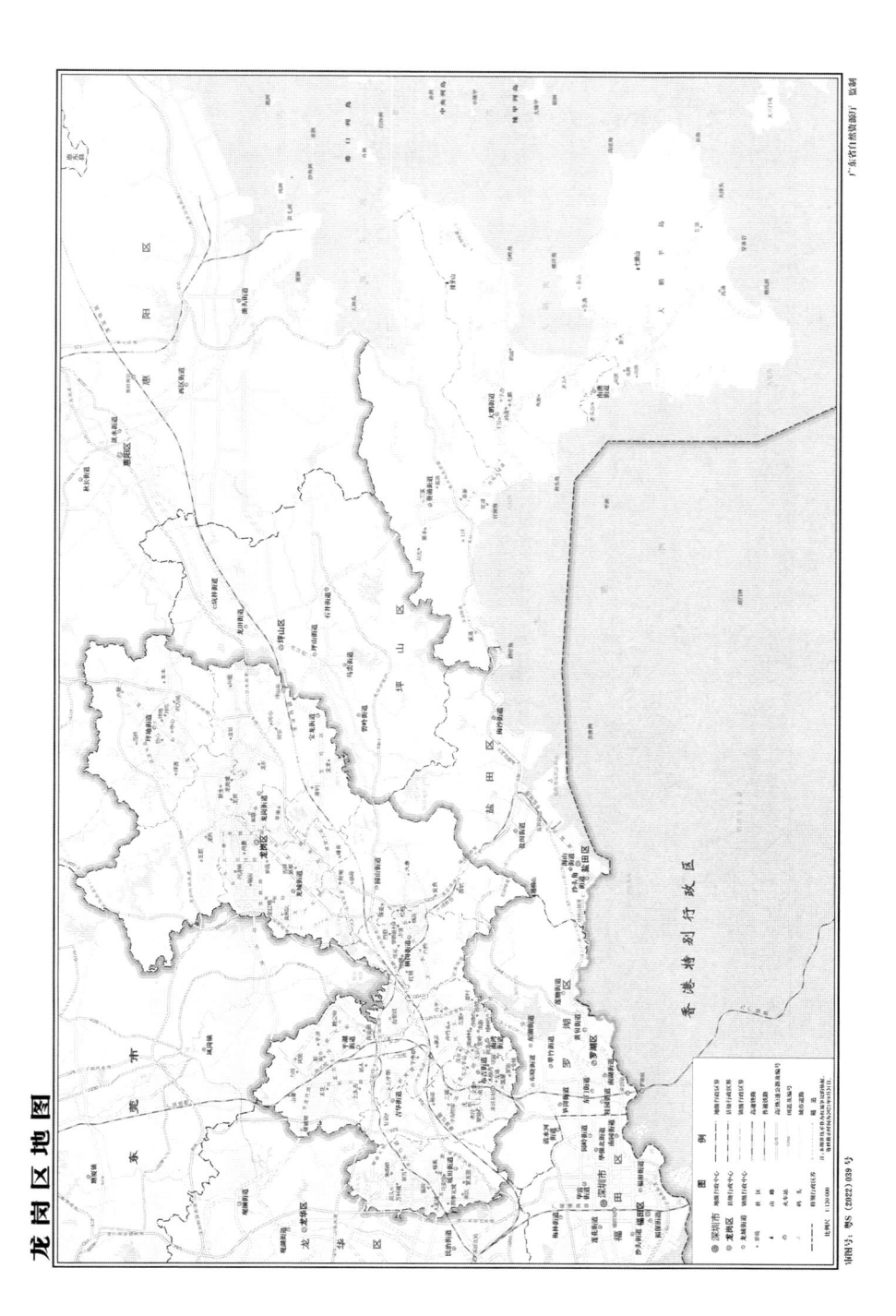

前　言

经过新中国成立后艰难曲折的发展与探索，1978年党的十一届三中全会实现了具有深远历史意义的伟大转折，中国踏上改革开放和社会主义现代化建设的新征程。在"以经济建设为中心，坚持四项基本原则，坚持改革开放"的基本路线与国策指导下，深圳开启了改革开放之路。随着改革开放的深化，我国政治、社会、经济、科技、文化等领域全方位发生变化，推动既有社会体系的革新蜕化。龙岗作为深圳辖区地域，持续千年的传统农业文明下的自然经济，逐步被工业文明下的社会化大生产瓦解，新的社会生产组织方式开始推动农村向城市转化，由此开启了四十余年的高速城市化进程。

龙岗城市化是深圳改革开放的一个缩影，也是深圳高速城市化的一个样本。笔者有幸目睹和参与龙岗的城市建设，为龙岗城市发展尽一份微薄之力的同时，也对城市的发展建设感受颇深。对历史的理解可能更多是"因为看见，所以相信"。在编写该书之前，有关龙岗城市化的很多历历往事引起的思索，在脑海中不断"碎片化"地浮现，回首龙岗四十余年的城市化历程，其中四个方面尤为深刻。第一，龙岗城市化的根本动力主要来自工业化生产。数千年的农耕社会，适逢全球产业分工留给中国的窗口期、改革开放的国家政策、地方民众的发展诉求和当时的人口与劳动力基础，凑齐并扣动了工业化推动城市化的"天时、地利、人和"之机。第二，收获发展红利并积累创造财富。龙岗城市化也正是中国经济起飞及高速增长时期，全面收获了人口红利和土地红利，创造了大量社会财富，铸就了全国工业强区的城市地位。第三，机制革新推动了社会结构变化。在市场经济体制的冲击下，政府不断革新规则秩序，改进政策工具，改革自身管理与服务，促进以民营企业及企业家为主体的经济实体逐渐成长为社会发展的中坚力量，从而打破固有的社会结构，释放出了巨大的发展动力与活力。第四，推动科技创新与社会生产力发展。深圳城市化也发展出一种创新的社会机制与模式，龙岗作为深圳科技创新城市的构成部分，汇聚各地谋生创业的个体，这些个体不拘陈规、开拓进取，从最初的低端加工制造推动的"农村城市化"开始，逐渐发展并在全球产业价值链的顶端享有一席之地，似乎也逐渐演化形成社会自身成长的特质和基因，从而推动了科技、制度等各方面的创新，促进了社会生产力的发展。

上述这些"碎片化"的事件产生的影响已远远超越了城市自身，但又远远不能体现城市化的丰富内涵。这些事件发生的前因后果和具体历程到底是怎样的？

带着这样一种思考，便有了编写"深圳高速城市化的龙岗样本"的初衷。编写人员在亲历见证龙岗城市发展建设的基础上，收集、梳理龙岗四十余年的发展材料，分析研究各历史事件发生发展的前因后果与内在逻辑。本书是龙岗城市化探索实践的整体阐述与理论研究，也是一部龙岗城市化简史，希望可以为城市发展建设提供可以参考的经验。

本书借鉴了史籍文献的编写方法，在力求陈述事件发展的客观真实性的基础上，提取城市化进程中反映地区特征的核心要素，对上述"碎片化"思考进行组织和分析研究，以此呈现龙岗区四十余年的高速城市化发展脉络与轨迹。虽力图"框架性"地梳理城市化进程中的相关要素，"体系性"地思考各要素之间的相互关联性与因果逻辑，但受制于笔者自身行业广度与专业深度的有限认知，对于城市化高度综合且丰富的内涵，已是挂一漏万，恳请读者不吝批评指正。

龙岗城市发展建设一路走来，每一步都不是轻而易举的，每一步都付出了艰辛努力。2023年是龙岗建区30周年，在深圳市规划和自然资源局龙岗管理局的指导和龙岗区规划国土发展研究中心同事们的支持下，编写人员收集、梳理、研究相关史料，编写成书。谨以此书献给龙岗建区30周年，回望和致敬龙岗城市发展建设取得的成就！也以此微薄之力，弘扬学术研究精神，期寄为读者了解、思考、研究"城市化"现象，认识、总结城市发展以及社会经济建设的实践经验、方法、规律等提供"样本"和素材。

适逢百年未有之大变局，我国改革开放与社会主义现代化建设事业进入深水区，深圳以其独特的使命担当再次来到新的历史时点。习近平总书记寄语，"深圳要建设好中国特色社会主义先行示范区，创建社会主义现代化强国的城市范例"。① 作为规划和自然资源领域的从业者,在新的历史时期,以建区30周年作为新的起点,始终坚守深圳规划和自然资源管理的"全球视野、宏观格局、包容思维"和敢闯敢试、敢为人先的精神,聚力"精明策略、精细规划、精准保障",加快转变超大特大城市发展方式,探索超大城市空间治理的方法体系。为建设更高水平的社会主义市场经济,大幅提升城市竞争力和发展能级,再接再厉创新思路和工作方法,充分发挥深圳作为全球科技创新中心的优势,实施更大力度、更有实效的规划和自然资源管理领域科技创新行动计划,塑造精明增长、紧凑城市高质量发展的新动能新优势,着眼解决高质量发展中遇到的实际问题,推动城市治理体系和治理能力现代化。

---

① 习近平:《在深圳经济特区建立40周年庆祝大会上的讲话》,人民出版社2020年版,第7页。

目　　录

第一章　绪论 ……………………………………………………… 1

第一节　概述 ……………………………………………………… 1
第二节　历史意义 ………………………………………………… 2
　　一　引入外部力量，发展先进生产力 …………………………… 2
　　二　改革前沿阵地，推动社会变革 ……………………………… 3
　　三　机制政策创新，提供经验参照 ……………………………… 3
　　四　共筑发展高地，参与全球竞合 ……………………………… 4
第三节　核心内容 ………………………………………………… 4
　　一　产业与人口聚集发展史 ……………………………………… 5
　　二　空间扩张重组迭代史 ………………………………………… 5
　　三　政策工具构建改进史 ………………………………………… 6
　　四　公共管理与服务改革史 ……………………………………… 7
第四节　阶段特征 ………………………………………………… 9
　　一　镇村并进：农村城市化时期（1980—1992 年）………… 9
　　二　规模扩张：快速城市化时期（1993—2003 年）………… 10
　　三　功能完善：全面城市化时期（2004—2011 年）………… 12
　　四　质量引领：新型城市化时期（2012—2023 年）………… 15
第五节　技术方法 ………………………………………………… 17
　　一　编写意义 ……………………………………………………… 17
　　二　史料来源 ……………………………………………………… 18
　　三　编写方法 ……………………………………………………… 18
　　四　内容组织 ……………………………………………………… 19

第二章 起始条件：龙岗基础及城市化背景 …… 20

第一节 认知龙岗 …… 20
一 历史沿革 …… 20
二 自然条件 …… 24
三 人文历史 …… 25
四 地缘区位 …… 28

第二节 发展概况 …… 30
一 自然经济与人民公社 …… 30
二 墟镇集贸与公共设施 …… 32
三 区域基础设施建设 …… 37
四 深圳墟建宝安县城 …… 38
五 小额贸易与"三个五"政策 …… 40

第三节 发展落差与特区建立 …… 41
一 逃港潮 …… 41
二 国家困境 …… 44
三 从地方起步的改革开放 …… 46
四 经济特区建立 …… 51

第四节 小结：城市化之机 …… 53
一 农业社会自然经济向工业文明商品经济转轨 …… 53
二 良好的营城条件与独特的地缘区位 …… 53
三 地方谋求经济发展的诉求推动社会变革 …… 54

第三章 镇村并进：农村城市化时期（1980—1992年） …… 55

第一节 构筑外向型经济的起点 …… 55
一 从"低端"开始的机会 …… 55
二 外来劳动力与土地的结合 …… 60
三 "低端"加工制造业快速蔓延 …… 62
四 以土地投入积累发展资金 …… 67

第二节 加工制造业开启"农村城市化" …… 69
一 镇村并进开发工业区 …… 69
二 松散粗放建设村镇空间 …… 71

三　统筹建设宝安新县城 ………………………………………… 74
四　传统市街商业与公共设施发展 ……………………………… 75
五　行业聚集形成专业产销空间 ………………………………… 79
六　国有企业的发展扩张 ………………………………………… 81

第三节　迈向市场经济的体制探索 ………………………………………… 83
一　"统分结合"双层承包制 …………………………………… 83
二　早期独立"特区税制" ……………………………………… 84
三　"第一张股票"推进股份合作制 …………………………… 86
四　集体经济股份制合作"横岗模式" ………………………… 87
五　土地有偿使用探索实践 ……………………………………… 89
六　土地有偿出让制度突破 ……………………………………… 91
七　推动市场经济体制确立 ……………………………………… 93
八　革新探索之深圳地方立法权 ………………………………… 96

第四节　"二元"结构下的农村国土管理 ………………………………… 97
一　村镇建制与农村管理体制 …………………………………… 97
二　规土机构及管理组织 ………………………………………… 98
三　市县与村镇的利益冲突 ……………………………………… 99
四　村集体掌控土地发展权收益 ………………………………… 100
五　村集体主导村镇开发建设 …………………………………… 102
六　缺位的城乡规划管控体系 …………………………………… 103

第五节　小结：特征与实效 ………………………………………………… 104

第四章　规模扩张：快速城市化时期（1993—2003年） ………… 109

第一节　产业扩张与城市化策略 …………………………………………… 109
一　加工制造业扩张与转型 ……………………………………… 109
二　城区使命及角色定位 ………………………………………… 112
三　区级决策与发展策略 ………………………………………… 114

第二节　聚力"两城多片"重点区域开发 ………………………………… 118
一　开发建设新城：龙岗中心城 ………………………………… 119
二　新辟产业空间：宝龙工业城 ………………………………… 121
三　集聚科创企业：坂雪岗工业区 ……………………………… 123
四　建设孵化平台：龙城工业园 ………………………………… 126

五　设立工业基地：深圳市大工业区 …………………… 129
　　六　高新技术产业带龙岗各片区 …………………… 130
第三节　村镇规模扩张与功能提升 …………………… 136
　　一　产业扩张及"内化"升级 …………………… 136
　　二　村镇工业园区规模扩张 …………………… 144
　　三　私房抢建潮催生"城中村" …………………… 148
　　四　旧村镇改造提升工程 …………………… 150
　　五　规模化商贸物流体系建设 …………………… 154
　　六　重大公共基础设施建设 …………………… 156
第四节　深化市场经济体制的改革实践 …………………… 161
　　一　集体经济股份合作制改革 …………………… 161
　　二　政企分离的经营体制改革 …………………… 162
　　三　财税管理体制改革 …………………… 167
　　四　投融资体制改革 …………………… 171
　　五　住房改革与地产市场发展 …………………… 173
第五节　快速城市化下的"规土"实践 …………………… 175
　　一　迈向城市管理体制的市区建制 …………………… 175
　　二　"规土"职能确立与机构组建 …………………… 177
　　三　规划编制实践与体系创新 …………………… 181
　　四　土地开发建设与管理 …………………… 188
　　五　探索规划管理的先进手段 …………………… 194
　　六　创新规划管理服务 …………………… 198
第六节　小结：特征与实效 …………………… 201

第五章　功能完善：全面城市化时期（2004—2011年） …………… 213
第一节　坚持改革开放和科学发展 …………………… 213
　　一　迈向"大特区"时代 …………………… 213
　　二　推进投融资体制改革 …………………… 218
　　三　股份合作公司制度创新 …………………… 221
　　四　"大综管"公共治理新模式 …………………… 224
　　五　区级大部制改革 …………………… 226
第二节　产业结构调整转型升级 …………………… 230

一　"产业大区"龙岗制造 ……………………………………… 230
　　二　"腾笼换鸟"转型升级 ……………………………………… 237
　　三　民营经济加快发展 ………………………………………… 245
　　四　高新技术产业高速增长 …………………………………… 248
　　五　发展资源节约型经济 ……………………………………… 252
第三节　城区建设跨越式发展 ………………………………………… 257
　　一　迎办大运会 ………………………………………………… 257
　　二　基础设施建设全面提速 …………………………………… 262
　　三　绿色生态城区建设 ………………………………………… 267
　　四　龙岗产业空间布局 ………………………………………… 274
　　五　创新产业园区建设 ………………………………………… 279
　　六　文化产业基地建设 ………………………………………… 284
　　七　住房体系建设初具规模 …………………………………… 289
　　八　城中村改造与清查合法外建筑 …………………………… 298
第四节　"规土"管理体系建设与完善 ……………………………… 302
　　一　"差异化组团式"规划编制 ……………………………… 303
　　二　法定图则大会战 …………………………………………… 310
　　三　区域协同发展 ……………………………………………… 317
　　四　生态示范区规划建设 ……………………………………… 321
　　五　探索创新存量土地再利用模式 …………………………… 325
第五节　小结：特征与实效 …………………………………………… 332

第六章　质量引领：新型城市化时期（2012—2023年） ………… 345

第一节　全面深化改革和创新发展 …………………………………… 345
　　一　实施城市"东进战略" …………………………………… 345
　　二　勇当营商环境改革排头兵 ………………………………… 350
　　三　创新社会治理新模式 ……………………………………… 354
　　四　"智慧龙岗"建设 ………………………………………… 358
　　五　推进粤港澳大湾区区域合作 ……………………………… 361
第二节　创新驱动"龙岗智造" ……………………………………… 366
　　一　高端引领，创新驱动 ……………………………………… 367
　　二　龙岗制造到"龙岗智造" ………………………………… 373

三　战略性新兴和未来产业集群化发展 …………………… 376
　　四　探索绿色低碳产业发展新路径 …………………………… 381
　　五　建设深圳文化创意产业东部中心 ………………………… 383
　　六　打造现代产业体系 ………………………………………… 390
第三节　高起点深圳东部中心崛起 …………………………………… 394
　　一　"一芯两核多支点"发展战略 …………………………… 395
　　二　大运国际科教城建设 ……………………………………… 404
　　三　重点区域园区建设 ………………………………………… 411
　　四　国家产城融合示范区建设 ………………………………… 421
　　五　国际低碳城新型城镇化范例 ……………………………… 427
　　六　融入"轨道上的大湾区"建设 …………………………… 430
　　七　新型基础设施建设 ………………………………………… 435
　　八　城区品质实现"精彩蝶变" ……………………………… 437
　　九　国家生态文明示范区建设 ………………………………… 442
第四节　规划国土创新引领 …………………………………………… 445
　　一　"规土"综合改革实践 …………………………………… 446
　　二　建立国土空间规划体系 …………………………………… 453
　　三　重点规划研究与编制 ……………………………………… 458
　　四　土地整备再开发利用 ……………………………………… 470
　　五　"M1改M0"土地功能属性细分化突破 ………………… 476
　　六　探索空间供给新模式 ……………………………………… 481
第五节　小结：特征与实效 …………………………………………… 487

第七章　龙岗实践总结与展望 ………………………………………… 507
　　一　实践总结 …………………………………………………… 507
　　二　展望 ………………………………………………………… 511

参考文献 ………………………………………………………………… 513

后　　记 ………………………………………………………………… 517

第一章 绪论

深圳特区经历了两个时代[①]：1980—2010年（改革开放的前三十年）是"小特区"时代，特区管辖土地面积327.5平方千米；2010年至今是"大特区"时代，特区管辖土地面积是深圳市全域。1980—1992年，"小特区"之外是宝安县，龙岗是宝安县下辖的一个墟镇；1993年宝安县撤县设宝安、龙岗两区，龙岗区位处深圳市东部，辖原宝安县的10个墟镇，辖区面积844.07平方千米，成为全市土地面积最大的一个城区。2009年、2011年坪山新区和大鹏新区成立后，龙岗区实际管理面积388.21平方千米。为客观反映龙岗城市化历程，本书所述龙岗城市化的地域范围，在建区前特指龙岗建区之始所辖的10个镇的地域范围，在建区后指不同时期龙岗区实际管理的地域范围；除特别注明外，书中涉及各个时期全区的有关指标数据，都与当时辖区的地域范围相对应。

第一节 概述

龙岗城市化是深圳城市化的组成部分。深圳无疑是中国高速城市化进程中发展速度最快的一个城市。深圳的城市化起始于特区（最早为出口加工区）的建立和发展，在改革开放后短短四十余年里，深圳从一个总人口33万人、城市建成区面积3平方千米的边陲小镇，发展为常住人口近1800万人、城市建成区面积近1000平方千米、经济总量位列全国城市第四的超大城市，实现了由进出口加工贸易到具有国际影响力大都市

[①] 1981年12月24日颁布的《深圳经济特区管理暂行规定》确定经济特区范围为327.5平方千米，特区内实行特殊的经济政策。根据国务院2010年5月27日发布的《关于扩大深圳经济特区范围的批复》，自2010年7月1日起，深圳经济特区范围从原来的福田、罗湖、南山、盐田四区延伸到全市，特区面积从327.5平方千米扩大至深圳全域，深圳发展迈进"大特区"时代。

的历史性跨越，创造了世界工业化和城市化奇迹。

深圳的城市化从"小特区"时代开始，可以分为两部分：特区内的城市化和特区外的城市化。在特区内外"二元"结构下，特区内城市化的特点是一开始就由市政府主导、土地快速国有化、实施城市管理体制及城市建设标准。与特区内城市化特点所不同的是，特区外的龙岗城市化初期面临的是土地集体所有制、众多的村集体利益群体和基于地缘与血缘关系的农村管理体制等基础条件。因此，特区外的城市化一开始并没有政府主导，而主要由村集体经济组织直接在集体土地上进行开发建设，实行的是县—乡镇（公社、区）—村（大、小队）建制下的农村管理模式，镇村也没有统一的建设标准；某种意义上说，龙岗城市化是从"乡村自治、自下而上"的发展变革中开始的。

然殊途同归，特区内外两种不同特征的城市化进程并驾齐驱、高速发展，从最初搞"三来一补"传统工业，到20世纪90年代发展高新技术产业，再到2000年后发展信息和通信技术，整个地区成长崛起并融入全球ICT产业价值链。与此同时，城市空间演进也从最早特区内的出口加工区与特区外的"马路经济"，到特区内多中心组团结构与特区外副中心轴带生长，再到特区内外一体化、都市圈连绵圈层发展、融入区域并协同构建大湾区城市群。

龙岗作为深圳特区外的组成部分，其城市化进程几乎与特区内的建设同时起步，从引进"三来一补"企业开始，由改革开放前以农业为主的乡村地域，发展成为常住人口规模超400万人、城市建成区面积近250平方千米、经济总量占全市1/5的全国工业强区。龙岗城市化历程，是深圳关外地区高速城市化的发展缩影，也是深圳城市化的组成部分，其高速城市化历程为客观、理性地审视城市及社会经济问题，分析把握城市发展规律，提供了一个生动的研究样本。

第二节　历史意义

一　引入外部力量，发展先进生产力

以华夏民族为代表的东方文明曾在很长一段历史时期里一直在世界上处于领先地位，形成了以皇权为中心、儒家思想为主导的集权统治秩序、社会运转机制和传统文化土壤，这种农业文明下自然经济的生产生活方式持续了几千年。而西方文明自文艺复兴后，随着工业革命的爆发，农业文明逐渐被工业文明取代，并经过数百年的发展，建构起了以自然科学为重的科技体系与教育机制，形成了工业文明时代里基于分工与交易的商品经济社会，整个社会生产力实现了一次跃升。城市，是工业文明时代社会生产力的核心承载，是组织生产生活最主要的空间载体。龙岗四十年的高速城市化进程中，从早期嵌入香港—珠三角"前店后厂"模式，引进"三来一补"加工业，逐步发展实现产业内化升级；到后来汇聚华为、比亚迪等链主企业或龙头企业，聚集上下游配套科技企业，形成了兼具研发设计和生产制造功能的ICT、新能源汽车产业集群，并向全球产业分工价值链的顶端移动，塑造了地区具有竞争力的工业生产体系，实现了从农业文明向工业文明的转变，是探索发展先进生产力的践行者。

二 改革前沿阵地，推动社会变革

改革开放前，内地"计划经济体制"与香港融入全球产业分工的"市场经济体制"形成鲜明对比，社会经济上也存在巨大落差。改革势在必行。当时龙岗所处的整个宝安县，从广大人民群众最真实的发展诉求出发，恢复小额边境贸易、建立边境外贸基地，在体制机制上以地方"摸着石头过河"的方式，开启了社会变革。随后，城市化成为社会变革的主战场，龙岗及深圳成为体制改革的前沿阵地，如新中国"第一只股票"、股份制合作"横岗模式""平湖模式""木棉湾模式"等，城市化进程中的一个个突破既有体制、推动社会经济发展进步的地方探索和实践，向上传达至中央后逐步推向全国，自下而上的实践与自上而下的决策，推动国家进入一个巨大的社会变革时代。

三 机制政策创新，提供经验参照

龙岗融入深圳城市化进程，作为国家改革开放的"门户与窗口"，服务国家战略。先是外部资金、先进技术、先进经验及贸易市场的引进；后是融合外部要素后的改革与创新，输出革新的管服模式、体制机制、政策体系，承担"综合试验地"职能，从而为其他城市或地区提供经验参照。习近平总书记在深圳经济特区建立四十周年庆祝大会上讲话，对深圳寄语"深圳要建设好中国特色社会主义先行示范区"。[①] 继往开来，龙岗城市化进程中探索实践的一些管理服务模式、体制机制与政策法规，如"大综管"公共治理新模式、"社区民生大盆菜""先租后让""联合竞买""公共基础设施复合建设机制""混合用地改革试点""立体空间分层设权"等，在推动自身社会经济发展的同时，也向上传达至市级决策，相关政策经验、技术标准形成"深圳做法"或"深圳标准"后，对国家或其他地区相关政策与标准的制定具有重要的参照意义。

四 共筑发展高地，参与全球竞合

改革开放四十余年，国家综合实力不断增强，经济总量升至全球第二位，使我们具备了在祖国辽阔的版图上纵横捭阖，全方位展开社会经济战略布局和对外交往的条件。伴随经济快速增长的是高速城市化进程中一个个核心城市、都市圈、城市群的崛起，并成为地区社会先进生产力的核心承载和发展基石。正在成长的以粤港澳大湾区为核心的珠三角城市群地区，在承接家电—电脑—智能手机—智能网联汽车等产品的生产制造与研发过程中，IT及电子信息技术产业迅速扩张，在深圳及周边的东莞、惠州地区形成了ICT产业集群，成长为地区主导产业，并逐渐爬升至全球产业价值链的顶端，深圳也因此协同大湾区其他城市向建设"国际科技创新中心"的目标迈进。龙岗是深圳都市圈、珠三角城市群的有机组成部分，位于深圳都市圈外围圈层、深莞惠ICT产业链成长三角，已聚集形成颇具规模和实力的产业研发与制造功能，是深圳重要的产业聚集区和社会经济承载地。龙岗城市化肩负协同区域发展、共同构筑珠三角世界级城市群的职责，是建设社会主义现代化发展高地，推动地区成为国家参与全球竞合的重要力量。

第三节　核心内容

城市是一个复杂系统，城市化进程受制于社会生产力发展水平，而影响城市发展的，是深刻的政治和经济变革。在古代农业社会，一座城

---

① 习近平：《在深圳经济特区建立40周年庆祝大会上的讲话》，人民出版社2020年版，第7页。

池的兴起、发展总是与地理、政治、经济、军事相关,而在现代高度分工的工业体系与商品经济社会里,影响城市发展的要素复杂多元,不同城市在体系里所承担的职能与角色的不同,其城市化的发展历程和内在要素也存在差异。回顾龙岗四十余年城市化历程,推动其成长的核心要素和动力机制正是现代工业生产和国家社会经济发展变革。在各个时期纷繁复杂的发展变迁中,龙岗城市的生长似乎一直呈现"育产引人—人产聚需—因需就供—供需筑城"的发展脉络与轨迹。如果把城市化进程比作一棵树的生长,那么上述脉络和轨迹就是这棵树的树干。本书写作的核心内容,正是围绕这一"树干"的成长展开,主要包括四个方面。

一 产业与人口聚集发展史

从改革开放之初引进的外源性低端加工制造"三来一补"企业开始,到20世纪90年代发展高新技术产业、产业内化升级,科创与孵化平台建设,龙头企业华为等进驻;从21世纪初工业实现"腾笼换鸟"转型发展,华为等IT与电子信息龙头企业高速成长,上下游企业规模聚集,迈入"产业大区"龙岗制造时代,到21世纪第二个十年以来由"龙岗制造"向"龙岗智造"提升,培育发展战略性新兴产业,探索绿色低碳新路径,培育文化创意产业,兴办高等、高职教育,着力打造现代产业体系;龙岗工业发展一步步"由大变强",并迈向全国工业强区。随着工业的快速发展,服务生产生活的物流、商贸等城市第三产业,也快速发展并形成规模。"育产引人",伴随产业发展对劳动力和人才的需求,不同发展阶段吸引聚集不同的外来人口。从早期"三来一补"低端加工制造阶段的打工人员,到中期"产业大区"龙岗制造阶段的产业工人,再到后期"龙岗智造"时期的工程师人才,以及各个阶段为城市生产生活服务的各类人群,城市人口规模快速增长,外来人口甚至流动人口一直占据城市人口构成的绝大部分。以工业为主的产业扩张升级和以外来移民为主的城市人口聚集,是驱动龙岗城市化的核心动力,龙岗城市化首先是一部"产业扩张与人口规模聚集"的发展史。

二 空间扩张重组迭代史

如果说产业与人口是龙岗城市化的核心动力,那么空间则是城市化的核心支撑,也是各种要素向城市规模聚集的根本载体。"人产聚需",首先产业发展带来生产性空间的需求,其次人口聚集则刺激了各类生活性空间的需求,而为生产生活配套服务的各类设施则带来了办公、商服、物流配送、公共基础设施等空间需求。龙岗四十余年的城市化历程，对于生产性空间，先后出现了"四处开花"的镇村工业区、政府统筹开发建设的各级各类工业园、高新技术产业带各片区、标准工业厂房、规上企业或龙头企业生产基地及研发中心、植入M0的混合型工业用地、特色创新创意产业空间、产城融合产业园区等。对于生活性空间，经历了"马路经济"时代违建抢建私房形成的"城中村"、"农民上楼"统建小区、机关企事业单位职工住宅小区、商品房小区、保障性住房以及轨道支撑的TOD区域等。对于生产生活配套服务空间，商贸物流由"墟镇集贸、沿街商业、仓储配送"向"大型商超、购物中心、复合开发综合体、区域供应链"等模式演变；公共基础设施经历了"从无到有、从有到优"，由匮乏落后的配套设施到新型基础设施的发展历程。龙岗城市化的第二个核心内容是，各类城市空间资源发展扩张、分化重组与升级迭代的历史。

三 政策工具构建改进史

"因需就供"，城市各类活动对空间的需求产生空间供给问题，解决问题的途径是空间政策工具的建构，核心是土地发展权益的分配机制①和空间资源的配置方式。1987年和1990年颁布的《土地管理法》《城市规划法》，为空间政策工具的构建奠定了基础。在土地发展权益的分配上，龙岗城市化经历了早期农村管理体制下基于地缘血缘关系的农村土地管理，到建区后城市管理体制下基于业缘、法制规则及市场秩序的国土管理。土地供给经历了从早期缺乏管控并在经济过热刺激下村集体组织的盲目过度占用土地，到后来在政府垂直管控分配用地指标基础上，城市衔接经济发展需求，实施土地供应计划，再到后来更新整备释放存量土地资源；供地机制也从村集体非法卖地，逐步发展形成征收、储备后，划拨、协议或招拍挂出让以及协商式利益统筹②等机制。

在空间资源的配置方式上，"是农村集体、个人自发零散建设，还是

---

① 城市空间资源以土地为根本载体，土地是财富之母，土地发展权益的分配机制深远影响社会大众对财富的占有和支配格局。从历史上的封建、半封建土地所有制到新中国成立后的土地国家与集体所有制，土地制度及发展权分配，一直是影响社会政治走向的根本源头。

② 龙岗及整个原深圳关外地区，因集体土地向国有土地转变过程中，征地拆迁补偿不到位等问题，导致村集体掌控土地发展收益，进而形成庞大的集体经济组织既得利益群体。统筹这个群体的利益诉求，成为有效释放与供给存量土地资源的一个工作重心。

统一的城市建设标准与规划布局","是仅有生产功能的工业区,还是生产生活配套的产城融合园区","是粗放低效,还是集约高效","是单一功能的地块建设,还是复合功能的开发利用","是土地交通两层皮,还是站城一体",等等。"供需筑城",空间资源的配置方式既与土地分配及发展权相关,更与城市营城模式与技术标准相关。深圳借鉴香港经验,先行建立起城市规划管控体系与营造城市的技术标准。龙岗城市化进程中,前期通过规划管理理念与服务意识的创新,逐步由农村管理体制过渡到城市管理体制,解决了广大镇村干部和群众法制观念淡薄、规划意识缺失等问题。后期匹配市级"规土"管控体系,衔接增量到存量不同时期的发展需求,建立起规划国土管控机制、法规政策与技术标准;组建纵向垂直贯通、横向协同互动的"市—区—街道(镇)以及园区发展平台"垂直管理机构,不断建设升级信息化管理技术手段。

龙岗城市化进程中,在促进经济体制转轨、服务城市规划建设的实践基础上,逐步建立和规范空间供给的政策与机制,发展出空间资源配置与土地权益分配的政策工具,即城市规划管理和国土管理(以下简称"规土"管理)。随着中央到地方政府机构改革和国家治理体系现代化建设的推进,在"规土"管理基础上,面向自然资源全领域、全要素,利用先进的信息化技术手段,正在构建形成新的空间政策工具。因此,龙岗城市化的第三个内容是空间政策工具构建改进的历史。

四 公共管理与服务改革史

考察古今中外城市发展的历史,政府在城市化进程中的作用不可或缺,要么在集权计划体制下充当公共管理者和建设者的双重角色,要么在市场体制下充当管理与服务者的角色。纵观龙岗四十余年城市化历程,市—区(县)—街(镇)—居(村)各级政府(派出机构)在提供公共管理与服务上,因应不同时期的发展需要,主要各有侧重地发挥了几个主要角色作用。

政府的第一个角色是制定城市发展策略、分配公共资源和提供公共服务产品。前者重点是城市定位、产业、空间资源等的统筹谋划,后者主要是如学校、医院、水电气等公共基础设施的供给和公园、广场等城市公共空间体系的建设。在城市化初期,市政府无暇顾及关外地区发展,主要是由镇村主导,"自治式"各自为政地盲目开发建设;村镇依托农民私房(违建私房)和低水平的公共基础设施,维持"农村城市化"时期大量外来流动人口的居住与公共服务需求。建区后，政府立足全市分工确定龙岗发展角色与定位，先后提出"四大功能基地""东进战略"等空间发展规划；公共产品提供上，经历了迎办"大运会"设施建设、"美丽龙岗精彩蝶变"、新型基础设施建设等发展历程；其主要实施手段是通过各职能部门及行业领域归口下的国企或组建平台公司，通过多元化的投融资模式来统一建设和运营这些公共服务产品。

政府的第二个角色是通过发布政策、建立规则来激励和规范市场上经济主体的行为。深圳很早就获得地方立法权，机制与政策制定上更具针对性、可操作性，也更灵活及时。主要根据城市不同时期面临的发展环境和条件，制定推行相应的税收政策、土地政策、环保政策、人才政策、住房政策以及相关社会保障政策等。龙岗城市化进程中，主要衔接市级政策要求，贯彻执行或制定、细化针对龙岗实际情况的政策措施，这些规则、政策的演变横向上涉及城市各个领域，纵向上贯穿整个城市化历程。早期经济体制规则建立，在全市土地有偿使用与土地出让的制度突破基础上，通过探索实践股份合作制集体经济、投融资体制改革、构建土地一级市场及商品房市场等改革措施，强力促进经济体制向市场机制转轨。早期支撑产业发展的政策，在土地法、环保法与劳动法尚不完善的时期，撇开一切"因素"实现土地、人力、税收与环保的低成本，创造了吸引外来加工制造业大量流入的城市消费者剩余①。在中期，衔接市级政策制定推动高新技术产业和民营企业发展的税收优惠政策、财政扶持政策，推动产业内化升级。在中后期空间资源供给进入存量时代，通过收缩环保政策，升级城市配套设施与环境品质，发展保障性住房，推动产业发展"腾笼换鸟"转型升级，促进科技企业的聚集成链。在后期，推出引才政策，发展高教、职教，建设科创研发转化平台等，引进国内外科研团队、工程师等高端人才，并通过城市更新与土地整备释放存量空间资源，积极培育发展战略性新兴产业，打造现代产业体系。

政府的第三个角色是建构并持续优化改革自身行政运作效能。不断推进政府由面向计划体制的"大政府小市场"管理型，朝着面向市场体

---

① 依托先天的地缘区位，抓住国际轻工产业生产制造环节转移的机会，以廉价土地、外来劳动力和几乎零税收、零环保的产业发展环境组合，提供极具竞争力的消费者剩余；珠三角地区生产的以轻工消费品为主的产品曾经在国际市场大杀四方，快速形成地方（资金、技术与经验等）及国家（贡献外汇）原始积累。

制的"小政府大市场"服务型转变，打造高效优质营商环境，助力提升城市竞争力。包括：政企分离的经营体制改革，财税管理体制改革，纵向上各级政府的上下联动、横向上职能部门间的协同互动，机构精简与职责权限的明确，行政审批或许可事项的精简、流程的优化、时效的提升，先进信息化管理措施与技术体系的搭建等。龙岗城市化进程中，通过推出投融资体制改革、"大综管"公共治理新模式、区级大部制、社区民生大盆菜、行政权责清单等改革措施，不断改革行政管理机制，提升公共服务与管理水平，创造优良的营商环境，进而促进企业（尤其是民营企业）成为市场最主要（最活跃）的生产经营主体。不同时期政府公共管理与服务的发展改革，是龙岗城市化的重要内容。

第四节　阶段特征

针对龙岗四十余年城市化历程，主要依据对城市发展产生重要作用或深远影响的重大政策、重要事件发生的时间节点，对城市化历程进行阶段划分。通过梳理掌握各个时期的发展演进情况，立足城市发展各个阶段的不同特点，将龙岗城市化历程划分为四个时期：①镇村并进：农村城市化时期（1980—1992年）；②规模扩张：快速城市化时期（1993—2003年）；③功能完善：全面城市化时期（2004—2011年）；④质量引领：新型城市化时期（2012—2023年）。在梳理龙岗基础和城市化起始背景的基础上，围绕"产业与人口聚集、空间扩张重组迭代、政策工具构建改进和政府公共管理与服务改革"几个核心内容，记述龙岗四个时期的城市发展轨迹与脉络，反映城市化的特征与实效。

一　镇村并进：农村城市化时期（1980—1992年）

起始于改革开放前夕，时逢我国从农业生产转移出来的大量劳动力（20世纪60—70年代出生的农民）和香港轻工消费品加工业向珠三角地区转移之机。1979年1月龙岗第一家"三来一补"企业——布吉毛衫厂，由布吉公社与香港曾氏兄弟毛衫厂签订办厂协议，从而开启了龙岗以村集体为主导，各村镇发展齐头并进的农村城市化进程。

产业与人口上，这个时期来自香港的外源型轻工消费品"三来一补"企业成为城市化的主要动力，当地提供廉价土地或厂房、吸引外省份劳动力，外资提供资金、技术、经验及原材料等，产品由其销往国际市场。外来劳动力大量聚集，人口规模快速增长。

空间发展上，村集体和村民推土平地、建厂、建设私人住宅用于出租获取收益；大大小小的村镇工业区、农民私宅依托马路沿线四处蔓延，空间组织松散零碎，土地利用粗放低效，快速消耗土地资源，生态环境开始遭受破坏。建设资金缺乏，来自政府的投资很少，大部分地区的公共配套和基础设施是由村集体自发自主建设的，加上主要由大量从事低端加工制造业的外来流动人口支撑的低水平公共服务体系与消费循环，使公共基础设施建设滞后和匮乏，建设水平较低。

空间政策工具上，这个阶段是农村管理体制，受特区刚刚成立时各方面条件所限，市政府忙于特区的开发建设，根本无暇顾及特区外的发展，特区外村集体是开发建设主体，带有自下而上自治的影子。由于村集体拥有实际的土地所有权和发展权，上级县政府缺乏统筹管控的机制，而20世纪90年代中后期出台的《土地管理法》《城市规划法》也未形成空间管控政策工具，村集体应招商引资需要，按照各自需求盲目开发建设，很快形成既得利益群体。

公共管理与服务上，人民群众发展经济、改善生活条件的迫切需求，推动城市化成为经济体制改革探索实践的"主战场"。"特区税制""第一只股票"、土地有偿使用、集体经济股份合作制等政策的实践尝试与突破，在推动社会经济快速发展的同时，为随后市场经济体制的建立创造了条件。

二 规模扩张：快速城市化时期（1993—2003年）

1993年龙岗建区，特区外的龙岗区正式纳入深圳全市统一规划建设，区级政府自上而下发力，拉开全区城市空间发展框架，城市发展进入规模扩张、快速城市化时期。

产业与人口发展上，整体呈现"技术内化升级"和"三来一补"与"三资"企业并存特征。一方面，特区内在发展科技产业的推动下，加工业向特区外迁移；在全区"面向香港，开拓海外"招商引资促进下，以村镇为主体的低端加工制造继续规模扩张。另一方面，市政府主导发展高新技术产业，提出发展电子信息、新材料、生物医药等主导产业。在"发展高科技产业和民营企业"的市区级决策下，一批高新技术企业、内联企业、民营企业落户龙岗，镇、村集体以合作或入股方式联合办厂，呈现外源型经济内源化格局，并开始以龙头企业（如华为、毗邻的富士康等）聚集带动上下游原材料、零部件供应商等企业（如比亚迪、立密、兆驰等）的发展。这个时期除外来从事加工业的劳动力持续聚集增长外，技术人才、服务于生产生活的服务业从业人员也开始聚集，城市人口增长迅速；大量企业的聚集也培养积累了一批熟练掌握生产技术的产业工人。

城市空间发展上，空间拓展与土地利用快速规模扩张，进入高速发展时期，增量土地资源快速消耗，环保措施及设施建设滞后，生态环境进一步恶化。整体上呈现三个特征：一是建区后，事权下沉到区级，区政府立足全市职能分工和自身角色定位，强力主导并聚力开发建设"两城多片"重点区域，即中心城、宝龙工业城、坂雪岗工业区、深圳市龙岗大工业区、高新技术产业带各片区，提供产业发展空间载体。二是在前一阶段发展基础上协同扶贫奔康（同富裕）工程（以下简称扶贫奔康工程）①，镇村工业园区建设进一步扩张；与此同时，在政府处理私房建设和违法建设的背景下，出现私房抢建潮并形成大量"城中村"。三是实施"农民上楼、工业进园、墟镇上档"工程，并加大公共基础设施投入与建设力度，镇村建设品质与服务配套开始得到改善；商贸设施由传统市街小规模经营向现代化、规模化连锁经营发展，区域性大物流园区平湖物流基地初具规模；建成一批提升城镇功能和保障社会生产、生活运转基本需求的公共基础设施和交通运输设施。

空间政策工具上，这个时期全区迈入市区建制城市管理体制，随着区级政府各职能部门组建及"三定"工作的完成，"规土合一"三级垂直管理的"规土"职能与机构架设确立，空间资源供给政策工具的上层制度基础得以形成。随后，衔接市级"三层次五阶段"编制体系，在开展一系列次区域规划、重点开发区规划、试点村规划、镇域规划等服务当时城市开发建设的规划编制实践探索与体系创新工作中，完成了区级"三层次六阶段"编制体系的搭建。与此同时，在清查处理并遏制违法建设、发展完善土地交易机制、推动重点区域土地一级开发、开展征地和

---

① 为促进欠发达地区的发展，使贫困村镇尽快改变贫困面貌，深圳市委、市政府从1995年起，分四期对经济发展缓慢、基础设施建设滞后地区实施扶贫奔康（同富裕）工程。采取的具体措施包括：出资兴办建设项目，建设同富裕工业园区，完善公共基础设施（学校、水、电、道路交通等），改善投资环境等。

土地储备等工作的实践探索中，土地开发建设与管理体系初步形成。此外，在工作实践中，通过探索规划管理的先进手段、创新规划管理服务，大力提升"规土"管控体系这一空间资源供给政策工具的实施成效。

公共管理与服务上，首先，市区镇三级政府博弈后，龙岗获得市政府同意继续发展"三来一补"加工业的机会；但同时市政府在全市建立高新技术产业发展的游戏规则、政策机制，在"特区税制"逐步与全国税制接轨、税收优惠空间缩小的情况下，通过针对性的税收优惠和财税扶持政策（扶持高新技术产业发展的新、旧"二十二条"）建立起高新技术产业发展的比较优势，一批促进高新技术企业的法规政策落地。在全市推动产业转型升级的大环境影响下，龙岗区、镇政府也通过引进技术含量高的企业、龙头企业，谋划推进产业的转型升级。其次，基于龙岗在全市的角色定位，建区之后逐步确立了以"大工业、大流通、大旅游、大农业"四大产业为支柱产业，并在此基础上推进"四大功能基地"建设。最后，在确立龙岗发展的大方向后，城区政府落实了"3三"开发建设策略、改革招商模式和投资管理与财政体制、推进"工业化、城市化、现代化"建设、发展高科技产业、发展民营经济、实施扶贫奔康工程等改革措施和发展方针；针对各项工作实施制定相应的政策措施与实施办法，形成以市场机制为导向的体制机制和政策，在推动龙岗高速城市化的同时，也推动了市场经济体制的深化完善。

三 功能完善：全面城市化时期（2004—2011年）

经过前二十余年的发展，龙岗城市已成规模，开始由"做大"向"做强"转变，新的发展机会进入并聚集，推动城市功能与空间分化重组，城市发展进入功能完善、全面城市化时期，全区空间发展框架逐步稳定。

产业与人口发展上，以上海为龙头的长三角地区的开发建设进入国家视野，随着国家资源的倾斜和原特区的很多优惠政策变得越来越普惠性，前期在珠三角聚集的台资企业，有向长三角转移的现象，整个深圳地区出现了城市化进程中的短暂迷茫。与此相伴的是，龙岗工业在实施"腾笼换鸟"转型发展，从产品订单加工向模仿创新，再到自主创新的转变，形成以民营企业为主导、高新技术企业为技术创新骨干、技术转移市场化运作的创新发展格局。其中，发端于北美的IT产业向世界扩散并进入中国沿海地区，欧美的通信及网络技术在我国全面扩展（摩托罗拉、诺基亚、三星等相继推出 2G、3G 及迭代产品），大力促进了华为等 IT 与电子信息龙头企业的快速成长。华为进入"技术转化与创新"高频时期，在坂田及周边地区逐渐形成 ICT 产业集群，并迅速占领海外市场、建立海外研发机构；通过引进西方企业管理经验，实现内部管理和产品技术标准与国际接轨，融入西方市场化、法治化的市场环境。这个阶段，从事低端加工业的外来打工人员逐步被从事制造业的产业工人取代，工程师人才、第三产业从业人员聚集，城市人口规模持续增长，人口流动性非常大。

空间发展上，增量土地资源基本耗竭，城市空间架构与骨干基础设施基本成形。一是在前期园区发展基础上继续拓展一批工业园区，全区工业园区用地规模 100 多平方千米；同时新建或通过城市更新建设形成一批特色创意产业空间，包括天安龙岗数码新城、大运软件小镇、李朗软件园、力宾创意文化产业园、182 创意设计产业园、宝福李朗珠宝文化产业园、龙岗动漫创意产业园、中国丝绸文化产业创意园、中国深圳文博宫、坂田手造街 & 创意园、三联水晶玉石文化村等。二是抓住迎办第 26 届世界大学生夏季运动会的时机，全面提速城市基础设施建设，促进城市交通系统、城市公共空间完善，城市公共基础设施总体营运规模与成本也快速攀升，基础设施的提供也成为引导产业聚集的一个重要手段。建成了包括大运村在内的"体育新城"（现名"大运新城"）和 27 个位于龙岗的赛时使用场馆；连接城市中心区的轨道交通 3 号线开工建设；通过龙岗河水系等环境综合治理，公园、绿道建设等，推动绿色生态城区建设，改善市容市貌。三是住房体系建设初具规模，2013 年全区商品住宅存量 1823 万平方米；保障性住房建设启动，2012 年年末全区有保障性住房 43.8 万平方米；建成解决了大量暂住人口（收入水平相对较低人群）居住需求且规模庞大的私房（农民房），2012 年年末达到 5328 万平方米。①

空间政策工具上，这一时期市政府加大宝安和龙岗两个原特区外地区的城市化工作力度，先是实施特区外"转地"，随后实施"镇改街""村改居"，再往后实施"特区扩容"。在上述背景下，龙岗前期已构建的

---

① 中国城市规划设计研究、深圳市世联土地房地产评估有限公司：《龙岗区综合发展规划（2014—2030）》，2017 年 6 月。

"规土"管理体系也与原特区内接轨，逐渐步入"特区一体化"时代。"规土"法制化管理取得进步，立足2008年新颁布的《城乡规划法》有关规定，在衔接全市划定的基本生态控制线、各组团发展深化布局、新一轮总体规划编制以及几经修订的《深圳市城市规划标准与准则》的基础上，开启了法定图则全覆盖"大会战"编制工作，在建立起法定图则技术体系的同时，也搭建起土地供给及"两证一书"的闭环管理。此后，法定图则成为调控城市各利益群体激烈争夺空间资源形成的各种矛盾的平台，匹配这一平台的运行机制是规划委员会制度，其委员由市、区行政首长及各行政部门代表组成的专家与公务人员和社会人士组成的非公务人员共同构成。这一制度在审议、审批和实施监督城市规划建设活动中，对各利益主体基本形成了基于法制规则的约束和制衡机制。随着增量土地资源供给的枯竭，深圳市2009年出台《深圳市城市更新办法》，2011年出台《关于推进土地整备工作的若干意见》，2012年深圳全面进入以存量土地开发为主的时期。受法定图则和既有土地政策难以服务市场的局限，以土地"增值共享"为根本动力机制的系统性制度重构开始在深圳探索实践。随后，在存量土地资源"摸着石头过河"的开发利用实践中，市场力量在深圳存量土地资源的二次开发中再次得以释放。越来越多的立足"产权重构、权益重置"等政策规则的城市更新单元规划、土地整备规划，在规划委员会制度运作下相继替代法定图则，形成新的空间政策工具。

　　公共管理与服务上，一方面，实施特区外"转地"，原属于集体所有的260平方千米土地一次性全部转为国家所有（转地过程中补偿未能一次性到位）。随后实施"镇改街""村改居"，龙岗所有镇改为街道办、村改为社区居委会，全区实现没有农村建制、没有农业户籍人口的一级政府管制城区。再往后实施"特区扩容"，深圳发展迈进了"大特区"时代，市委、市政府先后实施了三轮特区一体化建设实施计划，着力推进区域协调发展，全面推进法规政策、规划布局、基础设施、管理体制、环境保护和基本公共服务一体化，把更多的资源、财力向原特区外倾斜。另一方面，政府实施投融资体制改革、区级大部制改革、"大综管"公共治理新模式等改革，大大提升政府行政运作效率和社会治理水平，优化营商环境和社会治安。①投融资体制改革：通过构建区属投融资平台，多种方式引入银行或社会资金，控制风险并提高资金使用效率，撬动社会建设资金。②区级大部制改革：通过精简政府机构部门、优化部门设置、缩减冗余审批环节、一站式窗口服务、权力下放区级政府等改革措施，提高行政效率，将"计划管理型"政府，转变为"公共服务型"政府，促进"小政府"，给市场更多空间。③"大综管"公共治理：为保一方平安，针对400多万流动人口特征，通过建设统一信息服务平台、重塑管理架构、实行网格化管理等措施，实现全区社会管理成本降低和管理效率的提升。

四 质量引领：新型城市化时期（2012—2023年）

城市发展进入一个新的时期，外部环境是作为第二大经济体我国已触及全球既有利益分配格局，利益冲突越来越尖锐，创新驱动的科技革命、产业升级与生产力提升，越来越成为"大国博弈"获取主动权的利器；内部环境是城市增量空间耗尽，城市的进一步发展触及既得利益的调整。上述背景下，要素与投资越来越难以驱动和支撑社会经济的进一步发展，转而开始进入创新驱动、提质增效的新型城市化时期，城市逐步由"做强"向"做优"转变。

产业与人口发展上，由高新技术产业向战略性新兴产业挺进，推进"核心技术创新突围"，促进"龙岗制造"到"龙岗智造"转型。在市场层面，4G、5G通信技术和移动端智能手机技术快速更新迭代，新能源、新材料以及生物医药加速发展，华为、比亚迪等企业成长为行业领域的链主企业，带动上下游企业在龙岗、东莞、惠州三市邻界区域形成ICT产业链集群，并通过持续的技术创新嵌入全球产业价值链的顶端。在政府产业谋划层面，龙岗提出"高端引领、创新驱动"发展战略，明确以战略性新兴产业为主导，构建未来产业政策体系。2020年，龙岗提出"IT+BT+低碳"发展思路，三大产业集群自西至东分布，同时大力培育壮大建筑业、文化创意、跨境电商、军民融合产业，加快构建"3+4"区域产业格局，勾勒出龙岗产业发展的新格局。在政府推动基础科研、教育与产业配套层面，已建设深圳国际大学园，香港中文大学（深圳）、深圳北理莫斯科大学、深圳信息职业技术学院、深圳音乐学院、相关实验室等已经相继落户大学园。大学园作为吸引和打造高层次人才的"摇篮"，吸引高端创新资源，为产业发展释放创新驱动能量。进入城市化后期，服务业从业人员、外来商旅人员、产业工人、工程师人才、高层次研发与管理人才等大量聚集，伴随引才与住房政策，人口持续在地转化落户，常住人口规模不断扩大。

空间发展上，全面进入二次开发存量时代。第一，实施"一芯两核多支点"策略，主要是城市政府通过城市更新与土地准备二次开发手段，为产业等新的发展机会与需求释放空间资源，并依托既有产业基础，在空间上引导产业分类聚集、集群发展，打造驱动城市发展的功能板块或节点。第二，在空间组织上，通过产城融合、绿色低碳新城、TOD及站城一体等升级城市空间组织模式，提升空间资源的配置效率。第三，通过加快5G商用步伐以及加强工业互联网、人工智能、物联网、大型数据中心、城际高速铁路和城际轨道交通等新型基础设施建设，升级城市基础设施水平。第四，通过实施"国家生态文明示范区"建设行动、"美丽龙岗精彩蝶变"城区品质提升行动等，全力开展水体、大气、固体废弃物等污染治理，升级城市公服配套设施、景观绿化与公共空间体系，全面提升城市生态环境品质。

空间政策工具上，党的十八大以来"绿水青山就是金山银山"论的提出，标志着由"经济建设为中心效率优先"向"底线安全与发展保护并重"的转变，空间政策的重心由原来对土地和空间的管理，开始转向对包括土地与空间在内的自然资源全领域、全要素的管控与治理；2012年开始，深圳全面进入以存量土地开发为主的时期，由此带来空间政策实施工具的一系列改革。第一，"上下联动"推进顶层设计与地方探索实践。2012年，《深圳市土地管理制度改革总体方案》获得国土资源部、广东省政府联合批复，深圳新一轮的土地管理制度改革全面启动；2013年，中央城镇化工作会议提出建立空间规划体系；2014年，开展经济社会发展、城乡总体规划、土地利用规划的"三规合一"或"多规合一"，国家层面要求县市建立统一的空间规划体系、限定城市发展边界、划定生态红线；2015年，深圳以罗湖区城市更新改革为试点，率先在规划国土体制机制方面进行改革突破，在此背景下提出了"强区放权"改革方案。2018年，龙岗区率先与深圳市规划和国土资源委员会在城市规划及城市设计、土地管理、土地整备、违建查处、生态线管理、都市田园建设六个方面共同签订了规划国土管理改革与实践合作框架协议，启动13个改革项目，为深圳深化规划土地改革实践提供"龙岗探索"。第二，由于增量土地资源前期已耗竭，迫使土地供给转入大规模存量利用的发展周期，新的发展机会及产业的进入对空间的需求，催生了深圳二次开发中城市更新与土地整备的探索实践。一种立足建立利益分配规则、基于产权和既得利益再分配的协商式规划，取代了增量空间时期偏物质性规划的法定图则（我国其他城市为"控规"）。第三，微观层面探索实践了如非农用地及征地返还地上市交易、农地入市交易、"先租后让"、"联合竞买"、"M1-M0工改"、"工业上楼"、二三产混合用地、立体空间分层确权、土地复合利用等一系列规划与国土改革的突破创新。第四，随着科技革命及信息技术向社会各领域的全面渗透，自然资源以及社会经济领域的基础数据逐步积累完善，相互打通共享已成未来趋势。基于海量数据与信息分析处理的精细化治理技术手段，也越来越多地应用在空间资源的配置上，从而为空间政策工具的进一步改进带来了更多的机会与可能。

公共管理与服务上，一是立足全市实施"东进战略"，重塑深圳城市格局的实际部署，确立龙岗新的城市发展定位：以创新创业为主要特质、具有鲜明国际化特色的东部中心，促进全区融入区域合作、协同发展。二是在全市市场化、法治化、国际化和"强区放权"推进下，立足"放管服"改革，政府实施"社区民生大盆菜、行政权责清单、优化营商环境"等改革措施，打造服务型政府，缩减在微观经济领域的行政力量，精简审批事项及流程，提升营商环境。①社区民生大盆菜：通过建立居民"点菜"、政府"埋单"标准化流程机制，解决群众难题，激活了基层自治功能。②行政权责清单：对标法治化、国际化环境和法治型服务型政府要求，明确政府和市场的边界，采取多种措施推进市场化改革，激发市场活力，充分发挥市场在资源配置中的作用，并以权责清单为核心构建权力运行机制，打造法治政府。③优化营商环境：重点解决政府服务实体经济面临的痛点、堵点和难点问题；以"互联网+政务服务"模式建设"数字政府"，打通部门信息壁垒；精简压缩审批前置条件与流程，集成办理审批事项；实施"持续亿量级资金帮扶企业、创新领导挂点服务企业模式"等改革措施。

第五节 技术方法

一 编写意义

深圳作为国家改革开放国策下工业化推动城市化的一个主战场，龙岗作为深圳城市化的一个典型"样本"，通过记录这一"样本"自身发展变化历程及其影响重大或深远的事件，梳理城市发展历程中的经验得失，致力揭示或启迪改革开放时代背景下城市发展对社会经济、体制改革等产生的深远影响，为读者提供一个"以史鉴得失，思今之所为"的参照。

史料的记载也是学术研究的基础，本书记述龙岗城市化发展历程，为读者了解、思考这段历史，甚至进而研究、总结城市发展以及社会变革的实践经验、方法、规律及模式等，梳理留存相关记载或材料，形成便于阅读、理解及查阅的文献成果。

二　史料来源

本书写作注重文献、档案等历史资料的收集、分析，史料来源包括以下几类：一是著者参与和亲历龙岗城市规划建设的实际工作实践。二是《龙岗区志（1993—2003年）》《龙岗年鉴》《宝安县志》《宝安三十年史（1949—1979年）》《深圳统计年鉴》《深圳市土地资源》《为了美好家园：深圳市龙岗村镇规划管理与实践探索》等公开出版书籍。三是龙岗区、深圳市各级政府及相关管理部门颁布实施的各项法规与政策文件，组织编制的相关规划项目成果档案资料。四是多位参与龙岗城市规划建设的各个行业领域的相关亲历者（如时任镇、区政府及相关部门的领导干部，长期在龙岗或深圳经商、办企业的经营者、企业法人，各行业的专家、学者等）的口述记载或文献刊载。五是少量网上图文信息和文献资料。

三　编写方法

本书编写在尊重历史，寻求真实、客观史料的基础上，坚持以下编写原则：①记载陈述客观发生的事实，梳理事件发展脉络；②整合冗繁信息，提炼重点和关键性的影响事件，串联形成城市发展的内在动因和逻辑主线；③置于当时特定的历史环境和条件之下，梳理其发展特征、产生的影响及结果（编者观点）。如前文所述，城市是一个复杂系统，城市化是这一系统的演变过程，由彼此相关联的多种要素组成（如产业、空间、政策工具及政府管理与服务等），各组成要素互相联系、互相依存、互相制约、互相作用，形成一个统一体。为更好记述这一复杂系统的演进历程，本书借鉴传统历史文献的编写方法。

传统史书或文献编撰体裁有编年体、纪传体和纪事本末体三种形式。编年体的优点在于叙述历史事件直观明了、脉络清晰、记录完整、保留历史原貌，但是事杂而散、条理与层次不足；纪传体通过记叙历史上重要人物的活动情况,来反映一时期的历史事件,但涉及人物关系时会记录重复;纪事本末体是以历史事件作为编排对象,再以时间顺序逐次编写,从头到尾非常完整,但不能很好地反映各历史事件之间的关系和联系。

本书编写过程中收集整理城市发展各方面史料,并按构成城市化的核心内容来组织章节内容和行文结构。在编写体裁上,立足城市化的内涵特征,综合借鉴传统历史文献编年体和纪事本末体的编写方法。横向上围绕城市化的四个核心内容穿插关联,平铺直叙各内容所涉及相关事件的发展历程;纵向上以时间顺序逐次编写,时间与事件结合,前后因果串联,在记述城市发展历程的同时,梳理反映各个时期城市发展轨迹、脉络和城市化进程的阶段特征。

四 内容组织

本书共七章内容。第一章概述全书编写主旨、内容和方法。第二章围绕龙岗城市化起始条件,阐述开启龙岗城市化的"天时、地利、人和"的综合因素。第三章至第六章是龙岗城市化历史的正文内容,分别对应城市化的四个阶段及时期。第七章是对龙岗城市化历程的回顾与展望。

第二章　起始条件：龙岗基础及城市化背景

第一节　认知龙岗

一　历史沿革

龙岗背山面海，其美丽的传说则与神奇的龙联系在一起。相传古代有一神龙从梧桐山腾起，飞向今龙岗锅笃潭浸浴，降落于一小山岗上（今龙岗圩大王坦古榕树下）化作青烟升天。民筑坛植榕，以为纪念。乡民商约建圩，择定水源充足、土地肥沃、岗洼适中的上圩垄（今龙岗河畔上圩村）为址，命名"龙冈"（今废）。"冈"今定用为"岗"（见图2-1）。

图2-1　雕塑——龙岗名字的传说

资料来源：笔者摄于龙潭公园。

龙岗多山，山冈犹如伏卧的巨龙。另一则传说中厌倦天宫寂寞生活的仙女降落凡尘，四方飘游，看到龙岗这一带气候温和、水草丰茂，心生留恋而留居，于是，群龙便化作山冈环绕护卫。境域龙岗河是淡水河的上游，原叫上下淮水，据归善县志记载，上下淮水在城西90里，源自梧桐山，因为流经龙岗墟改称龙岗河。从传说和记载来看，龙岗原属地名，其历史沿革中隶属的行政区划层级及地域范围，在不同历史时期不尽相同。

县治龙岗（1993年前）：现龙岗区所处地域，夏、商、周三代为百越地。在基于古代血缘政治的宗法分封制走向基于官僚政治的中央集权制后，县一直作为"郡县制、州郡县制、道路制和行省制"的基本行政区单元。自秦至今，在各个历史时期实行的地方行政区划体系里①，龙岗地域主要属中央集权下的县治管辖区域（见表2-1）。1979年1月，宝安县改为深圳市，龙岗属之。1980年8月，划出靠近香港的复城公社、原深圳镇等327.5平方千米范围成立深圳特区②；1981年10月，特区外地域恢复宝安县建制，龙岗归属宝安县，龙岗地域设有布吉、平湖、横岗、龙岗等公社；1983年7月，撤销公社建制，龙岗地域设有布吉、平湖、横岗、龙岗等区；1986年10月，撤区建镇，龙岗地域设有布吉、平湖、横岗、龙岗等镇。

表2-1　　　　　　　　　　　龙岗隶属沿革

朝代	起始年月	县属名称	隶属
夏、商、周三代			百越族南越
秦	秦皇政三十三年（前214年）	番禺县	南海郡
		博罗县	

---

① 自秦郡—县制起，各个朝代根据管辖人口及地理形胜等条件，先后实施州—郡—县、州—县、道—州（府）—县，路—州（府、军、监）—县、行省—（路—府）—州—县道、省级—地级—县级—乡级等地方行政区划体系。

② 1981年，中共中央、国务院决定建设特区管理线。这条隔离经济特区和深圳市其他区域的深圳经济特区管理线就是"二线"，这道线将深圳分为深圳经济特区与特区外，人们俗称为"关内""关外"。特区管理线西起宝安县安乐村的双界河出海口，东至大鹏湾畔捎仔角，最初规划的长度是84.6千米，后来延伸到90.2千米，为水泥柱或铁柱混合铁丝网筑成。1982年4月，特区管理线正式动工，于1985年3月交付使用。扼守"二线"各个关口的检查站，则被称为"二线关"，共有16个陆路关口、1个水上关口以及23个耕作口；除此之外，整个管理线共设163个武警执勤岗楼。"二线"建成启用后，取代了原宝安县的边境管理线，并且是"一线双用"——既是特区管理线，又是边境管理线。

续表

朝代		起始年月	县属名称	隶属
汉		武帝元鼎六年（前111年）	博罗县	南海郡
			番禺县	
三国			番禺县	南海郡
			博罗县	
东晋		咸和六年（331年）	宝安县	东官郡
			博罗县	
南朝	梁	天监六年（507年）	宝安县	东莞郡
			欣乐县	梁化郡
	陈	祯明三年（589年）	宝安县	东莞郡
			归善县	梁化郡
隋		开皇十年（590年）	宝安县	广州总管府
			归善县	循州
		大业三年（607年）	宝安县	南海郡
			归善县	龙川郡
唐		至德二年（757年）	东莞县	广州都督府
			归善县	循州
宋		开宝五年（972年）	增城县	广州中督府
			归善县	祯州
		开宝六年（973年）	东莞县	广州中督府
			归善县	祯州
元		至元十五年（1278年）	东莞县	广州路
			归善县	惠州路
明		洪武二十七年（1394年）	东莞县	广州路
			归善县	惠州路
		万历元年（1573年）	新安县	广州路
			归善县	惠州路
清		康熙五年（1666年）	东莞县	广州路
			归善县	惠州路
		康熙八年（1669年）	新安县	广州路
			归善县	惠州路

续表

朝代	起始年月	县属名称	隶属
中华民国	元年（1912年）	新安县	广州都督府
		惠阳县	
	三年（1914年）1月	宝安县	广州都督府
		惠阳县	
	三年（1914年）6月	宝安县	粤海道
		惠阳县	潮循道
	九年（1920年）	宝安县	广东省
		惠阳县	
	十四年（1925年）	宝安县	广州行政委员会公署
		惠阳县	
	十五年（1926年）	宝安县	广东省
		惠阳县	
	十七年（1928年）	宝安县	中区善后管理委员会
		惠阳县	
	二十一年（1932年）	宝安县	中区绥靖公署
		惠阳县	
	二十五年（1936年）9月	宝安县	第一区行政督察专员公署
		惠阳县	第四区行政督察专员公署
	二十八年（1939年）	宝安县	第四区行政督察专员公署
		惠阳县	
	三十四年（1945年）9月	宝安县	第一区行政督察专员公署
		惠阳县	第四区行政督察专员公署
	三十八年（1949年）4月	宝安县	第二区行政督察专员公署
		惠阳县	第五区行政督察专员公署
中华人民共和国	1949年10月	宝安县	东江专员公署
		惠阳县	
	1950年3月	宝安县	珠江专员公署
		惠阳县	东江专员公署
	1952年11月	宝安县	粤中行政公署
		惠阳县	粤东行政公署

续表

朝代	起始年月	县属名称	隶属
中华人民共和国	1956年2月	宝安县	惠阳专区
		惠阳县	
	1958年11月	宝安县	佛山专区
	1959年1月	宝安县	佛山专区
	1963年6月	宝安县	惠阳专区
	1979年1月	龙岗区、葵涌区	深圳市
	1981年10月	宝安县	深圳市
	1993年1月	龙岗区	深圳市

资料来源：《龙岗区志（1993—2003）》，方志出版社2012年版。

山海龙岗（1993—2011年）：1993年1月，撤销宝安县，设立宝安、龙岗两区。原宝安县东部的布吉、平湖、横岗、龙岗、坪地、坪山、坑梓、葵涌、大鹏、南澳10镇划归龙岗区，全区陆域面积844.07平方千米，海域面积440平方千米。2004年1月，撤龙岗镇，设立龙城、龙岗街道；6月，撤销9镇，设立9个街道，全区时辖11个街道、91个社区。2006年4月，撤销布吉街道，设立布吉、坂田、南湾3个街道，全区时辖平湖、布吉、坂田、南湾、横岗、龙城、龙岗、坪地、坪山、坑梓、葵涌、大鹏、南澳13个街道，147个社区。2009年，原属龙岗区的坪山和坑梓两街道及深圳大工业区，从龙岗区划出整合挂牌成立坪山新区（后于2017年1月建立坪山区）。这一时期，龙岗地域因其"凭山临海"的地理形胜特征，坊称"山海龙岗"。

东西龙岗（2011年后）：2011年12月，大鹏新区挂牌成立，将葵涌、大鹏、南澳街道划归其管理，行政区划仍属于龙岗，龙岗区时辖8个街道、106个社区，总面积388.21平方千米（不含大鹏新区）。2016年11月，布吉、横岗、龙岗、龙城4个街道分设为布吉、吉华、横岗、园山、龙岗、龙城、宝龙7个街道，龙岗区由此至今辖11个街道、111个社区。因龙岗东西狭长地形及东部、西部城市功能与社会经济发展水平等的差异，形成了"东西龙岗"的格局。

二 自然条件

地理气候：龙岗区（含坪山、大鹏，本节下同）地理坐标为北纬

22°22′—22°49′、东经114°02′—114°38′，位于深圳市东北部，东临大亚湾、大鹏湾，南接本市盐田区、罗湖区，西连宝安区，北与惠州市、东莞市相邻，距香港30千米，距广州150千米，位于深莞惠城市圈几何中心，是深圳辐射粤东、粤北地区的"桥头堡"，是通往惠州、梅州、汕头及福建、江西等省份的交通要道。龙岗区气候温和湿润，年均气温22℃，年均相对湿度79%；雨量充沛，光照充足；常年主导风向为东南风；四季划分具有"夏长冬短"之特点。

地貌植被：龙岗区地势东南高西北低，地貌大致呈东西向带状分布，由山地、丘陵、台地、阶地、平原、海湾、沙滩、岛屿和岬角组成。东部多山岭，均属低山，北部是低谷、台地和河谷平原，地势以小于3°的面积最大，20°—25°的其次。全区海拔百米以上的山峰有75座，其中海拔700米以上的山峰有6座，在南澳的七娘山最高，海拔869.1米。全区共有流域面积大于1平方千米的河流147条，其中流域面积大于100平方千米的有龙岗河和坪山河。全区河流分为两个水系，北部诸河汇入东江支流淡水河，属珠江水系；南部诸河汇入大鹏湾、大亚湾，直接入海的有46条，属海湾水系。全区拥有137千米海岸线，属山地海岸，甚至陡崖临海，曲折多湾，平原很狭窄；有较大的海湾25个，沙滩18个，岛屿9个，岬角32个。全区境域动植物种类繁多，野生动物有百余种，属国家保护动物有巨蜥、蟒蛇、白鹤等12种；野生植物178科、680属、1300多种，属国家保护植物有桫椤、水蕨、粘木、毛茶、野龙眼等18种。全区有百年以上古树1000余株，居深圳各区之首。

土地资源：1992年，龙岗全区有耕地面积4426公顷；建区后的前三年，龙岗加快工业和城市化建设速度，大量农业用地被征用。根据深圳初始的地籍调查，1995年的全区土地构成情况为：耕地2881.4公顷，占总面积的3.41%；园地5910.73公顷，占总面积的7%；林地44327.73公顷，占总面积的52.52%；牧草地50.2公顷，占总面积的0.05%；房屋及工矿用地16447.8公顷，占总面积的19.5%；交通用地1166.53公顷，占总面积的1.38%；水域4866.07公顷，占总面积的5.77%；未利用土地面积8756.33公顷，占总面积的10.37%。

三 人文历史

人口迁徙融合：深圳龙岗客家是客家"第四次大迁徙运动"中的一

个典型，是清初形成的新客家地区或者说"滨海客家①"的代表。据杨宏海研究，康熙二十二年（1683年）清廷废止"迁海令"，全面实施"复界招垦"，下令招民复业、奖励垦荒。其时粤闽赣边山区的客家人正患"人多田少""土狭民瘠"，广东北江、韩江流域的客籍人大批涌入新安县②，"或以垦殖而开基，或以经商而寄寓"，自此开启了轰轰烈烈的客家人奔赴滨海新安、重建家园的历史，"滨海客家"因而应运而生。当时西部流入人口主要是增城、东莞方向来的粤语系人，东部则多是从闽粤赣山区出来的客家人，形成了深圳民系人口和地域文化独特的分布格局：西部广府人，东部客家人。人口结构由原来以本地人（广府人）为主，逐步演变为客家与本土并存，即客家人、广府人、潮汕人、疍家人多种民系相互融合。

走向海外的侨民：在人口迁入融合形成龙岗当地居民后，受各种因素影响，近代龙岗当地居民除向港澳地区迁徙外，更多持续向海外迁徙发展，形成分布在欧美各地颇具规模的海外侨民。

当地居民：据统计，清嘉庆年间新安县居民22.6万人中，客家人占了一大半，约15万人。据1985年统计，宝安粤语使用人口有11万人左右（其中含大鹏话约3万人），占当时全县户籍人口的44%；龙岗客语使用人口约14万人，占全县户籍人口的56%③；龙岗地域主要为使用客语的客家人（见表2-2）。经过300多年的发展演变，到建立深圳经济特区前，深圳的当地居民数31.5万人，其中龙岗约占1/3。根据《龙岗区志（1993—2003）》记载：1948年，龙岗人口约11万人；1949年后，由于人口连年外流，龙岗总人口近30年基本上没有增长。到1978年，龙岗当地居民人口为10.69万人。

表2-2　　　　　　　深圳原有方言的使用人口数量及占比

方言	龙岗客语	宝安粤语	大鹏话	总计
人数（万人）	14	8	3	34

---

① "滨海客家"概念由杨宏海（时任深圳市客家文化交流协会会长、深圳大学客座教授）于2007年首次提出，指历史上从粤闽赣聚居地迁向沿海地区的客家人。他们走出大山来到滨海，与当地居民交融，生产方式为渔农结合，经济上亦农亦商，从"山客"变为"海客"。

② 当时的新安县包括今含龙岗在内的深圳、香港与东莞部分地区。

③ 宝安县地方志编撰委员会：《宝安县志·方言》，广东人民出版社1997年版。

续表

方言	龙岗客语	宝安粤语	大鹏话	总计
占比（%）	56	35	9	100

注：统计1990年大鹏话使用人口为30633人，占全县人口的9%。由于当时地方政府把大鹏话归为宝安粤语（宝安），实际上宝安粤语的实际使用人口应是8万人左右，占全县户籍人口的35%。

资料来源：宝安县地方志编撰委员会：《宝安县志·方言》，广东人民出版社1997年版。

"重农不抑商，开放包容"：第四次大迁徙运动中出来的客家人，在新环境影响下，较之内地山区客家人，更具开放性。他们既坚持以农为本、聚族而居、耕读持家，有极强的封建宗族观念和家族凝聚力，又吸纳海洋文化的开放、重商、包容、进取的元素，不失时机地发展了本地工商业，并积极寻求向外开拓，从事商贸活动，甚至扬帆海外，寻求发展。在300多年的发展历程里，滨海客家在经济、文化等方面也获得巨大发展，体现之一即客家围屋建设，龙岗地区的鹤湖新居、大万世居等气势宏大并融入部分西洋建筑成分，是新客家围屋典型代表（见图2-2、图2-3）。在"复界垦殖""九龙海战""李朗开放""庚子首义""东纵抗日""蛇口试管"① 等历史事件中，涌现出罗瑞凤、赖恩爵、凌道扬、郑士良、黄福、曾生、袁庚、陈烟桥等重要的历史人物，留下了鹤湖新居、大鹏所城、李朗老村、虔贞学堂、三洲田村、坪山马峦村、东江纵队纪

---

① 杨宏海梳理出深圳客家人在重要时间节点的六大历史事件：①"复界垦殖"——清朝早期各地客家人响应政府"复界"号召，迁徙至深港滨海地区开荒垦殖，艰苦创业，重建家园。其中乾隆年间粤东梅州人罗瑞凤来深圳以后亦农亦商，艰苦创业，创建起两百年前的"京基大厦"鹤湖新居。②"九龙海战"——在揭开近代史的历史时刻，大鹏所城守将赖恩爵奋起抗英，在九龙海战中打赢鸦片战争前哨战。林则徐特地向道光皇帝为赖恩爵请功。道光皇帝对赖恩爵封官嘉奖，后提拔为广东水师提督。③"李朗开放"——鸦片战争之后，西风东渐，龙岗布吉镇李朗村村民主动与西方文化交融，创办第一家讲客家话的大学"存真书院"（后改为"传道书院"），尔后又在浪口村创办"虔贞女校"，培养出一批民国时期卓越的人才，以及凌道扬等一批走向世界的知名专家。④"庚子首义"（又称三洲田起义）。在辛亥革命前夕，郑仕良、黄福以及三洲田廖姓和马峦山罗姓的客家人，配合孙中山举行武装起义，打响推翻清王朝第一枪。孙中山对此次起义给予高度评价。⑤"东纵抗日"——曾生领导的东江纵队点燃南方抗日烽火，战功显赫，涌现出刘黑仔、蓝造、袁庚等一批客家英杰，实施举世瞩目的文化名人大营救。现留有东纵纪念馆与阳台山胜利大营救纪念碑，以及茅盾、邹韬奋等文化名人的手迹。⑥"蛇口试管"——改革开放之初，南海边"画了一个圈"，袁庚从香港招商局踏海而来，创办蛇口工业区，提出"时间就是金钱，效率就是生命"，大胆实施各项改革试验，在蛇口开启改革开放的先河。现在蛇口"海上世界"广场有袁庚雕像，以及当年参观"海上世界"的照片。

念馆、阳台山胜利大营救纪念碑、曾生故居、陈烟桥故居、海上世界袁庚铜像等历史文化地标。

图 2-2 "聚族而居"的鹤湖新居（陈武远摄）

图 2-3 大田世居鸟瞰

资料来源：大田世居陈列馆。

四 地缘区位

毗邻港澳通连海外：沿海港口是海权贸易时代连接世界各地、实现货物吞吐的咽喉，也是拥港城市及地区融入世界贸易体系的门户。香港是一个优良的深水港，曾被誉为世界三大天然海港之一，英国人早年看重了香港有成为东亚地区优良港口的潜力，不惜以鸦片战争从清政府手上夺得此地以发展其远东的海上贸易。作为与中国通商重要贸易港的澳门，也相继于19世纪中叶被葡萄牙侵占。改革开放前夕，香港经过百年发展，已是深度融入全球产业分工和世界贸易体系的国际都市，经济发展非常活跃，整个港澳地区是当时中国大陆唯一能与海外经济联系的节点。龙岗作为深圳的一部分，水路凭海连接港澳，陆路有广九铁路贯穿南北，港澳（主要是香港）及其联通的海外贸易体系的人流、物流、资金、技术、市场经验等通过深港接壤的口岸，可以最先流入龙岗地域。以港澳为连接点，可以很好地吸引外资，向世界拓展经贸联系，这是包括龙岗在内的整个深圳地区，在改革开放初期开展海外贸易和发展外向型经济，所具有的最突出的地缘区位优势。

内外向型经济交汇区：深圳与港澳处在大陆南北经济动脉的最南端，既是内陆经济要素向海外输出的起点，也是海外经济要素进入内陆的门户，这是近百年来海权贸易时代下所有内陆城市无法具备的地缘条件。更为重要的是，深圳处于广东最发达地区珠江三角洲地带，整体位于伶仃洋东岸，扼守珠江入海口，有蛇口、赤湾、妈湾、东角头、盐田等多处建设深水港的优越自然条件，具备了发展海外贸易的深水直挂港口建设条件。龙岗地域依托深港的地缘条件和拥有的众多港区，不但自身工业产品可以通过港口连接世界，而且凭借珠江水系的陆海联运条件，可覆盖江西、湖北、湖南、广西等众多内陆省份，这除了刺激海外贸易以外，也大大提升了地区对资本的吸引力。龙岗所处的深圳及周边区域，兼具构筑国际、国内经济循环的区位条件，是面向国际、国内"两个市场"，可同时发展内向型和外向型经济的交汇区。

都市核心的外围圈层：龙岗位于深圳市东北部，与"罗湖—福田—南山—宝安"构成的带状组团结构的都市核心，平均通勤距离在40—50千米。从深圳都市圈基于大湾区城市群的城市功能与产业空间分布来看，深圳与周边的东莞、惠州等地区，大致形成了以深圳主城区为核心的都市圈层。正如网络媒体人金心异提出①，深圳第一圈层就是深圳都市圈的主城区，也就是"自西向东的机荷高速—石龙路—布龙路—水官高速"

---

① 金心异：《解开"深圳创新密码"：莞惠临深地带至关键》，《澎湃湃客：港湾商业观察》，https://m.thepaper.cn/bacjiahao_17618623，2022年4月15日。

以南、盐排高速以西地区，面积约为 700 平方千米。这是整个都市圈的内核，是生产服务、科教、研发、物流的中心，与整个新加坡面积相当，承担地区服务中心之一的角色。第二圈层则为第一圈层外的北深圳地区，再加上东莞及惠州的临深地带，总面积约 3000 平方千米。这是受深圳主城区辐射的地带，也可说是深圳都市圈的外核，主要是生产制造产业聚集区。原龙岗地域的大鹏地区远离深圳主城区，本身也主要是城市沿海生态保育功能区。大鹏、坪山划出龙岗后，龙岗因其东西狭长的空间形态和与都市核心的通勤距离，实际上在地理区位上形成了东龙岗、西龙岗两个区域。西龙岗接罗湖，基本位于都市圈第一圈层主城区内；东龙岗偏离主城区，位于都市圈第二圈层内。

第二节　发展概况

一　自然经济与人民公社

耕地规模决定粮食产量进而决定给养人口的农业社会持续了千年。① 伴随新中国成立后的工业化进程，1949—1956 年，我国农村生产关系经历了土地改革、互助组、初级农业合作社、高级农业合作社等几个阶段的探索。农村土地先由农民个体经营，后逐步收归集体经营。在农业合作化的基础上，全国第一个人民公社于 1958 年 7 月在河南诞生。经过 1959—1961 年经济困难时期的艰难曲折，1961 年下半年开始对农村政策进行调整，1962 年 9 月，《农村人民公社工作条例修正草案》（60 条）正式颁布，形成了"三级所有，队为基础"的人民公社制度。人民公社实行政社合一体制，既是我国社会主义社会农村基层经济组织，也是社会主义政权在农村中的基层单位。此制度一直延续到 1980 年前后，农村基层习惯上将这一时期称为大集体时期。

大集体时期从农业合作社到人民公社，其政策目标力图整合分散的小农经济力量，寻求农业增产及农业生产更高效的资源配置方式。在实践过程中，客观上实现了一定程度的农业生产资料与生产工具的建设提

---

① 根据《中国历代粮食平均亩产量考略》（余也非，1980）、《中国历代粮食亩产研究》（吴慧，1985）等研究，我国传统农业社会、小农经济条件下，合理给养人口最高 3 亿—4 亿人。

升（如完成了分散小农无法完成的农田水利设施建设、高成本生产工具的共用等），进而促进生产效率的提升。人民公社制度在推行实践的过程中，由"公社之下设生产大队、小队"的基层组织架构，其配套管理措施也在实践探索中曲折前进，进而出现了"五风"①影响下的"大锅饭、一平二调搞共产、虚报业绩搞浮夸"等现象，一度严重挫伤劳动者的积极性和农村的生产力。整体而言，自然经济条件下的人民公社，整体农业生产力水平受限于当时尚不具备的机械作业技术、化肥技术等现代农业科技，并在以"剪刀差""统购统销"支撑新中国成立初期工业化原始积累的发展路径选择中，中国的广大农村地区长期被温饱问题困扰，这也是在毗邻香港的深圳地区多次出现"逃港潮"的原因之一。全国农业生产发展至1987年前后，才基本解决温饱问题。伴随国家发展步伐，宝安县治下的龙岗地域实行"政社合一"的人民公社，20世纪80年代初全国范围内实施"分田到户"的家庭联产承包责任制，这种大集体时期的农业生产组织随之结束。到改革开放前，龙岗是典型的农业社会，村落广泛分布于田野低丘之中，经济以农业为主（见图2-4、图2-5），粮食播种面积占农作物总播种面积的80%以上，从事粮食生产的劳动力占农村劳动力的80%以上，第二、第三产业比重很小。

图2-4　20世纪70年代初龙岗布吉沙西村原貌（何煌友摄）

---

① 指共产风、浮夸风、瞎指挥风、强迫命令、干部特殊化风。

图 2-5　20 世纪 70 年代初坪西村田间劳作景象（何煌友摄）

二　墟镇集贸与公共设施

龙岗地域的 10 个墟镇，起自农业社会自然经济下的集市交易（见图 2-6），经过多年自发缓慢的发展，大多形成了具有一定店铺规模的若干街巷。新中国成立后，受国家物质供销、教育、文体事业发展等政策的影响①，广大乡村地区一批供销点、学校、卫生院（农村医疗所）、广播站、文化站等设施得到建设或改造整合，至改革开放前夕，基本形成了具备一定商贸、文体、医疗等服务功能的墟镇，主要就近服务周边乡村地区，设施规模及服务水平非常有限（见表 2-3）。

---

①　例如：①物质供销等方面由政府统一发展供销合作社。合作社在我国已有百年历史，最早的供销社可追溯至 1922 年；从新中国成立到 1957 年，供销合作社在全国得到迅速发展，形成了一个上下连接、纵横交错的全国性流通网络，其中一个核心职能就是统筹和服务广大乡村地区物资的生产、流通和供销，进而在特定历史时期成为全国各地集贸或商贸体系里一个重要的组成部分。②教育方面政府接管和改造学校。新中国成立前后，中国人民解放军各地军事管制委员会接收原国民政府所辖各级各类学校，归由人民政府领导管理。1949 年 4 月 25 日发布的《中国人民解放军布告》中宣布："保护一切公私学校、医院、文化教育机关、体育场所和其他一切公共事业。凡在这些机关供职的人员，均望照常供职，人民解放军一律保护，不受侵犯"，"维持现状，即日开学"。人民政府向学校派出干部，取消训导制度和党义等课程，开设新课程，对旧学校进行初步改造。③1961 年 10 月下旬，宝安县召开了第二次党代会，制定了一个七年建设规划，其中一项对促进墟镇发展起到积极作用："相应发展商业，建立农村商业网，每个公社都应有一个作为政治、经济、文化中心的墟镇，每个大队都有商店。要千方百计地搞好生产资料和生活资料的供应，开展物质交流，繁荣城乡经济。"（深圳博物馆：《宝安三十年史（1949—1979）》，文物出版社 2014 年版，第 242 页。）

第二章　起始条件：龙岗基础及城市化背景 / 33

图 2-6　1973 年龙岗集市交易场所与集贸圩日场景（何煌友摄）

表 2-3　　　　　　改革开放前龙岗墟镇集贸及公共设施建设情况

龙岗地域墟镇	墟镇集贸及公共设施建设情况	备注
布吉	集贸：清咸丰二年（1852 年），在村南布吉河西侧兴建丰和圩（后称老圩），始有市场贸易。宣统三年（1911 年），广九铁路设置布吉车站（旧时称"车亭"），在铁路旁新开车亭街，由正街和横街组成。正街有店铺 40 个，横街有店铺 7 个，主要经营酒酱、杂货、布匹、中药、肉菜，还有铁、木匠铺等。1950 年，沙湾始设商业网点。1952 年，开设供销社。1956 年，创办布吉农具厂；1958 年该厂开始生产脚踏打谷机。1965 年，布吉供销社共有零售门市 18 个、收购站 3 个、生产队代销店 19 个，职工 109 人。教育：清乾隆三十年（1765 年），开办下李朗私塾；后陆续开办乐育中学、小学等；1919 年，布吉共办小学 11 所，规模都很小，大多只设初级班。1977 年创办布吉中学，以招收初中生为主，同时撤销各小学所设初中班。文体：20 世纪 60 年代，配备文化干部，负责组织农村业余文艺宣传队。1976 年，成立文化站和电影队。医疗：1949 年年底，有济生堂、天寿堂、保平安等药店。1952 年，开办简易诊所，以中医为主，仅有医生和司药各 1 人。1958 年，布吉人民公社卫生院建立，但只有几间民房和 7 名工作人员	

续表

龙岗地域 墟镇	墟镇集贸及公共设施建设情况	备注
平湖	集贸：明嘉靖元年（1522年），平湖建圩。清宣统二年（1910年），香港刘铸伯出资兴建守珍街。建成后，六条街道纵横，成"田"字形，可供车辆通行。街道两旁共置百余个小五金杂货店，可谓平湖贸易中心。教育：1916年，香港刘铸伯在平湖墟创立"纪劬劳学校"。1918年，创办同庆学校。1949年平湖有小学五所。1953年，全乡实施教育经费、师资、机构编制统一安排。之后，又相继兴办8所学校。1956年，平湖中心小学附设初中班。医疗：1915年，香港刘铸伯回乡捐资修建"念妇贤"医院，开业初期仅有四五位医生，只能开展门诊；后来增设周马氏留医所，从香港请来5名西医师，重病者可住院治疗。1980年，平湖公社有1所公社卫生院，有8名医护人员、5张病床；各大队均设卫生所，有赤脚医生1—2名	
横岗	集贸：清嘉庆、道光年间，圩内有大小店铺50多个，商业正街长60多米、宽2—4米，有店铺21家；经营杂货、酒米、布匹、汇兑、客栈、首饰、烟馆、典当等商品及项目；农历每旬三、六、九日为圩期。民国元年（1912年），在原圩址东北400米处另建长光圩，有一条长80米、宽6米南北走向的街道，街道两旁有店铺40余个。1962年，在长光圩内建成120平方米的综合市场。至1979年，镇内的商贸发展较缓慢，商业网点稀落，商品品种单调，许多商品要凭票购买。教育：1912年创建小学1所，1947年创建中学1所，1958年办农业中学1所。至1966年，各大队均有小学1所。1968年，小学附设初中班，农中停办。1969年，在原农中校址办二年制高中班，成立了横岗中学，规模很小，仅有瓦房4座、学生325人、教师20人。文体：20世纪50年代，解放军带来的"秧歌舞"盛极一时。1960年，实现村村通广播。20世纪60年代县电影分队在全县巡回放映。医疗：1968年，横岗仅有一所卫生院和几个农村医疗所	
龙岗	教育：1949年，龙岗有民众（现为龙岗中心小学）、鸿文、维新、育贤等4所小学，还有1所平冈中学，但学生不多。1953年，实行学校教育经费、教师工资、人员编制统一安排。是年，全区相继兴办8所小学。1962年创办农业中学，1966年解散。文体：20世纪50年代，龙岗就广泛开展篮球运动，享有"篮球之乡"的美誉；80年代，龙岗农民男女篮球队参加省和全国农民运动会篮球赛，分获第2名和第3名，受到党和国家领导人接见。到80年代初，龙岗公社仅有一个文化站和十几个篮球场，群众文体生活比较单调。医疗：改革开放后建有龙岗中心医院	

续表

龙岗地域墟镇	墟镇集贸及公共设施建设情况	备注
坪地	集贸：坪地圩建于清嘉庆年间（1796—1820年），时有上街和下街，均长50米、宽2.3米，共有店铺16个，主要经营杂货布匹、酒米、木器、理发、金银首饰等。两街中间有临时摊档；下街南侧每逢圩期，人们聚此进行农副产品交易。土改后圩市渐废，设立供销网点。1962年，建立副食、生产资料、饮食店、肉菜市场。20世纪60—70年代，圩镇内有三条街，其中地新街是主要的商业街，有一个百货大楼、一个综合商店、一个粮食供应站，均由供销社经营，其中许多商品凭票供应。教育：坪地家族式学堂开始于晚清。民国时期，新增乐淮、坪东澜陵、坪西澜陵、吉坑、强中、英才学堂，完成高小学业并经考试入围者，到平冈中学或惠阳丛雅中学就读。新中国成立后，原地方家族办学转为政府办学，原学堂经改造、整合后保留乐淮、澜陵、枏梓三所学校。1964年，在澜陵学堂旧址新建中心小学，在坪西八群堂开办农业中学。1971年，各小学附设初中部。1977年，利用中心小学的两间教室开办初级中学，对原分散于各小学附设初中部的学生集中施教。1979后，政府在庙岭岗兴建独立初级中学。文体：新中国成立初期，坪地人学跳红火一时的秧歌舞。60年代，社会上流行毛主席语录歌和样板戏。医疗：新中国成立前，仅有三四家私人诊所。新中国成立后，坪地卫生事业逐步发展	
坪山	集贸：坪山圩建于清乾隆年间（1736—1795年），时有街道5条、店铺80余个，主要经营酒水、谷米、杂货、布匹、茶叶等。1949年后，私人店铺逐步改由集体或国营单位经营。改革开放前，原有旧街上仅有饭店、茶楼、理发、修理等，货物也只是日用百货和农用物资。教育：清代的坪山学校全为"私塾"。辛亥革命后，先后办起10余所新式学校。20世纪20年代中期，学校总数减少1/3。抗战期间全部停办。1949年9月，成立私立力行中学，仅设一个初中教学班。1952年力行中学更名为"坪山中学"，1953年由国家接管。文体：1967年，坪山公社成立广播站，16个生产大队架起有线广播网。1974年，文化站建立，配备3名工作人员。医疗：1949年以前，坪山只有几家圩镇小药房。1949年以后，坪山药房增加，仅圩镇上较有名的就有广安和、永安堂、瑞昌、保寿堂、广发堂、广济堂、元生堂、彭家园、卓兴等，其或按处方卖药，或设堂行医兼卖药。1956年，圩镇上的中药房全部并入药材公司或卫生所、卫生站。1958年，将原联合诊所转为坪山公社卫生院，该院有一间门诊部、十多张病床、一些医疗设备及十多个工作人员	
坑梓	集贸：坑梓建圩于清康熙年间（1662—1722年）。1953年，坪山供销社在坑梓兴建1000平方米的综合门市和仓库，但由于物资匮乏，当地村民大多到坪山、龙岗或惠阳淡水圩买卖物品。教育：至新中国成立前，坑梓有4所公、私立小学和1所私立中学。其中，光祖学堂创办于清光绪三十二年（1906年），由海外坑梓人捐款仿上海南洋公学兴建；1926年改为"光祖中学"，是广东省第一所乡办中学。新中国成立后，各级学校由政府管理，坑梓中小学校得到较快的发展	

续表

龙岗地域墟镇	墟镇集贸及公共设施建设情况	备注
葵涌	集贸：1949年，葵涌只有几个杂货小店铺，主要经营油盐、食品及布匹等。后来成立了供销合作社、饭店、饼铺、理发店、修理店；供销社为集体性质，主要零售日用品。1957年，葵沙乡信用社成立，下设八个营业点；该信用社以股份形式募集资金，每股1元。教育：民国初年，葵涌办学形式有华侨捐资办学和教会办学两种。学校有礼拜堂教会学校、崇德学校、海燕学校、坝光小学、光德学校等。新中国成立后，葵涌小学全部转为公办，教师纳入国家编制。1958年，教育战线贯彻公办、民办教师"两条腿走路"的方针，小学开始吸收民办教师。同年葵涌中心区办起农业中学。1962年精简教师队伍，调整学校布局，葵涌共保留小学12所，其中6所完小，6所教学点。从1969年开始，各大队办起小学，其中有4所小学附设初中班。1979年将葵涌中学高中部并入龙岗、大鹏两所中学。文体：20世纪50年代初，葵涌文化活动主要有解放军两广纵队带来的秧歌、腰鼓、花杆、舞麒麟等。1954年，葵涌建立广播站，各村开始通有线广播。1958年，葵涌书店开始有小说出售，连环画可供租借。1972年，组建军民文艺宣传队，常到自然村、军营慰问演出。1979年，葵涌首台黑白电视机出现。医疗：新中国成立前，葵涌有德寿堂、纯济堂、太乙堂、广胜堂等中药铺，各有1—2名中医坐诊。1954年，私人集资创办葵涌联合诊所；1958年转为公办，称大鹏公社卫生院葵涌分院。1961年，葵涌分院改为葵涌卫生院，时有医护人员12人，病床23张，年经费500元。1968年，各大队成立卫生所，并配备1—2名赤脚医生	
大鹏	集贸：1949年前，大鹏是一个小小的圩镇，经济以农耕和捕捞为主，商贸活动较少。圩镇内有几间店铺，简单地经营杂货、酒米、布匹、客栈、烟馆、赌场、典当等。新中国成立后，大鹏仍以农业、渔业为主，直至1978年，加工制造业只有粮食加工厂、木薯加工厂、木器社、打铁铺、成衣铺和船舶修理厂，总共不过10来个，从业人员只有50余人。教育：1926年创办光德小学，后更名为王母小学、大鹏中心小学；1953年，开设初中部。大鹏华侨中学于1957年筹建，1958年启用。文体：1971年，成立文化站，建有线广播网。医疗：1954年，私人集资成立大鹏联合诊所，7名人员；1958年转为公办并更名为大鹏公社卫生院。1978年，该院有工作人员42人、病床16张	
南澳	集贸：建镇前是自给自足的种植和渔业经济，集贸匮乏。教育：1932年在妈坑旁边办"南澳私塾"。新中国成立初期，"南澳私塾"迁至今南澳中学所在地，更名为南澳中心小学。20世纪60年代起，先后建立多处村小和教学点；其布局分散，校舍简陋，设备缺乏，规模小，学生少，以复式班形式进行教学。文体：南澳是汉族客家人和福佬人聚居的地方，建镇后传统文艺活动得到发展。医疗：建镇前只有一个设备简陋的医疗站和一家私人诊所	

三　区域基础设施建设

受制于新中国成立后的经济基础条件，区域性的设施建设首要解决当时最基本和最迫切的生产生活需求问题。改革开放前宝安县及其所辖的龙岗地域，其交通设施和水利设施成为建设的重点。

广深延至广九铁路：清光绪三十三年（1907 年）八月，广州至深圳的铁路开始修筑，其中经今龙岗平湖境域的路段长 40 多千米。宣统三年（1911 年）十月，广深铁路与香港九龙铁路在深圳罗湖桥接轨，广州至九龙的铁路全线通车。

泥沙路到砂石路：民国十八年（1929 年），葵涌镇张屋村彭东海等人集资筑成自龙岗经横岗至深圳长约 35 千米的公路，龙岗区域始有公路。至民国三十年，龙岗境域已建成龙横（龙岗—横岗）、横沙（横岗—沙湾）、龙新（龙岗—新圩）、布龙（布吉—龙岗）等公路。这些公路构筑简单，泥沙路面，路面宽 3 米，桥涵采用临时木桥和圆管涵洞，车速仅为每小时 15—20 千米，而且是雨天不能通车。民国三十七年，自深圳出发，沿公路经沙湾（见图 2-7）、龙岗、横岗、惠州、博罗等地，可直达广州；沿深（圳）布（吉）公路至布吉再接布龙公路，可直通龙华（今属宝安区）。1949 年新中国成立后，龙岗境域的公路建设进入大发展时期。1954—1974 年，政府出资先后修筑横岗至盐田、布吉至深圳、虎地排至大鹏、沙湾至布吉、丹竹头至大坑等公路。此时的路面仍由砂石铺成，但质量有了较大改善，晴雨天气均能通车，车速每小时可达 30 千米，桥涵荷载由 4—5 吨提高到 8 吨以上；1975 年，惠深公路荷坳至龙岗段修筑沥青路面。

水利设施（水库）建设：1957 年，宝安县组织进行了一次全县的水利普查工作，摸清了全县水利资源及各区、乡水利设施情况，形成了初步的水利技术档案；1958 年，县水利局组织了"宝安水利女子测量队"，对部分水利工地进行了工程测量，为全县的水库建设做好了充分准备。1959 年 7 月，李富林就任宝安县委第一书记，了解到宝安县几十万亩农田缺乏水利灌溉设施以及"三天下雨受淹，七天无雨受旱"的县情，决定修建"十大水库"工程，龙岗的青林径水库是其中之一。上马十个水库，当时动用了全县所有劳动力；此后龙岗地域内的其他水库也陆续建设，如 20 世纪 70 年代建设的坪西红花岭水库。

图 2-7　20 世纪 70 年代深惠路沙湾段（何煌友摄）

四　深圳墟建宝安县城

依托车站"聚墟成镇"：清末，广九铁路开始修建，并在当时的深圳墟设站。1911 年铁路贯通后，极大地便利了交通，深圳墟人口聚居逐渐增多，工商业日趋兴旺，逐渐发展成为约 35 万平方米的小镇规模，拥有火车站、骑楼、二百多间商号店铺等。民国二十年（1931 年），"深圳墟"设立"深圳镇"。1949 年 10 月 19 日，粤赣湘边纵队东江第一支队进入深圳镇，成立深圳镇人民政府。

宝安县政府迁深圳镇：深圳墟火车站于 1950 年从东门老街迁到较接近罗湖口岸、罗湖桥的现址，与香港的罗湖站仅一桥之隔。因深圳镇商贸发达、人口兴旺、连接广九铁路而交通便利，1953 年，宝安县县政府遂由南头迁至深圳镇，深圳镇逐渐成了宝安县的政治经济和文化中心。此时的深圳镇旅店有 146 家，饮食业商户大小合计 80 多户，运输行业企业最高为 106 户，小商贩 1000 余户。

改革开放前县城建设：成为县城后的深圳镇，市政建设铺开，先后扩建了西和、谷行、永新、中山 4 条街道，合并而为解放路，整治和完善了人民路。20世纪60年代起①，宝安县凭借微薄的财力，扩建了深圳中学（创办于1947年），新建了五七中学（今翠园中学）、铁路中、小学及多间镇级小学，县人民医院门诊部和留医部、中医院、镇人民医院；改建了人民戏院，新建了深圳戏院、工人文化宫、县政府招待所、新华书店、新安酒家、外贸大厦、华侨大厦、深圳水库公园等一批商贸文化生活设施；扩建了深圳火车站。铁路两旁，人民桥至火车站西、门诊部至火车站东的两条柏油路于六七十年代相继建成。在60年代，新安酒家、华侨大厦（见图2-8）和深圳戏院被誉为"边城三大建筑②"。至1978年，深圳镇的城区面积约4平方千米。1979年撤销宝安县设深圳市后，同年年底撤深圳镇，分设为人民路与和平路2个街道办事处。

图2-8　1964年深圳华侨大厦

---

① 1961年5月，广东省委第一书记陶铸做出"利用香港，建设宝安，努力把深圳镇建设成游览区"的批示。6月，他再次视察宝安时提出："香港和宝安是城乡关系，香港是宝安的城市，宝安是香港的郊区。在深圳要建立游览区，让香港人到深圳游览。"为落实陶铸的指示，搞好深圳的基础设施建设，宝安县委提出在随后三年内，把深圳建设成为一个劳动人民、华侨和港澳同胞的参观游览区。计划建设的项目有自来水厂、服务大楼、图书馆、出口商品陈列区等。（深圳博物馆：《宝安三十年史（1949—1979）》，文物出版社2014年版，第258页。）

② ①新安酒家于1958年奠基，时任广东省第一书记陶铸亲自挥锹奠基；1961年大年初一，叶剑英元帅亲自莅临开业剪彩。从此，新安酒家成了宝安县第一家国有餐饮企业；自那以后很长的一段时间里，摆酒设宴，老宝安人首选新安酒家。②深圳侨社于1950年成立，当时以接待华侨、港澳同胞、外籍华人为主，由于大多数华侨都是通过罗湖口岸进入内地，因此深圳侨社成为侨胞必经的落脚点。华侨大厦是用于接待当时侨胞的，于1962年2月9日建成，位于罗湖火车站西广场旁，建筑高4层，内设有旅社、餐厅、服务等功能，是当时深圳（宝安县）最高的建筑。③深圳戏院是宝安县最早的剧场，始建于1958年，当时的文艺表演、大型会议、电影招待会等活动大多都在这里举办。深圳戏院是当时全国第一家有空调、音响等先进设备的戏院，比省城广州还早了两年。因为深港渊源，深圳戏院也成为港人欣赏内地音乐名家演出的佳地，马思聪、红线女等艺术家都在此有过演出。这里既放映普通电影和宽屏幕电影，也出演戏剧，很多华侨和香港同胞都来这里一饱眼福。

五 小额贸易与"三个五"政策

1961年10月下旬,宝安县召开了第二次党代会和第四次人代会第一次会议,大会选举了李富林为县委第一书记,制定了一个全县七年建设规划,采取强有力的措施落实中央在全国各条战线确立的"调整、巩固、充实、提高"八字方针。经过几年的发展,宝安县基本纠正了"大跃进"以来农村实行的"左"的政策,经济形势在当时得到好转。在1961年响应中央、毛主席号召深入细致调查研究问题的工作中,困扰宝安多年的群众偷渡香港问题作为当时县委调查研究工作的重点。

1961年广东省委第一书记陶铸到宝安检查工作时,李富林向他汇报时谈到了"利用香港、建设宝安"的设想,陶铸对李富林的建议采取了默许的态度。同年3月李富林向省委第二书记赵紫阳请示,获其允许边境地区生产队用稻草到香港换化肥,并向当时副省长魏今非汇报手续办理问题。随后,在广东省委同意下,1961年8月13日在宝安召开了边防工作会议,李富林在会议上提出宝安的群众与香港在历史上存在经商关系和货物交换关系,边界小额贸易是一种民间贸易。他主张:在边境地区可以同时流行人民币和港币;应减轻边境地区的上调任务,从而恢复传统出口产品;为了能够真正利用香港,要适当开放边境。这次会议通过了《关于适当放宽进出口管理政策意见(草案)》,同意与香港发展"小额贸易",第一步先开放沿海一线大鹏、葵涌、横岗、沙头角、布吉、沙头等十四个公社和沙河农场,后一步开放坪山、坪地、龙岗、平湖、观澜等八个公社。会议决定开放南澳、沙鱼涌、盐田等十三处口岸,作为小额贸易和非贸易进出口特定地点;会议还确定了小额贸易出口商品种类和进口种类。县委将会议决定通过文件形式一边上报省委、地委,一边下达贯穿执行[①]。

9月25日,广东省委批复原则同意适当放宽边防地区农业、渔业进出口人员的管理,保障边防地区劳动人民下海、过境生产的正当权利。对进出口人员出入地点、进出口物品种类等作了限定。边界小额贸易开展几个月后,广东省又对相关政策进行了调整,实行政策的地区范围只限于从香港新界边界线起,深入20华里以内地区的居民;每人每次出入境携带的物品,以不超过5市斤和价值人民币5元为限,超过部分按

---

① 深圳博物馆编著:《宝安三十年史(1949—1979)》,文物出版社2014年版,第248-251页。

章征税。过境耕种的农民每人每月携带物品的次数不得超过 5 次。探亲访友的每户每月最多不超过 5 人次。① 这就是宝安历史上实行过的"三个五"政策。李富林抓住机遇，大力改善宝安农业条件和农民生活，在政策执行中根据实际情况采取了很多"放宽"的措施②。1963 年年初，广东省开展全面打击"投机倒把"运动后，宝安的边境小额贸易和"三个五"政策基本上被叫停了。上述政策改善了边防管理，改善了民生，发展了生产，巩固了边防，赢得了群众拥护。但具有探索性质，缺乏经验也带来一些如证件签发面太广、人员出境太多，影响农业生产；造成边防管理漏洞，为走私、引渡分子开了方便之门；部分基层干部受到腐蚀等问题。1964 年开展"小四清"运动时，对此进行了错误的批判，一些基础干部受到错误处理。1965 年 4 月，县委第一书记李富林在全县扩大干部会议上作出深刻检讨。"文化大革命"中，李富林也因此遭受了批斗③。

第三节　发展落差与特区建立

一　逃港潮

历次逃港情况：改革开放前的深圳（当时的宝安县，龙岗属之），

---

① 深圳博物馆编著：《宝安三十年史（1949—1979）》，文物出版社 2014 年版，第 251-252 页。

② 例如，省里指示：社员购回的物品只限于个人或家用，李富林将"个人或家用"解释为"凡是从香港携带回来的物品可以赠送，并限于三代之内的亲戚"，这样政策就能够惠及更多的群众。上面规定：边防区以外的地区不能搞小额贸易。李书记解释为"一个大队内有一个村子在边防线以内的，全大队都划为小额贸易范围，可以经营小额贸易"。

③ "文化大革命"爆发后，1967 年，县里的干部在机关写大字报，批判李富林；后来造反派策划要面对面批斗他。1967 年夏天，地委副书记李富林被从惠州"揪回"深圳批斗，人生失去了自由。李富林被打成宝安"最大的走资派"，是因为他最早提出了对外开放的主张，他"利用香港、建设宝安"的政策，在很大程度上解决了宝安人民生活、生产的困难，在"文革"中成了他的一条罪状。当时造反派把他的主张歪曲成"依靠香港，建设宝安"，诬陷李富林卖国，再加上其他一些罪名，各地造反派轮番对他进行批斗。少数心存不良者和受蒙蔽的群众不顾中央"要文斗，不要武斗"的三令五申，在批斗李富林时对他拳脚相加；一次批斗中有人把他从高台上推下来，致使其当时痛得站不起来。然而宝安县广大人民并不厌恶李富林，反而以各种方式保护和爱护他。在龙岗批斗李富林时，他寄住在一户贫下中农家，农民给他端上满满一碗饭时，严厉对他说："你一定要把它吃完。"李富林吃饭时才知道，饭下面埋了很多猪肉。（深圳博物馆：《宝安三十年史（1949—1979）》，文物出版社 2014 年版，第 307-308 页。）"文革"后期，李富林被"解放"，1972 年 4 月到博罗县任县委书记兼惠阳地区革委会副主任。

曾经流传着这样一首民谣："宝安只有三件宝，苍蝇、蚊子、沙井蚝。十屋九空逃香港，家里只剩老和小。"从新中国成立后到改革开放之初，宝安逃港风此起彼伏。据不完全统计，从1951年建立边防禁区，凭证进出香港，到撤（宝安）县建（深圳）市初期，只有30万左右人口的宝安县，曾偷越边境禁区的有12万人次，其中已越境定居香港的有6万多人。其间出现三次外逃高潮：一是1957年，行动外逃6039人，逃出4951人；二是1962年，行动外逃15100人，逃出12411人；三是从1978年8月开始到1979年6月，行动外逃共54719人，逃出17456人。①

几次逃港潮中最严重的是第三次，涉及面广，人数众多，打破了以往外逃的一些记录。首先，从全省来讲，据不完全统计，1979年第一季度广东省偷渡外逃发生数37200人，逃出数10800人，同比上升5.7倍和10倍。1—5月，全省共发生偷渡外逃11.9万多人，逃出2.9万人，人数超过历史上最高的1962年。② 其次，从深圳地区来讲，1979年5月，行动外逃人数高达31388人，逃出5458人，成为偷渡外逃以来最高的月份。

逃港事件对生产力的破坏和对经济的冲击产生很大影响：一是对生产和经济的影响大。因外逃风造成人心涣散，留守人员排工和出勤也不到位，致使各类粮食生产耽误季节。二是逃港潮导致劳动力严重流失，致使土地丢荒。三是逃港活动严重扰乱边防社会治安秩序，包括走私偷税、逃港前盗窃公共财物、聚众赌博等。四是逃港活动造成干部队伍消极泄气、思想动荡，基层组织瘫痪。

引发逃港潮的社会背景：几次逃港潮的发生，跟当时的社会经济环境有一定关系。1953年冬，宝安县开始试办初级农业合作社；1955年冬，在取得粮食增产的基础上，宝安县委在全县贯彻推行农业合作化运动，试办高级农业合作社。到1956年，全县已基本实现农业合作化，全县组建高级社212个，入社40098户，占农户的93.3%③。从初级社到高级社，由自愿入社发展到强制入社，涉及土地所有权改革，"土地

---

① 深圳博物馆编著：《宝安三十年史（1949—1979）》，文物出版社2014年版，第358页。
② 许建波、熊震：《1970年代末反偷渡外逃的经验教训》，《特区实践与理论》2009年第6期。
③ 深圳博物馆编著：《宝安三十年史（1949—1979）》，文物出版社2014年版，第130页。

改革"时期分给农民的土地全部无偿归高级社,实行土地集体所有制,取消土地分红、农具分红,收入只按劳动力分配,采取评工计分的方式。由于高级社发展过程中的一些问题,个别社出现减产情况,逐渐开始出现部分农民退社;另外,有些农民本来就是被强迫入社的,对合作化还有一定程度的怀疑和顾虑,特别是富裕中农,凭着自己雄厚的资本闹退社,就出现弃农从商的情况①。上述农村集体化的进一步升级,是第一次逃港潮发生时的主要社会背景。此外,从1950年开始,香港当局开始限制入境,1955年香港当局实行出入境平衡限制(入境人数要与出境人数保持平衡),宝安与香港之间的正常往来得不到满足,加之中方一度放松边防管理制度,有边无防,是引起群众逃港的外在原因。

1959年,广东出现了严重的饥荒,1960年仍然是一个减产之年,在当时连续"三年自然灾害"造成全国粮食大面积减产的情况下,出现大饥荒,大批吃不上饭的百姓逃往香港,引发第二次逃港潮。

改革开放前夕,内地与香港巨大的经济差距,是引发第三次逃港潮的主要原因。"文化大革命"十年中,香港借国际社会经济升级换代,产业转移的有利时机,经济取得了长足发展,香港与内地的差距拉得更大了。宝安有个罗芳村,1966年人均收入是100多元,由于过境劳作,群众收入加快,1978年人均收入513元。这个收入是宝安其他社、队望尘莫及的,但与河对岸香港新界比较,差距还是很大的。经过对新界几个村子的调查,1966年那里的农民人均收入是1400港元(兑换成人民币为448元),是罗芳村的3倍;1978年,人均收入13000港元(折合人民币4300元),是罗芳村的7倍多。从整个宝安县来说,这个差距更大了,1966年农民人均收入108元,1978年提高到134元,年增长2%;而香港新界农民同期年均收入则增长了80%;这一年,香港农民收入与宝安农民收入比例是30:1。② 当时有民谣:"辛辛苦苦干一年,不如对面8分钱。"③ 历史反复证明,解决人民群众的物质文化需要与落后的社会生产力之间的矛盾是解决偷渡外逃问题的关键。1977年11月,邓小平到广州视察时所指出:"生产生活搞好了,还可以解决逃港问题。逃港,主要是

---

① 深圳博物馆编著:《宝安三十年史(1949—1979)》,文物出版社2014年版,第133页。
② 深圳市宝安区档案局(馆)等:《宝安史志》2008年第3期,第14页。
③ 指寄信给香港的亲属汇款回深圳;当时深圳寄信到香港要8分钱邮票费。

生活不好，差距太大。"① "这是我们的政策有问题。此事不是部队能够管得了的。"②

此外，历次逃港潮的发生也与当时香港当局的非法移民政策和香港产业发展的用工需求有关。当香港经济萧条、用工需求不足时，香港当局就改为"即押即解"的驱除政策。而当香港经济发展急需廉价劳动力时，就对内地偷渡者放松管制，采取收容庇护政策（"抵垒政策"），尤其是对25岁以下的青壮年劳动力格外"关照"。

二　国家困境

逃港潮暴露的是宝安县地方经济发展的问题，也是当时整个国家社会经济基础的一个缩影。在国家层面，外部的发展环境叠加内部的社会经济关系，给当时的中国带来了非常大的发展困境，整个国家和民族面临着巨大威胁。

西方积累数百年的科技力量：随着西方自文艺复兴时期以来的科技文明的发展和大航海与殖民地的开辟，西方完成了第一次和第二次工业革命，并建构起以自然科学为重的科技体系与教育体制，生产力和科学水平有了质的飞跃。而同时期的中国明清年间，还处在以"四书五经"等人文为重的科举教育体制影响下，继续着数千年的农业文明自然经济，至后期"闭关锁国"与西方文明切断了交流与联系。从此，许多中国以前很多领先世界的传统工艺与技术，逐步被西方超越，为近代中国落后西方世界埋下了隐患。

孤立于全球产业分工与贸易体系：从新中国成立后到改革开放前夕的30年里，中国在自晚清以来长期脱离西方科技文明，封闭循环的自然经济体系的基础上，利用极其有限的外部条件和资源，通过集中力量以

---

① 中共中央文献研究室编：《邓小平年谱（1904—1997）》（第四卷），中央文献出版社2020年版，第238页。

② 深圳博物馆编著：《宝安三十年史（1949—1979）》，文物出版社2014年版，第367页。

"提取农业剩余支持工业"的残酷发展模式，初步构建起国家基础工业体系①。但在外部遏制孤立我国的大环境里，我国始终没有机会融入海外贸易，一直被排除在全球产业分工与贸易体系之外。而在我国被遏制孤立的几十年里，美国为了主导经济全球化和产业链分工，构建起了全球产业分工与贸易体系。外部世界飞速发展，欧美、日本、韩国、新加坡等国和中国台湾及香港地区先后完成工业化。与海外技术、资金、市场等要素失去联系，被遏制孤立的中国，面临异常艰难的发展局面和西方世

---

① 新中国成立的1949年，人口5.4亿人，随后二十年进入人口高速增长阶段，以每年约1300万人的速度增加（国家统计局：《人口总量平稳增长，人口素质显著提升——新中国成立70周年经济社会发展成就系列报告之二十》，http：//www. stats. gov. cn/sj/zxfb/202302/t20230203_1900430. html，2019年8月）；当时全国全年产粮2264亿斤，人均粮食分配是209公斤，无法满足人们的温饱需求（国家统计局：《新中国成立60周年经济社会发展成就回顾系列报告之一》，http：//www.stats.gov.cn/zt_18555/ztfx/qzxzgcl60zn/202303/t20230301_1920380.html，2009年9月）。新中国在成立初期，便遇到困扰中国数千年的人地矛盾，面临历史上农业社会、小农经济下社会生产力不能"迭代升级"，农业产出无法满足人口增长的"无解之局"。同样是在1949年，全国钢产量约16万吨，煤产量约3200万吨，水泥产量约66万吨，发电量约43亿度（国家统计局：《新中国成立60周年经济社会发展成就回顾系列报告之一》，http：//www. stats. gov. cn/zt_18555/ztfx/qzxzgcl60zn/202303/t20230301_1920380. html，2009年9月）……这些惨淡的数据，每项都与美国差距巨大。就这些少得可怜的工业里，还是以轻纺、食品等消费产业为主，制造和生产工业相当于没有。重工业缺乏也制约轻工业发展，轻工业不足，严重影响衣食住行。走出历史周期律，活下去成为新中国成立初期首先面对的一场危机，由此开启了30多年的提取农业剩余建设基础工业体系的历程。在抗美援朝战争取得胜利的影响下，1949年毛泽东访问苏联后签订的50项重点工程，涉及煤炭、钢铁、电力等工业，于1952年正式确定下来。同年，周恩来和陈云率团访苏，又签订91个大型项目，连同之前签订的50个项目，将在1953—1959年陆续开工。1954年赫鲁晓夫访华，和中国签订10项文件，包括后续签订的军事工程、造船等项目，前后共计174项工程，经过修改调查，最后确定了154项（由于156项工程的名称已经公布，就通称为"156项工程"）。这些项目是中国"一五"计划的核心，到20世纪50年代后期已经建成航空、航天、电子、兵器、船舶、冶金、钢铁、有色金属、化工、石油、煤炭等较为完整的基础重工业体系，中国才暂时走出新中国成立初期的危机。引进的"156工程"以重工业为主，初步夯实了中国的工业基础，也为后期轻工业的发展提供了基础。20世纪70年代末，欧美国家都发生了不同程度的经济危机，外交努力促使中美国家关系在1972年恢复正常，结束美苏围堵的艰难岁月，为中国和欧美国家合作，急需引进一整套轻工业体系创造了条件。1973年3月，国家计委提交《关于增加设备进口、扩大经济交流的请示报告》，毛泽东和周恩来圈阅同意，并拟在三到五年内，集中进口一批成套设备和单机设备。因准备投资43亿美元，引进欧美国家的轻工业体系，这次引进便称为"四三方案"。"四三方案"共有26个项目，包括四川维尼纶厂等化纤基地、3套石化设备、13套化肥项目、3个大型电站项目、2套钢铁项目、1套烷基苯项目（陈锦华：《国事忆述》，中共党史出版社2005年7月版）。"麻雀虽小，五脏俱全"，从"156工程"到"四三方案"，从起步开始朝着初步建设我国门类较齐全的基础工业体系的方向发展了。这套相对总体国民经济规模产能极其有限的还远不能解决社会物质短缺的基础工业生产体系，构成了20世纪80年代改革开放前的国家工业发展的"家底"。

界的威胁。

三　从地方起步的改革开放

来自基层群众的改革呼声：为改善当时人民群众落后的生活水平，1974—1977年，宝安县领导一直在考虑如何加快农业发展的步伐，提高人民群众的实际收入。为此，他们下乡调研，先后在东部的龙岗、坪山、坪地，西部的沙井、福永、松岗、西乡，边境地区的附城、沙头角、南头等社队，听取在基层的农民有什么好办法、好建议，能够改变宝安停滞不前或发展不快的面貌。通过调研了解到农民的呼声主要在四个方面：一是由于粮食征购任务太重，多种经营发展不起来，大家一致要求减轻粮食征购任务，发展多种经营。二是"文化大革命"初期，为给国家多交粮①，挤掉了鱼虾生产，"增产减收"伤害了农民积极性，要求上级调减粮食种植计划和粮食上交任务，恢复基围田养鱼虾的传统，让农民富裕起来。三是认为"文化大革命"中批判的"三个五"政策是利民富民的好政策，不应该作为资本主义道路来批判。四是提出扩大过境耕作的人数，将原来在新界的土地改为种菜和养鱼，丘陵地区发展现代化养鸡场，请求上级调减粮食任务，恢复边境小额贸易。除了群众意见，在一线摸爬滚打的一些老干部也"谏言"：要发展快一点，不能光搞粮食生产，要搞外贸基地，县里要扶持。

这次调研让宝安县领导看清了现存农业体制和农业政策上存在的弊病，大大增强了改革开放的自觉性。他们深刻地认识到，偷渡潮的反复出现是农民生活长期得不到改善的结果，如果不极大地提高农民的生活水平，想任何办法都无法从根本上解决偷渡问题。在听取群众意见和老干部建议后，县领导有了发展思路：第一，只有提出建外贸基地，上级政府才能批准减少粮食上交任务，只有减少粮食上交任务，农民才能养鸡、养猪、种蔬菜出口，也才能有稻谷作饲料。第二，多年来香港鲜活食品一直靠内地数省提供货源，货运由河南、湖南、江西开往香港的三

---

① 为了给国家多交"忠"字粮，把粮食种植从一造改成双造，上级部门把社员交"忠"字粮这种自愿做的贡献变成了每年必须完成的硬任务，粮食产量任务连年加重，劳动强度大增，挤掉了鱼虾生产。宝安县过去的粮食任务是90万担，后来增加到113万担，增幅超过20%，全县不足10万个劳动力，每个劳动力平均负担超过千斤粮。在不改善农业耕作方式的条件下，确实是达到了极限。（深圳博物馆编著：《宝安三十年史（1949—1979）》，文物出版社2014年版，第381页。）

趟货运火车，由于运输线长，畜禽死亡损耗大，创汇成本高，导致外贸亏损严重；宝安与香港只有一河之隔，从这里提供鲜活食品，既可以减少损耗，减轻国家负担，又能增加宝安农民收入，还能让香港人民吃到更便宜、更新鲜的食品。第三，解决问题的关键就是在毗邻香港的宝安建设出口外贸基地。为此，1975年和1976年宝安县委两次向省革委会和惠阳地区革委会报告，建议调减宝安粮食任务，以提供力量在宝安建设供港鲜活食品的外贸出口生产基地，但没有得到批准。

  向上级反映农民的改革诉求：建立外贸生产基地，搞活边境小额贸易，出台"三个五"政策，让群众更快地富裕起来，成为当时宝安县经济工作的重心。但在当时的环境下做起来难。"文化大革命"结束后，党的"实事求是"的基本路线得到恢复，思想解放让宝安县委看到了希望，增强了信心。他们认为向上级反映宝安真实情况的时机成熟了，重提边境小额贸易的时机也成熟了。1977—1978年，先后有国家财政部长张劲夫、国务院财贸办主任姚依林、外贸部郑拓彬、贾石部长等到宝安调研，省委、省革委会的老领导王首道、李坚真、寇庆延、王全国、范希贤、李建安、王宁等到宝安蹲点、调研，县委书记方苞陪同并向他们反映了边境偷渡问题、边境地区经济状况以及农民关于恢复"文化大革命"前边境经济政策的呼声，还两次建议把宝安建设成向香港提供鲜活食品的外贸生产基地的设想。[①] 上级领导听了县委领导的汇报后，都觉得有道理，表示赞同县委的主张，并向北京有关领导汇报。

  建立外贸生产基地：宝安县革委会提出的把宝安建设成为供应香港鲜活食品的出口商品生产基地的报告，时隔三年后，终于在1978年获得批准。1978年4月，国家计委宋一民司长、外贸部杨威局长率领的工作组到宝安具体规划并组织实施。[②] 初步计划调减宝安粮食种植面积5万亩及相应的粮食征购任务，腾出土地和劳动力养殖"三鸟"、生猪、塘鱼和种植果菜。1979年年初，上级政府进一步放宽政策，广东省委、省政府下发文件，指出宝安在粮食自给的前提下，可以根据香港鲜活食品市场的需要，自主决定粮食种植面积，粮食任务也按实际情况实行调减。这

[①] 中共广东省委党史研究室编：《广东改革开放决策者访谈录》，广东人民出版社2008年版，第441—442页。

[②] 中共广东省委党史研究室编：《广东改革开放决策者访谈录》，广东人民出版社2008年版，第442页。

一突破性进展彻底放开了宝安县委的手脚,让他们可以按照市场的需要自主安排农业生产了。外贸生产基地建设,种养业大发展,迫切要求改革农业管理体制,以提高生产效率。1979年,坪山公社带头实行"包产到户",获得了丰收,带动全市农村在1980年基本实行"包产到户"。这一政策消除了过去分配不均、社员出勤不出力的弊病,劳动效率大大提高,从而释放出大批劳动力,使其从事种养业,发展多种经营。

恢复边境小额贸易:1978年4月,习仲勋任广东省委书记,7月上旬,就与王全国一起到宝安调研。他们先后到了沙头角、罗芳、莲塘、皇岗、水围、渔农村、蛇口渔一大队,询问了解群众偷渡的情况,与当时正在举办农村支部书记学习班的20多位支部书记座谈。他在离开宝安之前,作了许多重要指示:"解放30年了,香港那边繁荣,我们这边却很荒凉,一定要下决心改变这个局面,要努力缩小差距。"他还说:"农民负担很重,群众偷渡的主要原因是政策问题,只要政策对头,经济很快可以上去,偷渡问题就解决了。""外贸生产基地规划好了就要干,要讲求实效。""搞外贸基地建设,主要看香港市场需要什么,什么价高,赚钱多,你们就生产什么。""只要能把生产搞上去,农民能增加收入,国家法律没有规定不能搞的,就大胆地干,资本主义有些好的方法我们也要学习。""同意你们提的办法,过去'文革'搞错的,现在都要改正过来。""你们有什么具体问题就找田夫、全国同志。"① 1978年7月,国家计委副主任李人俊还专程到宝安,向宝安人民传达李先念主席的一个批示:无论如何要把宝安和深圳建设好,不建设好,就是死了也不甘心。② 根据上级领导的指示,1979年1月,宝安县领导方苞趁出席传达党的十一届三中全会精神的省委扩大会议时,分别找了习仲勋和刘田夫,请示落实恢复边境小额贸易政策。他们指定省革委会审议宝安县恢复边境小额贸易有关政策规定和实施方案。1979年1月23日,省革委〔1979〕21号文件作出了批复。③ 根据省革委的指示,边境小额贸易不仅

---

① 中共广东省委党史研究室编:《广东改革开放决策者访谈录》,广东人民出版社2008年版,第442—444页。
② 中共广东省委党史研究室编:《广东改革开放决策者访谈录》,广东人民出版社2008年版,第442页。
③ 中共广东省委党史研究室编:《广东改革开放决策者访谈录》,广东人民出版社2008年版,第444页。

得到恢复，而且在政策上比先前更加放宽了①。

宝安县小额边境贸易的开展，扩大了对外开放的程度，提高了农民群众的收入。此外，成立小额贸易公司突破了过去外贸只是国营外贸公司独家经营的体制，促进了价格管理体制的改革。过去，国营外贸公司垄断经营下价格管理体制僵化，收购价格从不根据市场的变化而变化，长期维持在极低的水平，使农民没有上交农副产品的积极性。② 小额贸易公司的收购价格随市场变化而变化，带动了国内市场价格体制的改革，从水果、蔬菜到鱼、肉价格逐步放开，农民的生产积极性大大提高，从而加速发展生产，使过去短缺的农副产品不再短缺，居民的生活有了保障。

专栏 2-1　宝安县建设外贸生产基地，发展边境小额贸易的措施

宝安县委先后组织干部和派人员到香港参观香港鲜活食品市场，学习新界农民现代化养鸡、养猪和鱼塘养鱼的经验，与香港中资企业五丰行合办年养 5 万只鸡的"试验养鸡场"，并作为培训基地。在随后两年中，宝安每个社队新办养鸡场都派青年农民出境驻点培训，大力发展培养技术骨干。短短三五年间，几百个集体和个体养鸡场办成功了。后来深圳引进泰国的独资企业正大康地公司，并由畜牧总局投资，

---

① 放宽的政策包括：以前只限于边境生产大队，现在放宽到边境和沿海 12 个公社，其范围超过了半个县。县内非边境地区小宗鲜活商品以及完成交售任务后的大宗鲜活商品，也可以交给县外贸公司代办出口。过去经营范围只是国营外贸不经营的小宗鲜活农产品，现在扩大为社队完成交售任务后的大宗鲜活农产品，所得外汇国家与集体六四分。过去自留外汇的使用只准委托县边境小额贸易公司进口社队用的生产资料，现在可以委托该公司进口社员自用的必需生活资料。同时还允许过境耕作农民、渔民、蚝民在香港带回废旧汽车、轮胎、钢材、木材、电线、塑胶等物资，海关按规定批准免税放行。（深圳博物馆编著：《宝安三十年史（1949—1979）》，文物出版社 2014 年版，第 387 页。）

② 如国有公司出口 100 斤稻草，收购价只有 2 元左右；小额贸易公司根据香港市场的需要，收购价为 8—10 元。在这种情势下，国有公司不得不也跟着提高了收购价。优质荔枝在香港市场的价格是 20 元港币（折人民币 6 元左右），而过去国有公司收购价仅为每斤 1—3 角；小额贸易公司参与竞争后，收购价提高到 1—3 元。雨季时，菜心在香港市场卖到每磅 4 港元，国营外贸公司独家经营时收购价为每斤 4 分到 1 角，后来不得不提高了 3—5 倍。活虾在香港市场的价格历来都很高，零售价为每斤 40—80 港元。国营外贸公司原收购价是每斤 8 角，小额贸易参与竞争后，其价格上浮 3—5 倍。（深圳博物馆编著：《宝安三十年史（1949—1979）》，文物出版社 2014 年版，第 388 页。）

深圳出土地、人力，双方合作办起了年产10万吨饲料的华宝公司。这两家饲料公司生产的饲料覆盖了整个广东省。有了饲料的保证，宝安大规模的养鸡场就轰轰烈烈办起来了。除了养鸡，宝安还大力发展养猪事业。到1983年，宝安有现代化养猪场200多个，养猪16.2万多头，猪肉上市量1230万斤。宝安的养渔业也充分利用了香港的技术与资金。1978年，宝安仅有6000亩渔塘，由于减少了稻田面积，扩大了鱼塘面积，到1982年，渔塘面积达到7万亩，基本上都是与港方合作开发，产品大部分出口。在与香港合作交流中，深圳引进了许多优良鱼种，如石斑鱼、加州鲈鱼、福寿鱼、白鲳鱼等。为解决宝安养殖业迅猛发展容易引起的环境污染问题，县委决定走"种养结合"的路子：把养鸡场办在果园或者鱼塘边上，或者在鸡场边上开垦果园或挖渔塘；一般是万株荔枝树或千亩渔塘与10万只鸡、1000头猪相配套，鸡、猪的粪便可作荔枝的肥料，也可作鱼的饲料。

宝安县为了解决农业发展中出现的问题，积极做好引导、组织、服务、销售等工作，先后成立了养鸡、畜牧、水产、蔬菜、水果等公司。这些公司实行产供销一条龙，内外贸一体化。它们除了办好示范性生产基地外，把主要力气用在对社队和生产专业户产前、产中和产后服务上，努力抓好良种、饲料、疫苗、农药的生产、供应和技术培训，同时，提供资金支持、收购产品出口。这样促进了宝安农业的规模经营和集约化生产，降低了生产成本，使宝安的农业在国内较早走上了现代农业之路。

在为农户服务的过程中，宝安成立的专业公司探索了许多成功的做法。发动农民养鸡，要解决鸡的种苗、饲料、收购、运输等问题。1979年，深圳成立了养鸡公司（康达尔公司前身），负责提供种苗、饲料、医药和收购活鸡的运输出口，对建设年出栏10万只鸡的养鸡场提供免息贷款，10年内从收购活鸡出口中逐步扣回。1978年宝安养鸡出口4万只，到1980年产量达180万只鸡，到1989年产量达2000万只，其中出口1000万只。水果公司提供种苗、肥料、开发费扶持农民种果树，以鲜果折价偿还贷款。1978—1980年，宝安新办荔枝果园17个，

> 新种荔枝1.2万亩，约19万株，20世纪80年代后半期，宝安有荔枝8.76万亩，年产荔枝1071吨。水产公司与社队合作，与外商联营，扶持南头、沙井发展网箱养耗，扶持大鹏、南澳发展网箱养鱼。蔬菜公司扶持社队扩大蔬菜种植面积，从7000亩发展到7万亩。种养业的规模化、集约化、商品化、现代化生产使宝安农民很快富裕起来。20世纪80年代初期，农民通过多种经营，通过种养业，从万元户上升到二三十万元户。宝安的农民在改革开放后的短短的几年中就脱贫致富，生活水平追上并超过了香港新界的农民，当年许多外流的青年又选择回到家乡生产、生活。
>
> 资料来源：深圳博物馆编著：《宝安三十年史（1949—1979）》，文物出版社2014年版。

四 经济特区建立

面对姓"资"与姓"社"、"计划"与"市场"的争论，面对西方的孤立政策与自身落后的经济发展，中国努力寻求该如何走出内忧外患的困境。

1977年11月11—20日，邓小平复出后首站到广东视察。当广东省委领导汇报一些边境地区的农民逃港问题十分突出时，邓小平指出："看来最大的问题是政策问题。政策对不对头，是个关键。""你们的问题相当集中，比较明确，要写个报告给中央，把问题分析一下，什么是自己要解决的，什么是需要外省和中央解决的，看来中心的问题还是政策问题。"[①] 这为此后提出创办经济特区埋下了伏笔。1978年4月10日至5月6日，受国务院委派，国家计委和外经贸部组织考察组，对港澳实地调研。考察组回京后向中央提交《港澳经济考察报告》，提出：可借鉴港澳的经验，把靠近港澳的广东宝安、珠海划为出口基地，力争经过三五年的努力，在内地建设具有相当水平的对外生产基地、加工基地和吸引港澳同胞的游览区。[②]

党的十一届三中全会后，创办经济特区的设想逐步形成。1979年4

[①] 中共中央文献研究室编：《邓小平年谱（1904—1997）》（第四卷），中央文献出版社2020年版，第238—239页。

[②] 钟坚：《经济特区的酝酿、创办与发展》，《特区实践与理论》2015年第5期。

月，中共中央工作会议召开，广东省委负责人在向中央领导同志作汇报时，建议中央下放若干权力，允许在毗邻港澳的深圳市、珠海市和重要侨乡汕头市开办出口加工区。这一建议得到了中央领导同志的重视。① 在深入细致的调查研究基础上，7月15日，中共中央、国务院批转了广东、福建两省省委关于在对外经济活动中实行特殊政策和灵活措施的报告，决定对广东、福建两省的对外经济活动给予更多的自主权，以充分发挥两省的优越条件，扩大对外贸易，抓紧当前有利时机，先走一步，把经济尽快搞上去。同时决定，先在深圳、珠海两市划出部分地区试办出口特区，待取得经验后，再考虑在汕头、厦门设置特区。这一重大决策的实施，使广东、福建两省的对外经济活动迅速活跃起来。1980年5月16日，中共中央和国务院批准《广东、福建两省会议纪要》，"出口特区"正式改名为"经济特区"。同年8月，五届全国人大常委会第十五次会议审议批准在深圳、珠海、汕头、厦门设置经济特区，并通过了《广东省经济特区条例》。至此，完成经济特区设立的决策和立法程序。1980年8月26日，深圳率先成立了中国第一个经济特区。

负责广东特区筹办、曾兼任深圳市委第一书记的吴南生回忆道："最令人感到高兴和意外的是，在《特区条例》公布后的几天，最困扰着深圳——其实也是最困扰着社会主义中国的外逃现象，突然消失了！确确实实，那成千上万藏在梧桐山的大石后、树林中准备外逃的人群完全消失了！"② 建立深圳经济特区，结束了逃港潮，打开了中国内部与外部世界联系的一扇窗。由此，各种外部经济要素，快速流入深圳及周边区域，

---

① 习仲勋在1979年4月召开的中央工作会议上提出：广东邻近港澳，华侨众多，应充分利用这个有利条件，积极开展对外经济技术交流。我们省委讨论过，这次来开会，希望中央给点权，让广东先走一步，放手干……"麻雀虽小，五脏俱全"，作为一个省，是个大麻雀，等于人家一个或几个国。但是现在省的地方机动权力太小，国家和中央部门统得过死，不利于国民经济的发展。（广东省档案馆编：《广东改革开放三十年重要文献档案文献》，中国档案出版社2008年版，第10页。）邓小平指出：广东、福建实行特殊政策，利用华侨资金、技术，包括设厂，这样搞不会变成资本主义。因为我们赚的钱不会装到华国锋同志和我们这些人的口袋里，我们是全民所有制。如果广东、福建两省八千万人先富起来，没有什么坏处。（中共中央文献研究室编：《邓小平年谱（1904—1997）》（第四卷），中央文献出版社2020年版，第506页。）会议期间，广东省委提出要求在改革开放中"先行一步"，在邻近香港、澳门的深圳、珠海以及汕头兴办出口加工区。邓小平表示赞同，并说：还是叫特区好，陕甘宁开始就叫特区嘛！中央没有钱，可以给些政策，你们自己去搞，杀出一条血路来。（中共中央文献研究室编：《邓小平年谱（1904—1997）》（第四卷），中央文献出版社2020年版，第510页。）

② 胡野秋：《深圳传：未来的世界之城》，新星出版社2020年版，第21—22页。

开启了包括龙岗地域在内的周边区域的快速城市化进程。

第四节　小结：城市化之机

改革开放前夕的 1978 年，龙岗区所辖地域有原住居民 10.69 万人，以从事农业生产为主，人均年收入约 500 元。虽毗邻已深度融入全球产业分工和贸易体系的国际都市——香港，但在体制与政策隔离下，作为全国农业社会自然经济下的一个地域单元，与香港的社会经济存在巨大落差。在面临外部工业文明商品经济的威胁下，地方谋求社会经济发展的诉求和探索实践，扣动了社会革新与发展破局的"天时、地利、人和"之机。随后经济特区建立，作为改革开放最前沿的组成部分，外部力量涌入龙岗及周边区域，推动了一场影响深远的社会变革，继而开启了深圳及龙岗地区的高速城市化进程。

一　农业社会自然经济向工业文明商品经济转轨

作为当地农业社会自然经济里城市最高组织形态的宝安县城，最核心的功能仅仅是为行政地域提供基本的管理与服务；而县域内散布的集贸墟镇，也只是为广大乡村地区提供最基本的集市贸易，实现了"城"与"市"中物质交换的功能。这是改革开放前龙岗地区以及整个国家广大城乡地区现实的社会生产力和传统的生产生活方式，这种封闭循环的自然经济已经延续了数千年。此时，大洋彼岸的西方经历数百年工业革命后，已经建构起以自然科学为重的科技体系与教育机制，社会生产力已发展到工业文明商品经济，形成了全球产业分工与贸易体系。工业文明造就的一个个城市或城市群，既是这个体系的发展结晶，也是其体系内各个"集团"竞争角逐的核心载体。孤立于全球产业分工与贸易体系，基于农业文明建立的"城"与"市"挑战与机遇并存。外部世界建构起的工业文明商品经济，为打破数千年的传统农耕文明及文化属性，进而发展更为先进的社会生产力与生产关系，创造了"天时"之机。

二　良好的营城条件与独特的地缘区位

龙岗建区之初是深圳土地面积最大的区，有较大规模较适宜开发建设的土地资源，并且山环水润的自然环境为城市开发提供了良好的自然环境条件。此外，龙岗地区近邻港澳，连通海外，地处国家内外向经济交汇区，位于深圳都市核心外围圈层，独特的地缘区位赋予了地区未来城市发展特殊的职责担当与"地利"之便。

三 地方谋求经济发展的诉求推动社会变革

香港与宝安一河之隔，对岸是进入西方工业化体系并先发展起来的工业文明下的商品经济社会，这边是持续几千年农业文明下的自然经济。在落差巨大的生活条件面前，发展经济迫在眉睫。而长期以来，移民文化造就的龙岗地域的滨海客家原住民主体，其形成了"重农重商、开放包容、民风开化、开拓进取"的文化属性，为社会发展注入了人文精神动力。宝安县从谋求农业更好更快的发展开始，恢复小额边境贸易、建立边境外贸基地，这些来自地方改善基层百姓生活条件的呼声，以及广大群众求生存、求发展的"致富"渴望，一方面在体制机制上以地方"试验"的方式打破了当时国家政治上的"路线与主义"之争和既有的"集权计划模式"；另一方面也将地方探索实践向上传达至中央决策，促成"人和"之利。众智与民愿汇聚成上层的智慧与抉择，进而开启了一个巨大社会变革的时代——中国的改革开放，带来了全民族全力融入并学习利用外部世界先进科技与制度的机遇。

第三章 镇村并进：农村城市化时期
（1980—1992年）

第一节 构筑外向型经济的起点

一 从"低端"开始的机会

欧美国家工业化开始最早，第二次世界大战之后，欧美地区的经济得到迅速恢复和发展，进入后工业化阶段。与发展中国家相比，欧美发达国家的土地、劳动力等成本较高，且环境保护意识逐渐增强，产业升级压力大。为了降低生产成本、扩大销售市场，获取更高的收益，将企业生产的某些环节或产业链中产品附加值较低的产业，向土地、劳动力价格较低且市场需求量大的发展中国家转移，产业的空间分布呈现国际转移的现象[①]。在资本逐利的市场经济条件下，欧美地区的一些跨国公司顺应区域比较优势的变化，跨区域直接投资，率先把部分产业的生产转移到成本较低的地区。这种转移首先来到日本，紧接着日本经济起飞的是亚洲"四小龙"，即韩国、中国台湾、中国香港和新加坡（见图3-1）。20世纪70—90年代，它们利用发达国家向发展中国家转移劳动密集型产业的机会，吸引外国大量资金和技术，利用本地廉价而良好的劳动力优势，实时调整经济发展策略而迅速发展，成为东亚和东南亚继日本后新兴的发达国家或地区，也成为东亚和东南亚地区的经济火车头之一。

---

① 国际产业转移，指某些产业从一个国家和地区通过国际贸易和国际投资等多种方式转移到另一个国家和地区的过程；长期以来，国际产业转移主要发生在制造业领域。依靠市场驱动来实现产业转移首先需要一个庞大的市场规模，充分的人才储备，充足而廉价的劳动力。足够庞大的市场足以鲸吞一切落地的产业，天下熙熙皆为利来，天下攘攘皆为利往，受利益的驱逐，资本家们自然乐意也会尽一切力量促成产业转移与要素配置。

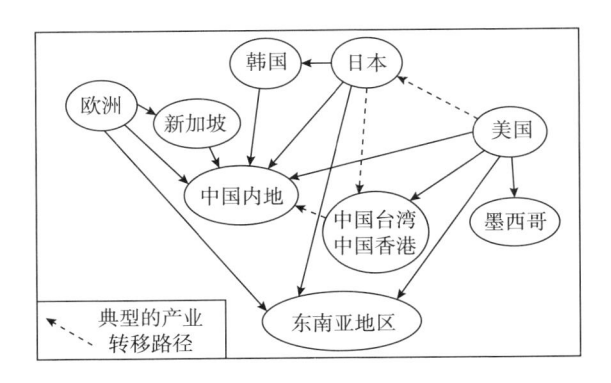

图 3-1　20 世纪 60 年代以来全球产业转移示意

随着全球工业化生产与贸易的持续扩大，在日本和"亚洲四小龙"经济高速发展后，其与欧美地区一起，产业进一步向东亚及东南亚地区转移，尤其是中国香港面临将大量劳动密集型产业进行外移的发展需求。时逢世界范围内产业转移的历史机遇，中国利用巨大的劳动力供给、土地资源等生产要素的比较优势，通过实施改革开放政策，开启了工业化与城市化的进程。深圳因与香港有着天然的地缘优势、文化认同以及人员往来联系，是沿海最理想的产业输入地，被中央确定为改革试验田，对外开放的窗口。

改革开放之初，早在特区成立之前的 1978 年 4 月，当国家计委、外贸部联合工作组到宝安县规划外贸生产基地的时候，县委请外贸部驻港机构的部分公司经理到深圳座谈。德信行经理提出宝贵建议：宝安在发展鲜活食品生产的同时，也要抓住香港经济结构调整的有利时机，充分利用宝安毗邻香港、交通运输快捷、工业成本低的有利条件，用"三来一补"的形式承接部分香港工业的转移。① 宝安县领导认为，这是一个难得的历史机遇，一定要牢牢抓住。一个县单有农业还是不稳固的，因为农业受气候、病虫害等自然因素影响太大，只有有了工业才能互补，人民也才能真正富裕起来。在这种认识下，宝安开始在沙头角、深圳镇、附城、盐田等公社引进"三来一补"② 企业（见图 3-2）。1977 年由宝安

---

① 方苞：《宝安：走在改革开放的前列》，《源流》2008 年第 12 期。
② "三来一补"，指国内企业与国外、港澳地区企业之间进行的来料加工、来样加工、来件装配和补偿贸易四种经济合作方式的总称，详见本章专栏 3-1《"三来一补"的内涵、历程及影响》。

第三章 镇村并进：农村城市化时期（1980—1992年） / 57

引进了有100多名工人的假发厂；1978年4月，宝安沙头角建起了外商投资的胶花厂、表链厂、钥匙圈厂、牛皮加工厂、手套厂和丝花厂，共6家工厂。与宝安毗邻的东莞县在全国引进外资办厂也是比较早的，在1978年7月就在太平建立了东莞"第一家外资厂"。

图 3-2　1978年布吉首批来料加工企业
资料来源：龙岗区布吉街道办。

1978年7月，习仲勋在时任宝安县委书记方苞陪同下视察了沙头角，听了镇委书记的汇报，看了刚引进两个多月的胶花厂，得知现在人心开始安定，外逃的少了，有的外逃人员看到内地发展的前景，甚至表示愿意回来。习仲勋很高兴，勉励宝安县委要大力发展"三来一补"企业。当时中央还没有下文，上级部门批准和海关放行阻力还比较大，审批往往需要半年之久，但经过努力，到1979年4月1日，宝安共引进"三来一补"企业27宗，获得工缴费169万元。这一年2月，国务院发出〔1979〕38号文件，要求宝安县在若干年内建设成为具有相当水平的工农结合的出口商品基地，建设成为吸引港澳游客的游览区，建设成为边境城市（以下简称"三个建成"）。1979年8月，国务院下发国发〔1979〕202号文件，明确对来料加工、装配业务要简化审批手续，明确了创汇地方留成比例。引进"三来一补"企业的步伐大大加快，"三来一补"企业如雨后春笋般在深圳发展起来。按照1980年5月的统计，深圳与外商签订协议近400项，其中农村社队占78%，平均每个大队就有1项，共收入工缴费462万美元①。通过外资政策和外引"三来一补"企业起步，深圳特区内外以及邻近的东莞等地，在资金、技术、管理经验缺乏的情况下，从主要以轻工消费产品为主的"低端"加工制造产业开始，以相对世界发达地区低廉的劳动力工资、低成本的土地供给条件，吸引以香港为主的外部地区的资金、技术、管理经验等，进而利用香港港口转运条件联通海外市场，发展面向海外需求的外向型经济。

专栏 3-1　"三来一补"的内涵、历程及影响

内涵："三来一补"是来料加工、来样加工、来件装配及补偿贸易的统称。所谓来料加工、来样加工、来件装配是指由外商提供原料、技术、设备，由中国大陆企业提供土地、厂房、劳动力，并按照外商要求的规格、质量和款式，进行加工、装配成产品交给外商，并按合同收取加工劳务费的合作方式。补偿贸易是由外商提供技术设备、原材料和服务，中方企业按照对等金额以产品或劳务偿还。

实际操作中通常为外商与中方（珠三角地区的村镇经济发展公司）订立加工装配业务合同，并办理加工装配工厂的设立登记，由中方委派厂长、财务或关务，外商出资金、设备、技术及来料、来样、来件并组织生产加工，出口后按月根据企业规模（如职工人数等）或外汇工缴费的一定比例向村镇经济发展公司上缴统筹及相关的管理费。确定工缴费时，需要考虑国内的收费标准、自身的成本、国际上的价格水平、委托银行收款的手续费，以及是否支付运费和保险费。

历程：1978年7月，中国政府决定对外开展补偿贸易、来料加工、来件装配等业务。开始主要在广东及部分沿海地区，取得了可喜成绩。1979年9月，国务院颁布《开展对外加工装配和中小型补偿贸易办法》（以下简称《办法》），对上述灵活贸易方式给予免除关税、工商税等优惠。在《办法》的鼓励下，随着中国对外开放的深入，"三来一补"迅速发展，行业包括轻工业、纺织工业、食品工业、电子工业、

---

① 深圳博物馆编著：《宝安三十年史（1949—1979）》，文物出版社2014年版。

> 机械工业、旅游业、水产捕捞业和养殖业等广泛的领域。中国对"三来一补"企业给予必要的扶持和优惠待遇，同时国家也要求企业"重合同，守信用"保证产品质量，按时交货。国家为鼓励地方和企业发展来料加工装配业务，对外经济贸易部在1988年颁布了《关于放宽来料加工装配品种限制及有关问题的规定》，采取了一系列鼓励措施，大大调动了地方和企业开展来料加工贸易的积极性，促进了这项业务的发展，在规模上从沿海发展到内地。
>
> 影响："三来一补"发挥了中国劳动力资源丰富、劳务成本低的优势，成为中国利用外资、扩大对外贸易的重要形式。其创造了就业机会，增加了国家外汇收入，弥补了资金的不足和技术劣势，引进了一些适用的先进设备，使中国企业学到了一些管理经验，还可以利用外商的销售能力，开拓国外市场，促进了社会经济的发展。

在获得面向海外市场的发展机会后，深圳由传统的以农业为主导产业的经济结构开始向以工业、第三产业为主的产业结构转变。1985年深圳特区内开始第一次产业转型升级，从改革开放初期的商贸业、建筑业转向发展工业。1985年11月，由国务院直接指挥组织，召开"深圳经济特区发展外向型工业座谈会"，第七个五年计划也明确要求"经济特区要在继续积极引进技术的同时，逐步做到生产以外销为主，力争给国家多创外汇"。深圳据此提出"七五"计划的工业目标：利用外资15亿美元，国内投资60亿元人民币，新建工厂500间，到1990年，工业总产值为90亿元。同时，从1986年到1988年，用三年时间，基本形成外向型的工业结构。自此深圳进入雄心勃勃的快速工业化阶段，以劳动密集型为特点的"三资"企业持续大量涌入，并迅速从特区内溢出并布满特区外的广大地区。特区内形成了以电子轻工为主的上步、八卦岭工业区，以高新技术为主的科技工业园，以机械加工为主的梅林工业区，以轻工、纺织为主的莲塘工业区，以建材为主的龙井工业区；特区外则沿107国道以及205国道（深惠公路）两条发展轴加工制造业快速蔓延。位处205国道的龙岗地区，20世纪八九十年代，引进的"三来一补"企业和"三资"企业①，形成"进料—加工—增值—出口"的低端加工制造发展模式，参与国际分工和竞争，从而与深圳特区及周边区域一起，构筑起外向型经济的起点，加速地区经济起步发展的同时，快速展开城市化起始阶段的原始资金积累。

二　外来劳动力与土地的结合

新中国成立以来，农业劳动生产率提高后单位耕地所能容纳的劳动力更少，而随着人口增长、宜耕地开垦利用减少，整个农业发展驱使农村内部大量剩余劳动力需要转移就业。到改革开放前夕，由于在农业生产中存在大量剩余劳动力，广大农村地区出现"三个月种田，两个月过年，七个月休闲"的现象。农村剩余劳动力的存在从性质上说既是相对的，又是绝对的。从当时全国地区间劳动力供需平衡及农村经济发展前景看，它具有相对过剩的性质；但从部分劳动力众多而经济发展落后的地区看②，它又具有绝对过剩的性质。大量剩余劳动力滞留在土地上，必然会影响劳动生产率提高，导致农业生产成本提高和经济收入水平降低。当本地非农产业不能满足剩余劳动力就业时，势必会有一部分农村劳动力进行跨区域流动③。

经济特区的建立，为处于珠江出海口东、西两岸，毗邻港澳并连通海外的深圳、东莞、惠州、珠海、中山、佛山和广州等地区利用海外市场及生产要素发展外向型经济创造了条件。位于这个出海口的区域，在由农业社会向工业社会转型的改革开放前夕，提供了可供工业发展与城市建设的大片未开发的土地资源。1979年9月，按照国务院、中央军委的命令，中国人民解放军基建工程兵冶金系统调集五个建制连共1041人组成先遣团，从鞍山开赴深圳，率先来到这片土地，拉开了基建工程兵建设深圳特区的序幕，他们成为深圳第一批拓荒者。1982年秋，中国人民解放军基建工程兵近两万人奉国务院和中央军委的命令，分别从天津、上海、唐山、鞍山、沈阳、本溪、锦州、西安、汉中、安顺、遵义、荆

---

①　"三资"企业，指在中国境内设立的中外合资经营企业、中外合作经营企业、外商独资经营企业三类外商投资企业。

②　如毗邻广东的经济欠发达中西部省份，包括湖南、湖北、江西、广西等，而中西部的四川、河南等传统农业与人口大省的情况更为突出。

③　兰荣禄：《新中国农村剩余劳动力转移的历史轨迹与现实走向》，硕士学位论文，福建师范大学，2005年。

第三章 镇村并进：农村城市化时期（1980—1992 年）

门、郑州等地陆续调入深圳。基建工程兵完成了深圳第一座大型商场、第一幢高档酒楼、国商大厦等的建设，拉开了改革开放和深圳建设序幕。而接下来改革开放后引入的外向型加工企业，接到源源不断的订单，工厂不断提高生产规模的同时，率先发展的企业发现：需要更多的工人。1986 年，中央 1 号文件《关于一九八六年农村工作的部署》规定：允许农民自理口粮进城务工经商。我国历史上一场由内地向沿海流动的巨大的劳动力群体出现了，即来自农村、户籍在农村却工作生活在城市的一个庞大群体——农民工。一组数据反映了随后的发展情况：1992 年，4000 多万农民工流入沿海城市，1993—1994 年增加到 6000 万人，1995—1996 年曾经有约 8000 万人[1]。沿海省份吸纳了中国逾 60% 的农民工，他们来到劳动密集型出口制造企业和所在的城市，大大推动了珠三角、长三角的发展。

龙岗及深圳周边区域，主要利用"三来一补"和"三资"企业，实现内地劳动力与沿海土地的结合，构建起了外向型经济循环。大量农民工的输入，提供了数量充裕且价格低廉的劳动力要素，尤其是农村劳动力填补了城市劳动力的结构性稀缺[2]，促进了当地第二、第三产业的发展，弥补了经济发展中劳动力的不足。这个劳动力群体与当地土地的结合，既是工业化生产的主要力量，如当时深圳及周边区域如雨后春笋般兴起的玩具厂、鞋厂、包装厂等加工企业，来自内地的"外来妹"[3] 凭其柔软的指尖筑起的细腻和坚韧，为工厂获得并完成越来越多的订单；同时也是推动当地城市建设、加速城市化进程的重要力量，如铁路、公路、城市建设的推进，一批来自内地省份农村的小伙子，进入建筑队、砖瓦厂，加入修路、架桥、市政园林建设的行列。据调查，深圳、上海等地的楼宇、交通及基础设施，80%—90% 是由外地民工兴建的。1978 年，龙岗地区原住居民人口为 10.69 万人；1980 年深圳经济特区建立后，经济迅速发展，外来人口的大量流入，到龙岗区成立前夕的 1992 年，全区

---

[1] 温铁军：《我们是怎样重新得到迁徙自由的》，《中国改革》2002 年第 5 期。

[2] 诸如搬运、换位、修理、收破烂、贩蔬果、医院看护、家庭保姆、餐饮服务等行业，基本由农民工承担，许多城市离开这些农民工，很难保证正常性运转。

[3] 改革开放后，越来越多来自农村的女性加入打工者行列，她们有一个统一的称呼——"外来妹"。全国人大代表王馨回忆称，那时候很辛苦，早上 6 点钟上班，晚上经常加班到 12 点，月工资 200 多元。（齐国强：《王馨：打工妹的华丽转身》，《检察日报》2014 年 5 月 12 日，第 8 版。）

常住人口为 58.21 万人，其中户籍人口为 13.18 万人，外来人口为 45.03 万人。改革开放十多年，龙岗原住居民人口增长不多，外来的从事"三来一补"低端加工制造的打工人员和相关服务人员，构成了农村城市化过程中人口规模增长的主体。

三 "低端"加工制造业快速蔓延①

改革开放以来，以乡镇企业蓬勃发展为代表的工业化浪潮和由此而引发以小镇为代表的农村城市化是我国经济发达地区工业化与城市化的主要趋势。基于地方资源条件和各有特色的城市化动力特点，各地发展出了几种较突出的模式："苏南模式""温州模式""珠三角模式"。如苏南地区城市化进程的主导驱动力是以集体所有制为主体的乡镇企业的迅速发展，它们吸纳了大批农村剩余劳动力，带动了第三产业的集聚与发展，促进了大量小城镇的普遍繁荣，自上而下地推动了地区城市化进程，促进地区城市化水平的提高。"温州模式"以个体所有制的家庭企业的发展为推动力。与苏南和温州的城市化过程以当地劳动力离乡进城或就地转化为主的模式不同，龙岗是以外来农村劳动力在当地转化而形成的异地城市化的模式。

改革开放后的龙岗地区，以至珠三角城市化进程的最大驱动力，是以港澳资本为主的外向型"三来一补"企业的急剧发展。总体来看，"三来一补"企业和"三资"企业的引进是龙岗及深圳早期推动工业化发展的重要方式。据统计，1979 年底，深圳市成立"三来一补"企业 200 家。1981 年底，外资企业已达 1800 家。1983 年，深圳"三来一补"项目已占所有引进外资项目的 82%，到 1989 年占 56.8%。到 1992 年，龙岗地区有"三来一补"企业 1951 家，1993 年增加至 2487 家。以"三来一补"企业为主的"低端"加工制造产业启动了龙岗工业化进程，使龙岗地区各村镇经济发展在低层次开始"齐头并进"的蔓延。

布吉：1979 年 1 月，布吉公社与港商在中英街签订毛衫加工合同，布吉公社始有"三来一补"加工贸易企业。接着，公社干部为争取港商来布吉投资，赴港恳请原布吉同胞回家乡投资办厂。1985 年，布吉有区办、乡办、村办"三来一补"企业和内联企业 100 余个，工业总产值达

---

① 数据来源：深圳市龙岗区地方志编撰委员会：《龙岗区志（1993—2003）》，方志出版社 2012 年版。

4800万元，比1979年提高90倍，工业收入占总收入的80%，从此摆脱了传统落后的农业村社状态，逐渐步入了工业化、城市化的富裕之路。20世纪80年代末，"三来一补"企业在布吉已呈现繁荣的景象，镇、村属工业均引进一批实力较强的企业，如联兴电子二厂、华都玩具一二三厂、华联玩具服装厂等。至1989年，共有"三来一补"企业600个，实现外资经济总收入2.52亿元，初步完成由"农业耕作"向"工业生产"的转变。

专栏3-2　南岭村——"中国第一村"

南岭村地处龙岗区西南边沿，是布吉镇的一个行政村。它位于布吉、沙湾两个深圳经济特区联检站之间，进出一线、二线关便捷。南岭占地4.12平方千米，境内丘陵连绵、坡陡谷深、坑塘密布、田块狭小，耕作十分艰难，一直是个出了名的穷山村。改革开放前，村容村貌特别脏，遍地的鸡毛鸭粪，被称为"鸭屎围"。新中国成立后，由于单一的农业生产加上错误体制的束缚，农民仍然无力摆脱生产靠贷款、吃粮靠返销、生活靠救济的困境，以致出现三次村民逃港现象。

20世纪80年代伊始，南岭村干部根据"要想富，先修路"的共识，突击修路，引车进村；清扫垃圾，拆除猪牛栏，栽花种树，美化村容村貌，创造投资环境。1980年，与省内和平无线电厂合作创办南和电子厂，南岭村有了第一家内联企业。1982年5月，利用几间陈旧仓库、碾米坊，与港商合建松果丝花厂，南岭有了第一家"来料加工"企业。1985年，香港东雅集团看中南岭的投资环境，与之合作创办"三来一补"鞋厂，在荒凉的山坡上逐步建成一个拥有4000名员工的大厂。1987年，誉满香港的华盛集团落户南岭，南岭有了大型企业。1988年，该村固定资产增至4800万元，经济总收入达到1827万元，农民人均收入7410元；世代穷困出名的"鸭屎围"成了富甲一方的工业村。

随后，创办多个工业园，村集体资产实行股份合作制，对文化、教育和医疗卫生等各项社会事业进行大规模的投资，修建学校、兴办教育，建设医院，全村社会经济全面发展，早在2003年农民人均纯收入就已达13万元。

专栏3-3　龙岗第一家"三来一补"企业——布吉毛衫厂

1978年年底，布吉公社干部郑兆棠得知香港曾氏兄弟毛衫厂老板有到深圳办羊毛衫加工厂的意向，立即向公社领导作了汇报，领导同意把港商老板请到布吉办厂。从外商角度看，他们是想通过投石问路以了解中共中央改革开放的决心和相关政策。当时的布吉是偏僻的农村，港商不敢来，而布吉这边的人又去不了香港。无奈之下，双方商定在中英街见面。

1979年1月上旬，在中英街一家饭馆协商后，双方同意把毛衫厂办在布吉，并签订了协议。该协议规定：由甲方（布吉）提供劳力、电力和250平方米厂房，加工乙方产品，月产羊毛衫1300打，产品交乙方销往香港及国外的其他地区；乙方向甲方提供的机器设备价款10万港元，由甲方用每批产品所收工缴费偿还，大约3年内还清。

最初，布吉毛衫厂借用部队一间粮食加工仓库做厂房，工人从布吉村青年中挑选。该厂虽然是设备简陋，人员不多，却是龙岗区域内第一家"三来一补"企业。2月，布吉毛衫厂正式投产，时有织机30台、员工30人。招收的员工绝大部分是临时工，没有"铁饭碗"。接着筹建毛衫二厂，1980年12月，毛衫厂员工增至67人，其中有干部1人、固定工2人、临工64人。是年，该厂实现产值142219元、利润76362元，人均产值2122元、利润1136元。

其后，布吉毛衫厂逐年扩大，中央和省市有关部门领导曾多次前来参观，并给予充分肯定。1983年，毛衫厂员工发展到200多人，织机扩大到180台。港商对在布吉办厂颇有信心,要求继续扩大厂房。同年8月,宝安县计委批准毛衫厂扩建厂房1700平方米,增加投资25.5万元,其中自筹7.5万元、银行贷款18万元。

毛衫厂的建成与扩大,拉开了外资企业进入布吉的序幕,也是布吉经济由传统落后的农业走向现代工业的开端;1989年该厂迁往东莞。

平湖:1979年,引进了白坭坑毛织厂、辅城坳电池厂、平湖毛衫厂等"三来一补"企业。白坭坑毛织厂是平湖第一个"三来一补"企业,有近百名工人,加工生产毛衫片及半成品;其生产车间是一所旧学校,面积为700平方米。

1993年,平湖镇政府进一步完善投资环境、加强基础建设,当年引进来料加工企业60个,引进设备累计达1.85亿港元。到1994年,共引进"三来一补"、"三资"企业646个,其中有镇办47个、村办347个、联户办226个、个体户办26个。1993年,全镇实现工业总产值1.55亿元,比上一年增长32.1%;工缴费收入3540万美元,比上一年增长18.6%;平湖村荣获"全国百强村"称号。

横岗:1979年,第一家来料加工企业——横岗毛衫厂成立,"三来一补"企业落户横岗。1987年,全镇引进"三来一补"企业538个、"三资"企业5个、内联建材厂10多个,生产电子玩具、五金制品等80多个产品;工业总收入1.82亿元,创汇1.6亿港元,工业总收入占三级总收入的83.7%,工业已成为横岗经济的支柱。1992年,横岗镇来料加工型企业达到鼎盛时期,各类加工、制造厂共计856个,有工人55367名,人均创汇2.51万港元。

龙岗:1982年,外引内联企业38个。1984年,龙岗区有来料加工企业50个,实收工缴费1500万港元,外向型工业开始出现。1986年,龙岗镇共有职工11万人,实现工业产值3924万元、工缴费收入4000万港元。1990年,龙岗镇来料加工业发展迅速,全镇来料加工企业增至443个,工缴费收入首次突破1亿元大关,达到1.08亿港元。1994年,全镇累计引进各类来料加工企业、"三资"企业834个,从业人员达11万人,实现创汇3.8亿港元。

坪地:1979年年底,第一个来料加工企业——昌栈牛皮厂落户坪地。该厂总投资50万港元,建简易厂房1000平方米,有职工50人,主要加工熟牛皮，产品销往香港。1985年，重点开展"外引""内联"等招商工作，全年共引进来料加工企业45个，其中实际投产38个，投资额分别在100万—300万港元；实现工缴费收入884万港元。1986年，全年共引进"三来一补"企业61个，工缴费收入1698万港元。1989年，全镇"三来一补"企业达200个，投资额均在300万—500万港元，工业总产值1400万元，比1986年增长92%；工缴费收入3839万港元，增长126%。1990—1993年，每年均以84%以上的幅度增长；全镇工业总产值1992年为1.07亿元，1993年为2.08亿元。

坪山：1991年，全镇共建立企业220个，工业产总值达5643万元。1993年，通过自筹资金和利用外资，加大固定资产投资，营造一流投资环境，吸引日本、韩国、新加坡等国家和中国台湾、香港地区的大批客商到此投资办厂，外向型经济已成为坪山镇经济发展的龙头。全镇实现工业总产值1.8亿元，其中有外商及港商、澳商、台商投资企业的产值1.37亿元，占76.1%。

坑梓：1987年，广东省人民政府将坑梓列为省工业卫星镇，全镇的"三来一补"企业、"三资"企业及民营企业很快发展到12个，原有的自给自足的封闭式农业模式逐步向工业化转变。到1993年，全镇工业企业发展到220个，共有从业人员3万人；实现产值6388万元，占工农业总产值的69.5%。

葵涌：1983年，葵涌区农工商总公司成立，其主要任务是负责"三来一补"企业的引进和农牧业的管理。1984年，引进第一个"三来一补"企业——华粤五金厂后，外资、乡镇企业开始兴起。1987年，葵涌镇经济发展总公司成立，其主要任务是统筹管理镇内"三资"企业、"三来一补"企业、内联企业。1991年，全镇共引进"三资"企业1个、"三来一补"企业13个，利用外资4100万元。同年5月，振达公司、葵民公司等股份制企业相继成立。这些企业主要是通过筹集单位、个人闲散资金以开发新项目。1992年，葵涌镇有工业企业78个，其中含"三资"企业13个、"三来一补"企业65个，实现工业总产值3915万元。

大鹏：20世纪八九十年代，大鹏工业发展主要为国家核电、大型能源项目。1986年4月2日，大亚湾核电站正式奠基，国务院总理李鹏出席典礼仪式。随后又有岭澳核电站、福华德电厂、LNG站线工程、东部电厂等国家、省、市级大型能源企业到此落户，大鹏成为东部能源镇。

南澳：1991年5月，南澳镇成立振兴股份公司，积极开展引进工业企业工作。1992年，南澳镇共引进外资企业18个，其中有"三资"企业12个、"三来一补"企业6个，工业创汇1300万港元，工缴费收入1108万港元。1993年，全镇共引进外资企业4个，其中有"三资"企业3个、"三来一补"企业1个；发展扶贫工业，引进项目5个，累计投入资金1148万元，扶贫工业总收入达184.8万元；当年全镇工业总产值达到994万元，在工农业总产值中占40.2%。

四 以土地投入积累发展资金

外向型"三来一补"企业的特征是"两头在外"，即原材料、产品在外；而本地村镇靠的是土地资本收益，并不直接参加工业生产过程；参加生产过程的，是来自内地省份农村的剩余劳动力——"外来人口"，这种工业化模式是一种简单的"招商引资—转让（出租）土地／厂房—收取租金"模式。因此，土地是"三来一补"企业推动的"农村城市化"进程中最主要的要素投入，在缺乏建设资金的现实条件下，早期以出租土地引进"三来一补"企业，成为各村集体发展经济的主要选择。在这种模式下形成的村镇经济结构单一脆弱、依赖性强，地方经济发展主要是以土地资本的有偿使用为基础的"收租"式经济发展模式，地区经济发展的主要经济来源是土地和厂房的出租，主要包括厂房租金、土地租金、工缴费、农宅租金、有限的税收和其他第三产业的收入。

随着各村集体土地租金和工缴费等的发展积累，村集体经济组织逐渐成长形成一定的经济实力和规模基础，村民也从工副业、房屋出租等经营活动中积累起一定的经济收入。"三来一补"企业持续增长，对工业厂房的需求也不断增长，这时各镇领导解放思想、大胆创业，开始谋划规划工业区，建设标准厂房。通过向银行贷款，发展集体经济股份合作制，集中村民的闲散资金等方式，解决建设资金问题。例如，1984年和1985年，横岗镇就向银行贷款3800万元，布吉镇和龙岗镇贷款5000万元，进行大规模的工业建设。从行政村的情况看，大多数村干部和村民都看到了工业发展对农村经济积累和家庭致富的作用，兴办工业村的积极性被充分调动起来。例如，新生村在1984年贷款30万港元，购买机器设备，兴办村级工业；同时还支持下属的自然村兴建厂房，招商办企业，形成多层次工业发展、多渠道创造利润的格局。1988年，龙岗所在的宝安县的工业总产值达13.4亿元，比1979年的3743万元增长34.8倍；同一年的"三来一补"企业创汇 1.11 亿美元，比 1979 年的 42 万美元增长 263.3 倍。

20 世纪 80 年代后期，特区农村的经济发展受到两大因素的影响：一是国家 1988 年开始的治理整顿政策逐渐发生作用，银行紧缩贷款，审批项目从严；二是由于特区农村主要是靠外商投资办厂，1989 年出现大批港商、外商要求撤走资金、设备的情况，形势比较严峻。村镇各级政府认清面临的形势，主动改变发展策略，以调整求发展、以稳定求发展。首先，工业发展注重效益，尤其是及时偿还银行贷款。横岗镇在 1984—1988 年共贷款 6836 万元兴办工业，使村镇建设初具规模，全镇固定资产达 3.3 亿元；但是企业的经济负担也在加重，村镇担负的银行利息每年就达 1000 多万元。镇党委、镇政府根据这一情况，决定从 1989 年开始，用 2—3 年时间，适当放慢建设速度，集中资金还清银行贷款，一年多就偿还贷款达 4500 万元，占总贷款的 67.4%。其他各村镇也由注重扩大工业规模转向重视提高工业生产效益，在建设工业村时精打细算，在吸引外商投资时注重盈利，在发展自营企业时重视市场竞争力，较好地渡过治理整顿时期的难关，保持农村经济的持续发展。其次，在 1989 年港商和外商犹豫不决之时，村镇干部及时做工作挽留投资者。最典型的是布吉镇，当时 40 多位港商提出"要搬走，要撤退"。当时的镇领导欧官成立即发出 60 份传真到香港，邀请商人回来恳谈，终于使港商没有一人撤走资金。其他村镇，干部们或者是请外商回来交谈，或者是与港商保持电话联络，鼓励投资者树立对中国未来的信心。经过策略的调整，特区农村的工业化进程保持良好的势头。1991 年，龙岗所在地的宝安县的工业总产值达 40.9 亿元，比 1988 年的 13.4 亿元增长 205.2%，年均增长率为 45.1%。1991 年全县"三来一补"实收工缴费 2.33 亿美元，比 1988 年的 1.11 亿美元增长了 109.9%，年均增长率为 28%[1]。改革开放后十余年，以土地为要素投入驱动的"三来一补"企业快速发展，工业化速度大大快于全国其他地区，为城市化的推进和社会经济的进一步发展奠定了资金基础。

---

[1] 黄伟：《关于深圳村镇工业化的探讨》，载中共深圳市龙岗区委宣传部《迈向文明——龙岗十年探索文集》，海天出版社 2003 年版。

第二节 加工制造业开启"农村城市化"

随着香港劳动密集型产业转移及加工制造业的引进,"三来一补"工业企业在各镇迅速发展。受限于土地"二元结构"下市县农村国土管理机制,龙岗地域开启了"镇—村"两级组织为主体、"镇—村"空间为载体的"自下而上、各自为政"式的"农村城市化"进程。这一时期,农民开始"洗脚上田",镇、村及农村集体经济组织以土地出租或建标准厂房迎合"三来一补"企业需求,村镇工业园区开发及各村镇的建设,在此需求下多点并进地全面展开。

一 镇村并进开发工业区[①]

根据统计,1980—1992年前后,龙岗地域内各镇、村在"分散自发式"开发模式的主导下,通过以土地为要素投入引入外部资金、银行贷款和向村民股份制筹资等方式,建设了众多的镇级、村级工业区;非农产业比例由原来1978年的51.5%上升到1992年的76.9%,与特区内1980年水平相当。这个时期引进的"三来一补"企业、"三资"企业及内联工业项目,其产业关联性弱,对选址布局的要求很低,"村村点火、处处冒烟"式的、配套简陋的镇级、村级工业区成为主要的空间载体。这些工业区以镇、村为招商引资主体,依托现有公路、村镇道路选址,进行村镇级工业厂房和简单配套设施建设;早先一些村甚至直接利用村镇既有的一些建筑设置厂房,有的企业规模较小,配套设施缺乏。

布吉:1980年,全公社来料加工企业发展到12个,但大多数属工场、作坊式小厂。1983年,在饭罗岗(后称罗岗)开辟宝安县第一个工业区,同时在布吉、草埔、沙湾、沙西、丹竹头、南岭六个村兴办乡村工业区。至1989年,全镇建成具备供水、供电、通信等基础设施的工业区8个。

[①] 数据来源:深圳市龙岗区地方志编撰委员会:《龙岗区志(1993—2003)》,方志出版社2012年版。

> **专栏 3-4　镇村工业区规划建设案例——坂田村**
>
> 　　坂田为布吉镇的一个行政村，辖 10 个自然村（村民小组），总面积 22 平方千米。1979 年，全村村民不足 2300 人，以农为生，生活比较贫困，人均收入还不到 100 元，外出谋业者达 600 多人。1987 年下半年，村领导班子经过反复讨论，决定按照工业、商业、住宅、服务等功能，对坂田村编制总体规划。1988 年 3 月，一张由设计单位编制的总体规划图呈现在村民面前。该规划按工业、商业、居住、服务等功能，布局了 6 个工业区、5 个住宅区、1 座商业城、3 个商业区和多处学校、医院、文体设施等。
>
> 　　随后，村委会筹资 40 多万元，调来 20 多台推土机，拉开了坂田首期工程大建设的序幕。他们推平山头 260 座，平整土地 8 平方千米，兴建坂田第一个工业区。为解决资金问题，坂田村请深圳市深保公司投资 1300 万元参股，将基建工程发包给技术力量强、质量好、能带资建设的建筑公司。经过一年的紧张施工，建成标准厂房十余幢，投资者纷至沓来，30 多个工厂入驻第一工业区，其中也不乏大厂、名厂，如金像制品厂有工人 1000 多人，所产录像带、激光碟等产品远销世界各国。在此基础上，坂田村通过集资、引资、借款、贷款等多种渠道，先后投资 1.8 亿元，新建 7 万平方米的标准厂房，修筑 4 条纵横交错的高等级水泥干道；建成一座 6 万吨的污水处理厂，兴修一座蓄水 640 万立方米的水库；建起一座 11 万伏的变电站，建成一家装机容量 1500 千瓦的火力发电厂；兴建功能齐全、设施先进的邮电大楼，开通 6000 门程控电话。1990 年，全村人均收入 2000 元，摆脱了贫穷。1992 年，坂田村被评为全国百强村之一。

　　平湖：1994 年，平湖镇累计开发建设 15 个工业区，厂房面积达 150 万平方米。

　　横岗：1987 年，全镇建造厂房 77.5 万平方米，1992 年全镇具有一定规模的工业区 18 个，建造了 156 万平方米的标准厂房。

　　龙岗：1986 年，龙岗镇共有厂房 23 万平方米。1993 年，龙岗镇实行农村股份合作制，掀起集资办厂热潮，全镇 117 个自然村中有 97 个自然村兴建厂房。

坪地：1986年，全年建起标准厂房6.5万平方米。1987—1988年，坪地镇多方筹资，抓基础设施建设，完善投资环境。

坪山：1985年建成的宝山第一工业区，占地面积3万平方米，建筑面积8.5万平方米；1988年建成的宝山第二工业区，占地面积5.69万平方米，建筑面积17.16万平方米；1990年建成的宝山第三工业区，占地面积3.03万平方米，建筑面积11.26万平方米。1991年，全镇共建成厂房53万平方米。

坑梓：1987年，镇经济发展有限公司在圩镇东、西两侧深汕路旁建起第一、第二工业区，两个工业区总占地面积9万平方米，总建筑面积14万平方米。1987—1992年，5个行政村分别兴建工业区，占地面积均超过10万平方米；镇股份公司也兴建了占地5万平方米的明冠小区。到1993年，全镇共有厂房及配套设施建筑面积70万平方米。

葵涌：1984年首次引进"三来一补"企业后，村镇加快基础配套设施建设；1985年，溪涌、土洋、葵涌、三溪工业区设施基本完善。

大鹏：大亚湾核电站占地2平方千米，总投资41亿美元，引进法国核电技术，装备两台各为90万千瓦的压水式反应堆发电机组。

南澳：1987年，南澳开始兴建第一工业区。1992年，开发水头沙扶贫工业区，开发面积1.87万平方米，兴建厂房12栋、2万多平方米，宿舍4栋、5000平方米，租出厂房7栋，当年收入租金42万港元；累计出租厂房6.25万平方米，转让土地5.47万平方米。1993年，累计出租厂房9万多平方米。

二　松散粗放建设村镇空间

随着"村镇"工业区开发建设和企业生产带来的基础配套的需求，各村镇建设及土地资源的开发利用也随即展开。在当时"农村国土管理机制、村镇空间松散分布、农村集体土地所有，以及企业生产以外来劳动力为主"的现实条件下，形成了松散的"村镇"空间建设格局和粗放的土地资源开发利用模式。

第一，各自为政开发建设，松散零乱建设厂房私宅。改革开放初期，龙岗各镇基本上是相对独立的经济实体，各镇关系松散，横向联系薄弱，在引入"三来一补"企业后，经济结构趋同，客观上催生了以村、镇为单位各自为政的开发模式，使整个区域的村镇建设呈现松散、零乱、以点带面的村镇空间发展格局。建设用地沿道路或交通干线发展特征十分明显，规划管理力度不够，开发建设比较零乱无序。村庄建设基本上是以自然村为单位开发，各自为政，每个自然村只顾及本村的功能布局，缺乏与行政村、镇、区的协调，加上村民大规模随意兴建住宅出租，建设混乱无序。农村集体各自为政、粗放无序地开发村办工业区，工业布局分散，企业规模小、效益低，工业厂房"遍地开花"，工业、居住、商业混杂，没有合理的功能分区与布局，出现了私宅建设杂乱，工业厂房不配套，厂房建在住宅区，带来环境污染、墟镇破旧、卫生脏乱差等问题。

第二，粗放盲目利用土地，快速消耗土地资源。龙岗原来是一个工业基础薄弱的农村地区，受"三来一补"工业迅速发展的影响，当地农民以"出租厂房、收取租金"的方式发展经济，在这种经济发展模式中，地方不直接参与工业生产过程，只提供工业厂房。而"三来一补"企业受市场需求的强烈牵引，企业投资的原则是"什么赚钱就生产什么"，龙岗各镇工业发展的起点、模式相同，各镇的工业企业中工厂数目排在前几位的大体都是电子、机械、纺织、建材、服装、化工、玩具等，工业部门结构相似系数达到0.9。受这种模式影响，政府对农村快速的大规模的工业用地的开发既无经验可循，又来不及制定有效的政策措施来引导和规范农村的非农建设。在行业结构趋同，引发镇与镇、村与村之间激烈竞争，竞相引进企业的过程中，出于追逐镇、村政绩目标和当前利益，导致建设用地拓展过快，土地利用方式过于粗放，土地资源浪费严重，利用效率低下。在1992年、1993年经济过热刺激下，一度出现盲目过度占用土地的现象；随后宏观调控措施出台，市场需求下降、后续资金缺乏，大面积的已推平土地无力进一步开发而成为推平未建用地（见图3-3）；到1994已推未建的土地尚有68.5平方千米，几乎与建成区的面积相当[①]（见表3-1）。

表3-1　　　　　　　1994年年末龙岗建成区域推平未建用地面积

镇名	建成区 （平方千米）	推平未建用地面积 （平方千米）	推平未建用地与建成区 面积之比（%）
平湖	7.4	8.9	120

① 深圳市规划国土局：《深圳市土地资源》，中国大地出版社1998年版。

第三章　镇村并进：农村城市化时期（1980—1992 年） / 73

续表

镇名	建成区 （平方千米）	推平未建用地面积 （平方千米）	推平未建用地与建成区 面积之比（%）
布吉	15.6	16.6	106
横岗	10.2	9.5	93
龙岗	11.4	11.5	101
坪山	6.8	8.6	126
坑梓	3.0	6.6	220
坪地	4.6	3.1	67
葵涌	4.8	2.0	42
南澳	1.7	0.6	35
大鹏	5.2	1.1	21
合计	70.7	68.5	97

资料来源：《深圳市宝安区环境总体规划》，北京大学城市与环境学系，1994 年。

图 3-3　20 世纪 90 年代初推平未建裸露的土地

资料来源：深圳市规划国土局：《深圳市土地资源》，中国大地出版社 1998 年版，第 209 页。

第三，非农建设用地迅速扩张，城镇建设用地占比小。改革开放初期，龙岗基层组织以村为单位，经济、行政的运作是建立在以土地集体所有制为前提的农村土地管理机制的基础上。在农村城市化过程中，受当时土地制度还不完善的影响，城镇建设用地扩张能力小，到建区时全区城镇建设用地占比还不到 25%，农村非农建设用地的扩张在农村城市化的过程中，占据了主导地位。按照城市管理体制及城市化的内涵特征，龙岗地区只有镇政府所在地的镇中心才能算作城市化地区。但是在农村城市化过程中，各镇、村建设用地中属于城市功能的工业用地、商业用地占其非农建设用地比例达到了40%以上,而且总体规模很大,与镇中心片区连片发展,从用地功能上已无法区分哪里是城镇建设用地,哪里是农村建设用地了。非农建设用地的迅速扩张及由此形成的以村集体为主导的土地权属结构,是龙岗农村城市化进程中的一个重要特征。

第四,吸引大量外来"暂住"人口,建设低水平服务配套设施。外来人口比重极高,这些外来人口绝大部分为内地不发达省份的农村剩余劳动力,大多在"三来一补"劳动密集型工业和商贸服务业从事非农生产,实际上构成了龙岗各村镇"农村城市化"的人口主体。这类人群收入水平不高,工作和居所的流动性强,以及一些如归乡情结等方面的原因,在当时受户籍限制的城市化起步阶段,他们难以在城市化进程中定居并转化为本地的居民。这些"离乡不离土"的外来人口,将他们在龙岗当地获得收入的大部分都转移到了各自户籍所在地的省份;而维持其日常最基本生活需要的居住场所的提供,主要通过当地村民大肆占用土地,散乱建设的缺乏配套、环境较差、成本低廉的私宅来解决。村民住宅建设分散,大部分村镇自发建设形成低水平的服务配套,绿地、商业服务、文体娱乐、医疗、市政设施等严重不足。这种外来"暂住"人口推动的农村城市化,随时可能因"三来一补"企业的转移或关停而离开当地,不能在本地形成长期可持续的居住消费群体,难以形成持续发展的动力,制约城市产业结构的升级转型和城市现代化建设。

三 统筹建设宝安新县城

改革开放之初,新成立的深圳市划出毗邻香港狭长的土地成立深圳经济特区,特区面积约占全市土地面积的1/6。1981年,党中央、国务院决定恢复宝安县建制,辖深圳经济特区外各镇(含后来划出的龙岗区),土地面积约占全市的5/6,归深圳市管辖。深圳市委决定两年内将宝安县委、县政府搬出特区,新建宝安新县城。宝安新县城建在哪里,当时有领导提出建在布吉,主要考虑其处于比较中心的地理位置;有人认为,布吉存在地势不平坦、土地规模有限、经济薄弱、交通不发达等问题;有人提出,建在南头关附近,但有人认为南头关附近不在县域的中心。在各方意见不一致的情况下,经当时的市主要领导视察并反复调查论证后,决定在当时的新安镇(今宝安区新安街道和西乡街道)新建县城。

宝安新县城选址于一片未开发建设的土地,县委委托了广东省城乡规划设计院开展了县城的规划设计。当时规划的第一期开发区域用地面积6.2平方千米,规划人口6万人,规划设计以方格网的道路划分土地使用功能分区①,布局了行政区、文化区、商业区、工业区等。规划沿海路为行政区,宝安中学及周边为文化区,新安商场及周边为商业区,上合为工业区;规划人均建设用地面积100平方米,人均绿地10平方米。建县之初,资金短缺,百业待兴,主要依靠当地自身力量(见图3-4),因此宝安新县城的建设速度比较缓慢。相对于县城之外其他村镇松散无序的土地利用和"村镇"工业区的开发建设而言,新县城的开发建设,是在有统筹规划设计的指导下展开的,土地利用和各项设施建设按计划开展,也形成了比较规整的城市空间格局。

图 3-4　宝安县城的建设者

资料来源:深圳博物馆。

四　传统市街商业与公共设施发展

"三来一补"企业促进外来人口快速增长,农村城市化在各村镇快速蔓延,外来人口聚集刺激了日常消费需求,带动了商业贸易和公共基础

---

① 根据1984年任宝安县城建委市政科科长的刘祥凤讲述,新县城刚开始建设的时候,建设者们按照土地开发的先后顺序打网格划分数字化分区,在设计图纸上标明1、2、3等数字,随着宝安城区不断扩大,慢慢往西乡延伸。如今,新安、西乡两个街道划分为1个至128个区,从此1区、2区……128区便成为一个个"地名"。由于是按建设先后顺序排序,因此这种数字化分区毫无规律可循。

设施的发展（见表3-2）。但这个时期，商贸与公共基础设施的建设滞后于城市化进程，整体建设水平和服务能力有限。商贸设施方面，各镇集贸市场得到进一步发展，商业街和沿街商铺快速发展，个体工商户涌现，出现宾馆、酒楼、桑拿健身、卡拉OK歌舞厅、夜总会等设施；到1992年，布吉、横岗、平湖、龙岗等镇共有集贸市场24个、商业网点2500个，主要以传统市街布局、私营小规模经营为主。

公共基础设施方面，教育、医疗等基本公共服务设施得到一定程度的扩建和提升，尤其是医疗设施，初步形成了镇级层次的医疗点；但各镇公共基础设施配套不成体系，如图书馆、体育馆、博物馆、公园等有益身心健康的设施在数量和质量上均无法满足需求。市政基础设施方面，供水、排水、电力、排污处理、环卫、绿化景观等设施和道路交通设施缺乏，各村镇自行建设、不成体系；区域性电力、铁路、公路、客货运场站等设施匮乏，整体运力不足，出行比较困难。

表3-2　　　　　　改革开放后建区前龙岗公共设施建设情况

龙岗地域墟镇	商贸及公共设施建设情况	备注
布吉	商贸：改革开放后，商贸服务得到迅速发展；到建区时，全镇有各类商铺5700多个，并出现了装饰豪华的店铺。教育：1984年9月，沙湾初中开办，解决了沙湾片六个村小学毕业生升学难问题。医疗：1985年，布吉公社卫生院更名为布吉人民医院，医护人员陆续增多，设备也不断完善。医院医疗延伸点的南岭卫生所改为南岭分院，但仅有医生4人、护士2人；另一延伸点沙湾卫生所，迁入厦村一间闲置的榨油作坊	
平湖	商贸：改革开放后，商贸服务快速发展，到建区时，商业网点遍布全镇各村落；市场商品种类齐全，社会消费品零售总额达1.7亿元。教育：1983年，全镇普及小学教育，适龄儿童入学率达100%。1988年，实施九年义务教育，普及初中教育，初中升高中、中专率达75%。文体：1991年，平湖镇文化站成立文艺队，并从内地引进独唱、舞蹈、小品等人才，自编、自导、自演人民群众喜闻乐见的节目。到建区时，平湖镇有电影院5个、下乡巡回放映队1个、录像投影室30余个、卡拉OK厅多个。医疗：1993到建区时，新建平湖人民医院交付使用，占地面积1.8万平方米，建筑面积2万平方米	

续表

龙岗地域墟镇	商贸及公共设施建设情况	备注
横岗	商贸：1984年，商业街和商业网点遍及全镇，市场繁荣，购销两旺；横岗综合市场被评为市、县文明市场和先进单位。文体：1984年年初，十户农民集资87万元，在横岗圩内新建一座影剧院，设1136个座位。1987年4月，村民集资购买放映机，建立黄阁坑电影队；7月，全镇使用无线广播，覆盖率达70%。是年，横岗大厦落成，第一个卡拉OK歌舞厅营业。1990年，横岗建立宝安县第一家镇级有线电视广播站，办公场地200平方米。教育：1985年，香港李贤义到横岗投资，拟用企业投产收入的30%—35%设置李贤义教育基金资助当地教育，后建设教育基金大厦（主要为厂房、宿舍等功能），10多年奖励教师4498人次，奖励学生5468人次，资助特困生295人。医疗：1983年，群众戏称"转送站"的横岗卫生院，占地300多平方米，有10多个医务人员、几张简易病床等设施，仅能治疗常见小疾病，重病患者须转院治疗	
龙岗	教育：20世纪80年代，龙岗各级各类教育得到迅速发展，中学、小学、幼儿园及成人教育机构不断完善。1992年，全镇普及初中教育，幼儿入园率、适龄儿童入学率、小学升初中率、青壮年脱盲率均达100%，初中升高中率达到97%。文体：1986年建镇后，镇政府加大对社会事业的投入，全镇文体设施不断完善。医疗：1992年，投资1200万元，扩建龙岗中心医院，医院建筑面积达8800平方米，为全省最大的镇级医院	
坪地	商贸：改革开放后，商贸业和饮食服务行业随着经济的迅猛发展日渐兴旺。20世纪80年代中后期，相继出现茶馆、酒吧、美容中心、桑拿健身中心。1993年后，又出现"卡拉OK"歌舞厅、西餐厅、大酒店等餐饮娱乐性服务行业。教育：1985年兴建坪西小学，镇内5个行政村将教室重新建造为钢筋、水泥结构。1985—1988年，完成坪西村、六联村、年丰村小学及坪地中学的改造。1992年，成人文化技术学校、机关幼儿园相继开办。文体：改革开放后，文化站、广播站、影剧院相继建立，文化广场、文化活动中心等文艺平台和载体不断搭建，文艺队伍逐渐壮大，社会文艺氛围日浓。医疗：1987年成立坪地卫生院，1990年投资3000万元用于基础设施建设，1991年建成门诊大楼一幢，1993年改为坪地人民医院	
坪山	商贸：改革开放后，商贸业迅速发展。20世纪80年代，坪山镇兴建六联宾馆、锦合海鲜楼和帝王、金鼎、宝山、皇宫、江都等酒店。这些宾馆和酒店均有豪华客房、卡拉OK包房、歌舞厅、中西餐厅，还有美容室、健身房、停车场、商务中心等综合配套设施。教育：1987年7月，创办坪山镇机关幼儿园，占地2000平方米，有教室4间，教师4人，在园幼儿72人。1991年9月，创办坪山成人文化技术学校，租用坪山中心小学一间房办公，仅有教师2人。文体：1981年，广播站并入文化站。1985年，建起坪山文化娱乐中心。医疗：1983年坪山公社卫生院更名为坪山人民医院。1989年，坪山镇成立环境卫生管理所，负责全镇环卫管理工作	

续表

龙岗地域墟镇	商贸及公共设施建设情况	备注
坑梓	商贸：改革开放后，民营经济发展较快，推动了商贸服务业的发展，至建区时，全镇社会消费品零售总额达到3011万元。教育：1988年，镇政府投资5万多元创办坑梓第一所幼儿园——坑梓机关幼儿园。1991年，坑梓镇成人文化技术学校成立，并在各行政村建立分教点。文体：改革开放后，坑梓文化体育事业迅速发展，机关、学校、部分企业及所有行政村均建有灯光球场及独立的运动场。1987年，坑梓镇成立文化站。1991年，镇文化站内设有线广播电视站，建起有线广播、有线电视网等一批文化娱乐设施。医疗：1991年，坑梓镇有1所镇卫生院和3个医疗站。至建区时，镇卫生院更名为坑梓人民医院	
葵涌	商贸：改革开放后，随着商业体制改革的不断深入，私营商业企业逐年增多。1983年后，葵涌相继兴建葵华、东鹏、东华、假日酒店和土洋宾馆、东方餐馆等，并出现桑拿、美容、卡拉OK等服务行业。教育：1983年，葵涌小学五年教育普及率达到99.6%。1986年开办改革开放后的第一届职业高中班，并筹建教学大楼。20世纪80年代中后期，全镇小学教学质量一直位居宝安县前三名，葵涌因此被誉为"东片一枝花"。文体：1980年后电视机普及，有线广播逐渐被淘汰。1984年，葵涌影剧院落成。1987年，投影场在葵涌道班建成。1990年，开办首家卡拉OK歌舞厅。1991年，葵涌新华书店开张。1992年，镇内开始安装有线电视，有6个频道。医疗：至建区时，葵涌人民医院正式成立，归龙岗区卫生局管辖	
大鹏	商贸：大鹏镇名胜古迹众多，有40.84千米海岸线，海滨风光优美，是天然的旅游胜地。1986年后，随着交通条件的改善、工业的快速发展和人口的急剧增加，大鹏镇从一条街发展到9条商业街道，各类门店发展到750个，还相继出现了大鹏宾馆、大鹏酒店、核电酒家等多家酒店与餐饮。其后，饮食服务行业发展很快，档次更高，出现美容中心、卡拉OK厅、西餐酒廊、音乐咖啡屋等。教育：1992年，创办成人学校，占地面积4135平方米，建筑面积3700多平方米，有17个功能场室，是龙岗区最独立、最完整的成人学校。至建区时，全镇有1所中学、5所小学、1个教学点、1所幼儿园；所有学校均为公办，但校舍破旧，教学设备简陋，教学水平低下。文体：改革开放后，大多数家庭购置了收录机、电视机、录像机、组合音响、激光影碟等。1986年，出现第一家娱乐场所——鹏新娱乐城。1991年，镇政府投资800万元，建成可容纳1097位观众的大鹏影剧院。医疗：1986年大鹏公社卫生院改为大鹏人民医院。1987年，从大鹏人民医院分出南澳人民医院。至建区时，医院仅有固定资产40万元、员工66人、病床25张，远不能满足就医需要；后来集资900多万元兴建5000平方米的大鹏华侨医院（同时挂牌大鹏人民医院）门诊大楼	

续表

龙岗地域墟镇	商贸及公共设施建设情况	备注
南澳	商贸：商贸落后，至建区时依托旅游服务开始发展商贸服务。教育：1985年改建东涌小学；1986年兴建新大南平小学；1987年重修东山小学、西涌小学；各小学规模普遍较小，主要设有6个教学班。1988年南澳中学正式落成，占地面积21296平方米。1990年南澳镇中心幼儿园建立；1991年南澳成人文化技术学校成立；1992年修建中心小学综合楼。文体：1990年，成立镇文体活动中心和镇文艺队，建起一些群众文艺体育设施，并组织开展球赛、拔河、舞草龙、舞狮、书画、摄影等群众性文艺体育活动。医疗：1987年，南澳镇卫生院正式成立。1989年，镇政府投入300万元扩建镇卫生院	

五 行业聚集形成专业产销空间

大芬油画村：大芬村位于布吉镇深惠公路和布沙公路之间，距镇政府1千米，是布吉行政村的一个自然村。全村面积0.4平方千米，原住居民300多人。改革开放前，村民以种田为生，人均年收入不足200元。改革开放后，大芬村干部和村民更新观念，发展以工商业为主导的多种经济。从1989年开始，大芬村大力培植油画加工出口业，吸引了一批来自全国各地的画工、画师、画家在此从事油画制作和创作。大芬村依托油画，形成了独具魅力的文化产业。1989年，香港画商黄江带着26名弟子来到大芬村，租用民房100多平方米，进行油画创作、临摹、收集和批量转销。由此，油画这种特殊产业在大芬村悄然兴起。起初，黄江及其弟子们都是开门接单，关门画画，然后通过经纪人从香港转销国外。进入20世纪90年代，随着客户订单越来越多，黄江在招收学徒生产油画的同时，还向周边地区发单收购油画作品。为了接单和交货方便，四面八方的绘画人员，包括美术院校的学生、小有名气的画家纷至沓来，在大芬村租房作画。大芬村的名气越传越广，越传越远，慕名而来的画工、画师、画家也越聚越多。至90年代中后期，大芬村已聚成一个画工群体，成为开垦大芬村油画市场的产业大军。大芬村油画市场逐步形成了生产、采购和集中外销的一条龙体系。大芬村以行画起家，行画也一直是其主流产品。据统计，在大芬村从事行画的画商和画工，占大芬油画村从业人员的70%，行画的年销售额占总销售额的85%。

1997年，《羊城晚报》刊登了一篇《深圳有个画家村》的文章，大芬油画村作为一个新鲜事物，开始展现在世人面前，并引起当地党委、政府的关注和重视。1998年后，区、镇两级党委、政府邀请专家为大芬村油画事业发展进行总体规划，初步将大芬村定位为具有油画交易、休闲旅游、培训教育等多功能的"文化村"。接着，区、镇政府对大芬村进行环境改造，拆除小院墙和非法建筑、疏通村内道路、治理河道，并在河道上建起三层楼的油画门市和绘画工场，形成设计美观的"油画一条街"。在抓好环境改造的同时，政府利用新闻媒体和各类文化活动宣传推介油画，打造大芬村油画品牌，吸引全国各地绘画人才和画商来大芬村"淘金"。区工商局提出"引导、扶持、规范"的六字方针，实行"服务从优、手续从简、时间从快、费用从低"的原则，优先为从事油画经营者核发营业执照。2001年年底，大芬村环境改造工程完成后，油画经营门店由原来的20多个猛增到100多个。2002年9—11月，布吉镇政府组织大芬村画家到黄山、徽州、杭州、福建等地采风，组织主要画商到欧洲、非洲实地考察，使他们的经营活动更贴近生活和国内外市场。到2003年，大芬村书画、工艺等门店发展到300多个，以大芬村为中心从事油画生产经营的画师、画工及学员有7000余人，油画交易额达8000万元。大芬油画村迎来了真正意义上的规模发展，形成了一个产业链比较完整的油画交易市场。

横岗眼镜城：1983年，香港人林贤生在168工业区建起横岗第一个眼镜生产厂——横岗光学厂，以来料加工的方式生产眼镜配件。1985年5月，张汉林的高华眼镜厂落户横岗后，雅骏、高雅眼镜厂也相继而来，租用自然村的小厂房生产。同年年底，光学、雅骏、高华、高雅4个外资眼镜厂共有职工2430人、固定资产1.3亿元。高雅厂年产眼镜367万副，产值达3713万元。1992年，横岗光学厂更名为横岗恒学光学实业有限公司，并转为"三资"企业；高华、雅骏、高雅等厂追加投资，扩大生产，规模渐大，产品外销。在这些外资大企业带动下，眼镜厂的一些打工者，开始自办眼镜工厂。至此，横岗共有外资、民营企业20多个，眼镜产业初具规模。1995年，光学、雅骏、高华、高雅四个外资眼镜厂共有职工6815人、固定资产4.7亿元，生产眼镜1250万副，实现产值1.9亿元。2003年，横岗镇眼镜企业发展到340多个（包括配件生产企业），投资总额达50亿元，产量超过1亿副，总产值近100亿元，从业人员10多万名，占全镇总人口的1/5。横岗眼镜产业由规模小但数量多的民营企业和大型外资企业两大板块组成。民营眼镜企业有320多个，其中标诚、慧明、观达等10余个职工超过1000名，5个年产值突破亿元。民营产品大部分出口，20%在国内销售。27个大型外资企业主导横岗眼镜产业，其中18个产值超过1亿元，4个年产值超过10亿元。这些企业的职工多数在1000名以上，最多的达5000名。高华眼镜厂投资4.8亿元，建成生产车间10万平方米、配套建筑8万平方米；斥资1000万元绿化厂区，绿化率达60%。[①] 外资企业的材料收购与产品销售两头在外，研发机构在香港，是横岗眼镜产业的突出特点。其产品全属中高档，大部分是光学眼镜。高端的休闲、太阳眼镜以香港为口岸，行销世界120多个国家和地区，销售额占欧洲市场70%的份额。横岗优越的地理和投资环境，促使眼镜产业迅速发展。业内人士公认：意大利拥有全球最多的眼镜品牌，而横岗则控制着全球中高档眼镜的生产。由此，横岗当时已成为全球最大的中高档眼镜生产基地。

六 国有企业的发展扩张

新中国成立以后到改革开放之前的30年间，我国通过对工商业的社会主义改造和兴办新型工厂，形成了与社会主义计划经济体制相配套的国有企业体系。实行的是单一全民所有制和高度集中的计划经济体制，人、财、物和产、供、销都由政府直接管理。改革开放后的1980年年初，对国有企业实行放权让利，从而增强企业活力。与此同时，在农村城市化进程中，商贸服务领域一些由政府主导的物质供销管理和公共基础设施领域的投资、建设以及运营等公共管理与服务，因其投资建设规模、投资收益和政府基于公益性需求的考虑等，在当时的发展环境与条件下，无法通过招商引资或引入其他社会资金的方式来承担。在这种情况下，一开始主要是在计划经济和市—县建制架构下，由市—县的相关行政职能部门对应所管辖的行业领域，根据发展建设的需要新组建下属企事业单位。多数情况下由行政职能部门的领导兼任这些企事业单位的领导，并负责经营管理在这些企业名下的政府资产。如1982年11月宝安县政府发出75号文件，批准成立宝安县联合投资公司，由县委政府办公室副主任兼任公司负责人，以公司发行股票的方式筹集宝安建设资金。

---

① 深圳市龙岗区地方志编撰委员会：《龙岗区志（1993—2003）》，方志出版社2012年版，第976页。

这些国有企业作为传统国有资产的实现形式，使政府同时拥有资产的所有权和经营权。1987年国家出台了《全民所有制工业企业法》（以下简称《企业法》），以此规范国有企业。按《企业法》规定，企业所运作的是国家授予其经营的国有资产，本质上没有自身的资产，首要的任务是完成国家的指令性计划，政府在企业之外管企业的人和事，对企业进行监督，因此政企不分，所有权和经营权不分。随着国有企业的发展，它们很多承担起政府的行政职能，如市政基础设施的管理权、城市卫生检查监督权、城市市容监督权等城市管理职能，劳动人事、社会保险管理职能，环境保护监察、卫生防疫管理、社会统计、计划生育等政府职能和社团职能。有的央属企业规模庞大，自办中小学、幼儿园、医院、招待所，甚至在条块管理下有企业内设置了专门法院，这些大型国有企业内部自成一方天地和小社会。改革开放后，宝安县地方国有企业规模得到发展扩张，至1993年龙岗区成立后，原宝安县政府管辖的部分国有企业划归龙岗区政府管辖，共有一级、二级区属企业55家（见表3-3）。

表3-3　　　　　　　1993年建区时龙岗区属国有企业一览

序号	企业名称	序号	企业名称	序号	企业名称	序号	企业名称
1	区外经服务公司	9	区律师事务所	17	区华侨商品供应公司	25	区裕宝贸易公司
2	区糖烟酒公司	10	区勘察设计室	18	区医药总公司	26	区兴宝实业发展公司
3	宝东房地产开发公司	11	区百货公司	19	区石油公司	27	区商贸物业发展公司
4	区房地产开发公司	12	区饮食服务公司	20	区旅游公司	28	区装饰工程联合公司
5	鹏飞实业有限公司	13	区电影公司	21	深圳江南贸易公司	29	深市兴龙进出口公司
6	区城市开发实业总公	14	区龙妍实业公司	22	深圳市裕兴贸易公司	30	深圳华特实业总公司
7	深龙会计师事务所	15	区五金交电化工公司	23	区物资总公司	31	区东部经济发展总公司
8	区审计师事务所	16	区纺织品公司	24	区自来水公司	32	区建筑工程公司

续表

序号	企业名称	序号	企业名称	序号	企业名称	序号	企业名称
33	区机电发展公司	39	区园林公司	45	区国通运输总公司	51	区劳动服务公司
34	区广告公司	40	区运输总公司	46	区粮食公司	52	区社会福利公司
35	区水利电力实业公司	41	深圳共青工业城实业公司	47	区果菜贸易公司	53	区文化体育发展公司
36	区华深实业公司	42	深圳市新华企业有限公司	48	区食品公司	54	新华书店
37	区教育服务总公司	43	区工业发展总公司	49	区畜牧总公司	55	区水产研究所
38	区新龙达实业发展公司	44	区宝龙实业有限公司	50	区供销社（代管企业）		

第三节　迈向市场经济的体制探索

一　"统分结合"双层承包制

1980年春，坪山公社全面试行家庭联产承包责任制，把耕地按农业人口平均分配到家庭，实行定田、定产、定工分、定成本、定耕牛农具，按产上交，超额归己。1981年下半年，龙岗区域10镇全面推行家庭承包责任制，按常住户口把土地平均分配，发包到户，实行大包干，"交够国家的，留足集体的，剩下自己的"，彻底打破"三级所有、队为基础"的"一大二公"模式，改变分配上的平均主义，充分调动广大农民的生产经营积极性。1984年，政府向农民发放土地使用证，签订土地承包合同。大力支持重点户、专业户、联合体开展专业专包，发展商品生产，涌现出一批从事养殖、蔬菜、水果等专业户和重点户。1987年，在完善家庭承包责任制基础上，农村实行"集体+农户"的"双层"经营模式，既调动农民生产积极性，又发挥集中统一优势，完成一家一户办不了、办不好的事。此后，农村各地大力调整产业结构，实行专业承包经营和企业承包经营，扩大经营规模，逐步建立畜禽、蔬菜、水产、水果四大农业生产基地，生产鲜活产品供应香港市场。1991年，原宝安县下文把农村各承包户分散的责任田收归集体，由村集体统一发包给经营者，实行规模经营。一些专业户、企业和香港菜农，成片承包土地，开发菜场、果场、畜禽场等，涌现出一批较大的农业企业。到1993年龙岗建区时，全区农村发包耕地6万多亩。百亩以上的果场有52个，种植面积10627亩；百亩以上的蔬菜场有25个，种植面积4570亩；百亩以上的渔场有25个，养鱼水面545亩；百亩以上的虾场有5个，养殖面积650亩；百头以上的猪场113个，饲养量2.62万头；万只以上鸡场93个，饲养量583万羽，千只以上鸽场11个，饲养量18万羽。①

二 早期独立"特区税制"

1980年8月26日，第五届全国人大常委会第十五次会议批准《广东经济特区条例》（以下简称《条例》），适用于在广东省深圳、珠海和汕头3个市设置的经济特区（之后又批准了厦门经济特区）。该《条例》规定：特区企业所得税的税率为15%；《条例》公布以后2年以内投资兴办的企业，投资额500万美元以上的企业，技术性比较高、资金周转期比较长的企业，可以享受特别优惠待遇；外商缴纳企业所得税以后的利润可以按照规定通过银行汇出；外商将所得利润在特区再投资5年以上的，可以申请减免再投资部分的所得税。但具体到更复杂的税种，则没有在《条例》内明示。1981年7月19日，国务院批转《广东、福建两省和经济特区工作会议纪要》。该纪要提出：广东、福建两省在财政上继续实行大包干办法，在税收方面采取下列措施：①凡属国家税收法的制定、颁布和实施，税种的开征和停征，税目的增减和税率的调整，以及涉及国与国之间的税收规定，由中央统一决定。在上述原则下，除了烟、酒、糖和手表4种产品以外，两省对其他产品、某些行业、企业的减税、免税，地方各种税收的减税、免税、开征和停征，可以自行确定。②关税收入和减税、免税，由中央集中统一管理。两省用进口原材料加工以后出口的商品，其进口的主要原材料和零部件可以免征关税。③对经济特区进口的货物、物品给予特殊的关税优惠。特区和非特区的分界线进行严格的管理控制以后，凡经批准进口供特区使用的生产资料和消费资料，

---

① 深圳市龙岗地方志编撰委员会：《龙岗区志（1993—2003）》，方志出版社2012年版，第127页。

除了烟、酒按照最低税率减半征税、少数物品照章征税以外，其他都可以免征关税①。

1980—1984 年，深圳经济特区推出了"三资"企业所得税减按 15% 的税率征收、对进口生产所必需的生产资料免征工商统一税、免征地方所得税、企业所得税"两免三减半"等优惠措施，旨在积极吸引外资，筹集建设发展的资金。1985—1988 年，深圳特区以发展内联企业为重点，对特区内资企业不论经济性质和隶属关系，一律按 15% 的税率就地缴纳所得税，并对所得税征税对象和计税依据进行统一。1988 年，为构建更为公平、公正的竞争环境，深圳特区内外资企业在统一适用 15% 的所得税税率基础上，享受"生产型企业两免三减半，服务型企业一免两减半"的所得税优惠政策，通过税制的"五统一"改革，即统一深圳特区企业所得税税率、统一企业所得税计税标准、统一特区的税收优惠政策、统一特区流转税制、统一地方税制，率先在特区建立起完整、规范、统一的企业所得税制。当时的 4 个经济特区中，仅深圳构建完成了这种统一的"特区税制"。

从流转税来说，1980—1985 年，深圳将工商税分解为产品税、增值税、营业税和盐税四个税种，各司其职，互不交叉，并推出"地产地销"政策；1985—1993 年，又对所有在深圳特区的企业一律征收产品税、增值税、营业税和城市维护建设税，率先停止执行工商统一税法，从而统一了深圳特区的流转税制。

从关税来说，改革开放初期，深圳为了促进特区外向型经济的快速发展，经中央同意，规定海关对特区进口货物、物品给予特殊的关税优惠，凡经批准进口供特区使用的生产资料和消费资料，除烟、酒按最低税率减半征收，少量物品照章征税外，其他均免征关税。② 可以说，多重优惠形成的超低税负营商环境，促进了深圳经济的超高速度增长，多重优惠叠加形成的超低税负营商环境，成为诱导资金流、人才流等生产要素的重要杠杆，迅速吸引了大批国际资本以及内联企业到深圳投资，从

---

① 刘佐：《我国改革开放后涉外税制的建立与内外税制统一》，《涉外税务》2010 年 1 月 9 日。
② 实际上，深圳当时的免关税政策与当前自贸区、保税区和自由港相比，优惠力度更大，为对外贸易和外向型经济的蓬勃发展创造了条件。有学者指出，1980—1984 年，深圳经济特区平均税负水平为 4.93%，GDP 年均增长率超 50%；而 1985—1993 年，平均税负水平为 10.1%，GDP 年均增长率基本保持在 25% 左右。

而推动了深圳经济的长期超高速增长。

三 "第一张股票"推进股份合作制

20世纪80年代初期，宝安新县城规划建设主要以政府计划投资为主，新县城的建设基础和建设资金极其缺乏，建设进展也很缓慢。时任宝安县县长李广镇后来回忆说："我们在一片田野里，像蚂蚁搬山一样，一点一点地建设起一个新城市，宝安县城也从最初的6.2平方千米扩建到12.5平方千米。"① 当时财政困难的市政府只拨给新成立的宝安县1000万元，这些资金只能用作发工资等日常社会事务的运转需求，新县城建设、县经济发展的资金须另想办法。在此条件下，新组建的宝安县由于缺乏资金被迫发行股票。1982年11月，宝安县政府发出75号文件，批准成立宝安县联合投资公司，用公司运作的办法筹集资金。当时政府拨付给公司20万元，在经营资金非常缺乏的情况下，适逢胡耀邦同志到宝安观察，提出改革开放以来宝安群众逐渐富裕，社会上闲散资金多了，要想办法把群众手中的闲钱集中起来，用于经济建设，以创造更多的社会财富。受此指示精神启发，公司班子提出建议，县领导经过研究②，同意了在社会上集资，利用群众手中的钱办企业，集资搞股份制的办法。

为了促成集资募股成功，县领导想了很多办法：一是财政投资做股东，县政府从当时全县一年1600万元财政收入里拿出200万元来垫底，增强股东信心；县委、县政府要求机关个人也要带头买宝安股票，数额从50元至数百元不等。二是建章立制规范运作，让股民放心。三是公开刊登广告，吸引到上海、北京、新疆等20多个地方的群众和一些华侨、港澳同胞投资参股；1984年年底，集资达到1300万元。深宝安1983年7月8日公开发行股票（见图3-5），成为"新中国第一只公开发行的股票"；1990年12月1日，深圳证券交易所开业；1991年，宝安联合投资公司更名为深圳市宝安企业（集团）股份有限公司，6月25日，宝安股票公开在深交所挂牌上市，成为最早一批在深圳上市的股票。③

---

① 段亚兵：《创造中国第一的深圳人》，人民出版社2010年版。
② 李广镇谈了当时的情况："在1983年年初一次县委常务会议上，我提出进行集资，搞股份制，就算真是资本主义的东西也要大胆试一下。如果有谁不同意这个办法，那么就请拿出办法来……"（段亚兵：《创造中国第一的深圳人》，人民出版社2010年版，第83页。）
③ 深宝安的股票代码为00001，总股本为2.64亿元。这是当时全国规模最大的上市公司。当时，在深圳股票交易市场第一批与深宝安一起上市的，还有深发展、深万科、深金田、深原野，这就是老深圳人熟悉的"老五股"。

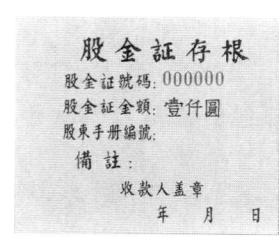

第三章　镇村并进：农村城市化时期（1980—1992年）　/ 87

图3-5　面值1000元的股金证（样本）——宝安县联合投资公司股票

深宝安集资募股，解决了宝安公司最初急需的经营运作资金，其企业规模和对财政的贡献是有限的，但其创造出的股份制公司的影响是非常深远的。当时缺乏资金是普遍的现象，许多村镇急着找资金，建厂房，发展来料加工，看到县里可以集资办公司，于是纷纷效仿，动员村民集资建厂，建立股份合作公司，极大地推动了经济的发展。在"第一张股票"的影响下，那个时候镇、村的股份公司、来料加工厂随后如雨后春笋般建立起来，后来发展出一大批集体股份合作制公司，例如，蔡屋围、沙头角、万丰村和横岗镇等都在早期创办了比较好的村民股份制公司。[①] 在改革开放前夕，"集资、搞股份制是搞资本主义"。当时人们的思想还禁锢在"左"的一套理论和意识形态中，而接受股票这一事物，就为当时经济由计划经济转向市场经济探索了方向和路径，为后续改革开放事业的推进打下体制和机制上的基础。[②]

四　集体经济股份制合作"横岗模式"

（1）现实背景：在20世纪80年代发展"三来一补"企业和"三资"企业等外向型经济后，龙岗由于地缘、血缘等优势，吸引了大批港商、澳商、台商、外商前来投资。龙岗为解决招商引资、创办工业区需要的大批连片土地，将村民土地统一收归集体，由集体统一规划、统一开发、统一建设，成片的标准工业厂房如雨后春笋般在各镇、各村涌现。集体经济发展壮大到一定程度后，随之而来的是，失去土地的村民在集体资产中的产权不明确，无法保障自己的合法利益。

（2）探索路径：在当时改革探索、发行股票等事件的影响下，龙岗

[①] 据统计，深圳全市以原来的村为单位成立了200多个股份合作公司，按原值算资产总值超过600亿元，而现值已经是几千亿元的规模，成为深圳公有制经济的半壁江山。
[②] 段亚兵：《创造中国第一的深圳人》，人民出版社2010年版。

开始了农村股份合作制改革的探索，将集体经济组织生产性集体资产清产核资、折股量化到村民个人，村民按股分红。1987年年底，横岗镇开始推行股份制经济试点，拉开农村股份合作制经济帷幕。1989年3月，横岗镇保安村新陂塘自然村试行集体经济股份制管理，推行了深圳市第一个农村股份合作制。至年底，横岗镇52个自然村中，有32个实行了股份制管理。1990年，横岗镇行政村一级实行股份制。次年，9个行政村和48个自然村全部实行了股份制经济管理。接着，又建立镇股份投资公司——深圳市横岗投资股份有限公司，自此形成了镇、行政村、自然村三级股份经济的最初模式——"横岗模式"。"横岗模式"由三个层次组成：

自然村股份合作制。①股权设置：按集体资产现值清产核资并折成股份，20%—30%作为集体股，70%—80%作为村民股。②股权界定：凡户口在本村、居住、劳动及承担义务在本村的村民均为股东。③股份分配：村民股东按所有权和分配权统一的原则享有股份分红的权利，同时参与集体经济的决策和管理。由集体统一掌握集体股和村民股，村民股不能提取、转让、抵押或流通。年终分红在当年经营收入中扣除生产费用、管理人员工资、行政办公费、税金、贷款利息以及10%固定资产折旧费和10%福利基金之后，按股分配。

行政村股份合作制。①股权设置：按集体资产清产核资并折成股份，50%股份留归行政村，50%股份分配给自然村。②股权界定：每个自然村获得的份额，主要由户籍人口数决定，并两年调整一次。③股份分配：股东有权参与经营管理、分红和承担债务。行政村和自然村分得的利润用于集体事业和扩大再生产。

镇股份合作制。①股权设置：把镇参与股份合作的形式企业化，成立镇股份投资有限公司，将各行政村和镇级企业投资的集体股作为镇投资股份公司初始资金来源，同时吸收本镇居民的资金入股。②股权界定：投资者一般享有30—40年股东分红权，并有权参与管理和决策。股权可在本地区范围内转让、继承，股权消失后产业所有权归股份公司。股份公司的组织结构采取"代表大会—董事会—总经理"制。③股份分配：公司所得利润40%留作扩大再生产和经营保证金，20%作为镇福利项目基金，40%用于分红派息。

（3）实施成效："横岗模式"是我国农村产权组织形式改革和发展农

村集体经济的一个积极探索，是社会主义公有制在农村的一种有效实现形式，这一模式融合了股份制经济、合作制经济和集体经济内涵的因素。1991年，镇三级股份经济已先后兴办工业、商业和种养殖业等企业821个，股份企业实现产值19370万元，占全镇企业总值的87.6%。横岗镇推行农村三级股份合作制经济，为全国首创，1996年被列为中华之最。"横岗模式"产生后，龙岗各地对农村股份合作制经济组织进行有益的探索，并派生出"平湖模式"[1]"木棉湾模式"等。1993年龙岗建区后，农村股份制合作经济得到推广。1995年9月，区委颁发《关于进一步巩固发展农村股份合作制的意见》，鼓励发展多种形式的股份合作组织，并就资产评估、集资参股、股权分配制度建设等方面提出规范性意见。到1997年，龙岗全区实行股份合作制的行政村达62个，自然村488个，股份合作制经济已覆盖全区70%的行政村和84%的自然村。其中，以"横岗模式"为主要代表类型的股份合作制经济则分别占据全区已实行股份合作制行政村和自然村的80%和97%，龙岗集体经济实现了从"分田到户"至"分股到户"的华丽转身。

五　土地有偿使用探索实践

深圳建市之初与其他城市一样，实行的是国有建设用地行政划拨、无偿无限期的使用方式。经济发展需要与之相匹配的生产要素供给，特区初创时期，最大的资源约束来自经济发展和城市建设方面的资金匮乏。这一时期，深圳面临经济发展和城市建设资金极为匮乏的窘迫局面，除拥有中央赋予的特殊政策优势之外，能提供给政府支配使用的生产要素只有手中的土地。因此，面对国有建设用地无偿无限期使用的限制，如何在土地上做文章，尽快盘活土地来获取建设发展的启动资金，同时解决外资企业落地等问题，使特区政府产生了推动土地制度改革的现实需求。1979年7月，国务院颁布《中外合资经营企业法》，规定合营企业应缴纳场地使用费，城市土地所有权与使用权合一的坚冰开始松动[2]。这一时期，深圳充分利用毗邻香港的地理区位优势，主动承担香港产业转移，创造性地学习借鉴香港土地批租经验，在坚持土地所有权不变的前提下，

---

[1]　1986年，平湖镇农民采取合股、集资、入股等形式将闲散资金聚集起来兴办企业，实行股份制。1987年，全镇17家股份制企业共集资420万元，其中私人入股129万元，参股农民共162户。

[2]　王江波：《深圳土地制度变迁研究》，博士学位论文，深圳大学，2020年。

通过"出租"土地、合作开发以及委托成片开发等方式，尝试"向土地要资金"，进行土地有偿使用的试验，初步体现了土地资源的经济价值。

深圳具体采取的做法是：一是"出租"土地。1979年3月，深圳一次性出租蛇口半岛1000亩土地给香港招商局，用于建设蛇口工业区，土地租期15年，免所得税3年，租金为每年4000港元/亩。1980—1981年，深圳市房地产公司（国有企业）先后与香港德兴公司签订了10项租赁土地协议，共租地4.54万平方米，规划建筑面积为34万平方米，共收取土地使用费2亿多港元。二是与外商合作开发土地。借鉴当时"三来一补"中关于"补偿贸易"的形式与外商合作开发土地，以土地入股的方式与香港地产商一起在福田区合作开发约30平方千米的土地。三是委托成片开发土地。为解决政府成片开发资金的匮乏，深圳灵活地采取行政划拨土地、以土地估价入股等多种形式进行早期的蛇口、南油、科技园、八卦岭等工业区的成片开发建设。

在进行制度试验的同时，政府也在不断出台相关政策，以推进试验的顺利开展。1982年1月1日，深圳正式施行《深圳经济特区土地管理暂行规定》，首次对客商独资或合资企业用地的土地使用年限和土地使用费进行规定。由此，深圳在经济特区内开始实行"行政划拨、分片开发、分散经营、征收使用费"。以租用土地、收取土地使用费等形式，分别与香港外商合作开发项目，开创了中国内地有偿、有期使用土地的先例。总体来看，国有土地有偿使用的试点试验激活了土地资源的经济价值，通过收取土地使用费，部分减轻了特区创立初期城市建设与经济发展的资金压力，对同时期全国各地土地政策的调整变化产生了一定的影响。特区外的龙岗等地区，以土地为主要投入，引进"三来一补"企业，通过工缴费、厂房出租、私宅出租等方式，间接或直接兑现土地有偿使用收益，形成农村城市化阶段的资金积累。然而，土地使用费的征收并不足以使发展建设资金走上良性循环，而且也并没有从根本上触动旧体制。从1979年至1986年深圳市拨地和土地使用费情况来看，累计拨地8215.2公顷（见表3-4），历年收取的土地使用费仅占同期政府财政收入的百分之一点多，土地的真实市场价值没有得到充分体现。

表 3-4　1979—1986 年深圳市拨地和土地使用费用情况一览

年份	拨地（公顷）	累计拨地（公顷）	收缴土地使用费（万元）	收缴土地使用费占财政收入比重（%）
1979	178.6			
1980	219.9	398.5		
1981	727.1	1125.6		
1982	2439.1	3564.7	280	1.75
1983	1825.9	5390	480	1.6
1984	2025.9	7415.9	680	1.3
1985	284.3	7700.2	1027	1.1
1986	515	8215.2	1381	1.58

资料来源：深圳市人民政府：《深圳经济特区土地管理体制改革方案说明》，深圳市档案局：C1-9-0170，1987 年。

六　土地有偿出让制度突破

深圳虽然成功推动了土地的有偿使用试验，但土地资源的配置方式依然以行政划拨的方式为主，没有充分发挥出市场机制的作用。经济社会发展的需求客观上要求特区政府在土地管理体制方面向更深层次进行探索突破，推动土地的所有权与使用权相分离，进行更为彻底的土地使用权有偿出让试验。[①] 深圳早期对大范围的土地进行"七通一平"的基础工程建设，然后根据城市规划建设项目的要求，将成片土地划给房地产公司进行小区综合开发。房地产公司通过土地资本化，如预售房产、担保贷款等，边建边回收。到了 1986 年，随着特区建设步伐的加快，资金缺口越来越大。当时，深圳政府欠着银行七八亿元的贷款，相当于一年半的财政收入。资金方面的压力客观上推动政府进行更为彻底的土地使用权有偿出让试验。正如时任深圳市委书记李灏在后来的访谈中坦承也

---

① 王江波：《深圳土地制度变迁研究》，博士学位论文，深圳大学，2020 年。

是"被钱逼的"。① 在霍英东的建议启发下②，1986年国庆后深圳成立了"如何推进土地使用制度改革，能不能拍卖土地"的课题专题研究组，邀请著名经济学家张五常教授作报告，并到香港实地考察取经。随后，研究组向市领导上报了《深圳市房地产改革赴港考察报告》，起草了《深圳经济特区土地管理体制改革方案》。

经过一系列前期的考察和研讨等准备工作，1987年3月，深圳修订出台《深圳经济特区土地管理暂行规定》，新增加土地使用权可以进行有偿出让、抵押转让等规定。1987年4月，国务院提出土地使用权可以有偿转让。同年5月，深圳市召开《深圳经济特区土地管理体制改革方案》论证会，时任香港戴德梁行主席梁振英参会并提出："方案是可行的，但必须修改宪法和土地管理法，否则外商绝对不敢来买地。"③ 当时的《中华人民共和国宪法》（以下简称《宪法》）第十条第四款规定，"任何组织或者个人不得侵占、买卖、出租或者以其他形式非法转让土地"。为了解决与《宪法》《中华人民共和国土地管理法》相悖的大难题，政府官员设法从马克思主义经典作家的论述中找到关于土地价值的理论依据。这一时期，围绕土地是否是商品以及国有土地的使用权能否出租和出卖等问题，理论界产生较大争议。人们受计划经济思维影响已久，意识形态一时很难转变过来。

在历史发展的关键节点，特区政府冒着"违宪"的风险，以"敢为天下先"的勇气，继续推进土地有偿出让的探索试验。1987年下半年，深圳先后以"协议""招标""公开拍卖"方式进行土地使用权的有偿出让试点。一是当年9月10日，首次采用协议方式有偿出让一块面积5300余平方米的地块，协议最后地价106万元，出让土地使用年限50年。二是当年11月25日，首次采用公开招标方式出售一块面积约46355平方米的商品住宅用地，地价为1705万元，土地使用年限50年。三是当年12

---

① 深圳史志办公室：《李灏深圳特区访谈录》，海天出版社2010年版。
② 霍英东作为1987年深圳市聘请的顾问之一，在一次与李灏谈起深圳缺乏土地开发资金的问题时，向其介绍香港20世纪60年代通过土地转让收入筹集城市开发建设资金的经验。李灏向其提出一个问题："我们有的领导对这个问题有些说法：'香港资本主义的土地可以省钱，深圳社会主义的土地行吗？'对此你怎么看？"霍英东肯定地回答说："不管是什么主义，都要在土地上生存。马克思不是很赞同'土地是财富之母'这句话吗？"（段亚兵：《创造中国第一的深圳人》，人民出版社2010年版，第33页。）
③ 《深圳土地管理二十年》，《深圳特区报》2006年6月22日。

月1日，首次采用公开竞投的方式拍卖一块面积为8588平方米的地块。深圳经济特区房地产公司最终以525万元的价格拍得该地块50年的土地使用权，此次拍卖被称为新中国土地的"第一拍"。上述三次大胆的尝试在全国起到了引领示范作用。1988年1月，深圳出台《深圳经济特区土地管理条例》，实施国有土地使用权出让的有偿使用制度，正式揭开了我国土地市场化改革的序幕。1988年4月，《中华人民共和国宪法修正案》将第十条修改为："任何组织或者个人不得侵占、买卖、出租或者以其他形式非法转让土地。土地的使用权可以依照法律的规定转让。"1988年6月，《深圳经济特区住房制度改革方案》首次提出"商品房"的概念，推进实施住房商品化与住房保障结合的住房制度改革。1990年5月，《中华人民共和国城镇国有土地使用权出让和转让暂行条例》明确，国家按所有权与使用权分离的原则，实行城镇国有土地使用权出让、转让制度。1992年6月，《深圳经济特区土地使用权出让办法》正式颁布。1994年7月，《深圳经济特区土地使用权出让条例》施行，《中华人民共和国城市房地产管理法》明确规定"国家依法实行国有土地有偿有期限使用制度"。2001年3月，《深圳市土地交易市场管理规定》对土地市场交易进行规范。上述一系列法律法规和政策的出台为制度走出经济特区扩散到全国提供了法律依据和保障，实现了土地制度的重大突破。[①]

在这一阶段，深圳以务实的探索精神，"摸着石头过河"，迈出了土地制度改革的坚定步伐。从最初合作开发和土地入股，过渡到收取土地使用费，直至最终完成公开有偿出让国有土地使用权的制度变革。1987年，深圳敲响新中国土地拍卖第一锤，开启了国有土地使用权有偿转让的历史。这一举措对后来中国的财政、金融以及城市化进程都产生了深远的影响，奠定了我国土地制度的基本框架。国有土地使用权有偿出让制度的确立，解决了改革开放初期城市建设发展的资金来源问题，对深圳早期的城市基础设施建设，以及招商引资和外向型经济的发展提供重要支撑，开创了以土地为信用基础积累城市原始资本的道路。[②]

七 推动市场经济体制确立

1988年，中国的改革进入了深水区，经济上由于双轨制带来的腐败

---

① 王江波：《深圳土地制度变迁研究》，博士学位论文，深圳大学，2020年。
② 王江波：《深圳土地制度变迁研究》，博士学位论文，深圳大学，2020年。

问题长期得不到解决，政府在物价闯关期间又引发了严重的通货膨胀，各种矛盾空前尖锐。1991 年苏联和东欧剧变，国内的政治局面进一步恶化。另一个非常重要的问题就是，广东作为改革开放的前沿阵地，到底站不站得住？龙岗位处改革开放前沿深圳，作为经济体制改革与转轨的试验场，承担了推进国家体制转轨时期先行示范与扩散推广的角色。这里城市化进程中所发生的有关社会经济的新生事物，会传导到全国其他地区和中央决策层面，并逐渐在全国扩展甚至放大。一连串有关社会经济发展的措施、政策、机制等的实践尝试，在破除重重阻力后，推动着社会相关领域的革新。如在改革开放初期，南岭村的发展变化受到国家和其他地区的关注，多位来自国家和其他地区的领导前往考察调研。这对破除改革困难与阻力，酝酿新的政策和机制，起到了示范和推动作用。

深圳改革开放十余年发展建设取得的基础，在上述党内出现怀疑与困惑的形势下，1992 年年初，邓小平发表"南方谈话"，把很多长期困扰改革开放的问题一下子梳理清楚了。他 1992 年 1 月到深圳，看到了深圳等地改革开放取得的成果时谈道："一九八四年我来过广东。八年过去了，这次来看，深圳、珠海特区和其他一些地方，发展得这么快，我没有想到。看了以后，信心增加了。"[①] 并阐述他的思想："社会主义基本制度确立以后，还要从根本上改变束缚生产力发展的经济制度，建立起充满生机和活力的社会主义经济体制，促进生产力的发展，这是改革，所以改革也是解放生产力。"[②] "改革开放迈不开步子，不敢闯，说来说去就是怕资本主义的东西多了，走了资本主义道路，要害是姓'社'还是姓'资'的问题。判断的标准，应该主要看是否有利于发展社会主义生产力，是否有利于增强社会主义国家的综合国力，是否有利于提高人民的生活水平。深圳的建设成就，明确回答了那些有这样担心的人，特区姓'社'不姓'资'。"[③] 这"三个有利于"的标准表述，为长期困扰特区工作的重大是非问题画上了句号，很快成为中国特色社会主义的评判标准，

[①]《在武昌、深圳、珠海、上海等地的谈话要点》（1992 年 1 月 18 日—2 月 21 日），《邓小平文选》（第三卷），人民出版社 1993 年版，第 370 页。

[②]《在武昌、深圳、珠海、上海等地的谈话要点》（1992 年 1 月 18 日—2 月 21 日），《邓小平文选》（第三卷），人民出版社 1993 年版，第 370 页。

[③]《在武昌、深圳、珠海、上海等地的谈话要点》（1992 年 1 月 18 日—2 月 21 日），《邓小平文选》（第三卷），人民出版社 1993 年版，第 372 页。

极大地激发了人民推进国家发展的动力。对于计划和市场的性质及两者的关系，他明确指出："计划多一点还是市场多一点，不是社会主义与资本主义的本质区别。计划经济不等于社会主义，资本主义也有计划；市场经济不等于资本主义，社会主义也有市场。计划和市场都是经济手段。社会主义的本质，是解放生产力，发展生产力，消灭剥削，消除两极分化，最终达到共同富裕。"① 这句话为长期争论不休的市场经济下了定论，为中国的"社会主义市场经济"理念奠定了基础。邓小平总结深圳经济特区和其他地区对外开放的实践，进一步强调："社会主义要赢得与资本主义相比较的优势，就必须大胆吸收和借鉴人类社会创造的一切文明成果，吸收和借鉴当今世界各国包括资本主义发达国家的一切反映现代社会化生产规律的先进经营方式、管理方法。"② 1992年10月召开的党的十四大根据邓小平同志的这一思想提出，要进一步扩大对外开放，要吸收和利用世界各国包括资本主义发达国家创造的一切先进文明成果来发展社会主义，并第一次提出建立社会主义市场经济体制，从而使我国的改革开放事业进入了新的历史发展阶段。

邓小平南方谈话是我国改革开放宏伟事业的又一个重要转折点，正是在小平谈话精神的鼓舞下，全党和全国上下又一次解放思想，放开手脚，大力发展经济（包括个体和私营经济）。1992年6月9日，江泽民在中央党校省部级干部进修班上发表了题为"深刻领会和全面落实邓小平同志的重要谈话精神，把经济建设和改革开放搞得更快更好"的讲话，从九个方面阐述了如何深刻领会和全面落实邓小平谈话的精神。1992年10月，党的十四大胜利召开，作出了一项"具有深远意义的决策"，即"明确我国经济体制改革的目标是建立社会主义市场经济体制"。根据党的十四大精神，八届全国人大一次会议于1993年3月27日审议通过了宪法修正案。宪法修正案将《宪法》第15条修改为："国家实行社会主义市场经济。""国家加强经济立法，完善宏观调控。""国家依法禁止任何组织或者个人扰乱社会经济秩序。"这就明确了"国家实行社会主义市场经济"，从而放弃了以往实行的高度集中的计划经济体制。

---

① 《在武昌、深圳、珠海、上海等地的谈话要点》（1992年1月18日—2月21日），《邓小平文选》（第三卷），人民出版社1993年版，第373页。

② 《在武昌、深圳、珠海、上海等地的谈话要点》（1992年1月18日—2月21日），《邓小平文选》（第三卷），人民出版社1993年版，第373页。

八 革新探索之深圳地方立法权

市场经济就是法治经济，只有通过公开立法才能让外商相信，才敢来投资，深圳最先有了体会。立法权的缺失一度限制了深圳经济特区的建设和发展。当时，当出现法律空白时，深圳经济特区主要靠"红头文件"政策来办事。但是投资者对政策是不放心的，他们更相信法律。正如时任深圳市委书记李灏所言，"我们搞对外合资、优惠政策，我说我有红头文件，但对方说，我们一定要看法律条款。如果打官司，政府文件不可能被法院认可，只有法律条文才行"①。因此，在改革开放初期，深圳特别渴望通过立法来填补法律空白。

当时，深圳经济特区获得立法的来源有三个。一是全国人大及其常委会，这是国家最高立法机关，自不待言；二是广东省人大及其常委会；三是国务院。在深圳经济特区建设和发展需要法律而没有立法权的年代，深圳经济特区只能依赖国家和广东省"送法"。从1981年到1986年，有关深圳特区的法规19项，其中16项是广东省人大通过的，3项是国务院通过的。根据上述授权决定，广东省和国务院均可以直接对经济特区立法。于是深圳市委很快将未来5年的立法需求敲定，计划在5年内制定135项经济和行政法规，希望做到各项工作基本有法可依。但是，仅依靠国务院和广东省立法并不能满足深圳经济特区的立法需求，到1986年广东省人大和国务院才通过了16项特区法规。考虑到广东省和国务院的立法任务重、周期长，深圳报请立法来不及制定，也考虑到只有深圳才最了解深圳，最了解如何通过立法实现特区的立法目的，从1986年起，深圳开始酝酿争取"经济特区立法权"。

1988年年初，深圳市委、市政府正式向国务院呈递《关于请求全国人大常委会授予深圳市人民政府制定深圳经济特区行政法规的权力的报告》。但是，当时深圳没有设立人民代表大会及其常委会，深圳只能请求全国人大常委会授权深圳市人民政府拟成立的立法委员会立法。1988年11月，全国人大初步决定同意授予深圳立法权，但不同意深圳设立立法委员会，而是要求深圳设立人大及其常委会，进而授权深圳市人大及其常委会立法。1989年3月，国务院向七届全国人大二次会议提出授权深圳立法的议案。1989年4月4日，七届全国人大二次会议做出决定：授

---

① 徐天：《深圳：求解立法权之路》，《中国新闻周刊》2013年第20期。

权全国人大常委会在深圳依法选举产生市人民代表大会及其常务委员会以后，对国务院所提议案进行审议并做出相应规定。1990年，深圳依法选举产生了深圳市人大及其常委会。1992年7月1日，七届全国人大常委会26次会议表决通过《关于授予深圳经济特区立法权的议案》，深圳获得制定经济特区法规和规章的立法权。

第四节 "二元"结构下的农村国土管理

建区之前，龙岗所属的宝安县实行传统的村镇规划建设管理模式，和特区内基本按规划统筹实施相比较，当时面临土地制度基础不同、市级财政投入不足、行政管理资源不匹配等巨大挑战，基于农村管理体制形成的农村国土管理方式，在规划管理制度和规划技术支撑方面都亟待完善。

一 村镇建制与农村管理体制

深圳特区外土地所有制存在二元结构，即土地的国家所有制和集体所有制并存。除了宝安县城、镇政府所在地和个别开发区土地为国家所有外，绝大部分土地是以行政村甚至自然村为基本单位的集体所有制土地。约840平方千米的龙岗地域，其中95%为农村所有，大部分土地归农村合作社等集体经济组织或村民委员会经营管理。改革开放前，龙岗的经济基础与我国广大乡村地区基本类似，农业占主导地位，深圳建市后不久恢复宝安县建制（后来设龙岗区后所辖的10个镇归宝安县所管），龙岗地区的行政建制也与全国大多数地区一样。与土地所有制二元结构相对应，龙岗地区行政建制上实行的是市、县、镇、村的分级管理体制，这种体制是农业社会的管理模式。龙岗地区有10个镇、90个行政村、13个居委会，县—镇—村三级管理，从基层行政运行来看，基本上是农村管理体制，与城市管理体制存在较大差别。

各级村镇是相对独立的经济实体，各自以自己的辖区为中心发展经济，土地的利用以追求经济效益的最大化为目标，尤其是农村集体经济组织较为独立，其土地利用方式与城市规划的要求差距较远，两者之间缺乏协调性。特别是行政村，在建立集体经济组织股份合作制后，往往党政企三块牌子、一套人马，以村委会的名义对全村实行全方位的管理。

这种行政管理体制赋予地方基层很大权力，镇、村党政机构在地方经济发展中发挥主导作用。这种以地域为范围的高度混合型管理，长期以来使各个村形成相对封闭的小社会，比较固定的血缘关系和地缘关系无形中阻碍着比较开放和先进的业缘关系的发展，影响了农村城市化的进程。

二　规土机构及管理组织

"规土分离"的管理机构。在改革开放前，村镇的非农建设以住宅为主，龙岗的建设由各镇"农房建设指挥办"管理；改革开放后，随着各种非农建设量的增大，宝安县与广东全省各地一样建立了"县建委—镇建委"的规划建设管理体制，各镇设镇建委，行政上隶属镇政府，负责各镇规划编制的委托、组织和建设项目的规划、报建初审，县建委负责各镇规划的审批和建设项目的规划与报建终审。改革开放后至1989年以前，深圳城市规划主管部门是深圳市规划局，职能比较单一，主管经济特区的城市规划；土地管理、产权管理分属于平行的国土局及房管局等其他职能部门。规划、国土机构分离，国土机构按上下级垂直管理独立于镇政府，规划机构作为政府部门之一。

规划管理唱"独角戏"。在改革开放后的很长一段时期里，龙岗及全国广大城乡地区，规划和土地管理实际上是经历了由计划经济向市场经济转轨，在农村管理体制下逐步构建的过程，处在体制机制不完善，法规政策刚刚起步的阶段。这个时期，龙岗地区各镇政府、村集体自下而上的发展动机和权限较大，以发挥各镇、村招商引资、经济发展的主观能动性，激发各村镇经济发展活力。与此同时，市、县、镇政府可以征地，部分企业可以自征地，市、县、镇政府可以按规定批地，镇级单位有用地审批权限，从而形成了特区外镇政府在"农村城市化"进程中的主导地位。1986年6月25日，第六届全国人大通过《中华人民共和国土地管理法》（以下简称《土地管理法》），1987年1月1日起正式施行；1990年《中华人民共和国城市规划法》（以下简称《城市规划法》）施行。《土地管理法》《城市规划法》施行前，村镇规划建设管理长期无依据和约束标准；《土地管理法》《城市规划法》施行后的很长一段时期，规划部门对各级政府规划建设的影响也极其有限。

县政府是规划管理部门的领导者之一，对村镇规划管理和实施的作用至关重要；镇政府是村镇规划执行单位之一，是村镇规划实施的重要落实者，它左右着村镇规划的实施，其影响极其重要；农村集体经济组织和农民,是农村规划实施的最小单元,对村镇规划的影响是不稳定的,但可以通过有效引导来管理。但这个时期,镇政府、村集体与规划部门信息交流不充分,决策脱节;规划管理缺乏地方政府的强有力配合,规划管理部门与其他部门的横向协调难度大;地方干部与规划人员接触、交流机会太少,规划意识淡薄;镇、村对规划成果、规划作用缺乏了解,不支持、不理解,有的甚至对着干,规划管理力量显得势单力薄,力不从心。规划部门在规划国土管理与实施方面对上述不同群体协调不够,政府参与规划管理作用不明显,属非系统规划管理参与。规划主管部门独家负责城镇规划管理,规划管理是由规划部门"自己搭台自己唱戏",未能充分发挥县委、县政府的行政调控作用,未能发挥各职能局和镇政府综合推动力,未能形成县政府"搭台"、村镇和各职能局"唱戏"的良好局面。

三 市县与村镇的利益冲突

土地资源是一个社会、经济和城市建设发展的物质基础,是不可再生的首要资源条件,因此土地管理是城市规划、建设和管理的前提条件。宝安县作为深圳全市的重要组成部分,龙岗作为宝安县辖地,自上而下的城市规划必然要将村镇建设纳入整体综合协调,合理布局城市各项功能与土地用途,以及加强市政、公共设施的合理配套。一些跨区域的、占地规模较大、投资回报小的大型公建设施和市政配套设施,应根据全市发展的需要、城市总体利益的需要,从全市、全县一体化的高度进行统筹落实。当时特区内城市建设的成功经验也表明,城市建设的有序进行与社会经济的协调发展,必须坚持"统一规划、统一征用、统一开发、统一出让和统一管理"的规划国土管理模式。然而特区外,农村集体作为最大的土地所有者,实际上行使了土地的发展权,并成为村镇建设的主体,在村镇规划建设上具有更大的主动权、发言权。受眼前利益的驱使,加上早期缺乏规划引导,导致了村集体按自己的想法经营土地,而忽略了长远发展的整体性。这种城市建设统一性的要求与村集体追求当前利益的冲突,再叠加政府任期目标与规划长远目标的矛盾,令规划国土管理在村镇实际建设中难以充分发挥其控制、引导作用,导致村镇建设和土地开发低水平无序扩张。

一方面,城市与农村不同的经济发展路径,形成了城市与农村土地利用的两种不同模式:农村经济在空间上需要得到均衡发展,以取得不同区位农民群体的共同富裕；而城市经济则是一种规模经济，在空间上强调功能分区，是一种非均衡发展思路。但由于农村土地维系集体所有制形式，由村集体所有，政府无资金进行统征，城市整体利益与农村集体利益存在矛盾，规划预期结果与现状土地利用存在矛盾，这在一定程度造成了规划实施的难度。在城乡二元结构体制下，各行政村，甚至是自然村是以土地为资本，利用土地收益，各自为政地按照自己的想法进行分散的、低水平的村镇建设。结果则是用地的无限制扩张、道路布局不合理、市政设施不配套、公共服务设施严重缺乏、环境日趋恶化……

另一方面，评判政府政绩的标准主要是国内生产总值、财政收入等国民经济发展指标。每当新一届政府产生，总要制定一个任期内能够见到成效的目标，而经济指标往往是这个目标的主要内容。在当时资金短缺，以土地为主要驱动要素的经济发展环境里，集体土地所有权主体的不明确，加上村镇利益的驱使，导致每一任"集体"总是热衷于把土地投入到短期见效的经营活动中。而一届政府任期一般五年（镇政府为三年），其工作思路、重点不会完全一样，政府对上届或前几届政府遗留的城市问题，也往往没有动力去予以解决，从而造成村镇发展问题的沉积。

四　村集体掌控土地发展权收益

我国对国家所有制土地产权有较为明确的规定，而对集体所有制土地的规定则较为模糊，具体表现在有关集体所有土地的计划管理权、规划管理权、行政管理权、地籍地政管理权、经营管理权以及与土地密切相关的房屋和建筑物管理权等方面的规划，存在权力界定不清、职能交叉等问题。[1]"集体经济组织"概念过于模糊，造成土地所有权主体不明确，既容易产生所有权主体多元化，又会导致真正的所有者主体缺位。在农民看来，土地发展权是土地集体所有权的不可分割的一部分，"我的土地我话事""发展才是硬道理"等当时的口号经常被其借以用作突破土地用途管制的遁词。在由政府征地得到的补偿与卖地租房而获得的收益间，村集体和村民毫不犹豫地选择后者。

集体土地所有制下的土地开发权的归属不清，导致出现了大量历史

---

[1] 陈宏军、施源：《深圳市村镇建设问题探析及应对策略》，《城市规划汇刊》1999年6月。

用地遗留问题。按我国当时法律规定，土地的所有者才具有对土地实行占有、使用、收益、处分四项权利，村集体是村土地的所有者，也拥有这四项权利，那么，是否包括对村内土地的开发权呢？据《土地管理法》第四十四条、第六十条、第六十一条："乡（镇）村建设应按村庄和集镇规划，合理布局……农村居民住宅建设，经乡（镇）人民政府审核，由县级人民政府批准……使用耕地的，经乡级人民政府审核后，报县级人民政府土地管理部门提出申请，按照省、自治区、直辖市规定的批准权限，由县级以上地方人民政府批准。"由此可见，政府对村土地的开发审批主要是审核其是否符合已获批准的规划，也就是村集体对所属土地拥有依据规划进行开发的权利，对其开发权的限制主要来自规划，只要符合规划，除占用耕地手续较难办理外，其他类型的土地开发是允许的。

这就不可避免地导致了问题的产生：受短期利益驱动，相当多的村镇基层干部乘当时村镇主导的统一规划之机，滥占乱卖土地。在既得利益驱使下，村民则总是千方百计通过建超标私房把更多土地据为己用，以坐享土地作为不可再生稀缺性资源带来的收益。这些原来"面朝黄土背朝天"、靠耕作土地生存的农民，第一次发现了土地的价值，把土地当作他们的财富之源。通过大量出租出售土地，建厂房招商，建私房出租，村民一夜之间成为中国最富裕的农民群体，"坐地生财"的租赁经济，让村民完全摆脱了劳作，过上了"寄生"的生活。农村集体的领导者也依然固执地认为土地是他们的祖传基业，他们理所当然地拥有集体土地的所有权、使用权和收益权，因而在经济利益的驱使下，肆无忌惮地大建私房，过度提取土地收益。而各级政府和有关部门怀着对农村特殊而复杂的心态，在政策制定和实施中对农村集体经济组织和农民一再迁就、让步，致使违法、违章用地、建房之风愈演愈烈，一发不可收拾。[①] 农村集体大量建厂房出租，违章出让宅基地，村民超标兴建私房，占用了大量的国家土地，严重浪费了国家的土地资源。随着龙岗区农村城市化的不断发展，后期政府斥巨资兴建各种基础设施，城市重点地段的土地价值也呈上升趋势，而大量的农村自发型的建设占据了大量

---

① 陈宏军、施源：《深圳市村镇建设问题探析及应对策略》，《城市规划汇刊》1999年6月。

增值潜力大的土地，在造成土地利用率低和产出率低的同时，本应属于政府的土地收益则大量地流入了个人和农村集体的腰包，国家土地收益流失。

五 村集体主导村镇开发建设

在农村城市化初期，政府资金极其缺乏，对于龙岗地区，以土地为要素投入产生的收入对于村镇的发展和建设具有极其重要的作用，镇、村靠土地投入引进"三来一补"企业，有时通过直接划拨土地来抵偿所需建设资金。随着特区内土地有偿使用的尝试和土地有偿出让制度的突破，特区外也逐步建立土地有偿使用制度。龙岗的外向型发展特征，是靠低廉的地价和劳动力成本吸引外商投资的，因此工业地价不可能很高，但无法满足城市发展征地的需要。当时土地出让地价款由土地开发费、市政配套费和出让金组成，特区外围土地出让地价款是在原集体土地出让价格（各种补偿费之和）的基础上加上了市政配套费和出让金，而村集体提留的土地收益为地价款的70%（商住用地）和21%（工业用地）。在这种情况下，由于地价上带来的好处以及实际到达村集体手中的土地出让收益与非法出让所得的差距很大，转而倾向于土地非法出让或非法占用。此外，由于区镇提留的土地出让收益在使用上难以体现"谁出地谁受益"的鼓励机制，农村集体对保护土地、集约用地缺乏热情，间接导致土地违法行为的泛滥。

虽然土地开发基金由政府收取，其中的一部分仍会返还给农民，而其余的绝大部分又被用来投入土地。增加土地投入后带来的不动产增值部分，政府却基本上没有得到，获取这一部分增值收益的，主要是掌控土地发展权的农村集体和个人。村镇提留的少量土地开发基金，根本无法满足耗资巨大的市政基础设施及公共配套设施的需求，而地价款的流失，导致征地及市政基础设施配套资金进一步严重不足，进而在政府层面实际上很难形成土地收益再投入城市开发的良性循环机制。在此条件下，村镇建设资金的来源以提留的土地开发基金和政府比较有限的财政划拨为主，融资方式单一。而有限的资金也未形成向土地再投资的有效机制，资金大部分用于新建工业厂房、住宅或道路，用于改善投资环境的比重很小。农村集体经济组织是以发展集体经济为其基本宗旨的经济实体，是镇、村工业厂房，各种基础设施、公共配套设施以及环境建设的主要投资、筹资和建设主体，实际上对村集体所有土地拥有直接的决策权和管理权。集体土地开发建设的策划、实施、收益、分配和相当大的管理权恰恰就集中在他们手中。

20世纪80年代,这种以村为单位主导推动的村镇建设模式有其必然性,其各显神通式的村级无序开发建设模式和"自下而上"式农村城市化的原动力,在改革开放初期无疑是有其重要作用。但由于农村集体经济组织的领导者均来自村民,血缘、族姓相维系的原因使他们总是把本村的利益置于决策的优先地位。[①] 而又由于其利益角色和自身素质的局限,他们往往成为实施统筹规划的主要阻力源、违章用地和建筑的首要责任人和受益者。农村城市化初期阶段,上述土地收益分配关系及建设资金的普遍缺乏,也是各村镇市政设施和服务配套不足,沿既有道路交通沿线形成"马路经济"的主要原因。

六 缺位的城乡规划管控体系

我国于1986年制定、1987年颁布实施《土地管理法》,早于1989制定、1990年颁布实施的《城市规划法》。在龙岗快速城市化进程早期,在农村国土管理模式下,实际上是以土地管理代替城乡规划建设管理,作为城乡建设龙头的城乡规划管控体系,在改革开放后的很长一段时期是缺失或者说是很不完善的,更谈不上有效的控制、引导机制和手段。直到1990年《深圳市城市规划标准与准则》试行后,随着撤县设区,原关外的龙岗等地区才逐渐建立起城乡规划管控体系。在这之前,规划建设管理的主要依据是1984年启动编制的《深圳市总体规划(1986年版)》《宝安县总体规划》,规划实施按深圳市—宝安县城关镇—各乡镇三个层次进行。1989年编制的《深圳城市发展策略》,首次提出了面向特区外的"全境开拓、梯次推进"的城市空间结构。1986年版《深圳市总体规划》的空间范围只限定在特区内,并未涉及特区外的城市发展问题,《宝安县总体规划》实质上是一个城镇体系规划,《深圳城市发展策略》更是一个有宏观发展目标与策略性的规划,对当时的城镇建设只能起到宏观的引导作用。实施层面的规划和基于法制基础的规划建设管控体系缺位,宏观层次提出的发展策略规划的结果不尽如人意,后果是后来龙岗区无序状态的过度开发及随后出现的经济过热

---

① 陈宏军、施源:《深圳市村镇建设问题探析及应对策略》,《城市规划汇刊》1999年6月。

影响下的大规模土地闲置。从成立深圳特区到龙岗建区，实施层面的规划管控大致经历以下两个阶段：

宝安县撤县分区前（1989年）规划阶段：由于当时的外部因素使规划者无力把握城镇发展趋势，只能制定一些宽松的法规并附带一些限制因素，这种"限制性"的规划方法基本上允许自然发展，依靠村镇自下而上的力量来实现村镇自身的生长。其优点避免了主观"控制"倾向，使工业得到初步发展，活跃了村镇经济；缺点是由于缺乏全区层面的统筹，自身发展需求及利益追逐与长远目标或全区发展目标相冲突，导致很多村镇乱开发，缺乏公共配套及市政衔接，造成新区建设不久即成为"旧村"。当时除少数如南岭村、坂田村等规划意识超前、经济较好的村镇，根据当时条件由村镇组织编制了实施层面直接指导村镇建设的详细规划外，大多数村镇并没有一个实施层面的规划来指导具体建设。

分区前后（1992—1993年）规划阶段：建区前后，社会情况变化较大，由于各方面因素影响，扩到了10个镇建设用地范围，各镇总规及市政详规分别完成衔接。这种"被动"的规划方法以近期目标为依据，仅完成了一个短期的发展规划，只强调了调整、控制和道路、市政管网的简单衔接等因素，并不注重规划实施的实践和最终结果。其优点是使各镇道路得到初步衔接和控制，适应了当时各种发展的可能；缺点是扩大了用地规模，导致土地开发进一步失控，没有试图引导社会经济的变化。

第五节　小结：特征与实效

从改革开放至龙岗建区的十余年，是龙岗"农村城市化"时期，主要以村镇集体经济组织为主体，直接在村集体土地上进行开发建设，并通过提供土地或厂房发展"三来一补"加工业，工业生产逐步取代农业耕作，从而开启了龙岗工业化、城市化进程。经过十余年的发展，龙岗的生产总值和工业总产值在1992年分别达到35.54亿元、73.83亿元；城市常住人口在1992年达到58.21万人；建成区面积在1994年达到70.7平方千米（另有推平未建用地68.5平方千米）。龙岗"农村城市化"时期，主要呈现出以下特征。

（一）低端加工制造开启工业化、城市化进程，村镇多个主体齐头并进、各自为政的开发建设特点

利用改革开放带来香港加工制造业北移的机会，引入"三来一补"企业，开启农村城市化进程。外资提供资金、设备、原材料、生产管理经验等，本地提供土地（出租土地或建设厂房出租），全国其他省份提供劳动力，从而融入全球产业分工与贸易体系的低端环节，并以香港港口为供应链依托，产品外销海外市场，形成外向型经济循环。这一阶段龙岗及特区外工业发展的显著特征是以被动吸收的劳动密集型加工产业为主动力，"三来一补"企业所从事的基本上都是加工工序简单、技术含量低的行业。这一由低端加工业开启的工业化和城市化，有源源不断来自外省的劳动力，只要能邻近交通线路提供土地或厂房，各个村镇都有发展机会。因此，在土地所有制"二元"结构下，以龙岗地区的10个镇、90个行政村和数百个自然村为主体，通过引入"三来一补"企业，开始了"各自为政、四处开花"的村镇级工业园区的开发建设。

（二）以土地为主要投入的要素驱动发展阶段，空间资源粗放利用

土地和劳动力是驱动该阶段地区经济发展的核心生产要素，是农村城市化的主要动力。"自下而上"的工业化、城市化进程，走向的是外延式粗放发展模式，土地资本带来超额利润的诱惑，使各村镇不顾自身条件盲目"招商引资"、粗放开发利用空间资源。一方面，体现在土地使用上，满山遍野、松散零碎的建设工业园区和私宅，一度盲目推土占地，开发面积不断扩张，导致土地快速、粗放地消耗，并在经济过热刺激下造成土地大面积闲置。另一方面，体现在城镇规划建设上，兴建用于出租的厂房和私宅，形成了松散的村镇建设布局，不仅使土地资源得不到集约利用，在村镇建设上也难形成集聚效应。沿公路建设形成的"马路经济"现象以及"有新房无新村"的脏、乱、差状况，不仅离社会、经济、环境可持续发展的目标很远，连提供城市化的生活环境质量的基本要求也达不到。

（三）公共基础服务设施的建设水平远远滞后于经济发展水平

一是公共服务设施配套不成体系，设施档次不高。其中最为突出的是文化娱乐、体育设施和公共休闲设施的严重欠缺，很多村镇没有一个像样的公园。在龙岗村镇中数量最多的文化娱乐设施是卡拉OK歌舞厅、夜总会，这些高消费、功能单一的娱乐场所只满足了极少数人的需求，

而本地居民和大量外来人口所需要的如图书馆、博物馆、体育馆等有益于身心健康的文化娱乐设施，无论在数量还是在质量上均无法达到要求。城市生活设施的贫乏也制约了村民实现农村型生活方式向城市型生活方式的转变。二是公共服务设施建设标准不一，浪费现象与滞后现象并存。一方面，有些办公楼、道路、公共建筑等所谓"门面工程"被不切实际地提高标准，远远超出了实际利用需要，造成严重浪费；另一方面，一些电力电信、给排水、垃圾处理等市政设施建设不完善，甚至严重滞后，影响了社会经济的健康发展。三是市政基础设施的规划建设缺乏协调，管理混乱。一方面，各村镇从眼前需要出发，各自为政进行市政设施配套建设；另一方面，规划部门、运输部门、水电等专业部门之间大多从各自的功能要求出发进行规划和建设，相互之间缺乏协调和沟通，引起如过境交通与内部交通不衔接、水电设施与道路不配套等混乱现象，降低了市政设施服务水平，并造成建设浪费。

（四）外来流动人口支撑的低水平公共服务体系与消费循环

这是个由初级的加工制造业推动的工业化进程，通过与全国联通的农村剩余劳动力市场，从外部（两广、四川、湖南、湖北、江西等省份）获得劳动力，其工业化推动的农村城市化的空间载体为整个龙岗地域内松散分布的镇、村地区。这些村镇无齐备的公共服务和基础配套设施（水、电、气、路、环卫、污染处理等）、布局散乱、环境品质及环保要求难以保障，早期通过过度利用既有的道路交通、承载力极其有限的村镇道路等，形成马路经济。对城市化进程中的人口聚集而言，其特征是人口的高度流动性和增长的巨大不确定性。除占比很小的本地村民外，外来劳动力本身不能定居并转化为当地居民，不能成长为本地持续消费群体，本地没有一套为其需求提供公共服务产品（如居住、教育、养老等）的机制和标准，城市公共基础设施的供给处于"自发"状态。在这种情况下，城市公共服务配套无从谈起，转而由当地村民利用抢占私宅或企业自建宿舍替代提供低水平、低成本的最基本的居住、生活服务配套等，构建起"农村城市化"地区的低水平的城市公共服务体系。这是该阶段农村城市化的典型特征，某种意义上可以称为"半城市化"——介于现代城市公共服务体系与乡村聚落农业生产体系之间的一种"半城市化"的公共服务产品供给模式，所有这些特征构成了这一阶段"农村城市化"的空间发展格局和消费循环。

(五)城市化成为经济体制转轨探索实践的"主战场"

当时人们的思想还禁锢在"左"的一套理论和意识形态中,要实现从计划经济向市场经济的转轨,某种意义上来说是一场"战斗",一场突破既有体制机制和意识形态、自我革新进而解放生产力的斗争。深圳及龙岗城市化进程中,各种有关经济所有制、收入分配方式以及资源配置方式等方面的政策与机制的探索实践,逐渐突破一个个体制与机制难题,在一次次的政策试点后,最终从地方上升至中央,建立起国家层面的市场经济制度,实现经济体制转轨。坪山全面试行家庭联产承包责任制,改变分配上的平均主义,充分调动广大农民的生产经营积极性;在此基础上实行"集体+农户"的"双层"经营模式,成片承包土地,实行规模经营,进一步提升农业生产经营效益。特区早期从为吸引外资采取的低税率特殊优惠政策,到税制的"五统一"改革,在经济发展实践中逐步探索构建起独立的"特区税制",在营造超低税负营商环境,从而诱导资金、人才等生产要素流入,取得经济超高速增长的同时,也为国家税制选择、建设重构、发展完善及财税体制改革提供了实践基础和"试点"经验。宝安打破禁锢发行"第一只股票",为进一步实践集体经济股份合作制及市场经济其他政策机制的探索实践奠定了思想基础。股份制合作"横岗模式""平湖模式""木棉湾模式",既提供了农村城市化进程中集体经济面临的所有制主体、收益分配方式等问题的解决方案,也为进一步的经济制度建设提供了探索试点的制度参照。土地有偿使用的探索实践和制度突破,确立了城市土地资源的配置方式,进而奠定我国土地市场的基本制度框架,对后来中国的财政、金融以及城市化进程产生深远的影响。深圳及龙岗地区的城市化,成为我国当时经济体制转轨探索实践的"主战场",对建立社会主义市场经济体制,明确我国经济体制改革的目标,起到了推动作用。此外,深圳获得制定经济特区法规和规章的立法权,为深圳进一步承担改革开放先行先试的职责角色创造条件。

(六)经济转轨中的利益分配机制与农村土地管理模式催生集体经济组织利益群体

基于我国农村土地集体所有的土地制度,在城市化初期,因征地与公共配套建设资金的缺乏和农村管理体制下对农村集体经济组织的妥协,政府一开始就被动地放弃,进而长期失去构建支撑高速城市化需要的土地金融与财税制度运作基础——对一级土地市场的垄断。大量本地村民及村集体组织在当时计划向市场转轨的法律约束的"空窗期",通过非法卖地等手段,变相提前透支未来一级土地市场收益,并在高速农村城市化进程中,迅速形成庞大的既得利益群体和土地使用的历史遗留问题。随后,以土地为基础形成的集体资产在"农村股份制合作经济"模式探索实践中,演化出一个个颇具实力的经济实体——村集体经济组织,形成了一股重要的经济和政治力量。这股力量依托群体影响力,长期掌控远远超过"国家土地征用"补偿标准的经济利益,进而形成占比庞大且权属模糊的"合法外"存量土地资源,长期制约整个城市土地利用效率的提升,推高了土地交易和开发的成本。

第四章　规模扩张：快速城市化时期（1993—2003 年）

第一节　产业扩张与城市化策略

一　加工制造业扩张与转型

随着 20 世纪 90 年代以来特区内产业结构的调整和香港制造业的持续内迁，在改革开放早期发展引进的基础上，大量"三来一补"企业继续转移至生产成本相对较低的特区外围。根据当时深圳的总体规划，90 年代工业发展的重点向特区外的宝安和龙岗两区转移，龙岗迎来产业发展进一步扩张的机会。改革开放以来，龙岗农村城市化的基本动力来自"三来一补"企业。"三来一补"在龙岗区工业化推动城市化的过程中发挥了关键作用：第一，推动龙岗区经济结构的转型，由从传统的农业耕作向工业生产转型；第二，吸引聚集外部经济要素，积累了城市化起步阶段的发展资金，为产业扩张及城市规模拓展创造了条件；第三，引进外部技术与管理经验，培育了一批生产经营技术人才和管理人才，造就了一批熟练技术工人；第四，推动乡村地域向城市空间演变，带动了商贸服务、教育、娱乐等产业的发展，开启了城市化进程。然而，经过改革开放后 10 多年的繁荣发展后，"三来一补"（后来发展为"来料加工"）这种劳动密集型生产方式逐渐显露出自身缺陷，其技术含量低，规模效益差，且属于外源型的经济体系，难以成为未来持续发展的工业主体①。因此，深圳及珠三角的其他地区，以"三来一补"为主的产业模式都面临着如何持续发展与转型的问题。

1993 年年初，时任广东省委书记谢非率队到珠三角各城市调研高科技产业发展情况。当时谢非发现广东改革开放后发展的"三来一补"产业，已经难以为继，快走到尽头了，政府应该做一些与科技创新相关的事情（出台政策等），来推动广东尤其是珠三角实现产业的转型升级。② 6 月 5 日，谢非来到深圳考察，参观了华为等一批高兴技术企业，对深圳高新技术产业的发展给予充分肯定，决定在深圳召开"珠江三角洲地区发展高新技术产业座谈会"。6 月 29 日至 7 月 2 日，在深圳市银湖召开此次座谈会，谢非作了重要讲话，时任广东省长朱森林等全体省委领导以及全省地市级负责人出席了这次会议。③ 深圳市在这个会上做了一个发言，宣布发展高新技术产业。淘汰高污染企业，鼓励发展高新科技产业，1993 年是深圳重要的转折点。

在上述背景下，时任深圳市委书记厉有为看到高新技术产业的方向，决心推动深圳二次创业和第二次产业升级④，宣布暂停审批"三来一补"企业，提出"科技兴市"战略，要把高科技企业打造成深圳的支柱产业；提出在特区外的坪山划出土地，建设龙岗大工业区（现坪山新区），计划把原经济特区内的主要工业迁到大工业区。1993 年年底深圳市出台了一个决议，停止登记注册新的"三来一补"企业，特区内已办的"三来一

---

① 由于前期"无序生长"，镇村土地资源被来料加工厂所挤占，企业也存在劳资纠纷的风险，很多企业生产设施设备简陋，存在消防等安全生产隐患（例如，1993 年 11 月 19 日，葵涌致丽工艺制品厂因电线短路和消防缺失引发的特大火灾，造成 84 人死亡，40 人受伤的恶性安全事故），大量排放的废水废气对环境造成威胁；同时，企业没有法人地位，导致企业责任主体无法认定，部分低端企业走私行为多发，给国家带来巨额税收损失，也为海关等相关部门带来较大的行政管理风险。

② 在"珠江三角洲地区发展高新技术产业座谈会"上，谢非指出："现在如再不抓紧进行调整和优化产业产品结构，发展高附加值、有竞争力的产品，珠江三角洲地区的优势将会逐步消失，发展后劲将会逐步减弱。"（谢非：《加快高新技术产业发展，带动全省经济上新台阶——在珠江三角洲地区发展高新技术产业座谈会上的讲话（摘要）》，《科技管理研究》1993 年第 4 期。）

③ 周路明：《深圳市 1993 年科技大事记》，《特区科技》1994 年第 1 期。

④ 厉有为：《我们尽了力，算是不辱使命》，载深圳市政协文化文史和学习委员会《追梦深圳：深圳口述史精编》（中），中国文史出版社 2020 年版，第 8 页。

补"加工业,属于污染环境的,坚决迁走。① 1994年春节刚过,深圳市政府下发了《关于在特区内停止审批"三来一补"等项目通知》,其规定:特区内一律不再审批"三来一补"项目,宝安、龙岗比较发达的区,对"三来一补"和劳动密集型项目也应严格控制。政策一出,港资企业哗然,大量的"三来一补"企业迁往东莞。因该政策触动了各个村集体的利益,基层对此政策强烈反对,一些村主任联名写信,上告省委、省政府和相关机关。② 后来深圳市采取了渐进的策略,调整了政策措施,对原来出台的政策进行了修正,新出台的政策只在特区内实行,而特区外的宝安、龙岗两区则仍可以允许"三来一补"企业注册,与此同时,政府允许原来的"三来一补"企业改注册为外商独资企业。

1994年,龙岗区出台《关于进一步发展村镇经济的若干规定》,即在不违背市政府规定的前提下,鼓励村镇发展大工业项目,继续稳定、提高、发展"三来一补"企业,并在基础设施建设资金、工缴费结汇给村镇方面予以扶持和倾斜。时隔一年多,1995年5月2日,市政府再次颁布有关"三来一补"企业的政策,在《关于加强"三来一补"管理的若干规定》中,明确指出发展"三来一补"应从实际出发,不同地区有所区别,特区内要适度发展,宝安、龙岗两区要积极发展,山区和偏僻地区要鼓励发展。在上述背景下,一方面,龙岗区在获得市里政策允许后,继续扩张外向型的低端加工制造业。由此,龙岗区"三来一补"企业发展进入"黄金时代",电子元件加工厂、服装厂、玩具厂等一批工厂如雨后春笋般在龙岗迅速成长。到1997年,龙岗区"三来一补"企业扩张发展到了顶峰状态,全区达3700多家,从业人口上百万。另一方面,在全市推动产业发展转型升级的大环境影响下,龙岗区也采取积极稳妥的方式谋划推进产业的转型升级。当时的《深圳市龙岗工业发展规划纲要》提出,龙岗区要逐步实现产业结构调整和优化,逐步实现由劳动密集型向技术、知识、资金密集型的转变,逐步实现以拳头项目、拳头产品、规模经营为主导的格局,逐步实现由速度型向效益型过渡,未来15年重点发展"八大产业""三个工业区""八个工业城",争取2010年全区工

---

① 白积洋:《"有为政府+有效市场":深圳高新技术产业发展40年》,《深圳社会科学》,2019年第5期。

② 厉有为:《我们尽了力,算是不辱使命》,载深圳市政协文化文史和学习委员会编《追梦深圳:深圳口述史精编》(中),中国文史出版社2020年版,第9页。

业总产值达到1000亿元。各村镇在前一阶段外向型低端加工制造企业发展积累的基础上，积极落实产业发展转型升级的目标，招商引资的重点开始从劳动密集型的"三来一补"企业转向资金密集型的高新技术企业。

二　城区使命及角色定位

如上所述，深圳特区经过改革开放后十余年的发展，进入产业结构升级换代的阶段后，在特区土地资源日趋减少的情况下，特区内的一些产业和项目在市场经济规律驱使下，向土地和劳动力费用相对低廉的特区外围转移。作为拥有大量后备土地资源的龙岗区，是深圳全市的一个重要组成部分，其发展服从、服务于整个深圳的总体目标和部署，这是龙岗区为当时深圳深化改革，扩大开放，发展城乡经济，实现全市城乡一体化所要承担的区级使命，也是深圳工业化、城市化、现代化进程的历史性一步。宝安县撤县设区，由农村管理体制向城市管理体制转化，有利于深圳市的统一规划、管理和特区外的经济发展、社会全面进步，也有利于加快龙岗地区的工业化、城市化步伐。根据当时修编的《深圳市城市总体规划》，在全市范围内形成合理的地域分工是深圳建成国际性城市的必要条件。立足全市发展部署，龙岗区在全市的角色定位是：作为深圳市建设现代化国际性城市、区域性经济中心城市、花园式园林城市的重要组成部分，主要承担全市工业、能源、旅游、物流、农业基地功能。1993年制定的《龙岗新区建设总体规划》，提出龙岗建设国际和国内港口物流疏运集散中心、国际滨海旅游中心、大工业基地的发展目标（大流通、大旅游、大工业）。1994年制定的《深圳市龙岗区次区域规划（1996—2010）》规划了四个功能片区和四条发展轴线：由平湖、布吉、横岗三镇组成的流通片区；由中心城、龙岗和坪地组成的中心片区；由坪山和坑梓组成的大工业片区；由葵涌、大鹏和南澳组成的大旅游片区。基于龙岗区在全市的角色定位，建区之后逐步确立了以"大工业、大流通、大旅游、大农业"四大产业为支柱产业，并在此基础上推进"四大功能基地"建设。

（一）工业基地

龙岗区作为深圳市东部经济发展的重要组织部分，处在特区与珠三角城市群的产业圈层带上，拥有大量的后备土地资源和良好的区位条件。把龙岗区作为深圳市的工业基地，是从深圳市总体规划中的产业结构布局调整要求出发进行设置的，对发挥工业的规模集聚效应，提高项目技术档次，促进深圳市产业结构调整，加速国民经济发展起到重要作用。工业基地建设重点包括：一是在拥有丰富可供开发土地的坪山、坑梓规划建设深圳市大工业区，开发面积达70平方千米，作为全市工业组团；二是加强建设以坂雪岗工业为代表的高新产业开发区和以宝龙工业城为代表的出口加工区，形成全区性工业发展基地；三是调整村、镇工业布局，镇内工业集中至"同富裕工业区"。

（二）物流基地

从建设成区域性物流中心城市的战略出发，依托盐田港，在布吉、平湖、横岗三镇范围内规划建设平湖物流基地，充分发挥这一地域在连接东西部两大港区，广深、京九铁路以及深圳公路网几个方面的枢纽作用。该物流基地是华南物流区、珠江三角洲东岸都市区次区域物流中心，深圳市物流中心的主体部分之一。平湖物流基地不仅是龙岗区同时也是深圳市中部发展轴上的物流基地，是香港与珠三角及内地发生相互联系的集散节点。又因其位于西部港群与东部港群后方陆地铁路运输的交汇点，将成为两港后方集散疏运中心，作为东西发展轴的节点，其在深圳市物流中心城市中的枢纽地位是其他任何基地不可取代的。

（三）旅游基地

龙岗既有以大鹏所城、客家民居为代表的传统人文景观，也有以山海风光为特色的自然景观。按照次区域规划的旅游布局，龙岗区将形成以大鹏半岛为核心的海滨旅游度假区，以马峦山为核心的郊野游览区，以坪山、坑梓为核心的客家民俗风情旅游区。大旅游区主要是充分利用东部大鹏、葵涌、南澳三镇丰富的海滨岸线和自然山海风光，以建立可持续发展的社会、经济、环境和资源配置机制为目标，发展东部旅游，为全市提供足够的休闲活动空间和优美景观环境，把大鹏半岛规划建设成为一个以旅游观光、休闲度假及国际娱乐为主的多功能山海旅游区，成为深圳市重点旅游开发区和全市东部旅游基地。

（四）农业基地

改革开放后，龙岗区农业发展逐步形成以香港、深圳经济特区为主导市场的农业生产体系，建立了蔬菜、水果、畜禽、水产四大鲜活农副产品基地。大农业区是龙岗区在规划中坚持可持续发展战略的具体体现。规划中坚持"龙岗农村城市化可以没有农村，但不可以没有农业"的原则，全区规划了15万亩农业保护用地，编制了农业保护用地规划并对龙岗区土地利用规划与城镇建设用地规划进行了协调。

三　区级决策与发展策略

（一）采取"3 三"开发建设策略

龙岗建区之初，全区经济发展的不平衡性比较明显，从西到东经济规模梯度差异渐次加大。按照全区社会经济发展布局，着手开发的各区域组团功能不尽相同，基础条件有明显差异，全区开发建设采取"三优选、三齐上、三并举"（"3 三"）的原则，以此调动各方面的积极因素，突出重点，统筹兼顾。在"三优先、三齐上、三并举"的原则下，注重在三次产业和大中小项目中，确定出重点产业和重点项目，靠重点产业带动相关产业，靠重点建设带动一般建设。

三优先：一是规划优先。规划是建设的先导，没有高起点的规划，就没有高层次的经济发展，经济发展战略必须体现在规划中，并从规划中落实到地域上。龙岗区投资 4000 多万元制定了城市建设蓝图，完成了辖区的远景规划、远景市政详细规划、近期建设规划，对区中心城和几个开发区等重点区域和项目进行了详细规划。二是基础设施优先。建区之初，基础设施滞后已经成为影响龙岗投资环境，制约经济发展的主要因素，这个"瓶颈"必须突破。全区筹集 5 亿元资金用于水电路等基础设施的建设，首先完成深惠公路改造拓宽工程。三是成片开发优先。土地资源丰富是龙岗区的强项，但分散粗放的开发造成严重的资源浪费和资产流失。必须坚持"五统一"原则，集约化成片开发。全区先行规划开发了中心城、宝龙工业区、坂雪岗工业区等成片开发区，总面积达 60 平方千米。

三齐上：第一、第二、第三产业齐上。由于区域经济一体化进程加快，产业水平分工趋势明显，大工业、大旅游、大流通、大农业等产业门类在龙岗有坚实的立足基础，必须主动承接这一趋势，实现全区国民经济高层次的均衡发展。

三并举：一是大中小并举。着眼于调动区、镇、村各级的积极性，量力而行，尽力而为。区侧重于大项目，镇侧重于中型项目，村侧重于小型项目。二是基础开发与功能开发并举。着眼于边开发、边建设、边引进、边受益。当时已开发的中心城、宝龙工业区、坂雪岗工业区都坚持基础开发与功能开发并举，边开发，边引进，建设一片，受益一片，滚动发展再建一片。三是改革与发展并举。发展是目的，改革要为发

第四章 规模扩张：快速城市化时期（1993—2003年） / 115

铺路，在经济发展中，制度创新居于重要位置。龙岗确定以建立现代企业制度为突破口，改造区属国有企业、镇属集体企业，推进农村股份合作制，配套改革社会保障制度，为全区新的经济产业的发展提供良好的体制环境，推进经济和社会健康协调地发展。

（二）改革招商模式

1993年，区委面对全区基础建设任务重、产业基础差的实际，实施"面向香港，开拓海外"的战略，改革招商模式，采取"引蜂筑巢酿蜜"即以"带资开发"的形式和以土地招商的办法，先后推出"产业开放""三让三得"（让市场、让股权、让土地，得资金、得管理、得技术）等引资政策，并把赴外招商与以商引商结合起来，大力拓展招商引资新领域。1995—1998年，加大对日本、韩国的招商力度，并组织人员赴西欧五国、北欧三国开展招商活动。1999—2001年，采取主题招商、以商引商、网络招商、代理招商等形式，新引进一大批项目，外资经济蓬勃发展。2002年，为应对中国加入世界贸易组织带来的挑战，区委主动出台九项措施（加强招商宣传、实行招商考核、开展招商活动、提高办事效率、优化投资政策、降低投资成本、规范查处行为、优化招商服务、实行引荐奖励），掀起新一轮招商引资热潮。为使"引荐奖励"落到实处，成立区招商引资协调小组，设立1000万元的"龙岗区投资引荐奖励专项资金"，出台《深圳市龙岗区鼓励投资引荐奖励办法》。

（三）推进"工业化、城市化、现代化"建设

1993年1月在中共龙岗区委（以下简称区委）成立的挂牌仪式上，区委果断提出：建区之日就是龙岗区迈出城市化、工业化、现代化步伐之时。区委号召全区人民励精图治，团结奋斗，把龙岗区建成"深圳市大工业、大能源、大旅游的卫星城"。1993年建区以后，区委、区政府坚持"工业进园"战略，并且把园区建设与产业升级相结合，全区工业园区建设不断加快，档次不断提高。6月，区委出台《关于鼓励发展工业的政策措施》，对大规模、高科技、高效益项目在立项审批、用水、用电、用人等方面给予优先照顾，并简化手续；对工业布局、产业发展方向以及产业、税收、用地、资金、人才、奖励等方面也做出具体规定；对"三来一补"提出分层次发展的原则：村一级允许搞，镇一级控制搞，区一级原则上不能搞；对工业企业一律按15%税率征收企业所得税，对有

前途、效益好的企业可提供贷款担保。①

1993年7月,龙岗区总体建设规划出台,新区建设分为三大组团:由龙岗、横岗、布吉、平湖等镇组成多功能组团;由坪地、坪山、坑梓等镇组成大工业组团;由葵涌、大鹏、南澳等镇组成大旅游和高科技组团。此后,龙岗区严格按规划办理,各项建设全面铺开。1993年,区委实施"两城一区"开发战略,把"两城一区"(龙岗中心城和宝龙工业城、坂雪岗工业区)的建设当作经济工作的立足点来抓。在资金紧张的情况下,"两城一区"建设采用招标议标方法,由中标单位带资开发。1994年,区政府颁布《深圳市龙岗区带资开发管理暂行办法》,为开发商提供了一系列的优惠政策,推动全区房地产开发。1994年8月,区委一届二次会议提出:抓大政方针,制定新区总体规划,三年铺摊子、打基础,二年求效益、上水平。1995年,龙岗区按照深圳市政府《关于促进我市房地产市场发展的若干规定》,开始实施"购房入户"政策,进一步刺激房地产业。1996年4月,区委制定《龙岗区中心城开发建设暂行办法》,以优惠的政策鼓励开发商投资,加快中心城建设步伐。

2003年10月30日,市委、市政府召开加快宝安、龙岗两区城市化动员大会,龙岗区委按照市城市化办公室的部署,成立区城市化工作领导小组,并在大量调研的基础上,出台《龙岗区城市化试点工作方案》。11月26日,召开全区城市化试点工作动员大会,对撤销龙岗镇镇级建制分设龙岗和龙城两个街道的行政区划、干部职工分流、清产核资和划分处置、组建股份合作公司、国土规划管理、村民户籍变更和计划生育、社会保障和劳动就业、市政基础设施和公共服务设施的管理、成立社区党群组织、社区建设管理等做出部署。

(四)发展高科技产业

1994年,区委、区政府决定建立区级科技发展基金,由区财政划拨、银行贷款和企业集资等方式筹集,实行有偿滚动使用。同年6月,区委、区政府召开科技大会,要求进一步增强科技意识,大力引进和培养人才,优先发展高科技产业。1998年,区委、区政府制定《龙岗区关于进一步扶持民营科技企业发展规定》,计划以民营科技企业为突破口,进一步扶持和发展高新技术产业。1999年,区委提出注册条件、经营范围、注

---

① 深圳市龙岗区地方志编撰委员会:《龙岗区志(1993—2003)》,方志出版社2012年版。

资本、出境限制和融资渠道"五个放宽"的政策，大力发展民营科技企业。与此同时，区委抓住首届"高交会"在深圳召开和东部沿海高速公路即将开通的机遇，顺应高新技术产业园区生态化和产学研一体化趋势，充分利用东部沿海地区独特的山海资源，决定建立葵涌高新技术产业生态走廊。同年9月，葵涌高新技术产业生态走廊建设项目在首届"高交会"上"亮相"，其模式和开发策略引人关注。比亚迪等高科技企业先后来此落户，葵涌高新技术产业生态走廊成为龙岗区新的经济增长点。①

2000年，留学生回国创业掀起高潮，区委抓住这一机遇，决定规划建设留学生创业孵化园。2001年，为调动村镇发展高科技产业的积极性，区委决定提高高新技术项目收益对镇财政的返还比例。2002年，区委、区政府先后制定《关于进一步发展高新技术产业的决定》《奖励镇村引进发展高科技项目、企业暂行办法》，并决定成立高新办和民科办，筹建留学生创业孵化二园。在一系列政策措施的推动下，龙岗区高新技术产业发展迅速，成为全区支柱产业之一。2003年，区委决定按照人与自然协调、经济与生态协调的原则，摒弃零敲碎打的方式，做到政府主导、高度集中、分阶段有序开发，将大鹏半岛建设成高层次、高质量的国际海滨旅游胜地和可持续发展生态半岛。当年完成下沙海滨的首期改造，东部黄金海岸的开发取得实质性进展。

（五）发展民营经济

1994年，区委出台的《龙岗区农村股份合作制有关问题的规定》，对资产评估、产权设置及分配、监事会、财务制度等作了具体规定，为农村股份合作制的推行起到规范作用。1995年9月，区委在《关于进一步巩固发展农村股份合作制的意见》中指出：作为一种新型的经济组织形式，农村股份合作制在龙岗区创建推行以来，产生了深远影响，被喻为深化农村改革的"第三次浪潮"。是年，全区已有45个行政村、378个自然村实行农村股份合作制，其覆盖率分别为52.3%和62.5%。1996年，区委出台《龙岗区促进自营工业发展暂行规定》，允许创办多种形式的自营工业项目，鼓励推行"一厂两制"，提倡"一厂一品""一镇一品""一村一品"创名牌活动。2003年1月，全区召开民营经济工作会议，总

---

① 深圳市龙岗区地方志编撰委员会：《龙岗区志（1993—2003）》，方志出版社2012年版。

结发展民营经济的经验，表彰优秀的民营企业。7月，区委出台的《龙岗区加快民营经济发展暂行规定》，进一步明确对民营经济"不限发展比例、不限发展速度、不限经营方式、不限经营规模"的"四不原则"，详细列举每年拨出专款作为民营经济发展专项资金、每年将60%以上的科技三项经费用于支持民科经济发展等37条扶持民营经济发展的措施，充分显示区委解决民营经济在市场准入、人才、资金和用地等"瓶颈"问题上的决心。是年，全区引进民资项目228宗，投资总额达53.7亿元，初步形成电脑及外设、通信、二次充电电池三大民营科技产业链。

（六）实施扶贫奔康工程

2000年，区委决定在全区344个自然村中实施扶贫奔康工程，并按照"资金依托项目、项目依托股份"的原则和区、镇、村、村民5：3：1：1的比例，出资兴办建设项目。在2000—2001年的第一期扶贫奔康工程中，区财政投资9800万元，建成工业项目27个。2001年5月，全区召开第二期扶贫奔康工程工作会议，决定成立第二期扶贫奔康工程领导小组及其办公室以加强领导。会议同意2001年扶贫奔康工程资金为3600万元，6月底以前拨付2250万元。对于特殊贫困地区，如因受水源保护区、生态风景保护区及高压走廊的影响，经济发展受到诸多限制，仍处于相对贫困状态的坪山镇金龟村，区委决定在平湖镇扶贫奔康工业区内由镇政府无偿安排1.5万平方米用地，为其建设厂房，资金由市、区同富裕办解决。2002年，区委对第二期扶贫奔康工程提出"三步并作两步走"的方案，以加快贫困地区的富裕速度。2002—2003年，区财政共投资1.5亿元，建成扶贫奔康工业园15个，贫困村每年人均分红1708元。

第二节 聚力"两城多片"重点区域开发

建区以前，龙岗实行传统的村镇规划建设管理模式，农村城市化的主导力量是自下而上的各镇政府和村集体经济组织。建区以后，"四大功能基地"奠定了龙岗区发展的基本框架，随着土地政策制度、财政投入机制、行政管理机制的逐步建立，市区政府（尤其是区政府）按照规划目标，强力主导并积聚力量实施"两城一区"（中心城、宝龙工业城、坂雪岗工业区）、深圳市龙岗大工业区、高新技术产业带等重点片区和区域的开发建设，城市空间规模快速扩张。

一　开发建设新城：龙岗中心城

1993年建区后，区委、区政府立即组织力量规划建设全区政治、经济、文化、教育中心——龙岗中心城。建区当年重点开展中心城规划设计工作，该城东接龙岗镇老城区，南交横岗镇，东北邻惠州，西连东莞市，规划属深圳市次中心之一；区域主干道—深惠路及高速公路—深汕高速、水官高速（第二通道）横贯东西，交通便利，地理位置优越。按照当时的规划及定位，龙岗中心城作为深圳发展轴线上的一个副中心，既是深圳特区的卫星城，又是龙岗区的中心，并可以带动区域内龙岗、横岗、坪山、坪地、坑梓等镇的发展。中心城规划面积为32平方千米，其中首期开发8.1平方千米，分成四大组团，东组团为政治活动中心，南组团主要发展第三产业，西、北组团主要发展工业。其中，西组团规划根据不同时期面临的发展机会不断做出调整，从当年的产业园区到后来的大运会赛场，再到国际大学园，保持了整个片区动态适应发展机会的活力。1993年2月，龙岗中心城按规划破土动工，作为新城开发建设的主体和重点，通过10年建设，主导和推动了龙岗区城市化进程。龙岗中心城是典型的新城开发建设模式，政府通过公共基础设施的强力建设，尤其是区级政府行政中心的打造，聚集带动各种社会资源和力量，通过直接投资、"带资开发"等方式密集投入新区的开发建设。

1993年起，为解决干部职工临时住宿问题，龙岗首先着手于新村建设。随着城市经济、文化、社会的发展，区内住宅需求量迅速加大，建区后十年间，中心城就完成二十多个住宅建设项目（见表4-1）。1994年9月，中心城第一条市政道路——龙城大道顺利通车。1995年，区府办公大楼交付使用，中心城首期开发工程初具规模，工商大厦、综合商业大楼、1696套职工福利房及中心城区主干道基本完成；中心城自来水厂一期工程完工。1996年6月，投资7000余万元、占地15万平方米的龙城广场正式动工，次年6月建成并投入使用。1997年，建设大厦、税务大楼、检察院大楼、法院大楼相继竣工。1998年，交通运输大楼、工商局大楼、公安局大楼先后落成。1999年10月，国务院总理朱镕基亲临龙岗，赞誉龙城广场建筑设计新颖独特。同年，该广场被广东省评为新中国成立五十周年"十大标志性建筑"之一①。2000年,投资6亿元、建筑面积8.84万平方米的龙岗文化中心正式动工;该中心规划设置区文化馆、图书馆、展览馆、影剧院和书城等文化项目,与龙城广场东西呼应,是龙岗人民文化活动的重要场地。2001年,中心城规划再次调整,其面积扩大到73平方千米。至2002年,中心城西区建成龙岗国际自行车赛场、全区首家公众高尔夫球场以及占地6.25平方千米的体育公园,已具备全民健身、竞赛表演、休闲娱乐、旅游度假等多种功能。

表4-1　　　　建区后十年间中心城部分住宅项目建设情况

住宅项目	建筑面积(万平方米)	动工时间(年)	竣工时间(年)
龙福一村	12.43	1994	1996
愉园小区	9.69	1995	2002
紫薇花园	33	1995	2003
天健花园	22	1996	2005
福园小区	6.77	1997	1998
碧湖玫瑰花园	12	1998	2004
尚景花园	21.55	1999	2003

资料来源:深圳市龙岗区地方志编撰委员会:《龙岗区志(1993—2003)》,方志出版社2012年版,第185页。

2003年年底,经过十年的规划建设,投入资金25亿元,龙岗中心城8.15平方千米首期开发区的城市框架建设基本完成,中心城逐渐发展成为龙岗区行政文化中心和以第三产业为主体的现代化新城,形成了现代化花园式、园林式卫星城的雏形。以区政府为中心的行政中心及被评为广东省十佳文化广场之一的龙城广场,成为龙岗城市化的重要建设成果(见图4-1)。

---

① 该广场坐落在区政府正南,由北向南分为三大功能区:A区为市政广场;B区为下沉式表演广场和九龙巨型雕塑;C区为绿化广场和"百龙墨宝"雕塑群。龙城广场与其周围的建设大厦、电子大厦、龙岗文化中心、世贸广场珠联璧合,形成龙岗区人民娱乐、休闲和购物的良好去处。

图 4-1　2000 年前后龙城广场及龙岗中心城一景
资料来源：深圳市龙岗区档案馆提供。

二　新辟产业空间：宝龙工业城

宝龙工业城始建于1993年（见图4-2），是政府新开辟的产业空间，规划面积5.2平方千米，位于原龙岗镇与坪山镇接壤处，由龙岗镇同乐村、南约村、坪山镇六联村三个行政村部分地块组成。1993年3月，龙岗区成立宝龙工业城筹建办公室，负责宝龙工业城开发工作，以企业带资开发模式启动；1994年1月5日，宝龙工业城筹建办公室并入龙岗规划国土分局开发科，负责宝龙工业城开发工作；自1993—2002年的十年中，宝龙没有统一的园区管理机构。不同于早期"自下而上"的村镇工业区，宝龙工业城是当时深圳为数不多由政府主导、严格按照规划建设的高标准产业园区。宝龙工业城自建设伊始，就确立了"尊重自然、生态优先"的理念，是以"高标准、现代化、花园式"为目标的工业城。主干道宝龙大道东西向横贯园区，园区采用棋盘式路网系统，规划为工业用地主要位于宝龙大道北侧，规划为居住、服务、社团等用地位于宝龙大道南侧，龙眼公园作为游憩与生态空间镶嵌于园区。由此奠定了宝龙工业区生产、生活、生态功能的空间框架，并前瞻性预留了未来发展空间。通过"七通一平"的土地开发和基础设施建设，园区配备了教育、卫生、文化、生活等服务设施。

图 4-2　1993 年 8 月 3 日宝龙工业城开工建设现场

资料来源：陈少雄主编：《龙岗记忆》，中国华侨出版社 2016 年版。

1993 年，开展宝龙工业区设计工作。7 月 12 日，深圳市中深开发公司与龙岗区建设局签署宝龙工业城第一份带资开发合同。8 月 3 日，区政府举行宝龙工业城开工奠基典礼。是年 8 月起，宝龙实业有限公司、深圳市中深开发公司龙岗分公司、珈桦房地产开发公司和深圳市金众房地产公司，在宝龙工业城进行分片土地开发，开发面积分别为 1.1 平方千米、2.6 平方千米、0.7 平方千米和 0.17 平方千米。工业区时代的宝龙以电气机械与器材、汽车仪器仪表等制造业为产业方向，制定了严格的产业准入条件和优惠的招商引资政策。1995 年 12 月，香港光盛集团有限公司注册 900 万美元，成立太平洋电线电缆（深圳）有限公司，成为宝龙工业城的第一家企业，正式开启了宝龙工业区的产业发展之路。1996 年 7 月，该公司在宝龙工业城购地 3.6 万平方米，总投资 960 万美元，生产电线、电缆系列产品。这一时期，宝龙工业区厚植产业根基，树立起了以机械、电子制造业为核心的产业发展目标，并为后来高新技术产业发展和"产城人"融合奠定了坚实的基础。

1995—1996 年，受国家紧缩银根、宏观控制影响，宝龙工业城开发一度停顿。1996 年 9 月 16 日，区政府决定对宝龙工业城主干道宝龙大道建设注入投资额 30% 的资金，宝龙工业城开发得以重新启动。年底，宝龙大道780米主车道建成。2000年,锦龙大道开工建设。2001年4月,深圳天马微电子股份有限公司在宝龙工业城投资4亿元,购地7万平方米,设厂生产彩色液晶手机显示器。至2001年7月,宝龙大道已经全线通车,锦龙大道北段已经竣工;供电、供水、排水、排污、燃气、通信等分项工程也同步完成,工业城具备良好的招商条件。

三 集聚科创企业:坂雪岗工业区

改革开放至龙岗建区的10余年,坂雪岗地区在"农村城市化"主导下,以"三来一补"加工制造业为主,土地零散开发,厂房和私宅犬牙交错,集中分布在道路沿线。1994年年初,区政府决定组建坂雪岗工业区,由坂田、雪象、岗头三个行政村组成,地处深圳中北部、龙岗区西部,位于坂田街道,规划由清平高速、布龙公路、梅观高速和机荷高速围合而成,规划用地面积33平方千米。4月13日,区政府成立龙岗区坂雪岗工业区建设指挥部,负责坂雪岗工业区的开发和建设。1994年11月,港资企业新利实业(深圳)有限公司在坂田村成立,总投资2210万美元,生产音响设备。1995年4月,沿坂雪岗工业区西部的梅观高速公路建成通车。

1995年4月25日,市规划国土局龙岗分局与华为技术有限公司签订占地面积为17.6万平方米的"土地使用权出让合同",位于布吉镇坂田村,是华为公司一期生产用地,生产自有知识产权的大型程控交换设备及配套产品。随后,华为进驻带动片区科创产业快速发展,一批科技含量较高的企业和居住小区等开始在华为周边聚集,大量人口涌入,区域价值提升,四季花城、第五园等低密度社区相继建设,城中村也迅速扩张,形成了工业和居住、医疗、学校等用地混杂发展格局。华为落户坂雪岗,产生了巨大的技术溢出和人才溢出效应,刚落户便吸引了康冠技术、航嘉驰源、软通动力、元征科技等一批高新技术企业落户,还打通了电子信息技术上下游产业链,有力拉动龙岗经济平稳健康发展。

专栏4-1 实施科技兴区战略,引进华为"企业航母"

华为原本只是南山区的一家民营科技公司,20世纪90年代末,由于公司发展迅猛,亟须扩大发展空间。当时龙岗正处于经济转型的关键时期，如果华为落户，必将带动高新技术产业链的完善。具有空间优势和营商成本优势的龙岗区与市中心各区、全国各大城市针对华为落户展开了竞争。在这场"战役"中，龙岗不光打出了"空间牌"，还打出了"服务牌"，让华为最终选择了龙岗。2000年，华为位于坂田生产基地的机加工中心建成投产，三年后，将公司总部搬至龙岗。时任龙岗区副区长、兼任坂雪岗开发区总指挥的欧官成曾说："龙岗之所以能吸引华为，是做到了'精诚、服务、优惠'6个字。"根据欧官成的口述：

> 1996年，我到龙岗区担任副区长，分管经贸、工业等很多部门，采用各种措施引进了包括华为在内的一大批高新技术企业。当时龙岗的经济总体情况是：第一产业占6%，第三产业占比也低，经济支柱是工业。但经济业态以"三来一补"企业居多，缺乏龙头企业、龙头产业、龙头园区。
>
> 当时区委、区政府提出建设坂雪岗工业区，我担任坂雪岗工业区开发总指挥。工业区最初的规划面积为5平方千米，区域内有300多户房子需要拆迁。我们当时按照总体规划，投资十几亿元，进行拆迁安置，把道路、水电、污水处理等基础设施建设好。坂雪岗工业区实现"平通"后，开始着手引进相关企业。当时还在南山区的华为，需要建设生产基地，需要大量成片土地，南山、宝安、龙岗等都想把华为收入囊中。龙岗区为了把华为公司引进来，着实下了不少功夫、动了不少脑筋，龙岗区领导曾多次找华为公司总裁任正非面谈，向他介绍龙岗区的科学规划以及在发展空间、生态环境和政策等方面的优势。
>
> 我们当时采取了低价供地措施，将成本价400元/平方米的土地150元给了华为。这在当时也出现了不同的声音，认为政府贴钱引进这些高科技企业根本不划算。但我当时有个观点，应更看重的是它长远的发展，现在是亏本给华为，3年后华为给政府缴税多少？最终，华为选择了龙岗，并落户坂雪岗工业区。1997年1月26日，深圳市华为技术有限公司坂田生产基地动工建设。首期工程占地17.6万平方米，建筑面积10.6万平方米，基建总投资约6亿元，主要生产程控交换机及其他通信产品。

> 华为基地在建设及运营过程中，龙岗区委、区政府创新方式方法，提供保姆式、贴心式服务。只要遇到问题，第二天我就会带着建设、国土等相关局长开现场会，找出问题，现场解决，保证华为建设进度。当时，龙岗区建设项目审批权限上限是 3000 万元，但华为基地投资规模大，龙岗区采取"分批多次立项"的方式，每星期都进行项目立项，使华为项目得以快速建设。华为建设及运营需要大量且稳定的供电，但当时的供电却不稳定，对华为造成很大的困扰和损失，我将这一情况反映到市里，并努力争取了 1.8 亿元的资金，在华为建设变电站。几年之后，华为发展成为龙岗第一艘"航空母舰"，成为龙岗区的经济命脉之一。这是我们当时科技强区战略的点睛之笔，至今，对龙岗贡献最大的企业依然是华为。
>
> 资料来源：陈少雄主编：《龙岗记忆》，中国华侨出版社 2016 年版。

1995 年 6 月，港资企业深圳三洋华强能源有限公司在坂田村成立，投资 625 万美元，生产电池及电池充电器。8 月，区政府印发《深圳市龙岗区工业发展纲要（1996—2010 年）》，提出通过引进、开发、调整、改造，将坂雪岗工业区发展成为以先进适用技术为主、机电工业为支柱，多种行业并存的工业区。10 月，荷兰以莱特（中国）有限公司注册 2950 万美元，在坂田村成立以莱特空调（深圳）有限公司，生产空调机及其零部件。是年，深圳当纳利旭日印刷有限公司建成投产。1996 年 3 月，中国城市规划设计研究院编制了《深圳市龙岗区坂雪岗片区总体规划》，对坂雪岗片区的用地布局进行了统筹安排。是月，宝吉工艺品（深圳）有限公司二期建成投产。1997 年，深圳市新力电子生产基地和深圳石化精细化工有限公司建成投产。1999 年，华为公司坂田生产基地第一期工程华为生产中心建成投产。2000 年，华为机加工中心建成投产；是年，华为技术有限公司年销售额达 213 亿元。1994—2000 年，坂雪岗工业区新建外资企业 226 家，其中，外商直接投资企业 132 家，总注册资本 25889 万美元；来料加工企业 94 家，批准设备备案总价值 4512 万美元。

2001 年 1 月，《深圳市龙岗区工业发展第十个五年计划纲要》对坂雪岗工业区的定位作调整：在"十五"期间，坂雪岗工业区将向两个方面发展。一是以华为公司为龙头，发展电子信息技术产品。除了目前已经生产的程控交换机外，重点发展电子计算机及外部设备、计算机应用软件、电视视频、图像传送系统、新型电子元器件等产品。在其周围，形成一个以电子信息产业为主的高新技术产业园区；二是以现有加工贸易企业为基础，通过大力引进新的企业和鼓励现有企业扩大投资的办法，进一步扩大加工贸易的规模，形成先进的出口产品加工区。9月，龙岗区高新技术产业带成立，在坂雪岗工业区划出2.7平方千米土地，建立高新技术产业带坂雪岗片区，带动坂雪岗工业区发展。是月，中外合资艾默生网络能源有限公司在华为基地成立，投资8456万美元，生产电力电子控制系统。2002年5月，中外合资深圳华为信息系统技术发展有限公司在华为基地成立，投资6.657亿美元，生产电源系统及电源产品。2003年，入驻坂雪岗工业区的来料加工厂有布吉昌和模具厂、布吉坂田协和塑胶五金厂、布吉联兴企业公司电子三厂，设备备案价值分别为478万美元、450万美元和215万美元。是年，民营企业深圳市新天下集团投资1.2亿元建设电脑生产基地。2001—2003年，坂雪岗工业区（包括高新技术产业带坂雪岗片区）新建外资企业182家，其中：外商直接投资企业65家，注册资本90239万美元；来料加工企业117家，批准设备备案价值7168万美元。2003年，坂雪岗工业区的法人企业中，工业产值（当年价）超过1亿元的企业有16家，产值312.26亿元，占全区113家产值超1亿元企业总产值的38.80%，占全区工业总产值的33.77%。

四 建设孵化平台：龙城工业园

筹建工业园：龙城工业园位于龙岗中心城西北部，功能定位和发展方向为：重点发展高新科技工业，建立研究中心、开发中心，通过引进、消化、吸收国内外先进技术、先进设备、先进工艺，开发高新技术产品，并将技术和产品辐射全区，带动全区工业技术升级。龙城工业园占地面积47万平方米，其中10万平方米由龙岗区投资管理有限公司直接开发建设。1997年6月16日，龙岗区成立龙城工业园筹建工作领导小组，下设办公室，设在区投资管理有限公司。1998年4月13日，龙城工业园举行奠基仪式。

留学人员创业一园：1999年2月，区政府在龙城工业园建立深圳市留学生创业园龙岗孵化中心，作为留学生到龙岗创业的基地，并投资4720万元兴建孵化中心大楼。孵化中心大楼占地面积2.5万平方米，建筑面积2.7万平方米；孵化中心大楼后来称为深圳市留学人员（龙岗）创业一园。9月，区政府批准成立国有独资企业深圳市龙岗区龙之盛实业发展有限公司。该公司受区投资管理有限公司委托，负责龙城工业园的招商引资和管理工作。2001年6月，孵化中心大楼竣工。6月15日，深圳市益心达医学新技术有限公司等7家留学生创办的企业，与孵化中心签订"入园协议"，成为首批入园的企业。这些企业开发介入式医学导管、计算机软件、传感器等高新技术项目。7月6日，区政府在孵化中心大楼举行深圳市留学生创业园龙岗孵化中心开园典礼，深圳市市长于幼军出席典礼，并向在孵化中心创业的留学生颁发"开启知识致富之门的金钥匙"。

留学人员创业二园：2002年7月，区政府成立区科技创业服务中心，负责孵化中心的管理和服务工作。同时，深圳市留学生创业园龙岗孵化中心，更名为深圳市留学人员（龙岗）创业园。2003年5月，在孵化中心大楼驻满的情况下，创业园租赁紧邻孵化中心大楼的办公楼作为第二期留学生创业孵化场所，称为深圳市留学人员（龙岗）创业二园。创业二园占地面积1.6万平方米，建筑面积1.2万平方米。

高新技术研发中心：留学人员（龙岗）创业园区建筑总面积达3.9万平方米，成立企业47家，研究开发电子信息、软件、新材料、光机电一体化的高新技术和先进技术项目。深圳益心达医学新技术有限公司和深圳市龙岗远望软件技术有限公司，被认定为深圳市高新技术企业。深圳市信威电子有限公司研发的主动红外线入侵探测器、深圳市广大纳米工程技术有限公司研发的纳米金刚石薄膜、深圳市纽太力通信技术有限公司研发的单纤双向千兆以太网数据光纤收发器、深圳市正光社电子有限公司研发的笔记本电脑用面光源等26个项目，被认定为深圳市高新技术项目。深圳市留学人员（龙岗）创业园，已成为龙岗区的高新技术研发中心之一。

园区企业效益：至2003年12月，龙城工业园已建成区投资管理公司开发园区和留学人员（龙岗）创业园区。投资管理公司开发园区总投入1.7亿元，建有厂房3栋，建筑面积7.3万平方米；建有配套宿舍3栋，建筑面积3.4平方米。成立的企业有：利盟打印机（深圳）有限公司，投资总额200万美元，用地1.5万平方米，生产喷墨打印机和激光打印机，2003年销售额8.08亿元，出口额5.48亿元；明康亚细亚电子（深圳）有限公司，投资额710万美元，使用厂房面积1.1万平方米，聘用员工3000人，生产变压器、滤波器、电感器等电子元器件，2003年销售额2300万美元，产品全部出口；深圳市英冉景鑫环保制品有限公司，生产环保餐盒。

专栏 4-2　践行人才强区理念创办留学生创业园

科技兴区战略需要高科技人才助力，龙岗建设了全市规模最大的留学生创业园，到欧美等地招揽留学生到龙岗创新创业。这一举措既为龙岗招揽高科技人才，又为龙岗带来了创新技术，通过园区孵化后转化为本土的高科技企业，为龙岗科技兴区、产业升级提供了原动力。

龙岗区在确立科技兴区战略的同时，大力实施"园带拉动"策略。到龙岗建区10周年时，除去坂雪岗、宝龙两大高新园区外，还有龙城工业区、葵冲高新技术生态走廊，形成了"东西两翼、南北并举"的格局，龙岗区已成为深圳高新技术产业重要基地。为进一步加快高新技术产业发展，龙岗区委、区政府在原有的产业基础上，结合当时龙岗实际提出了"孵化、引进、扶持、转型"四力并举的产业发展思路。

为解决高新企业孵化、引进、人才（培养）等问题，龙岗区打起了到国外去找有知识的留学生回国创业的主意，在龙岗中心城投资两亿元，建设深圳市最大规模的留学生创业园。筹建深圳留学生创业园的同时，我们又专程前往美国硅谷等地了解广大留学生创业的需求，到世界各地招揽优秀留学生归国创业，甚至在美国的电视台进行演讲，宣传龙岗的留学生创业园，收到了很好的成效。

深圳留学生创业园2001年7月正式开园，我们制定出台了很多优惠政策，共吸引100多名留学生到此创业。至今，龙岗的留学生创业园已吸引了来自20多个国家和地区的200多名留学生，兴办高科技企业数百家，园内企业所开发的产品100%符合深圳市高新技术产品目录。在如今举国上下提倡"大众创业、万众创新"的背景下，龙岗区已成为一个创新创业要素齐全的大创客空间。留学生创业园就是龙岗最早的创客空间、企业孵化器，如今在招揽海外优秀人才、促进企业发展和产业结构升级等方面发挥着不可替代的作用，已成为龙岗区创新驱动发展的重要组成部分。

注：以上内容为时任布吉镇委书记、龙岗区副区长欧官成在《龙岗记忆》（陈少雄主编，中国华侨出版社2016年版）中的口述。

五 设立工业基地：深圳市大工业区

深圳市龙岗大工业区位于深圳市东北部，是深圳市人民政府1994年7月直接设立的一个大型工业基地；设立之初规划覆盖龙岗区坪山、坑梓两镇，可开发建设面积109平方千米，中心区规划面积38平方千米。深圳市龙岗大工业区是以先进技术工业项目为核心，以制造业为主体，以贸易、金融、房地产、服务业等第三产业为配套的综合性产业园区。1994年7月，深圳市龙岗大工业区筹建领导小组成立。1995年2月10日，深圳市人民政府发布《深圳市龙岗大工业区管理规定》（深圳市人民政府第41号令）。1997年6月，内资企业深圳市新南天实业有限公司入驻大工业区，投资4500万元，生产家具，为首家入驻大工业区的企业。7月11日，大工业区管理委员会成立，为市政府议事协调机构，龙岗大工业区筹建领导小组及其办公室同时撤销。管委会下设办公室，作为市政府派出机构，负责管委会的日常工作，行使大工业区行政管理职权。

2000年4月27日，经国务院批准，广东深圳出口加工区在大工业区设立。出口加工区是由海关监管的特殊封闭区域①，位于大工业区西片区，规划面积（围网）3平方千米，12月正式开工建设，投入开发资金8568万元；2001年3月31日通过国家验收并封关运作，成为中国第7个通过验收的出口加工区。2001年2月，外商投资企业阿特拉斯螺栓（深圳）有限公司，在出口加工区兴建，投资1600万美元，生产金属螺栓，为首家入驻出口加工区的企业。3月9日，深圳市政府撤销深圳市龙岗大工业管理委员会及办公室，设立深圳市龙岗大工业区（广东深圳出口加工区）领导小组和深圳市龙岗大工业区（广东深圳出口加工区）管理委员会，成立管委会直属事业单位深圳市龙岗大工业区综合服务中心，负责大工业区和出口加工区开发、建设、管理、服务。

2001年7月，深圳市委、市政府决定成立深圳市高新技术产业带，大工业区整体划入高新技术产业带，进入快速发展期。2001—2003年，市大工业区土地开发面积451.6万平方米，投入开发资金3.35亿元。2003年，市大工业区已入驻企业31家，其中出口加工区有12家。规模

---

① 改革开放以来，我国加工贸易发展迅猛，由于加工贸易分散经营、遍地开花，导致管理难度大为增加。为促进加工贸易发展，规范加工贸易管理，将加工贸易从分散型向相对集中型管理转变，给企业提供更宽松的经营环境，鼓励扩大外贸出口。出口加工区实行"境内关外"管理模式，主要开展出口加工业务。

较大的企业有：深圳市赛格三星股份有限公司，投资45亿元，生产电视玻壳；迪高乐实业（深圳）有限公司，投资6000万美元，生产高级家具；松日信息科技（深圳）有限公司，投资2900万美元，生产数字录放机、大容量移动存储器及相关软件；松泽化妆品（深圳）有限公司，投资3000万美元，生产高档化妆品及高档箱包；主力实业（深圳）有限公司，投资23亿港元，生产高档厨房家用电器。是年，市大工业区工业总产值25.8亿元，工业增加值8.49亿元，出口额1.59亿美元。其中出口加工区工业产值12.7亿元、工业增加值3.92亿元、出口额1.25亿美元。

六 高新技术产业带龙岗各片区

（一）龙岗各片区情况

2001年7月25日，市委颁布了《中共深圳市委关于加快发展高新技术产业的决定》，作出建设深圳市高新技术产业带的决策。是月，《深圳市高新技术产业带规划纲要》编制完成。深圳市高新技术产业带，包括九个高新技术工业片区、一个大学区和一个生态农业高新技术产业片区（以下简称"9+2"个片区）。由西向东依次为：南山前海片区、市高新技术产业园区、留仙洞片区、大学片区、宝安石岩片区、光明南片区、龙华—观澜—坂雪岗片区管理办公室、宝龙—碧岭片区管理办公室、市大工业区管理办公室、葵涌—大鹏片区、生态农业高新技术产业片区。产业带规划用地面积152.62平方千米，其中可建设用地约100平方千米。在深圳市高新技术产业带中，龙岗区地域范围内有5个片区，规划面积共97.9平方千米。除面积为38平方千米的市大工业区由市政府直接管理外，属龙岗区管理的有坂雪岗片区、宝龙—碧岭片区、葵涌—大鹏片区和东部海洋生物高科技片区。

（二）各片区管理机构

2001年9月24日，龙岗区成立高新技术产业带领导小组办公室（以下简称区高新办），负责组织编制片区规划及招商引资，协调解决片区建设和发展的重大问题，为片区企业提供服务。2002年5月22日，成立龙岗区高新技术产业带宝龙碧岭片区管理办公室，为区高新办辖属机构，负责宝龙碧岭片区的管理。2003年4月16日，成立龙岗区高新技术产业带坂雪岗片区管理办公室、东部海洋生物高科技片区管理办公室、葵涌片区管理办公室、大鹏片区管理办公室。坂雪岗片区管理办公室归口区高新办管理，东部海洋生物高科技片区管理办公室归口区农林渔业局管理，葵涌片区管理办公室、大鹏片区管理办公室归口所在镇管理。10月，各片区管理办公室均归口区高新办管理。

（三）产业导向及发展情况

2001年12月，出台《深圳市龙岗区高新技术产业带发展规划纲要》（以下简称《纲要》）。《纲要》提出龙岗高新技术产业带的产业导向，以信息技术、生物技术、新材料技术和环保技术为战略重点，努力扶持和培育拥有自主知识产权的高新技术产品，积极推进高新技术产业群和新兴产业群，加强发展高新技术整合的传统优势产业和与产业带发展相配套的服务业。主要发展的高新技术产业有电子信息产业、新材料产业、光机电一体化产业、生物工程产业和新能源产业，并形成六大支柱产业的产业体系。六大支柱产业是超大规模集成电路及元器件产业、计算机软硬件及其相关设备产业、通信设备产业、光机电一体化产业、生物工程产业和新材料产业。

2001年12月，龙岗国土分局、龙岗规划建筑设计院共同编制了《深圳市高新技术产业带龙岗各片区规划》，预计市政道路投资47.44亿元，市政设施投资10.25亿元。至2003年，龙岗区高新技术产业带实现工业总值394.07亿元，占全区工业总产值的45.56%；工业增加值165亿元，占全区工业增加值的52.80%（见表4-2）。龙岗区管理的片区中：工业总产值368.27亿元，其中高新技术企业工业产值298.79亿元，占81.13%；出口11.96亿美元，其中高新技术企业出口7.22亿美元，占60.38%；税收35.31亿元，其中高新技术企业税收34.45亿元，占97.56%。

表4-2　　　　2003年龙岗区高新技术产业带主要经济指标

片区（区）名称	工业总产值（亿元）	工业增加值（亿元）
市大工业区	25.80	8.49
坂雪岗片区	260.86	109.72
宝龙碧岭片区	68.83	31.91
葵涌片区	36.40	14.23
大鹏片区	2.18	0.65
合计	394.07	165.00

资料来源：深圳市龙岗区地方志编撰委员会：《龙岗区志（1993—2003）》，方志出版社2012年版。

宝龙碧岭片区：宝龙碧岭片区由宝龙工业城和碧岭工业区两部分组成，碧岭工业区大部分在坪山镇内。片区规划用地面积 31.7 平方千米，其中宝龙工业城 11.6 平方千米，碧岭工业区 20.1 平方千米。片区功能定位和产业发展方向为：以引进集成电路产业、光纤产业、其他电子类高新技术产业及延伸工业为重点的高新技术产业园区；主导产业主要有集成电路及配套产业、电子信息产业、光机电一体化产业、新材料产业、新能源产业和光纤产业等。园区建设以保护生态环境为着眼点，逐步建设为集研究、开发、试验、生产、销售于一体的高新技术产业园区。

宝龙碧岭片区成立后，企业引进迎来新局面。2002 年 9 月，深圳市兴日生实业有限公司在宝龙碧岭片区投资 5000 万元，购地 4 万平方米，生产高效节能水泵和高效节能水温调节机。10 月，深圳市五洲龙实业发展有限公司投资 1.2 亿元，用地 9.5 万平方米，生产环保混合动力电动大客车。12 月，兄弟工业（深圳）有限公司投资 2.7 亿元，租用厂房 6.4 万平方米，生产激光、喷墨打印机、传真机。同月，深圳思达仪表有限公司投资 3 亿元，用地 9.24 万平方米，生产电力仪器仪表、教学影视设备。2003 年 1 月，深圳南方中集东部物流装备制造有限公司投资 2 亿元，用地 41.6 万平方米，生产集装箱。7 月，深圳深爱半导体有限公司投资 1.4 亿元，用地 10.6 万平方米，生产集成电路芯片。8 月，深圳市二砂深联有限公司投资 1 亿元，用地 7.6 万平方米，生产纤维增强树脂砂轮。10 月，深圳市益心达医学新技术有限公司投资 1.2 亿元，用地 2 万平方米，生产一次性使用介入医学导管。同月，深圳市尚荣医疗股份有限公司投资 1.2 亿元，用地 8 万平方米，生产医疗设备。12 月，深圳市华大电路科技有限公司投资 1 亿元，用地 3.26 万平方米，生产柔性线路板基材。至 2003 年年底，片区共有企业 14 家，投资总额 21.5 亿元，总用地 127.2 万平方米。实现工业总产值 68.83 亿元，工业增加值 31.91 亿元，缴纳税金 8405 万元。

专栏 4-3　宝龙工业城划入高新技术产业带后的规划建设与管理

2001 年 7 月，深圳市高新技术产业带成立，宝龙工业城划入高新技术产业带宝龙碧岭片区，规划目标为"经济发展增长极、高技术公司总部基地"。面对新的发展机遇和要求，宝龙采取"空间升级、创新驱动、生态赋能、管理提质"四个重要策略。

空间升级：规划面积扩展到11.6平方千米，并统筹南约、同乐社区及周边生态用地，打造了"一带、两心、三轴、七区"的空间新格局。在园区外部，联动龙岗中心城的空间布局，共同构建一条贯穿居住生活、行政办公、商业商务、旅游休闲、产业配套、产业发展、交通枢纽等多个中心的龙岗中心发展脊梁，促进园区内外的联动发展。在园区内部，采用"大集中、小分散"的生活配套方式，打造了集开放空间、生态绿化、生活便捷、平台支撑的社区形态，为高新人才提供高质量、多样化、全覆盖的服务。

创新驱动：在产业发展方面，采取主导产业升级和创新要素集聚的"双轮"驱动发展模式。一方面，以IC产业和医疗器械产业为核心，补齐产业链关键环节，集聚和建立了一批支撑关键技术研发的公共技术平台，实现从科研到产品的转化，打造了生物医药和集成电路两大宝龙品牌。另一方面，多举措吸引产业联盟、企业协会、孵化器等科技创新要素聚集，大力推进产学研合作，推动产业由"制造"向"研发"转变，使园区逐渐成为技术创新、科技成果转化、创业孵化和高素质人才集聚基地（见下图）。

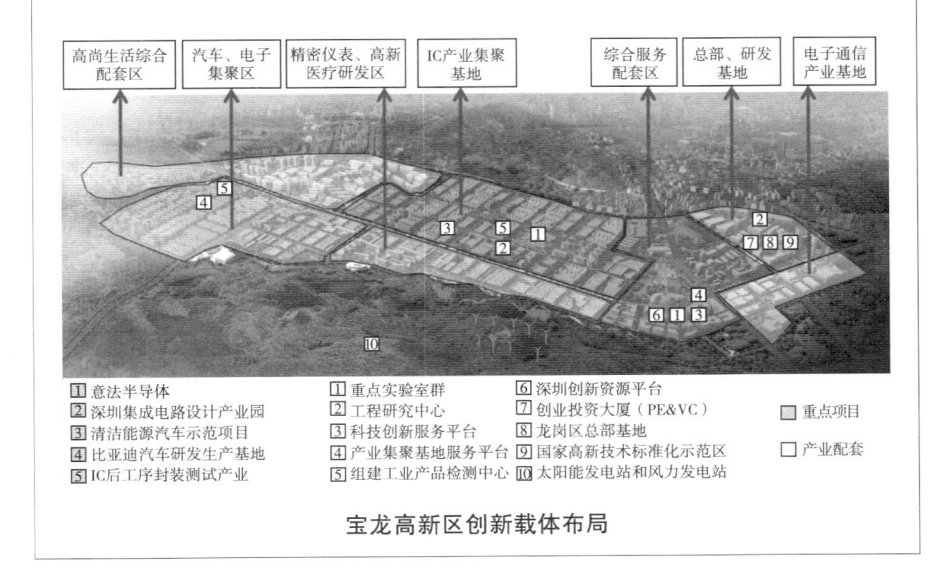

宝龙高新区创新载体布局

> 生态赋能：打造了"一带三轴多廊道多节点"的生态景观体系。在园区外部，依托自然资源打造一条环绕产业园区的自然生态休闲风光带，构筑"群山环绕，山水相连"的自然生态格局。在园区内部，打造以宝龙大道为生态景观主轴、"宝坪路—植物园路"和锦龙大道为生态景观次轴，并结合园区内部生态廊道与景观节点，形成"生态家园"。
>
> 管理提质：2002年并入深圳高新技术产业带范围后，宝龙完善了管理服务机制和政策保障体系。通过将主要职能部门在宝龙增设了派驻机构，并赋予监督权、任免建议权、人员考核权，扩充和强化了"宝龙办"管理职能，保障了高新区的建设和产业发展。此外，宝龙还充分利用市场化机制提升管理效能，如将招商接洽、企业管理、道路及市政设施管理等委托专业化机构运作。
>
> 资料来源：根据《深圳高新区宝龙园区整体发展规划》整理。

坂雪岗片区：坂雪岗片区由华为高新技术园区和石化高新技术园区两部分组成，规划用地2.7平方千米，产业发展目标是建成先进工业生产基地，以计算机、通信设备、网络设备、精密仪器、机电一体化产业和环保产业为主导产业，生物医药工程为辅助产业。2001年8月，位于片区内的雪岗变电站开工建设，安装3台容量为5万千伏安主变压器，于2002年6月建成运行。至2003年，片区内完成五和大道、坂雪岗大道、冲之大道、梅坂大道、贝尔路、稼先路和龙平路建设，市政道路总长15千米，修建各村村道总长8千米，完成梅坂供水管道、五河旧箱涵工程建设，开发平整土地约1000亩，完成水土流失治理及道路周边绿化1300亩。华为高新技术园区位于坂雪岗工业区中西部，是由发扬路以北、5号路以南、坂雪岗大道以西和梅观高速公路以东围成的区域，用地面积1.5平方千米。片区成立时，已建有华为技术有限公司。2002年，深圳市康冠电脑技术有限公司在园区购地6.16万平方米，投资3000万元，建厂生产液晶显示器系列产品。2003年，深圳市新天下集团有限公司在园区购地23万平方米，投资1.2亿元，建厂生产电脑整机及部件等产品。石化高新技术园区位于坂雪岗工业区西南端，用地面积1.2平方千米。坂雪岗片区成立时，已成立以莱特空调（深圳）有限公司、深圳当纳利旭日印刷有限公司、深圳石化精细化工有限公司、深圳石化比尔特鞋料有限公司、深圳市赛保尔生物药业有限公司等企业，其中还有来料加工企业，园区土地已全部转让。2003年，坂雪岗片区实现工业总产值260.86亿元，工业增加值109.72亿元，缴纳税金31.16亿元。

葵涌片区：葵涌片区规划在葵涌墟镇，位于墟镇南北向市政主干道金业大道以东，东西向市政干道以南至大鹏湾沿岸，总用地面积约10.46平方千米，盐坝高速公路由东向西从片区中部跨过，坪西一级公路由北向南从片区西部穿过。片区产业定位是发展电子信息、生物医药、新材料和海洋产业。片区成立时，已建有深圳市比亚迪实业有限公司和深圳市逸之彩铝质软管制造有限公司。比亚迪实业有限公司用地37万平方米，生产锂离子、镍镉、镍氢充电电池。逸之彩铝质软管制造有限公司用地1.5万平方米，生产医用铝质软管。片区成立后，镇政府投资3900万元，进行片区内道路网建设和排洪渠道改造，新建道路3.1千米，改造渠道2.5千米。2001年，片区引进深圳市知己讯联通信有限公司，投资3亿元，用地5.2万平方米，生产电池及充电器。2002年，引进深圳市比克电池有限公司，投资4亿元，用地36万平方米，生产锂电池。2003年，葵涌片区实现工业总产值36.4亿元，工业增加值14.23亿元，缴纳税金3.26亿元。

大鹏片区：大鹏片区位于大鹏墟镇东南，东临大亚湾，规划总用地面积9.04平方千米，其中可建设用地5.12平方千米，农业用地、生态用地和水域用地共3.92平方千米。整个片区划分为民营高新科技产业生态园、出口贸易加工区、生态农业观光区和海产旅游观光区。在可建设用地中，研发基地和高新科技产业用地2.02平方千米，重点发展信息、生物技术、新材料和光机电一体化产业。片区成立前，建有大鹏镇同富工业区（出口加工贸易区）。同富工业区占地1.5平方千米，建成厂房宿舍30多栋，建筑面积共10多万平方米，引进20多家加工贸易企业，企业投资总额1亿多港元。2001年5月，片区引进深圳市雄滔电源科技有限公司，公司第一期用地5.9万平方米，投资2000万元，生产蓄电池。2002年12月，片区引进天意科技有限公司，公司计划用地15万平方米，投资11亿元，生产移动通信设备配套产品。2003年10月，深圳市雄滔电源科技有限公司投产，共聘用员工1400人。至2003年年底，大鹏镇政府累计投资7.51亿元，进行片区开发和道路、供电、供水、通信等基础设施建设。是年，大鹏片区实现工业总产值2.18亿元，工业增加值6537万元，缴纳税金542万元。

（四）产业带实施运作情况

"高新技术产业带"规划建设，初衷是深圳市立足全市层面提升发展高新技术产业，扩大产业规模和影响力；主要措施是以当时市政府下设的高新办来统筹整合、大规模扩容全市高新技术产业用地，进而谋求产业发展空间。产业带的规划及相关政策的制定由市里统一安排，各片区的具体开发建设、招商引资、片区管理等工作，则由其所在地区的城区、镇政府负责；产业布局原则上服从市的统一安排，除高新技术产业项目外，大的先进制造业项目也可进入。从龙岗各片区及全市高新技术产业带其他各片区后来的实施运作情况来看，因开发主体主要还是以各片区所在的区、镇为主，市高新办并不能对"产业带"进行统筹。其结果就是"产业带"计划很难获得强有力地推进和操作层面的落实，虽立足于全市的发展目标，却让位于区、镇行动和对现实利益的追逐。

第三节　村镇规模扩张与功能提升

一　产业扩张及"内化"升级

20世纪90年代中期以前，龙岗区以海外市场的巨大需求为支撑，继续扩张外源型的"三来一补"企业，主要还是以规模较小的加工制造业为主，1993年全区"三来一补"企业有3390家。在前期"三来一补"的基础上，通过引进、合作或入股等方式，以民营企业为主的内源型经济得到较快发展。至1997年，龙岗区全区3516家工业企业中，大中型企业仅有2家，工业产值为4.01亿元，占工业总产值2.81%；小型企业3514家，工业产值为138.9亿元，占工业总产值97.19%。在各村镇办工业企业中，企业有3266家，工业产值为99.77亿元，从业人数为25.36万人，人均产值为3.93万元，固定资产为53.07亿元。以上数据反映了龙岗区经济基础根基脆弱，以"三来一补"为主体的小规模外向型工业成为龙岗区村镇经济的支柱和主导，还未形成可以长期持续发展的支柱产业。

20世纪90年代中期以后，在特区内产业转型升级的驱动下，大力引进资金密集型的高新技术企业，一大批完全依靠出口订单生存的附加值低的企业被淘汰。至2002年，龙岗"三来一补"企业数量总体上依然保持在3000家左右；全区工业总产值达960.19亿元。而特区内先发展起来的内联企业、民营企业开始规模扩张，一批规模和实力较强的高新技术企业进驻龙岗，并在龙岗区的部分村镇布局生产基地。随着镇、村集体经济规模的发展壮大和资金的逐步积累，镇、村募集建设资金以合作或入股方式联合办厂，建立村集体股份公司，发展出一批集体股份合作制经济实体。这个时期以镇为单位的招商引资发展单元，仍然是推动各村镇产业发展的重要力量。各镇结合自身实际，通过制定促进产业"内化"升级的招商引资政策，改善服务企业的营商环境，推出吸引人才的奖励办法等措施，在延续改革开放以来外向型经济规模持续扩张的过程中，逐步形成外经企业与民营、内联企业同时发展壮大的新局面，呈现外源型经济内源化的格局。

布吉镇：1991年，布吉镇党委、政府提出增强科技意识、人才意识和城市意识，实施科技兴镇战略，招商引资的重点开始从劳动密集型的"三来一补"企业转向资金密集型的高新技术企业。经过四年的论证项目、筹集资金、兴建厂房和购置设备，至1995年，先后引进蓝波希岛高效节能空调器、智能仪表、全封闭蓄电池、微型集成电路等一大批科技含量高、附加值高的项目，以及以电子整机、精密机械加工模具、复印机、电脑等高新技术为主的跨国公司企业[①]。全镇新建的中元电子公司、宝通电缆厂、吉立电气公司、金鑫实业公司等13个（镇办8个，村办5个）自营企业投入正常生产，并实现生产总值2.8亿元、利税1850万元，其产品涉及通信、电子元件、仪器仪表、计算机配件、化工、建材、铜加工、饮料八大类。生产办公自动化用品的兄弟亚洲制造厂与周边十几家企业形成了互相配套的企业群，进而稳定了布吉镇制造工业的发展。是年，布吉镇工业总产值为16.77亿元，比1985年提高34倍。

2001年，广东省统计局评选布吉镇为"广东省农村经济强镇，综合经济实力200强第一名"。2002年，布吉成功实现经济发展模式的转换，全镇进入内源型与外源型经济协调发展的新格局：民营企业成为布吉经济主体，外资企业退居其次；"海外接单、内地生产、香港出口"为主的营运模式，转化为"内地接单、内地生产、内地直接出口"模式。2003

[①] 深圳市龙岗区地方志编撰委员会：《龙岗区志（1993—2003）》，方志出版社2012年版。

年，布吉民营企业由 1997 年的 50 家发展至 960 家，总产值 251.19 亿元，占全镇工业总产值 474.64 亿元的 52.9%，其中年产值超过 1 亿元的有 20 多家、超过 5 亿元的有 8 家、超过 10 亿元的有 2 家。联创实业、超力通公司等企业，单一产品产量居全国同行业之首。布吉镇在高新技术领域实现外经企业与民营企业同时发展壮大的新格局，成功地走出一条外源型经济内源化的工业化道路。①

布吉坂田村：坂田村的创业始于"三来一补"企业，继而注重高科技、高效益、高投入的"三高"外资企业及内联企业。1993 年 7 月投产的蓝波空调城，是坂田村与深圳石化公司的合作企业，占地 8 万平方米，首期投资近亿元。坂田村与美国纽约当纳利商务印刷公司、深圳石化集团合作兴建的当纳利印刷城，首期投资 2300 万美元，占地 4 万平方米，1994 年 10 月投产，是印刷行业的佼佼者。1995 年 6 月，坂田村引来菲律宾人和日本人合作投资 1 亿美元兴办新利电子公司。该公司建成坂田电子工业城，年产彩电和音响各 100 万台。

1996 年年底，坂田村虽有民营企业 20 余个，但均是以几个雇员加工配套附件为主的小作坊。为推动民营经济发展，村委会制定八条措施，对自办企业的村民在用地、房租、收费、入户、子女入学等方面给予优惠。1997 年 3 月，坂田村委会成立深圳首家民营企业办公室，组织专门的咨询机构，为村民提供创办企业的政策、法律咨询及市场信息。"八条优惠措施"落实后，全村出现办企业当老板热潮。1999 年 7 月，镇政府印发《布吉镇促进民营经济发展的若干规定》，全面放开民营企业的经营范围，鼓励民营企业家开办生产型、科技型和服务型的企业。1998 年，布吉镇党委制定经济持续发展战略，鼓励和扶持民营企业发展。在龙岗区、布吉镇两级政府的大力支持下，坂田借鉴"前店后厂"的温州模式，投巨资兴建 2 千米长的民营企业一条街，鼓励民营企业迁到民营街来共

---

① 2003 年 5 月，中共广东省委政研室主办的《情况与建议》第 15 期，刊出《外源型经济内源化的一个典型》。该文指出："布吉镇这种把内、外源经济的发展结合起来，使外源经济优势内源化的做法值得借鉴。"接着，中国小城镇发展中心在布吉召开"沿海新型工业化带动城市化发展模式高层论坛"研究会，探讨布吉工业道路，中共中央政策研究室副主任郑新立、国务院研究室副主任李炳坤、中共广东省委研究室副主任魏建飞、深圳市政府副市长刘应力等 14 位领导和专家出席会议，并充分地肯定了布吉镇经济发展模式的意义及布吉镇发展民营经济的成绩。对于这种发展模式，《人民日报》《光明日报》《国际商报》《深圳特区报》等也分别进行了报道。

同发展；又在民营街附近建起一座建设面积约两万平方米的民营产品展销市场，为民营企业搭起一个供销平台。坂田村充分利用自身地理优势以及不断增长的旺盛人气，在商贸、金融、服务、人才市场、物业管理等第三产业领域里开辟新路，全村商贸领域从业人员（含外来人员）超过两万人。

1999年后，一批著名的高科技大型民营企业入驻坂田，出现了外资企业与民营企业共同发展的新格局。在坂田投资的著名企业有全国闻名的民营科技企业华为公司、全国房地产龙头万科房地产有限公司、美国上市公司当纳利现代印刷业、全球"财富500强"之一的日资GE东芝有机硅公司以及深圳石化集团、香港金像磁讯公司、福群集团等。2003年，坂田村有"三来一补"企业91家、"三资"企业103家，工业厂房及生活设施101.99万平方米，固定资产18.9亿元；实现工农业总产值10.6亿元、两级（行政村和村民小组）总收入1.2亿元、两级人均纯收入2万元，顺利进入"全国百强村"的行列。

平湖镇：1999年，全镇引进外资企业85个，比上年增长85%，其中有"三来一补"企业70家、"三资"企业11家、物流中心2家、旧城改造2家；实际利用外资7377万美元，增长14.8%；工业生产总值34.11亿元，增长24.1%。1999年，镇领导与50家出口重点企业联系挂钩，协调解决企业存在的困难；成立外商投资企业服务中心和私营个体企业服务中心，为外商和私营个体企业免费办理牌照、转厂手续，协调海关查厂，受理投诉等。2002年，平湖镇坚持"创新思路，创新体制，调整结构，强化管理，实现可持续发展"的方针，着力引进科技含量高、附加值高的企业。全年共引进企业81家，实际利用外资8989万美元。钰湖电厂进行技术改造，投资10亿元的首期工程建成投产。2003年年底，平湖镇1126个工业企业的产品以出口为主，其出口交货值占工业总产值的90%以上。全镇民营工业企业180家（其中注册资本在100万元以上的有60家），共吸纳6万多人就业，年产值15亿元。2003年，平湖镇实现工业总产值75.27亿元、加工贸易出口额11.19亿美元，分别比上一年增长27.3%和14%。

横岗镇：1993年龙岗建区后，横岗镇坚持强化宏观调控和管理，全镇工业规模增大，发展速度加快，产销衔接良好。镇、村两级联合筹办全球卫星定位仪厂、数码磁头厂、密封材料厂、矿泉水厂、袜厂、水泥预制件厂、模具厂等，总投资达 1 亿多元。同时，引进 40 余家档次高、科技含量大的企业，淘汰一批污染大、耗能、耗水量大的企业。为吸纳外地科技人员来横岗工作，镇党委、政府制定《横岗镇科技人员奖励条例》，当年全镇拥有本科以上学历的管理人员 84 名，其中高级工程师 12 名、工程师 23 名，硕士学位以上的 8 名，初步形成专业较齐全、结构较合理的具有一定实力的科技队伍。是年，全镇工业总产值达到 3.525 亿元。

1998 年的亚洲金融危机给"三来一补"企业带来很大的影响，但横岗镇凭借坚实的基础，顽强拼搏，保持了外资企业基本稳定：合同到期的 72 家企业中有 55 个续约，高华、雅骏、力嘉等大企业还增资扩建厂房。此外，全镇还新引进外资企业 28 个，协议投资 1.2 亿港元，实际利用外资 5.6 亿港元；引进来料加工企业 564 个、"三资"企业 183 家，年末工缴费结汇 3.67 亿港元，比 1997 年增长 1.55%。全镇经济保持了稳步发展的好势头，工业总产值达 30.82 亿元，其中镇属企业在逆境中求得发展，全年实现净利润 6620 万元，比 1997 年增长 39%。

2003 年，横岗镇克服 SARS（非典型性肺炎）疫情影响，抓住经济发展这个中心不放松，亲商、稳商，主动为外资企业解决外经业务、用水、用电等多方面的困难，吸引了日本、韩国、新加坡、美国、加拿大等国家和中国香港、台湾地区的实业家前来横岗投资。是年，全镇新引进工业企业 106 家，其中新引进外资企业 78 家（来料加工 31 家，"三资"企业 47 家）；来料加工协议外资金额 795.5 万美元，"三资"企业合同引资金额 8391.6 万美元；实际利用外资 1.5 亿美元，其中外资直接投资 4682.2 万美元；加工贸易出口总值 13.8 亿美元（其中，来料加工实际出口 84652 万美元），"三来一补"创汇总额 1.84 亿美元（其中，工缴费结汇 4.74 亿美元）。继 1999 年后，横岗镇的招商引资工作又一次居龙岗区各镇之首。2003 年年底，横岗镇有工业企业 941 家，从业人员 18.57 万人，实现工业总产值 83.38 亿元，是 1993 年的 23.7 倍。

龙岗镇：1997 年，龙岗镇执行区委、区政府"抓机遇、调结构、保稳定、创繁荣"的工作方针，外经工作取得新突破：引进企业 112 家，实际利用外资 6.3 亿港元，实现创汇 4.12 亿港元，工缴费收入连续五年保持全区第一名。从 1998 年起，龙岗镇投资环境不断优化，招商引资质量和水平也不断提高，引进项目从低层次的劳动密集型"三来一补"企业逐步转向附加值高、技术含量高的"三来一补"企业和资本、技术密集型的高新技术企业，初步形成以电子通信、新材料、新能源为龙头的高新技术产业群，涌现出一批以兄弟工业公司、天时达塑胶电子公司、兰普源照明科技公司、天基天气公司等为代表的先进的高科技企业。

该镇新生村先后引进天基、美时、金颂、华光等15家高新科技大型企业，从传统手工业向高新技术工业转变。2003年，全镇实现工业总产值73.55亿元，比1993年的3.81亿元增长18.3倍。其中，港澳台商投资企业工业总产值为51.12亿元，外商投资企业工业总产值为12亿元，两者共占全镇工业总产值的85.8%。至此，龙岗镇既有国有企业、集体企业，又有外商独资、中外合资和中外合作企业，还有多种形式的股份公司、内联企业、跨部门或行业的经济联合体等，形成了以外向型经济为主导、多种所有制经济共同发展的局面，并顺利跨进"广东省企业百强镇"行列。

坪地镇：1993—1998年这6年，坪地镇年均净增外贸企业20家，逐步形成具有一定规模、相对稳定的工业体系。1998年后，坪地镇的招商理念从"数量"转向"质量"，从"管理收费"转向"管理服务"。成立外商服务机构，开通外商联系电话和投诉电话，营造"亲商""稳商""扶商""富商"的氛围，密切政、企关系，吸引了大批较具实力的大中型企业驻足坪地。1999年，全镇工业总产值达11.84亿元，比1993年增长4.7倍；工业创汇1.95亿元，比1993年增长40%。康贝斯实业（深圳）有限公司一次性投资6000万元，2000年正式投产，当年出口产品达5000万美元，并连续三年被列入龙岗区十大出口企业。2002年，在全球经济发展缓慢、竞争激烈的背景下，坪地镇仍保持国民经济持续、稳定的发展势头。2003年，坪地镇在与SARS（非典型性肺炎）疫情抗争的同时，始终坚持发展经济不动摇，共引进项目69宗，协议利用外资5544万美元，实际利用外资2723万美元，出口总额4.18亿美元，创汇4013万美元。2003年，全镇实现工业总产值28.45亿元，与1999年相比，增长1.4倍。

坪山镇：1993年，坪山镇自筹资金和利用外资，加大固定资产投资，营造一流投资环境，吸引日本、韩国、新加坡等国家和中国台湾、香港地区的大批客商到此投资办厂，外向型经济已成为坪山镇经济发展的龙头。全镇实现工业总产值1.8亿元，其中外商及港商、澳商、台商投资企业的产值1.37亿元，占76.1%。1994年，坪山镇政府确立"以国际市场为向导，以外向型经济为目标，将劳动密集型加工业转变为知识、技术、资金密集型高科技工业"的战略方针，积极引进外资、技术、设备，开展国内横向经济联合，整片开发新现代化工业区，新建"三来一补"、"三资"企业和镇办企业388个。台湾中达电脑制品厂、日本深圳伟胜电子实业公司等落户于高思特工业城，使坪山形成电子、纺织、机械、化工、服装、塑胶、食品、建材、玩具等不同门类的外向型工业体系。1995年4月，坪山镇对镇属企业经理实行年薪承包责任制，同时建立健全《镇属企业资产管理办法》《企业劳动人事管理规定》《企业税后利润分配办法》《上缴利润收缴办法》等配套制度，避免以包代管，保证了经理年薪制的有效实施。是年，镇属企业实现利润5757万元，上缴利润4547万元，分别比计划超收711万元和456万元；总资产比年初增加4400万元，净资产增加950万元。《深圳特区报》对此作了宣传报道，镇投资管理公司也先后应邀到全国乡镇企业管理工作会议、龙岗区工业工作座谈会介绍经验。1998年，坪山镇提出"第二次创业"的口号，并制定《坪山镇招商引资奖励办法》。这次设奖的原则是：谁引进奖励谁，重奖有功人员。1998年，全镇工业总产值为9亿元，其中有外商及港商、澳商、台商投资企业产值8.48亿元，占94.2%；集体企业产值4110万元，占4.6%；其他企业产值1063万元，仅占1.2%。

1999年，坪山工业由劳动密集型加工业向高新技术、大制造业、大项目方向发展，越来越多的高新技术和大制造业企业落户坪山。其中，号称"世界大王"的世界塑胶有限公司，成为坪山镇的龙头企业。2000年引进的世界最大的电器生产供应商、世界500强企业之一的日本欧姆龙电子部件（深圳）有限公司，投资6750万美元，拥有员工3800多人。2002年，又引进全球最大的集装箱制造厂——南方中集集装箱制造有限公司。2003年，全镇共签订高新技术项目14个，比过去20年引进高新技术项目的总和还多两倍，而且投资超亿元的企业就有7家，其中南方中集集装箱制造有限公司、辅升电子有限公司、鹏基股份有限公司投资额都在4亿元以上。2003年，全镇共有"三来一补"企业289个、"三资"企业90个，累计利用外资3.78亿美元；实现工业总产值26.63亿元，其中外商及港商、澳商、台商投资企业产值占77%，集体企业产值占2.3%，其他企业产值占20.7%。

坑梓镇：坑梓镇利用土地资源丰富、能源保障充裕、交通网络便捷、综合环境优越的有利条件，吸引大规模、高科技、有实力的外资项目。1998年6月，当时世界最大的注塑机制造商震雄集团规划总投资1.8亿美元的震雄工业园在坑梓破土动工。2003年11月，投资8000万美元、占地23万平方米、以生产IT系列产品为主的莹展电子科技工业园，在龙田大水湾工业区举行奠基开工仪式；12月，国际知名企业日本西铁城株式会社下属企业在同富裕工业区投资2000万美元创办的科润液晶电子制品厂正式投产。2003年，坑梓镇利用外资9.2亿港元，比1995年的1.02亿港元增长8倍；拥有工业企业383个，从业人员7万人；工业总产值为16.01亿元，是1993年的25倍。

葵涌镇：1993年龙岗建区后，葵涌镇工业走上快速发展的轨道，全镇共有企业82个，其中有新引进的"三来一补"企业11家、"三资"企业10家，实现工业总产值4594万元。1998年年底，全镇共有企业95家，其中"三资"企业34家、"三来一补"企业61家；实现工业总产值5.07亿元，比1993年增长10倍。

1999年后，葵涌镇全面实施"兴工强镇，科技先行"的发展方针，突出工业的龙头地位，以工业带动其他产业发展。1999年引进比亚迪公司、三九集团等高科技企业进入"同富裕"工业区，总投资达12.9亿元。在香港招商会和第一、第二、第三届中国高新技术交易会上，葵涌镇引进项目50多个。绿鹏公司、知己集团、迅宝公司、比克公司、中大远程教育基地、留学生创业园等一批规模大、科技含量高、实力雄厚的企业和科教项目落户葵涌，为葵涌工业的发展奠定了坚实的基础。2003年，葵涌镇共有企业103个，其中"三资"企业40家、"三来一补"企业53家；实现工业总产值45.42亿元，比1998年增长8倍。

大鹏镇：1995年，大鹏镇提出"兴工强镇"的口号，制定"面向香港、拓宽海外"的战略，并通过"走出去，请进来""筑巢引凤""引凤筑巢""老板带老板"等方式，吸引外商投资。1995年，全镇"三资"企业和来料加工企业发展到105家，其中有镇属68家、村属37家，"三资"企业25家、来料加工业80家；工业总产值达1.44亿元，工业创汇5579万元。1996年，镇委、镇政府确定了大鹏镇1996—2010年国民经济和社会发展总体目标：建立以旅游业为龙头，以第三产业为支柱，以先进工业为基础，以现代农业相配套的协调发展的经济格局。到1998年，大鹏镇实现工业总产值4.11亿元。

2000年，新引进10个工业项目，全年实现工业总产值7.07亿元。2002年，引进企业16家，并与深圳市龙盛泰科技、深圳高正新材料、香港天意、深圳施英达管道、深圳天达康基因工程、新马制衣（深圳）等公司正式签订合作合同。2003年，全镇引进工业项目23个（其中高科技项目10个），协议投资总额达31亿元，实际利用外资1669美元，实现工业总产值36亿元（含核电在内）。

南澳镇：1994年年底，全镇已有国有企业16家、集体企业102家、个体私营企业408家、外资企业22家，外资企业上缴工缴费1708万港元，比1993年增长19.8%。1995年，引进扶贫工业项目8家，收入工缴费1920万港元，工缴费结汇12万美元。1998年，南澳镇党委、政府采取"以商引商""委托招商"等办法，与南星羽毛有限公司等4家外商签订投资合同，实际利用外资1300万港元。全镇"三来一补"加工出口创汇3312万元；工缴费结汇15万美元。1999年，南澳继续加强稳定外商工作，实施优惠政策，新引进工业项目5个，"三来一补"工业共利用外资108万美元，"三资"工业利用外资193万美元。2001年，在香港招商会上实际引进工业项目4个，利用外资420万美元。同时，村级企业也得到发展，通过扶贫奔康工程，投入872万元建起厂房，并且引进了村内第一个工业企业。2002年，南澳继续营造"人人创造招商环境，个个都为招商服务，事事围绕招商转动"的社会氛围，共引进项目6个，合同资金11.6亿元，到位资金9000万元。2003年，南澳镇的工业总产值为3.58亿元，比1993年增长35.1倍，在工农业总产值中的比重提高46.8个百分点。

二　村镇工业园区规模扩张

伴随和承载龙岗区各镇产业扩张及"内化"升级的空间载体，是全区各镇以镇或村为单位的村镇工业园区的规模扩张。这些村镇工业园区主要是以镇、村作为建设与管理的实施主体，在招商引资、扶贫奔康等促进经济快速发展的需求下，主要以出租、出让土地建设厂房提供产业发展空间，快速推动了城市化进程。

布吉镇：1998年，镇党委、政府在调查研究的基础上，衔接区级统筹部署，将全镇划为第三产业区、大工业中心、高科技园、物流工业区、工业旅游区和政治文化中心六个功能区，并确定兴办民营经济的发展战略，华为公司、新天下集团有限公司等民营企业接连在坂雪岗落户。

1996年1月31日，龙岗区政府在坂田村召开华为迁入坂雪岗工业用地问题协调会议，要求布吉镇政府确保华为17万平方米用地及其配套设施，并以该公司为龙头带动民营经济发展。2000年，华为公司在坂田的生产中心占地21.2万平方米，拥有员工19000人（其中工程技术人员12000人），年生产程控交换机1200万线，产值为40多亿元。是年，布吉民营企业由1997年的50多家增至450家，年产值达15亿元（不包括华为公司产值）。其产业结构比较齐全，涉及第一、第二、第三产业，有电子通信、电脑配件、电线电缆、建材、装饰、服装、食品加工等行业，尤以电子通信发展最快。

2002年，布吉镇引入深圳市新天下集团有限公司，建立占地23万平方米的神舟电脑生产基地。次年，深圳市驰源实业有限公司投资2亿元兴建占地6.5万平方米的驰源高新技术产业园，深圳市康冠电脑科技有限公司兴建占地6.4万平方米的电脑生产基地，联创实业有限公司建成3.5万平方米工业园，深圳市金积嘉公司建成占地1.5万平方米工业园，布吉镇已成为著名的民营高科技产品的生产基地。

平湖镇：2002年，旭日集团扩大用地20万平方米，投资6亿港元兴建高科技生态玩具城；中华商务印刷公司增资6000万元，兴建华南地区规模最大、技术水平最高的印务中心。2003年年底，平湖镇共有工业区22个，厂房面积达350多万平方米；工业区内有企业500多家，约占全镇工业企业总数的44.4%。

横岗镇：2003年年底，横岗镇有颇具规模的工业区10个，工业房屋总面积512万平方米，其中厂房面积370万平方米。

龙岗镇：1994年，全镇累计开发建设工业城3个、工业区16个，标准厂房面积达到186万平方米。1997年，龙岗镇兴建厂房30.2万平方米。该镇新生村1993年集资4亿多元，建成7个工业区和1个高科技工业园区，并投入1亿多元修建村道、工业道12条23千米，建成文化活动场所20多个；2000年，提升"生不增、死不减"的股权制"新生模式"为股份制集团新模式，全村将剩余土地资源统一规划、调配、管理，高标准建设工业园区，实施配套建设。①

坪地镇：1993—1998年，经过几年的快速发展，大批外资企业完成资本积累，变租赁厂房为购地建厂，如年产值750万美元的坪地手袋厂等。外资企业的购地建厂，改善了镇容镇貌，增加了工缴费收入，夯实了镇、村财政基础。

2000年始，坪地选择人均收入较低、集体经济较薄弱的13个自然村作为"扶贫奔康"对象，投入资金1100万元，建设"同富裕工业园"。2001年，建成厂房4.7万平方米，并一次招商成功，年租金为493万元，13个自然村2822人受益。2002年，投资1681万元启动第二期工程，在坪东村富地岗建起总建筑面积为6.2万平方米的10栋厂房和10栋宿舍楼。同年9月，参加龙岗区在香港举行的投资环境推介会，招商签约3宗：韩商投资3000万港元，租赁厂房1.2万平方米；港商投资1.2亿港元，租赁厂房宿舍3万平方米；香港龙复贸易公司购地2万平方米。2003年，实施第三期扶贫奔康项目，建设富地岗商业中心。

2002—2003年，为提升经济发展规模，克服散、乱、小、杂的工业格局，坪地镇实施"工业园区战略"，重点建设六联村长山工业园、高桥品牌工业园、扶贫奔康工业园三个高起点、大规模的工业园区。六联村长山工业园占地60万平方米，引入深圳市高登工艺制品有限公司、宏懋金属制品（深圳）有限公司等9家大型企业，项目总投资达2亿多元。高桥品牌工业园占地1.76平方千米，引入深圳市胜得意高新技术有限公司、深圳深南电路有限公司等大中型企业，项目总投资达21亿元。扶贫奔康工业园占地5万平方米，建筑面积6.5万平方米，镇、村投资6000万元开发建设，由香港香江集团整体租赁，每年租金为585万元。三大工业园产生了巨大的规模效应、聚引效应和产业提升效应，先后有深圳市耀群实业有限公司等55家大中企业落户坪地，使坪地逐渐形成大型化、科技化、现代化的工业体系。

坪山镇：1994年，全镇建造厂房及配套住房160万平方米，最具特色的高思特工业城总占地面积为20万平方米，其中一期工程投资1.2亿元，建筑面积为12.2万平方米。1998年，坪山镇计划利用龙岗区扶贫奔康项目资金，在沙坣村建设同富裕工业区，实际投资4760万元，扶助对

---

① 深圳市龙岗区地方志编撰委员会：《龙岗区志（1993—2003）》，方志出版社2012年版。

象涉及全镇10个行政村、44个自然村。1999年,同富裕工业区建设正式开工,由坪山镇建设办公室负责基建管理,坪山镇同富裕办公室负责资金管理;2001年,坪山镇同富裕实业有限公司成立,负责该工业区管理和招商引资工作。2002年年底,整个工业区建成:厂房13栋,建筑面积3.3万平方米;宿舍6栋,建筑面积1.2万平方米;综合楼、商业中心各1栋,建筑面积共9500平方米;此外,还以抵偿沙坣村征地款的形式建成厂房两栋、宿舍1栋。2001年,马峦村利用征地款,在汤坑村征地12万平方米,开发建起建筑面积为20万平方米的工业区,引进企业20余家,次年全村村民平均收入超过15万元。2003年,全镇工业厂房273万平方米。

坑梓镇:1997年,镇经济发展有限公司在第一工业区的东侧又开发了占地面积11万平方米、建筑面积20万平方米的第三工业区。至此,坑梓镇的三大工业区已形成片区组团,在坑梓镇经济发展中占据了重要地位。2003年,坑梓镇厂房及配套面积199万平方米。

> **专栏4-4 2G-3G时代移动电话(手机)制造企业:深圳天时达移动分公司**
>
> 2002年,深圳天时达有限公司在坑梓投资2亿元,当年建成深圳天时达移动分公司。该分公司拥有15条设备先进的GSM手机生产线,专业研发、生产、销售移动电话,年销售量近200万台。至2003年,天时达移动分公司连续两年被深圳市政府评为"深圳市重大建设项目",其主要产品"天时达"手机,也多次被评为"消费者信得过产品""中国消费者协会推荐产品""中国名优产品"。

葵涌镇:1996年年底,葵涌"同富裕工程"中的金业路动工。1998年7月,金业路竣工,沿线大片闲置土地得到有效开发利用。1999年7月,占地500亩的葵涌工业园开工建设;镇政府采用"无偿划地、区镇村共同出资、镇总公司承租让利、村民受惠"的模式,首期开发占地面积10万平方米、建筑面积6.3万平方米、总投资4500万元的"同富裕"工业区。进入2000年,葵涌镇积极推介"葵涌高新技术产业生态走廊",并把传统的招商方式与新的环境招商、概念招商、网上招商方式结合起来，网上招商成为葵涌招商引资的重要渠道。2000年1月22日，比亚迪公司在龙岗区葵涌镇庙角岭工业区动工建设，首期用地19万平方米，主要生产镍镉、镍氢和锂离子等充电电池产品。

大鹏镇：2000年，镇政府实施强村富民工程和"168工业发展计划"，全镇集中开发10个工业区，同时平整出同富工业区二期用地45万平方米，当年租出厂房4.5万平方米、土地9.64万平方米。2002年，全镇出租厂房5.6万平方米，转让工业用地61.8万平方米。2003年，全镇转让工业用地28万平方米，出租土地98.9万平方米、厂房5.05万平方米。

南澳镇：1994年，镇党委、政府在上企沙、下企沙地段划出120亩土地，用于发展扶贫工业；投入250万元修建1幢3000平方米工人宿舍，解决振兴工业区工人住宿困难；在水头沙划出4万平方米工业用地，让外资企业扩建厂房。1995年，规划120亩土地用于集中兴办各村工业厂房，全镇累计出租厂房11.76万平方米。2003年，东山珍珠岛与中山大学合作成立南海海洋生物技术国家工程研究中心产业化基地，总投资5亿元，兼营养殖、生产、加工、旅游观光、房地产开发等项目。

三 私房抢建潮催生"城中村"

产业扩张直接带来了龙岗区各镇人口的快速增长，而暂住人口占很大比重是龙岗区及深圳市的突出人口特征，这是改革开放以后珠三角沿海开放城市特有的现象，是外向型经济高速发展的特征之一。与同时期国内其他一般地区城市化过程中以当地农业人口离乡进城或就地转化为主的模式有所不同，龙岗地区20世纪八九十年代城市化的人口特征是以发展"三来一补"企业为主的外来非农就业人口的大量"进入"。"三来一补"工业主要利用本地临近香港和东南亚的区位优势和成本优势，但并不看重本地的资源或现有的生产结构，原料和市场"两头在外"，缺乏资金积累和扩大生产的愿望，通过利用土地低成本和廉价劳动力追求短期效益，导致外来民工大量涌入，形成大规模的城市暂住人口。

1992年年底，特区内69个行政村4万余农村居民一次性实现"农转非"，农村土地实行统征，农村集体土地转为国有土地。随着特区内产业结构的调整及城市开发容量的饱和，工业产业布局向特区外转移，与特区内前12年情况相似，特区外暂住人口比例不断提高。至1997年，龙岗区全区总人口为87.6万人，常住人口只有17万人，暂住人口比例高达

80%。随着外来人口的涌入,对当地村民私房的租住产生了巨大需求,加上当时有关私房建设处理政策的发布,引发了龙岗地区几次村民自建住宅抢建潮。一是1993年龙岗建区之初,人们意识到龙岗的土地被列入深圳市管理,意味着土地存在着巨大的升值潜力,同时,由于经济高速发展,形势一片大好,各级政府都在加大市政建设投资,"三来一补"企业带来的大量外来工,出租房屋有了市场,农民手中有了钱,于是急着去建房子。此外,1993年深圳市政府出台了283号文件,文件中规定了村民住宅的用地指标、处理办法和处理时间。农民(包括很大一部分非农民)害怕以后政府不让其建房,再加上当时缺乏可操作的规划指导和控制管理,农民纷纷从老村中迁出,沿路抢建住宅,这是龙岗住宅抢建的第一次高潮。二是在经历1994—1995年国家宏观经济调控后,1996—1997年,经济开始复苏,金融市场一片火热,带动房地产业的复苏,房租和房价不断上涨,激发了农民的建房愿望。在此期间,1996年龙岗区政府下达《关于加快龙岗区私房处理工作的通知》,文件规定在1997年7月1日后停止受理私房处理的申报,因而引起第二次抢建高潮。三是1999年3月5日,深圳市人大出台《关于坚决查处违法建筑的决定》后,农民觉得此次政府是下决心加以控制,很多人都抢在政府处理政策出台前,日夜赶工建房,掀起第三次私房抢建高潮。

截至1999年3月,龙岗区已建私房近8万栋(其中一半属外卖非法私房),而同期农村人口为6.3万人,平均每人1栋(每户基地面积有100多平方米,建筑面积均在300平方米以上),大大超过深圳市政府规定的人均一栋及用地面积的指标。在总体指标超标的情况下,龙岗全区却有近1万户村民未建新房,而有些家庭建有好几栋私房。据龙岗布吉镇调查显示,兴建住宅最多的一个农户拥有6栋私宅,每栋少则3层,多则六七层。尤其严重的是大量的私宅中占用国有土地和违反城市规划的比例很高。龙岗镇爱联行政村1998年11月至1999年1月就违章建设私宅422栋,其中在已征为国有的土地上就有违章私房40栋,违法乱建在城市规划道路范围内的私房则多达160栋。

私人建房的蔓延既为外来务工人员构成的庞大流动人群提供了廉价的租房供应,解决了从事低端制造业的工厂工人和从事城市各类服务行业的大规模中低收入人群的居住问题。在"杜绝入市交易、放开租赁市场""嵌套搭便车共享城市大部分公共基础设施"的发展条件下,原住村民实际上是房屋建设、维护、租赁管理等的主体,也巧妙地替代了政府大规模建设廉租房的巨大投入和日常租赁、维护等管理需要支付的高额成本,避免了其他一些国家城市化进程中出现的"贫民窟"现象。但也逐渐发展形成了一个个与城市的现代化建设显得格格不入的"城中村",大量的"城中村"因规划统筹不足、公共服务配套缺乏、建设标准及品质较低等问题,给土地的合理利用、城市景观、消防、社会治安等方面带来负面影响,使城市在新区开发建设的同期,就面临更新改造等二次开发的问题,也给二次开发带来了极高的土地交易成本。

四 旧村镇改造提升工程

为遏制土地粗放经营、无序扩张、过度开发的势头,提高土地的集约利用水平,提升村镇建设质量和水平,1999年区委决定将村镇开发建设纳入城市化发展的统一规划,实施"农民上楼、工业进园、墟镇上档"工程。这一工程,按照深圳市"卫星新城""国际大都市"的总体要求进行规划,高标准新建一批"城中村""城外村""城边村"。尤其是"农民上楼"统建项目,采用城市化、园林式的建设模式与建筑风格,按照统一规划、统一建设、统一配套的原则,兴建包括村民住宅楼、幼儿园、办公楼、会所在内的小高层楼房,营造环境优美的现代化村民住宅小区。

专栏4-5　"农民上楼、工业进园、墟镇上档"工程

"农民上楼"是把土地利用规划与城市规划结合起来,为农民上楼的试点村提供技术支持与政策引导,为各镇的试点村进行选址,对居民小区的住宅提供建筑单体模型,以及为新居住小区配套各类市政及公共服务设施等,在规划新住宅用地的同时,鼓励、引导农民在住宅建设上实行联建、统建,逐步回收农民的旧宅基地。主要措施有:①明确划定农民住宅建设用地,加强村民住宅的规划建设管理。②统一规划、引导控制、逐步推进,制定"农民上楼"的总体规划指引,明确建设、改造的类型、重点和时序安排。③每个村上楼工程的实施,要在总体规划指引下，具体编制实施计划，一村一策，龙岗区60个村建设新的村民住宅将按新村详细蓝图进行统一规划建设。

"工业进园"主要是与深圳市的扶贫奔康工程相结合，根据原有规划建设功能配套较完善的连片工业区，逐步改变镇村工业区的散乱状况。主要采取以下措施：摸清工业用地现状及后备资源状况，预测工业用地需求；制定工业用地增长计划及集体工业用地控制指标，严格按计划与指标实施工业用地开发；编制全区工业进园的总体规划，提出工业进园分区、分类、分期实施的指引。

"墟镇上档"的实质是通过村镇的更新改造，逐步实现城市化与现代化，要求墟镇从传统的农村区域的生产与服务中心向现代化多功能的城区转变，是全方位、整体性的质量提升与优化。主要包括：物质形态优化——规模扩展、布局优化、标准提升、配套完善、环境优化、景观美化；城镇功能提升——产业结构与经济发展方式优化、社会结构与社区组织优化、城市职能与区域地位提升。

2000年，全区旧村镇改造拉开序幕。结合旧城改造，实施布吉、平湖、横岗、龙岗商业旺区的规划建设。2000年4月、6月，区土地预审会议同意7家改造单位的用地申请，并要求必须自行完善市政及公共设施配套建设，做到改造一片，配套一片。2001年，提出抓住深惠路两侧控制建筑区范围调减的机遇，加快沿线旧城改造，实施二次集约开发，为产业梯度转移创造条件。2001年6月，区用地预审会议强调，旧改实施过程中必须采取公开竞争的方式选择改造单位。2002年9月，审定通过的首期旧改计划中的横岗大厦、平湖旧工业区、宝龙工业区等项目，开始进行规划公示和签订补偿协议书等工作。是月，审定通过龙岗区首期13个旧改项目，其中老墟镇榕树头段、爱联段的新老西区旧改项目等先后动工。2002年9月，区政府常务会议提出旧村镇改造应坚持"政府策划、政策推动、市场运作"的原则，体现"政府不出钱、业主不吃亏、开发商有钱赚"的要求，并按照"成片规划、分片开发、同步实施"的模式，开展占地面积达158万平方米的13个项目的改造。2003年7月，经审定的爱联行政村岗贝自然村改造、大众山工业区改造和龙田路口改造等项目，开始实施前期查账、评估、编制方案、拆迁补偿、签订协议等工作。10月，全区规模最大的旧改项目龙岗第二工业区改造工程启动。

龙岗区从20世纪90年代中后期至2003年，从一户一栋的排榜村到"别墅式"的上围新村，从一户一层的塘坑新村到规模宏大、配套完善的荷坳新村，走出一条村民统建之路。2003年年底，全区已完成排榜新村、上围新村、岭澳新村、马峦新村等9个村的"农民上楼"统建项目，总计投资7.12亿元，占地面积62.4万平方米，建筑面积66.7万平方米，居住村民1709户、5545人。2003年年底，全区共有占地242万平方米的21个旧改项目进入实施阶段，完成投资16.05亿元，完成旧改面积49万平方米，其中"农民上楼"统建项目完成投资7.21亿元。至此，全区初步形成以中心城为龙头、各镇中心区为骨干的城市雏形。年底，龙岗区被建设部列为全国小城镇建设试点区。

龙岗区在实施旧村镇改造工程中，龙岗第二工业区、横岗镇六约中心区、荷坳大围村等是当时比较典型的旧城改造规划项目。龙岗镇第二工业区旧城改造规划采取整体规划、全部拆迁、分期实施三步走的方法，实行商住、公建与市政配套同步建设，形成在分期目标内拆旧与新建滚动发展模式。横岗镇六约中心区旧城改造、荷坳大围村改造，则以居住功能为主，注重景观设计，目的在于提高居住环境质量，为居民创建方便、舒适、优美的生活条件。

专栏4-6　龙岗早期旧改项目案例

塘坑新村位于横岗镇，1998年11月破土动工，历时两年。其用地面积为39844平方米，总建筑面积达28144平方米；建筑容积率为0.71，建筑覆盖率为14.47%，绿化率达36.40%。新村的主要建筑有16栋64户村民统建住宅楼和一座文体活动中心。其附属配套设施主要有园林绿化、灯光篮球场、网球场、露天泳池、儿童乐园、消防设施、闭路电视监控系统等。住宅楼四户一栋，共计六层，一梯一户，每户平均310平方米。该村打破长期以来农村住宅以男人计数的传统，特为16户外嫁女建造楼房，维护了"招郎女"和"外嫁女"的应得权益。塘坑新村项目总投资2600万元，其中村民出资1000万元，用于楼房主体建筑和部分公共配套设施；村民小组出资1300万元，行政村给予250万元，区镇给予50万元，均为公共配套设施投资。

荷坳新村于1999年11月开工，2002年建成，是在横岗镇荷坳大围原址上进行的改造拆建工程，属高标准统一建设孖栋式三层半的园林式现代化居民新村。该新村总规划用地16.64万平方米，总建筑面积9万多平方米，总投资8000多万元。其住宅建筑面积为8.15万平方米，可安排262户村民居住。新村内131幢西班牙式小洋楼依势而建，风格独特，典雅大方。小区内还配套建设居民广场、会所、娱乐室、社区医疗服务中心、银行、幼儿园、学校、综合运动场和老年人活动中心，并实行统一封闭管理。

罗岗片区位于布吉镇东南部，北临深惠路，东近木棉湾村，南连罗湖草埔二线，西接百合、荣超花园，距布吉检查站800米，交通便利，人口集中。于1999年开工，第一期工程"信义假日名城"占地面积11.5万平方米，建筑面积27万平方米，拆迁旧房面积15万平方米，赔偿及建设费用高达6亿元。项目围绕"明确产业导向、稳步推进旧改"的原则，先后修建百鸽路、荣华路延长段、锦龙路、罗岗路等，完成路灯、绿化等配套工程，开挖排污、排水系统，建设地下箱涵，并将各种强弱电线路改造后埋入市政管沟。信义假日名城的定位：以大型商场为核心，以繁华的商业街及高尚的住宅为依托，引进知名零售企业"新一佳"，还有肯德基、咖啡厅、西餐厅、药行、银行、邮政所、大型酒楼等与之配套，形成一个集居住、购物、休闲于一体的商住中心区。

万鑫商业城（龙岗第二工业区改造）由原龙岗第二工业区改造而成，项目始于1999年。该商业城东起双龙立交桥，南临龙溪河八仙岭公园，北以深惠公路中心线为界，西至翠竹路；规划用地21.9万平方米，拆除建筑面积26万平方米，新建建筑面积36.3万平方米，总投资12亿元。整个建设过程坚持"政府主导，市场运作"原则。深圳市德信恒基实业有限公司负责该项目招商引资、拆迁安置、旧楼拆除，协助开发商办理土地使用和项目建设规划等手续，完成人行天桥、深惠路以南拓宽及沿街绿化景观带项目配套工程建设。至2003年，吉之岛百货、天虹商场、国美电器、苏宁电器、赛格电子、麦当劳、必胜客等国内外著名商家已经进驻，商业城初具规模。

五　规模化商贸物流体系建设

（一）商贸设施由传统市街小规模经营向现代化、规模化连锁经营发展

1993年龙岗建区后，区委、区政府采取了"大流通、大商贸"的发展策略，增加市场投入，增设商业网点；仅当年全区商业网点激增到9309个，比1992年增长了2.7倍，社会消费品零售总额为16.5亿元，增长率接近100%。1994—1999年，龙岗区全面建设集贸市场、专业批发市场，引进大型商贸企业，发展商业机构网点，6年新建集贸市场39个、引进营运面积3000平方米以上商家8家、新增营业面积12万平方米、新增营业网点1万多个。这段时期全面建设商贸市场，成为市街商贸的黄金发展时期，但由于商业网点分布不平衡，新增的商业网点主要往建区前的旧商业街区聚集。

2000年前后，随着中心城的开发建设和各村镇推进的更新改造工程，一批经营理念比较先进、业态比较综合、档次比较高的大型综合商贸设施陆续开工建设。龙岗区开始转型发展专业市场，全区商业模式逐步从传统的小规模经营转向现代化、规模化的连锁经营。万佳百货、世贸百货等一批大商家、大型连锁经营商业强势进入龙岗（见图4-3）：位于中心城的建筑面积7.48万平方米的世贸商业城与建筑面积2.6万平方米的志联佳电子大厦，于1998年相继破土动工，2001年先后竣工；建筑面积1.52万平方米的天虹商业中心2002年开始建设，2004年竣工；建筑面积11.08万平方米的龙岗五洲风情购物商业街2003年动工，2005年竣工；由原龙岗第二工业区改造而成的建筑面积36.3万平方米的万鑫商业城1999年动工，2003年开业。香港新亚洲集团投资3.3亿元在横岗建新世纪广场，南城百货在平湖、横岗开设上万平方米的购物城，泰华商场、好意佳商场在坪山、龙岗中心城开业。2001年，布吉、横岗、坪地、坪山等地通过旧城改造，密集引进一批上规模、上档次的零售企业，包括横岗龙洲百货、布吉南城百货、龙岗人人购物广场等，之后龙岗区的大型百货、连锁企业还逐渐将商业网点深入社区。

图 4-3 中心城商业街（入驻万佳百货、世贸百货）
资料来源：深圳市龙岗区档案馆提供。

2003年，全区有各类消费市场135个，商业网点37000多个，从业人员近20万人。全区社会消费品零售总额达100.99亿元，比建区前的1992年增长10.9倍。金融业发展也很迅速，全区有各类银行一级支行20家、二级支行60家、信用社11家，营业网点83个，保险支公司6家，证券营业部6个，拍卖行1个。全区金融机构年末各项存款余额达489.06亿元，比1992年增长7倍。

（二）建设区域性大物流园区平湖物流基地

1993年，区委提出加快商品大流通基地建设，决定在平湖筹建大型综合批发市场。1996年，平湖被列入全区第三产业发展的两个中心（东部旅游中心和货物集散中心）之一。1998年，平湖物流基地建设正式启动，区委把其放在省八届党代会提出的龙岗要发展大流通和增创新优势的战略高度来统筹考虑，要求加大规划编制、土地整备、投资、宣传、招商和领导力度。2001年，平湖物流基地拥有66万平方米土地，保证了引进企业的用地需要，也为跨国企业的入驻提供了土地储备。2002年，深圳市大物流园区之一的平湖物流基地，已从建设期转入项目招商期。2003年，区委决定进一步扩大平湖物流基地的范围，使其可控制用地达2.3平方千米。区政府在招商引资过程中，上门为企业服务，企业有什么诉求、建议都可以提，给予企业政策倾斜。是年年底，该基地已有签约项目10个，总投资达47亿元，其中华南国际工业原料城一期工程竣工并开始项目招商（见图4-4）。

图 4-4　2004 年华南城首批商家入驻

资料来源：陈少雄主编：《龙岗记忆》，中国华侨出版社 2016 年版。

六　重大公共基础设施建设

（一）建成一批提升城镇功能和保障社会生产、生活运转基本需求的公共基础设施

龙岗建区后，为适应全区经济社会发展需要，在区级政府的统筹谋划和推动下，基于当时的财力、物力等条件[①]，公共服务基础设施建设的重点主要在一些比较重大的提升城镇功能的公共服务项目和保障基本需求的市政基础设施项目上。一批带动新城发展和推动全区各镇功能提升的文体设施、公园广场等基本公共服务项目得到重点推进，建成了一批保障全区社会经济运转基本需求的供水、供电、道路交通、公路、铁路、港口等基础设施项目。

1997 年 7 月 1 日，全区公共活动广场——龙城广场建成，占地 15 万平方米（含文化中心等环广场周边公共建筑），树立了全区城市建设的新标杆。龙城广场原是准备作商业用途的，为了给居民创造一个优美的生活环境，龙岗区召集有关专家进行十多次规划论证，最后根据龙岗区中心城规划修编方案，从开发商手中赎回建设用地，在非常缺乏建设资金的年代，投资 1000 多万元建设了当时华南地区面积最大、功能最全的文化广场。龙城广场建成后，龙岗区迅速推进了十个镇的"五个一"工程，

---

①　建区之初，原特区内外还没有实行一体化，原特区内的所有基础建设，是由深圳市政府财政支持的；但是原特区外的基础设施建设，市财政原则上不承担，这对于当时经济基础薄弱的龙岗新区来说，城市建设面临巨大的资金需求压力。

即一个广场、一个公园、一个文体中心、一个图书馆、一条主干道整治。[①] 文教体卫方面，伴随中心城的开发建设，一批新建的学校、医院、文体活动中心等陆续建成并投入使用；各镇新建、改扩建了一批中小学校、幼儿园，增补升级一批教学设备设施；各村镇相继建成一批图书馆、体育馆、文化娱乐中心、文化室及其他文化体育活动场地等，组建文艺社团与演出团队，开展《背仔乐》《心灯》《走月》《客家母亲》《耕耘》《秋岭横云》等众多各具特色的文艺演出、文体比赛等；各镇建成省一级甲等及以上医院，并在有条件地区通过社区健康服务中心、乡村医疗站等将医疗资源和服务延伸至社区及行政村，初步形成镇、村两级医疗保健网络。1996—1998 年，全区集中财力对"两城一区"进行重点建设，中心城水、电、路等市政生活设施网络基本形成，龙城广场、住宅小区、自来水厂、龙口水库等一批项目竣工并投入使用，邮电部门投入 9.8 亿元，建成电话交换站 28 个，装机容量达 22.5 万门，全区"行路难""通信难""用水用电难"的问题基本得到解决。

（二）建成连接东、西港口并纳入全国铁路网的平湖铁路枢纽

1993 年 11 月，东南起盐田区盐田站、西北至龙岗区平湖南编组站的平盐铁路全线铺轨完毕，并与广深铁路实现接轨。1994 年 3 月，东起广深铁路平湖站、西至南山区赤湾港的平南铁路全线贯通，并纳入全国铁路网。1996 年 9 月，京九铁路建成，在东莞与广九铁路合二为一。至此，广深、平南、平盐三条铁路汇于龙岗区西部，平湖成为北抵首都、南达九龙、东连盐田、西接南山的铁路枢纽。

（三）扩建沿海生产生活港口岸线

建区后为适应经济建设和大工业生产发展的需要，对已有沙鱼涌港、下洞港和广东核电站码头陆续进行扩建。到 1995 年年末，龙岗区沿海生产性泊位共计 14 个，其中有 1 个 1.4 万吨级深水泊位、3 个 5000 吨级泊位、5 个 2000 吨级泊位、5 个 1000 吨级泊位，年综合吞吐能力达 214 万吨，港口岸线总长 1350 米，船只可由此通往香港和沿海各大中城市。

---

① 张春杰：《给龙岗腾飞插上规划的翅膀》，载陈少雄主编《龙岗记忆》，中国华侨出版社 2016 年版。

（四）建设公路交通运输设施，突破交通运输瓶颈

建区之初，龙岗地处偏远，交通不便①，基础设施在全市最为薄弱，龙岗与市中心连接的通道只有一条双向 4 车道的深惠公路。解决交通问题摆在了龙岗发展的首要位置，亟待打通扩建连接市内的道路。1993 年 10 月，深惠公路布吉至龙岗路段改扩建工程开工，将其改造成为双向 6 车道的一级道路，同时还新建了布吉高架桥和大芬立交桥（见图 4-5）。

图 4-5　大芬立交桥

资料来源：深圳市龙岗区档案馆提供。

面对龙岗连接市内只有一条深惠公路的情况，当时规划了另一条市政快速道路，叫"龙岗第二通道"，也就是今天的水官高速。修建一条 20 多千米道路所需的资金，对当时的龙岗区来说是一笔巨款。当时的"龙岗第二通道"是市政路，最初计划是由政府来投资建设，因为缺乏资金向国家开发银行贷款。当时，找到了银行商谈贷款事宜，但是由于处于亚洲金融风暴前夕，银行贷款很谨慎，最终未能谈拢。1995 年深圳至龙岗"第二通道"开工建设（见图 4-6），开工后一度经历了停工、断头甚至是烂尾。直到 1998 年，区政府决定采取 BOT（建设—经营—转让）模式，由华昱机构集团负责修建了"龙岗第二通道"，将其变成一条经营性的道路。2001 年全国"九运会"在广东举办，龙岗区争取承办赛事工作，邻近"第二通道"出入口修建了国际化的自行车赛场，并将当时正在修建的水官高速作为自行车公路赛赛道，九运会举办前夕，水官高速公路竣工。

---

① 那时，住在市里到龙岗区上班的人，上班要比其他人提前两小时出发，晚两小时到家；到了下班时间，那时的龙岗区干部职工达成了一种"默契"，下班后再加班两个小时。

图 4-6　1995 年龙岗区第二通道（今水官高速）动工兴建

资料来源：陈少雄主编：《龙岗记忆》，中国华侨出版社 2016 年版。

建区后除改建深惠公路、"龙岗第二通道"外，公路建设是全区交通线路建设的重中之重，政府先后投资 70 亿元，修建高速公路，兴建、改建、扩建国道、省道，同时采用民办公助等形式发展地方公路等。1993 年龙岗只有坪山客运站一个市级长途客运站和平湖、葵涌等简易汽车站，大部分龙岗人要想坐车到外地，需要先到深圳火车站或者宝安再转车；交通运输条件落后还在很多地区形成非法运营的问题，长期困扰市民出行①。1994 年后的五年时间里，是龙岗长途客运的黄金发展期，区政府先后投资 7214 万元，修建了龙岗中心城龙岗汽车总站、布吉丹竹头汽车站、坪山客运站、布吉沙湾汽车客运站、大鹏汽车站、龙东汽车站、坑梓汽车站、平湖皇公山角地客货运输站、龙岗区南联向银客货运输站 9 个客运站，共开通长途客运班线 154 条，最远可到达贵州等地。

1993 年建区时，大鹏太偏远，交通不顺畅，货运物流都是难题；原

---

① 由于与周边交通联系不方便，龙岗区出现了很多"黑大巴""黑车"等非法营运车辆。很多"老龙岗"几乎都有被"黑大巴""卖猪仔"的经历，"黑大巴"一般先到市中心兜来兜去拉客，在半路上又把乘客赶到另一辆车上，其间往往耽搁数小时的行程。曾经从龙岗镇到大鹏的路段上，有 60 多台非法营运车辆在大鹏半岛拉客，乘客就像砧板上的肉，常常被"卖猪仔"，倒几趟才能到达目的地。

本一天仅有一班车通往龙岗，有时一班车都没有。1996 年，由葵涌镇通往龙岗镇的泥路开始修整，核电应急线路（818 专线）6 台大巴正式投入运营。随后，修建了大鹏到龙岗中心城的柏油路，818 专线车辆逐步增加至 15 台、20 台、30 台；开通了 823 线，往返于溪涌和横岗牛始埔之间。2000 年 2 月，龙岗区"村村通公交工程"首批 24 条公交线路及 189 台公交客运车辆运营。借"村村通公交"的契机，南澳镇政府要求海滨汽车运输公司开通了东西涌专线，重点解决了小孩上学的问题。公交线路的开通后，大鹏半岛尤其是东西涌的美景，吸引了越来越多的人到大鹏半岛旅游；随着旅游业的发展，海滨汽车运输公司又开通了往返于金沙湾和福田交通枢纽的旅游专线（H92 专线），加强了大鹏与市中心的联系。2003 年 8 月，"村村通公交"二期工程 13 条线路共 175 台车辆全部开通运营。

至 2003 年，惠盐、深汕、机荷、盐坝、水官 5 条高速公路建成通车（见图 4-7），龙深线、高横线、西宝线、核龙线 4 条省道和山深线国道穿境而过，185 条地方公路纵横交错，区内通车 684 千米，比建区前增长 68%，路网密度增长 42%，形成了连接港澳、辐射内地、直达省城的公路

图 4-7　盐坝高速公路

资料来源：深圳市龙岗区档案馆提供。

网络。通车里程的加大有力地推动了公路运输业的发展。2003年，全区有载客汽车3035辆，共完成客运总量3229万人，分别比1993年增长31倍和11倍；有载货汽车20276辆，共完成货运总量1460万吨，比1993年分别增长3倍和6倍，大大缓解了市民出行难、运力不足等公路交通运输"瓶颈"问题。

第四节 深化市场经济体制的改革实践

一 集体经济股份合作制改革

早期在推行集体经济股份合作制"横岗模式"的实践中，弊端逐渐显现出来，产权界定过于简单，存在"三性"。一是股权配置福利性与生俱有，村民无偿分得股权；二是平均性，村民无论年龄大小都享有股东资格，从新生婴儿到新入门的媳妇都给配股；三是封闭性，股权持有者只限于本村户籍村民，股份不对外流通。这些弊端导致村民不愿离开本村谋生、创业，待在家里享受高额红利，造成分配矛盾突出，由此引发的纠纷和社会矛盾日益增多。

（一）探索路径

针对这一系列弊端，1997年3月，区委、区政府决定对农村股份合作制经济进行改革，并制定农村股份合作制改革方案，选定横岗镇荷坳村为改革试点。按照"承认贡献，拉开档次，股权切断"的原则，对"横岗模式"进行改造和提升，在股权设置、股权界定和股权流转三个方面进行改革和创新。试点工作于年底结束，出台了《深圳市龙岗区横岗镇荷坳村股份合作经济组织章程》，产生了农村股份合作制新模式——"荷坳模式"，后来在全区推行，成为农村股份合作制发展的"龙岗模式"。试点期间，国务院副总理姜春云率国家农业部、财政部等十几个部长亲临考察。

（二）股权设置

按照"保留集体股、凝固合作股、增设募集股"的原则，在原有集体股、合作股的基础上，增设募集股，三者在总股本中所占的比例确定为3∶6∶1，即集体股占30%，合作股占60%，募集股占10%。确定股权界定日，实行凝固合作股股数制度。合作股的股权实行"一刀切断""一步到位"的认购方法,即按现有人口和股东资格标准,一次性将合作股股份配置到家庭所有,"生不增、死不减","迁入不增、迁出不减"。今后不再开合作股新股东的口子,不再增加合作股的股份数,使合作股股份数凝固化。股权界定和配置:根据不同情况界定三类股东,所有村民必须以购置股权的方式重新入股。第一类股东为户口在本村,分有责任田,且从未离开过本村的村民,入股时需缴纳经营性净资产评估价20%—30%的股份金额,就可购买100%配股。第二类股东为户口在本村,也分有责任田,但离开过本村一段时间,户口又迁回本村的村民,入股时需缴纳经营性净资产评估价40%—60%的股份金额,就可购买100%配股。第三类股东为实行股份合作制经济产权制度改革后新迁入和新出生的村民,入股时需缴纳经营性净资产评估价100%的股份金额,购买100%配股。股权转让:"合作股"(个人股)和"募集股"在本股份合作制经济组织内部可依法在股东之间转让,在直系亲属之间继承。股权管理:股权管理以家庭为单位,股权配置到家庭所有,对持股家庭发给股权证书。

(三)取得成效

"龙岗模式"在股权设置、股权界定、股权配置、股权处置、股权管理上进行了五大创新,是对我国农村产权组织形式和经济发展模式的一个成功探索,而且对于推动我国农村股份合作制经济的发展和进一步完善具有重要的实际意义。截至2002年年底,龙岗全区推行农村股份合作制的自然村有506个,占自然村总数的85%,其中,龙岗模式433个,全区覆盖率为73%,基本取代早期的"横岗模式"。"龙岗模式"实现了切断并固化股权,将股份无偿分配递进为有偿认购后再分配的历史性转变。

二 政企分离的经营体制改革

1993年颁布的《中华人民共和国公司法》,是适应市场经济的企业制度,包括三个要点:一是公司拥有法人财产权,是独立的法人实体;二是实行有限责任制度;三是治理结构是由法律规范的,公司的独立地位是法律保障的,公司的权利是与生俱来的,不是政府下放的。1994年11月,深圳经济特区全面推出企业无行政主管部门的改革。2001年1月,深圳市政府发布《深圳市分离国有企业办社会职能实施办法》。这项改革使探索多年的政企分开终于走到了实质性阶段:取消企业的行政隶属关系,使企业由行政部门管理向产权主管单位管理转变;政府的职能转为加强行业管理和指导，为企业创造平等竞争的市场环境。这项持续多年的改革，对我国市场经济体制的建立具有深刻影响。有舆论称："计划经济在深圳的最后一道防线被突破了。"

1993年龙岗建区后，有区属国有企业55家。龙岗区是深圳作为全国改革开放的"试验"的重要组成部分，从区属国有企业到商贸流通领域的企业，龙岗建区后就开始了这项政企分离的经营体制改革；政企分开，创下多个"全国第一"。1993—1997年，区委先后决定组建区投资管理公司和各镇投资管理公司，逐步建立起区、镇投资管理新架构。该架构以股份制为核心，通过资产重组、兼并、拍卖、产权转让和员工内部持股等方式推进国有企业改革。1998年，完成改制的区属企业占总数的88%，大多数企业实行产权多元化。1999年，区属企业改制基本完成，初步建立现代企业制度和国有资产管理体制。

（一）公司制度改革（1994—1997年）

1993年6月，区政府设立龙岗区投资管理有限公司，并授权区投资管理有限公司负责行使出资者投资收益、重大决策和选择经营者权力，承担国有资产保值增值责任。1994年4月，区政府印发《龙岗区区属国有企业公司化改组方案》，区投资管理有限公司根据区政府的部署，按照《中华人民共和国公司法》有关条例及工商局企业规范化登记的要求，对区属企业进行规范化登记注册和实行有限责任公司改造。一是1994年，完成运输总公司、康达尔公司、宝安外贸公司和任达公司的改制工作，其中运输公司进行整体产权对外公开竞价转让。二是1995年，完成东部公司、江南公司、五金交电公司、新特克公司、东部供水公司、新龙公司、园林公司和市烟草龙岗公司共8家公司的改制工作。其中五金交电公司、东部供水公司、新特克公司已从国有资产领域中退出。同时对五金交电公司、新特克公司、新龙公司、东部供水公司实行"关、停、并、转"。三是1996年，完成14家公司的改制工作。将纺织品公司、百货公司、糖烟酒公司、裕兴公司、华侨公司、饮食服务公司、裕宝公司合并改组为深圳市龙岗商贸有限公司，将果菜公司、畜牧公司、兴龙进出口公司合并改组为深圳市新龙达实业有限公司，将装饰公司和机关印刷厂并入广告公司，组建再生资源公司，新华公司转回事业单位。四是1997年，全区有4家一级企业，4家二级企业完成规范化登记，注销一级企业4家，二级企业22家。

（二）产权制度改革（1998—2003 年）

产权制度改革分两个阶段，经过两个阶段的改制，至 2003 年年底，区属企业共保留 18 家，其中独资 3 家，控股 10 家，参股 4 家，代管 1 家。1998—2000 年为第一阶段，以区政府为主导，投资管理有限公司具体负责，对区属企业实行产权制度改革。按照"不求所有，但求所在"的原则，实行"抓大放小"，大力推行包括有限责任公司改造、整体产权转让、内部员工持股、股份合作制改造、资产重组、托管等多种形式的产权制度改革，使国有资本从一般竞争性领域有序退出，逐步转移到基础性、公益性、专营性行业领域，调整和优化企业的资产与产业结构。一是 1998 年完成宝东和鹏飞公司的整体产权转让工作，还有 3 家企业列入了全国企业兼并计划，其中区直属企业 1 家，区直属企业下属的二级企业 2 家。水利电力发展总公司和区房地产开发公司的内部员工持股改制，完成股本的募集工作。建筑公司、监理公司和广告公司开始进行内部员工持股改制和股份合作制改造。二是 1999—2000 年完成 30 家区直属企业的产权改革，还完成 10 家国有独资公司改造以及二级企业的结构调整工作，区属企业共保留 25 家，其中独资企业 3 家，驻港企业 2 家，控股 13 家，参股 6 家，代管 1 家。2001—2003 年为第二阶段，在全面完成区属企业产权主体改革的基础上，继续推行以减持国有股为主要形式的二次改制工作。2001—2003 年完成元龙、宝龙、力正园、广告、江南、龙旅、国通、兴宝、宝昌利、新龙达等十多家企业国有股权退出工作。高思特、美丰、深建华、广安利、华深、再生资源、宝安外贸、粤宝等 13 家区属一级企业及外经公司下属报关公司、银丰贸易公司的改制工作持续推进。

（三）针对性改制措施

龙岗区在改制过程中，有关企业重组、产权处置、员工安置等问题，主要针对企业经营特征和实际情况采取不同的措施。国有商贸企业改革方面，如元龙商贸公司，根据地域性、专业性、经营类别相近的原则组建。公司的高层领导，由合并的公司经理组成，调动原经理的积极性，稳定人心；二级经理经过考察量才录用；职工岗位安排，交职工大会讨论；富余人员买断工龄自谋职业，可退休、退养、离职。在经营方法上，采用物业总揽、单位承租、多种经营、超产奖励的办法调动员工的积极性。二级公司使用生产用房、办公用房、汽车、办公用品等，一律向总公司租赁，实行有偿使用。此外，对部分商贸企业采取分块改制，或整体转让或股权转让、对外租赁、托管、拍卖等，将商业体制改革引向深入。1999年，龙岗区按照"一企一策"的原则，以不同方式基本完成区属企业的"放小"工作。康达尔公司对外转让9800万股国有股权；物资总公司下属燃料公司及煤气公司整体转让；友谊、环麒、百货、纺织品、裕兴公司等企业进行内部员工持股及股份合作制改造；宝龙、物资、元龙、新龙等公司均停业整顿、盘活资产、固化债务、清偿银行贷款；美丰食品有限公司对外转让；兴宝实业发展公司实行内部员工持股改制；新龙达实业有限公司也改为内部员工持股；石化公司划给中国石油化工集团。至2002年6月，国有资本基本退出一般商业性贸易领域，龙岗区国营商业体制改革工作遂告结束。国有粮油企业改革方面，龙岗区粮食有限公司，为区直属全民所有制企业单位，属于带行政管理职能的区一级企业，下辖12家二级全资子公司。1999年，保留区粮食总公司国有独资形式，3家直属公司中，2家转让或撤销，1家改组为有限责任公司。9家基层公司改制为租赁民营企业。供销体制改革方面，1993年成立龙岗区供销社，辖8个基层供销社及商业站、直属公司。区供销社成立后，开始进行第一次改革，采取由单位垫付流动资金、员工自由组合承包单位门店，向单位缴纳承包款的经营模式。到1995年，因利益分配、勤懒及能力差异等原因，不能继续共同经营。1996年开始进行第二次改革，由经营者（初期仍是以本单位的员工为主）直接出资，租赁单位门店经营，单位在价格上给予一定的优惠，这种模式直接体现利益和风险共存。但随着市场竞争的加剧，原租赁的员工将门店转手给他人经营，赚取租赁差价。2000年后，开始进行第三次改革。单位将所有的物业，按市场价格，直接放开对外租赁经营。同等价格下，员工有优先权，租赁价格一步到位。单位将租赁资金用于投资办厂，初步实现单位经济效益最大化，开拓经营发展的渠道，避免单一经营的风险。2000—2001年，供销系统8家加油站先后被中国石化、中国石油公司收购。2000年，经广东省供销合作联社批复，龙岗区供销合作社开始实行"一区一社""一社一策"的改制方案。确定全区只有一个供销社，即龙岗区供销联社，各基层社为其成员单位，供销系统内部一体化。区社是集体资产产权的唯一代表，实行责、权、利和人事、经营、资产管理两个统一。根据供销企业经营状况和发展前景，采取三种不同的改革经营方略。经营优良、前景看好的给予政策倾斜，优先发展；经营一般，但有发展潜力的，维持发展，寻找突破口，力求可持续发展；经营不善、亏损企业，实行关、停、并、转，重新组合。2002年，对供销社的所有财产进行一次清产核资；2003年12月，龙岗区供销社召开第一次代表大会，成立深圳市龙岗区供销合作联社，完善代表大会、理事会、监事会制度，审议并通过新的章程，选举产生第一届理事会、监事会。是年，龙岗区供销联社以改造重建原有物业、提高单位面积收入为突破口，加大招商引资力度，引进承包商经营客房和租用房产。外贸体制改革方面，1993年龙岗建区时，有一般贸易出口企业7家，均为区属国有企业；1998年，全区享有进出口经营权的企业达13家。2000年，私营企业获准可以申请进出口权，比亚迪实业股份有限公司获得经营专业进出口经营权。2001年1月，深圳市颁发《关于对我市进出口经营实行核准的通知》，进出口经营权由审批制变为核准制，允许多种经济成分的企业进入外贸经营领域，注册资金标准为100万元。到2003年，全区有一般贸易出口业务的企业达159家，从业人数超过8万人。区属市场改革方面，1998年4月，根据国务院文件精神，建设执法统一、办事高效、运转协调、与社会主义市场经济相适应的工商行政管理新体制，龙岗区工商局开始进行市场办管分离的改革。8月18日，区工商局专门成立市场产权股份制改造领导小组和办公室，着手进行市场产权股份制改造，对市场股权配置、股份转让、利润分配、公司设立、物业招租管理、产权转让等重大事宜进行审定。1999年8月13日，龙岗工商分局在与所办市场实行机构、职责、财务、人员"四分离"的基础上，将20个市场的产权、服务管理职能移交给区政府下属的深圳市龙广市场发展有限公司，标志着市场办管分离改革工作顺利完成。审计机构改革方面，1993年年初，龙岗区审计局的主要职能是对各镇政府、区属行政事业单位和国有企业的财政财务收支进行审计监督。3—7月，分别成立深圳市龙岗审计师事务所和深圳市深龙会计师事务所，实行事业单位企业管理，开始从事社会审计业务。1997年年底，进行社会审计机构体制改革，深圳市龙岗审计师事务所和深圳市深龙会计师事务所与区审计局脱钩，成为独立的社会审计机构。

（四）改制目标及成效

在区属国有企业产权制度改革改制中，以投资管理公司为运作中心，以改革完善管理，以管理深化改革，取得显著成效：①实现国有资产保值增值。在有限责任公司改造、整体产权转让、内部员工持股、股份合作制改造、资产重组、托管等一系列产权多元化改革中,区投资管理公司对国有资产进行彻底整合,同时严把评估关、转让关,当国有资产的"保护神",不做"败家子",确保国有资本退出无流失,国有资产实现保值增值。国有净资产比改制前增加 17.8 亿元,增长 1.74 倍。②实现国有资本营运无风险。1997 年企业改制前,区政府和区投资管理公司为区属企业提供贷款担保达 10 亿元。改制过程中,不再为企业提供贷款担保,并要求企业每年递减 20% 的贷款存量。同时采取盘活资产、债务转移、担保置换、产权转让等多种形式增资减债,化解债务。2003 年,区政府和投资管理公司提供的担保贷款降至 2.3 亿元,下降 77%。③实现国有企业改制无亏损。国有企业改制后,建立健全现代企业制度,不断转换经营机制,提高管理水平,国有企业实现全面盈利,无一亏损。2003 年实现利润 1.46 亿元,比 1997 年增长 10%。④实现人员的平稳分流安置。企业改制中,对整体产权转让的企业,实行谁购买谁负责的政策,购买方必须接受收购企业的全体员工,否则给予一次性补偿。对所有改制企业,由员工优先购买企业产权,改制前必须先进行房改及足额交纳各项保险金。这些保险与福利制度,免除员工分流之忧,3300 多名企业员工在改制中实现平稳分流和安置。龙岗区国有企业产权制度改革的成功经验,引起多家新闻媒体的关注,《人民日报》《深圳特区报》《特区招商》《特区理论与实践》等报刊大篇幅推介龙岗国有企业改革经验。

三　财税管理体制改革

在政企分离的投资经营体制改革的同时,区委对全区的财税体制实施改革。至 2002 年,经过几轮的财税体制改革,镇级经济迅速发展,全区预算内财政收入逐年增加,特别是 2001—2003 年,全区两税收入翻一番。

（一）区财政管理体制改革

1993 年,龙岗区沿袭原宝安县财政管理体制,即"划分收支、定额上解、增收留用、自求平衡",以上年决算上缴数为基数,收入比上年增长部分归区留用,市不参与分成。

1994 年,中央对地方实行分税制财政体制。市对区的财政体制与中央分税制方案相衔接,与分税制新的收入格局相适应,除去上划中央税收外,其余收入的划分和体制仍维持不变,区财政在原包干体制下负担的任务继续负担。

1996年，市对区实行财政转移支付制度。在基本维持原有财力划分格局的基础上，市对主要税种的增量及有关收入按一定比例集中，再按若干因素计权，将集中的资金向区实行转移支付，以实现市区财力分配的均衡。转移支付资金主要由增值税、营业税、个人所得税、企业所得税及教育费附加等组成。

1997年，实行市区分税制财政体制改革。将与经济发展相关度高、增长稳定的税种，作为市、区共享税，主要包括营业税（不包括金融、保险营业税）、增值税（25%地方留成部分）、个人所得税、企业所得税（包括外商投资企业所得税）。将市集中征收解缴入库的税种作为市固定收入，将税源分散、适宜区级征管的税种作为区固定收入。

2000年，按照市区分税制财政体制规定，市与区共享税分成比例继续进行微调；区委、区政府决定对工缴费结汇、暂住人口管理费、城市人口基础设施增容费等预算外资金的管理办法进行修订调整，适当增加各镇可支配财力。

2002年，中央调整对地方的财政体制，将内外资企业所得税和个人所得税作为中央与地方共享税。以2001年所得税收入为基数，增量部分按5∶5比例分成，原属地方预算收入的所得税，50%改为中央对地方税收返还。2003年，继续实行这一体制。

（二）镇财政管理体制改革

1993年，区对镇实行"核定基数、定收定支、收支包干、超收分成"的财政管理体制，即按市下达的收入任务数，在作适当调整后划分为区级收入和镇级收入，并核定镇级工商税收包干基数，超收部分按区四镇六的比例分成。

1994年，区委决定对镇级财政实行预算管理，将镇、村的财务管理由农林水利局划归财政局，对全区财政进行统一管理。

1999年，区委根据中央分税制和深圳市财政体制改革方案的要求，按照"定收定支、支出包干、增收分成、一定三年"的原则对区镇财政体制进行改革，制定《龙岗区镇级财政体制改革实施方案》。

2002年，区委根据形势发展需要，提出"核定标准财政支出，税收总额分成"的原则，进一步改革区、镇财政体制。

(三) 税务管理体制改革

1993年，龙岗区税务系统沿用全国税收管理的统一模式，即"一员进厂，各税统管"的专管员固定管户制度。这种模式是在信息化手段相对落后的条件下长期形成的较佳模式，但由于税务人员管理权限过大，人为因素对税收管理的影响较大，与新时期税收管理法治、公平、文明、效率的根本要求不适应。

1995年3月，实行分税改革，地税与国税机构分设，分别成立深圳市地方税务局龙岗分局和深圳市国家税务局龙岗分局。

从1996年开始，深圳市地方税务局借鉴中国香港、新加坡等地的先进管理模式，按照专业化分工和健全制约机制的原则，分税务登记、税款征收、税务检查三大系列设置机构，实行征管职能的"三线分立"。建立以申报纳税和优化服务为基础，以计算机网络为依托，集中征收、重点稽查的征管模式，取消专管员固定管户制度，引入专业化管理和分权制约机制，分清税收征纳双方的权利与责任，树立为纳税人服务的意识，现代计算机技术在税收征管中得到了广泛应用，为提高执法水平、征管效率和加强廉政建设奠定体制基础。

2000年后，进一步完善税收征管体制改革，将税务检查分局从龙岗分局独立出来，原龙岗分局更名为龙岗征管分局，另设大工业区征管分局。根据新的征管体制，3个分局对纳税户的控管方式和税收任务分配方式进行改变，按照纳税户的类型进行分类管理，由检查分局承担法人企业税收任务，征管分局承担除法人企业之外的其他各类纳税人的税收及税款上解任务，并将税收任务、税源监管、管理责任与征管权限相匹配，实行同一类型纳税户"管查合一"的管理制度，使管理与检查责任更加明晰，强化对税源税基的监控。

(四) 促进产业发展的税收政策

改革开放以来，深圳特区税制独立于全国税制，一直作为一项低税率水平的特殊优惠政策支持招商引资和产业发展。1991年4月9日，七届全国人大四次会议通过《中华人民共和国外商投资企业和外国企业所得税法》，6月30日，国务院据此发布《中华人民共和国外商投资企业和外国企业所得税法实施细则》。至此，实现了外资企业所得税的统一。1993年10月31日，八届全国人大常委会第四次会议将对中外个人分别征收的个人所得税、城乡个体工商业户所得税和个人收入调节税合并为适用于中外个人的新的个人所得税，通过了《关于修改〈中华人民共和国个人所得税法〉的决定》，自1994年1月1日起施行。至此，实现了个人所得税制度的统一。1994年实施中央和地方财政分权的税制改革，划分了中央和地方的财权和事权范围，建立了中央财政对地方财政的转移支付制度。在国家一系列税制改革下，深圳特区税制的特殊政策优势在缩小。

20世纪90年代中期，深圳特区二次创业，开始大力发展高科技产业，开始实施以税收优惠为主促进高新技术产业发展的政策。1998年2月5日，深圳出台《深圳市人民政府关于进一步推动高新技术及其产业发展的若干规定》（深府〔1998〕29号），也就是著名的旧"二十二条"，以大力度财税收优惠推动高新技术产业发展。随后，全国各地纷纷模仿深圳出台科技政策，深圳的"二十二条"政策实际上已不具优势，遂于1999年9月24日深圳出台《关于进一步扶持高新技术产业发展的若干规定（修订）》（深府〔1999〕171号），仍然是二十二条，俗称"新二十二条"。"新二十二条"与"旧二十二条"相比，作了很多扩大优惠政策，总体上保持了相对全国较低的税负水平，以支持和促进高新技术产业的发展。深圳对高新技术产业的税收政策逐渐发展成为全国性的针对高新技术企业的税收优惠政策，并推动了《中华人民共和国企业所得税法》《中华人民共和国企业所得税法实施条例》的颁布施行，为国家税制改革和完善提供丰富的地方实践经验。

专栏4-7　新、旧"二十二条"中主要的税收优惠政策

旧"二十二条"：①"企业按规定减免所得税期满后，当年出口产品产值达到当年产品产值70%以上的，经税务部门核实可减按10%的税率征收企业所得税。"②"高新技术企业和高新技术项目的增值税，可以上一年为基数，新增增值税的地方分成部分，从1998年起三年内由市财政部门按50%的比例返还企业。"③"经市科技主管部门鉴定，属于我市注册企业自行开发并达到国内先进水平、具有重大推广应用价值的计算机软件，年销售额达到1000万元的，三年内由市财政部门对该产品新增增值税的地方分成部分按80%的比例返还。"④"高新技术企业可按当年销售额的3%—5%提取技术开发费用,其中对集成电路、程控交换机、软件和电子计算机四种产品提取比例可达到10%。所提取的技术开发费当年未使用完的,余额可结转下一年度,实行差额补提,但须在下一年度当年使用完毕。"

新"二十二条":①鼓励国内外风险投资机构来我市设立风险投资机构。凡在我市注册、对我市高新技术产业领域的投资额占其总投资额的比重不低于70%的,比照执行高新技术企业税收和其他优惠政策。并可按当年总收益的3%—5%提取风险补偿金,用于补偿以前年度和当年投资性亏损。②从1999年起市政府每年出资1000万元设立出国留学人员创业资助资金,并在每年的科技三项经费中安排2000万元用于资助出国留学人员带高新技术成果、项目来我市实施转化和从事高新技术项目的研究开发。③经认定的拥有自主知识产权的高新技术成果转化项目,五年免征企业所得税、营业税,返还增值税地方分成部分的50%,之后三年,减半征收企业所得税、营业税,返还增值税地方分成部分的50%。

四 投融资体制改革

(一)带资开发模式

1993—1999年,龙岗区投融资体制以政府财政投资渠道为主,仅有教育和卫生领域有部分社会资本进入。7年间,吸收社会资金900多万元,创办民办学校50多个,在校学生8000多名;创办民办医疗卫生机构(包括个体诊所和门诊部)100多个。1994年,为解决当时新区建设资金紧张,加快新区的开发建设步伐,区政府颁布《深圳市龙岗区带资开发管理暂行办法》。政府以让利或让地为代价,主要采取两种模式:一种是由开发单位带资进行市政基础设施的开发建设,政府以土地按现行地价作价抵偿;另一种是由开发单位带资进行市政基础设施的开发建设,以让其一定年限经营的方式抵偿其带资开发投入的资金。带资开发实施一段时间后,国家叫停了这种模式。

(二)引入社会资金与银行贷款

2000年起,龙岗区在环保、交通、水务等领域吸收社会资本参与,依托具体项目进行投融资体制改革。至2003年,龙岗区投融资体制改革项目 181 个，引进社会资金约 22 亿元。其中：①在教育卫生方面，引资 9.15 亿元。②在环保领域，建设 2 个垃圾焚烧项目和 8 个污水处理项目。其中利用各级财政资金 3.343 亿元，采用 BOT 模式①引进社会资金约 1.42 亿元，建设平湖垃圾发电厂一期、华为污水处理厂、坪山污水处理厂、横岭污水处理厂等项目。采用 TOT 模式②引进社会资金 1.2 亿元，建横岗污水处理厂。③在道路交通领域，以 BOT 模式，引入社会资金 10 亿元，建设水官高速公路。④在水务领域，布吉水厂、南澳水厂和坪地水厂都引进一定的社会资金入股。⑤在银行融资方面，利用银行贷款 4.35 亿元，建设宝荷路、15 号路等项目。2003 年 7 月，龙岗区政府与国家开发银行签订 50 亿元贷款的授信额度，贷款期限 15 年，宽限期原则为 5 年。贷款主要用于地铁 3 号线项目、横坪路项目、工业园区基础设施建设项目、平湖物流开发项目、土地储备项目和区级路网改造项目。是年，累计贷款为 9.44 亿元，其中 7.09 亿元用于土地储备，2.35 亿元用于平湖物流基地建设。引入社会资金与银行贷款，充分发挥了社会资金在城市建设中的作用，缓解了政府建设资金缺乏的压力，加速了龙岗城市化进程。

（三）首创土地使用权按揭出让

2002 年 11 月 7 日，龙岗区规划国土管理部门（深圳市国土局大工业区分局）与中国建设银行深圳市分行举行土地使用权按揭（抵押）出让使用协议签字仪式，全国首创的以土地使用权作为抵押的按揭贷款在深圳龙岗区出现，为受让土地使用权的企业提供融资服务及政策支持。

所谓的土地按揭（抵押）出让，是土地出让机制改革和金融创新的产物。自 20 世纪 80 年代深圳创新土地出让制度以来，投资者只有在付清全部地价款及取得土地使用权利凭证，并经有关部门核准抵押登记后，才能到银行办理贷款手续；而规土部门则需收齐全部地价款之后才办理土地使用权利凭证。这导致在实际操作中，要求投资者必须在短时间内自筹到巨额资金，才有可能取得土地使用权，这不仅无形中提高了

---

① BOT 模式，指政府部门就某个基础设施项目与私人企业（项目公司）签订特许协议，授予签约方的私人企业来承担该项目的投资、融资、建设和维护；在特许期内，准许其通过向用户收取费用或出售产品以回收成本、偿还债务、赚取利润，特许期满，将该基础设施无偿移交给政府。

② TOT 模式，是指政府部门或国有企业将建设好的项目一定期限的产权或经营权，有偿转让给投资人，由其进行运营管理；投资人在一个约定的期限内通过运营项目获得投资回报，并在合约期满之后，再将该项目交还给政府部门或原企业的一种融资方式。

土地使用门槛，而且使企业将投资金额的绝大部分用于取得土地使用权，仅有小部分投入新成立企业或扩大再生产环节。同时，此举也不利于政府回收出让土地的资金，导致征地、土地开发及市政工程建设开展不畅。

为进一步改善深圳市投资环境，解决土地使用企业融资难的问题，曾在国内首开先河推出住房按揭贷款的建设银行深圳市分行，经过与深圳市龙岗区规划国土管理部门充分研讨后，改革土地出让机制，创新推出土地按揭贷款业务。建设银行深圳市分行在土地受让者支付首期地价款之后，即发放土地按揭贷款，贷款资金一次性以企业名义划入国土部门指定的财政专户，企业在3—5年内按季偿还贷款资金。土地使用权按揭出让不仅是土地使用制度改革的创新，更是投融资体制改革的创新举措，促进了企业与城市的快速发展：一是该举措基于市场经济规律，为政府及时、足额回收地价款提供了保证。二是大大缓解了企业的资金困难，降低了使用土地的门槛；企业获得符合资金使用运作规律的付款方式和期限，更可能信守付款承诺，并使企业土地需求合理限制在其资金计划内，有效减少囤积土地、土地闲置现象。三是银行与企业间的贷款关系受到更规范的法律框架制约，利于解决争端。

五　住房改革与地产市场发展

（一）"房随地走，两证合一"

龙岗区各村镇建设的突飞猛进与城镇人口的快速增长，带动了房地产业的快速发展。建区之初，龙岗区内的房地产业没有形成真正的市场，而且对于这个行业的管理也由多家负责，颇不规范。1993年9月，区政府按照深圳市政府发布的《深圳市房地产管理若干规定》，对全区土地加强统一规划管理，并从理顺房地产管理体制开始，实施"房随地走，两证合一"的管理模式，从而结束了房地产市场多头管理的历史。

（二）住房制度改革

1994年，龙岗区按照深圳市政府下达的《深圳经济特区住房制度改革方案》实施房改，先后执行准成本、全成本、全成本微利和社会微利四种价格。1994—1999年，区党政机关、事业单位职工购房执行准成本价，企业单位职工按其所在住房产权单位确定的准成本价、全成本价或社会微利价购房。2000年，党政机关、事业单位和企业职工均按全成本微利价或社会微利价购房。2003年，全市机关、事业单位住房制度实行货币化改革。

政府福（微）利房建设于 1993 年开始。1994 年，建成建筑面积为 7 万平方米、住房为 670 套的建新村住宅小区，用于解决区属企业、金融系统以及教育、卫生、公安系统干部职工的住房困难。1995—1996 年，建设建筑面积为 7 万平方米、住房为 954 套的中心城龙福一村住宅小区，用于解决区直党政机关、事业单位中财政拨款的干部职工的住房困难。1997—1999 年，建设建筑面积为 6.15 万平方米、住房为 606 套的中心城福园住宅小区，用于解决区直党政机关、事业单位中财政拨款的干部职工的住房困难；在特区内建设建筑面积为 1.8 万平方米、住房为 145 套的康欣园，用于解决区直机关干部的住房困难。2002 年 6 月，兴建占地面积为 13 万平方米、住房为 1021 套的黄阁翠苑安居房小区，区直党政机关、事业单位中财政拨款的干部职工的住房问题全部解决。

龙岗区房改实施十年，克服了传统体制下的诸多弊端，产生了良好的社会经济效益。在党政机关、事业单位工作两年以上的职工，凡符合条件者均可选购安居房，所以党政机关、事业单位职工的住房问题得到较好的解决。企业在改制之前先在市场购买商品房或向区住宅主管部门购买社会微利房，然后再出售给缺房职工，政府还组织商业银行为购房职工提供抵押贷款，因此企业职工住房紧缺也得到很大程度的缓解。2000 年后，按全成本微利价将住房出售给职工，政府收回住房本体建造成本，同时由住房基金承担住宅区（室内、室外）的维修和物业管理费用。区住房基金逐渐滚动壮大，安居房建设量也不断增加。房改把住房出售给职工，形成独立而清晰的住房产权主体，使职工成为房地产三级市场交易主体，从而促进了房地产市场的发展。

（三）"购房入户"与地价管理

1995 年，龙岗区按照深圳市政府《关于促进我市房地产市场发展的若干规定》，开始实施"购房入户"政策，进一步刺激了房地产业。此后区内的房地产开发是一路攀升。到 1999 年，全区商品房施工面积和竣工面积，分别是 1996 年的 2.8 倍和 3.5 倍。2000 年，区政府制定《龙岗区基准地价管理暂行办法》，对商品房用地进行严格控制，扼制房地产开发的过热势头，保障房地产业的持续发展。

专栏4-8　上电视宣传"买房送户口"

1993—1994年，整个国家的经济不景气，国务院采取了调控政策，银行业不敢放贷，很多房地产项目变为烂尾楼。当时的布吉，商场没人买东西，酒楼没人吃饭，经济缺乏活力。

为了拉动经济，我做了调研，包括布吉在内，宝安、龙岗两区有两千多万平方米的商品房卖不出去，且到处出现烂尾楼。我就把市区领导请到布吉镇调研，并提出了自己的想法——"买房送户口，带动房地产"。当时市领导问我怎么实施？我说我们分步实施，在布吉买一套房，就送四个户口，第一年是蓝印户口，是临时居民；第二年再转成红本户口，算正式户口。

这当中关键在于，购房者需为每个户口缴纳2万元的城市增容费，也就是购买一套100平方米总价20万元的房子，需要向布吉镇交8万元的城市增容费。作为布吉地方政府，销售一套房就增加8万元地方财政收入，同时深圳市政府也能增加税费收入。

最终，经过慎重考虑，市委、市政府决定在布吉镇实施"购房入户"试点。由于这当时在全国都没有先例可循，市委、市政府要求我亲自上电视去做宣传讲座，告诉广大老百姓是怎么回事。于是，我就到各电视台抛头露面，对"买房送户口"政策的相关内容、操作流程、购买人权利义务等进行讲解，成为卖房子的"推销员"。

同时，因为布吉取得了成功经验，"买房送户口"随后推广至龙岗、宝安两区，实施长达6年之久。

注：以上内容为时任布吉镇委书记、龙岗区副区长欧官成在《龙岗记忆》（陈少雄主编，中国华侨出版社2016年版。）中的口述。

第五节　快速城市化下的"规土"实践

一　迈向城市管理体制的市区建制

1982年12月，深圳特区外恢复宝安县建制，管辖西乡、龙岗、布吉等16个公社和光明华侨畜牧场，县政府设在西乡新县城，隶属深圳市。此后的10余年，深圳特区内实行的是城市管理体制，特区外的宝安县辖区（除县城等少数城镇外），实行的主要是农村管理体制。经过10多年的发展，宝安县发生了翻天覆地的变化，经济规模、建设规模和人口规模都已达到了相当的程度，经济结构发生了显著的变化，城镇规划和建设也逐步走上了城市化的轨道。宝安作为深圳经济特区的后方和腹地，有较为广阔的发展用地，潜力也很大，其在深圳市改革开放后的第二个10年中的作用也越来越重要。为使宝安的建设与发展同深圳特区的建设与发展更好地协调与配合起来，为使宝安的各项事业向更高的水平、更高的层次迈进，为使深圳的整体城市功能更好地发挥，对宝安县当时县级建制作一些调整的必要性就显现了出来。因此，深圳市委先提出了设想，并向国务院和省委、省政府等有关部门作过汇报，得到了支持。

1992年4月，市委常委会议专门讨论了有关宝安县管理体制改革问题。会议认为：经过11年的建设，宝安县已经向城市化大大前进了一步，适时地由农村管理体制向城市管理体制转化是宝安县前十几年发展的必然结果，是宝安县进一步发展的客观需要，同时也是进一步深化改革、扩大开放的需要，是把深圳建设成为国际性城市的需要。同时，特区建立12年来，已积累了办好特区的经验，增强了经济实力，把宝安县改为特区，完全有能力办好。为此，会议提出：将宝安县改为特区，实行特区的政策，现在的特区管理线不变；将宝安县划入特区后，拟撤销县的建制，设置两个市辖区：一个是龙岗区，所辖龙岗等10个镇；另一个是宝安区，所辖新安等8个镇。此后，市委又召开了多次常委会议，就扩大特区范围、改革宝安县管理体制问题再次进行了讨论，会议原则同意宝安县体制改革领导小组起草的《关于扩大深圳经济特区范围，改变宝安县体制的请示》，5月下旬，市委、市政府正式向省委、省政府报告。省委、省政府非常支持，主要领导人两次亲自听取了汇报，并及时上报中央和国务院。经国务院8月11日批准，国家民政部、广东省民政厅11月11日分别发文正式批复，同意深圳市改革市管县的行政管理体制，撤销宝安县建制，将其改设为深圳市的两个市辖区——宝安区、龙岗区。

深圳市委、市政府于1992年12月10日在宝安新城召开动员大会，正式宣布撤销宝安县，成立宝安、龙岗两个新区，其中宝安区下辖8个镇、1个街道办事处、118个村委会。龙岗区下辖10个镇、85个村委会。并决定两个新区于1993年1月1日正式挂牌办公。1993年两个新区同时举行挂牌办公仪式，宣告新区正式成立。至此，深圳市全境实现了行政管理一体化，形成了全市统一规划、统一管理的新格局，为海内外投资者创造了更加开放的投资环境。宝安县撤县设区，是深圳深化改革，扩大开放，发展城乡经济，实现城乡一体化的重要措施，标志着特区外的农村向城市化、工业化、现代化又迈进了历史性的一步。宝安县撤县设区，客观上利于深圳市的统一规划和管理，利于经济发展和社会全面进步，利于加快工业化、城市化的步伐。

与龙岗地区实现市区建制并进的是国家继土地管理法制化后，城市规划管理也开始步入法制化轨道。1989年12月26日，七届全国人大通过了《中华人民共和国城市规划法》（以下简称《城市规划法》），自1990年4月1日起开始实施。《城市规划法》对城市规划区范围内的建设工程规划管理提出"一书两证"制度，从而为城市规划管理及实施创立了政策工具。随后，1993年7月份颁布的《深圳市宝安、龙岗区规划、国土管理暂行办法》，用地审批权限由以前镇级审批转为区级以上单位审批。由此，龙岗区原来以农村管理体制为主导的市县建制，在权力运行机制和政策实施落地等方面，都实质走向以区级政府统筹主导的城市管理体制。

二　"规土"职能确立与机构组建

早在龙岗建区之前，深圳特区内就建立起了"规土合一"的管理机制；建区后，这一套管理机制进一步向特区外延伸和完善。随着撤县设区后区级政府职能管理部门的组建，城市规划建设领域包括"规土"部门在内的相关职能部门也相继成立，并在此基础上设置了相应的二层服务机构。

（一）"规土合一"三级垂直管理机制

1989年，深圳市基建系统进行改革，将规划、国土、房地产及产权等职能合并，成立规划国土局（初始为建设局），使规划、土地及产权管理统一协调起来，率先将土地管理部门与规划管理部门合二为一，使两个部门更紧密结合在一起。一方面，提高了城市开发建设的工作效率；另一方面，使城市的总体建设规划与土地利用规划得到了较好协调。国土依照规划进行管理，规划管理则以土地合理利用为核心内容，使规划在土地利用过程中落到实处。"规土合一"的管理模式有利于城市规划法与土地管理法的顺利实施，这一管理机制当时主要还是在特区内发挥作用。

1993年，原宝安县撤县设宝安、龙岗两区后，土地范围全部划入深圳市城市规划区。1994年，规划国土管理再一次进行重大改革，将全市五个区的规划、国土部门改组为市规划国土局的派出机构，实行垂直领导；将镇（办事处）的城建办划出，设立规划国土管理所，作为分局的派出机构，建立了"市局—分局—所"三级管理体制。干部实行局内垂直管理，机构编制、工资福利、人员调配和业务培训等由市局负责管理，党团组织关系和其他行政工作由区政府负责管理。规划国土管理所是分局的派出机构，由分局直接领导；各镇规划由市局、分局、国土所三级垂直领导，集中管理。

市局主管政策、规划、土地出让、土地开发供应计划以及监督检查、综合协调等宏观管理，负责和把握全市性、区域性宏观规划目标和方向；分局则主要承办用地申请、规划实施、建筑报建、产权登记；国土所的基本职能是宣传、监督规划实施和协助分局工作，侧重土地使用费征收、房屋租赁、地政建设管理等微观管理，没有规划的审批权。这种规划管理体制变革，将更多的业务审批权限下放到分局或管理所，以充分发挥分局和管理所服务基层的作用，尤其是赋予了基层管理所较多的权限，以利于管理所更便捷地服务于基层。这样既有利于规划成果的层层落实，又有利于规划管理与区、镇、村实际情况相协调，保证宏观规划与微观规划、整体利益与局部利益相协调，还有利于将规划思想、成果迅速贯彻到城市每一个村庄。根据《深圳市国土局依法行政手册》规定，明确了三级管理机构职能分工（见表4-3）。

表4-3　　　　　　　　　　　三级管理机构职能分工

管理部门	基本职能	主要规划管理职能
市规划国土局	共26项	拟定相关政策、法规等； 组织编制全市性规划； 负责全市重点地区城市设计审查； 特区内建设项目申请； 特区内的规划设计要点

续表

管理部门	基本职能	主要规划管理职能
市规划国土局龙岗分局	共21项	组织编制辖区的详细规划； 按规划安排项目，并提出规划设计要点； 受理辖区内建设项目的设计审查及报建； 龙岗区卫星城镇组团的规划组织编制； 辖区内农民私房建设审批； 划定辖区内农民集体组织非农建设用地范围
规划国土管理所	共11项	监督辖区内规划的实施； 受理辖区内建设项目的设计申请； 初审辖区内农民私人建房申请

（二）成立规划国土管理部门

1994年1月，成立深圳市规划国土局龙岗分局（以下简称龙岗分局），内设办公室、征地拆迁办公室、综合计划科、规划科、建筑设计管理科、地政科、土地开发科、房地产管理科。5月，龙岗区建筑设计所、房地产交易所、规划勘察测量站划归龙岗分局管理。9月，成立平湖规划国土管理所。1994年4月，成立坪地、坪山、南澳、坑梓、龙岗、横岗、布吉、大鹏、葵涌9个规划国土管理所。10月，成立深圳市龙岗房地产交易中心；12月，撤销房地产交易所。1999年2月，建筑设计所更名为规划建筑设计院。3月，成立龙岗区土地投资开发中心。2001年2月22日，成立深圳市规划与国土资源局大工业区分局，内设办公室、规划设计管理科、法制科、地政科、房地产权登记管理科、土地开发管理科、征地拆迁办公室，坪山、坑梓规划国土管理所划归大工业区分局管理。10月，深圳市规划国土局龙岗分局更名为深圳市规划与国土资源龙岗分局，内设办公室、行政科、建管科、矿管科、产权科、测绘中队、地政监察中队、征地拆迁办公室、信息档案室、土地开发科，下辖平湖、龙岗、布吉、横岗、葵涌、大鹏、南澳、坪地8个管理所。2002年，成立土地储备开发中心和规划交通研究中心。规划交通研究中心除为全区规划管理、规划咨询提供技术服务及相关政策咨询外，还负责龙岗区城市规划委员会秘书处日常工作。

（三）成立市政建设管理部门

1993年1月，龙岗区建设局成立，主要负责规划、国土、建设、城管等方面的管理工作。1995年10月、2002年4月，龙岗区城市管理办公室、龙岗区住宅局先后成立，区建设局的职能相对减少。2003年，区建设局内设人秘科、建筑业管理科、建筑市场科、质量安全管理科、技术政策法规科、综合计划科、燃气管理科7个科，下辖区工程质量监督站（工程质量检测中心）、机关事务室、区城建档案室、区工程造价站、区施工安全监督站、区建材管理站、区民防办、深圳市建设工程交易服务中心龙岗分中心8个事业单位。

（四）成立城市化推进办公室

2002年以前，龙岗区旧村镇改造工作由深圳市规划与国土资源局龙岗分局负责。2002年1月，成立区旧村镇更新改造领导小组，副区长任组长，龙岗规划与国土资源分局局长任副组长，大工业区规划与国土资源分局、龙岗公安分局、龙岗工商分局、发展计划局、建设局、环保局、监察局、信访办、侨务办及各镇政府主要负责人为成员。领导小组下设旧村镇更新改造办公室（以下简称旧改办），具体负责旧村镇改造、工业进园和"农民上楼"等改造项目的管理工作。2003年9月，撤销旧改办，成立区城市化推进办公室（以下简称城推办，为区政府直属事业单位），内设人秘科、规划科、项目管理科，人员编制共12名。同年，各镇也成立相应机构，负责城市更新改造工作。

（五）建立区级规划委员会机制

规划委员会制度为改革前沿的深圳城市发展和建设注入了科学民主的活力，其不同以往的组织架构的是委员中包含相当比例的非政府官员，代表了各社会专业团体和民间组织的意愿。而该委员会所具有的规划决策权，被视为规划决策法制化、民主化建设的重大进展。但深圳市的规划管理委员会缺乏对区镇一级规划建设的具体指导，针对这一现实情况，为提高龙岗的规划设计整体水平，减少政府领导和利益群体左右规划的不利因素，龙岗区在1999年8月率先成立了全国第一个区级城市规划委员会，区长任主任，副区长任副主任。这是一个规划咨询、协调、决策的机构，由两部分人组成：一部分是从区到镇的"一把手"们，还有区政府职能部门负责人；另一部分是有关深圳的专家和社会人士。如今，规划委员会已经成为龙岗区政府的重要议事参谋，原来重大规划项目由政府领导说了算向专家意见转变，提高了行政透明度，决策民主化和科学化得以具体体现，在城市规划决策、咨询、协调和实施等各方面形成了有效的科学决策和民主监督机制。

三 规划编制实践与体系创新

龙岗建区后，区委、区政府按照《深圳市城市总体规划》确定全区城镇建设的两大目标——"城市化、现代化"，并组织有关专家围绕两大目标制定城镇规划。1993年后，先后组织编制了次区域规划及重点开发区规划、试点村规划、镇域总体规划、卫星新城规划、旧城改造规划和中心城总体规划等。此后，全区按照这些规划，大力推进城镇建设步伐，逐步从村镇"各自为政"的"村镇规划"时代，走向全区统筹的"城镇规划"时代。

（一）拉开架构：次区域规划和重点开发区规划

1994年7月，深圳市规划国土局组织编制《深圳市龙岗区次区域规划（1996—2010年）》。该规划将龙岗区定位为以盐田港、大工业基地及优美的海滨环境为依托，建成国际、国内港口物流运输集散中心、基本工业基地、能源基地和旅游中心，并要求全区利用环境优势首先发展先进工业，继续搞好以香港和深圳特区为主导市场的城市供应和出口创汇农业，进一步强化第三产业；利用四通八达的交通网络，努力把交通优势变为流通优势，尽快形成区域性仓储商品物资集散批发交易中心。在充分调研的基础上，规划确定工业、农业、商业、人口、环保、防灾、交通、给水、排水、电力、电信、燃气等各类发展目标，明确龙岗次区域在深圳市城市发展中以工业、交通、能源及旅游为主要职能；确定合理的城市空间结构，明确龙岗次区域的四大功能片区，并提出各功能片区的性质、规模；确定龙岗次区域土地利用总体控制目标，明确城市建设用地、农业保护用地、水源保护用地、市政走廊及组团隔离带用地、旅游休闲用地、郊野游览用地、自然生态用地及远期发展备用地的规模；提出教育、文化、卫生、体育等社会事业发展目标及全区性大型公共设施的数量和推荐性布局建议。龙岗次区域规划是借鉴香港城市规划建设经验，首次按照五阶段规划体系（总体规划、次区域规划、分区规划、法定图则、详细蓝图）编制，并获得市政府常务会议通过。

龙岗建区后，衔接次区域规划，先后开展了龙岗中心城、大工业区、坂雪岗工业区、宝龙工业城等城区和重点开发区的规划编制工作。1993年编制完成《龙岗新区建设总体规划》，提出建设国际和国内港口物流疏运集散中心、国际滨海旅游中心、大工业基地的发展目标。1993年7月，制定《龙岗中心城总体规划》，将中心城定性为龙岗区行政文化中心和以第三产业为主体、高科技产业为支柱的综合性、现代化的中等城市。规划中的中心城 2010 年有 25 万人，建设用地为 500 公顷，并配备相应的道路、市政设施。该规划利用几条轴线及一条自然景观带将城市与自然连在一起，使城市成为自然、社会的共同体。该规划的编制突出可操作性，积极探索城市的发展构想，研究城市发展过程中城市设计的控制和引导手段，达到整体空间形态与景观风貌的改善。1996 年 3 月，编制了《深圳市龙岗区坂雪岗片区总体规划》，对坂雪岗片区的用地布局进行了统筹安排。2001 年 12 月，编制了《深圳市高新技术产业带龙岗各片区规划》。至 2003 年年底，先后完成南澳滨海地段城市景观设计、高新技术产业带规划、大鹏所城与客家民居保护规划、深惠公路沿线景观设计、龙岗区重点地段控制指引、东部滨海地区发展概念规划。

（二）解剖麻雀：试点村规划探索

建区之初的龙岗，是依托国道、省道、村道无序发展蔓延的村镇建设形态，"马路经济"是龙岗区农村城市化之初的一个普遍现象。道路修到哪里，村镇建到哪里，村镇级基础配套和道路设施、私人住宅和"三来一补"工厂都是"村村点火"无序蔓延，既无规划指导，也缺乏规划管理。为了充分发挥规划职能，有效地控制和引导村镇建设，合理利用土地，扭转村镇建设遍地开花、低水平无序扩张的局面，促进农村经济的可持续发展，龙岗从"大处着想，小处着手"，选择了以行政村为单位的村镇规划为突破口，通过分析和总结在行政村规划建设过程中出现的矛盾，研究龙岗村镇建设和发展的策略。

试点村规划以深圳市总体规划及龙岗次区域规划为依据，探索龙岗区"城乡一体化"规划管理模式，在当时体制下对规划国土运行机制创新及土地利用规划、城市规划、村镇规划有效协调等方面进行了有益的尝试，特别是对村镇建设控制引导具有重要意义。其核心内容及方法包括：一是强调村域范围内土地综合利用和协调，城市规划与土地利用规划结合，加强对非建设用地的保护与利用，建立全方位的土地综合利用控制体系；实行村民住宅联建统建，控制乡村居住用地规模；以镇或行政村为单位集中配置工业用地，统一规划与开发，避免遍地开花；调整并建立高效、集约的建设用地结构。二是按已划定的非农用地指标，确定农村自用工业用地范围，编制详细蓝图，引导镇、村统一进行"三通一平"和市政配套，将村级工业逐步集中；制定产业发展战略，引导现状工业由粗放经营型向资金、技术密集型转化；在各镇划定"同富工业区"，镇、村项目统一在"同富工业区"上马，统一设计、建设。三是重点解决设施、绿化、居住广场、活动空间、环境等问题，编制农村非农建设用地详细蓝图，指导农村规划建设。四是将政府五年发展计划融入规划，将规划纳入政府工作报告；强调实质性的规划前期调查和公众参与规划编制；编制老百姓能理解的规划建设实施指南。

1997年2月至1998年4月，龙岗区开始试点村规划编制工作，有代表性地在全区10个镇分别选取"城外村""城中村""城边村"三种类型的10个行政村作为规划试点，开展村镇规划编制试点。通过为期一年多的试点村规划探索，初步提出了一套系统的村镇规划工作思路，为龙岗村镇规划全覆盖工作打下坚实基础。1999年，市规划国土局龙岗分局开始组织有关单位对全区试点村的近期发展编制详细蓝图，作为村镇近期建设的指导原则。该规划的主旨是：在对村镇建设进行控制的同时，通过积极而合理的引导，完善村镇配套服务设施和改善生活环境，使村镇建设水平与城市化进程得以同步发展。2003年年底，全区完成布吉镇甘坑村、下李朗村及南澳镇东农村、东渔村、南农村、水头沙村等66个试点村规划。

（三）整体推进：以镇域规划实施全覆盖

自深圳市城市总体规划和龙岗次区域规划完成后，大工业、大流通、大旅游和中心片区四大功能片区宏观规划架构已基本建立，在龙岗中心城、大工业区、坂雪岗工业区、宝龙工业城等城区和重点开发区的规划编制工作完成后，后续规划侧重于龙岗广大的城市化地区，规划编制工作的重点由宏观层面逐步转向镇、村等微观层面，只有将龙岗10个镇、90个行政村的土地规划好，才能从根本上引导、控制好村镇非农建设。龙岗试点村规划以基层行政村为突破口，作为探索微观层面规划的工具目标，初步探索出了一个系统的村镇规划控制引导的基本模式及解决乡村非农建设问题的方法。然而，试点村规划毕竟是以行政村为对象，以"解剖麻雀"、控制和引导基层建设为出发点，很难从宏观区域协调的角度去解决上层次规划中的问题，存在明显的局限性，要全面协调好村镇的规划建设，须拓展这一"自下而上"的规划视角，将规划提升到一个新的层次——全覆盖的镇域规划。

镇域规划（调整）亦称亚分区规划，包括近期规划（1999—2005

年）与远期规划（2006—2010年）两部分，它是根据龙岗城镇体系发展情况及实际需要，吸收并推广试点村规划成功的经验及做法。镇域规划以镇为单位，其规划涉及的行政区域、经济领域及可控制的空间范围具有一致性，较符合镇的行政管理体制，为规划的实施提供了良好的社会经济基础和空间环境。镇域规划是在龙岗区宏观规划架构基本建立，规划建设面向镇、村等微观层面时，为全面协调好村镇规划建设、实现规划覆盖而制定的。以镇域为单位实现规划的调整、充实、完善与提高，为龙岗规划体系增加一个承上启下的亚分区规划层次，使村镇规划走向全面的控制与引导，构筑了一个全覆盖的"规划操作平台"。它的制定主要依照《中华人民共和国城市规划法》《土地利用总体规划编制审批暂行办法》《深圳市城市总体规划（1996—2010年）》《龙岗次区域规划》等法规文件，其中涉及的指标主要依据《深圳市城市规划标准与准则》《深圳市宝安、龙岗区规划国土管理暂行办法》等制定，其主要任务是在对全区十镇功能定位的基础上，提出各镇的发展目标、方向和规模。

镇域规划在工作目标和方法上：一是体现区域协调，对上落实次区域规划的要求，对下能够指导法定图则及详细蓝图，在空间体系上将村镇融于城市区域整体结构。二是重视综合协调功能，改变偏重研究工程技术的单纯物质环境的观念，深入并统筹经济、社会、文化、政治的综合部署。三是土地利用与城镇建设综合协调，统筹落实农业及其他保护用地、非农建设用地、镇域建设用地，整体道路交通、区域性市政设施等镇与镇之间相互衔接和协调。四是以土地集约利用为目标，建立合理的土地利用结构，注重土地用途分类及控制策略。五是在翔实现状调研基础上将规划落到实处，将次区域规划安排的各类公建及市政公配设施落实到每个镇，在镇域建设用地规划中进行定量、落位安排。在工作内容上：一是在进行全面深入的调查和现状分析，立足龙岗四大功能片区特色与定位，提出规划策略。二是制定土地利用规划纲要，确定土地利用结构与用地布局；预测人口的规模及结构变化，确定镇域建设控制范围线，明确建设用地与非建设用地范围，实行土地用途分区控制。三是编制建设用地规划，确定城镇性质，划定规划范围；确定规划范围内人口规模，确定人均建设用地指标，计算用地总量，确定各项用地构成比例、数量，进行用地布局（调整）；对市政基础设施及工程管线进行具体安排。四是确定旧村改造用地调整原则、方法及步骤；对中心地区和重要地段提出建设控制、景观环境控制要求；确定道路红线宽度、断面形式和控制点标高，进行竖向设计。五是近期建设控制与引导，结合镇政府的思路与具体要求，编制近期建设区详细蓝图；制定规划实施策略。

（四）塑造特色：关注文化与城市设计

龙岗曾经是客家人迁徙、栖居、繁衍之地，培育了客家文化传统，留下许多宝贵和优秀的文化遗产。文化是人类在社会发展过程中创造的物质和精神财富的积累，龙岗在快速城市化的发展过程中，除了保护和充分发扬传统地域文化和历史文化，也在探索培育和发展现代城市文化。保护利用文化资源，在规划中引入文化理念，注重城市设计，将城市设计融入每一规划层次中，从而进一步提升龙岗城镇文化形象的品质和档次。

一是继承保护龙岗的传统人文历史资源。龙岗是客家人聚居地，拥有许多历史价值较高的客家民居、岭南村落，如鹤湖新居、大鹏所城等，保护并利用好传统建筑和景观资源，是对龙岗历史文明的延续和复兴，唤醒人们的本土文化意识，增强人们之间的亲和力与凝聚力。龙岗规划注重把握农村快速城市化的发展趋势及要求，正确处理城市化进程中历史文化资源的利用与保护，对现代化进程中的城镇继承、保护、沿续"客家文化"作了探索性尝试。龙岗现存传统客家民居120余处，1998年开始编制客家民居保护规划。通过对全区客家民居的普查调研，确定了民居的总体保护策略、步骤与措施，并将客家民居保护与民俗风情旅游、文化设施建设相结合，使传统客家文化在现代城市生活中得到新生。

二是重视城市设计与文化元素挖掘，塑造龙岗城乡新形象。当初，龙岗区提出三大文化：客家文化、广场文化、山海文化。龙城广场以龙为主题，在建设时邀请著名雕塑家设计青铜九龙雕塑作为广场主雕塑。创造过程中一个版本终稿成型后，安置于龙潭公园后门，另一个终稿成型后放置于建设大厦院内。龙岗中心城是全区政治、文化中心，通过对龙城广场及其周边的博物馆、图书馆、文化馆等文化设施开发，提高全区文化基础设施水平，并通过加强对中心区建筑和环境的设计，提高中心区文化品位。此外，在规划编制中均要求考虑相应的城市设计内容，提出具体的城市设计指引。在村镇规划中对城市设计作了不同要求，重点地段还进行城市设计的招标，以提高城市设计水平。

（五）提升整合：旧城改造规划和卫星新城规划

1995年，龙岗区针对旧城功能过度集中、布局凌乱、用地结构失衡、人口及建筑密度偏大的状况，开始采用内涵式发展及综合性开发等对策，以提供健全的公共配套系统，建立便捷的交通系统，加强环境综合整治，创建有地域特色的城区环境。结合"农民上楼、工业进园、墟镇上档"三大策略，区旧改办编制《龙岗区旧村镇改造规划》。2000年9月，区旧村镇更新改造领导小组会议，通过《龙岗区首期13个重点旧村镇改造项目的规划实施指引》，拟定《龙岗镇老西区改造私房拆迁补偿安置方案》。2002年，区委决定采取"政府策划、政策推动、市场运作"的模式，适当调整中心城总体规划、镇域规划和产业布局规划；制定重点行业、旧城改造、重点区域等市政基础设施建设的详细规划。2002年1月15日，龙岗区政府制定《深圳市龙岗区旧村镇更新改造管理暂行办法》。该办法对"旧改"的目的、条件、原则、管理机构、项目立项、方案审批、开发商选择、实施与监管等都作出具体规定。[①] 2003年，区政府制定《龙岗区旧村镇改造实施原则与规定》《龙岗区旧村镇改造工作流程》《龙岗区旧村镇改造拆迁补偿参照标准》《龙岗区居民住宅园区统建资金管理办法》，以规范区内旧村镇的改造、拆迁及补偿工作。

根据"一市多城"的整体发展布局，深圳市于2002年7月初步确定首批规划、开发、改造、建设8个卫星新城，其中的4个是龙岗区内中心城、布吉新城、横岗新城和坪山新城。2003年，龙岗区内卫星城按照深圳市分区规划的要求，编制出各自的发展规划。这些卫星新城规划在合理定位的基础上，明确了各城的发展方向、策略及目标，提出了整体的城市空间架构。

（六）建构体系：规划体系的创新与完善

自1989年下半年后，根据《中华人民共和国城市规划法》，借鉴邻近香港的城市规划与管理经验，通过对历年工作的探索和总结，深圳市

[①] 2002年3月，龙岗区政府召开旧改工作会议，对开发商的选择提出具体要求：旧改项目审批以后，旧改办必须在深圳市主要媒体上公告旧改项目有关信息及招投标有关事项，公告期为一个月。招标包括公开招标和邀请招标两种形式，若以邀请招标方式选择项目承建单位的，邀请对象不少于三个，而且必须是信誉良好，有资金实力，对当地情况比较熟悉，有相应房地产开发资质且经验丰富的建设单位。区评标委员会由村民代表、镇政府代表、规划国土部门代表、旧改领导小组代表和外聘专家等组成，采取综合评标方式。由区政府直接组织实施的旧改项目，改造单位向区政府提出申请。

初步确立了"以市场为管理导向,以规划立法为主要手段,以实现城市规划编制和管理的程序化和法制化为基本目标"的"三层次五阶段"规划体系,自上而下有全市总体规划、次区域规划、分区规划、法定图则和详细蓝图(见图4-8)。按特区内实施的市"三层次五阶段"规划体系,分区规划对应的是罗湖、福田、南山、盐田四个组团,也是行政层级的四个城区,其平均面积为60余平方千米;组团下分若干大区,罗湖6个、福田6个、南山11个、盐田6个,其划分基本单位是街道办事处,大区平均面积约8.5平方千米,大区下的法定图则规划面积(片区面积)为2—4平方千米。作为区级行政层级的龙岗城区,面积达到884.07平方千米,直接对应到次区域规划层次,而其下按功能设置的四大组团(流通、中心、工业和旅游),面积在167—289平方千米,纳入分区规划层次,但其空间规模和行政层级与特区内四个城区组团完全不同,其下与法定图则对应的2—4平方千米的片区面积差距太大,且脱离龙岗区城市化进程中镇作为重要主体推进力量的实际情况。

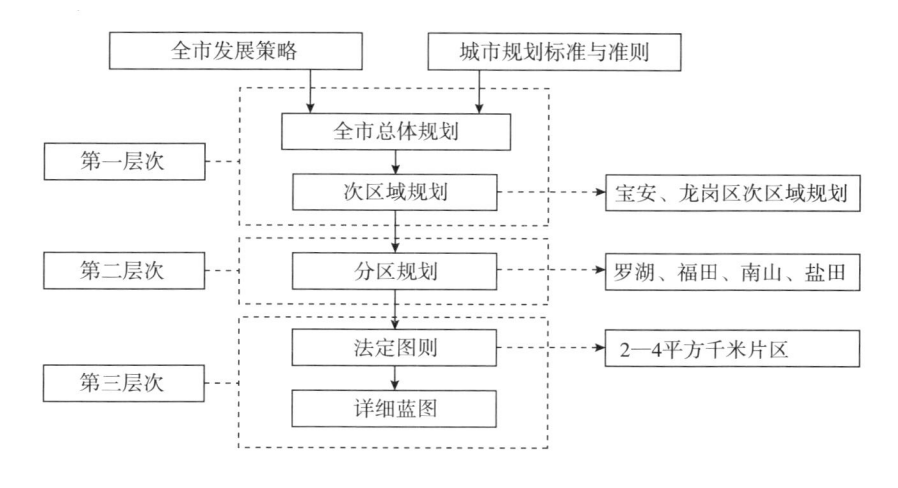

图4-8 深圳市规划层次体系

龙岗在建区以前,一直是农村规划管理体制,在微观层面并未一开始就与深圳市"三层次五阶段"形成有效的衔接。随着建区后试点村规划、镇域规划等工作的开展与实践探索,龙岗规划体系在市规划体系的基础上逐步得到完善,并针对龙岗区空间规模和镇级行政主体对土地资源的影响力，有所创新地增加了亚分区规划层次，提出适合于特区外围的规划层次体系框架的完善方案，形成了一套与龙岗区实际情况衔接的"三层次六阶段"的规划分层控制体系与可操作平台（见图 4-9）。其中，亚分区规划——10 个镇的镇域规划，以镇为单元，对分区规划进行深化和完善。龙岗区通过试点村规划、镇域规划与法定图则、详细蓝图规划的编制实践构筑了一个上、下衔接协调，具有可操作性的规划平台。该规划操作平台类似特区内法定图则的作用但又特点不同，主要针对当时的行政体制和土地二元结构，在覆盖全镇域的基础上，对上协调宏观目标，对下指导具体规划建设，它是城市规划、村镇规划的有机结合，在当时具有超前性和较强现实操作性，得到了市规划国土局以及区、镇政府支持和响应。

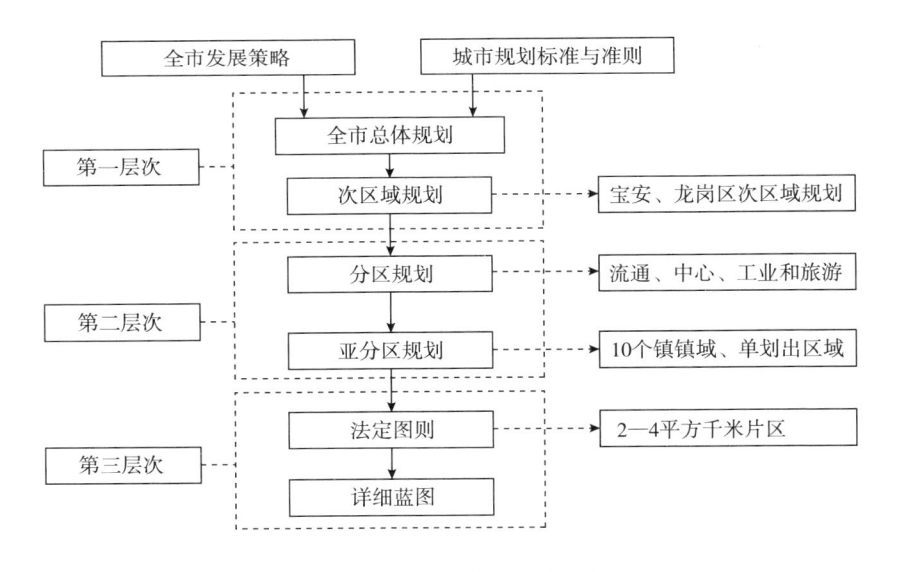

图 4-9　龙岗规划层次体系

四　土地开发建设与管理

1993 年 5 月，深圳市人民政府出台《深圳市宝安、龙岗区规划、国土管理暂行办法》，规定"对两区的土地实行统一规划、统一征用、统一开发、统一出让、统一管理"；"建设用地需报计划，经区政府用地联审会审批后，报市政府批准实施"；并对土地使用权出让、转让农村集体或个人使用地管理、非法用地管理等作了明确规定。根据上述规定，龙岗区土地开发建设与管理工作逐步有序开展。

（一）清查处理并遏制违法建设

建区前，"农村城市化"及农村国土管理发展历程中，形成了一些长期性的历史遗留问题和发展趋势。建区后，土地开发建设管理工作处理历史遗留问题和扭转发展趋势开始。一是处理历史遗留建设问题。1994年5月17日，区政府制定《龙岗区历史用地遗留问题处理办法》，开始对建区前遗留下来的各类建设用地问题，进行清查处理。当年受理历史用地申报项目1250宗，经调查处理565宗，收合同地价款5.98亿元。清查处理历史遗留用地工作至1998年结束，共办结850宗，面积120万平方米，收合同地价款19.6亿元，收回国有土地29万平方米。二是开始征收土地使用费，规范非农建设用地。1998年，制定《深圳市龙岗区土地使用费征收暂行办法》，全区开始征收土地使用费，当年征收1422万元。区政府成立农村非农建设用地划定工作领导小组，并按每人100平方米的标准，初步划定全区非农建设用地。三是制定闲置土地、非农用地的处理和管理办法。1999年，制定《龙岗区闲置土地处理暂行办法》，开展以坂雪岗工业区和平湖物流基地为重点的闲置土地清理工作。2001年，制定《龙岗区非农建设用地管理办法》，有效防止农村集体的非法卖地行为。四是持续数年开展大规模清理违法用地和拆除违法建筑的行动，遏制大规模发展的违法建设趋势。全区从1994年开始查处违法建设，1998年后每年都开展大规模的违章建筑清理拆除行动。1994—2003年，全区共清理违法占地1000多万平方米，拆除违法建筑700多万平方米，其中永久性违法建筑60万平方米。①1994年还组织队伍清理违法占地28万平方米，拆除违章建筑32万平方米，查处违章案件172宗，罚款40万元。②1997年，全区开展"拆违章、迎回归"活动，组织较大规模的清拆行动45次，以拆除深惠路沿线违章建筑为重点，并通过媒体报道形成影响①，共拆除违章建筑40.2万平方米，清理非法占地55万平方米。7—8月，全区开展大规模非农建设用地清理，并冻结非农建设占用耕地项目的报批，受到省、市国土部门及国家农业检查组的好评。③1998年，开展非农业建设用地清理，清出各类不合法用地200万平方米；全年还组

---

① 1997年5月13日，拆除横岗镇保安村赐昌制品厂一处违章新建厂房2万平方米，并罚款138万元，中央电视台、深圳有线电视台、深圳电台、本港台、广东岭南台对这一行动进行报道。

织违章建筑拆除行动176次，拆除违章建筑65万平方米。④1999年3月5日，市人大常委会颁布《关于坚决查处违法建筑的决定》，区政府于4月5日发出《关于立即停止违法建筑的通告》，全区加大对违法建筑的清查力度，当年查实永久性违法建筑10942栋，临时性违法建筑1507栋，总面积为600多万平方米，违法建筑中私房占97.4%。查明情况后，全区建立违法建筑档案，并发出停建及行政处罚通知书。全年共办理土地违法案件3368宗，发出"行政处罚决定书"75份，申请法院强制执行7宗，组织拆除行动120多次，拆除违法建筑46.8万平方米，清理非法占地79.1万平方米。⑤2002年①，拆除违法建筑80万平方米，清理违法占地100多万平方米，制止200多栋房屋抢建行为，强制停工62次，扣押施工设备189台，发出法律文书2100多份，行政罚款230多万元。是年，全区还开展历史遗留建筑申报登记工作。至2003年3月结束时，共审报各类违法建筑50777宗，建筑面积3905万平方米；共处理27418宗。⑥2003年上半年，加强重点片区、重点地段的土地监察②；下半年，全区开展查处违法建筑90天大行动，有效遏制违法抢建行为。全年共组织拆除违法建筑行动224次，拆除违法建筑73万平方米，清理违法占地150万平方米。

（二）发展完善土地交易机制

1993年建区之初，部分用地通过协议免地价的方式出让。1994—1998年，土地出让仍以协议出让的方式，收取地价款。随着新区开发建设步伐的加大，五年间处于土地加速供给阶段，土地出让总量呈上升趋势。1999年后，开发建设项目向重大基础设施建设和高新技术产业转移，控制盲目投资，用经济手段调控土地一级市场，调高基准地价标准，土地出让总量呈逐年下降趋势。2001年3月，市政府颁布《深圳市土地交易市场管理规定》，确定凡经营性、营利性项目用地，一律以招标、拍卖或挂牌方式出让，促进土地资源的增值。此后，政府有计划地供应土地，并通过经营性用地的招标拍卖，为城市建设提供充裕的资金来源。

---

① 2002年下半年，龙岗区再次掀起拆除违法建筑高潮。每周开展一次全区性统一行动，区委书记、区长余晖鸿及区委、区政府领导深入拆除现场指挥。

② 重点整治布吉石牙岭、木棉岭、龙岗蒲芦陂水库、大鹏下沙、南澳西涌等重要地段和片区的违法建筑，特别是拆除玉龙坑垃圾填埋场周边的37栋1.6万平方米的违法建筑，在深圳市影响极大，受到市委、市政府的表彰。

1994年，收合同地价款5.88亿元；1998年，收合同地价款13.71亿元。2001年5月23日，葵涌镇一块5万平方米的商住用地，由比亚迪公司以2468万元招标成功，开龙岗土地招标出让的先河。10月25日，横岗镇六约村原育马城的42万平方米商住用地，由振业集团以3.47亿元招标成功，创深圳市大块土地招标出让新纪录。2003年7月，区政府组织策划坂雪岗近40万平方米地块的拍卖活动，吸引21家开发商参与竞拍，最终由万科地产以9.7亿元的价格竞得，创龙岗出让大块地价的新纪录；全年国土基金总收入20.1亿元，创当时历史最高。1994—2003年，全区共签订土地出让合同2125宗、出让土地6334.35万平方米（见表4-4），占深圳市土地出让总面积的48%。其中：以协议方式出让5816万平方米，占出让总量的92%；以挂牌、招标及拍卖方式出让518万平方米，占出让总量的8%。共收合同地价款160亿元。

表4-4　　　　　1994—2003年龙岗区历年土地出让情况

年份	合同数（份）	土地出让面积（万平方米）	年份	合同数（份）	土地出让面积（万平方米）
1994	258	600.74	2000	185	406.14
1995	299	738.66	2001	187	449.39
1996	260	672.71	2002	156	425.39
1997	205	694.88	2003	157	514.62
1998	243	1373.42	合计	2125	6334.35
1999	175	458.40			

资料来源：深圳市龙岗区地方志编撰委员会：《龙岗区志（1993—2003）》，方志出版社2012年版。

（三）推动重点区域土地一级开发

1993年，启动龙岗中心城开发建设，首期开发10平方千米。1994年，中心城开发完成投资1.82亿元，平整土地325万平方米，龙城大道竣工使用。宝龙工业城、坂雪岗工业区开发进入初始阶段，宝龙工业城完成投资7200万元，宝龙大道、锦龙大道进入全面施工，排洪工程全面展开；坂雪岗工业区完成前期准备工作，达成带资开发意向4项，投资约3.5亿元。是年，全区签订带资开发协议27项，协议投资约32.5亿元，当年完成投资2.94亿元。全区累计完成开发投资5.94亿元。

1995年，制定《深圳市龙岗区土地开发基金管理试行办法》，规定国土基金由区、镇国土部门管理，财政、审计部门监督使用。国土基金主要用于土地征用、规划、设计、勘测、土地平整、市政道路、供电供水、通信、燃气等土地开发工程中的费用。1996年，中心城市政干道建成通车，宝龙工业城的宝龙大道主车道竣工使用。1997年，中心城引进带资开发项目8项，共完成投资3.4亿元，龙城广场建成使用。坂雪岗工业区完成投资7237万元，中心区道路及配套设施初具规模。1998年，全区完成带资开发市政工程投资3.33亿元，其中中心城完成投资2.47亿元，宝龙工业城完成投资0.86亿元，龙平大道等一批市政工程竣工使用。坂雪岗开发区完成投资6000万元，发扬路、坂雪岗大道等一批道路工程相继竣工和即将完工。

1999年3月，成立区土地投资开发中心，负责筹集和运用土地开发基金，统一进行土地开发建设工程。1999—2002年，全区完成土地开发项目投资12.1亿元，重点是完善中心城、坂雪岗工业区和宝龙工业城的道路及其他市政设施，第二通道、宝荷路、龙岗镇15号市政道路等重点开发工程也相继开工兴建。2003年，完成土地开发投资4.5亿元。至此，"两城一区"（中心城、宝龙工业城、坂雪岗工业区）的土地开发形成规模，市政基础设施较为完善。龙岗中心城累计投入开发资金25亿元，首期10平方千米的城市建设框架基本完成。宝龙工业城共投入资金6.6亿元，完成一、二期工程开发，形成14平方千米的开发规模。坂雪岗工业区共投入资金5.2亿元，开发面积18平方千米，形成以华为公司为代表的高新技术产业基地和以万科四季花园为主的住宅片区。

（四）开展征地和土地储备工作

1993年始，全区着手开展征地工作，为新区开发储备土地。1993—1999年，先后为"两城一区"、大工业区首期、马峦高尔夫球场、华为生产基地、坂雪岗大道、葵西路、盐坝高速公路、饮食文化城、核电站、东部沿海三镇土地储备等片区开发和项目建设完成征地工作。1999年，实现建区以来土地信息的集中、科学管理。2000—2001年，加快农村城市化建设，推进农村集体土地国有化，征地面积大幅度增加。完成大工业区、坂雪岗工业区、横岗六约招标、自行车赛场、岭东高压输电线路、平湖发电厂、南澳西冲旅游区等片区开发和项目建设的征地工作。2002年，成立区土地储备开发中心，制定区土地储备管理暂行办法，建立土地储备制度和储备土地台账，开展储备土地的清查、巡察和保护工作，尤其是对重点开发和重点控制地区的土地实行统征预征，为全区经济和城市化建设的可持续发展提供保证。当年对全区 38 平方千米储备土地进行清理和接管，并完成碧岭片区 6 平方千米的土地储备工作。2003 年，加大土地储备力度，通过银行贷款等渠道筹措资金 10.4 亿元投入土地储备；完成碧岭、南澳新大等片区 5 平方千米储备土地的征地前期工作；完成华南工业原料城、深平快速干道、水官高速公路、溪冲高新技术产业带等项目的征地工作；开展建区 10 年来国有储备土地清查工作，查明全区已储备土地超过 50 平方千米。1993—2003 年，全区累计征地 1500 多宗，总面积达 9000 公顷（见表4-5）。

表 4-5　　1993—2003 年龙岗区征地与土地储备情况

年份	建设项目与征地、土地储备规模
1994	全区征地 607.6 公顷。其中为中心城开发建设征地 63.7 公顷
1995	完成深圳市大工业区首期 567 公顷土地征地工作
1997	完成马峦高尔夫球场、华为生产基地、坂雪岗大道等 102 宗建设项目征地，征地面积 472.1 公顷
1998	完成"两城一区"、葵西路、盐坝高速公路、饮食文化城、核电站及其他建设项目征地工作，征地 129 宗、面积 3531.7 公顷。其中，东部沿海三镇征地 1350 公顷，作为东部开发储备土地
1999	征地 28 宗、面积 225.7 公顷
2001—2002	签订征地协议 280 宗、征地面积 1552.5 公顷。其中大工业区征地 105.2 公顷，坂雪岗工业区新征地 82.3 公顷，横岗六约招标征地 56.9 公顷，自行车赛场、岭东高压输电线路、平湖发电厂征地都达 20 多公顷；完成南澳西冲旅游区 5.8 平方千米土地的统征工作
2002	签订征地协议 109 宗、征地面积 1153.3 公顷；完成碧岭片区 6 平方千米的土地储备工作
2003	完成华南工业原料城、深平快速干道、水官高速公路、溪冲高新技术产业带等 136 个项目的征地工作，征地面积 976 公顷；新征储备土地 4.52 平方千米，其中碧岭片区 1.21 平方千米、新生村 2.16 平方千米、其他地区 1.15 平方千米；完成碧岭、南澳新大等片区 5 平方千米储备土地征地前期工作
1993—2003	累计征地 1500 多宗，征地面积 9000 多公顷

五 探索规划管理的先进手段

（一）建立"双三级"的规划管理运行机制

深圳 1993 年实现的撤县设区虽然在行政机构上与特区内并行一致，但是考虑到特区内外差异，并未撤销原来的村镇建制，在投资体制上也实行内外有别的体制，仍维持实行的区、镇、村三级管理。市政府的财政收入主要还是用于特区内，对特区外，除上缴财政外，仍是自收自支。这种区、镇、村三级管理，与城市规划的管理体制存在较大差别，各级政府是相对独立的经济实体，都以自己的辖区为中心发展经济，土地利用以追求经济效益最大化为目标，特别是农村集体经济组织较为独立，其土地利用方式与城市规划的要求差距较远。在土地审批权限上，仍然保留其对产业用地的审批权及历史用地的处理权。已实行垂直管理的规划国土管理体制对规划的统一管理权与土地分级审批权及投资体制的分割权存在必然的矛盾①。

要使现存的区、镇、村三级体制一步到位向城市型管理体制转变，显然是不现实的。因此，只能从规划管理体制与现行行政管理体制的适应性上做文章，正如任何改革后出现的新事物一样，一出现就会遇到固有体制框架的阻力，因而在运行机制上就必须实行配套改革、机制创新，才能使改革后的新生事物茁壮成长。当时主要从机制调整和协调着手，建立规划管理执行体系：

一是调整"双三级"运行机制。运行机制调整的出发点是建立在市、区、镇三级行政体制框架下规划国土的市局、分局、国土所三级垂直管理架构的有机协调，调整村镇规划管理运行机制中不能满足各层次团体需要的机制②，以实现分工明确、责任清晰、上下畅通、横向对等的"双三级"运行机制。

针对龙岗规划管理工作主要面向农村的特点，龙岗规划国土部门改革规划管理体系，将规划编制组织权、更多的业务审批权限下放到管理所，以充分发挥分局和管理所服务基层的作用，这样既有利于规划成果的层层落实，又有利于规划管理与区、镇、村实际情况相协调，保证宏

---

① 孟丹：《深圳市龙岗区村镇规划建设的探索与实践》，《华南理工大学学报》（社会科学版）2003 年 9 月 30 日。

② 要说明的是：这种调整是力求适应当时体制及运行机制，随着城市化进程对规划、土地的审批权限的上收，以及投资管理体制的单一化，到一定时间仍需要根据城市化阶段要求进行改革。

观规划与微观规划、整体利益与局部利益相互协调。上述架构及内部职能、权限的调整从地方政府在地方经济中占主导地位出发,在实践中对村镇规划能充分表达自己的意见,而规划部门又能实现三级管理中强化规划审批权集中的需要;另外,市局、分局、国土所在规划编制、审批实施监督权限上的重新划分既能调动各层次人员的积极性,又能方便基层办事,为建立高效的运作方式创造了条件。

二是建立协调机制。"双三级"管理运行协调机制中,一方面,中间环节是镇政府与分局,分局尽可能地将镇政府的近期政绩目标引导到规划(长远)目标上;在规划编制、用地审查、监察违章等方面采取联审会议、送规划下乡、公众展示等多种方式,加强横向协调,提高区、镇、村三级行政管理者在规划执行中的地位和作用,保证规划政策的上传下达和建设意向的下情上传。另一方面,分局和管理所的主管部门是市规划国土局,但实际上它们主动接受龙岗区委、区政府以及镇委、镇政府的领导,看着区政府下属职能局,形成双重管理机制。

(二)确立"管理的规划"理念,实现规划的"过程控制"

一是从纯技术规划到"实施的规划"。龙岗村镇规划从单纯的技术规划到便于管理的规划与易于实施的规划,为了突出规划的可操作性,要求首先在编制规划前与规划管理部门充分沟通,了解规划的目的;其次在规划过程中,重视与规划对象和建设者的反复协调,进行调查和研究,找出规划要解决的重点问题;尤其在解决农村非农建设用地、引导农村土地高效使用、提高农村建设质量和环境质量等方面真正发挥了规划的龙头作用。加强规划实施开发策略的研究,和规划管理者、规划实施者共同制定规划的实施策略和具体对策,对开发次序和相关政策提出建议,考虑分步骤实施,并区别不同时期的规划内容和建设重点,其中尤其要重视对近期规划中建设项目的研究,以处理好长远与目前的关系,做到有序发展。

二是确立"管理的规划"理念,实现规划的"动态管理"。规划作为一个动态过程,要实现对有机生长的城市进行可持续发展的规划,作为规划的整个过程要实现由原来的理想模型走向"管理规划"[①]过程。其含

---

① "管理规划"使规划从早期规划师的"独角戏"转变为"政府、团体、公众"共同参与的大合唱,使规划走出"象牙塔"。

义包括：作为规划的全过程，是管理的过程，是通过实施、反馈及中间的调整，定期修订的科学化、高效化；规划过程是一个组织过程，通过有效的组织，使各种机构（政府部门、社会团体、社会组织）以及公众的意见得以充分反映和吸收；规划过程也是一个协调过程，通过协调，使得各方利益冲突、矛盾得以化解。龙岗村镇规划摒弃纯技术性规划成果难以实施操作的弊病，引入"实施过程控制"和用地分区控制的规划策略，突出规划的可操作性，实现村镇规划的动态管理。

（三）建立村镇规划可操作平台和协调机体

由于龙岗区域面积大，规划实施管理难，宏观规划与具体实施运作的村镇规划难以衔接，亟须构筑一个既切合现行体制又便于上下协调的规划可操作平台，来衔接上层次的宏观规划策略与下层次的微观规划落实。镇域规划正是以次区域规划为背景，总结当时两年来试点村规划工作的经验而展开的，把镇域规划技术确定为龙岗村镇规划的可操作平台，较好地运用了控制与引导策略，从编制技术、实施管理直至规划意识全面地将村镇规划由广度覆盖向深度覆盖推进，大大增强了规划的可实施性。

当时特区外行政体制下村镇规划的运作不同于特区内，一方面，编制者不仅要面对规划管理的统一要求，更多地还须面对村镇一级地方政府的近期发展要求。另一方面，规划编制的重要任务之一是为更好地指导建设，管理者应该主动地参与到编制过程中，随时发现问题，寻找解决对策，这种参与反过来也为管理者提供更多思考问题的机会，直接针对第一线，规划编制做到有的放矢。在村镇规划协调机体中，充分发挥了国土所的桥梁作用。各国土所除分管规划领导外均配备了专门的规划工程师，全程跟踪规划过程，并与分局、设计院、村镇等多方协调，保证规划的顺利操作。

（四）采取全覆盖与划分重点结合的手段，推动规划成果的层层落实

一是实现规划全面覆盖。1997年，龙岗区进行试点村规划，将土地的用途管治、与管理相结合的思想融入规划过程中，规范了农村集体土地的使用，合理引导农村建设发展方向，带动全区村镇规划工作的开展和整体推进。为此，在总结试点村规划的基础上，将规划推广到全区的每一寸土地上，成功开展了10个镇的镇域规划和60个村的新村蓝图，实现村镇规划全覆盖。把镇域规划全覆盖技术确定为龙岗村镇规划的可操

作平台，较好地运用了控制与引导策略，从编制技术、实施管理直至规划意识全面地将村镇规划由广度覆盖向深度覆盖推进，大大增强了规划的可实施性。

二是重点突破。为了在具体管理中体现总体规划的意图，逐步达到城市规划所确定的城市建设目标，需要在工作中分清轻重缓急，分清责权。这也就要根据宏观的总体规划意图，确定重点的区段，使各级管理部门都能围绕一定的重点来开展工作，提高工作效率，节约人力成本。为此，龙岗规划国土部门在2001年开展了龙岗区重点地段划分规划，对全区在城市建设中的重要的地区进行划分，为进一步的城市规划建设管理从空间上确定工作重点。

（五）规划编制中采取"规土并重"和实行分区管制的办法

一是规划编制采取"规土并重"的方法，"城镇建设规划""土地利用规划"在城镇和村镇发展用地的规划、方向和范围等方面必须进行充分协调。龙岗村镇规划编制过程中采用"规土并重"的方法，即把村镇建设规划与土地利用规划相对应衔接，保证村镇建设的用地规模与土地利用规划确定的用地指标相协调。

二是建设用地实行分区管制。把村镇土地划分为建设用地和非建设用地，对非建设用地类的农业保护、水源保护、公共服务与市政配套等用地测量定位，进行严格控制。并将建设用地进一步分为"控制建设区"、"整理建设区"和"引导建设区"三大类型进行控制。明确各类用地使用要求，对村镇建设和规划发展提出明确的控制引导措施，实现村镇土地的合理配备和使用。

（六）强调公众的参与性，实现民主决策

处于农村城市化进程中的龙岗各村镇群众不理解规划、排斥规划的现象也极为普遍。龙岗规划国土管理工作者深入基层，与村民、干部交流信息、沟通观念，在制订规划和实施规划的过程中，想方设法运用通俗易懂、深入浅出的表达手法，积极开展公众咨询，引导公众参与其中，并把公众意见反馈转译为科学合理、现实可行的规划技术和实施策略。一是请专家会诊。在规划编制进程中，举行由规划主管部门领导、规划设计专家、村镇领导和群众代表参加的规划座谈会、规划汇报会和规划评审会。二是在现状调查阶段，要求设计单位进村驻扎，了解群众的想法，进行充分交流和沟通；方案出来后，进村汇报，邀请专家及村镇干部、群众代表对方案进行讨论修改。三是向公共展示。为了强化公众的参与性，龙岗规划国土部门力促建立城市规划展览体系，除建立区级的城市规划展览厅外，各镇也分别建立了规划展览室，利用龙岗区建立起来的城市规划展览体系，将规划方案进行公开展示和咨询，收集群众意见，在下一步规划中进行改进。还有不定期召开解决具体问题的专题讨论会，或不定期进行问卷和抽样调查等。四是规范审批。龙岗规划国土部门针对规划方案的审批，制定了一套严格的审批程序，同时，龙岗区还建立了城市规划专家库，规划设计实行公平、公正、公开的审批制度。

专栏4-9 全国首个城市规划展厅

1998年8月12日，全国第一个城市规划展厅——龙岗城市规划展厅在龙岗建设大厦揭幕。它是一个以龙岗展厅为核心，以10个镇展室为基层窗口，以其他宣传媒体为辅助的规划宣传网络，在宣传规划、促进公众参与、展示龙岗建设成就等方面发挥着重要作用，成为立足龙岗、面向广东、辐射全国的规划建设及管理的宣传教育基地。总体规划、分区规划、全覆盖的镇域规划、村试点规划等蓝图，全部在展厅展示，吸取公众意见，并为招商引资服务。该展厅先后接待全国各地代表团400多个，党和国家领导人朱镕基、尉健行、李长春、钱其琛、黄菊、贾庆林等也先后来此视察。时任建设部部长称赞"龙岗规划50年不落后"，外国驻华大使感叹"龙岗代表着中国的未来"。当时来参观的上海市委书记说，这个城市规划展览厅好，回去要建设一个城市规划展览馆；后来上海建设了全国第一个城市规划展览馆。

六 创新规划管理服务

规划国土部门由完全的管理职能向以服务为主、管理为辅的职能转变，通过深入基层的规划服务工作，改变和增强村镇干部和广大群众的规划意识，逐渐转变对规划管理的态度，由最初的反对到被动管理，再到主动配合，最后到主动要求，使一项项规划得以落实，村镇建设水平在规划的引导下稳步提升。

（一）开展"规划下乡"活动，实现规划意识的全覆盖

在工作过程中，规划管理工作者认识到村镇建设混乱无序的重要原

因之一是农民的规划意识薄弱，不懂规划，不了解规划。为此，开展了以"规划下乡"为主体的系统工程，在龙岗村镇掀起了一场规划意识的普及宣传的热潮。"规划下乡"是一个系统工程，包括规划成果、规划管理服务、规划政策等方面的宣传和咨询工作。从村镇规划编制到实施的各个环节中，坚持走群众路线，以通俗易懂的形式，让广大村民了解、关心并积极参与到涉及他们切身利益的村镇规划中来①。

一是规划成果下乡。①举办"村镇规划暨村民住宅设计方案巡回展"，将住宅模型和新村规划蓝图制作成老百姓能看得懂的直观模型，在各镇巡回展出，有组织地安排村民前来参观；②开展试点村规划实施，建成一批农村新村典型组织农民参观，通过农民教育农民，产生示范效应；③设立了以区城市规划展厅为核心，以各镇规划展室为辅助的宣传窗口，并通过报刊、电视、广播、宣传广告牌等各种媒体宣传城市规划工作；④申请专业网址，将规划公开上网，在网上广泛征询意见。

二是规划政策下乡。①规划管理业务骨干下镇举办培训班，为村民和村干部讲课，宣传规划、土地及房地产政策，提高其政策水平和综合素质。②将规划政策法规、规划成果及实施措施编制成能与老百姓交流的，老百姓看得见、摸得着、通俗易懂的小册子，如《试点村规划建设指南》《试点村规划实施细则》等，分发到每户村民手中②，方便村民了解有关政策及办文程序与手续。

（二）开展村镇干部"结对服务"活动，搭建规划服务"连心桥"

针对龙岗区规划管理工作面向基层村镇的特点，自1999年开始，开展了机关工作人员与行政村"结对服务"活动。活动规定规划国土部门领导与各镇领导对口联系，180名干部职工两人一组与全区90个行政村干部对口联系，结成对子；与行政村干部、自然村村主任及广大群众密切联系，取得支持与信任，建立同志式关系；主动帮助基层单位办理涉及规划国土房地产管理方面的事务，协助解决此方面存在的问题；适时宣传规划国土房地产管理的政策，讲解有关的法律、法规；深入了解各行政村、自然村的实际，为各村的经济发展、乡村建设出谋划策，提升乡村环境建设档次和群众生活档次。几年来利用"结对服务"活动，为基层办理了规

---

① 林惠华、肖靖宇：《小城镇规划建设的探索——以深圳市龙岗区坪地镇为例》，《建筑学报》2001年9月20日。

② 张斌、张春杰：《村镇规划：如何建构有效的公众参与机制》，《规划师》2000年8月25日。

划管理方面的实事 100 多项，在服务的同时，提升规划管理效能。

（三）推行现场办公会和座谈会制度，建立快捷服务方式

为加强与基层村镇的沟通和了解，更快、更好地为群众办好事、办实事，坚持走出机关的做法。从 1998 年开始，龙岗区规划国土部门便开始实行现场办公会制度和座谈会制度。召开现场办公会前，各国土所先到各村委召开座谈会，了解各村存在的问题，并收集意见。两年的现场办公会共为各村镇解决了涉及规划国土房地产管理方面的实际问题近 300 项，得到了村镇领导和群众的广泛赞同。

（四）制定"绿色通道"制度，实现行政审批的高效率

再好的服务，最终都代替不了审批，规划建设项目都必须经过行政审批程序。为了正确处理高效服务和依法行政关系，规划国土部门专门设立"绿色通道"制度。对市、区、镇的重点工程项目以及投资额达到一定规模的工业用地项目及外商投资项目，专门开辟"绿色通道"，优先办理。为项目的规划审批手续办理提供保姆式服务。只要相关资料齐备有效，一般项目不超过 5 天，复杂项目不超过 10 天，最长也在不超过原办文时限 30%的时间内办完。

（五）实行顾问规划师制度，开辟规划管理服务的新渠道

村镇规划的实施者在于村镇一级，村镇规划编制、管理、实施能否和村镇一级建立起良好的关系，对规划实施起着十分重要的作用。村镇干群对规划管理的意见，既可以欣然接受，也可能充耳不闻、消极对待甚至借机抵制。这就要求规划管理不仅要发挥管理者的主观能动性，也要通过各种方法加强与村镇干群的沟通，调动他们实施规划的积极性，使村镇的土地利用和规划建设能够按城市规划的意图得到落实。龙岗区采取多种方式，加强与村镇的沟通，如推行顾问规划师、"结对子"活动、送规划下乡、"五个百"活动等，群众的规划意识得到大幅提高，充分认识到了规划的重要性，从抗拒规划到主动要求规划。但是村一级的城市规划管理技术手段相对落后以及技术人员的普遍缺乏，一般村民缺乏专业知识，致使规划实施难以得到保证。

为了保障规划的实施，通过借鉴中国台湾社区规划师制度，结合龙岗区实际，建立了顾问规划师制度，这是在现行体制和管理机制下保障村镇规划实施的一种机制创新与探索。通过建立顾问规划师制度，形成规划行政主管部门"原则性指导"、村镇"规划实施和执行"、村镇民众

"主动配合"的上、下多向沟通和协调的渠道,为落实公众参与规划、促进规划实施提供技术支持,开辟规划管理服务的新渠道。各村的顾问规划师试点工作开展以来,顾问规划师工作网络运行正常。顾问规划师通过现场踏勘,与村领导、村民座谈,了解各试点村情况,为试点村出谋划策,为村里的规划建设作专业咨询,研究村里的环境改造和规划设计构想。村镇干群的反映良好,顾问规划师的工作取得一定成效。

第六节 小结:特征与实效

龙岗建区后的十年,是全区规模扩张,拉开城市空间发展架构,经济高速增长,进入快速工业化、城市化的时期。全区生产总值和工业总产值分别从 1992 年的 35.54 亿元、73.83 亿元增长到 2003 年的 644.05 亿元、1189.41 亿元(见表 4-6);城市常住人口从 1992 年的约 58.21 万人增长到 2003 年的 176.75 万人(见表 4-7);建成区从 1994 年的 70.7 平方千米增长到 2003 年的 143.5 平方千米,可开发建设的增量土地资源快速消耗。

表 4-6　　1992—2003 年龙岗区生产总值和工业总产值　　单位:亿元

年份	生产总值(GDP)	工业总产值	年份	生产总值(GDP)	工业总产值
1992	35.54	73.83	1998	263.51	501.55
1993	52.18	96.39	1999	312.66	588.21
1994	95.3	207.29	2000	368.57	682.03
1995	148.65	319.19	2001	436.21	817.86
1996	179.69	352.18	2002	523.08	960.19
1997	218.94	419.41	2003	644.05	1189.41

资料来源:深圳市龙岗区统计局。

表 4-7　　1992—2003 年龙岗区人口变化情况

年份	常住人口		户籍人口		外来人口	
	当年人数(人)	比上年增长(%)	当年人数(人)	比上年增长(%)	当年人数(人)	比上年增长(%)
1992	582143	—	131785	—	450358	—

续表

年份	常住人口		户籍人口		外来人口	
	当年人数（人）	比上年增长（%）	当年人数（人）	比上年增长（%）	当年人数（人）	比上年增长（%）
1993	723762	24.3	140266	6.4	583496	29.6
1994	943130	30.3	150465	7.3	792665	35.8
1995	1072043	13.7	160583	6.7	911460	15.0
1996	1139961	6.3	165247	2.9	974714	6.9
1997	1230248	7.9	171074	3.5	1059174	8.7
1998	1359830	10.5	181992	6.4	1177838	11.2
1999	1564352	15.0	191155	5.0	1373197	16.6
2000	1715800	9.7	200179	4.7	1515621	10.4
2001	1729100	0.8	212632	6.2	1516468	0.1
2002	1746500	1.0	228366	7.4	1518134	0.1
2003	1767500	1.2	246769	8.1	1520731	0.2

资料来源：深圳市龙岗区统计局。

这一时期，在各村镇招商引资及众多村集体经济组织作为推动城市化的一股重要力量的基础上，市区两级（尤其是区级）政府强力介入城市化进程。通过自上而下确立城市发展定位与策略、调整产业发展政策规则、提供公共服务产品等，形成以市场机制为导向的体制机制和政策措施，聚集扩张市场经济主体力量，推动龙岗区城市建设与社会经济的快速发展，其城市化进程主要呈现以下特征：

（一）低端制造的扩张与内化升级和重点区域的统筹开发，推动城市空间规模扩张、人口快速增长和经济高速发展

一方面，在全区"面向香港，开拓海外"招商引资策略的推动下，以村镇为主体的低端加工制造继续规模扩张。与此同时，为改变以"三来一补"企业为主体的工业基础的脆弱性和其外源型特征，保障地区工业的持续发展，市区积极谋划推进产业升级转型。在"发展高科技产业和民营企业"的区级决策下，有条件的村镇也改变以往产业发展的思路，积极引进技术含量高、资金技术密集的企业，一批高新技术企业、内联企业、民营企业落户龙岗，镇、村集体也以合作或入股方式联合办厂，呈现外源型经济内源化格局。局部地区引进的龙头企业开始聚集上下游

产业、科创型企业，如华为进驻并聚集带动坂田科创产业迅速发展，立密、兆驰等企业和新开发的居住小区等在华为周边区域聚集。

另一方面，建区后，行政权力重新分配，立足龙岗在全市的职能分工和角色定位，市区两级政府从多方面发力，聚力开发建设"两城多片"重点区域。包括：以区级行政中心带动新城开发建设，打造全区消费、服务功能中心，即龙岗中心城；开发宝龙工业城，新辟产业发展空间；引进龙头企业华为，集聚科创企业，建设坂雪岗工业区；开发建设龙城工业园及创业平台，吸引留学生人才，推进高新技术研究与开发；设立全市工业基地，建设深圳市大工业区，实现保税区的封关运营；协同全市产业发展部署，建设高新技术产业带龙岗各片区。

（二）空间发展呈现"东中西"功能分异、经济水平梯度差异的特征，部分地区逐步由"无序"向"有序"演化出多层次"扁平化"的空间格局

一方面，由于区位差异，西部沿深惠路分布的布吉、横岗等毗邻特区内都市核心区罗湖，尤其是布吉有龙头企业华为进驻，工业聚集规模与产业技术含量较高，在10个镇里经济最发达，其城市化水平较高，横岗镇仅次之。中部龙岗中心城所在的龙岗镇远离深圳都市核心，作为全区政治、经济、文化中心，自成一体建设特区外围的副中心，经过区级政府10余年聚力开发投入，其建设标准和品质远高于其他各镇。大鹏、南澳等镇因其"凭山临海"的资源禀赋，立足发展服务全市及区域的休闲旅游功能，并侧重发展水产养殖及技术开发等临海产业。

另一方面，经历改革开放二十余年的发展，龙岗区（包括特区外的宝安区）受镇（村）多级、多个主体主导推进的工业化、城市化及由此形成的经济力量的影响，其"农村城市化"过程中的城镇空间格局由"无序"逐步向"有序"发展，形成"自然村的小区化—行政村的集镇化—集镇的小城市化—区的大中城市化"几个比较明显的发展层次，整体空间组织呈现"扁平化"的发展特征。一是自然村向小区转化。改革开放早期，农村的发展缺乏宏观规划，村民房屋的建设、街道的布局杂乱无章，缺乏公服市政等配套设施。随着经济实力和村镇意识的提升，

后期通过开展文明小区建设等措施①，部分村规划建设水平得到逐步提升。这种自然村向文明小区的转化，使乡村的物质环境向城市的物质环境转化，物质空间上实质上完成了从村落向城市社区的转化。二是行政村向集镇的发展。许多行政村随着经济实力的增强，已形成了比较大的聚落，加之各类配套设施和机构的建立，已经具备了镇的规模和功能②；那些离镇区较近的行政村则与镇连成一体，从文明小区变成居委会或街道。③ 三是集镇的小城市化。随着自然村向集镇的转化，镇本身的实力也在增强，无论是经济实力还是人口，建成区都具备了小城市的规模（见表4-8）④；镇的中心区商业也比较发达，各类配套设施亦相对完备。四是行政区的大中城市化。按照规划，龙岗区实质上是计划建成一个与深圳市区独立的、自身功能齐全的大中城市。建区后，在"三优先""三齐上""三并举"的发展策略下，规划新建龙岗中心城，开发几大工业片区，各村镇规模进一步扩张。2003年全区GDP达644.05亿元，常住人口176.7万人，建成区面积143.5平方千米。从规模看，已是一个"散布"于行政区的大中城市，但其主要特征是"扁平化"的村镇经济实力和由此形成的利益团体，导致发展力量是分散型的，全区城市空间形成一种松散结构。

表4-8　　　　　　　龙岗区四镇2000年工农业总产值　　　　　　单位：万元

镇名	农业产值	工业总产值	工农业总产值
布吉	1968	556361	558329

---

① 当时每个镇都建立了一些样板文明小区，其有两类：一类是新建的小区，往往住宅大小一致（规定地面面积为100平方米），街道整齐划一；另一类是旧的村落改造，修建道路，建设卫生设施和实行文明小区管理。文明小区建设主要有几项内容：一是所有的建筑都按规划建；二是修建道路和排污设施；三是设立管理办公室，对外来人口、治安、卫生等方面进行管理，并建立管理档案。

② 如南岭村，过去是一个偏僻的行政村，2000年前后本村人口虽然只有七百人，但外来工却有两万多人；村里大型农贸市场、商场、小商品市场、影剧院、球场、邮电所、银行营业所、医院、学校、派出所、联系外部的公共班车等设施和机构都已设立，成了乡村里的都市。

③ 如坪山镇的坪环村，原来是环镇的行政村，但是随着镇区的发展已变成了镇区的一部分。

④ 如布吉镇、横岗镇、龙岗镇、平湖镇就都已具备了小城市的规模。这四个镇2000年的农业产值占工农业总产值的比重仅为2%—5%；这些镇的常住人口与流动人口加在一起超过了75.9万人。其中，布吉镇全镇面积为94平方千米，1978年以前全镇人口1万多人，全部靠耕田谋生，部分农村的温饱问题一直没有解决。但经过十几年的发展，人口已超过25.94万人，工农业总产值也超过了55.83亿元（见表4-8）。

续表

镇名	农业产值	工业总产值	工农业总产值
横岗	2126	457436	459562
龙岗	4906	382990	387896
平湖	2981	407590	410571

资料来源：深圳市龙岗区统计局。

(三) 村镇工业规模小布局散乱，工业用地占有率高、产出率低

由于各村利益分配的相对独立性及缺乏在规划基础上的土地利用指导，各村的经济发展和土地利用更多地从村自身的利益出发。在局部利益的驱动下，超前提取土地的经济效益成为各村镇的普遍行动。建区后的很长一段时期，农村集体经济组织依然忙于开发各自的工业用地，在村镇工业规模扩张中，"村村点火，处处冒烟""村村办企业，处处有厂房"仍然是龙岗区很多村镇工业布局的形象概括。土地的自发开发致使龙岗区村镇工业布局散乱，工业、居住用地占有率高，而土地产出率低。

企业规模上，村镇工业用地开发主要靠市场调节，呈现其固有的自发性与盲目性，农村集体经济组织以土地出租或圈地建厂房出租来满足"三来一补"企业的需求，规划迁就项目，土地利用跟着工业项目走，大量的小规模工业小区和独立的工业厂房遍地开花。龙岗区的工业重镇横岗，1998年全镇有"三来一补"企业和"三资"企业共758家，这些工业企业主要涉及电子、电器、五金、塑胶、玩具、服装等行业。其434万平方米的厂房分布在52个自然村内，最小的"工业区"仅有1栋厂房，建筑面积4000平方米。

用地布局上，一是村镇各类企业以外向型为主，对交通条件要求很高，一般会选择运输便利的区位办厂，各村镇有意识地在一些对外交通干道附近开发新区，导致村镇发展的用地形态呈现明显的道路指向性特征。建区前后，工业用地主要围绕深惠路等主干道和广深铁路分散开发，形成独特的工业走廊。二是交通干道所带来的巨大人流、物流吸引商业服务用地也沿线"一层皮"布置，形成明显的马路经济特征（见图4-10）。混乱的、相互穿插的用地布局长期制约城市化的空间集聚和建设品质的提升，不利于区域内工业基地与产业集群的聚集发展，也不利于商业服务业形成专业化、规模化效应。

图 4-10　典型的马路城镇景观：1997 年深惠路南联段

资料来源：龙岗街道。

用地结构上，具体表现在全区工业用地和商住用地比重偏高，公共设施用地、市政设施用地和绿地比重偏低。龙岗各镇工业用地占建设用地的比例平均为35%，一些经济发达的镇甚至更高；例如1999年横岗镇工业用地占建设用地比例高达43%，远远高于《深圳市城市规划标准与准则》中规定的20%—25%的标准。此外，村镇居住用地的严重超标以及"带资开发"带来的大规模商住用地开发导致整体居住用地规模偏大。布吉镇尤为突出，布吉镇现状居住用地为846公顷，其中商住用地为256公顷，居住用地占建设用地的比例高达30%；而与工业用地和商住用地比重偏高相对应的是公共设施用地、市政公用设施用地、道路广场用地和绿地比重明显偏低，用地指标远远低于《深圳市城市规划标准与准则》中的相关规定，其公共设施用地、市政公用设施用地、道路广场用地和绿地占建设用地的比例分别为3.72%、0.96%、3.98%、0.88%，均远远低于《深圳市城市规划标准与准则》中规定的第"2+3"项的和的标准（见表4-9）。

表 4-9　　　　　　　　　1999 年布吉镇现状建设用地一览

序号	用地代码	用地名称	面积（公顷）	占建设用地比例（%）	人均用地（平方米）
1	R	居住用地	845.97	30.33	28.68
2	C	商业性公服用地	26.37	0.95	0.89
3	G/IC	政府/团体/社区用地	77.18	2.77	2.62
4	M	工业用地	838.85	30.08	28.44
5	W	仓储用地	41.76	1.5	1.42
6	T	对外交通用地	46.97	1.68	1.59
7	S	道路广场用地	111.11	3.98	3.77
8	U	市政公用设施用地	26.78	0.96	0.91
9	G	绿地	24.43	0.88	0.83
10		推平未建用地	749.61	26.87	25.41
合计		总建设用地	2789.03	100	94.56

资料来源：深圳市规划国土局龙岗分局等：《龙岗布吉镇镇域规划》，1999 年。

土地产出上，早期发展的以"三来一补"为主的加工制造业及后期引进的技术含量相对较高的企业，其产值效益普遍不高。以工业相对发达的横岗为例，按 1998 年的统计资料计算，横岗工业产值 35.35 亿元，工业用地 7.59 平方千米，工业用地产值 4.65 亿元/平方千米，远低于当时现代工业土地利用投资 50 亿元/平方千米的产值水平。同时，横岗镇的厂房空置与工业用地闲置现象也很严重，1999 年横岗空置厂房面积达 9.1 万平方米，闲置工业土地 65 万平方米。

（四）村镇建设水平不高，生态环境遭到破坏

建区后，除"两城多区"重点区域和部分村镇局部空间通过新区建设、旧城改造，高起点、高标准统筹规划建设，逐步由"无序"向"有序"演化外，仍有大部分村镇早期形成的盲目无序、散乱布局的空间格局尚未得到整体改观。

村镇建设水平方面：一是道路修到哪里，村镇就建到哪里，是龙岗区农村城市化之初的一个普遍现象。[①] 农民洗脚上田以后，为了追求经济

---

① 深惠路在龙岗境内有 40 多千米长，道路两侧厂房、商铺、住宅比肩而立，形成奇特的狭长城市走廊，极少见到开敞的绿色空间。

利益，将住宅和厂房沿马路建设，有的甚至放弃了原有的村落，整个村搬迁至公路沿线，形成了以马路为轴线的城镇带状发展区。二是早期由于缺乏规划的有效控制，各镇中心区的公共建筑造型千姿百态，色调各异，再加上杂乱无章的广告招牌，沿线街景就是一个建筑"万花筒"。三是私人住宅抢建蔓延形成量大面广的"城中村"，并逐渐固化为城市长期的既得利益群体。而私宅建设基本无建筑设计，主要依照业主的喜好而建，加上村民为了节省钱，往往都借用图纸套图，在施工中再根据自己想法局部调整。由于村民审美观的差异，加上建筑市场的不完善，许多私房系个人设计，设计水平高低不一，建筑见缝插针，东一栋、西一栋，日照间距和消防间距大多不符合规范，这些建筑被人们戏称为"握手楼"。四是很多村镇内道路曲折狭窄，路网不成系统，缺少停车场地，缺少公共绿地，缺少公共配套设施，就连生活垃圾站都难以找出空地安置，污水排放只能进行简单处理，环境相当恶劣。"屋内现代化，屋外脏乱差"，是这类村镇现状的形象描述。五是龙岗区分布的众多客家民居，是深圳传统地域文化的精华和代表。在快速的城镇化进程中，很多看起来残破的客家围屋未得到重视，甚至被视为阻挡社会经济发展与物质文明建设的阻碍。一座座在岁月的风雨中矗立数百年的建筑，在现代化的建设中成片地倒塌。一批有着较高历史文化价值的客家围屋虽有幸得以保留下来，但由于保护措施和资金难以落实，日益被周围新建的各类建筑包围，地域文化特征和历史景观风貌在城市化过程中得到的保护和发展有限。

生态环境影响方面：一是乡村以土地和廉价劳动力以及较宽松的监管吸引加工制造业，各村镇发展的工业大都以粗放型为主，这些粗放型工业往往环境污染较严重①，大多河流成为天然的排污沟，对河流、海洋、植被等生态环境造成较大污染。二是城市化过程中的无规划和无序开发及经济过热时期的大量地推山平地过度开发，导致了严重的水土流失。陡坡开荒种果、滥建采石场、随意取土挖沙，大面积平土区的地表植被的毁灭性破坏，再加上农村城市化过程中污水及垃圾等处理设施和环保意识的滞后，造成了生态环境的退化。

---

① 深圳市龙岗区统计局显示，1997年以前龙岗区的工业废水处理达标率还达不到30%。

（五）多项改革促进政企分离、产权明晰，推动市场经济体制的深化完善

改革的核心是深化市场经济体制，强化市场的基础性作用，从而提升资源的配置效率。集体经济股份合作制改革上，打破村民平均分配、无偿分得股权和股份不对外流通的弊端，按照"承认贡献，拉开档次，股权切断"的原则进行改革和创新，实现股权从无偿分配到有偿分配的转变，强化了按劳分配的市场"精神"。政企分离经营体制改革上，通过政企分离、将一些竞争性的事业单位推向市场，强化了企业的市场主体地位，形成"小政府、大市场"的发展格局；并通过"抓大放小"整体转让或股权转让、对外租赁、托管、拍卖等方式明晰产权，进而激发产权所有者的积极性，提升企业生产经营效益。财税管理体制改革及税收政策上，一是进一步厘清了市、区、镇财政收入分配机制，提升了各镇发展产业、提升经济水平的积极性。二是通过持续推进税务管理体制改革，不断提升税收征管效率和水平，适应市场经济发展需求。三是衔接国家税制建设和深圳经济特区享有的"先行先试"优惠政策，在进一步改革完善税制的基础上，实施了以财税收优惠为主促进高新技术产业发展的政策，总体上保持了相对全国较低的税收水平；该政策兼以财政补贴或政府奖励的方式，支持和促进高新技术产业的发展，并逐渐发展成为全国性的针对高新技术企业的税收优惠政策，推动了《企业所得税法》《企业所得税法实施条例》的颁布施行，为国家税制改革和完善提供丰富的地方实践经验。投融资体制改革上，在早期"带资开发"的基础上，通过BOT、TOT、抵押贷款等方式，拓宽融资渠道、引入社会资本参与城市公共服务产品的建设，缓解城市城府资金短缺问题，加速城市化进程。此外，全国首创土地使用权按揭出让制度，打通银行资本进入实体企业的融资壁垒，促进企业与城市的快速发展。住房改革与地产市场发展上，先是实施"房随地走，两证合一"管理模式，理顺房地产管理机制；接着是衔接国家住房制度改革，逐步结束机关、企事业单位福利分房和住房的实物分配政策，住房制度实行货币化改革，把住房出售给职工，形成独立而清晰的住房产权主体；随后商品房的开发建设与地价挂钩，推动了房地产市场的发展，形成了后来土地财政与土地金融的制度基础。

（六）居住区商品房与城中村私房并存发展，演化出住房与公共服务供给的"双轨"模式

龙岗高速城市进程中，土地二元结构也孕育出商品房与"城中村"私房两种不同的住房与公共服务供给机制。很有意思的是，两者在城市发展中，各自形成机制不同，发挥出不同的作用，形成了独特的"双轨"模式，也一定程度上匹配了龙岗高速城市化进程中产业与人口发展的特征和需求：前者主要是在政府主导的制度建构和政策管控下形成，主要为城市户籍人口和投资置业群体提供了长期的居所和较高品质的公共服务；后者主要来自市场条件下地方村民的自发逐利行为与"租赁"经济，为流动人口或暂住人口提供了短期或临时居所和基本公共服务。

商品房方面，政府住房改革推动的地产市场发展，使政府可以通过土地直接或间接融资，逐步建构起我国独特的住房与公共服务供给的制度基础——通过储备土地抵押贷款和出让经营性用地使用权，在覆盖城市发展的供水、供电、交通、学校等公共基础设施建设投资的同时，市场力量通过从政府购买的土地使用权融资，快速生产出大量地产产品。住房和公共服务的提供，为"育产引人"及企业与工商税源的发展创造了条件。这一住房及公共服务供给机制，随后在各地城市广泛应用，破解了我国城市化初期巨额建设资金需求的"传统原始积累"问题。这一制度的基因是：在高速城市化人口快速进城住房供不应求的周期里，一级土地市场大规模投放土地资源①，以土地和以其为载体的不动产作为金融系统的抵押物，完成了规模庞大的信用生成，创造出大量货币，为各个行业发展提供了廉价的资本支持，进而推动经济高速增长，创造出巨大的社会财富。也许正是因为房地产市场肩负的为金融系统提供信用的职能，使其成为一把"双刃剑"——金融系统提供货币创造需求的速度越快、公共基础设施建设规模越大，引起房价涨速越快、房价越高。住房已然不仅仅是居住功能，更是无偿捕获公共服务累计改进带来增值外溢的工具，大大刺激了住房的投机性。房地产过载的金融属性似乎抑制了住房作为居住的社会功能，进而传递影响到与其社会功能关联的科技创新、制造业等经济实体，即过高的房价形成的居住成本间接推高了科

---

① 各级政府在制定土地利用总体规划和城市总体规划时，通过最大限度地争取建设用地指标，为地方一级土地市场大规模的土地资源投放创造条件。

技研发成本、制造业的生产成本，削弱其在国际市场的竞争力。

私房方面，早期龙岗10镇的村集体松散分布在整个龙岗地域，本地村民早期直接在集体土地上建设私人住宅，私宅用地占比如图4-11所示。几次抢建潮催生出规模庞大的"城中村"，这些城中村随着城市空间规模的快速拓展，很快嵌套在整个城市空间中。虽然早期政府缺乏建设资金，村集体投资建设了简单的交通、水电等基础设施；但后期城市公共基础设施、商贸物流体系等建设大规模铺开后，这些散布嵌套于城市整体空间的"城中村"，也无偿共享城市公共基础设施的建设投入。私人建房形成的"城中村"为外来务工人员构成的庞大流动人群提供了廉价的租房供应，解决了从事低端制造业的工厂工人和从事城市各类服务行业的大规模中低收入人群的居住问题。在"杜绝入市交易、放开租赁市场""嵌套'搭便车'共享城市大部分公共基础设施"的政策默许条件下，原住村民实际上是房屋建设、维护、租赁管理等的主体，巧妙地替代了政府大规模建设公租房的巨大投入和日常租赁、维护等管理需要支付的高额成本。与此同时，"城中村"私房在城市化进程中一直扮演着城市重要的低成本居住空间角色，解决了中低收入群体尤其是以大规模外来人口构成的高度流动性为特征的人群的居住需求，间接降低了企业生产与社会整体营商成本，塑造了极强的城市韧性，对稳定龙岗及深圳工业立市的发展根基起到了积极作用。

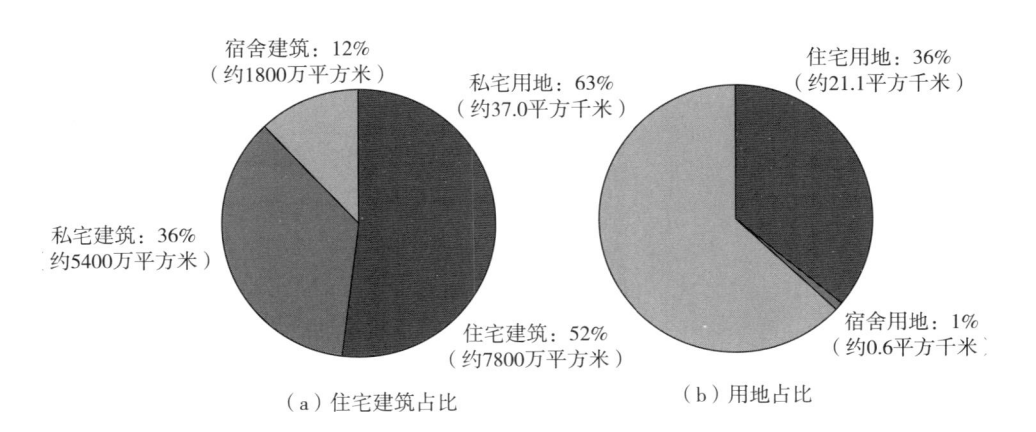

（a）住宅建筑占比

宿舍建筑：12%（约1800万平方米）
私宅用地：63%（约37.0平方千米）
私宅建筑：36%（约5400万平方米）
住宅建筑：52%（约7800万平方米）

（b）用地占比

住宅用地：36%（约21.1平方千米）
宿舍用地：1%（约0.6平方千米）

图4-11 龙岗区各类住宅建筑及用地占比

资料来源：居住用地来自第三次国土调查；居住建筑量来自深圳2019年建筑普查。

（七）建立"规土"管控体系，逐步完善城市规划建设管理机制

在市区建制的政府行政运作框架内，随着城市规划建设活动的推进和实施，作为政策目标的实施工具，从机构职能确立与组建、规划编制实践与体系创新、土地开发建设管理、规划管理与服务等方面，龙岗区初步建立起市—区—镇上下联动、垂直管理的"规土"管控体系。在城市规划建设管理实践工作中，"规土"部门与其他政府部门横向协调，与村镇基层组织互动沟通及服务，经过不断的磨合、调整，逐步在政府行政运作机制内树立起"规土"体系运转的基本程序，推动了城市规划建设管理机制的发展完善。首先，由市县建制的农村管理体制向市区建制的城市管理体制转变后，"规土"机构市—区—镇"条线"垂直管理职能确立，建立起了市区对村镇的统筹协调机制。其次，基于土地管理法和城市规划法要求，通过开展从全域覆盖的次区域规划、镇域规划到局部区段或地块的重点开发区规划、试点村规划、旧城改造规划、详细蓝图规划等，在深圳市"三层次五阶段"基础上建立起龙岗区"三层次六阶段"的规划分层控制体系与可操作平台，统筹空间资源整体部署与局部使用的关系，提升了空间资源配置的合理性和规划实施的可操作性，推动了"规土"管理的法制化进程。再次，土地开发建设管理中实施的征地、土地储备机制，对政府垄断土地一级市场，降低土地交易成本创造了条件；同时建立起了"招拍挂"的市场交易机制，促进了房地产市场的快速发展。最后，规划管理与服务的创新探索和实践，逐步完善了"规土"体系的管理运行机制，提升了规划编制与管理的技术水平和实施实效，优化了政府行政运作的框架和机制，整体提升了政府行政管理效率。

第五章　功能完善：全面城市化时期（2004—2011年）

第一节　坚持改革开放和科学发展

2003年以来，深圳市城市化进程在改革开放大背景下展开，国家层面对深圳发展自上而下的战略决策，以及深圳市政府在城市发展中自下而上的积极主动对接，共同推动着深圳城市化进程的快速发展。在全国各地都在进行新一轮改革，力促大发展激烈的竞争形势下，龙岗全面贯彻落实科学发展观，改革创新，全力推动城市化、现代化"双跨越"发展，推进龙岗与特区内以及区内东、中、西片区"双协调"发展，逐步走上以质量和效益为主要特征的科学发展之路。

一　迈向"大特区"时代

（一）特区一体化进程

2003年，深圳市委、市政府出台《关于加快宝安、龙岗两区城市化进程的意见》，该意见标志着宝安、龙岗两区全面城市化工作正式启动。同年10月30日，为加快深圳国际化城市步伐，促进特区内外经济社会全面协调发展，深圳市委、市政府召开了"宝安、龙岗两区城市化工作动员大会"，提出要统筹推进宝安和龙岗两个原特区外地区的城市化工作。明确10项工作重点及政策措施，涉及行政管理、经济管理、发展规划、土地资源、市政建设、城市管理、户籍与计划生育、社会保障和劳动就业、教育、党建各方面事务，并着手在宝安区的龙华镇、龙岗区的龙岗镇进行试点。其中，经过8个月的试点，龙岗镇被改制成为龙岗、龙城2个街道办事处，由此村民成为市民，各村也全部实现了社区化管理。

2004—2009年6年，深圳市开始第二次农村城市化，城市化进程迎来重大历史性改革。2004年6月26日，出台《深圳市宝安、龙岗城市化土地管理办法》，以及涉及集体土地转为国有土地适当赔偿标准、集体土地转为国有土地实施程序以及土地储备问题的3个附件，宝安、龙岗两区土地纳入全市统一储备管理，为特区外全面从村镇发展向城市发展奠定了土地政策的基础。6月30日，市委市政府举行宝安、龙岗两区城市化试点总结及全面城市化动员会，在总结龙华、龙岗经验的基础上，全面部署铺开工作。2004年年底，深圳全市户籍人口中的农业人口全部改为城市居民，户籍由农业户口变更为城市居民户口。原来的260平方千米的集体所有土地也转为国有。拥有土地所有权的农村集体经济组织的农民转为城市居民后，按照国家土地管理法有关规定，原属于集体所有的土地一次性全部转为国家所有。

2004年1月，龙岗区作为城市化的试点，龙岗的"村改居""村改社"开启了全面城市化的探索，龙岗镇率先实行"撤镇设街"的改革，改为龙岗、龙城两个街道办事处，街道办事处不再是一级政府，而是区政府的派出机构。同年8月，龙岗区其余9个镇同时改为街道办。与此同时，首次进行的"村改居"也在新成立的龙岗和龙城两个街道办推行，共产生11个社区居民委员会。同年9月15日，龙岗区布吉街道办的南岭、坂田村，坑梓街道办的龙田等最后20个行政村举行了"村改居"挂牌仪式，至此，龙岗区原有的91个行政村已全部改为社区居委会，11.9万农民彻底告别农村，标志着"农村"在龙岗区成为历史。至此，深圳全域农村用地全部转为国有。深圳市率先全面实现农村城市化，成为全国第一个没有农村建制、没有农业户籍人口的城市。

龙岗区的全面城市化与深圳发展史上的一件大事密切相关，即2007年1月17日，国际大体联在意大利都灵宣布，深圳将承办2011年第26届世界大学生夏季运动会（以下简称大运会），而龙岗区正是大运会的主会场所在地。

2007—2009年，龙岗区抓住迎办大运会这一历史性机遇，城市建设投入力度、建设速度、城市发展态势形成一波波高潮，仅投资额一项就达240亿元，比前10年市区投资总额还多，迈出了全面城市化的关键一步。

2009年，深圳为加快推进特区内外协调发展，原属龙岗区的坪山和坑梓两个街道办及深圳大工业区整合而成的坪山新区挂牌成立，划出总

第五章　功能完善：全面城市化时期（2004—2011 年）　/ 215

面积超过 167 平方千米，人口超过 60 万人，这是继光明新区之后深圳设立的第二个政府直接管理的功能区；2011 年 12 月，原属龙岗区的葵涌、大鹏、南澳三个街道办事处整合而成的大鹏新区挂牌成立，划出陆地面积 289.8 平方千米，海岸线长 133.22 千米，总人口约 18 万人。坪山新区和大鹏新区均作为功能区，探索"市—新区管委会—办事处"的一级政府三级管理模式，取代现行"市—区—街道—社区工作站"的二级政府四级管理模式，以缩短管理链条，提高行政效率。坪山、大鹏的分立，从长远来看，对龙岗区的经济发展、资源禀赋、土地空间、区域关系、资源投放等方面产生深远的影响。从深圳市级层面来看，这是实现工业化和城市化相互促进、同步发展，提高特区一体化发展水平的重大举措。通过深化基层行政管理体制改革、创新城市管理模式，龙岗区所辖街道共 8 个，进一步探索科学发展新路径，优化产业布局，加快培育新的经济增长点；进一步提升社会管理和公共服务的精细化水平，探索新形势下社会建设的新路子；进一步加快特区一体化和城市组团化发展，提升城市的发展质量和水平，这些举措都具有重大而深远的意义。[①]

2010 年迎来了对于深圳未来发展至关重要的里程碑事件：特区扩容。随着国务院作出《关于扩大深圳经济特区范围的批复》，同意将深圳经济特区范围扩大到深圳全市，将宝安、龙岗两区纳入特区范围。批复要求广东省和深圳市做好特区范围扩大后的统筹规划工作，坚持走集约化、内涵式发展道路，进一步做好特区城市管理、产业布局、土地利用和城市规划等工作，加强环境保护和生态建设，推动深港合作和珠三角地区一体化发展，更好地发挥深圳经济特区在新时期对全国深化改革开放、促进经济发展方式转变、构建社会主义和谐社会的示范和带动作用。2010 年 7 月 1 日，深圳经济特区范围正式从原来的福田、罗湖、南山、盐田四区延伸到全市，特区面积从 327.5 平方千米扩大至 1996.85 平方千米，深圳发展迈进了"大特区"时代。

7 月 2 日，市政府下发《深圳经济特区一体化发展总体思路和工作方案》，提出要实现原特区内外法规政策、规划布局、基础设施、城市管理、环境保护以及基本公共服务"六个一体化"的目标，明确"当年初见成效、五年根本改观、十年基本完成"的时间要求。其后，市委、市

[①] 杨洪等：《新型城市化视角下的龙岗探索与实践》，海天出版社 2014 年版。

政府先后实施了三轮特区一体化建设实施计划，着力推进区域协调发展，全面推进法规政策、规划布局、基础设施、管理体制、环境保护和基本公共服务一体化，把更多的资源、财力向原特区外倾斜，特区一体化建设取得显著成绩。同年12月，市委、市政府制定了首个特区一体化建设实施计划——《深圳经济特区一体化建设三年实施计划（2010—2012年）》。该计划明确了9项基础设施建设的主要指标，要求清理法规统一政策、实现法规政策一体化，强调要调整结构优化布局、实现规划布局一体化，提出一系列加快基础设施建设、加强环境保护、提升公共服务水平以及促进深港合作、深莞惠一体化的任务，强调要推进财政体制、公安管理、城市管理、环保体制、水务管理和基层管理体制改革。

2010年，深圳经济特区113部法规和70部规章得到全面梳理，有效解决了特区一体化相关法规的适用问题。① 41千米地铁线路投入运营，道路、供水等一批基础设施项目建设加快推进，光明、坪山等功能区和龙华、大运等新城建设明显加快。2012年，深圳市特区一体化建设三年实施计划全面完成，法律法规一体化顺利实现，原特区外GDP总和占全市比重提高至46.5%。三年来，原特区外固定资产投资达4429亿元，完成计划的1.6倍；500米公交站点覆盖率从78%提高到90%；千人总体学位数从78个提高到98个。龙岗区城市现代化水平进一步提高。

（二）紧抓"大特区"契机，社会事业发展突飞猛进

深圳特区一体化使龙岗区长期以来积累的基础设施欠账得到了有效弥补，龙岗区产业布局、城市管理、环境保护、公共服务等得到提升，有力地促进了深圳不同区域间的协调、可持续发展。深圳特区一体化探索了一条推进区域协调发展、区域一体化的成功之路。尤其是深圳清理和统一特区内外法规和规章、公共政策，抓好宏观规划布局，把更多的资源、财力向原特区外倾斜，以改革实现管理体制一体化等做法，具有积极的借鉴作用。

在特区一体化政策推动下，市、区两级财政不断加大对基础设施建设的投入力度，固定资产投入在拉动经济发展的同时，直接推进了城市建设进程，提升了社会事业发展水平。比如，城市化政策实施后的2005

---

① 姚康、周丽亚：《从快速城市化到深度城市化——深圳新型城镇化道路探索》，《住宅与房地产》2017年第24期。

年，市财政对龙岗基础设施建设的专项投入资金达 10.22 亿元，比 2004 年增加近 1 亿元，也是 2002 年城市化政策实施前的 2.3 倍，不仅投入力度大，而且增长速度快。与此同时，龙岗区也坚持多渠道筹措基础设施建设资金，2005 年区级财政投资 29.76 亿元[①]，有效带动了更多社会资本投入城市开发建设。

同时，随着市、区两级财政不断加大对民生事业的投入力度，全区公共服务水平大幅提升，龙岗居民由此享受到更多的发展红利。以教育、医疗卫生为例，自 2003 年以来，专任教师人数、在校学生人数、医疗机构数量、医院床位数量、卫生技术人员数量等均实现大幅增长，且同深圳市其他区的差距进一步缩小。通过与一直领先的福田区以及同为原特区外社会事业发展基础相对薄弱的宝安区进行比较来看，教育方面，2003—2012 年龙岗在学校数量总体保持稳定的情况下，在校学生数量持续增加，远远超过福田，紧逼宝安。与此同时，龙岗专任教师数量也呈现大幅增长态势，在 2003 年还落后福田，到了 2006 年即与福田基本持平，自 2010 年开始实现反超，发展速度快于原特区内及深圳市平均水平。在医疗卫生方面，2003 年龙岗拥有医疗机构仅 197 家，到 2006 年迅速赶超福田和宝安达到 620 家，但自 2010 年以来发展速度较慢，同宝安的差距也逐渐拉大。在辖区床位拥有数量方面，全区 2003 年仅有 1197 张病床，数量在全市垫底，随着区政府不断加大医疗卫生投入，2006 年床位数量比 2003 年增长 73.5%，2010 年床位数量较 2006 年更增长了 113%。但随着辖区人口的不断增加，医疗机构和床位数量仍然存在很大的缺口。

在此期间，尽管龙岗在医疗卫生机构数量和床位数量等指标方面整体落后于福田、宝安及深圳市平均水平，但是由于自"十五"以来区委区政府高度重视医疗卫生专业技术人才队伍的引进工作，辖区医疗卫生专业技术人员总数和执业医师数量均呈现大幅增长之势，其中 2003 年全区仅有卫生专业技术人员 2621 人，到 2012 年则发展到 11398 人，十年增长 335%；而且，同期执业医师人数也从 2003 年的 979 人增加到 2012 年的 4161 人，十年增长了 325%。

特区全面一体化以来，龙岗社会事业发展进一步提速，与原特区内的

[①] 南方日报《"四个全面"的基层实践》写作组：《"四个全面"的基层实践：深圳市龙岗区跨越式发展的路径与启示》，南方日报出版社 2015 年版。

差距进一步缩小。2010年7月1日，中央宣布深圳特区扩大到全市，深圳市推出《深圳经济特区一体化建设三年实施计划（2010—2012年）》，提出要以公共服务均等化为目标，以转变发展方式为核心，以基础设施建设为先导，以财政体制改革为抓手，以体制机制创新为动力，以"四大新城"发展为依托，全面推进法规政策、规划布局、基础设施、管理体制、环境保护和基本公共服务"六个一体化"，不断提高城市管理和社会管理标准和水平，龙岗又一次迎来腾飞发展的新机遇。为此，龙岗区顺势而上，及时出台《龙岗区一体化建设三年实施计划（2010—2012年）》，以"六个一体化"为重点，以坂田特区一体化先行示范区建设为突破口，通过"找差距、定目标、上项目"，强力推动龙岗经济社会发展迈上新台阶。

二　推进投融资体制改革

（一）龙岗区投融资改革实践

深圳市龙岗区自1993年正式建区后，由于在基础设施建设方面存在底子薄、基础差、历史欠账多等问题，是深圳市开展政府投融资改革工作较早的行政区之一。龙岗区较大规模的投融资改革工作始于2002年下半年，在此后十多年时间里，通过构建区属投融资平台，引进国开行银团贷款及其他商业银行的贷款等方式，迅速推进深圳地铁三号线建设、深惠路（国道205深圳段）改造等六大基础设施项目建设，极大地加快了龙岗区城镇化的发展进程。在此基础上，抓住深圳举办第26届世界大学生运动会的机遇争取"一场两馆"在龙岗落地，并借此通过向市级财政借款等措施，在交通、水务、文体、教育、卫生等领域积极开展引入社会资本的投融资实践工作，使龙岗的城区尤其是"大运新城"的建设发展取得了跨越式进步。[①]

2004年，龙岗区实施《龙岗区投融资体制改革项目管理办法》，相继出台银行融资、投融资项目招投标、教育、污水垃圾处理、医疗卫生、道路交通（地铁）、供水、文体8个实施细则，形成完整、配套、可操作的制度体系。控制银行贷款规模，降低资金使用成本，提高银行贷款使用效率。2006年，加强与国家开发银行的信用合作，与其签订30亿元的

---

① 庄鹏：《深圳市龙岗区规范推动政府和社会资本合作（PPP）对策研究》，硕士学位论文，兰州大学，2017年。

信用合作协议,保证深惠路改造、奥体新城拆迁等工作的顺利开展。

2007年,区发改局总结区投融资体制改革工作经验及问题,提出具有针对性的改革措施。年内,合理控制银行贷款规模,提高银行贷款的使用效率,利用各街道城市化闲置转地款,用于深惠路改扩建和地铁3号线工程建设,到位"委托贷款"1.4亿元,形成政府、银行、社区三方共赢,政府节省工程利息支出270万元,社区集体经济增加利息收入230万元。组织实施地铁3号线及深惠路改扩建工程征地拆迁资金银行贷款,签订贷款合同30.8亿元,使用短期资金21.78亿元,可节约资金使用成本1500万元。推进平湖金融后台服务基地建设。发改局会同相关部门制定金融后台服务基地的总体规划、建设模式,成立建设和拆迁领导小组机构,11月举行市金融后台服务基地奠基仪式。协调实施区固体危险废弃物处理基地和垃圾沼气发电项目,评审项目可行性报告,与投资者进行BOT合同谈判。协助区卫生局实施"龙岗区中心医院五官科医院项目",推进区有关部门与深圳相控科技有限公司合作建设坪山垃圾填埋场。

2010年,龙岗区城投公司成立并正式运作,积极与银行、大型国企商洽合作机会,大胆创新融资方式,策划参与重点片区土地整备、百达厂与龙岗工业园等园区的升级改造,为下一步开展融资运作打下良好基础。积极鼓励引导社会资金参与民生事业建设。龙岗中医院与平安信托签订战略合作协议,龙城医院与英通医院合作建院事项取得实质性进展,[①]为在更多领域引入社会资金发挥了示范作用。

2011年,融资平台不断创新。建立由区投资管理公司、区城投公司和区住建局、环保水务局等部门参与的多元化投融资平台,确立具有龙岗特色的"2+N"投融资平台格局。

2013—2014年,龙岗区更是充分利用规划资源,拓宽城市建设投融资渠道,率先在文体领域形成了引入社会资本参与项目建设及运营管理的良好工作局面。其中,大运会中心"一场两馆"的社会运营、布吉文体中心项目BTO社会化运作等,实现了政府、企业和社会三方利益共赢的目标,赢得了社会各界的好评。例如,龙岗区大运会中心项目,总投资约44亿元,无论是占地面积、建筑面积以及投资总额,在国内同类型

---

① 毕国学:《龙岗经济增长与转型升级双轨并进》,《深圳商报》2011年3月1日第A14版。

项目中均名列前茅。但是，维持这一超级体量体育项目基本运转的成本也非常高昂，据统计，大运中心在实施市场化运营以前每年的收支缺口约为4000万元。大运中心"一场两馆"成功实施社会化运营的关键在于政府利用规划资源平衡项目运营巨额支出，实现项目自身平衡，开创性地破解了大型体育场馆"赛后再利用"的世界性难题。在设计项目的交易结构时，大运中心"一场两馆"运营商选聘工作领导小组创造性地提出了外围临时商业反哺内场运营亏损的方案，即允许运营商在项目的空地上兴建一定数量的临时商业，通过临时商业的收益平衡内场运营的亏损。一方面，减轻了政府财政资金持续投入的压力；另一方面，提升了政府存量资产的盘活利用效率，项目举办活动带来的人流以及项目自身影响力的提升还将间接带动周边约1平方千米政府储备土地的升值。批准运营商在项目的外围建设一定数量的临时商业设施就是典型的政府动用规划资源的实践。从项目实施近两年的效果来看，大运中心一场两馆通过规划资源平衡项目运营缺口的做法是值得推广的。①

（二）龙岗区投融资改革经验

适度的机制创新。受预算法中地方政府不能举债的限制，过去地方政府可用于城市建设的资源非常有限，龙岗区大胆地进行机制创新，通过区属平台公司以及区建筑工务局等平台进行适度举债，仅用少量的政府资源就撬动了大量的建设资本。

过去十几年龙岗区尝试了项目贷款、委托贷款、银团贷款、企业债、信托、融资租赁以及企业债等各种举债方式。同时，由于在举债时注重统筹协调并充分考虑了区政府预期财政收入对债务的全覆盖，以致区政府的存量债务总量仍然呈现较为健康的状态，这一做法即便在全面清理地方债务的审计中也得到了国家审计署的肯定。

龙岗区在投融资工作方面的机制创新还包括：①组建城市建设投资公司作为投融资平台，注入资金，实现资产转资本，使区属资产具备再融资能力。②把握政策脉搏，与国开行形成战略合作，使用棚户区改造专项贷款资金推进重点片区改造；向建设银行、光大银行等商业银行贷款推进保障房建设。③与市特建发公司合作，搭建市区融资平台，优化

---

① 庄鹏：《深圳市龙岗区规范推动政府和社会资本合作（PPP）对策研究》，硕士学位论文，兰州大学，2017年。

龙岗债务结构。

健全的制度建设。过去十几年，龙岗区出台了一系列有关投融资工作改革的制度，并在实践中不断地完善这一制度体系。龙岗区政府于2003年制定投融资体制改革项目、银行融资项目、项目代建制、投融资项目招投标"四大办法"；2004年出台了银行融资、投融资体制改革等8个领域投融资制度实施细则；2006年，制定了《龙岗区政府投资项目使用银行贷款实施办法》，提高了银行贷款的使用效率；2007年，制定了《关于进一步完善政府投资市政项目审批制度的方案》，提高了区政府的审批效率，加快了项目建设进度；2010年、2011年继续深化投融资体制改革，制定出台了推进社会投融资项目机制改革的《龙岗区投融资项目快速推进机制》；2014年下半年，制定了《龙岗区鼓励和引导社会资本参与民生项目的实施意见》，鼓励和吸引社会资本投资龙岗区民生项目。实际上，龙岗区投融资管理制度中很多机制与后期出台的国家层面政策能够基本保持一致，相继被很多区外政府学习和借鉴。

丰富的项目实践。除了机制创新和制度建设，龙岗区政府在交通、水务、教育、卫生、民政和文体领域也广泛开展各类项目实践工作。龙岗区是深圳市城市更新面积最大、数量最多的区，项目数量约占全市更新总量的40%。为达到高起点规划、高质量实施、高标准建设的目标，龙岗区统筹推进城市更新与基础设施建设项目投融资工作，鼓励城市更新主体与政府一起，共同建设城市次干道、支路、学校等公共设施，走出了一条全新的地方政府城市更新道路。据统计，2013年全年龙岗区安排重大项目49项，完成年度投资81.55亿元，其中政府投资仅为8.77亿元；截至2014年年底，龙岗区已有34家企业，先行投资建设99个城市更新项目周边配套公共设施，包括81条道路、14所学校、4个公园等，投资总额约23亿元，节省财政资金13.8亿元。[①]

三 股份合作公司制度创新

（一）龙岗股份合作公司新阶段

股份合作制经济作为社会主义公有制的一种重要实现形式，成为农村改革与发展的主旋律，这种经济形式在龙岗城乡地区得到迅猛发展。

---

① 庄鹏：《深圳市龙岗区规范推动政府和社会资本合作（PPP）对策研究》，硕士学位论文，兰州大学，2017年。

"全面城市化"时期龙岗进入了股份合作公司新阶段，这个阶段的主要特点是，股权流动性进一步加大，企业按现代企业制度进行规范管理。股份合作公司是城市化的产物，也是深圳经济特区的一项制度创新（1991年秋，深圳经济特区农村城市化调研组分赴福田、罗湖、南山等地开展调研。1992年7月16日，深圳经济特区内首家股份合作公司——深圳市上步实业股份有限公司成立）。2003年10月29日，深圳市委、市政府联合下发了《关于加快宝安、龙岗两区城市化进程的意见》，决定全面进行深圳市农村地区城市化改造。2004年5月11日，深圳经济特区外的宝安、龙岗两区城市化进程中第1家股份合作公司——深圳市新生股份合作公司宣告成立。

按照市、区政府城市化的改制工作要求，龙岗区原农村集体经济组织统一改制为股份合作公司，进行工商登记注册，成为具有法人资格的企业。至此，龙岗区完成了农村集体经济组织到现代企业形式的转变，并将现代化企业管理制度融入社区股份合作公司中。当年龙岗区92个行政村，598个自然村，约700个原农村集体经济组织改制组建311家股份合作公司。2008年，龙岗区在全区范围内进行了股份合作公司董事会、监事会、集体资产管理委员会成员的换届选举，各股份合作公司在修改后的新章程中第一次明确规定赋予股份合作公司集体资产管理委员会"集体股"表决权。截至2008年12月31日，龙岗全区股份合作公司股东总人数为109057人；资产总额为282.05亿元，净资产为195.15亿元；实现总收入37.07亿元，股东集体分配净利润总额为8.2亿元，股东人均集体分配7515元。[①]

（二）股份合作公司模式

股份合作公司是城市化的产物，也是深圳经济特区的一项制度创新。股份合作公司既不同于《中华人民共和国公司法》规定的公司法律主体，也区别于村集体经济组织。它与原村集体经济组织的根本区别是进行了工商登记，建立法人治理结构，实行企业化运作，但股份合作公司的本质仍是集体企业。其资产和权益由股东共同享有，仍具有原村集体经济组织的平均性、福利性和封闭性等特点。

2004年农村城市化后，由龙岗、宝安两区原农村合作社、联社、经

---

① 陈芳路、陈波摄：《龙岗区的股份合作经济》，《中国农民合作社》2009年第12期。

济发展公司转制而成的股份合作公司,在工商注册登记时,除个别行政村外,基本上按 1994 年颁布的《深圳经济特区股份合作公司条例》规定,统一名称为股份合作公司(此前,深圳还没有以股份合作公司命名、注册的公司)。虽然当时《深圳经济特区股份合作公司条例》不适合深圳关外,但在股份合作公司名称上,深圳关外却遵循了该条例的规定。实践证明,这一做法名副其实。

1. 公司组织形式

2004 年龙岗区(含坪山、大鹏新区)92 个行政村,598 个自然村,共约 700 个原农村集体经济组织改制组建 311 家股份合作公司。原农村集体经济组织改制为股份合作公司主要有两种形式:一是联合组建。原行政村、自然村集体经济组织共同组建一个社区股份合作公司,原自然村集体经济组织作为股份合作公司的分公司或下属独立核算单位。二是单独组建,即原行政村和自然村集体经济组织分别组建股份合作公司,单独运作,互不干涉。[①]

在股份合作公司组建形式上,龙岗区不搞"一刀切",而是由各公司自主决策,社区及居民小组可各自独立或联合成立股份合作公司,可以设置分公司或子公司。按照现代企业制度的要求,遵循"自主经营、自负盈亏、自我发展、自我约束"的原则,股份合作公司建立了"三会"——股东代表大会、董事会、监事会;同时成立了集体资产管理委员会,建立了集体资产管理制度。在股份合作公司中建立集体资产委员会,这在全国是一个创新。而赋予集体股表决权,在全国也开创了一条先河。

股份合作公司成立股东代表大会、董事会、监事会和集体资产管理委员会。股东代表大会为公司的权力机构。董事会为公司的经营决策和业务执行机构。监事会为公司业务和财务的监督机构。集体资产管理委员会,作为集体股和集体资产管理代表人,成员由股东代表大会在董事会、监事会、股东代表中选举产生,经街道办事处批准后成立。集体资产管理委员会负责集体资产的监督管理,保障集体股收益的合法用途,接受街道办事处、居委会对集体资产的管理监督,防止集体资产流失。[②]

---

① 杨洪等:《新型城市化视角下的龙岗探索与实践》,海天出版社 2014 年版。
② 庄秉柯:《城市化进程中社区集体经济发展研究——以深圳市龙岗区为例》,硕士学位论文,厦门大学,2012 年。

2. 股权设置

股份合作公司取消了"龙岗模式"中的"合作股""募集股"。股权固化，只设置集体股和个人股。新增人员，只能在公司扩股时，通过购买股份的方式成为公司的股东。

3. 股权界定及配置

股份合作公司章程对历史遗留问题之一的"外嫁女""招郎女"股份分红问题作了切合实际的新规定。如城市化前已推行农村股份合作制的，股权界定：纯二女户其中一位招郎并落实计划生育政策的男女双方及子女，按原股份合作制章程规定的"户口在本村的原籍村民"办理；另一位又招郎的，其本人及所生育的第一个子女，且户口在本村的，按原股份合作制章程规定的"户口在本村的原籍村民"办理；其丈夫和第二个已入户本村的子女，以城市化资产评估的每股经营性净资产值的100%购得股份，成为股份合作公司股东；原本村股东的"外嫁女"，且户口仍在本村，履行本村村民义务的，其本人及已入户本村的第一个子女，按原股份合作制章程规定的"户口在本村的原籍村民"办理；其入户本村的第二个子女，以城市化资产评估的每股经营性净资产值的100%购得股份，成为股份合作公司股东。

4. 股份转让

股份合作公司章程规定，个人股只能在公司内部依法继承、转让和赠予。股份合作公司是龙岗区股份合作制经济改革的第二座里程碑，也是股份合作制经济朝现代企业方向发展的一个重大转折，标志着社区股份合作制企业在进入市场的过渡期内，将完成最后使命，开创现代企业经济崭新的时代。

四 "大综管"公共治理新模式

深圳市龙岗区地处深圳市东北部，总面积844.07平方千米，是深圳面积最大的行政区，有133千米的海岸线，与东莞、惠州相邻，点多、面广、线长。2007年全区下辖13个街道，实际管理人口达450万人，而户籍人口仅36万人，另有6000多家工业企业，130多万间（套）出租屋，1000人以上的同乡村有73个近16万人，歌舞娱乐场所300多个。为了保一方平安，龙岗区街道和部门建立了15支超过25000人的协管队伍。但是，由于没有统一的信息指挥平台，各业务部门无法掌握整体情况，难以发挥信息资源综合效力的作用。另外，各部门信息系统重复建设现象严重，形不成合力，信息系统分散独立，资源不共享，数据重复采集，基层工作负担很重，浪费了大量的人力、物力。

针对全区城市和社会管理方面存在的突出问题，龙岗区委、区政府于2007年8月在全区范围内全面构建综合治理、综合管理、综合服务三位一体的"大综管"新格局，率先提出了"大综管""大执法""大服务"的新思路，基于区、街道、社区三级的"城市和社会综合管理信息平台"（以下简称大综管信息服务平台）应运而生。

重塑管理架构。龙岗区在区一级形成一个大网，成立"大综管"新格局工作领导小组及办公室，依托区公安分局、应急指挥中心等六个职能部门，分别成立六个中心，即矛盾纠纷排查化解中心、平安建设中心、治安防控中心、社会矛盾人民调解中心、应急协调中心、维稳综治信息中心，以强化部门间的协调联动。各街道的架构也相应调整，形成街道一级的中网。社区小网由五室一厅一队构成，分别是调解室、法制宣传室、信息采集室、档案室、社区矫正室和社会事务综合服务大厅、社区维稳综治队伍。在街道和社区也分别建立"大综管"中心，实行"多位一体，综合管理"。

实行网格化管理。通过构建地理信息服务系统，以居民小组或小区为单位科学划分工作网格。建立了13个街道"大综管"工作中心、147个社区"大综管"工作中心和541个居民小组综合管理服务办公室。将原有公安、城管、计生等各部门划分的网格进行整合，统一到新划分的网格中，落实责任人，做到"每人有格、每格有人、人格对应"，实现管理的网格化、精细化和全覆盖。理顺行政管理体制，大大地提高了工作效率。

整合条块力量。根据各社区人口、面积等实际情况，将分属维稳综治办、派出所、计生办、劳动站、城管办、出租屋综管所等15个基层单位的管理力量进行全面整合。龙岗区形成了一支19907人的维稳综治队伍，统一安排到各社区，统一开展维稳综治和社会管理各项工作，要求做到"一员多能、一人多责"，"同网同责、同奖同惩"，"平时为掌，战时为拳"的工作格局。

界定工作职能。各街道、社区的"大综管"中心，以维稳综治工作为主线，将治安管理、流动人口和出租屋管理、矛盾排查调处、安全生产、查违、清无、计生、禁毒、城管、应急等16类64项基层社会管理职能有机整合，建立事权一致，责权对应的工作体系。

规范运作流程。在各组成部门职责不变的情况下，建立统一受理、归口管理、中心督办、限期反馈的工作模式，形成党政领导、以块为主、条块结合、上下联动的工作体系，保证了各项工作任务有效开展。

科学考核机制。基于"大综管"的信息系统对历史数据按期或实时的统计，采用加权综合评分法，生成图形、报表等形式的可视化的评价结果，作为考核业绩的重要内容之一。另外，社区也对街道"大综管"工作中心和部门进行考核，从而形成相互制约、相互监督的机制。

龙岗"大综管"信息平台的应用，在带动政府管理效率提高方面取得了很大的成效。打破了信息孤岛，实现了资源共享、互联互通，提高了决策科学性。另外，该信息平台在基层应用方面也取得了显著的效果，责任落到了实处，基层实现了耳聪目明，手脚更勤了，管理资源下沉了。全区有7785名工作人员下沉到了社区，基层管理力量得到了加强，资源整合和动员能力增强了。龙岗区依托"大综管"平台，开展了信访安全维稳"扫雷"专项行动，实现了立体化、全方位作战，在短短两个月的时间里共排查"雷患"3万多个，整改率在90%以上，这在以前是不可想象的。矛盾化解能力提高了。自2008年8月以来，各级"大综管"工作中心化解各类矛盾纠纷5300余起、处置各类群体性事件230起，群体性事件比上年同期下降了21.1%，刑事案件同比下降12.18%。行政成本得到了有效控制。通过整合，盘活了存量行政资源，缓解了管理资源配置不足的问题，减轻了财政压力，一定程度上遏制了行政成本膨胀的势头。

"大综管"新格局实施以来，得到了辖区群众、上级部门和社会的广泛认可，并引起强烈的反响。在随机民意测评中，91%的居民认为近期政府的管理和服务水平明显提高，90%的居民感到在龙岗生活安全。中央综治委平安建设督导组评价龙岗区"大综管"是一种创新，符合新时期综治工作的特点和规律，在全国都具有推广价值。2008年1月9日，龙岗"大综管"新格局荣获"中国改革十大创新案例奖"。

五 区级大部制改革

（一）深圳市启动大部制改革

2004年，深圳在全国先行一步启动大部制改革，改革目标是减少政府机构部门数量，提高行政效率；实现建设小政府，给市场更多空间。

在文化、交通、城管等部门实现了大部制。随着2008年国际金融危机发生，陈旧的机构设置、烦琐的工作流程弊端凸显。以项目审批为例，100个工作日的审批时限和部门之间互为前置的审批流程，令许多投资项目"欲速"而"不达"。金融危机的到来加快深圳政府机构改革的步伐，而且通过部门合并整合，政府机构运作效率高了，服务改善了，有助于更好应对金融危机。无论是国家还是深圳市，都到了必须通过进一步改革才能进一步发展的关键阶段。

2009年深圳对市政府进行了一次更大的"手术"，其中46个政府部门中，只有7个部门未被涉及，产业管理、规划国土、文体旅游、交通、城市管理、人居环境等部门都以大部制的面貌出现。是年7月31日开始政府机构改革，深圳市政府机构从46个减少到31个，精减幅度达到1/3，80%的工作部门纳入整合范围，涉及的600多项行政审批事务减少近200项。按照决策权、执行权、监督权既相互制约又相互协调的思路将政府机构设置为委、局、办三个层次。

这次改革共取消、调整、转移284项职责及行政审批事项，政府不再承担或不再直接办理的有关等级评定、标准推广、业务培训、办展办会等事务性职责共90项，同时增加了73项国计民生领域的政府职责。

深圳的此轮机构改革核心是对行政权进行"三分"改革，分别设置委、局、办三种机构。其中"委"是主要承担制定政策、规划、标准等职能并监督执行的大部门；"局"是主要承担执行和监管职能的机构；"办"是主要协助市长办理专门事项，不具有独立行政管理职能的机构。"委""局"之间最终将形成"行政合同制"，以此来考察绩效，实现行政权力间的相互制约。

以规划国土部门机构改革为例，机构改革前，2003年9月，在深圳召开的全市规划工作南山现场会议上决定收回各区规划国土审批权力，实行全市规划国土垂直管理体制，规划审批权力、土地批地权力收归市政府。2004年深圳市政府考虑规划国土管理权力过于集中，深圳市规划国土局被分拆，成立市规划局、市国土资源和房产管理局，仍实行垂直管理；原住宅局被撤销，并入国土和房产管理局。

在"行政权三分"改革后，2009年8月，新成立深圳市规划和国土资源委员会（以下简称规土委），是在市规划局与市国土资源和房管局两局分设五年后又合并为"规土委"，并将市城市更新办公室划归该委管理，进一步强化了城市更新的统筹。

深圳此次共成立了7个像规土委这样"大部制"的委员会。其中，发展和改革委员会，划入价格综合管理、国民经济统计分析等职能，此外还设立了财政委员会、交通运输委员会、卫生和人口计划生育委员会、人居环境委员会、科技工贸和信息化委员会。

对深圳而言，此次"大部制"改革是深圳经济特区成立以来的第7次行政管理体制改革，也是"行政权三分"的"深圳模式"继2003年之后再次上路。① 改革的着力点在行政部门，主要解决的是政府职能的转化、工作流程的优化、部门设置的合理、机构和职数的精简。将"计划管理型"或者说叫"统治型"政府，转变为"公共服务型"政府。

（二）区级大部制改革，市政府进一步"放权"

在市一级大部制改革经过一年多的探索后，深圳启动了区一级的党政机构大部制改革。此次区级大部制改革中，市直部门向区政府进一步"放权"，同时区级机构的设置将会体现各区特色，原特区内的各区将与原特区外各区采取不同的标准。

职能转变是深圳机构改革的核心，而此次区级政府机构改革最大的亮点就是两个字：放权。此次区级党政机构改革根据权责一致、重心下移的原则，进一步加大放权力度，而"放权"主要体现在三个方面：市政府要向区政府放权；市政府有关垂直管理部门直接向其驻区机构放权；政府机构要向社会和市场放权。

在市政府向区政府放权过程中，要强化区在城市管理、社会管理等方面的事权，加大市直有关部门对区的放权力度。除法律法规有明确规定的以外，对于区级能够办理的行政审批权，原则上直接放权或委托给区级部门承担；原须经市审批或管理，由区级承担实施和监督责任的事项，尽可能直接放权或委托给区级自行审批、管理。同时结合财政体制、政府投资体制改革，进一步扩大区在经济发展、城市建设等方面的事权，合理划分市、区在城市更新改造、土地整备、征地拆迁、道路建设等领域的基本建设事权及在市政照明设施、绿化管理等领域的日常管养事权，充分发挥区的积极性。

2009年，根据市政府机构改革工作部署，市规土委成立龙岗管理局，

---

① 韩洁、车晓蕙等：《深圳"大部制"改革取得实质性进展》，新华网。

将原市规划局龙岗分局与原市国土资源和房产管理局龙岗分局进行整合，两局合一，作为市规土委驻龙岗区的派出机构，承担龙岗辖区内有关规划和国土资源管理工作。11月27日，深圳市规土委龙岗管理局（以下简称龙岗规划国土管理局）正式挂牌成立，内设办公室、法制科、计划财务科、规划科、征地拆迁与用地保障科、建设用地与耕地保护科、土地资产科、城市更新科、建筑设计管理科、市政效能科、地籍信息科、房地产管理科以及地矿科等13个科室，代管区土地储备中心（土地房产交易中心）、区转地办、区"两规"处理办、区烂尾楼处理办及区土地遗留办。负责平湖、布吉、坂田、南湾、横岗、龙岗、龙城、坪地八个街道的规划国土管理工作。其业务范围涵盖龙岗辖区内城市规划、土地管理、建筑设计、征地拆迁、市政效能规划、城市更新、房地产管理、测绘地籍管理、地质矿产管理等方面的行政审批级相关事项，参与大中型建设项目的可行性研究和论证等工作。

（三）"大部制升级版"机构改革

2014年7月1日起，大部制升级版的机构改革在深圳市规划国土系统拉开帷幕。深圳市规土委下辖的光明、坪山、龙华三个新区管理局被纳入"大科室"综合改革试点，将重新整合职能、精简机构、优化流程、提升效率，最大限度地精简审批事项，从基层管理的角度切入，加快审批型政府向服务型政府转变。

2014年深圳市规土委被列为全市当年"转变政府职能、打造大部制改革升级版"的3个改革重点单位之一。其中，深圳市规土委针对自身实际工作情况，最终确定了"大科室"综合试点改革的方向，从而尝试打破内部壁垒，提升行政效能。

在房地产企业、建设类企业、用地单位等眼中，深圳市规土委负责的各类审批事项繁杂无比，流程漫长，特别是城市更新领域，一个项目从规划制订、批准、用地审批再到最终启动，整个流程走下来，耗时几年都不在话下。

在试点改革中，3个管理局精简了机构，由已有的10个法定科室，压缩至7个，减少30%。而在审批事项方面，通过取消、合并、转移等方式，把审批服务事项的一级目录由原有的124项精减至80项，减少1/3。此外，通过取消前置条件、合并办理事项等措施，将力争在3个试点管理局实现各类审批服务事项平均办理时限压缩1/3、招拍挂项目办理时限压缩 40%、政府投资项目办理时限压缩 50%，甚至在合并事项上实现办文立等可取。

> **专栏 5-1　机构设置充分放权**
>
> 　　试点的机构改革没有采取"一刀切"的方式进行科室设置，而是把科室设置、配置职能、职数和人员确定的权限下放给了 3 个管理局。3 个管理局根据自身服务对象特点不同，在机构设置上形成了两种试点模式。
> 　　龙华管理局按服务对象不同，分为政府投资项目、社会投资项目和基层社区发展项目。由不同的科室为相应的服务对象提供全流程"一站式"服务。例如，如果企业来办事，便可直接到企业服务一科，相关服务"一站式"搞定。如果是政府工程项目来办事的，直接便找对应科室。而光明、坪山管理局则按业务板块对科室设置进行重新整合。例如最让人头痛的城市更新类项目，以往来办事时，往往要在城市更新、土地整备、用地、规划等几个科室往来奔波，试点改革中则设置了更新整备科，城市更新事项主要集中到该科室办理。

第二节　产业结构调整转型升级

　　2003 年以后，龙岗区通过大力"腾笼换鸟"推进产业结构优化升级，从产品订单加工向模仿创新，再到自主创新的转变，以民营企业为主导、高新技术企业为技术创新骨干，加速各类产业要素、创新要素的集聚，快速实现了区域经济、要素和发展在量上的积累，2003—2012 年这十年左右的时间，区域经济发展基础不断夯实，综合实力快速提升。

一　"产业大区"龙岗制造

（一）龙岗经济快速增长，质量和效益不断提升

　　龙岗区于 1993 年建区以来全区经济持续快速健康发展，各项经济指标呈现快速增长的趋势，经济发展状态良好。1993—2012 年，龙岗区生产总值从 52.18 亿元增加到 1882.35 亿元，年均增长率达 20.77%；一般

预算收入从 4.5 亿元增加到 120.88 亿元，年均增长率达 18.91%；全社会固定资产投资从 22.675 亿元增加到 530 亿元，年均增长率达 18.04%；社会消费品零售总额从 21.4927 亿元增加到 426 亿元，年均增长率达 17.02%；外贸进出口总额从 1994 年的 0.6563 亿美元增加到 2012 年的 462 亿美元，年均增长率达 41.21%。虽然经济得到了快速发展，但龙岗区的产业发展仍处于较低水平。主要体现为单位土地产出与人均水平低、能耗水平高。据统计，2012 年龙岗区单位土地面积 GDP 约为 4.9 亿元/平方千米、人均 GDP 为 10.6 万元/人、每单位电力消耗的工业产值仅为 37 元/千瓦时，分别较深圳市低 26.6%、12.3% 和 30.2%。

三次产业结构从 8.1∶67.1∶24.8 调整为 0.04∶65.16∶34.8，较建区之初有较大幅度的优化。2003—2012 年，龙岗区产业结构一直变化不大，主要表现为"二三一"的特征，第二产业的比重维持在 66% 左右，第三产业的比重维持在 33% 左右，第二产业相当于第三产业的两倍左右。第三产业以传统服务业为主，现代服务业发展滞后，比重提升缓慢（见图 5-1）。全区工业产值主要集中在通信设备、计算机及其他电子设备制造业、电气机械及器材制造业等行业。其中通信设备、计算机及其他电子设备制造业占全区规模以上工业总产值的 69.2%。[①] 生物、互联网、新能源、新材料等战略性新兴产业尚处于萌芽阶段，规模总量小，占工业经济的比重较小。

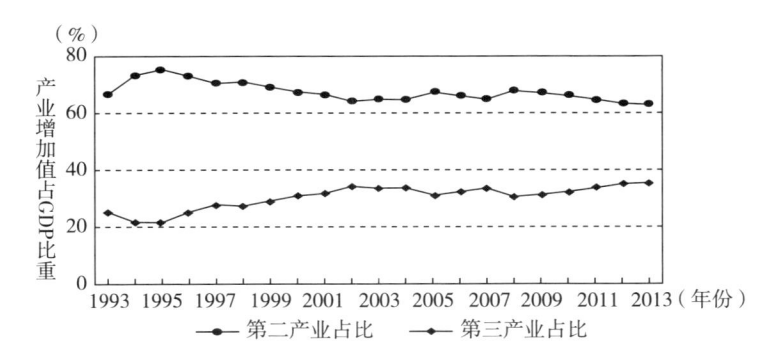

图 5-1　龙岗区第二、第三产业增加值占地区生产总值（GDP）比重

资料来源：深圳市龙岗区统计局。

---

① 李芬、林英志：《经济发展新常态下的生态城市产业发展战略研究——以深圳市龙岗区为例》，《建设科技》2014 年第 23 期。

在2008年国际金融危机影响下国内外贸出口严重下滑，经济转型升级压力突增，龙岗传统的加工制造业面临非常严峻的考验。为此，龙岗坚持把"稳增长、调结构、促转型"摆在经济工作的首位，不断加大对产业转型发展的扶持力度，优先发展高新技术产业和战略性新兴产业，服务业发展步伐进一步加快。这一时期，龙岗重点规划建设创新产业园，为优质企业落户提供充足空间，形成产业集群效应，有效引导产业转型升级。同时，通过环境招商、产业链配套招商、总部企业奖励招商等手段，着力引进战略性新兴产业项目、总部经济项目、现代服务业项目。到2012年，各主要经济指标增长速度与深圳市及其他区的差距显著缩小，且部分指标在全市领先，较建区头十年有明显提升（见表5-1）。

表5-1　　2012年龙岗区与深圳市及相关区主要经济指标对比

区域	GDP（亿元）/增速（%）	规模以上工业总产值（亿元）/增速（%）	规模以上工业增加值（亿元）/增速（%）	固定资产投资完成额（亿元）/增速（%）	社会消费品零售总额（亿元）/增速（%）	两税收入（亿元）/增速（%）	出口额（亿美元）/增速（%）	实际利用外资（亿美元）/增速（%）
深圳	12950.08	20883.9	5091.42	2314.43	4008.78	3725.57	2713.7	52.29
	10.00	7.80	7.30	12.30	16.50	9.40	10.50	13.70
宝安	1769.07	3976.24	736.98	383.06	552.38	314.73	359.94	7.66
	12.10	13.20	11.80	17.30	16.20	12.90	3.40	41.20
龙岗	1882.35	3430.34	1074.85	530.08	426.04	337.57	320.35	5.79
	11.50	11.60	13.30	12.70	16.30	9.70	4.90	10.20
南山	2829.62	4345.37	1610.35	312.03	542.28	453.8	208.28	5.94
	11.60	10.80	10.70	9.10	17.00	9.90	7.60	25.20
福田	2374.24	877.24	148.36	160.41	1272.07	655	463.39	13.22
	9.00	8.10	7.30	-7.70	16.00	0.50	28.60	13.40
罗湖	1359.05	801.37	87.32	86.08	835.03	301.88	251.99	8.39
	8.60	11.20	7.20	9.90	16.20	—	-6.80	—
盐田	365.63	574.44	54.39	90.09	48.46	53.82	310.34	—
	10.00	3.20	3.00	1.20	16.30	7.00	51.00	—

资料来源：深圳市龙岗区统计局，龙岗区数据不含大鹏、坪山新区，宝安区数据不含光明、龙华新区。

从质量效益指标来看，经过建区第二个十年发展，龙岗区经济发展的质量和效益得到不断提升，较第一个十年末的2002年有实质性的发展和进步。从经济效益和资源利用效率两个方面对深圳市及其中几个区的质量效益指标进行比较分析来看，2012年龙岗区GDP产出税收率为17.9%，略高于南山区和宝安区，同福田区及深圳市平均水平差距仍然较大；工业增加值率为31.3%，低于南山区的发展水平，但总体高于深圳市及福田区、宝安区的发展水平；人均劳动生产率为21.15万元，是宝安区的2.78倍，也高于深圳市平均水平，但同南山区的差距仍然很大。同时，龙岗区的GDP地均集约度、税收地均集约度、GDP建设用地地均集约度、税收建设用地地均集约度等资源利用效率也均高于宝安区，但同福田区、南山区及深圳市平均水平差距较大（见表5-2）。

表5-2　　2012年龙岗区与深圳市及相关区主要效益指标对比

	指标名称	深圳	龙岗	南山	福田	宝安
经济效益	GDP产出税收率（%）	28.8	17.9	16.0	27.6	17.8
	工业增加值率（%）	24.4	31.3	37.1	16.9	18.5
	人均劳动生产率（万元/人）	15.27	21.15	44.64	21.76	7.60
资源利用效率	GDP地均集约度（亿元/平方千米）	6.50	4.88	15.17	30.18	4.53
	税收地均集约度（亿元/平方千米）	1.91	0.87	2.43	8.33	0.81
	GDP建设用地地均集约度（亿元/平方千米）	13.72	8.69	33.17	40.20	8.22
	税收建设用地地均集约度（亿元/平方千米）	4.00	1.56	5.32	10.29	1.41
	单位GDP电耗（千瓦时/万元）	557.60	665.19	228.83	273.0	1165.40

注：本数据参考"龙岗区经济发展的阶段性特征、走向预判及策略建议"课题研究报告。

（二）"工业主导"的产业结构

第一产业：龙岗区从建区之初，在"大农业"发展战略的指导，以及对传统农业的重视下，农业总产值一直保持一定速度的增长。随着龙岗区城市和工业化进程的加快，各类工业企业的崛起，2003年以来，农业总产值呈逐年下降趋势。龙岗区传统农业已逐渐萎缩，2012年实现的第一产业增加值为0.86亿元，仅占区总产值的0.039%。虽然农业总产值下降，但农业的产业层次日益提高，内部结构不断得到优化。从第一产业内部结构来看，畜牧业一直是龙岗区第一产业的最重要组成部分，其次是种植业和渔业。

第二产业：龙岗区第二产业一直处于经济发展的主导地位。2012年，第二产业实现的增加值占全区地区生产总值的65.16%。从第二产业内部结构来看，工业是龙岗区第二产业的核心，1993—2012年，规模以上工业增加值占第二产业增加值平均比重达91.3%。工业增加值主要靠少数几家大企业创造，2012年，产值排名前20位的重点企业实现工业总产值2375.12亿元，占全区规模以上工业产值比重为61.1%，其中实现产值正增长的有11家，占重点工业产值的比重为68.4%，合计增加工业总产值254.46亿元，有效拉动全区规模以上工业增长约7.1个百分点。百强企业，尤其是重点企业的良好发展是全区工业稳中有升的有力保障。

第三产业：从龙岗区历年第三产业增加值统计看，1993—2012年共增长了逾58倍，平均增长速度达到了23.9%，处三次产业之首。2012年第三产业增加值达到了676.49亿元，比重从1993年的24.8%增加到2012年的34.8%。随着第三产业规模日益增大，以及受世界经济发展放缓等因素影响，第三产业增加值同比速度呈现下降趋势。其中，2008年受国际金融危机影响，同比增长速度仅为11.1%，为建区以来最低水平；2012年随着经济回暖，同比增长速度为17.52%。从第三产业内部结构来看，全区的第三产业从以传统服务业为主，向以金融业为代表的现代服务业转型升级，发展速度较快。2012年，交通运输、仓储和邮政业实现增加值24.81亿元，比上年增长7%，占第三产业增加值的比重达3.28%；批发零售贸易业零售总额达413.40亿元，比上年增长16.2%；餐饮业零售总额达45.19亿元，增长16.8%；金融业实现增加值73.21亿元，比上年增长13.8%，占第三产业增加值的比重达9.67%；2012年，全区房地产业增加值为205.85亿元，比上年增长14%，占全区生产总值的比重为9.46%，占第三产业增加值的比重达27.2%；其他服务业增长8.4%。

对比全市、全省、全国产业结构来看，根据2012年的数据，深圳市第一产业增加值5.56亿元，第二产业增加值5737.64亿元，第三产业增加值7206.88亿元，三次产业结构比例为0.04∶44.31∶55.65，可以看出深圳市的产业结构表现出"三二一"的特征，第三产业超过第二产业，形成第二、第三产业互促互进的产业格局。广东省第一产业增加值2848.91亿元，第二产业增加值27825.30亿元，第三产业增加值26393.71亿元，三次产业结构比例为5.0∶48.8∶46.2，可以看出广东省的产业结构表现为第二产业略微超过第三产业，第二、第三产业发展较协调。从全国水平来看，我国的第三产业占GDP的44.6%，比全世界平均水平低近20个百分点，美国等欧美发达国家已呈现典型的后工业化产业结构"三二一"特征，第三产业是拉动经济增长的主导产业，平均占国民生产总值的70%以上。反观龙岗区的产业结构，第二产业占国民生产总值的65.16%，其比重相当于第三产业的两倍左右，经济结构明显依赖第二产业。

（三）强刺激的产业投资政策

2000年后，龙岗逐渐发展成制造业大区，每个街道都有自己的产业，龙岗迎来制造业的黄金时代。2003年是龙岗产业"由大到高"的标志性年份，当年，龙岗区民营企业税收所占比重首次超过50%。民营企业总数近5000家，涌现出华为、比亚迪等产值超10亿元以及康冠、驰源、雄韬等一批产值超亿元的民营高科技企业。中国加入世界贸易组织（WTO）后，龙岗制造业很大一部分产品都出口到国外，龙岗区对外经济发展进入了新的时期。产业政策积极引导对外贸易发展，外贸出口总额由2000年的69.7亿美元迅速增长至2007年的228.25亿美元，年复合增长率超过18%；另外，大量外资不断涌入为龙岗区的经济发展注入了强劲的动力，龙岗区利用外资金额呈现稳步增长的态势。这一时期，龙岗区的人均GDP实现快速增长，完成经济发展阶段从工业化初期到中后期的转变。

随着经济的快速发展，要素驱动型经济发展方式的弊端逐渐凸显出来。2006年1月，党中央、国务院在全国科技大会上适时提出"实施自主创新战略、建设创新型国家"。深圳市政府也紧随国家的战略转变，出台了《关于实施自主创新战略建设国家创新型城市的决定》，将自主创新作为深圳城市发展的主导战略。为深入贯彻市委、市政府的文件精神，龙岗先后出台了《深圳市龙岗区人民政府关于建设产业集聚基地的实施意见》《龙岗区科技创新奖励办法》《龙岗区科技企业孵化器管理暂行办法》《龙岗区扶持股份合作公司转型发展若干办法实施细则（暂行）》等政策，通过整合各类产业资源，加快区域经济的转型升级。

2008年国际金融危机在美国爆发并迅速席卷全球。受国际金融危机快速蔓延和世界经济增长明显减速的影响，我国经济发展面临着严重困难和严峻挑战。龙岗作为外贸经济大区，传统的"出口—投资驱动型经济增长模式"受到了金融危机的强烈冲击。为应对金融危机产生的不利影响，帮助企业渡过难关，稳定政治经济局面，龙岗区政府扩大了经济与科技发展专项资金的总体规模和覆盖群体。2008年龙岗区政府颁布了《龙岗区关于加快建设现代产业体系推进产业转移和劳动力转移的实施意见》，2009年龙岗将经济与科技发展专项资金预算调高至5亿元，通过金融中介杠杆贷款、委托无息借款、无偿资助等方式扶持企业（项目）664家。同时还将30亿元财政存款纳入激励范围，调动银行放贷的积极性。在强有力的政策支持下，2009年龙岗实现地区生产总值1529.8亿元，同比增长10.8%；工业增加值为966.43亿元，同比增长10.0%；财政总收入为98.63亿元，比上年增长12.8%。在金融危机的冲击下，龙岗虽然保持了经济的稳定发展，但高度依赖外贸经济的产业结构呈现抗风险能力差的问题。为此，龙岗区政府出台了多项政策加快区域产业结构调整，例如《龙岗区经济发展资金（文化产业类）管理暂行办法实施细则》《龙岗区自主创新型企业培育资助计划实施细则》《关于实施自主创新战略建设深圳重要创新型城区实施意见》等。2010年，为保持区域经济平稳发展，龙岗密集出台了一系列产业政策，加快推进区域的产业转型升级，其中重点的政策有《深圳市龙岗区人民政府关于推进产业结构调整促进产业转型升级的决定》《深圳市龙岗区人民政府关于推进产业结构调整促进产业转型升级的决定》《龙岗区关于加快发展总部经济的实施意见》《龙岗区关于淘汰低端企业促进产业升级的实施意见》等。2011年，深圳市举办第26届大运会为龙岗的经济发展带来了难得的机遇。为承办大运会，龙岗的基础设施建设速度加快，区容区貌得到了较大改善，为其后经济的发展奠定了良好的基础。2011年也是"十二五"的开局之年，龙岗出台了《深圳市龙岗区国民经济与社会发展第十二个五年总体规划》，该文件是指导全区社会经济发展的纲领性文件，也是制定全区各项专项规划与年度规划的重要依据。2012年，龙岗区委、区政府结合产业的实际需求出台了《龙岗区中小微科技型企业投融资整体扶持计划》《中共深圳市龙岗区委深圳市龙岗区人民政府关于落实〈深圳国家创新型城市总体规划实施方案（2012—2013年）〉的若干措施》等政策。总的来说，2009—2012年是龙岗经济转型升级的重要阶段，产业政策呈现重投入、强刺激的投资驱动型政策特点。

二 "腾笼换鸟"转型升级

在全市日益趋紧的土地政策和生态环保措施形势下，以"三来一补"为主要代表的传统加工制造业难以再现昔日辉煌，产业转型升级压力巨大，尤其是高水耗、高能耗、高污染的低端企业升级改造刻不容缓。

龙岗区委、区政府坚持把产业结构调整与转型升级作为重要战略任务，设立产业结构转型升级专项扶持资金，助推产业转型升级；积极引进龙头企业，助力优质企业做大做强；大力培育和发展民营科技企业，积极推进传统"三来一补"加工制造业转型，不断提升经济发展的质量和效益。

（一）"筑巢腾笼" 华为成长为全球科技巨头

龙岗工业实施"腾笼换鸟"转型发展，从产品订单加工向模仿创新，再到自主创新的转变，形成以民营企业为主导、高新技术企业为技术创新骨干，以及技术转移市场化运作的创新发展格局。20世纪90年代末，华为落户坂田，这是龙岗产业转型升级发展的"第一声春雷"。2003年，华为将公司总部搬至龙岗，此后，华为开始进入"技术创新与转化"高频时期，在坂田及周边地区逐渐形成ICT产业集群，并迅速占领海外市场。由其带动形成的电子信息技术产业链集群直接推动了龙岗高新技术产业的发展。

2000年5月，国际电信联盟（ITU）宣布将中国提交的TD-SCDMA，与欧洲主导的WCDMA、美国主导的CDMA2000并列为三大3G国际标准。此时的华为选定欧洲主导的WCDMA作为研发的重心。从2000年到2009年，中国运营商集体缺席3G。直到2009年，重组产生的信息产业部推动第一次电信业改革，之后"中国移动"获得TD-SCDMA牌照，成为全球唯一使用该技术的运营商，"中国电信"则启动了CDMA2000。而最终WCDMA在全球3G时代占据了主流。正是由于华为将3G市场押在WCDMA，因而在国内市场遇到了严重困境下，不得已才去开拓国际市场，使其在欧洲市场突飞猛进。

2003年12月，华为承建了阿联酋电信WCDMA网络，成为华为第一个投入商用的WCDMA网络。到2008年年初，华为累计拿到超过100个WCDMA网络合同，其中涵盖德国电信、英国电信、西班牙电信、法国电信等欧洲主要运营商。早在2005年,华为当年销售合同总额82亿美元中,出口额已达47.5亿美元,占全球销售额的58%,这是华为的海外营收首次超过国内营收。2008年华为全球销售收入为233亿美元,其中海外收入占75%,达到历史的最高点。华为国际化战略的成功,可以说起决定性作用的主要有以下几个方面。

1. 通过引进西方企业管理经验,实现内部管理和产品技术标准的国际接轨

华为于1998年引入IBM企业咨询服务的8个管理变革项目,其中最重要的两个就是IPD(整合研发流程体系,1998年引入)和ISC(整合供应链流程管理体系,2000年引入)项目。整个IBM项目历时近10年,华为投入将近20亿元。这两个流程是华为主流程国际化的标志,是华为整体竞争力的源泉,也是华为走向全面国际化的体制保障。

IPD流程强调的是产品从市场调研、需求分析、预研与立项、系统设计、产品开发、中间实验、制造生产、营销、销售、工程安装、培训与服务到用户信息反馈的完整流程意义上的产品线管理。产品线上所有人的工资待遇、奖金分配、期权与股权分配都将和产品的市场效益挂钩。员工的升迁和职业前途也与产品线的命运挂钩。这两大流程体系让华为的技术实力,在短短的数年内迅速地从一个中等规模的中国公司,跃升为一个跨国电信设备巨头,进入了巨头俱乐部,获得了与全球巨头们竞争与合作的资格。

2. 进行全球跨国公司的战略合作

华为采取研发国际化策略,面向世界一流的合作伙伴,进行战略合作,使华为能够利用有限的研发投入与研发团队,迅速赶上世界先进水平,后来居上,在一些技术领域还产生了局部领先的优势。一方面通过战略合作,与西方同行或者供应商建立联合实验室(合作伙伴包括SUN、英特尔、高通、摩托罗拉等),使华为的产品能够同步应用世界最先进的研究成果。不仅根据需要输入技术,还拥有了输出技术的能力,进行双向的专利授权。另一方面则在全球建立研发机构,先后在斯德哥尔摩、达拉斯、班加罗尔、莫斯科建立研发中心和研究所。如2006年与摩托罗拉公司在双方多年的OEM合作的基础上正式组建联合研发中心。2007年,华为与赛门铁克合作成立合资公司,开发存储和安全产品与解决方案;与Global Marine合作成立合资公司,提供海缆端到端网络解决方案。

后来华为回购了合资公司中赛门铁克的股份，变成华为全资拥有。这些合作过程，也是华为与合作伙伴进行技术交流的过程，也给了华为向巨头们学习的机会。

3. 融入西方市场化、法治化、标准化的市场环境

华为之前在中国市场和亚非拉市场的高歌猛进，除了技术好、价格优、服务为本，很大程度上还取决于营销。自2003起开始华为参与英国电信的供应商评估，其间包括华为在内的全球60家运营商进行了长达2年的认证，最终8家供应商进入了其21世纪网络的采购短名单，华为进入了综合接入和传输两个领域的短名单，成为唯一一家同时进入两个产品领域的供应商。2005年华为通过英国电信的全面采购认证。拿到认证书的华为顺利入围了"21世纪网络"供应商之列，成功入选成为"21世纪网络"的供应商，当年底，华为与英国电信签订正式合同，进入英国市场。为时两年的英国电信认证，让华为对自己的全流程进行了一次质的提升，这时的华为真正成长为一个受尊敬的全球科技巨头。

（二）龙岗产业转型升级举措

"全面城市化"时期，龙岗在产业转型工作中大胆创新，完善了配套机制，明确了转型做法，推出了一系列创新举措，为全市产业转型升级做出了有益的探索。

1. 社区经济转型

加快推进社区经济转型发展是龙岗产业结构调整的重要抓手，社区也是加快产业转型升级的重点与难点所在。社区厂房面积超过2000万平方米，经济在龙岗占了很大的比重。可以说没有社区经济的转型，龙岗很难实现真正的产业转型升级。龙岗率先探索建立了"政府引导、企业主导、社区参与"的多方联动、利益协调机制，充分调动社区转型发展积极性，使社区经济搭上新一轮城市化、工业化发展的快车。2010年，龙岗出台建区以来扶持力度最大的28条措施，积极引导社区集体企业参股村镇银行、参与产业园区以及重大基础设施项目建设，加强与区内主导产业联动发展，推动社区经济从单一的租赁型向投资型、服务型、管理型和配套型等更高层次发展。推进老旧工业区、旧厂房的改造，按照"一街道一策略、一社区一特色"的差异化发展格局进行定位，实现社区经济的转型升级和可持续发展，提升土地资源的利用效率。形成的四种社区转型发展类型如下：

第一，配套服务。龙岗区积极推进"社企联动"，引导社区主动为周边大企业、大项目、大园区提供商业休闲、餐饮、员工公寓、文体娱乐等配套服务，提升社区经济与辖区内产业关联度，促进社区与大企业协同发展。南约社区与企业合作，借助毗邻宝龙工业园的区位优势，将社区近10万平方米厂房打造成华丰（龙岗）留学生产业园，引进了21家高新科技企业入驻，园区年产值达数亿元。黄阁坑、龙西等社区分别为中海圣廷苑酒店和珠江皇冠假日酒店等五星级酒店提供配套员工宿舍，在满足大企业需要的同时，为社区带来了长期稳定的收益。

第二，投资参股。由于社区缺乏理财观念和合适的投资途径，一些社区的闲置资金得不到合理利用，收益率不高。针对这一问题，龙岗区主动为社区搭建投资平台，鼓励社区集合资金资源，实行"抱团"投资。该时期，龙岗84个社区集资6亿元参股东部过境高速（占股30%），受惠股民达4.6万人；9个社区集资4000万元参股国安村镇银行（占股20%），受惠股民10000多人；引导89个社区筹集6.19亿元投资地铁3号线。

第三，物业提升。产业转型与社区物业转型提升密不可分。龙岗通过大力开展旧村改造、旧城改造、旧工业区改造，使社区物业价值得到极大提升，优化了社区环境，推进了产业转型升级，实现了社会效益和经济效益的双赢。一是"工改工"。如坂田街道岗头社区结合华为科技城的规划建设，将投资7000多万元的岗头发展大厦，改造成为龙岗区互联网产业创业园。二是"工改文"。如坂田街道坂田社区将近3万平方米的旧工业厂区进行整体改造，打造成具有民族特色的手工文化产业街区"手造文化街"，成为文博会分会场。整条街区分为国际、国粹、非遗、乐活和会议展览中心五大功能区，现已进驻各类企业101家。手造文化街物业租金由原来的7元/平方米提高到32元/平方米，改造前年租金约66万元，改造后年租金近1000万元。三是"村改寓"。龙岗按照"统一改造、统一招租、统一管理"的方式，对坂田黄君山片区实行整体改造，把城市时尚元素和实用的商业业态融入改造工程中，将城中村改造为"城市白领公寓"，成为服务功能齐备的生活小区，为华为公司提供配套齐全的员工白领公寓。

> **专栏 5-2 社区经济转型之坂田模式**
>
> 坂田街道是深圳市高新技术产业带的重要组成部分,也是全国单位土地产出最高的片区之一,汇聚了华为、新天下、康冠、元征等数十家国际知名企业,与华为紧邻的岗头社区,周边还有富士康、神舟电脑、康冠电脑等科技企业。在过去,岗头社区集体经济主要依赖物业出租,与周边大企业联系合作较少,与中小企业合作也大多停留在简单的厂房出租上,没有参与为大企业提供配套服务或参股企业等进一步深化的业务合作。
>
> 在全区社区产业转型升级政策支持下,岗头社区引入与华为年交易额近千亿元的上千家供应商及配套企业,建设华为配套产业园,打造"华为科技城",全部建成后年产值达 500 亿元。此外,坂田街道还实施"筑巢引凤"战略,打造舜兴物流基地,吸引专业化物流公司总部入驻坂田。该基地年收入可达百亿元,利税约 10 亿元。通过社区经济的转型,全面实现效益与效率的双提升。

第四,特色经济。龙岗推动社区依托自身资源大力发展一批特色产业村(园)、特色文化产业园和特色创意产业园,着力打造特色产业经济,努力形成"一社区一品牌"格局。打造多个享誉全国的社区特色经济项目,极大地促进社区经济转型发展。比如,甘坑社区将脏乱差的旧屋村改造为生态创意文化园,打造了极具特色的农耕文化体验园,为都市人提供了一个集消费、休闲、体验于一体的理想场所;还有大芬油画村、水晶玉石文化产业基地三联玉石文化村、南岭丝绸文化创意园等,这些社区都形成各具特色的主导产业。

2. 加工贸易转型

2012 年,龙岗共有加工贸易企业约 2600 家,全区加工贸易出口 111.02 亿美元,约占全区外贸出口总额的 37.85%。加工贸易企业在全区经济中占有举足轻重的地位。龙岗采取强化服务、搭建平台、重点监管、分类引导、政策配套等手段,创新了企业形态由来料加工向法人化转型、经营方式由制造加工向自主创造转型、市场结构由外销为主向内外销并重转型等模式,推动加工贸易转型升级。

第一，推动加工贸易企业形态由来料加工向法人化转型。2006年的龙岗正处于"十一五"开局阶段，落实科学发展观、转变增长方式、创新发展模式成为这一时期经济发展的主旋律，处在新一轮产业发展蓄势待发的风口期，在现实倒逼下，来料加工企业转型升级势在必行。然而来料加工企业要变更为具有法人资格的企业，仅仅在行政审批方面，按照当时的规定就要经过12个部门20多个环节的审批核准，不仅耗时长，企业在转型过程中还面临停产。作为镇村经济的主要来源，来料加工企业停产，相当于村里断了"粮"。因此，来料加工企业转型，企业不愿意，镇村也不愿意，龙岗经济转型面临重重阻力。面对经济发展方式转变的必然趋势，为畅通来料加工企业转型通道，龙岗大胆创新思路，积极先行先试。一是2008年年初提出了在尊重历史的前提下推动来料加工企业原地不停产转型工作思路，同时，在全省率先实施《来料加工"原地不停产转型"工作方案》等"3+1"系列配套文件，解决了以前企业转型必停产的"瓶颈"。所谓"原地不停产转型"就如同高速路上换车轮，让企业不停产转型发展，"车子不停，轮子却要换下来，从而实现经济动力顺利转换"。这样的"高难度"动作如何完成？当时龙岗以部门协力合作为手段，采取终止（注销）来料加工企业与新办"三资"企业同步办理的新模式，对转型手续实行流程再造，有效地解决了企业转型过程中遇到的最大障碍。兄弟亚洲公司原是南岭村引进的一家来料加工企业，在龙岗实施"原地转型不停产"后，该公司第一个成功转型。顺利转型后，公司实现了生产方式升级，同时还将自己的研发团队和机构搬到了南岭村，成为当时龙岗加工贸易企业的龙头。此做法随后在全市和全省推开实施。二是2010年9月率先实行以变更方式办理来料加工企业转型手续，突破性地解决了原来料加工企业转型手续繁多、时限较长、成本高的难题，消除了转型过程中遇到的最大障碍。三是2011年7月率先推出了由经济贸易市场监督、海关、税务、环境资源等多部门组成的龙岗区来料加工企业转型升级服务中心，有效解决企业在转型中遇到的政策不明、往返部门多、耗时过长、效率低下等问题。四是2011年年初率先开始实施提高来料加工企业的结汇率和结汇工资标准等刚性措施，进一步推动来料加工企业的不停产转型，促使有发展潜力、有规模、有效益的来料加工企业加快转型。五是2011年年底率先开始实施对基层社区股份公司因来料加工企业转型而减少的工缴费收入进行为期5年的全额补贴，增强基层社区支持来料加工企业转型升级的动力。2005—2010年，通过关、停、搬和原地不停产转型，来料加工出口比重从36.1%降至11.8%。以提升一批、稳定一批、淘汰一批为目标进行的转型，让龙岗产业结构实现优化。鼎盛时期，全区来料加工企业有3700多家，自2008年转型新政实施后逐渐减少，2013年下降到300余家。其中，实现原地不停产转型的企业近700家。①

第二，推动加工贸易企业经营方式由加工制造向自主创造转型。为整合资源，达到"提升一批、稳定一批、转移一批"的目的，龙岗根据加工贸易企业的规模及技术水平，将加工贸易企业分为信用管理、常规管理、重点监管企业三大类，通过"提升、稳定、淘汰"优化产业结构，净化市场环境。对区内一批跨国公司及世界著名品牌企业以及高新技术产品、超千万出口大户等信用企业，制定重点扶持措施，扶持其做强做大；对常规管理的一般企业，加强政策引导和资金扶持，促其加快产业转型升级，加大自主创新力度，增强产品竞争能力；对"两高两低"的加工贸易企业，联合市场监督、海关、劳动、环保等部门，通过实施重点监管、重点排查及风险监控，促其早日转型或向吴川、惠州等地转移产业园。通过一系列措施，2012年，龙岗加工贸易高新技术产品出口为45.53亿美元，占全区加工贸易出口的41.01%，比2007年提高18.18个百分点，同比增长11.21%，增速远高于全区加工贸易出口的6.45%。这两年以来已有40%的加工贸易企业由简单加工成功向"生产+设计"模式转变。

第三，推动加工贸易企业市场结构由外销为主向内外销并重转型。通过出台促进加工贸易内销措施，搭建内销平台，联合主管海关、税务、检验检疫等相关部门举办业务讲座，设计无缝隙办事指南，从资质和门槛上破除内销政策上的障碍，增强了企业市场竞争的砝码。同时，积极组织企业参加广东省外博会、工业博览会等国内外各种知名展览会，帮助企业建立内销信心，打开内销市场。2008年以来，龙岗共组团参加了几十个国内外大型展会，主要有西洽会、东北亚博览会和西部博览会等。在这些展会上，龙岗企业共达成贸易或投资额超过600亿元。受这些政策影响，一批加工贸易企业纷纷启动内销业务，开拓内销渠道，在加工贸易企业内销推动下，2012年全区工业品内销比例比2007年提高了7个百分点。

---

① 杨洪等：《新型城市化视角下的龙岗探索与实践》，海天出版社2014年版。

3. 产业园区转型

通过拆除重建、综合整治、产业置换三大方式，推进产业载体跨越提升。该时期龙岗有规模不等、类型多样的产业园区1100多个，其中绝大多数是20世纪八九十年代由社区或企业建设的。从现状来看，大部分存在规模较小、建筑标准过低、布局不合理、园区配套不完善等诸多问题。为抓住后大运会时代新的历史机遇，拓展产业发展空间，积极承接创新型企业的扩张和外溢，龙岗区根据园区建筑载体现状差异，主要采用拆除重建、综合整治、产业置换三种模式大力推进产业园区转型，并积累了一些成功经验。

第一，拆除重建型。对于集中连片的旧工业区，由于建筑结构不合理、建筑质量标准过低、配套设施不完善、环境质量差，无法满足现代产业发展的载体要求，龙岗主要采取"工改工、工改商、工改文"的方式，对旧工业区拆除重建，打造符合现代产业体系要求的高端载体，促进产业转型升级。如位于坂田街道岗头社区占地76万平方米的旧工业区，通过拆除重建方式，按照第四代产业园标准打造天安云谷产业园，建成后可提供150多万平方米的载体空间，致力于发展以云计算、互联网、物联网等新一代信息技术为代表的新兴产业，打造集合产业研发、配套商业、配套居住于一体、面向全球竞争的新兴产业综合体和国家级的战略性新兴产业示范基地；龙岗天安数码城项目通过拆除改造，面积达12万平方米、年产值不足百万元的传统厂房变身为宽敞明亮、高端大气的创新产业园区，当时园区入驻企业300多家，引进人才1万多人，年产值超过100亿元，成为龙岗"腾笼换鸟"的示范性案例。

第二，综合整治型。对于建筑质量和结构布局基本能满足现代产业发展要求，综合环境较差的工业园区，通过时间短、见效快的综合整治（俗称"穿衣戴帽"）迅速提升园区整体环境，完善配套设施，满足现代产业发展要求。如龙岗依托深圳信息技术学院和香港中文大学深圳学院的智力支持，投资2亿元对占地约5.7万平方米的横岗街道莲塘尾工业区进行综合整治，按照"边改造边招商、改造一栋招商一栋"的思路将其打造成以黑白灰为主基调，突出中式小镇风格的深圳大运软件小镇。

第三，产业置换型。传统加工制造业已不再符合龙岗产业发展导向，为此，龙岗积极搭建沟通平台，采取产业置换的办法，对原传统制造业平台进行资源整合，通过引进高科技企业、创新研发型企业，压缩传统制造业占用的载体空间，形成现代产业集聚，打造创新产业园区。例如，李朗珠宝园为新建产业园区，原定位于发展传统的珠宝加工。通过引导，园区首期拿出10万平方米用于引进软件企业、高新技术企业，将其打造成为李朗软件园，该软件园已被列入龙岗区创新产业系列园区计划。该时期园区引进了中科院深圳先进院，建设云计算产业育成中心。园区还引进了深圳软件园管理中心，将李朗软件园打造成深圳市软件园龙岗分园李朗信息化产业基地，重点发展软件和服务外包产业。

4. *淘汰低端产业预留发展新空间*

为了解决全区发展空间不足、效益不高等问题，实现高新技术产业、先进制造业和现代服务业的快速发展，龙岗逐步淘汰重污染企业和低端产业。2006年，龙岗出台了《龙岗区淘汰重污染企业实施方案》。2008年，根据省、市关于龙岗河流域重污染企业淘汰要求，在流域内全面禁止新建和扩建电镀、线路板、制革、印染、养殖五个行业的建设项目，暂停审批选址在两河流域范围内的新建、改建、扩建电氧化、化工等重污染行业项目，以及生产工艺中含酸洗、磷化工序的新建、扩建项目。到2010年，全区淘汰重污染企业4381家，在大幅减少环境污染的同时，腾出宝贵的发展空间。

2010年，为贯彻落实区委、区政府《关于推进产业结构调整促进产业转型升级的决定》（深龙委〔2010〕1号）精神，加快产业结构转型升级步伐，依法淘汰低端产业，促进其转型升级或引导退出，龙岗制定了《龙岗区关于淘汰低端企业促进产业升级的实施意见》，每年淘汰一批、转型一批、升级一批。全面启动了"5年5000家"的低端企业淘汰工程，推动高能耗、高用工、高污染、低效益企业的转移，同时通过优化环境，引进高端项目，为高端产业腾出发展空间。到2012年，全区已基本完成了5年的工作目标。同时，为高效利用空间，快速实现产业置换升级，龙岗推进了对旧工业区的改造升级，将横岗莲塘尾工业区升级改造成的"大运软件小镇"，是其中最为典型的代表。按照规划设计，该工业园区打造成一个内容丰富、配套齐全、充满小镇风情的高端电子信息产业园区，为全区旧工业区的转型升级树立"样板"。2012年年初，该项目正式启动建设，总占地面积14.5万平方米，建筑面积16万平方米。

三 民营经济加快发展

民营经济伴随特区发展不断壮大。我国加入世贸组织后，民营企业抓住机遇，充分发挥自身优势，成为深圳市经济和社会发展的重要力量，是深圳自主创新最活跃的群体。

（一）民营经济在国民经济中的重要地位和作用

龙岗全面城市化时期，民营经济发展迅速，其地位和作用越来越突出。一是民营经济的发展势头猛。那个时期龙岗私营企业超过5400家，其中注册资金1000万以上的有40多家，涌现出华为、比亚迪等一批全国知名的企业。同时，民营企业还积极参与市政设施和公共事业的建设，承建了一系列的高等级公路、垃圾焚烧发电厂、污水处理厂、旧城改造等项目。二是民营经济发展成为各自行业主力军。民营经济具有国有经济甚至是外资经济所没有的优势。民营经济产权明晰，市场性强，经营形式灵活，竞争机制好。特别是民营科技企业生命力尤其旺盛，快速发展的民营科技企业成为高新技术产业的主力军。华为、核电、比亚迪已成为辖区经济发展的擎天巨柱，新天下、日立环球、元征科技、红日机电、金洲精工等已成为各自行业的龙头。三是民营经济的贡献和作用越来越大。2012年，全区民营科技高新企业实现高新技术产品产值1978.8亿元，增长13.6%，占全区高新技术产品产值的76.1%。

（二）出台政策扶持民企发展

2000年12月，深圳市委、市政府下发《关于加快发展个体、私营经济的意见》，提出放宽个体、私营经济登记政策，取消对投资者的户籍所在地限制；自然人可作为发起人申办股份有限公司；支持符合条件的私营企业实行股份制改造和股票上市；鼓励私营企业采取参股、购买、兼并、租赁、承包等多种形式参与国有企业的改组、改造，允许私营经济成分占控股权。2003年5月，又出台《关于加快民营经济发展的意见》，在规定对民营经济实施"政治平等、政策公平、法律保障、放手发展"方针的同时，明确各项鼓励措施，实施民营企业50强计划。2004年11月，市政府制定了《深圳市民营及中小企业发展专项资金管理暂行办法》，规定民营及中小企业发展专项资金在年度预算安排的产业发展专项资金中统筹，专门用于民营担保机构担保风险的补偿和民营及中小企业服务体系建设及管理支出。①

---

① 深圳市委党史研究室、深圳市史志办公室：《深圳改革开放四十年》，中共党史出版社2021年版。

2006年8月,深圳出台《关于进一步加快民营经济发展的若干措施》(以下简称《措施》),规定对民营企业实行梯度扶持和重点培育,筛选出一批行业领军企业、行业骨干企业和优质成长企业。《措施》还规定从发展空间上大力扶持民营企业发展,每年拿出一定比例的供地,用于解决民营企业用地问题。为激发民营企业的创新活力,促进民营企业做大做强,带动广大民营及中小企业发展,2006年12月15日,市政府出台《深圳市民营领军骨干企业认定暂行办法》,认定华为等一批企业为"深圳市民营领军标杆企业""深圳市民营领军骨干企业"。在鼓励民营企业开展自主创新和实施名牌战略方面,深圳实施九条措施:一是鼓励民营科技企业开展应用研究与技术开发活动;二是鼓励民营科技企业实施科技成果产业化;三是鼓励民营企业建立自主研发机构;四是大力支持民营企业开展技术改造;五是加快公共技术服务平台和科技创新支撑平台建设;六是支持民营企业提高产品设计能力;七是积极引导民营企业参与国防科技工业建设;八是对民营企业的自主创新和循环经济产品及服务实行政府采购扶持;九是支持民营企业实施名牌战略,优先推荐民营自主品牌企业申报中国名牌产品或广东省名牌产品。

2010年,龙岗在促进加工贸易转型升级的同时,采取多种措施,积极推动民营经济发展。进一步加大对科技创新的扶持力度,区科技发展资金已提高到1亿元;鼓励自主创新型企业申请国家、省、市各类专项资金;组织符合条件的民营企业参与高新技术产业认定,享受国家的税收优惠;帮助民营科技企业积极争取龙岗的经济发展基金支持,解决民营科技企业发展过程中遇到的资金"瓶颈"问题。同时,高度重视民营中小企业的上市培育工作,及时向企业传达市、区两级政府在资金等方面大力扶持民营中小企业改制上市的精神,对有上市需求的企业进行调查统计,鼓励民营高新技术企业上市。

(三)民营企业自主创新、自主品牌之路

早期,大多数深圳民营企业通过OEM(贴牌生产)方式进入国际市场,但随着竞争加剧,民营企业走低成本竞争之路越来越困难。为激发民营企业的创新活力,促进一批自主创新能力强、行业优势明显的民营企业做大做强,带动广大民营中小企业发展,市政府出台了《深圳市民营领军骨干企业认定暂行办法》,认定华为等5家企业为2007—2008年度"深圳市民营领军标杆企业"。30万家民营企业大军已成为深圳自主创新和推动经济社会发展的重要生力军,仅111家民营领军骨干企业,2008年实现销售收入2472.43亿元,占全市规模以上工业企业销售总额的22.04%,当年户均销售收入达22.27亿元。民营领军骨干企业全部设立了企业研发机构,其中72家获市高新技术企业认定,5家获国家级企业技术中心或国家级工程技术研究中心认定,15家获国家技术发明奖、国家科学技术进步奖、中国专利金奖、中国专利优秀奖。

民营企业的自主创新意识和品牌意识普遍增强,自发实施名牌战略。2006年,全市民营企业申请国内专利数量20520件,占全市国内专利申请总数的98%,同比增长40%。华为、中兴、比亚迪、创维、三诺等成为享誉全球的知名品牌,深圳民营企业实现由"深圳制造"向"深圳创造"的转变。在深圳拥有的58个"中国名牌产品"中,民营企业占据了40席。2008年,深圳共获2个世界名牌产品,列全国大中城市第一位。这两个名牌全部来自民营企业,其中包括华为的程控交换机。据2006年统计,深圳年销售额超100亿元的5个自主品牌中,民营企业占3个;年销售额超50亿元的7个自主品牌中,民营企业有4个;超10亿元的自主品牌有20多个,其中民营企业占8成以上。民营领军骨干企业均拥有自主品牌产品,其中获"中国世界名牌产品""中国名牌产品""中国驰名商标"称号的企业分别有2家、14家和8家,获"深圳市市长质量奖"的企业有3家,获"广东省名牌产品""广东省著名商标""深圳知名品牌"称号的企业有20家,牵头制定现行国际标准(国外先进标准)、国家标准、行业标准(协会标准)和地方标准的企业有28家,承担国内外标准组织专业秘书处与召集人的企业有1家。

2009年,民营经济总量占全市经济总量的1/3,民营企业已成为深圳自主创新最活跃的群体;深圳1000多家国家级和省级高新技术企业中,60%是民营科技企业;深圳自主创新的"四个90%"(90%以上的研发机构设立在企业、90%以上的研发人员集中在企业、90%以上的研发资金来源于企业、90%以上的专利由企业申请)大多来自民营企业。

四 高新技术产业高速增长

(一)高新技术产业支撑全区经济稳定增长

深圳的高新技术产业起步于20世纪80年代末90年代初。1991年,深圳市委、市政府明确提出了"以科技进步为动力,大力发展高新技术产业"的战略,陆续推出一系列政策和措施,推动高新技术产业发展,高新技术产业由此步入发展的快车道。随着产业的快速发展，深圳已发展为我国重要的高新技术产业的生产和研发中心之一，高新技术产业成为深圳支柱产业、优势产业和城市名片，成为区域经济发展的主导力量。

龙岗作为深圳经济发展的支撑区，过去依靠"三来一补"企业发展经济，随着全球经济一体化进程加快，龙岗意识到全区经济社会要实现跨越式发展，高新技术产业是推动新型工业化的关键所在，是加快农村城市化的希望所在，是实现基本现代化的潜力所在。因此，龙岗审时度势提出"引进与培育"并举的科技发展战略，以科技招商为突破口，加快引进国内外高新技术项目和企业。全区逐渐形成了以高新技术和先进制造业为主导、高新技术产业以民营科技企业为主导的新格局，龙岗作为深圳高新技术产业发展的主要区域，也是深圳重要的高新技术产业和先进制造业的发展基地、传统优势产业集聚基地、物流产业基地以及金融产业基地。

经过多年的发展，以电子信息、新材料、新能源为支柱的高新技术产业群落户龙岗，成为助推龙岗实现经济结构调整和产业结构转型升级的强大动力。2006年，龙岗高新技术产业进入了黄金发展期。如果说1993年至2005年是龙岗由一个产业新区变为产业大区的过程，那么2006年以后，龙岗则由产业大区迈向了产业强区。那一年，龙岗推行"科教兴区"战略，将发展高新技术产业作为区里的一个重点；那一年，龙岗区高新技术产值突破1000亿元，高新技术增加值为300多亿元，占工业增加值的53%。2009年龙岗共拥有各类企业3.6万多家，各类市场主体11万多家，有民营高新技术企业——华为公司、比亚迪、大亚湾核电等产值上亿元的龙头企业290多家，是深圳工业大区和产业强区。

尽管受到国际金融危机影响，龙岗高新技术产业仍然继续保持健康快速发展。2008年，全区规模以上工业企业实现高新技术产品产值2082.6亿元，占全区规模以上工业总产值的60.2%。其中民营科技企业实现高新技术产品产值1576.5亿元，占全区高新技术产品产值的75.7%；实现增加值594.6亿元，占全区规模以上工业增加值的64.9%；实现高新技术产品出口207.9亿美元。至2012年，规模以上高新技术产业产值占规模以上工业产值的75%，国家级高新技术企业总数达296家，自主创新成为经济增长内生动力。

此外，在2008年国际金融危机的大背景下，龙岗电子信息产业实现产品产值 1851 亿元，通信行业实现产值 1172.8 亿元，新型储能材料行业实现产值 226 亿元，计算机及外部设备行业实现产值 346.4 亿元。通信、计算机及外部设备、新型储能材料等行业继续保持国内优势地位，产业高端化发展趋势显著增强。通过全面实施自主创新战略，龙岗区域自主创新体系建设不断完善，涌现出一大批科技创新成果，辖区企业专利申请量和授权量继续保持深圳全市前列。仅 2008 年，龙岗专利申请量达到 10011 件，占全市的 27.6%，其中发明专利申请量 5955 件，占全市的 31.7%；专利授权量 5969 件，列全市六区之首，占全市的 31.8%，其中发明专利授权量 2878 件，PCT 国际专利申请量 1899 件，占全市的 70.1%。其中华为 PCT 国际专利申请量居全球第一。

从高新技术产品产值 1 亿元到首次突破 1000 亿元，龙岗走了 13 年；从 1000 亿元到 2000 亿元，龙岗只用了 2 年时间。建区之初，龙岗高新技术产品产值只有 1.92 亿元，仅占全区工业生产总值的 4.07%；到 2006 年年底，全区高新技术产品产值首次突破千亿元；至 2012 年，全区高新技术产业实现产值达 2600 亿元，占工业总产值的 70% 以上，比建区时增长了近 1300 倍，高新技术产业成为龙岗经济发展的第一支柱。

（二）科技兴区自主创新

1. "创新龙岗"异军突起

2002 年以来，龙岗围绕如何进行自主创新，提出了"龙岗制造"向"龙岗创造"的转变。区科技经费也由建区时的 120 万元增加到 2005 年的 5000 万元。龙岗大部分企业都建立了科技研发机构，有区级以上工程技术研发中心 16 家，有 60 多家企业与清华大学等 50 多家高校建立了产学研合作关系。这一时期，龙岗实施"适度重型化"战略。由于适时加重自身经济"底盘"，推动制造业重型化，抓住机遇引进中集拖车、比亚迪汽车、五洲龙客车等一批污染较少、能耗较低、技术先进、带动作用强的高端装备制造业，规范建设精细化工等基础工业项目，并初见成效，初步改变了深圳制造业结构偏轻的状况。

2. 自主创新能力显著增强

2004 年龙岗有科技企业 600 多家，经深圳市认定的高新技术企业有 60 家；专利申请量和专利授权量大幅上升，2004 年专利申请量为 3028 件，占全市的近 1/4，其中发明专利授权量为 490 件，占全市的 57%。全区组织实施了国家"863"计划 8 项，国家"火炬"计划 21 项，"星火"

计划 11 项；有 65 个项目获市级以上科技进步奖，其中国家级科技进步奖 6 项。2004 年全社会科研投入近 40 亿元，占 GDP 的 6%。企业成为技术创新的主体，全区 95% 的科研成果、95% 以上的科研人员均在企业。①

至 2012 年，龙岗充分发挥空间优势、后发优势，抢抓大运会、特区一体化、特区内科技型企业外溢发展等历史性机遇，突出企业创新的主体作用，构建官、产、学、研一体化的创新生态体系，中科院先进院、光启理工研究院超材料、微软 IT 学院等一大批创新资源和高科技上市公司竞相入驻龙岗，全区拥有规模以上科技企业 390 家，超亿元科技企业 140 家，国家级高新技术企业 251 家，市级高新技术企业 309 家。2012 年 1—12 月，龙岗专利申请量 11787 件，占全市专利申请量的 16.12%，全市排名第二，其中发明专利申请量 5771 件，占全市发明专利申请量的 18.57%，全市排名第二；专利授权量 8342 件，占全市专利授权量的 17.14%，其中发明专利授权量 3304 件，占全市发明专利授权量的 25.28%，全市排名第二；全市打造的首批九个战略性新兴产业基地，布局龙岗的就有深圳市新能源产业基地、华为科技城新一代通信产业基地等 4 个，占全市的将近一半，龙岗成为深圳市战略性新兴产业发展的主战场。

龙岗创新能力突出的同时，也存在科技企业占比低、中小企业创新能力不足等问题。2012 年，龙岗 1.5 万家工业企业中，科技企业仅有 2000 多家；科技创新绝大部分来自华为、比亚迪等极少数大企业，广大中小企业的创新能力依然薄弱，对产业关键技术、核心技术的研发投入严重不足。

3. 创新园区建设成绩斐然

作为科技招商的重要载体，龙岗创新园区建设也初步形成了政府引导、社会资本和专业机构参与建设的多种适合龙岗产业发展的园区建设和管理模式。比如政府投资、政府运营管理的龙岗留学生创业园模式；专业机构投资、运营管理的龙岗天安数码城，成为全市转型升级的最大亮点；开发商投资、科技中介机构合作运营管理的中海信科技产业园，成为全市中小企业上市总部基地。众多创新园区已引进高科技企业 470 多家，实现产值 180 多亿元，聚集科技人才 1 万多名。

---

① 熊小平：《龙岗——科技自主创新的沃土》，《特区经济》2005 年第 10 期。

五 发展资源节约型经济

（一）集约利用土地，提高土地产出效益

土地作为不可再生、难以替代的宝贵资源，是经济社会持续快速发展的重要支撑，也是政府创新投融资体制、引入社会资金的根本性保障。深圳地形对土地的动态利用影响、制约明显，并且伴随城市规模的快速扩张，城市土地需求量激增，土地成为龙岗持续健康发展的"瓶颈"。由于龙岗土地资源消耗大，可持续发展步履维艰，按以往的土地利用模式，现有土地存量仅能维持 8 年左右。因此，"以土地换效益"观念的转变除客观制约之外，更有主动的转型。

龙岗立足实际，深入调研，结合自然地形，积极探索发展新思路，提出本区"存量提升、优化增量"的土地"零增量"跨越式发展思路。高瞻远瞩，超前规划，彻底改变以往"以土地换效益"的粗放发展模式，强调"存量提升"，推动全区传统产业升级转型。同时，严格执行《深圳市城市更新办法》。据龙岗 2013 年政府工作报告数据，2012 年，龙岗启动大运软件小镇等近 300 万平方米旧工业区综合整治工程，推动岗头工业区等近 500 万平方米的旧工业区拆除重建，全区清理淘汰低端企业 1600 余家，涉及厂房物业面积 140 万平方米，为引进创新性高端科技业、低碳产业、文化产业和服务业腾出了尽可能多的发展空间。

深圳共有 9 个战略性新兴产业基地，其中 4 个在龙岗。龙岗要在促进传统产业升级转型的同时，依托本区四大战略性新兴产业基地，高标准规划建设华为科技城、大运新城、国际低碳城、宝龙科技新城，重点发展以华为为代表的新一代信息技术产业、以核电配套产业为代表的新能源产业等具有龙岗特色的产业，真正实现"存量提升"。

以产业结构调整为契机，龙岗面对"土地难以为继"的困境，主动转变思想观念，以重点项目带动，因地制宜发展多元化经济，推动社区经济转型，引导土地集约化使用，实现土地资源的"存量提升、增量优化"。随着《关于引导支持社区经济转型发展的意见》《关于进一步推动社区经济转型发展的实施意见》的相继出台，对涉及搭建社区经济服务引导平台、建立促进社区经济转型发展的保障机制等八大方面，通过政策扶持、资金激励、技术支撑引导社区经济从单一物业租赁为主的模式向投资型、服务型、管理型等多元化实体经济的模式转变，努力形成"一街道一策略、一社区一特色"的差异化发展格局，保证"存量提升"。

同时，区内横岗街道六约社区通过建设新村，引导居民集中居住，将城市更新出来的部分土地归并重整，提高土地资源的节约程度。在进行成片旧改，统筹安排工业、商业、住宅用地时，提高准入门槛，积极引入"零用地"企业和低耗能、高产出的低碳环保企业，建设低碳小区等，切实做到"增量优化"。让社区经济升级转型与土地资源集约化使用实现完美结合，健全土地资源集约下的社区经济发展新机制，提高土地资源的利用率和产出比例。

《龙岗区关于效益龙岗建设的实施意见》中明确指出，集约利用土地，提高土地产出效益。龙岗开展全区土地整备工作，保证土地的足量、合理、高效使用。通过深入企业单位，实地调查，摸清待整土地的权属关系以及土地上附属建筑物等情况，建立详细的信息数据库，制定切实可行的土地整备实施计划，创新协调沟通机制，保证土地整备工作的顺利开展。建立土地整备与查违相结合的联动机制，推进土地利用的高效率、高产出，保证现利用土地上的企业实现"存量提升"，也为潜在增量企业的发展提供足够的土地资源。同时，严格按照土地管理"1+7"文件的要求，对于超过土地出让合同约定日期却未开工、未竣工的企业，采取限期开发建设、收回土地等多种处理方式；对于房地产开发用地闲置的，按国家有关规定处理。通过土地整备，加大查违力度，加强土地利用管理，提高有限土地资源的高效利用，为土地利用"存量提升、优化增量"提供基础性保障。

龙岗在努力实现"存量提升"的同时，也注重"优化增量"，通过推行"零用地招商"，鼓励区内企业零用地增资扩股，摆脱经济发展对土地的过度依赖；将土地利用向优质项目倾斜，积极引入富有朝气活力和潜在市场价值的文化产业，成为龙岗"优化增量"的主要手段之一。该时期，龙岗文化产业形成区域集聚，品牌效应凸显，重大项目快速崛起，如大芬油画村、文博宫、坂田手造街、南岭丝绸园、三联水晶玉石、陶瓷产业园、龙园奇石、鹤湖新居等成为龙岗发展的文化名片。据统计，2012年全区有文化及相关产业企业400家，文化产业园区18个，实现产值434.6亿元。[①]

---

① 杨洪等：《新型城市化视角下的龙岗探索与实践》，海天出版社2014年版。

（二）倡导低碳节能，实现利用效率和利用模式的双重变革

倡导低碳生活，节能减排，是现代生态文明发展的要求，是建设资源节约型、环境友好型社会的主要途径。倡导低碳节能，有助于将生态文明建设向更高的层次延续和提升，是现代城市真正实现可持续发展的一个重要标志。

为响应国家低碳节能工作，贯彻落实《深圳市龙岗区关于发展循环经济的实施意见》，龙岗大力倡导低碳节能，通过政策引导、资金扶持、技术支撑等手段切实推进低碳节能工作的开展，通过推进循环经济和节能减排工作，实现龙岗资源利用效率和利用模式的双重变革。

自 2003 年 6 月被批准为"国家级生态示范区"建设试点以来，龙岗通过建立环保综合决策和协调机制、建立健全产业退出机制、编制和实施生态规划、划定基本生态控制线、发展清洁生产和循环经济等多种手段，倡导低碳减排，提高利用资源的效率。

龙岗积极主动对区内企业进行低碳节能的宣传，讲解低碳节能对于建设资源节约型、环境友好型社会的重要意义，树立企业的节能减排意识，强化企业的社会责任意识。2008 年，龙岗出台《龙岗区工业节能预警调控方案》，将区内 200 多家重点用能工业企业纳入了节能预警调控监测范围。

龙岗倡导低碳减排，首先从自身做起，为社会、企业和个人做出了榜样，出台了《公共机构节能工作实施方案》，推进能源消耗预算约束机制，对区级 40 余家行政事业单位的近 50 万平方米政府物业节能实行了统一和分包管理。区政府大院内的普通白炽灯已逐渐被节能灯取代，用于装点绿化环境的草坪灯也采取太阳能科技手段。

龙岗加大节能减排执法力度，高标准、严要求，清查、整改全区高耗能企业。2011 年，共有 1784 家高污染企业和低端加工企业被清理或转移。同时，还积极推进建筑节能管理。统计数据显示，龙岗对建筑节能施工图设计文件的抽查比例达 100%，全区办理建筑节能专项验收的总面积已达 125.63 万平方米，节能量达 1.6 万吨标准煤等。

《龙岗区经济发展资金（节能减排、循环经济类）管理暂行办法实施细则》指出，该细则中所称专项资金是指区经济发展资金中用于支持本区节能减排工作和循环经济发展的政策性专项基金，并对扶持范围和条件进行了详细说明。在政策、资金的鼓励和支持下，企业的能源利用效

率不断提高，利用模式不断优化，企业经济效益和社会效益不断提升。据统计，2011年，龙岗共安排专项资金2400多万元，用于资助节能减排项目，实现万元GDP能耗0.508吨标准煤，同比下降4.61%，能源利用效率明显提升。

（三）加强节约用水，建设节水城区

建设节水型社会是统筹人与自然和谐发展、全面建设小康社会、实施可持续发展战略的必然选择，是实现水资源可持续利用的必由之路。加强节约用水，降低单位GDP的水消耗，建设节水城区，是一个城市生态文明成熟的重要标志。

在全面推进建设节约型社会的大背景下，龙岗积极响应国家建设节约型社会的要求，在开展工作过程中，进一步推进循环经济和节能减排工作，认真落实《深圳市节约用水条例》；运用广播、电视、网络进行大力宣传，树立节水意识；开展节水型城市创建工作；鼓励使用再生水；通过推广节水生活器具等方式，引导企业、家庭开展节约用水活动，将龙岗打造成节水城区，实现经济、社会、生态的和谐发展。

1. 开展节水创建工作，加大奖励措施

2008年，龙岗启动创建节水型企业（单位）专项行动，通过开展提高工业用水重复利用率、开展节水器具普及达标专项行动等方式开展节水型企业（单位）创建工作。区内各企业、单位积极响应，用实际行动践行节约用水。如以新梓学校为代表，在青少年中开展"节约用水，从我做起"主题教育活动；深爱半导体龙岗分厂聘请专业公司做水平衡测试，安装废水处理系统，包括回收空调冷凝水，年节水12万吨左右。

龙岗合理划定创建范围，制定考核标准。各计划用水单位、用户按照各自所属的创建范围，以考核标准为依据，进行自评打分。凡达到节水型标准的单位，可填写《深圳市节水型企业（单位）报名表》，向深圳市节水办提出验收申请。由深圳市、龙岗区节水办委托的专业咨询机构进行材料预审和验收。成功成为节水型企业的单位，由深圳市政府授予"深圳市节水型企业（单位）"荣誉称号，并可申请节水示范项目补助及申报市节水先进单位奖、节水建设奖及节水效益奖。此外，对获得"深圳市节水型企业（单位）"称号的企业（单位），区政府根据其用水情况安排一定资金予以奖励。市级节水荣誉称号以及区政府的资金奖励，在一定程度上提高了企业（单位）节水的积极性和主动性，对建设节水龙岗具有重大意义。

2. 积极探索雨洪、中水等水资源综合利用新模式

龙岗从本区水资源现状和水资源开发利用现状出发，结合区域自然特征和技术手段，按照生态龙岗建设和可持续发展要求，进行创新思考，积极探索对雨洪、中水等水资源的综合利用新模式，推动本区经济健康、持续发展。

雨水综合利用。龙岗区除利用本区河流、水系等常规水资源外，还积极探索雨水利用工程，对雨水进行收集、净化与综合利用，在一定程度上丰富了本区水资源。雨洪利用在国内外已经具备较成熟的应用基础研究和技术措施，并拥有成功的大面积示范推广经验。在龙岗降雨的条件下，通过对雨水利用工程的合理规划和科学设计，有充足的雨量可以集蓄利用。龙岗积极探索雨洪利用方式，完成观澜河洪水资源利用前期研究报告，分析河道来水量，持续监测两条河道的洪水指标，制订并落实雨洪利用方案。有关数据表明，根据龙岗多年平均降雨情况，年雨洪可利用量为4496.96万立方米；在龙岗降雨为丰水年时，年雨洪可利用量为5118.15万立方米。

中水综合利用方面。龙岗运用技术手段将中水作为资源就地进行回用，为龙岗水资源的循环利用提供行之有效的方法，有效地节约水资源，实现对水资源的综合利用。在大运村建设学生宿舍、职工宿舍、食堂的过程中，引入中水回用，每日提供冲厕用水2000—2500立方米。龙岗李朗珠宝产业园中水回用率达30%。龙岗中心城及宝龙工业城两个片区共38条市政道路全部安装中水支管，实现中水回用绿化灌溉，实现水资源的综合利用。

（四）积极探索，推进固体废弃物利用新模式

龙岗区对城市建设、生活产生的其他废弃物进行综合利用，积极探索资源节约利用新模式，全力推进资源节约型城区的建设。

龙岗通过城市整体规划的科学发展，在3—5年时间内拆除3800栋临时房屋和永久性建筑，建筑废弃物成为龙岗城市建设中的主要废弃物之一。《龙岗区建筑固体废弃物综合利用调研报告》显示，因地铁3号线及龙岗大道龙岗段拓宽改造工程建设需要，龙岗需拆迁永久性建筑1289栋，拆除的建筑面积为72.81万平方米，产生建筑垃圾25万立方米；体育新城核心区建设工程拆迁量约为55万平方米，产生建筑垃圾约为20万立方

米；龙岗2007年报批的107个旧城（村）改造项目计划，需拆迁建筑面积约为1750.60万平方米，产生建筑垃圾约600万立方米；建设工程施工工地平均每年产生建筑垃圾约15万立方米。

龙岗通过创新招标方式，公开出让特许经营权，引入企业运用先进技术对建筑废弃物实行综合再利用，彻底改变了建筑废弃物未经任何处理原始填埋的低能利用方式，形成变"废"为"宝"的资源循环利用新模式，提高建筑废弃物的利用价值。分别在2009年和2010年公开招标引进的两家建筑废弃物综合利用企业，分别在坪地街道年丰、平湖街道白坭坑两地建立建筑废弃物处理和综合利用基地，政府在政策、资金上给予重点扶持。其中，仅平湖街道白坭坑建筑废弃物处理和综合利用基地，年处理建筑垃圾规模为100万吨，综合处理转化率在98%以上。

政府市政工程对建筑废弃物再利用产品给予大力扶持。龙岗市政工程建设积极应用由建筑废弃物生产的轻骨料混凝土、轻质条板、轻集料混凝土小型空心砌块，以及再生集料建筑板材、再生集料砂浆等再生产品。

第三节 城区建设跨越式发展

这时期龙岗的全面城市化发展与深圳发展史上的一件大事密切相关，即深圳市获得2011年第26届大运会主办权，大运会主场馆设在龙岗。以此为契机，龙岗区委、区政府按照"整体改造、突出重点"的原则，以高端规划为引领，重点围绕大运会场馆及周边地区，强力推动基础设施建设、生态环境建设和城市精细化管理，初步实现龙岗从后发展地区向配套齐全、生态优美、宜居宜业城区的华丽蜕变。风景如画的水官高速、华灯辉映的大运新城、都市风情浓郁的龙翔大道以及地铁龙岗线飞驰的列车等成为亮丽风景线。2007—2009年，龙岗抓住举办大运会这一历史性机遇，城市建设投入力度、建设速度、城市发展态势形成一波高潮，仅投资额一项就达240亿元，比前10年市区投资总额还多，迈出了全面城市化的关键一步。

一 迎办大运会

2004年12月17日，国务院正式批准以深圳名义申办2011年第26届大运会，2007年1月17日，国际大体联主席宣布深圳市获得2011年第26届大运会主办权，大运会主场馆设在龙岗。这次大运会是深圳迄今为止举办的唯一大型国际性赛事。大运会的各项工作正式展开，对深圳的城市空间结构具有深刻影响，并促进城市交通系统、城市公共空间的完善，对龙岗城市发展起到引擎的作用。

为迎办大运会，2007年深圳市政府开始谋划包括大运村在内的"体育新城"（现名"大运新城"）规划，大运会场馆和大运村的选址，定在了龙岗中心城西区。彼时龙岗被称为"特区的关外之地""来料加工区"，遗留着龙口、龙二、红旗、格坑等上百年的村庄。在昔日村落的原址上，占地约87.4公顷、建筑面积超过30万平方米的"世界级配套"深圳大运中心破土而出，占地面积约92.6万平方米的大运村喜迎全球嘉宾。

深圳大运会共有68个赛时使用场馆，其中有27个位于龙岗区、7个位于宝安区、1个位于坪山新区、1个位于光明新区，这些体育场馆的建设成为外围地区新的增长点，带动了周边配套设施的建设，完善了外围地区的公共空间体系。

2011年8月12—23日，第26届大运会龙岗赛区开赛。龙岗作为大运会主场馆、大运村和主新闻中心所在地，赛事组织和城市保障等工作量超过其他各赛区总和，承担的压力居各赛区之首。迎办期间，龙岗改造建设28个国际水准的场馆，占全市场馆的47%；举办篮球、足球、游泳等10个大项、157个小项共计824场比赛，产生金牌157块，占全部项目的近一半；共有3883名世界各地大学生运动员在龙岗赛区比赛，组建近18万人的群防群治队伍，提供城市志愿服务21万人次，输送乘客2500万人次，接待游客175万人次，提供食品保障和医疗服务110万人次，安全供餐57万份，为大运会"不一样的精彩"作出了突出贡献。

大运会的成功举办，极大地加速了龙岗的城市化进程。以迎办大运会为契机，全力促进城市基础设施建设"大提速"、市容环境"大变样"、生态环境"大优化"、市民素质"大提升"，龙岗城区面貌发生历史性巨变。城市交通实现跨越式发展，轨道交通的建设改变了人们的出行方式，地铁3号线将市区与龙岗地区紧紧相连，促进了华灯辉映的大运新城崛起，成为城市空间新的增长点。大运中心"一场两馆"成为深圳新地标之一，大运新城成为深圳发展的"新引擎"，龙岗作为城市副中心的战略地位进一步强化。龙岗地区的土地超常增值，外溢效应明显，带动了东莞、惠州相邻城市的地价升值。大运会召开，全面促进了城市绿道建设与珠三角绿道的接轨，绿道的建设将城市公园、广场等开放空间联系起来，完善了外围地区的公共空间体系，改善了外围地区的景观环境。龙岗迎办大运会，大大推进了城市化进程，城市化水平至少加速10年。

（一）城区规划建设标准不断提高

迎办第26届大运会不仅是龙岗发展历程中的重要事件，更是龙岗城市面貌发生质的变化的关键时间节点。区委、区政府坚持以高端规划为引领，着力提升城区规划建设标准，高质量完成《龙岗区"十二五"近期建设与土地利用规划（2011—2015年）》，合理配置城市资源，编制年度实施规划，引导城市稳步有序、可持续发展。建成区内的法定图则覆盖率达100%；着力编制实施规划和行动计划，构建现状、目标、实施三者之间的路径，促进规划编制成果的转化应用。

（二）城区建设力度不断加大

在大运会筹办期间，区委、区政府本着"办赛事、办城市"的理念，在重点做好辖区大运场馆建设的同时，不断加大对城市基础设施的投入，四年间累计投入资金97.3亿元，迅速实现城市建设与社会事业发展的大跨越。大运会筹备期间，2008年龙岗年度预算支出约81.3亿元，到2011大运会举办达137.3亿元，增长68.9%，主要投入到公共服务与安全、教科文卫、城乡社区发展、城市基本建设等城市建设和社会事业发展方面。其中，四年来累计投入公共服务与安全专项资金114.6879亿元、社会事业专项资金123.8563亿元、城市建设专项资金97.3253亿元，投入数量和增长速度均突破历史纪录（见图5-2）。

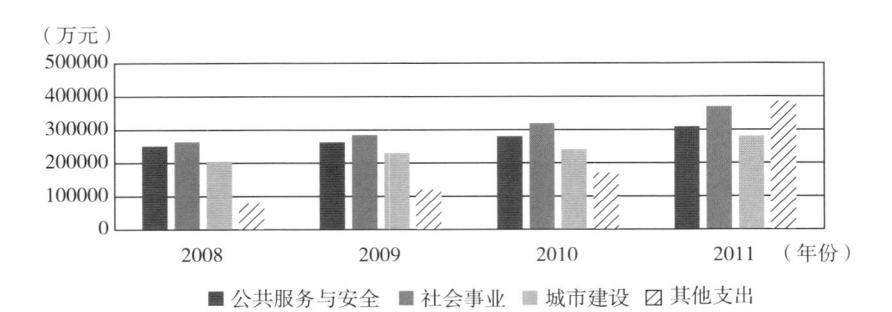

图5-2 2008—2011年龙岗区财政预算资金投入情况对比

资料来源：《龙岗年鉴》（2009—2012）。

同时，龙岗是第 26 届大运会的主场馆和大运村所在地，有近一半的比赛场馆设在龙岗，一半以上的赛事在龙岗举办，一半以上的金牌在龙岗产生，市级财政对龙岗比赛场馆、基础设施及公共服务等方面的投入比例也呈上升态势。2012 年 12 月 27 日深圳市审计局发布的《关于深圳大运会财务收支及场馆建设项目审计结果公告》显示，自 2008 年 1 月至 2012 年 9 月，深圳为举办大运会支出 139.96 亿元，资金来源包括深圳市及所辖各区财政 110.65 亿元，市场开发、门票销售及捐赠等收入 12.17 亿元，企业资金投入 17.14 亿元。其中场馆建设支出为 75.20 亿元，大运会运行与保障支出为 44.90 亿元，配套项目支出为 19.86 亿元。①

（三）片区土地超常增值

深圳市政府为大运会投入了巨大资金，并吸引更大范围的资金聚集，集中体现在大运会中心片区土地价格的上升。大运会的建设，使龙岗中心城成为最引人注目、楼市竞争最激烈的片区，全面带动了龙岗中心城整体楼面地价的上涨，龙岗中心城楼面均价从 2003 年不足 700 元/平方米激升至 2006 年的 3780 元/平方米（见表 5-3），土地增值五倍多。大运新城建设同时促进了龙岗中心城整体土地利用模式发生改变，大型城市设施、商务商业区建设加快，国际自行车赛场、高交会馆、五星级酒店、主体育馆、游泳中心、数码城、留学生工业园等国际级的市政配套逐步完善。大运会的外溢效应越发明显，中心城及周边旧改工程陆续启动，包括爱联村旧改（龙城华府）、万科新老西地块成交项目、回龙铺改造等。北部新经济的增长点——北区电子商务园、天安数码城和留学生创业园，为龙岗中心城引入大量高素质的外来人群。大运会还带动区域一体化发展，龙岗中心城与东莞凤岗镇官井头相邻，在大运新城的建设中，打破了中心城与东莞的交通"瓶颈"，带动了相邻片区的土地升值，在体育场馆辐射范围内的楼盘价格高出东莞本地近 3 倍，凸显了大运会的区域带动作用。

表 5-3　　　　　2003—2006 年龙岗中心城成交土地统计情况

地块成交时间	项目名称	成交金额（亿元）	建筑面积（万平方米）	楼面均价（元/平方米）
2003 年	招商·依山郡	1.75	28.80	606

---

① 南方日报《"四个全面"的基层实践》写作组：《"四个全面"的基层实践：深圳市龙岗区跨越式发展的路径与启示》，南方日报出版社 2015 年版。

续表

地块成交时间	项目名称	成交金额（亿元）	建筑面积（万平方米）	楼面均价（元/平方米）
2003 年	鸿荣源·公园大地	8.38	60.20	1392
2004 年	天健·现代城	2.40	13.98	1727
2005 年	广业成·龙城领地	1.41	6.60	2135
2005 年	龙光新秀村	5.06	14.90	3395
2005 年	深业·荔枝园	7.70	20.37	3780

资料来源：深圳规划和国土资源委员会网站 2003—2006 年招拍挂信息。

（四）城区市容环境焕然一新

龙岗凭借深圳迎办大运会的历史性契机，着力提升硬件和生态环境水平，城区面貌发生历史性巨变。具备国际一流水准的大运会中心"一场两馆"（体育场、体育馆、游泳馆）拔地而起，成为点缀城区的亮丽"水晶石"。高标准实施 190 多条道路的绿化提升，改造绿化面积 1900 多万平方米，人均公共绿地面积由 16 平方米提升至 18 平方米，呈现"城在林中，人在绿中"的城林交融面貌。大力推广低碳绿色生产生活方式，深圳国际低碳城被评为"年度低碳榜样"；对龙岗河、丁山河等河流开展综合整治，全河段水体消除黑臭，成为"流动的城市绿道"；主要饮用水源水质达标率为 100%；空气质量优良率从 85% 上升至 93.3%，营造了健康、低碳、绿色的生态环境。

为了迎接大运会的举办，2008 年龙岗重点实施了"迎大运"主干道绿化工程和 2009 年林相改造工程。"迎大运"主干道林相景观改造建设工程总面积为 2660.10 公顷。其中，6 条主干道生态风景林为 666.02 公顷、常规生态风景林为 1860.58 公顷、市绿委办试点（桐基山）为 116.17 公顷、水土流失复绿工程为 17.33 公顷。通过 4 年高标准的造林、抚育、管护，2011 年主干道两侧山地初步形成以绿色为基调的阔叶混交林，树木生长生机勃勃，初显景色如春、繁花锦绣景象，林木基本郁闭，层次初具，生物多样性逐渐恢复。从春季到冬季根据各树种的特性，陆续绽放不同颜色的嫩叶和花朵。这一时期，全区林业用地面积为 42867.6 公顷，约占全市的 54%。如今，车行水官、机荷、清平等高速时，道路两侧的景象便是 2008 年开始的绿化更新改造的成果，并已经形成了南亚热带森林特点的生态风景林。①

　　大运会的成功举办，极大地丰富了建设新龙岗的智慧和经验。不仅在运行指挥系统构建、场馆团队组建、节俭办会等赛事组织方面进行系列创新，形成了具有龙岗特色的大运会迎办模式；同时，还在城市建设、社会建设、政府建设等方面进行前所未有的探索与实践，走出了一条新型的快速城市化道路，为龙岗新一轮发展积累了弥足珍贵的精神财富。

　　可以说，深圳成功申办大运会之后，地铁网络、大运会中心等重要设施及其配套工程的建设，直接改变了龙岗相对落后的城市面貌，推进了龙岗基础设施和市容环境建设的飞速发展。特别是地铁3号线连接特区内外，直通大运会中心，龙岗大道与深南大道一样顺畅亮丽，新建的体育场馆更达到国际先进水平。龙岗筹办深圳大运会的五年，不仅是城市面貌发生根本改变的五年，也是城区公共福利事业不断改善的五年，更是龙岗实现特区一体化发展成效最为显著的五年。

　　二　基础设施建设全面提速

　　迎办大运会的五年，是龙岗建区以来城市建设投入最多、发展最快、变化最明显的时期。城市基础设施的超前建设得到落实，路、水、电、气、通信等日臻完善，城市功能大为提升。

　　（一）龙岗搭上轨道交通的快车

　　龙岗人多年来饱受车辆拥堵、出行困难之苦，急迫渴望通过地铁提升龙岗的交通文明指数，促进城市经济和社会的发展。

　　2002年，深圳当时规划地铁二期工程，但地铁3号线能不能纳入二期工程、能不能通到龙岗中心城都还是未知数。对此，龙岗区领导付出了巨大的努力，为了让3号线从原定的塘坑站延长至龙岗中心城，区领导甚至表态：只要市里同意，3号线工程由龙岗负责融资建设。在龙岗的决心和努力下，地铁3号线被纳入深圳地铁二期工程优先建设，并确定终点站由塘坑延长到双龙立交。2004年，深圳市地铁3号线投资有限公司正式成立。

　　当时，整个深圳的经济发展水平远不如现在，作为特区外的龙岗城市发展更加落后。由于地铁项目必须向国家发改委申请立项，为了加快3号线在国家层面的立项工作，使其纳入深圳市轨道交通二期规划，当时

---

① 陈少雄主编：《龙岗记忆》，中国华侨出版社2016年版。

将节能、环保作为3号线一大特色向国家发改委进行申报。怎样才是节能、环保的线路？怎样确保投资造价符合龙岗当时的实际情况？怎样促使线路一次性到达龙岗中心城区？当时的市及龙岗区领导从实际情况出发，以带动龙岗经济发展的大局为主旨，在满足轨道建设的前提下，大胆提出3号线龙岗段全线采用高架方式。

但是，在地铁3号线建设过程中面临着前所未有的困难。巨大的融资压力、尖锐的拆迁问题、复杂的地质条件、特殊的敷设方式……在龙岗成功申办大运会后，还多了一条工期格外紧张的工程。为服务大运会，地铁3号线定下了2010年实现通车的目标，这比原计划提前了一年多。

为了解决困难，项目部从全国各地请来专家，不断地尝试、创新。把航拍技术运用于选线和站位的确定，地下车站结构采用"混凝土自防水叠合结构"，全面推行预留预埋新技术，全线采用DC1500V接触轨牵引供电系统，率先将"地下车站采用单活塞风亭"作为技术标准进行设计，建成并投入使用全国首座双层车辆段，地铁公路建设一体化。

考虑到深圳的土地资源较紧张，地铁3号线横岗站创新建设了双层车辆段。该车辆段运用库采用双层结构（检查库和停车库上下双层重叠），因此节约了大量土地资源。建成后，可供物业开发用地面积为18.89万平方米，物业开发总建筑面积为45万平方米，其中保障性住房部分为18万平方米，不但节省了60%的土地，还为市民带来了实惠。①

因为克服了敷设方式多样、地质条件复杂、工期紧等困难，突破了传统管理模式，在轨道交通建设中创新应用多项管理理念和技术创新成果，地铁3号线不仅节省直接投资上亿元，而且在生态环保、节能减排、节约土地、降低运营成本等方面具有示范效应。建成通车后，该工程获得了30多项市、省、国家级荣誉，并一举夺得有"中国建筑界奥斯卡奖"之称的"中国土木工程詹天佑奖"，再度诠释了"深圳质量"。

2011年6月28日，地铁3号线全线通车，总长约41千米，设车站30座，连起双龙和益田，投资113亿元。地铁3号线车辆采用标准B型车不锈钢车体，采用第三轨供电，6编组，最高运行速度达每小时100千米。在当时看来，虽然6辆编组B型车显得很宽敞，完全能够满足龙岗市民的需求。但龙岗发展的速度远远超过预期，地铁运行前两年的客流

---

① 陈少雄主编：《龙岗记忆》，中国华侨出版社2016年版。

量远超预估的初期客流，达到了中期客流；随着地铁运行处于中期阶段，客流量也已达到远期水平。如今，市民反映地铁3号线过于拥挤，对于规划设计者来说，这是一个遗憾。所以，在深圳地铁三期调整规划项目中，市政府把原定的6辆编组A型车都调整为8辆编组A型车，提前考虑未来可能出现的客流大幅增长。

地铁3号线全线开通后，据深圳交通局统计数据，日均旅客流量已达43万人次，最大单日的客流量更达到56.32万人次。[1] 其中大运中心所在的龙岗中心城是典型的居住配套组团，交通相对西部联系不便，大运会召开前，地铁3号线开通、水官高速拓宽建设缩短了大运会中心与市区的距离，为龙岗中心城居民出行提供了多种选择，缓解了龙岗大道的交通压力。不仅解决了中心城居民的出行，还缓解了地铁沿线的横岗、布吉等的出行压力，未来将与惠州城际轨道联通，成为珠三角轨道交通的重要组成部分。

在2011年大运会期间，地铁3号线再度大放异彩。当时，它是市民乘坐地铁到大运主场馆的必经线路，因此也被称为"大运线"。大运会期间，特设了两列"大运号"个性列车，列车穿上勾画着各种运动造型的彩色"外衣"，有效利用了地铁龙岗线高架线路上地铁巨龙飞驰的动态窗口效应，让"大运""地铁"元素完美融合。

地铁3号线建成以来，沿线率先增加了一批商品房，其中不乏高档住宅小区，随之而来的是基础设施、商业和写字楼的到来，业态发展直接推动了城市面貌快速更新。再延伸来看，这些住宅小区和写字楼吸引了大批人才和企业，从根本上提升了龙岗市民的整体素质，有效促进了城区创新发展和产业转型升级。3号线的建设不仅带动了沿线经济的发展，改变了城市的面貌，对于整个龙岗的经济腾飞也作出了巨大贡献。地铁建设前的2005年，整个龙岗（当时还包括坪山、大鹏）的GDP刚突破1000亿元大关，到了2011年3号线建成后，龙岗的GDP已为2100多亿元，居全市第三。而到了2015年，即使除去了坪山和大鹏，龙岗的GDP也突破了2600亿元，经济增长率全省第一。这固然与城区综合发展密不可分，但轨道交通网络的贯通也是功不可没的。

随着轨道3号线建成，3号、4号线将龙岗中心城、龙华与市区紧紧

---

[1] 许慧：《深圳外围地区空间演变研究》，博士学位论文，华南理工大学，2014年。

联系起来，特区内地铁 1 号线、2 号线将体育场馆与重要的生活区、商业区及旅游景点相连，并形成了以轨道交通线路和地面公交快车线路为骨干，以组团级公交普通线路为基础配合良好的混合交通网络。龙岗的轨道交通建设步伐快速推进，轨道 5 号线建成运营，轨道 10 号线和 3 号线东延段纳入市轨道交通三期修编，2013 年过境铁路厦深线实现通车，极大地方便了龙岗与粤东地区的交通往来。厦深铁路沿线的深圳坪山东部火车站，成为深圳东部重要枢纽，轨道交通作为市民新的出行方式，与常规公交、私人交通、步行、自行车等各类交通方式之间互为有效补充，促进龙岗交通出行结构的优化。

（二）新标杆：全国最宽高速服务大运会

水官高速连通了龙岗与市区，龙岗的发展也带动着水官高速的改变。2007 年，深圳成功申办第 26 届世界大学生运动会，而龙岗成为这场盛会的主要举办地，而水官高速又承担起了大运会配套的任务。按照惯例，一条高速建成 8—10 年就到了大修的"年龄"。2008 年，政府决定对水官高速进行大修，好让它更好地服务大运，但这时候却遇到了难题。

作为交通配套，地铁 3 号线在建，深惠公路也在进行改扩建，如果这时候水官再进行大修，龙岗将变成一座"孤城"。当时，双向 6 车道的水官高速车流量已经"爆棚"，按照最初的方案保留双向 4 车道进行修建，也将使水官高速变为一个大型停车场。扩建项目实施前，水官高速公路交通流量已达日均 12 万车次。这是什么概念呢？这个数字相当于双向八车道高速公路的设计流量。因此，在保留原来 6 车道的情况下，最终方案对水官高速进行扩建，以更加宽敞的高速路服务大运会配套的任务。

在扩建工程中，水官高速还有一项突破。当时，国家颁布高速公路建设标准最多只有 8 车道。但是水官高速要扩建成为 10 车道，似乎超过了标准。为了论证可行性，聘请专家给出意见，结论是水官应该要建设成为 10—12 车道才能满足道路畅顺。最终项目以"8+2"水官高速公路扩建方案获批，在施工过程中也对行业今后的发展具有一定的指导意义。

在不增加收费、不增加收费年限的前提下，改扩建费用全部由运营方出资，将水官高速路基拓宽为 52 米，由原来的 6 车道扩建为 10 车道。改扩建完成后的水官高速沿路 20 米范围内的边坡，找不到一片裸露的泥土或石块，全为植被覆盖，成为一道风景长廊。沿线安装了 660 盏红白相间的自动感应高压钠灯，使水官高速、南坪快速、龙翔大道连成一条灯光长廊。而水官高速的路面在改造中采用了降噪路面，新路面比原路面降噪5—10分贝，同时在道路两侧增加了4000多米的隔音屏。扩建后的水官高速专门设置了大运会专用通道，这让众多来深参赛的国外运动员和官员都啧啧称赞。

  这一时期，以水官高速扩建为代表的干线道路的建设步伐逐渐加快：高速公路方面，建成东部过境高速、博深高速、新建清平高速二期、丹平快速一期、五和大道等；国道方面，完成龙岗大道拓宽改建，使其成为龙岗的景观大道，完成深汕路龙岗段改造、龙翔大道改造等；城区道路方面，加快推进沙荷路连接至深圳东站的快速干线收尾工程，新建龙华经坂田、平湖至龙岗北通道的快速干线，从而加强龙岗中心城与未来主要经济增长区域的通道联系，努力实现龙岗与市中心区的交通一体化。同时，龙岗逐步构建起"六横八纵"快线路网和"六横九纵"干线路网体系。其中，"六横八纵"的六横分别是：外环高速公路（玉平大道—惠盐高速）、外环快速、机荷高速公路—深汕高速公路、南坪一期—水官高速—丹荷路—丹梓大道、南坪三期、盐坝高速公路。八纵分别是：梅观高速公路、清平高速公路（玉平大道）、丹平快速路（东平大道）、盐排高速公路—博深高速公路、龙盐大道、东部过境通道—深惠高速公路、龙平路—锦龙大道—坪盐大道、绿梓大道快速路—坪西快速路。从长远来看，龙岗交通领域的前进和发展，为全区在城市化、现代化之路谋求更大发展奠定了坚实的基础。

  （三）整合建立现代供水系统，市政基础设施日益完善

  历经三次的整合合并，龙岗水务的供水能力、供水保障一步步提升，最终发展成今天的深水龙岗供水集团。现在，龙岗已建立了现代化的供水系统，不仅彻底解决了部分区域"靠天喝水"的现象，还实现了"同城同网同价"的优质供水服务。

  过去，龙岗各镇都有自己的自来水公司，各路"诸侯"各管一方，对龙岗全区的供水量、质量保障、价格体系等都是一个考验。这些镇属自来水公司在之前以镇为单位，规划布局水厂，规划供水管网，每个镇的水价都不一样，供水质量也不一样，每到降雨量偏小的年份或者旱季，有些镇就会出现缺水、停水的现象。

  于是，龙岗区委、区政府组建了区级供水集团，实现全区供水系统

"大一统"。经过半年时间的筹划准备,龙岗区供水集团于2005年11月25日挂牌成立。它是以区自来水公司为发起单位,其他9个镇的自来水公司为股东单位的股份制供水集团。这次整合,使自来水集团的供水能力由原来的22万吨/日上升到132万吨/日,真正实现了龙岗区域内的统一水源调度,解决了区域内部分水厂供水不足、部分水厂供过于求的结构性矛盾,提升了整个龙岗的供水保障能力,为之后全区统一水价打下了基础。

2007年,在市政府的推动下,龙岗组建了深水龙岗水务集团,市水务集团占有51%的股份,龙岗区投资控股集团持有49%的股份。这次深圳全市范围内的整合,使全市供水实现了同城同网同价,也使龙岗水务真正建立起现代化供水系统。

为给大运会场馆建设及城市建设用水、大运会期间的用水提供保障,2009年深水龙岗供水集团正式确定水厂二期建设。考虑到大运会用水需求,将建设规模由原来规划的11万吨/日提升至15万吨/日。2010年3月,中心城水厂二期正式开工建设。经过一年多的奋斗,中心城水厂于2011年6月23日通水,试运行1个月后,于7月23日举办了通水仪式,保障了大运会期间的用水服务。

迎办大运会期间,除了中心城水厂扩建,龙岗市政基础设施建设还包括投资变电配网基建约28亿元,新增投建变电站13座,新增变电容量3255兆伏安;累计建成中压燃气管道869.2千米,燃气管网覆盖率从33.7%提高到65.6%;围绕"智慧城区"推进信息化建设,全区通信管网总长超过23000管孔千米,无线宽带网络覆盖率从34%提高到88%。

三 绿色生态城区建设

"全面城市化"时期,龙岗抓住农村城市化、举办大运会,以及特区一体化等发展机遇,以产业转型升级为中心,以生态龙岗建设为主线,全力推进环保基础设施建设,大力改善城市面貌,全力打造建设宜居、宜业、低碳的新城区,促进龙岗城市功能不断优化,生态环境不断改善,人居环境不断提升。

(一) 大力推进环境基础设施建设,开展环境综合整治工程

随着经济的快速发展、人口的超常规增长,以及城市的快速扩张,生态环境已经不堪承受经济社会发展所带来的重负,逐渐成为制约经济社会持续发展的因素。据统计,2007年龙岗全区废水排放总量为

28816.79万吨，其中工业废水排放量为2498.29万吨，生活废水排放量为25462.33万吨（按统计年鉴人口折算），占全区废水排放总量的88.36%。[1] 与此相对，龙岗环保基础设施的建设明显落后于实际需求。2007年，全区生活污水处理率只有64.82%，龙岗河、布吉河水质属劣V类，距离环境要求尚有很大差距。此外，生活垃圾无害化处理率较低，无害化处理设施建设未能跟上龙岗的发展步伐。因此，建设和完善环保基础设施已成为摆在龙岗面前的一项紧迫工作。

1. 加快污水处理设施建设，提高污水收集处理率

为缓解污水处理压力，龙岗持续加大投入，先后累计投入22.88亿元，建设了11座污水处理厂（见表5-4），截至2012年年底已有10座建成并投入运行，总的污水处理能力达到144万吨/日，2012年全区污水集中处理率达到82%。[2]

表5-4　　　　　　　龙岗区污水处理厂建设情况汇总

序号	工程名称	设计规模（万吨/天）	投资（亿元）	投产时间	出水标准
1	横岗污水处理厂（一期）	10	1.2	2002年	一级B
2	横岭污水处理厂（一期）	20	2.3	2005年	一级B
3	平湖新南污水处理厂	4.5	0.75	2003年	一级B
4	坂雪岗污水处理厂	4	0.63	2003年	一级B
5	布吉河水质净化厂	20	1	2006年	一级B
6	横岭污水处理厂（二期）	40	5.1	2011年6月	一级A
7	横岗污水处理厂扩建工程	10	2.3	2011年7月	一级A
8	布吉污水处理厂	20	5.7	2011年7月	一级A
9	平湖污水处理厂扩建工程	5.5	1.3	试运行	一级A
10	埔地吓污水处理厂	5	1.3	2011年年底	一级A
11	鹅公岭污水处理厂	5	1.3	2011年年底	一级A
	合计	144	22.88		

资料来源：汇总数据由龙岗区水务局提供。

---

[1] 杨洪等：《新型城市化视角下的龙岗探索与实践》，海天出版社2014年版。
[2] 杨洪等：《新型城市化视角下的龙岗探索与实践》，海天出版社2014年版。

此外，投入 19.95 亿元，建设了 209.3 千米的配套截污干管，截至 2012 年年底，全区（不含大鹏新区）已投入运行的截污干管约 100.4 千米，其余的在竣工验收合格后投入运行（见表 5-5）。

表 5-5　　　　龙岗区污水处理厂配套干管建设情况汇总

序号	项目名称	工程规模（千米）	总投资（亿元）	建成时间
1	横岗污水处理厂配套管一期—梧桐山河截污干管工程	10.3	0.45	2004 年
2	坂雪岗污水处理厂配套管网工程	7.0	0.30	2004 年
3	横岭污水处理厂配套管—龙岗至坪地截污干管工程	23.6	1.81	2006 年
4	布吉污水处理厂配套管网工程	26.7	2.38	2012 年
5	埔地吓污水处理厂配套管网工程	12.7	1.35	基本完工
6	横岭污水处理厂配套管网二期工程	41.3	4.48	基本完工
7	龙岗河流域截污干管完善工程	17.0	2.44	2011 年
8	平湖污水处理厂配套管网工程	18.0	1.26	基本完工
9	横岗污水处理厂配套管网二期工程	7.8	0.86	基本完工
10	鹅公岭污水处理厂配套干管工程	18.0	1.47	2011 年
11	岗头河截污干管完善工程	1.8	0.30	2010 年年底
12	梧桐山河截污干管完善工程	15.8	2.06	在建
13	坂雪岗污水处理厂配套污水管网工程	9.3	0.79	在建
	合计	209.3	19.95	

资料来源：汇总数据由龙岗区水务局提供。

随着规划污水处理厂配套干管陆续开工和建成，龙岗管网建设共投入 9.5 亿元，启动了污水处理厂配套支管网建设。由于污水管网系统的完善和污水收集率全面提升，河流污染问题得到根本性的解决。

2. 完善垃圾收运处理系统，削减面源污染

龙岗加大新型垃圾转运站建设，推进全过程密闭化垃圾收运模式，定期清理河道垃圾。截至 2013 年，龙岗已建成现代化垃圾转运站 279 座，配置垃圾压缩箱 316 台、钩臂车 37 辆（不含大鹏新区、坪山新区），基本建成现代化垃圾收运体系。全区垃圾收运处理率达 100%，其中进站转运率达 100%。

截至 2012 年年底，龙岗运行的垃圾处理设施 4 座，总处理能力约 3000 吨/日（见表 5-6）。另有 6 座垃圾渗滤液处理站，全区生活垃圾无害化处理率为 80%。

表 5-6　　　　　　　　龙岗区生活垃圾处理设施建设情况

序号	工程名称	设计规模（万吨/天）	投资（亿元）	投产时间
1	中心城环卫综合处理厂	300	1.3	1999 年
2	平湖垃圾焚烧发电厂一期	675	3.2	2005 年
3	平湖垃圾焚烧发电厂二期	1000	2.9	2006 年
4	坪地红花岭垃圾填埋场	1000	—	2004 年

资料来源：建设情况数据由龙岗区城管局提供。

3. 推进水环境综合整治工程，改善河流水质

近几年，深圳市和龙岗区累计投入 17.6 亿元，全力推进实施龙岗河干流综合整治工程。龙岗河发源于梧桐山北麓，流经龙岗区横岗、龙城、龙岗、坪地和坪山新区坑梓五个街道办事处，在坑梓吓陂村附近进入惠州市境内，属淡水河上游。10 多年来，淡水河流域经济社会的高速发展对河流水质造成了巨大的压力，水质长期属于劣Ⅴ类，甚至发黑、发臭，是广东省跨界污染最严重的流域之一，严重影响辖区水环境安全与城市形象，成为各级政府和社会各界密切关注的焦点。

2008 年，广东省环境保护局发布《关于加强淡水河流域污染整治工作的意见》（粤环〔2008〕32 号），要求深圳市、惠州市以加强污染源治理和加快治污工程建设为抓手，切实解决流域重点环境问题，确保水质逐年有所改善、阶段目标按期实现、干流供水水质安全。2009 年，省人大常委会党组发布《关于淡水河污染整治视察情况的报告》（粤常党〔2009〕28 号），建议流域抓好"上调、中治、下排"三个环节，实行综合治理。

龙岗河干流综合整治一期和二期工程于 2012 年年底完工，其中一期工程总投资 6.988 亿元，已于 2011 年 7 月完工，实施范围为干流大康河和梧桐山河汇合口至南约河口 10.9 千米河段，主要工程内容包括沿河截污涵（管）、河道及岸坡生态修复。二期工程总投资 10.6 亿元，箱涵部分已于 2012 年年底完工，实施范围为南约河口至吓陂交接断面 9.0 千米

河段，主要工程内容包括沿河截污涵（管）、河道及岸坡生态修复、雨水调蓄处理设施等。同时，将干流治理与支流治理相结合，以龙岗河流域为重点，推进对梧桐山河、大康河、沙湾河、南约河、丁山河、黄沙河等河流的综合整治，主要为水质改善、防洪排涝与生态修复。

为了实现交接断面水质达标，解决龙岗河流域"污染负荷太沉重、环境承载力太小"的问题，龙岗区采取了两种手段：一是"减排"，通过优化控制用地布局、调整升级产业结构、提高环境管理能力、建立水污染系统控制工程体系等措施，减小入河污染负荷。二是"提升"，通过中水回用、水资源优化调度、河流环境综合治理等措施，人工提升环境承载力。龙岗河治理采取的措施主要归纳为产业优化调整、污染源防治、提升环境承载力三个方面。

随着龙岗河流域污染综合整治工作的开展与截污治污能力的大幅度提升，龙岗河水环境质量持续稳步改善，生态景观逐步恢复，实现了从"黑水河"到"流动的城市绿道"的转变。

（二）着力解决环境问题，构建环境安全保障体系

1. 饮用水源水质

优质供水资源是高水平生活品质的重要保障。龙岗区加强对饮用水源地保护，大力开展水源保护区排污口整治工作，强力推进龙口水库隔离管理征地工作及铜锣径水库补水管道工程，有力地保障了饮用水源水质。2012 年，龙岗区主要饮用水源水质良好，达标率为 100%。主要饮用水源地清林径水库达到《地表水环境质量标准（GB3838—2002）》Ⅱ类标准，平均综合污染指数为 0.20，与 2011 年持平；新增纳入监测的 7 个水库中，黄竹坑水库、金园水库、炳坑水库、白石塘水库达到Ⅱ类标准，黄龙湖水库、甘坑水库、龙口水库为Ⅲ类水质。

2. 空气环境质量

龙岗区加大对空气污染源的整治力度，开展工业锅炉淘汰和治理，开展挥发性有机物（VOC）污染控制，开展餐饮单位油烟整治，开展机动车污染控制，开展粉尘污染联合整治，加强施工工地扬尘执法检查，通过"一月一主题，一月一行动"专项整治行动，不断提升和保障辖区内大气环境质量，成功守住"大运蓝"。以 API 评价龙岗区环境空气质量，龙岗区 2012 年环境空气质量优良天数达到 364 天，优良率为 99.5%。

3. 噪声污染控制

通过对交通噪声、社会生活噪声、工业企业噪声和建筑施工噪声整治行动，有效地保障了市民生活环境的安宁。2012 年，龙岗区区域环境噪声和道路交通噪声平均值分别为 56.7 分贝和 62.7 分贝，均处于良好水平，道路交通噪声同比下降 4.3 分贝，环境噪声问题得到持续改善。

(三) 推进绿色生态城区建设，打造宜居宜业生活圈

龙岗区大力实施绿化景观提升工程，完成 132 条主次干道的绿化提升、改造，新建、改造各类公园广场 106 个；建成了 407 千米的绿道网，绿化提升总体面积达 1500 万平方米，初步形成了"人在城中、城在绿中、山水相依、城林交融"的现代化生态绿城。

1. 道路绿化

为全面提升道路绿化水平，龙岗区以服务民生为落脚点，通过点（重要节点、重点部位）、线（重要道路）相结合的方式，高标准地组织对辖区主干道、快速路、高速路的绿化进行提升，力争打造一条条"花团锦簇、满目青翠"的"景观线"。截至 2012 年，全区已有五和大道、深汕路、宝荷路、宝龙大道、布澜路、布沙路、布龙路等在内的 20 多条道路绿化升级工作开工。绿化提升工作要按照自然、生态的原则实施，合理搭配乔灌木，通过多种树、增加灌木量，营造出疏密有致、自然生态的景观。同时，通过对立交桥、高架桥等实施立体绿化建设工程，多渠道拓展城市绿化空间，增加城市绿量。尽可能地为老百姓提供更多的"绿色福利"，实现龙岗绿化管理水平和生态环境质量再提升。

2. 公园建设

加快公园建设，是打造人与自然和谐共融的幸福城区的重要一环。龙岗区按照打造"公园之城"的要求，在公园的推进过程中注重生态化、特色化，完善各类设施，提高公园的管理水平。主要围绕"绿化+文化"的特点，在设计和改造建设中渗透文化元素，增加文化元素的小品，使绿化体现文化，文化融入绿化；按照"家园+公园"的理念，建设便民、利民设施，让市民开窗见绿、出门入园。同时，积极争取市级财政，以及引入社会资金建设市政、森林（郊野）公园，如三联市政公园、嶂背郊野公园、南湾郊野公园、荷坳体育特色公园、香沙公园等。

3. 绿道建设

龙岗区绿道系统以亲近城市的自然生态之"道"为规划理念，在现

有的自然环境与交通体系基础上,构建贯通全区8个街道的绿道系统,有效整合沿途的生态景观资源,串联公园、水库、风景区等重要景点,是集游憩、远足、健身、休闲、交通等功能于一体的休闲型生态绿道。在绿道建设过程中,按照生态环保的原则,循环使用废旧集装箱做成绿道驿站,建设风光互补发电路灯,旧枕木做路牌标志,等等。

按照广东省绿道网规划,经过龙岗区的绿道有广东省深圳绿道2号线和5号线。2010年,龙岗区完成97千米的区域绿道建设任务,分别是绿道2号线龙岗段41千米、绿道2号线大鹏半岛段41千米和绿道5号线龙岗罗湖段15千米,区域绿道占全市的30%。同时,为了完善绿道路线,方便市民使用,2011—2012年,龙岗区继续新建城市绿道和社区绿道,其中2011年建成了144千米城市绿道和社区绿道,2012年建成210千米绿道。在区域绿道网完善的基础上,龙岗区还因地制宜打造特色绿道品牌,并积极规划建设绿道。为进一步完善绿道配套设施,方便市民绿色出行,龙岗区积极推进绿道公共自行车服务系统建设,截至2012年,全区已建成160个自行车服务点并全部投入使用。

4. 龙岗区品牌绿道

大运公园段——大运公园位于龙岗中心组团龙城西区片区、体育新城西侧,其用地北至体育新城红线,南至龙口水库一级水源保护地边线,西抵深圳与东莞边界,东至大运会中心,占地面积约4.18平方千米。大运公园绿道是珠三角绿道网的一个重要组成部分,省绿道约3千米,将区域内自然山体、水库、溪流等纳入其中,规划了生物廊道、自然通道、人的通道、文化通道等,在为动植物提供安全廊道和栖息地的生态基础上,还将承载起游览、运动、教育、文化展示等多种功能。为了完善绿道的各项设施及功能,龙岗区将大运公园一级园路7.5千米跟省绿道连通,丰富绿道的线路及内容,形成总长度10.5千米的专用自行车休闲道,现已完成补充设置绿道标识牌。

横岗西坑段——深圳市2号区域绿道大运支线段(西坑段)长5.68千米,位于梧桐山山脚西北侧,沿原边防二线关设置,西起西坑水库附近石板路,整段环境优美、风光秀丽,是深圳不可多得的人文生态绿道。新建绿道为鲜艳的红色沥青路面,绿化建设充分利用原生态景观,为市民提供休闲运动一体的好去处。

四 龙岗产业空间布局

（一）龙岗产业空间布局规划

龙岗区初步形成了以企业为主体、以产业为导向、以园区为载体的差异化工业布局。自西向东基本形成了以高新技术和优势传统产业、先进制造业和电子信息产业、新兴产业为主导的西部、中部、东部三大特色板块，产业布局围绕"两廊"，发展系列创新产业园，重点建设"三区四城"，打造深莞惠产业创新核心区，形成"一核—两廊—三区—四城—多园"层次分明、点线面结合的产业空间格局，产业空间布局呈多点集聚态势。

一核：深莞惠产业创新核心区。充分利用龙岗地处深莞惠几何中心的区位优势，构建以高新技术产业和战略性新兴产业为引擎，以新型传统优势产业和服务业为重要支撑的现代产业体系，承接香港及原深圳特区内的经济辐射力，打造深莞惠联动发展的产业创新高地，成为深圳连接粤东北、辐射海峡西岸经济区的桥头堡。

通过两大途径实现产业创新：一是促进产业转型升级，重点以技术创新、产品创新、商业模式创新、流程创新、品牌塑造、功能升级等推动传统产业高级化、高端化。二是发展创新型产业，重点引进创新机构、新兴产业和高端产业项目，以及产业链、价值链高端环节和缺失环节，培育产业增量，推动新兴产业规模化。

两廊：以水官高速、深惠路为主轴，打造水官高速创新产业走廊和龙岗大道现代服务业走廊。

水官高速创新产业走廊。依托水官高速—北通道便利的交通优势，按照"企业为主体、市场为导向、政府为引导"的实施原则和"启动一批、提升一批、规划一批"的操作思路，建设一批创新产业园区，重点发展新一代信息技术、新能源、新材料、生物产业、互联网、文化创意等新兴产业和高新技术产业，形成水官高速创新产业走廊。

龙岗大道现代服务业走廊。以龙岗大道（地铁3号线）为主轴，建设龙岗大道现代服务业走廊，通过城市更新等手段建设一批服务业载体，重点发展高端商贸、金融、餐饮、会展等现代服务业，发展成服务齐全、配套完善的现代服务业走廊。

2013年，推动地铁3号线沿线城市更新建设，以各站点为节点，引导发展不同类型和等级的商业、餐饮、酒店住宿等现代商贸服务业，重点发展连锁商业、品牌代理、大型综合商场、购物中心、现代专业市场、商务酒店等新型商业模式，将地铁3号线沿线建成各具特色、各有优势、百业争艳的多层次现代商贸服务带。

三区四城：以三区四城为核心，培育龙岗优势、特色产业集群，推动产业融合互动，实现以点带面。

三区：南湾新兴产业聚集区、文化创意集聚区、宝龙高新园区。

——南湾新兴产业集聚区：规划面积24.68平方千米，以南湾中片区和北片区为核心，重点发展新一代信息技术、软件、互联网、文化创意、服务外包、总部经济等新兴产业，打造成为深圳市新兴产业示范基地。

——文化创意集聚区：规划面积30.9平方千米，重点发展以文化、艺术、时尚、现代为内涵的创意设计产业集群，打造成为引领珠三角文化创意产业发展的先进城区。

——宝龙高新园区：规划面积22.98平方千米，重点发展新能源、新材料、新一代信息技术、生物医药等产业，打造成为深圳市战略性新兴产业示范基地、深圳市高新产业综合配套改革试验区、深圳市上市企业集聚地、深圳市东部经济发展增长极。

四城：华为科技城、平湖现代服务业城、大运创新城、深圳国际低碳城。

——华为科技城：规划面积21.9平方千米，重点发展现代通信技术、新型显示、云计算、下一代互联网、现代服务业等产业，打造成为国际知名的通信技术与计算机技术研发和总部为主导的综合性新城区。

——平湖现代服务业城：规划面积40.99平方千米，以平湖物流园、平湖金融与现代服务业基地为核心，重点发展金融服务、商贸会展、现代物流等现代服务业。

——大运创新城：规划面积16平方千米，以大运会中心"一场两馆"和香港中文大学（深圳）等院校为中心，重点发展文体演艺、科技研发、总部经济、商务服务等为主的知识服务业和高端服务业，打造活力新城和创业特区。

——深圳国际低碳城：规划面积53.4平方千米，重点发展低碳服务、生命健康、节能环保等低碳战略性新兴产业，打造气候友好城市先行区、新兴低碳产业集聚区、低碳生活方式引领区、低碳国际合作示范区，建设全国低碳发展示范区。

多园：以创新产业系列园区为主，融合多种开发模式，打造"配套齐全、功能完善、布局科学"的产业载体，改造和提升一批特色园区，全面承接创新型企业的扩张和溢出，形成遍布全区的产业明珠。重点发展 26 个首批创新产业园区，其中：10 个启动园区、9 个提升园区、7 个规划园区（见表 5-7）。到"十二五"末，实现年新增产值 2000 亿元以上，共吸引 3000 家创新型企业入驻，形成 1200 万平方米以上的创新产业园区规模。

表 5-7　　　　　　　　　　龙岗重点园区情况

	重点园区
创新产业园区	启动园区：龙岗天安数码城（三、四期）、中海信科技园、大运软件小镇、李朗软件园、华南城（三期）、龙城工业园、百分百创意广场、多利高新科技产业园、力嘉创意文化产业园、李朗 182 创意设计产业园； 提升园区：星河雅宝科技园、亚森创新科技产业园、外经李朗创新产业园、上雪科技园、数字硅谷·横岗产业园、横岗 228 工业园、味来研发中心、新木盛低碳产业园、深圳市眼镜文化创新产业园； 规划园区：天安·云谷、天安·南约、龙岗总部家园、金积嘉创新产业园、美泰创新产业园、中南大学深圳（龙岗）创新产业园、龙之盛创新产业园
现代服务业园区	大运新城商务区、珠江广场商务圈、李朗现代物流基地、平湖金融与现代服务业基地、平湖物流园区、海吉星国际农产品物流园、华南城电子商务产业园
文化创意园区	大芬油画产业园、三联水晶玉石文化村、南岭·中国丝绸文化产业创意园、深圳宝福李朗珠宝文化产业园、深圳陶瓷文化产业园、深圳（龙岗）动漫创意产业园、东方（国际）茶都、坂田手造街、布吉文博宫、甘坑生态文化园、葡萄酒文化产业城、中国酒店用品文化村
现代农业园区	碧岭现代农业科技园

（二）产业空间布局的做法①

1. 积极推进产业载体建设

建立了"上市企业一块地，亿元企业一层楼，小微企业有空间"的产业空间配置体系，积极探索企业和政府共同开发的模式，建设创新型产业用房，推动产业发展空间从土地供应为主向产业用房配置为主转变。

一是创新产业系列园区快速发展。制定和完善创新园区管理办法，

---

① 杨洪等：《新型城市化视角下的龙岗探索与实践》，海天出版社 2014 年版。

对 26 个创新产业园区实施动态评定管理，加快园区载体建设，加强园区推介和招商力度。重点推进大运软件小镇、龙岗天安数码城、李朗软件园、中海信科技园、百分百创意广场等园区的建设与招商，吸引创新型企业入驻。

二是宝龙高新园区实现新发展。探索园区带动社区经济发展的新机制，通过城市更新指引，推动园区产业向周边延伸，探索园区带动社区经济发展的新机制，以南约旧工业区升级改造项目、炳坑老村改造项目为契机，全力推动宝龙园区和南约、同乐社区一体化发展，新增产业空间 76 万平方米。积极打造上市企业集聚区，加快推进深圳新能源产业基地建设。

三是旧工业区改造加快推进。2013 年实施 26 个"工改工"旧改项目，总占地 475 万平方米，其中 6 个项目列入城市更新单元计划，8 个已经报审，12 个项目正开展前期工作。重点做好莲塘尾工业区升级改造工作，将其打造成大运软件小镇。推进中海信中小企业孵化基地用地、总部家园等创新型产业用房项目建设。

四是专业园区建设进展顺利。中海信、数字硅谷等 4 个产业园区被评为"深圳市特色工业园"，平湖物流园区转型加快，20 个项目在转型建设。

2. 推进总体布局和相关配套能力建设

借助大运会承办、特区一体化、区域一体化等重大历史机遇，按照"强中心、兴产业、丰土地、安社区、足实施、美环境"规划编制思路，高标准谋划城市发展定位与空间布局，精雕细琢打造城市景观风貌，一大批高水平规划相继出台，实现了对辖区重点发展地区的全覆盖，为城市未来发展提供了高端指引。

2012 年，编制完成大运新城北区详细规划及详细城市设计、龙城广场及周边地区开发建设和详细城市设计、北通道沿线地区规划研究，开展地铁 3 号线大运产业周边地区整体发展研究及西侧地区城市设计、大运中心及周边用地再利用研究与设计、北通道沿线实施规划研究，大力提升中心城对内服务职能、对外核心竞争力和辐射带动能力，分片打造活力新城、创业特区、产城融合示范区、国际化城区标志区、都市轨道交通综合体和第二条"龙岗大道"。

完成宝龙高新园区配套规划、华为科技城城市发展单元规划研究，开展深圳国际低碳启动区规划、龙岗区产业用地梳理及发展策略研究，统筹全区产业发展，落实产业发展空间，促进产业转型升级，分区打造特区一体化先行示范区、"双转型"示范区、综合性新城区、全国低碳绿色发展综合示范区，配合华为东移战略，开展布澜路沿线土地清理和城市设计、丹竹头片区城市更新发展单元规划，分别打造龙岗区第二条"龙翔大道"、龙岗产业发展平台，释放重要节点地区土地，发挥土地资源的潜力，提升东部环境景观。

完成深圳市中部物流组团绿道系统规划，再增规划绿道262千米，实现了辖区绿道、城市绿道和社区绿道多层次的全覆盖，塑造龙岗绿色文化城市形象。积极推进全区公共基础设施的建设，开展了龙城龙岗停车场规划及选址研究。开展全区特色公园选址及规划研究，积极探索文化产业与公园建设的有机融合。

3. 推进土地清理和整备工作

土地整备工作走在全市前列。一是计划任务圆满完成。2011年，全区土地整备计划任务为1308公顷（该任务为跨年度任务，时间为2011年7月至2012年6月），入库土地面积1343公顷，超额完成任务。2012年（7—12月），全区土地整备任务245公顷，已顺利完成任务。二是实施方案"先行先试"。截至2012年11月底，率先上报土地整备实施方案8个，其中鹅公岭工业区等5个项目作为全市试点，在补偿政策、利益共享等方面"先行先试"，为全市土地整备项目实施方案编制和补偿政策研究进行了有益探索，直接推动市土地整备部门出台了土地整备项目实施方案编制指引，对全市土地整备工作具有示范作用。三是包干协议全市首签。2012年11月，全区与市土地整备局签订了华为会展中心与炳坑旧村地块两个土地整备项目的包干协议，这是全市土地整备工作的破题之作，标志着全区土地整备工作取得了突破性进展。四是重点项目进展提速。华为会展中心土地整备范围内的房屋主体全部签订补偿协议，用地面积3.6万平方米，涉及建筑面积10万平方米；华为总部基地已完成43万平方米用地的补偿；高桥产业园已完成1.3万平方米用地的补偿，涉及建筑面积3120平方米；国际低碳城坪西片区已完成37万平方米用地的补偿，涉及建筑面积20万平方米；鹅公岭工业园已完成3.5万平方米用地的补偿；体育新城二期已完成12.6万平方米建筑面积的协议签订工作。

五 创新产业园区建设

创新产业园区建设是实现产业转型升级、集聚发展的要求，成为龙岗经济在"新常态"下发展的重要载体、实践创新驱动发展的重要组成部分。自 2011 年年底，龙岗启动实施"创新产业系列园区计划"，按照"统一规划、统一标识、统一宣传、统一招商、统一配置、统一服务"的操作思路和"启动一批、提升一批、规划一批"的实施步骤，整合提升本区优质载体空间，打造了一批龙岗创新产业园区，承接来自深圳、全国乃至全球创新型企业溢出和扩张。"十二五"时期，创新产业园区及园区企业的发展取得了较大进展。创新产业园区的产业定位主要集中于企业总部研发基地（创新性总部研发基地）和战略性新兴产业，另外还有一些园区定位为文化创意产业、软件设计、电子商务等。

龙岗纳入规划的 26 个创新产业园区，2012 年推出可供招商产业用房 82 万平方米，入驻企业 855 家（其中上市企业 5 家，高新技术企业 47 家），实现年产值 168 亿元，年税收 18 亿元。

专栏 5-3　主要创新产业园区介绍

龙岗天安数码城位于龙城街道，是龙岗区"十一五"重点建设项目，定位为创新科技产业、金融服务业、高端专业服务机构集聚的大型综合高科技产业园区，占地 12 万平方米，规划建筑面积 50 万平方米，产业用房 32 万平方米，总投资 40 亿元，分四期开发建设。2012 年，一、二期投入运营，三期完成招商工作，四期于 2015 年全部建成。园区是以城市、产业、科技、商务为主题打造的高端城市产业综合体，定位为创新型企业总部及研发基地。现园区入驻商业企业近 300 家，引进人才 1 万余人，实现年产值超过 100 亿元。其中一期首栋产业大厦于 2008 年完成建设并开始招商，引进企业 80 余家，实现完全入驻，入住率 100%。二期项目于 2011 年年底完成招商，引进企业 100 余家，并以创新型科技企业、总部企业为主。园区三期包括 2 栋产业大厦、1 栋总部楼和两座 BLO.X 商业精品廊，有来自福田、南山、罗湖、龙岗、宝安等近 100 家企业于 2013 年 5 月正式入驻三期。四期项目涵盖创意总部楼、四星酒店、超甲级研发大厦、大型 shopping mall、于2015年全部建成。整个园区可容纳800家优质企业和品牌商务机构，年产值超300亿元，成为城市新的中央活力区。园区交通配套全线提速，南坪快速—水官高速北通道35分钟从福田中心区直达龙岗中心城；沈海高速、惠盐高速、龙岗大道互联莞深惠城际中心；龙翔大道、黄阁路等资源大道互联全城，企业实现轻松出行。园区周边有完善的行政中心、商业中心、大型住宅、重点学校、五星酒店等，龙岗天安数码城逐渐成为龙岗中心城的产业活力中心（见图1）。

图1 龙岗天安数码城

资料来源：《龙岗年鉴》（2016）。

中海信科技园位于布吉街道，占地18万平方米，规划建筑面积70万平方米。其中一期占地10万平方米，建筑面积20万平方米，园区定位为产业加速和创业投资为主要服务特色的上市培育园区，其功能分区为科技孵化区、产业加速区、综合服务区、公共配套区，已被深圳市政府认定为"深圳市中小企业上市培育基地"，入园孵化、加速、上市企业近100家，均为战略新兴产业领域的企业。园区引进光电研究院、电子信息产品检测中心、三网融合等公共技术服务平台，为企业服务，园区配套有体育中心、公共会议室、科研成果展示厅、银行、超市、餐厅、高级人才公寓等服务设施。二期占地面积8万平方米，规划建筑面积50万平方米，定位为深圳（中海信）中小企业上市总部基地，其功能分区为产业加速区、总部功能区、公共配套区、综合服务区、人文居住区。上市总部基地将集聚上市及拟上市的科技型企业，延续上市培育基地的服务优势，整合证券、会计、法律、资产评估、投资、担保、银行、咨询等社会专业机构，完善上市服务体系。中海信将通过发挥自有创投优势，整合社会专业创投机构，打造创投集群园区，为企业发展提供充裕的资本，并通过"资本换股本，租金换股权，产权换股权"的模式，引进优质企业。项目建成后，连同现有的上市培育基地，总建筑面积70万平方米，配套有商务酒店、阶梯式多功能厅、图书馆、社区医疗站、高端餐饮、咖啡厅、公共会议室、地下车库（2150个）、入户空中花园、科技产品展示厅、体育运动设施、社区超市、食堂等，共可容纳400家上市及拟上市企业，引入1万多名高层次人才，成为深圳优质企业聚集地、国家上市企业培育发展示范园区。

大运软件小镇位于地铁龙岗线南侧莲塘尾工业区，占地约14万平方米，建筑面积约16万平方米，建筑物65栋。项目改造前，莲塘尾工业区内有各类工矿企业90多家，大多数企业属于低端制造业，2011年度工业区生产总值仅2亿元，纳税金额不到550万元，2012年，龙岗区采取综合整治的方式对莲塘尾工业区进行升级改造，将其打造成珠三角软件与服务外包示范基地、深圳IT创新中心、电子商务与移动互联创业聚集区、龙岗区传统产业改造升级与现代服务业发展的标杆园区。大运软件小镇项目建设分两期进行，2012年年初龙岗区启动项目建设工作，指定区经济促进局负责项目总协调及协助配合区产服集团进行园区产业规划和招商工作，横岗街道办牵头负责园区内企业清理工作。区城投公司作为核心启动区的建设主体，负责与业主洽谈统租事宜及核心启动区园区的设计、改造和建设工作。区产服集团负责二期的设计、改造和建设工作，落实建设资金和负责改造后整个园区的招商和运营管理。2013年，园区内原经营企业清理搬迁工作已基本完成，核心启动区5.6万平方米改造已完工。大运软件小镇产业定位以"创业苗圃+孵化器+加速器"为服务载体，以"创业投资+龙头培育"为服务核心,以"产业链、资源链、服务链、生活链、文化链"为资源整合方式,全力打造"链式孵化"的运营思路,不断完善科技金融、技术创新、产学研结合、人才培养与引进等服务体系,为科技型中小企业提供全方位的有效创新资源和发展服务,营造综合创新生态,提高企业自主创新能力,促进企业快速稳健成长,推动区域产业转型升级和经济发展。区产服集团积极整合各类产业、高校、政策资源,与多家单位达成共建大运软件小镇的合作协议。大运软件小镇已取得国家软件出口基地、国家新型工业化产业示范基地、深圳软件园龙岗分园、深圳大学龙岗创新创业中心、西北工业大学三航技术创新创业中心等资质,区产服集团还制定"优质大企业优先、以整带散、分类聚集"的招商策略,以团队、活动招商为主,中介、广告、优惠政策、驻点招商为辅,齐头并进,全面铺开大运软件小镇的招商工作。

天安·云谷位于坂田华为新城核心区北部,是华为新城的重要组成部分,将以发展云计算、互联网、物联网等新一代信息技术,依托信息技术的智能电网、新能源管理及应用、IC设计、软件与信息服务等传统重点产业及相关配套的产业集群基地的理念建设,建成后引进约2500家科技企业、研发机构及金融、科技中介等专业配套机构,实现年产值达500亿—800亿元,税收30亿—50亿元,最终将加快推进片区新兴产业布局,优化产业结构,聚集高素质人才,提升片区整体产业链价值和城市形象及功能。天安·云谷整体分为三期建设,历时8年,打造成为民生工程、系统工程、形象工程、产业升级的样板。天安·云谷2011年破土动工,整体开发面积约310万平方米,园区定位为企业总部研发基地,研发大厦由群落性专业产业园和地标写字楼构成,居住由生态宜居的居民区和出租型社区(人才公寓的形式)构成,商业以星级酒店、大型城市综合商业和必要的餐饮、零售、会展设施为主(见图2)。

星河WORLD科技创新园扼守深圳北站商务区、坂雪岗科技城和福田CBD三角鼎立优势区位,致力于打造成为集研发办公、高档住宅、配套商业、酒店、会议中心于一体的低碳城市综合体。

打造特色化差异化区域总部基地。明确产业定位,结合区域产业基础,重点布局通信、软件、创意设计、动漫游戏等具有低碳环保特征

第五章 功能完善：全面城市化时期（2004—2011年） / 283

图2 龙岗天安·云谷

资料来源：《龙岗年鉴》（2016）。

的重点产业，发挥产业聚集效应，积极吸引上市公司总部或国际公司的研发、设计、结算中心入驻，建成深圳的国际化软件产业、创意产业及创新金融产业的区域总部基地，形成龙岗区重要的科技创新极和经济增长极。

依托特色环境优势建设高品质商务生活空间。依托民治水库、雅宝水库及周边山体，打造环境优美、绿色低碳的商务生活空间。提升与科技人才生活层次相匹配的园区配套功能，布局一批高品质的教育、医疗、商务、住宿、休闲、娱乐等配套项目，突出人性化、便捷化、多样化、特色化的"社区"概念，打造创新社区、绿色社区、活力社区。

李朗软件园位于南湾街道，占地12万平方米，总建筑面积54万平方米，首期启动10万平方米作为李朗软件园，共有4栋，每栋楼高15层。园区采取政府引导、业主自行对园区进行综合改造、产业置换的方式，引进深圳市软件园管理中心进行运营，已引进中科院深圳先进院云计算中心等一批优质项目，打造成为新一代信息技术产业基地。园区定位为软件设计、高新技术总部研发基地。

六　文化产业基地建设

从 2003 年开始，龙岗立足自身优势，制定了"文化强区"的长远发展战略目标，文化产业发展呈现区域性产业集群形成、基地品牌凸显、重大项目崛起的快速提升态势，取得了令人瞩目的成绩。其中，大芬油画村以原创油画及复制艺术品加工为主，配套国画、书法、工艺、雕刻、画框及颜料等相关产业的经营，形成了以大芬村为中心，辐射闽、粤、湘、赣及港澳地区的油画产业图。大芬油画的销售以欧美及非洲为主，市场遍及全球，已成为全球重要的商品油画集散地之一。2004 年，深圳市举办首届文博会，大芬油画村成了唯一的分会场。为了办好文博会分会场活动，政府大刀阔斧地改造大芬，规划建成了艺术广场、艺术展厅、画家公寓和大芬美术馆等；铺设了彩色路面，美化了墙面立体；增设了艺术路灯、达·芬奇雕像等，一座欧式风情的"油画小镇"跃然眼前……

首届文博会期间，大芬油画村还获称"国家文化产业示范基地"，这让大芬不仅成为龙岗的第一个文博会分会场，也成为龙岗的第一个文化产业基地，这无疑开启了龙岗文化产业发展的新篇章，而这一年也成为龙岗文化产业的"纪元年"。那之后文化产业就像雨后春笋般在龙岗这片土地上蓬勃发展，2015 年，仅文博会分会场龙岗就占了 12 个，而没有入列文博会分会场的文化产业园区更是数不胜数。

文博会给大芬带来的不仅是名气的扩展，更是真金白银的销售额的提升。2003 年，大芬全年的油画销售额为 8000 万元，而 2004 年首届文博会举办后，大芬全年的销售额就提升到 1.4 亿元，2005 年提升到 2.79 亿元，2006 年上升到 4 亿元。而 2014 年仅文博会期间，大芬油画村的交易额就达到 10822.4 万元，全年的销售额更是高达 45 亿元。[①]

受 2008 年国际金融危机的波及，大芬也遭遇了"滑铁卢"：订单骤降，甚至有画室一张订单都没接到过。经营惨淡，开始有画工外逃，更多人则开始寻求转型找出路，外销转内销开发国内市场。而也就是在这种刺激下，大芬的原创势力开始逐步兴起。如今，在政府的扶持引导下，大芬探索走出了一条"原创+市场"的多元化、可持续发展之路，以"油画"作点整合布局整个大芬，集聚现有艺术产业及相关衍生行业探索"文化+科技+金融+旅游"的"大美术"新模式，形成贯穿大芬产业链、

---

① 陈少雄主编：《龙岗记忆》，中国华侨出版社 2016 年版。

集结商家、打通各艺术门类的"大美术"融合体，从公共空间改造、生态环境提升、展学研商融合、艺术品牌打造等多方面发力打造成"大芬国际化艺术社区"。

被誉为"中国油画第一村"的大芬油画村已成为龙岗独特的文化现象，是龙岗乃至深圳一面文化产业旗帜和一张响亮的文化名片。2010年更以"一个城中村再生的故事"代表深圳亮相上海世博会，大芬油画村的探索之路，不仅是龙岗文化产业发展的一个缩影，更是龙岗文创产业的先驱和风向标，为其提供了宝贵的发展经验。

2012年，在大芬油画村0.4平方千米内，已聚集了40多家规模较大的骨干企业，1100家画廊、工作室、工艺品及画框等经营门店。村内文化产业从业人员约8000人，加上居住在周边社区的从业人员已经超过2万人。在欧债危机持续影响国际市场的情况下，2012年，大芬油画村实现全产业链国内市场占有率同比增长10%以上，全年实现总产值41.5亿元。

大芬油画村的跨越式发展，是龙岗文化产业发展的精彩缩影。龙岗积极把握住文化产业发展的脉搏，促进文化产业向集群化方向发展，产业集群带规模效应初步显现。截至2012年，全区已形成四大产业集群，即以大芬油画、宝福珠宝为代表的高端工艺美术产业集群，以中华商务、力嘉等为代表的高端印刷产业集群，以华夏动漫及关联企业为代表的动漫游戏产业集群，以及以坂田创意园、182设计产业园为代表的创意设计产业集群。全区文化及相关产业共400家，其中规模以上文化企业129家，市级重点文化企业20家；建成或在建文化产业园区18个。其中：国家文化产业示范基地2个（大芬油画村和南岭中丝园），占全市同类基地总数的25%；市级文化创意产业园区7个，占全市总数的21%。全区实现产值434.6亿元，同比增长9.76%；实现增加值113.4亿元，同比增长10.52%，占GDP比重5.21%。

专栏 5-4　其他文化产业基地介绍

力嘉创意文化产业园（见下图）位于横岗街道力嘉路，园区以"文化""创意"为主轴，并初步搭建起四大公共服务平台：数字创印公共技术服务平台、高新印刷科技服务与培训平台、公共网络服务平台、公共文化服务平台。2013年，产业园重要的功能组成部分创意文化广场正式开放与营业。举办力嘉杯创意包装设计大赛，共收到（内地、台湾、香港、澳门）数十所高校的637份作品，其中港澳台作品数量约占1/4，大赛邀请国际著名设计大师作为评委，行业权威人士一同见证了力嘉杯大赛。大赛先后被媒体报道数百篇次，转载数千篇次。举办第九届文博会分会场活动，在全市各分会场活动中特色显著。活动数量19项力冠群雄，得到社会各界人士的广泛关注。举办创意十二月活动，包括深港书画系列活动和全国钢笔画展活动等，获评创意十二月重点活动。

182创意设计产业园位于南湾街道布澜路182号，是由宝钻园创意设计（深圳）有限公司精心打造的创新型文化产业园区，专注于创意设计，总投资8.6亿元，占地面积近3万平方米，规划总建筑面积超过15万平方米。园区共分两期建设：一期建筑面积2.85万平方米，2011年12月正式投入运营；二期于2013年年末开工，2015年交付使用。园区以中国香港及新加坡等海外创意智库、深港两地地域优势为基础，融合国际顶级创意、设计元素，为国内及海外高端创意设计企业打造创新设计产品研发平台、设计平台、展示平台和交易平台。2013年，园区已入驻企业84家，覆盖建筑设计、室内设计、工业设计、平面设计、服装设计等设计领域，吸引大川企业形象策划有限公司、广美雕塑壁画艺术有限公司、拓盛陶瓷有限公司、Designer Pretty-Pet Linited（韩国）、泛比澳国际有限公司（澳大利亚）、皮尔卡丹品牌管理有限公司（法国）等一批国内、国际颇具影响力的设计企业进驻，园区先后被认定为"IDCF2012最受设计师喜爱园区""深圳市龙岗区重点文化园区""深圳市市级文化创意产业园""第九届文博会分会场"。

宝福李朗珠宝文化产业园位于布吉街道布澜路，是深圳市和龙岗区重点扶持文化产业园区。园区占地面积5.11万平方米，总建筑面积14.49万平方米，为第七、八、九届中国（深圳）国际文化产业博览交易会的分会场，先后被认定为"国家3A景区""广东省工业旅游示范单位""深圳市文化产业基地""深圳市文化+旅游型示范基地"。该产业园毗邻李朗国际珠宝产业园，园区内设有研发设计中心、制造中心、办公楼、珠宝博物馆、珠宝精品展示馆、培训实习基地、检测实验室、贵金属交易所以及1万多平方米的珠宝购销市场、银行等。园区入驻有宝福、威廉、宝创达、金宝盈和甄美等20多家大型珠宝企业,其中宝福、翠绿和甘露公司均为全国珠宝首饰行业龙头企业。整个园区以人文文化、绿色文化、创新文化为三大文化品牌特征,集珠宝首饰的"产供销、科工贸、休闲旅和文博教"等功能于一体,形成深圳最具规模和完整的珠宝产业链。为更好地转变深圳珠宝产业的经济增长方式,打造"中国珠宝品牌之都",特建立"公共服务平台",为整个珠宝行业提供服务。

龙岗龙城华夏动漫创意产业园位于龙城街道,是华夏动漫集团精心打造的文化产业园区。2013年,华夏动漫集团成为具备完整产业链的综合型文化创意企业,独创TCCLP商业模式,以动漫内容、动漫品牌为核心,以华夏动漫乐园、CUTV动漫频道、动漫衍生产品、版权授权为外环呼应的全品牌运转新模式,为动漫文化产业注入巨大的发展潜力。华夏动漫一直以推动国产动漫行业发展为己任,其产品远销海内外,同类产品日本市场占有率第一,年均产值在3亿元以上。华夏动漫拥有多年的海内外销售经验,有丰富的产品销售渠道、影视发行渠道资源,出口产品包括《憨八龟》《神奇的UU》《环境动物会议》《水果部落》等一系列原创品牌,衍生产品出口日本、美国等海外国家,好评如潮。2013年华夏动漫不断创新,将动漫形象与音乐舞蹈、全息成像技术完美结合,研制领先世界的动漫视像技术。龙岗动漫创意产业园是"文化+旅游型示范基地"及重点文化产业园区,从2010年起已连续四年成为深圳文博会动漫分会场。华夏动漫集团精心策划准备的"一个频道、三大技术、五个主体项目、十八项展示活动"为现场观众带来最炫酷的科幻动漫明星展演。华夏动漫集团将继续把龙岗龙城华夏动漫产业园打造成为具备国际水平的动漫总部基地,为建设创意龙城、文化龙城、快乐龙城做出应有的贡献。

中国丝绸文化产业创意园位于南湾街道南岭社区,是深圳文博会分会场之一,也是龙岗区文化产业重点扶持项目之一。该项目占地3.6万平方米,建筑面积4.2万平方米,已经被中国丝绸行业协会授予"中国丝绸文化产业创意园",共青团深圳市委授予"深圳青年就业创业见习基地"，深圳大学授予"服装设计教学实践基地"。园区由中国同源公司和广东丝绸纺织集团投资1.5亿元建设，属旧工业区改造、产业升级转型项目。园区从开工到建成仅用116天，将南岭村原有的13栋破旧厂房迅速改造一新，成为深圳"三旧"改造的典范。为进驻园区的丝绸企业、设计学院、大师工作室等营造良好的文化氛围与经商环境。园区以丝绸文化为载体，以文化创意为理念，集聚多种功能于一体的国家级高档丝绸与刺绣制品时尚创意园区。荣获"中国最佳创意产业园区奖"，获评国家3A景区。

中国深圳文博宫位于布吉街道，是深圳美丽集团·大贸股份有限公司投资20多亿元创建的新型文化创意产业园。经营范围涵盖传统的古玩珠宝、书画、玉器、翡翠、陶瓷、家具、铜器杂项、紫砂茶艺等艺术品，还设立创作室、创意工作室、外国艺术馆、博物馆、纪念馆、体验馆等新型业态，并注重非物质文化遗产的弘扬，营造出集创作学习、展览交易、鉴赏体验、金融投资于一体的综合平台，将打造成为深圳城市与文化的新地标和中国文化产业创新典范。文博宫建有16万平方米的仿古建筑群，秦汉大街、唐宋大街和明清大街三条主题购物街，置身其中，移步换景，美轮美奂。2013年，文博宫成功申请成为深圳市文化创意产业园。深圳市文体旅游局授予文博宫"深圳市文化产业园区"荣誉称号。成功举办刘宇一·《复兴之路》大型画展和宋韵中华·华夏非遗文化精品展，是第九届中国（深圳）国际文化产业博览交易会分会场，并被评选为文博会优秀分会场（二等奖）。5月，中韩航天科技文化科技体验馆正式签约启动。12月，成立文博宫科技娱乐艺术（深圳）有限公司。文博宫全年接待到访各级领导1823人次，接待旅游团约1024个，接待游客2.6万人次。

坂田手造街&创意园位于坂田街道，是由旧厂区改造的园区，与手造文化街、坂田美食文化村、南园文体中心、中国传统戏曲演艺台、银湖山郊野公园组成坂田南"慢生活"文化休闲区，并以"设计生活化，生活创意化"为主题风格，打造生活设计之先锋。园区总面积7万余平方米，规划科学合理，设计新颖独到，囊括包装设计、工业设计、平面设计、建筑设计、工艺设计、服饰设计等各类设计行业，餐饮、休闲、会议、展厅等各类配套齐全，建立科学综合的多元化混搭产业架构，打造生活化的创意设计产业园区。2013年，园区已入驻商户99家。创意园以"创意秀美生活"为核心价值和显著特色，以"文化创意产业园""慢秀生活配套区""创意成果品味区""创意时尚国际区""大学生创意创业区"为经营主题，将世界视角和中国文化元素相融合，率先提出"生活设计和设计生活"新概念：用创意思维，创造贴近生活的设计平台，让人们零距离触摸、感受文化创意与生活的无穷魅力。

中百饰创意位于布吉街道，规划总建筑面积2.88万平方米，概算总投资2.8亿元。园区专业从事奢华消费品创意设计，将设立家居生活体验功能区、家居文化创意设计功能区、家居文化历史博览区、世界家居品牌设计展示区、深圳家居产品采购交易区等，将打造成高档家居饰品、装饰品、工艺品领域一站式的大型时尚进出口产品总部销售基地。2012年，成为深圳文博会分会场。2013年，园区总投资过亿元，总面积4万多平方米，园区外观由奥运鸟巢设计师团队清华设计院设计，整体设计美观时尚，品位高雅，充分体现创意之城理念。园区集餐饮、娱乐、休闲、购物于一体，拥有国内首家大型家居饰品超级市场，为各家居饰品厂商抢占国内市场铺就新型营销渠道模式。

三联水晶玉石文化村位于布吉街道三联社区，社区占地面积4.5平方千米，其中生态绿地面积1.6平方千米，总人口5.1万人。三联水晶玉石文化村已经有十多年发展历史，形成完整的集毛料供应、成品加工、运输销售于一体的水晶玉石产业链，加工经营品种主要有天然翡翠、水晶、黄金、各类宝石等类型。2013年，拥有加工作坊及销售门店500多家，连续五届被定为深圳文博会分会场。优越的管理模式及环境吸引大量投资商落户三联社区，其中有香港、台湾等大型的玉石加工厂进驻，在珠江三角洲具有一定的产业竞争力。三联水晶玉石文化村将打造成为全国著名的水晶玉石文化产业产品交易中心和毛料集散地，形成集"设计加工、贸易交流、文化旅游"于一体的新型文化产业基地。

七 住房体系建设初具规模

（一）房地产市场的"辉煌与挑战"

2003年8月12日，由当时的建设部起草的《关于促进房地产市场持续健康发展的通知》（以下简称18号文）获准通过。这是中国经济史上第一次明确把房地产业作为"国民经济的支柱产业",意味着中国在资源配置方面的引领发生了方向性的改变——从实体经济(以制造业为代表)为核心向虚拟经济(以房地产业、金融业为代表)为核心过渡,房地产热从此拉开序幕。

18号文提出"经济适用住房是具有保障性质的政策性商品住房"。落脚点在于"政策性商品住房",意味着保障性住房被换成了市场化的商品房。以至于随后几年中,保障房的身影几乎淡出人们的视野。从18号文开始,中国房价从2003年开始步入了飞速上涨的轨道。

保障性住房占比变得更小,供应不足,人们只能通过买商品房来解决住房问题,随着保障房对房价的调节作用废除,商品房在市场中的垄断地位得以确立。民众反应强烈,政府开始调控房价,但房价越调控越高。道理非常简单,保障房的供应太少,无法对商品房价格形成抑制作用,更何况,在调控房价的过程中,货币供应量也一直在持续增长。住房中的利润也在增长——这也是推高中国房价的另一重要因素。

房地产越来越火热的时候,制造业快速地冷了下来。全社会最优质的资源——宝贵的信贷、优秀的人才、睿智的企业家……蜂拥进入房地产领域,使整个社会的资源配置发生了巨大扭曲。从2003年开始,中国房地产业步入了最辉煌的阶段,而中国的制造业则因资源配置的畸形而错失宝贵的升级机会。从某种程度上说,房地产辉煌的10年,也是中国制造业失去的10年。

地价上涨推动房价上涨,房价的上涨又带动起地价、租金的上涨,这种恶性循环导致制造业的成本迅速上升,很多企业处于亏损的状态。一些企业不堪重负,被迫向东南亚迁移。持续上涨的房价成为将中国制造业置于困境的重要推手。

2007年开始的次贷危机,给中国经济带来了诸多困难,但也给中国带来了一次调整经济结构的宝贵契机。遗憾的是,中国并没有抓住这次宝贵的机会。在2008年年底的"4万亿"救市计划出台后,房地产业再次成为经济复苏的主力。这种下药猛、见效快的政策选择,在促进中国经济复苏的同时,也加剧了中国经济结构的失衡,并使以前固有的问题变得更加严重。

"4万亿"救市计划造成的直接影响是,再次强化了资源向虚拟经济的流通,进一步扭曲了生产要素的配置,阻止了整体生产率的恢复。

2008年是投资拉动经济的思维一次更集中的展示。

高房价导致房地产商的超额利润,进而削弱了工业创新能力。一方面,建设创新型国家,必须使企业成为技术创新主体,但高房价提高了企业人力资源成本,削弱了企业积累能力。另一方面,房地产利润远远超出制造业的平均利润,必然诱导企业剩余资本投向房地产而不去追求技术创新。实际情况是,我国几乎所有的大企业都在参与房地产开发,并且房地产开发成为其重要的利润来源。一些中小企业的投资者,虽然不搞房地产开发,但剩余资本用于小批量的炒房成为普遍现象。因此,高房价对建设创新型国家具有颠覆性的破坏作用并非耸人听闻。[①]

房地产热也成为社会财富分配不公、贫富差距拉大的一大因素。政府认识到了问题的严重性,从2009年开始加大保障房建设。

(二)龙岗区房地产业发展

1. 龙岗区商品住宅市场发展

2004年,龙岗区批准商品房预售建筑面积185万平方米,共成交20280套,面积173.3万平方米,金额约67亿元,占全市销售市场的35%,居全市各区之首,均价3866元/平方米。到2011年,龙岗区认真贯彻落实《关于进一步做好房地产市场调控工作有关问题的通知》(国办发〔2011〕1号)、《商品房销售明码标价规定》等文件精神,加大房地产市场调控力度,新建商品房成交面积同比大幅下降,房价涨幅明显回落,房地产二级市场基本实现平稳发展的目标。年内,龙岗区新建商品房成交面积为115.14万平方米,同比减少25.74%,成交12658套,同比减少22.18%。其中,新建商品住宅106.22万平方米,占全区总成交面积的92.25%,新建商品住房成交均价为15017元/平方米,同比(2010年新建商品住房均价为14403元/平方米)上涨4.26%。据统计,至2013年,龙岗区商品住宅存量达到1823.73万平方米,容纳人口60.8万人左右,户籍人均45平方米左右。

经过十多年快速发展后,中国房地产市场已进入下半场。2014年下半年以来,无论是新房住宅或新建商品住宅市场还是二手住宅市场同比价格指数均出现了不同程度的下跌,11月70个大中城市中仅剩余2个城市商品住宅价格同比保持上涨。从城镇人口人均居住面积来看,2012年

---

① 吕政:《论高房价对国民经济的严重危害》,《中国经济时报》2013年9月16日。

我国城镇人口人均居住面积约为 32.9 平方米，人均住房面积已经达到了发达国家的水平。从平均来看，预示着我国房地产市场的风险是长期存在的，特别是大量的库存对房地产行业来说更是雪上加霜。截至 2014 年 11 月，全国住宅预售面积达到 6 亿平方米，按以往的销售速度，去化时间将高达 16 个月，去库存压力大。

而对个别区域来说，房地产行业的发展机会依然存在。以深圳市龙岗区为例，尽管全国城镇人口人均居住宅面积已经高达 32.9 平方米，但对于龙岗区来说，商品住宅累计存量面积为 1800 万平方米左右，人均商品住宅面积（按照 480 万人左右的管理人口计算）不足 4 平方米。这也意味着，随着龙岗区经济的发展，产业结构的顺利转型，龙岗区将释放出大量的有效住宅需求。

也就是说，通过这一轮房地产市场的转型，市场已经开始出现分化，二、三线城市由于库存大，产业支撑不足，房地产市场风险极高。而对于一线城市来说，产业发展状况良好，升级转型的机会较大，同时具备吸引全国性需求的能力，人口净流入，依然具备较好的发展机会。

从商品住宅的入住情况来看，龙岗区有 328.25 万平方米左右的空置商品住宅存量，综合空置率约为 18%，空置率偏高，部分地区如龙城、龙岗区街道的空置率均在 35% 及以上（见图 5-3），需要重点关注。特别是在龙岗区、龙城街道还存在较高库存的情况下，市场风险不容忽视。

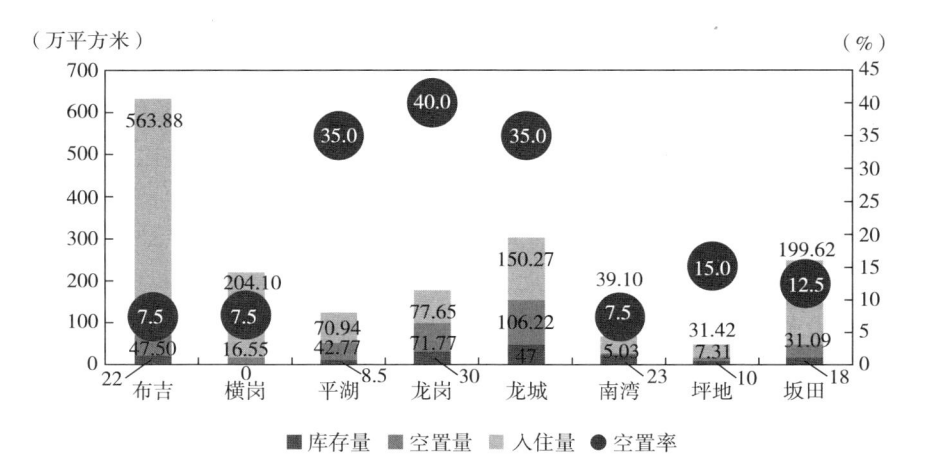

图 5-3　2001—2013 年龙岗区各街住宅入住、空置、存量情况

资料来源：《深圳市龙岗区综合发展规划（2014—2030）》。

对龙岗区来说，能否实现经济快速发展，产业结构顺利转型，是未来龙岗区房地产市场是否具备支撑基础的关键，同时房地产市场能否为产业结构转型提供助益也是关键。至2012年，龙岗区东龙岗片区商品住宅空置率高达30%以上，西龙岗则存在严重的职住分离情况，这些都成为制约龙岗区经济发展的重要因素。

从龙岗区商业市场来看，该时期存在的主要问题是东龙岗住宅市场存在较高的空置率，同时对区域外人口还缺乏吸引力，属于内生型的商业市场，人气不足，导致商业经营困难。而对于西龙岗来说，由于受益于原特区的影响，聚集大量人口，商业物业经营状况良好，甚至媲美原特区商业，但是在供给上明显不足，缺乏具有区域影响力的商业中心，商业需求被抑制。办公市场方面，龙岗区办公物业供给主要集中在龙岗中心城区，供给的办公物业主要以乙级物业为主。在经营上，空置率较高，收益实现上与南山区、罗湖区和福田区相比还存在比较大的差距。而对于入驻的客户来说，主要还是以中小电子企业、贸易类企业为主，现代服务业企业较少。

从东、西龙岗区来看，龙岗区商品住宅空置主要集中在东龙岗区，该片区商品住宅空置量约为201.85万平方米，平均空置率约为26.83%，同时还有约87万平方米的库存量，风险较高；西龙岗区商品住宅的平均空置率为11.80%，如果扣除坂田多个大型地产项目在2012年年底、2013年年初入市的事实（同时也带来了较高的库存量），西龙岗区商品住宅的空置率整体处在比较合理的水平。

从商品住宅空置及入住客户抽样情况来看，龙岗区房地产住宅市场存在以下特征：龙岗区商品住宅整体空置率处在较高的水平，平均为18%，其中东龙岗区的平均空置率高达26.83%，西龙岗区的空置率约为11.8%左右（见图5-4）。东龙岗区由于远离原特区，同时又受到政策利好驱动影响，房地产投资客户占比较高，在产业发展尚显不足的大环境下，就近就业的目标难以实现，空置率较高，房地产商品住宅市场风险较高。而对于西龙岗区来说，整体空置率较低，受原特区就业人口辐射，吸纳了大量原特区就业人口，风险较为可控。

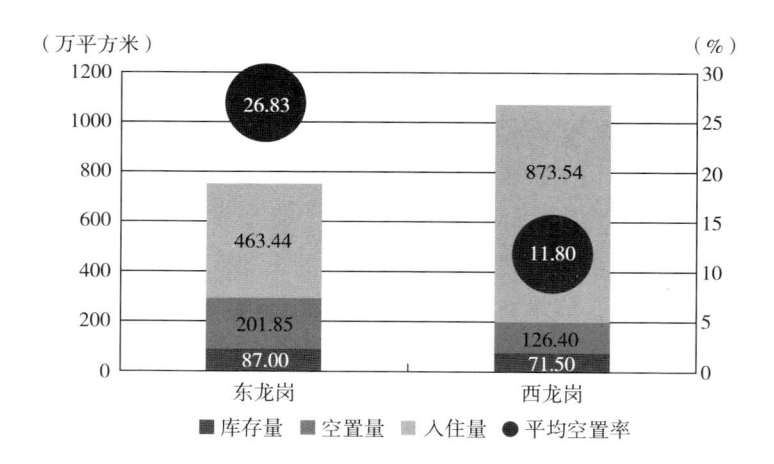

图 5-4　2001—2013 年东、西龙岗区商品住宅入住、空置、存量情况

注：空置量和入住量根据调研所得大概的空置率进行测算，数据为 2001—2013 年龙岗区各街道商品房市场供需数。

交通便利且通达市区时间较短区域的商品住宅社区入住率较高，但中高端社区入住率相对较低。而从区域来看，布吉街道、坂田街道、南湾街道、横岗街道小户型商品住宅社区的入住率较高，平均能达 80% 左右，如水晶之城（横岗）、桂芳园（布吉）等；振业城（横岗）、第五园（坂田）等的入住率相对较低，在 50% 左右。这个特点基本符合客户结构的特点。

对于龙岗区中心等区域的商品住宅，该时期普遍存在较高的空置率，部分社区的空置率高达 70%，且大部分商业处在空置状态。其主要原因是置业人口无法实现就近就业，同时距离就业地（中心区）较远，导致区域商品住宅空置率高。

从商品住宅的客户和商品住宅的入住情况来看，坂田街道、布吉街道、南湾街道和平湖街道即西龙岗区是职住分离的主要区域，主要原因是西龙岗区通过南坪快速、龙岗区轨道线等交通要道的建设缩短了西龙岗区与原特区之间的通勤时间，而商品住宅价格明显处于价值洼地，使大量原特区就业人口到西龙岗区域置业居住。

而对于东龙岗区来说，由于房地产的投资价值所在，也吸引了大量投资客户前往投资，这是导致东龙岗区商品住宅市场的空置率明显要高于西龙岗区的原因。同时也体现了那个时期龙岗区房地产市场与区域的产业结构存在一定的失衡问题,龙岗区产业有待升级,就业者的工资收入与住宅价格不适应,这也是职住分离的重要原因。解决龙岗区职住不平衡的关键在于产业结构的升级,进而带来更高收入的就业人口。

从统计数据来看,西龙岗区和东龙岗区的职住平衡系数分别是35%和70%,即西龙岗区、东龙岗区分别有65%和30%的人口在龙岗区以外的区域实现就业,居住在龙岗区。西龙岗区主要对接原特区,东龙岗区主要与东莞、惠州发生职住分离关系,综合职住平衡系数约为55%。

2. 龙岗区保障性住房发展

截至2012年,深圳市已经基本建立起了保障性住房的框架,分别是涵盖低收入及困难群体的廉租房、新近就业及人才安居的公共租赁房和中低收入人群的安居商品房（见图5-5）。但是由于建设力度不足,保障范围还比较小。从已经公布的保障性住房的政策来看,深圳的保障性住房体系基本是针对深圳市户籍居民,且申请条件比较严格,这与深圳市人口主要由外来产业人口组成的现状极为不符,大量外来人口聚居于农民房。

廉租房	公共租赁房	安居商品房
低收入及困难群体	新近就业及人才安居	中低收入人群

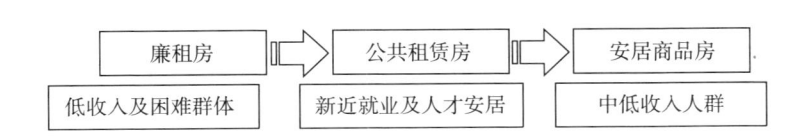

图5-5 深圳市保障性住房发展历程

而从政府相关部门对保障性住房的管理来看,也显得较为粗放,疏于管理,各层次保障性住房退出标准不明晰,没有形成不同层次保障性住房的有效互动,保障房供应梯队无法有效运转。

龙岗区作为下级行政区属,在这方面并没有形成政策或者其他方面的突破,基本上是沿用了市政府的相关政策规定,对保障性住房的重视不足,没有放到促进经济发展、加速产业结构转型的高度来对待。

至2012年年末,龙岗区共有保障性住房43.8万平方米左右①,包括自建、配建以及收购部分,约占全区住宅总面积的0.4%。其中,早期政府建设机关事业单位职工保障性住房3087套;2006—2010年,政府新建

---

① 中国城市规划设计研究院、深圳市世联土地房地产评估有限公司:《深圳市龙岗区综合发展规划（2014—2030）》,2017年6月。

或租赁保障性住房1465套，主要出售或租赁给行政事业单位职工或少量本地户籍低收入家庭。①

从现状来看，龙岗区保障性住房体系存在以下一些问题：

（1）从龙岗区保障性住房的数量来看，保障性住房的数量比较少，与全区保障性住房/住宅面积比6.6%相比，相去甚远。

（2）分配不合理。保障性住房分配主要集中在机关、事业单位，权力寻租迹象十分明显。

（3）分布不均。很多保障性住房都选择在较为偏僻、配套不甚完善的区域。

（4）户型面积不合理。根据《深圳市龙岗区住房保障发展规划》的统计分析，龙岗区保障性住房的套均面积为90.29平方米，户型大，数量少，覆盖面小。

（5）保障类型单一。主要保障户籍低保家庭，大量户籍中低收入家庭以及人才的住房保障未涵盖。

因此，从上述的分析来看，龙岗区距离完善的保障性住房体系还有很远的路要走，尚处在初级阶段，保障性住房体系的建设刚起步。

3. 龙岗区集体住宅（农民房）发展

长期以来，集体住宅都承担了保障性住房、产业工人用房等角色，是深圳经济发展的重要组成部分。但是其缺乏规划、市政配套不全、治安混乱、环境卫生条件差等也给深圳现代化城市的建设带来诸多问题。

从龙岗区来看，截至2012年年末，龙岗区累计集体住宅面积达到5328.60万平方米，共257.49万间，平均每间的面积为20.7平方米。如果以每人10平方米的数据来测算，集体住宅至少能容纳532.86万人口。

从分布来看，布吉、横岗街道是集体住宅分布最广、最多的两个街道，其占比分别达到17.27%和15.36%（见图5-6）。

从上述的分析来看，集体住宅客户主要包括新近就业人员、中低收入者和企业基础员工。这部分人员收入较低，主要选择价格较低的住宅或者公司宿舍居住。

---

① 《深圳市龙岗区住房保障发展规划》。

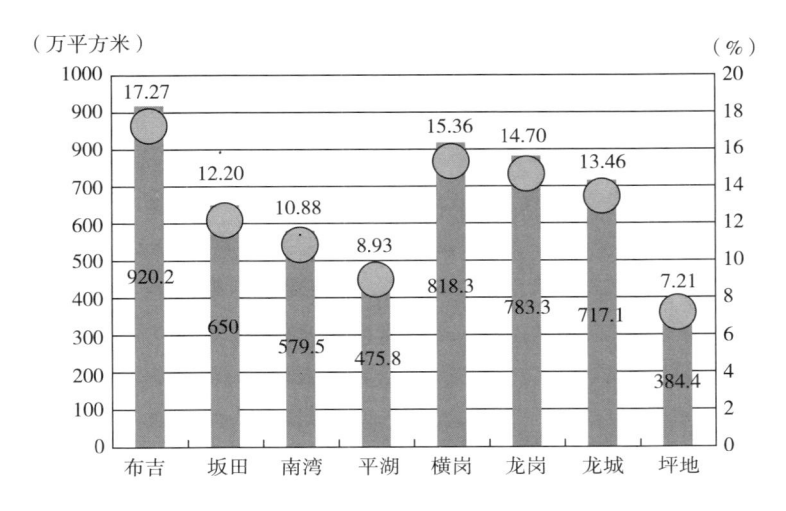

图 5-6 2012 年龙岗区集体住宅存量及分布结构

资料来源：《深圳市龙岗区综合发展规划（2014—2030）》。

注：柱形图顶部数据为占比；因四舍五入导致的误差不做调整。

从住宅客户的分布来看，工业区附近的集体住宅客户主要以当地工业区的产业工人为主，对于轨道沿线及近中心区的集体住宅客户则主要以中心区就业的人员为主，相应的租金也更高。

以坂田为例，布龙路周边及以南区域，集体住宅客户多是中心区的员工，主要是因为交通便利，环中线贯通；而华为公司附近的雪象村、黄君山等社区因为远离交通要道，则主要以当地产业工人为主。

集体住宅的经营状况与其区域的交通便利性、区域产业状况、物业状况息息相关。一般来说，交通便利、区域产业、物业状况好的集体住宅空置率低，租金较高。从空置率来看，根据世联的调研，坂田街道、布吉街道、南湾街道及横岗街道的空置率均处于较低的水平，平均空置率在 5%—15%；龙城街道的空置率比较高，部分社区的空置率高达 60%，综合空置率在 30%—50%。

综上所述，考虑到集体住宅的保障性住房、产业工人住房的替代作用，在当时经济形势下，龙岗区"保障性"住房的量是足够的，集体住宅空置率偏高，还有较大的腾挪空间。但问题的关键是，政府相关管理部门能否重新思考保障性住房对产业升级及经济发展的促进作用，真正意义上盘活保障性住房，提高保障性住房的效率，为促进经济发展服务，而不是为了"保障"而"保障",做到既有"面子"也有"里子"。

从现状来看,集体住宅普遍存在公共配套不全,消防、安全问题突出的现象,居住人口主要以低收入人口为主,不仅不利于提高村集体的收益,也无法满足中高端人口的居住需求,在某种程度上也成为影响产业升级的负面因素,在条件较为成熟的村集体,应该实施必要的综合整治及城市更新,改善居住条件,提高居住水平。

从龙岗区产业结构的分析来看,龙岗区在未来较长时间内,依然有大量的产业人口需要集体住宅的供应,政府需要在集体住宅的保护上采取必要措施,保障中低端产业人口的居住需要。

八 城中村改造与清查合法外建筑

(一) 城中村(旧村)改造

据统计,深圳共有村落2000多个,其中特区内有200多个,特区内共有私房30万幢,城中村居住用地规模已达100平方千米,总建筑量达1.7亿平方米,占全市住房总量的49%,数百万人居住在城中村。而在龙岗388平方千米的土地上,坐落着499个大大小小的城中村,涉及10.56万栋建筑物,面积约1.1亿平方米,居住人口达284万人。城中村严重影响了深圳的城市面貌和城市素质。因为"城中村"的存在,深圳这个年轻的移民城市已经出现一般老城市才有的交通拥挤、环境污染以及复杂的社会治安等一系列社会难题。

虽然在2005年前,深圳的政策性住房和商品房已经有了一定的规模,但主要面向具有深圳户籍或者具有一定的经济条件的居住人口需求,并没考虑流动人口的居住问题。特区内的城中村非正规住房发展由于用地的限制,只能在建筑强度和规模上扩大。而特区外的城中村非正规住房经过这个时期的快速扩张,建设用地面积范围和建筑强度也逐年增加,并且大大超过了特区内城中村非正规住房的建设。至2004年,城中村非正规住房已经遍布全市。

对于深圳城中村疯狂的违法建设,市政府于2004年颁布了《中共深圳市委、深圳市人民政府关于坚决查处违法建筑和违法用地的决定》,同时加强对违法建设的执法力度,成立专门的监察机构"查违办"对城中村的违建行为进行惩处。由于执法力度空前,后期政府也维持对城中村违建的查处力度,所以从2005年开始,虽然偶有一些违建活动,但深圳城中村的建设强度得到有效控制,建设开始放缓。

由于城市发展的需要，利用存量土地进行城市更新，释放土地资源成为政府开始探索的方向。2005年福田区农村改造拉开了深圳城中村更新的帷幕，从此进入到了城中村改造阶段。然而这一阶段的城中村改造以"推倒重来"为主，2005年11月10日市政府颁布了《深圳市城中村（旧村）改造总体规划纲要（2005—2010年）》，确定"以空间形态改造为重心，以综合整治为突破口，全面推进，突出重点，逐步实现城中村生活环境的普遍改善，促进城市产业结构提升和空间布局优化，推动特区内外一体化建设，使特区外城市化水平和城市面貌与特区内接近"。在这5年内，特区外城中村拆除重建规模达到总量的5%，并争取综合整治的规模达到总量的20%。其中龙岗有5个城中村被列入全面改造范围。

由于城中村数量多，涉及面广，情况复杂，改造对象拓展至城中村、旧城、旧工业区三种类型，全部拆除重建成本太高不现实。因此，采取了不同情况区别对待的办法。主要方式有三种：有的全面改造（拆除重建）；有的部分拆除，进行改造；有的穿衣戴帽，改变面貌。2005—2009年，全市共提出全面改造计划200项，涉及改造用地规模19平方千米。其中，城中村改造计划137项，旧城改造计划33项，旧工业区改造计划30项。另外，还提出城中村综合整治计划167项，涉及投入资金21亿元。

2009年5月4日，市政府研究审议了《2008—2009年城中村（旧村）综合整治年度实施计划》，至当年年底，107个城中村（旧村）基本完成综合整治任务。同年11月12日，市政府颁布《深圳市城市更新办法》，是国内首部系统、全面规范城市更新活动的规章。该办法在城市更新方面有不少制度性突破：一是明确了原权利人可以作为改造实施的主体，无须由开发商实施，政府鼓励权利人自行改造；二是规定了权利人可以自行改造的项目可协议出让土地，突破了土地必须"招拍挂"出让的政策限制；三是明确了更新改造的地价收取标准，深圳城市更新改造由此步入"快车道"。

（二）清查违法建筑和用地

在20世纪80年代香港大量劳动密集型产业外迁的背景下，深圳原特区外"三来一补"（来料加工、来样加工、来件装配和补偿贸易）工厂大规模引入。村集体组织与原村民根据当时有关政策，为"三来一补"企业提供了相对廉价的生产、办公、居住场所，有效降低了外商投资企业和乡镇企业等内资企业的生产经营成本。这部分用地在一定程度上支撑了深圳的快速发展，为深圳快速工业化发展打下了坚实的基础，但同时也形成了一定规模的合法外建筑，对未来深圳城市统一规划下的建设发展有一定的潜在负面影响。再加上随着深圳的飞速发展，土地使用权的预期收益和其动态定价机制并未完全同步，因此，在保障自身利益的前提下，在集体和原村民中出现了"违建""抢建"的高潮，这进一步扩张了合法外建筑规模。①

总体来看，合法外建筑粗放式的土地利用方式降低了土地资源利用效率，在深圳有限的土地空间内，进一步激化了深圳土地供需矛盾。在深圳存量用地开发阶段，如何处理大量历史遗留的产权与实际使用权分离的合法外建筑是土地制度改革的关键问题之一。

1. 蔓延阶段（2004—2009年）

解决历史遗留问题的核心是完善市场动态补偿价格机制。价格是资源配置的信号，只有通过不断完善动态定价机制确定价格后方能有效配置资源。在传统补偿价格机制的动态调整功能不足、无法适应快速城市发展下的土地预期收益增长的同时，土地预期收益与赔偿价格差价迅速扩大。在深圳经济特区范围扩大至全市之前，特区立法权无法适用于原宝安、龙岗两区，导致在相当长时间内存在"一市两法"问题，无法对原特区外快速增长的合法外建筑进行有效监管。

2004—2014年，原特区内合法外建筑面积由4亿平方米增至5.6亿平方米，原特区外合法外建筑面积由1.6亿平方米增至3.7亿平方米。在这十年中，原特区内合法外建筑面积增长了40%，而原特区外合法外建筑面积则增长了130%（见表5-8），原特区外违建的增速远超过原特区内。此数据说明原特区内新增违建逐渐平缓，而原特区外新增违建则持续飙升。

表5-8　　2004—2014年深圳原特区内外合法外建筑面积比较

单位：亿平方米

	2004年	2014年	十年增长
原特区内合法外建筑面积	4.0	5.6	1.6
原特区外合法外建筑面积	1.6	3.7	2.1

资料来源：《深圳生长——土地与城市更新》，北京大学出版社2020年版。

---

① 唐杰等：《深圳生长——土地与城市更新》，北京大学出版社2020年版。

造成原特区内外新增违建趋势不同的主要原因有两点：一是原特区内外工业化程度不同。合法外建筑与劳动密集型产业自20世纪80年代开始就息息相关。原特区内率先完成从劳动密集型产业向技术密集型与资本密集型产业的转变，因此对于廉价、粗劣的合法外建筑的需求较低。如今，原特区外正逐步完成产业转型升级，劳动密集型产业也将进一步迁出至周边城市或郊区，充分发挥粤港澳大湾区都市群的协同发展作用。二是原特区内外征（转）地的历史背景不同。由于1992年的城市化统一征地刚好处于深圳经济快速发展初期，集体与原村民在转变为市民的同时充分参与了城市化进程，享受了城市化发展带来的福利。但2004年的城市化统一转地处于完全不同的时代背景，在十多年的快速城市化发展下，土地增值收益飙升，原村集体和原村民对于统转的赔偿认可度较低，对土地收益和对土地收益分配机制的预期不断提高。同时，2005年广东出台了《广东省集体建设用地使用权流转管理办法》，该办法规定集体土地可以直接进入市场转让。尽管该办法并没有得到落实，但却进一步提升了集体和原村民的预期。

2004—2009年，全市合法外建筑面积从2亿平方米上涨至3.94亿平方米，年均增幅近15%，占全市建筑面积比例维持在50%左右，随深圳发展快速蔓延。合法外建筑改造赔偿标准不断提高，但赔偿标准与同期房价差价不断上升，由2004年的5000元/平方米升至2009年的6636元/平方米。事实证明，不完全市场化的传统补偿价格机制无法有效遏制合法外建筑蔓延。在经济快速发展、土地大幅升值的背景下，只有设置与之匹配的市场化动态赔偿价格机制方能有效定价。由此，以城市更新政策为代表的新机制应运而生，通过规范市场主体行为，在存量土地二次开发过程中以合理确定功能分区、落实公共配套设施等手段进一步推进改造。

2. 平缓阶段（2009—2014年）

城市更新在引入市场主体后通过多轮价格博弈在一定程度上满足了原村民对合法外建筑的土地收益预期，以市场化手段建立了相对合理的动态土地定价机制。2009—2014年合法外建筑从迅速蔓延阶段转至平缓阶段，面积由3.94亿平方米上升至4.28亿平方米，年均增幅下降至2%。同期，赔偿差价由6636元/平方米回落至4500元/平方米。

3. 减量阶段（2014年至今）

2014年后，土地预期收益与赔偿价格的差距进一步降低，由2014年的 4500 元/平方米降至 2017 年的 3300 元/平方米。合法外建筑正式从平缓阶段迈入存量减缓阶段，全市合法外建筑面积由 4.28 亿平方米回落至 3.91 亿平方米，减量速率呈逐年上升的良好趋势。

在遏制合法外建筑增长的背后，是有效市场和有为政府的有机结合。首先，政府实事求是地对不同时期产生的违建进行区分处理，承认早期合法外建筑产生的历史客观性，严禁立法后违建。其次，通过不断提升管制水平与技术、严格执行有关条例、大幅度提高违建的边际成本，控制合法外建筑的增量。再次，在市场化过程中保持城市公共空间及功能，在承认市场主体逐利改造的合法性和合理性的同时，以"20-15"准则保障城市发展所需的公共空间，避免过度市场化对公共服务用地的挤压。最后，以不断完善的动态定价机制逐步满足利益相关方对法外土地的预期收益，通过谈判、广泛参与、信息公开等方式实现土地合理定价，通过功能细分的土地基准价格机制落实级差改造赔偿标准。

但是，尽管消除合法外建筑的形势良好，但距离全面消除合法外建筑仍存在着较大的差距。根据以往的消化速率（自 2014 年峰值）线性估算，消除全市违建还需至少 40 年的时间。在逐渐消除的过程中，如何协调城市发展需要同二次开发的综合效益是深圳下一阶段深化土地制度改革必须解决的问题之一。

第四节　"规土"管理体系建设与完善

"全面城市化"时期，龙岗空间形态由村镇形态全面向城市形态过渡。标志性事件是 2004 年的全面城市化，所有土地经过"村改居"实现国有化，这为全面从村镇发展向城市发展奠定了土地政策基础。这个时期，通过顶层设计规划、存量土地二次开发等手段深化城市发展中的土地制度改革，深圳市开始按照城市全覆盖规划法定图则，确定了不光每一寸土地有规划，而且每一寸土地都有了法定的规划。以法定图则为代表的顶层规划设计为初步确立土地功能属性奠定了坚实的基础，以城市更新为代表的存量土地二次开发为土地功能属性变更提供了市场化、规范化、系统化的途径。全面提升城市化的规划建设标准，国际化的龙岗为下一阶段创新转型发展打下了良好的基础。

一 "差异化组团式"规划编制

随着信息技术的飞跃发展,以及城市产业结构的更新演替,服务业特别是生产性服务业成为深圳的主导产业,城市逐渐演化出商贸中心、金融中心、交通运输服务中心、科教中心、物流中心等功能。为了更好地发挥优势,突出各区在区位、资源、产业、科技、人才和环境等方面的优势,深圳实施"差异化"的空间发展策略。为避免功能重复单一,保持多元化的发展,提升了"差异化"空间发展在城市中的地位。深圳外围区域的功能作为城市核心区的辅助与补充区域,承接了城市核心区转移出来的制造业和突破空间限制发展的高新产业,规划形成了高新产业园区、高端制造业园区、生态绿地、郊野公园和滨海旅游区,在保护外围地区的生态环境的同时,又为城市的进一步发展留有余地。该时期重点规划研究与编制包括以下内容。

(一)总体规划

1. 2005 年编制的《八个组团分区规划(2005—2020)》

该规划明确深圳未来 5—10 年城市、产业发展的方向和布局,生态控制线的划定和组团分区规划的制定,对各区各组团的规划建设至关重要。2003 年 8 月市规划部门召开组团规划工作会议,会议明确:组团规划布局结构是深圳城市布局的特点。实施组团规划,将有效整合和完善城市总体布局结构,促进特区内外协调发展,全面提高深圳城市化水平。编制组团分区规划是落实《深圳市近期建设规划(2003—2005)》的有力措施之一。规划以街道组团的方式,对城市的布局和产业的发展提出规划管控要求。组团分区规划的编制从城市功能和空间布局上确立了龙岗区组团式发展的整体框架,对城市用地进行了整体安排;各组团在功能定位和开发时序上差异化发展,每个组团内都有生产、生活、商业和公共活动的中心,是打破特区内外差异化发展、实现全市统一规划的重要规划;组团分区规划的重点内容之一是推动基础设施与公共服务设施一体化建设,提升组团内各片区城市建设质量,缩小特区内外的发展差距。

根据全市城市组团式网状空间的结构布局,涉及龙岗区五大组团及其功能定位如下:

(1)中部综合组团(龙华、观澜、坂雪岗)——总面积 203.5 平方千米,市中心区的配套综合服务区。重点发展以华为、富士康等高新技术产业为支柱的制造业、仓储业，以商贸、教育、卫生、文体娱乐为主的配套产业。

（2）中部物流组团（布吉、平湖、横岗）——全市重要的物流基地，重点发展国际物流、货运枢纽、仓储配送、专业市场等物流产业和家电、玻璃、眼镜等优势产业。

（3）龙岗中心组团（龙城、龙岗、坪地、横岗部分地区）——东部的综合服务中心。重点发展商业、房地产、金融业、先进工业等。

（4）东部工业组团（坪山、坑梓）——总面积167平方千米，全市先进制造业基地。重点发展高新技术制造业、石化下游产业以及其他新兴产业。

（5）东部生态组团（葵涌、大鹏、南澳）——总面积295.3平方千米，区域性滨海旅游度假区和自然生态保护区。

组团分区规划编制按分区规划深度，具体内容要求：现状调查资料截止时间为2002年年底；规划编制年限，近期为2003—2005年，远期为2006—2010年；人口规模用"控制规模"表述，公共设施和市政基础设施按控制规模的1.1—1.2倍配置，按特区内外一体化的要求，以新版《深圳市城市规划标准与准则》为指导编制组团分区规划。组团分区规划必须结合《深圳市近期建设规划（2003—2005）》划定基本生态控制线和城市建设控制线。

为了实现特区内外一体化协调发展，超越原有村镇规划，按照组团式城市空间结构对龙岗区的资源进行优化布局。该规划对各个组团的土地利用、人口分布、公共设施、城市基础设施的配置做出了进一步的安排，并起到对下一层次的法定图则进行指导的作用（见表5-9）。虽然组团分区规划对龙岗区各组团的发展做出了具体的安排，但缺乏对龙岗区的整体空间布局以及各组团间相互关系的研究。

表5-9　　龙岗区各组团的范围、功能定位及规划控制情况

组团名称	组团范围	总面积（平方千米）	2020年人口控制规模（万人）	2020年建设用地面积（平方千米）	功能定位
中部综合组团	龙华、观澜、坂雪岗	203.5	125	120.9	市中心区的配套综合服务区

续表

组团名称	组团范围	总面积（平方千米）	2020年人口控制规模（万人）	2020年建设用地面积（平方千米）	功能定位
中部物流组团	布吉、平湖、横岗	163.9	98	83.3	物流基地
龙岗中心组团	龙城、龙岗、坪地	195.5	74	82.4	东部发展轴的综合服务中心
东部工业组团	坪山、坑梓	167	50	68.3	先进制造基地
东部生态组团	葵涌、大鹏、南澳	289	25	40.9	滨海旅游度假区和自然生态保护区

根据《深圳市城市总体规划（1996—2010）》，龙岗区被划分为坂雪岗片区（与龙华、观澜共同组成中部综合组团）和2个组团分区：其中中部物流组团包含布吉、平湖及横岗地区；龙岗中心组团包含龙城、龙岗、坪地及横岗（机荷高速以北）地区。

2.《深圳市土地利用总体规划（2006—2020）》修编

按照国家和省的统一部署，《深圳市土地利用总体规划（2006—2020）》修编工作于2004年启动，2012年获得国务院批复，成为指导深圳市土地利用和管理的纲领性文件。该规划是落实土地宏观调控和土地用途管制、城乡规划建设的重要依据，是严格实行土地管理制度的基本手段。

（1）建设用地控制总目标

规划至2020年实现建设用地"微增长"，建设用地比例控制在市域面积的50%以内，建设用地总规模控制在976平方千米以内（其中城乡建设用地837平方千米，交通水利及其他土地139平方千米）。在2030年实现建设用地总量的"零增长"。

（2）实施途径

建设用地减量增长实现途径有三方面：第一，严格控制新增建设用地供应；第二，大力推进城市更新改造；第三，积极开展建设用地清退。作为《深圳市土地利用总体规划（2006—2020）》的近期分步建设管控，2012年4月深圳市政府发布实施《深圳市近期建设与土地利用规划

（2011—2015）》，该规划统筹"十二五"期间城市空间发展及土地资源利用，是支撑深圳经济、社会、资源和环境协调发展以及民生福利提高的基础保障。

3.《深圳市城市总体规划（2010—2020）》

总体规划涉及龙岗区发展方面包括：第一，提出东部发展轴，由罗湖中心区向南经罗湖口岸联系香港，向北经布吉、横岗，连接龙岗中心和坪山新城中心，通往惠州及粤东地区，是惠—深—港区域性产业聚合发展走廊，主要发展高新技术产业和先进制造业等功能。重点开发大运新城、坪山新城，推进东部通道、莲塘口岸、厦深铁路、深惠城际线等重点交通基础设施建设，进一步提升龙岗中心服务功能和坪山新城发展水平。第二，城市副中心——龙岗中心，包括大运新城和龙岗中心城，在发挥对东部分区综合服务职能的同时，承担市级文化体育和会展服务功能，并作为深圳辐射带动粤东地区发展的重要节点。第三，提出由西部工业组团、西部高新组团、龙岗中心组团、东部工业组团和东部生态组团组成龙岗区空间布局，定位差异化发展。西部工业组团为世界先进水平的高端制造业园区；西部高新组团重点打造市级高新技术产业基地和生态都市农业基地，建设"绿色新城"；龙岗中心组团以承接居住郊区化为主，打造大运新城；东部工业组团为低碳绿色城镇，实现低端制造业升级；东部生态组团以国际旅游岛为发展目标，跟进各项配套设施的建设。上述规划契合产业转型和城市发展的需要，对龙岗地区的建设起到了重要的指导作用。

（二）详细规划

在市政府审议通过的新城规划指导下，市规划部门加快光明新城、龙华新城、大运新城、坪山新城四大新城法定图则的制定和审批工作。为推进四大新城建设，按近期建设规划2009年度实施计划的要求，用地供应和项目布局向四大新城倾斜，完善公共服务设施配套，提升产业发展水平，以新城建设带动特区外城市建设，促进特区内外一体化发展。

（三）专项规划

1. 深圳国土规划试点工作

2003年9月国土资源部召开国土规划试点工作专家座谈会，研讨深圳、天津两市试点工作时评价，深圳市国土规划从水资源、土地资源承载力和生态环境容量研究入手，以促进经济、社会、资源环境协调发展为目标，以空间规划作为规划的核心内容，充分体现了"人地和谐"和可持续发展的宗旨，将国土规划定位为"综合战略规划"和在规划编制过程中提出"分区管制"的新概念，是本次试点工作的重要成果。

2.《深圳2030城市发展策略》

2003年编制的《深圳2030城市发展策略》中提出创建"差异化"的城市空间，延伸两翼，协调中北部发展，实现协调发展的组团式城市空间结构，以满足城市多元化发展需求。

深圳外围地区空间发展模式应当从开发利用的实际出发，既考虑到中心城区对外围地区的巨大辐射作用，又要重视道路交通和重大基础设施建设对用地布局的引导作用，还要重视外围土地开发的自主性和独立性，外围地区空间结构应形成"差异化组团式"的布局模式，由这些组团形成多个增长点，配合城市其他区域及东莞、惠州相邻区域的发展，完善城镇网络体系，发展策略当中涉及龙岗区各组团功能如下：

东部工业组团——坪山新区：自主创新的新型工业化基地

东部生态组团——大鹏新区：国际性滨海旅游度假区与生态保护区

龙岗中心组团——龙岗、龙城、坪地：区域性综合服务中心

由于行政区划与自然条件的限制，应加强外围地区横向轴线形成内部东西向联系，南北向轴线的拓展可以扩大与东莞、惠州之间的联系。

城市外部空间扩展形成"复合型伸展轴"（详情参见《深圳2030城市发展策略》），其中包含了东西主轴的伸展与南北多轴的发展，东西轴线的伸展完善了现有城市空间形态，南北轴线的伸展构成了城市空间形态的新骨架。

3.《龙岗区空间发展策略研究》

研究关注的重点是龙岗区空间发展策略层面的问题，着重对龙岗区的空间资源、空间结构、空间资源与产业适应性选择等方面进行研究，从空间利用的角度为龙岗区提供发展方向的选择，并对龙岗区未来的发展进行了定位：深圳重要的现代产业基地，深圳辐射粤东北的重要的城市地区。具体的发展目标为：深圳市战略地位重要的城市地区；深圳市最重要的现代工业基地；深圳市国际旅游度假中心，滨海文化、客家文化的传播中心；深圳市新兴产业的试验基地。《龙岗区空间发展策略研究》虽然为龙岗未来的发展指明了方向，但要能真正落实，仍需后续具体规划的支持。

4.《深圳市大鹏所城保护规划》

大鹏所城是深圳唯一的全国重点文物保护单位。2004年6月，深圳市规划和文化主管部门联合召开专家讨论会，评审《深圳市大鹏所城保护规划》。该项规划总用地面积约103.7万平方米，确定的古城保护范围，原则上是沿古城本体核心范围（古城城墙以内部分，面积8.77万平方米）的界限向外扩展50米的范围，面积为35.86万平方米。该项规划确定的古城建设控制范围，原则上是从古城保护范围向外扩展100米的范围，面积为59.14万平方米。对大鹏所城保护与利用计划分近、中、远三期逐步实施，近期（2001—2010年）启动整个保护整治行动，探索改造模式；中远期（2004—2020年）逐步改造质量较差的风貌建筑，拆除与古城格局、风貌不协调的建筑，全面恢复古城的空间环境。

2005年市政府批准了市规划局委托编制的《深圳市大鹏所城保护规划》。该规划以保护古城的生态环境、景观环境、风貌格局、空间形态、建筑造型及色彩，维护该地区具有高度多样性的文化生态，以及发掘人文历史资源的价值并进行资源和空间的重组为根本。①

5.《深圳市基本生态控制线管理规定》

2005年11月1日，深圳市政府批准公布的全市基本生态控制线的范围为974平方千米，约占全市面积的49%，并按照要素进行分区，包括：一级水源保护区、风景名胜区、自然保护区、集中成片的基本农田保护区、森林及郊野公园；坡度大于25%的山地、林地以及特区内海拔超过50米、特区外海拔超过80米的高地；主干河流、水库及湿地；维护生态系统完整性的生态廊道和绿地；岛屿和具有生态保护价值的海滨陆域；其他需要进行基本生态控制的区域。需要说明的是，基本生态控制线不等同于生态保护红线。

基本生态控制线作为深圳市空间管制的控制线和安全底线，在促进城市生态安全与可持续发展方面发挥了重要作用。开创了生态空间保护的先河。这一行动比全国划定生态红线的时间提前了十几年。

6.《深圳市近期建设规划（2006—2010）》

2006年4月28日，市政府常务会议审议批准了《深圳市近期建设规划（2006—2010）——紧约束条件下的城市和谐发展之路》。其中主要建

---

① 陈一新：《深圳城市规划简史》，中国社会科学出版社2022年版。

设计划包括：第一，重点开发四个新城，包括龙华新城、坪山新城、光明新城、大运新城；重点改善五个地区，包括航空城地区、盐田港地区、平湖物流基地、罗湖—上步中心地区（人民南和华强北）、龙岗轨道3号线节点地区；重点生态恢复位于基本生态控制线内、现状生态破坏严重、进行生态恢复的地区；重点储备控制三个地区，包括前海湾地区、沙井西部沿江地区、大鹏半岛旅游控制区。第二，跨界合作计划，建设铁路"两线两站"。推进沿江高速公路建设，加强与东莞、惠州等地干线路网的对接；强化跨境交通设施和口岸的建设，促进机场、港口与香港的联动发展，完成西部通道口岸、福田口岸的建设。推进跨界土地合作开发。开展水资源、能源方面的区域合作，加强生态环境保护的合作。第三，工业园区建设与整合计划，近期完成旧工业区升级改造15—20平方千米、功能置换10平方千米。

7. 四大新城规划（2006—2010）

2007年3月15日，市政府常务会审议并通过了《深圳近期建设规划之新城规划》（包括光明新城、龙华新城、体育新城、东部新城）。9月，市政府正式决定规划建设的四大新城，分别正式命名为"光明新城""龙华新城""大运新城""坪山新城"。2007年，四大新城的建设均已全面启动。当时涉及龙岗区的新城如下：

（1）大运新城：规划范围13.95平方千米，其中建设用地规模7.3平方千米，居住人口规模14.7万人。规划定位以大型体育、教育设施为主的体育新城，与龙岗中心城共同构建城市东部中心。规划强调大运新城在赛前、赛后的持续生命力，规划策略使体育新城的功能设置和开发成为龙岗中心城的有益补充，并使龙岗的发展获得持续动力。

（2）坪山新城：以大工业区管理范围为规划控制范围，面积39.67平方千米，其中建设用地规模30.38平方千米，人口规模约25万人。规划定位生态型现代化先进制造业新城。以高新技术为主导，并为民营企业发展落实空间，实现产业的可持续升级。

8. 2008年7月完成龙岗区三大城市设计项目

中国城市规划设计研究院（以下简称中规院）深圳分院编制《龙岗整体城市设计》总成果，以举办大运会为契机，提升龙岗整体城市环境的目标定位；深圳市城市规划设计研究院编制的《深惠路（地铁3号线）城市设计》《龙岗中心区城市设计（含龙城广场地下空间利用）》采取国际咨询的优胜方案，经深化后交中规院深圳分院解读并编制最终成果。上述三项城市设计成果先后获得市规划部门规划技术委员会审议通过。

二　法定图则大会战

自1986年第一版《深圳经济特区总体规划》编制以来，随着国土管理、城乡规划的日益成熟规范，深圳市逐渐形成了以土地利用总体规划、城市规划两大法定空间规划为主，其他各类空间规划为补充的空间规划体系（见图5-7）。

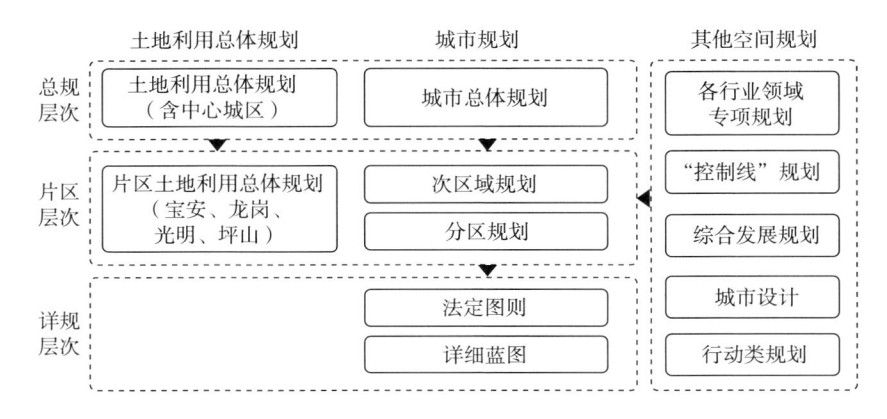

	土地利用总体规划	城市规划	其他空间规划
总规层次	土地利用总体规划（含中心城区）	城市总体规划	各行业领域专项规划
片区层次	片区土地利用总体规划（宝安、龙岗、光明、坪山）	次区域规划 分区规划	"控制线"规划 综合发展规划
详规层次		法定图则 详细蓝图	城市设计 行动类规划

图5-7　深圳市空间规划体系示意

1998年7月1日，深圳市人大常委会正式颁布《深圳市城市规划条例》（以下简称《条例》）。依据《条例》，明确建立以法定图则为核心的五层次规划体系，规划层级自上而下依次为全市城市总体规划—次区域规划—分区规划—法定图则—详细蓝图。全市城市总体规划立足于制定全市性宏观目标和规划策略；次区域规划作为总体规划的深化和完善，建立地域性协调策略和规划行动纲领；分区规划则重点指向城市建设控制，对总体规划和次区域规划制定的策略和纲领进行技术性落实，并对法定图则片区提出规划控制要求；法定图则作为城市规划控制实施的重点，是市场条件下开发和管理共同的技术约束和行为的规则；详细蓝图在法定图则的前提下对地块或小区进行更为具体的操作性控制和引导。[①]

法定图则作为五阶段中承上启下的核心环节，在总体规划、次区域

---

① 司马晓、周敏、陈荣：《深圳市五层次规划体系——一种严谨的规划结构的探索》，《城市规划》1998年第3期。

规划和分区规划的指导下,对各片区土地利用性质、开发强度、配套设施等做进一步明确规定,以此作为行政许可的直接依据。《条例》确立了深圳以法定图则为核心的城市规划体系,其落实从规划、编制、审核,到公众咨询、定期修订都遵循严格的法律流程。法定图则作为国内一个新的规划类型,其定位相当于控制性详细规划层次,现已成为指导深圳城市建设的主要法定依据、规划管理的重要抓手、公众参与的主要平台,取得了较好的成效和经验,成为深圳社会认可度最高的规划。

(一)深圳法定图则发展历程

回顾法定图则发展历程,大致分为三个阶段:首先是试点阶段,其次是探索阶段,最后是全覆盖阶段。

1. 试点阶段

在1998年《条例》制定出台的同时,深圳规划部门着手制定《深圳市城市规划标准与准则》《法定图则编制技术规定》《城市规划标准分区》等配套文件,以规范指导法定图则编制,第一批选取市中心区等11个重点地区编制法定图则,于1999年8月通过新成立的规划委员会审查。

2. 探索阶段(2000—2008年)

2000年以后,结合城市发展策略及重点建设地区,深圳法定图则编制重点由覆盖特区内向特区外逐步推进,此阶段法定图则工作的重点是完善法定图则编制。截至2008年年底,全市批准了79项法定图则,覆盖规划城市建设用地面积275.3平方千米,占全市规划城市建设用地面积的30%,基本覆盖特区内、东部滨海、龙岗、宝安重点建设地区,向特区外纵深推进,并建立了"法定图则编制及入库系统"平台,实现了"一张图"管理。

这一时期,深圳尚处于以土地增量开发为主的阶段,致力于针对重点片区、中心地区的图则编制和覆盖。这些地区由于受总体规划定位调整、轨道交通建设以及市场开发诉求的影响,虽然存在一定的发展不确定性,但规划及管理投入相对充足,图则工作稳扎稳打,有序推进。其效果从后来特区内外建设品质的差距可见一斑。

相较于传统控规,图则的审批制度与程序更为先进。由于规划决策与执行分离,减少了随意性与盲目性。规划委员会制度增加了规划决策的公开性与民主性;此外,公众参与制度亦增加了规划的透明度。技术上更加强调成果的规范化和标准化。

3. 全覆盖阶段（2009年至今）

2009—2018年深圳编制完成了182项图则，涉及255个图则分区的1293平方千米（其中，建设用地871平方千米）范围，覆盖了包含除机场等特殊用地之外的所有建设用地。这也意味着，深圳不光每一寸土地有规划，而且每一寸土地都有了法定的规划。

这一时期可以分为三个阶段：2008—2010年图则全覆盖阶段；2011—2012年城市发展单元规划尝试阶段；2012年至今与城市更新单元规划等多种法定规划共生阶段。

（1）法定图则全覆盖"大会战"

2008年，《中华人民共和国城乡规划法》的出台使控规成为行政审批的核心依据。为适应《城乡规划法》《广东省控制性详细规划条例》等法律法规的要求以及衔接深圳市划定的基本生态控制线、各组团发展深化布局、新一轮总体规划编制以及几经修订的《深圳市城市规划标准与准则》的基础上，完善规划依据，深圳从2009年2月至2010年年底开展了为期近两年的"法定图则大会战"。搭建起土地出让及"两证一书"的闭环管理工作。主要针对原特区外地区，实现全市建设用地范围内图则全覆盖。并通过图则全覆盖逐步解决城市建设过程中出现的布局不合理、公共设施缺口大等历史遗存问题，实现城市功能最大化。在此期间，市规划国土局建立了图则监理制度，由市城市规划发展研究中心承担了全市120项图则编制的监理工作，以保证图则编制的规范性。大规模的图则编制为城市土地资源管理、生态保护、公共服务、基础设施保障奠定了空间管制的法律基础，使全市域的城市规划管理真正做到有法可依，其意义是深远的。其中，涉及龙岗区共有5项法定图则，均已批准生效，另有1项《坪地国际低碳城拓展区控制性详细规划》于2015年经市政府批准，至此龙岗区已基本实现法定规划全覆盖。

这一时期，城市增量用地日益减少，存量开发逐渐增多，将用地指标直接管控到地块的图则在应对高度市场化和土地紧约束的双重挤压时有些吃力。一方面，图则调整申请大量出现；另一方面，因图则制度的严肃性，其调整程序复杂而漫长引发市场不满。强劲的市场动力、快速而粗放的土地开发模式、不断攀升的开发成本将城市空间容量及基础设施配置压力推到空前巨大的程度，图则成为各种矛盾与压力的载体。此外，过去30年快速发展所积累的城市化历史遗留问题，如未完善征转土地问题、留用地入市、违法建筑处理等，随着存量开发时代的来临亦难以再搁置或绕行，改革势在必行。

（2）城市发展单元规划的尝试

为寻求突破，2011—2012 年，深圳市选取了 20 个发展单元规划试点片区，尝试运用组合拳。包括空间规划调整、土地政策创新、多方协商机制、重点项目捆绑、金融制度引入等手段，拟增加规划方案的可实施性。其中，坪山中心区发展单元规划、华为科技城发展单元规划、笋岗—清水河片区发展单元规划等都做出了卓有价值的尝试和创新，但由于所涉及的众多制度改革和政策创新未能到位，在子单元规划阶段，部分地块规划落地难。最终，改革尝试折返而归，发展单元规划重回图则。但这次尝试对图则编制理念和方法改革产生了积极的影响，也佐证了图则成果在技术属性之外更具契约属性。作为规划管理者、城市建设者及使用者之间的法定契约，图则更需要一整套综合行政、法律、技术要素的"规划制度"作保证。

（3）多种形式法定规划的共生（2012 年至今）

2012 年前后，深圳正式全面进入以存量土地开发为主的时期，图则陷入了空前的迷茫。随着《深圳市城市更新办法实施细则》（2012 年）出台及市土地整备局挂牌成立，城市更新、土地整备成为释放土地空间资源的重要手段。随后，越来越多的城市更新单元规划、土地整备单元规划相继推出。用地功能、容积率等突破图则地块规划指标的情况不断出现，承担"兜底"大任的图则不仅权威性受到挑战，更面临着巨大的底线管控压力和繁重的统筹协调工作。图则在服务市场与管控底线的双重使命面前进退两难。

面对困境，图则管理部门从未停止探索和尝试。2014 年修订的《深圳市法定图则编制技术指引》吸纳了发展单元规划的"规划控制单元"概念，将已编、在编的城市更新单元和土地整备单元一并纳入规划控制单元统筹，扩大了图则指标控制的腾挪空间，赋予地块更多灵活性。同年修订《深圳市城市规划标准与准则》[2014 年 1 月 1 日施行，以下简称《深标》（2014 年版）]"密度分区与容积率"及"公共设施"等章节，通过制定密度分区与容积率计算规则，尝试图则管控的通则化，强化公共设施保障机制，在土地功能方面增加弹性，鼓励混合使用。为缓解大型公共设施配套压力，建立深圳市公共服务设施规划实施台账、教育等公共配套设施预警系统（2015年至今）；为加强图则的底线管控，开展深圳市工业区块线划定工作（2016—2018年）；2016年施行《深圳市全面深化规划国土体制机制改革方案》，明确提出创新面向存量用地的新型规划管理制度体系，深化图则编制方法、提高审批效率、强化规划实施的目标和要求。借助《法定图则制度优化》对图则定位进行再研究；借鉴城市更新经验，优化图则编制的技术手段，从底线管控的角度加强支撑力度，增强图则的可实施性。

尽管如此，在新的城市发展趋势下，由于供给方思维与需求方思维的差距，仅靠技术手段的修补依然难以弥合。

（二）法定图则实施效果

自2012年开始，深圳市逐步构建了图则年度滚动评估的基本框架和工作机制。通过评估规划实施过程中图则与城市发展目标、公共配套设施容量等方面的"偏离"，及时预警并提出相应政策导向建议。①

1. 落实总体规划情况

通过2012年图则评估发现，在图则拼合的一张图上，图则基本落实了总体规划所确定的城市发展空间结构，也较为忠实地落实了"五线"管控要求，但用地功能比例有所差异。从2011年图则评估结论看，全市现状居住用地比例22.8%，总体规划居住比例25%，图则规划比例18.8%，差距明显；现状工业用地比例30.8%，总体规划比例24%，图则规划比例16.5%。由于图则一定程度上反映市场动向，未来工业用地大幅度减少的趋势已初见端倪：现状公共管理与公共服务用地比例54%，图则规划比例7.1%，基本接近总体规划比例7.4%的目标要求；由于道路的细化，规划交通设施用地比例29.8%，高于20%的总体规划要求。

此外，从建设用地吻合度分析发现，因绿地在城市总体规划、土地利用总体规划中划分类型不同，导致规划布局吻合度的差距，这也成为深圳"两规合一"所调整的重点工作之一。

2. 图则规划合理性与实施度

（1）功能与规模

由于图则没有规划时限，因此很难严谨评估其合理性与实施度。从

---

① 顾新、王妍芳、许彦曦：《深圳法定图则20年历程回顾与思考》，《城市规划》2018年第42卷。

用地功能、建设规模、公共设施、图则局部调整等方面看,用地功能与建设规模受市场影响较大,片区发展缺乏宏观视野。根据2014年图则一张图评估报告,深圳建设用地现状平均毛容积率1.07,已高于香港、东京等国际大城市,依规划将进一步提高至1.18,全市建筑总量达12.4亿平方米,但各地块业主依然纷纷要求突破容积率。当时原特区外开发强度远低于特区内,考虑到未来发展空间以及均衡布局的需求,随后开展深圳市密度分区研究及职住平衡研究两项工作(详情参见《深圳市城市规划标准与准则》,2017)。成果结合了城市承载力,遵循"同地同权"原则,合理分配开发权益,弱化极差,亦考虑未来"容积率转移"政策的拟定。

对于未来城市工业用地规模的选择也缺少有底气的判断。虽然现状工业用地比例为30.8%,图则规划比例为16.5%,相比国标15%—30%以及发达地区(比如中国香港3.8%、东京3.6%)不低,但地均GDP的差距仍然很大。尽管深圳建设用地和工业用地地均GDP(2011年)处于国内顶尖水平,分别达13.7亿元/平方千米和18.9亿元/平方千米,与香港58.2亿元/平方千米和71.3亿元/平方千米相比,只及其1/4,也远低于东京和新加坡。据测算,大幅缩减工业用地比例的前提,是要求工业用地单位效益在7年内提升为现状的3倍,这一目标显然难以实现。考虑到深圳实际需求,评估提出了警惕短期内工业用地过快缩减导致实体产业用地不足,政府随后开展了全市工业区块线划定工作,以保障产业用地的规模。大量旧改虽对居住环境有所改善,但规划居住用地不足的状况依旧。随着城中村的逐渐消失和房价高企,人才安居问题尤为突出。为此,政府不断加强住房保障制度建设,大力推进人才房、安居房的空间配置,出台新的住房政策以优化全市居住配置结构。

(2)公共配套设施

作为一个市域总用地不足2000平方千米,却实际承载了近2000万人口,而且已经高度建成的城市,公共配套设施的配置压力可想而知。依据深圳市规划国土发展研究中心政府规划师基金项目"深圳市基础教育设施现状动态评估及规划检讨"的结论,全市现状幼儿园、小学、初中均存在不同程度的供应缺口,规划幼儿园实施率仅为40%,规划小学、初中实施率仅为60%。据此开展的公共配套预警评估成为图则修编的主要判断因素之一。

(3) 局部调整与专项评估

2001—2015 年全市累计开展图则局部调整 667 项（见图 5-8），其中约 80% 涉及公共服务设施、城市基础设施、保障房和产业项目等（见图 5-9）。政府发起的调整以公共设施或公共服务提升和支撑产业升级为主，而市场的诉求主要是寻求功能和强度的调整。这为图则局部调整的审批规程修订提供了分级分类的改革方向。

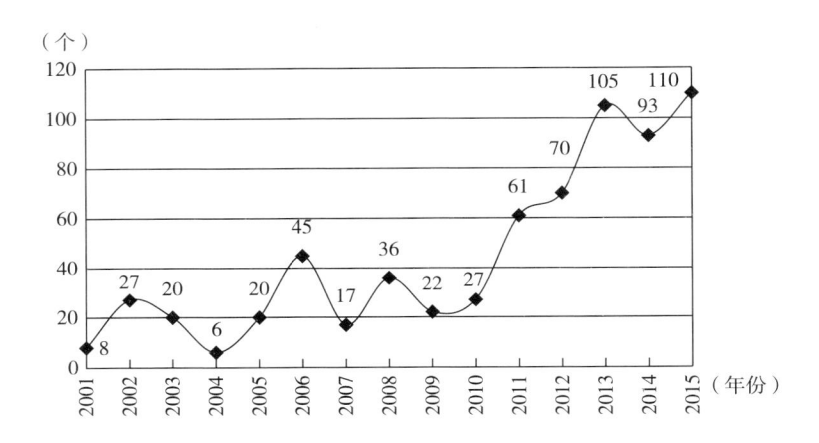

图 5-8　2001—2015 年图则局部调整项目数量

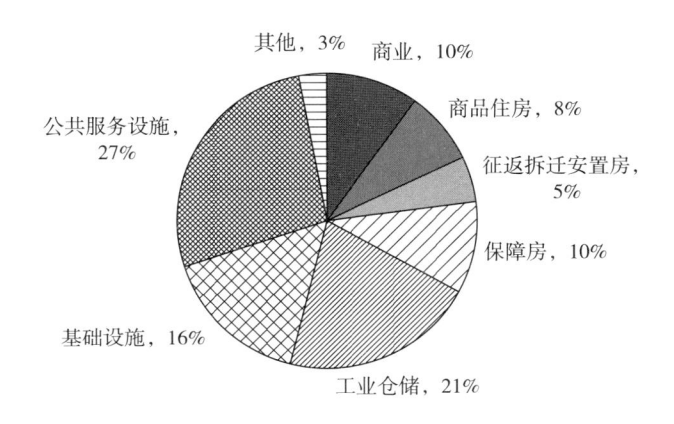

图 5-9　图则局部调整项目类别

资料来源：根据深圳市"法定规划一张图"绘制。

2013年针对职住平衡、居住用地、公园绿地，2014年针对义务教育设施、医院设施开展了专项评估。研究表明，城市更新可以弥补小范围内的配套设施，但不能解决区级以上设施的落地问题及布局的均衡问题；公共设施的规划总量虽基本满足《深标》（2014年版）的要求，但由于土地产权等问题，实施率较低，现状与规划的缺口约为50%；此外，职住平衡问题也比较突出；土地利用与轨道方案之间的协同考虑不足，对比轨道2030年规划的线路及站点方案，全市轨道覆盖标准分区为349个，其中76个标准分区的图则都有待进一步协调和调整。

三 区域协同发展

在全球经济一体化、区域与城市之间竞争与合作日趋多样化的背景下，随着《珠江三角洲地区改革发展规划纲要（2008—2020）》《珠江口东岸地区紧密合作框架协议》《深莞惠三市城市（乡）规划紧密合作框架协议》等重要文件的出台，区域一体化成为新一轮城市发展的必然选择。在新形势下，龙岗区面临更加复杂的区域竞争合作态势，原有相对"独善其身"的发展模式已经不能满足现状城市发展需求。

21世纪以来，面对国际国内发展的新形势，国家提出了"新型城镇化"的新理念。"区域协调"促进城市发展是其中重要的内容，对于促进经济社会持续发展、提升综合国力有重要意义。

在区域层面上，珠江三角洲一直是我国最重要、最具发展活力、最有发展潜质的经济区之一，但也面临着诸多发展不协调的问题。为此，建设部、广东省委省政府组织编制了《珠江三角洲城镇群协调发展规划（2004—2010）》（以下简称《珠三角规划》），以期整合区域各种资源，优化区域发展环境，提升区域整体竞争力。《珠三角规划》及随后颁布的规划实施条例，都对下层次城市总体规划提出了具体协调要求。

区域一体化是发展的大势所趋，在国际竞争日趋激烈的今天，城市只有依托区域才具备与世界进行分工交流所需要的完善基础设施、足够的产业集聚和经济规模，才能参与全球性的城市间竞争。与此同时，深圳以及龙岗还面临资源环境"四个难以为继"的现实约束，必须借助外力提升自身发展质量。

深圳、东莞、惠州三市在1979年前同属惠州，有深厚历史渊源。深圳与东莞相继独立设市后，龙岗成为深圳唯一与东莞、惠州接壤的地区，是深圳向北、向东与东莞、惠州以及粤北、粤东地区拓展的桥头堡。

改革开放后的深莞惠区域发展起始于1980年深圳经济特区成立，随着1992年邓小平同志南方谈话鼓励广东加快改革开放步伐，促进东莞在内的"广东四小虎"经济迅猛发展；2004年全面实施《内地与香港关于建立更紧密经贸关系的安排》，深莞惠区域全面推进与香港发展的对接；2008年的亚洲金融危机爆发，国际区域经济一体化趋势凸显，珠江口东岸城市一体化趋势成为区域发展的新态势。

（一）珠三角东岸全面竞合（2003—2007年）

1. 区域发展特征

2003年以后，经济全球化成为世界经济发展格局，国际产业转移的高端化趋势开始显现。进入21世纪，经济全球化受到大量关注，国际产业转移形势发生变化。一方面，劳动密集型产业开始由中国的沿海地区向国内中西部地区和印度、越南等低成本国家转移；另一方面，国际产业转移的高端化趋势明显，产业转移的重心开始由传统的加工组装向先进制造、新兴高技术产业和生产性服务业拓展，由制造环节向研发、设计、物流、销售等产业链高端部分延伸，同时承接国际产业的服务外包成了新的方式和热点。受这个趋势影响，深莞惠区域部分产业开始升级转型，产业转移逐步由沿海向内陆扩散。

《关于建立更紧密经贸关系的安排》（CEPA）颁布实施和《香港2030规划远景与策略》颁布促使粤港经济合作领域进一步扩大。《内地与香港关于建立更紧密经贸关系的安排》在2003年7月正式签署，2004年1月1日开始全面实施。CEPA出台，使香港与珠江口东岸经济关系从功能性整合转向制度性和制度性互动整合，深莞惠区域全面推进与香港发展的对接。

此外，《香港2030规划远景与策略》明确提出在经济产业、基础设施、口岸建设等方面积极对接珠三角区域，加强两地合作。至此，香港与珠三角进入全面的竞争和合作阶段，深莞惠区域多极竞争趋势进一步强化。

区域协调发展理念自上而下推动。随着珠三角地区快速发展，区域间的不协调建设对经济区发展影响越来越大，区域协调发展问题开始受到上级政府关注。《珠江三角洲城镇群协调发展规划（2004—2010）》首次将区域协调问题作为重点，提出调整珠三角东岸产业结构，优化东岸城镇、产业布局，整合东岸交通资源，改善东岸生态环境，促进区域经济社会发展水平整体提升。

2. 区域空间关系演变

《珠江三角洲城镇群协调发展规划（2004—2010）》颁布实施后，其实施条例也相继出台，规划和条例确定了空间结构、功能定位、空间管治政策和区域议事制度等，为区域协调奠定了多方面基础。规划确定深圳为珠三角东部的区域中心城市，承担区域中心服务职能，奠定深莞惠区域发展格局，深莞惠区域定位也逐渐明晰。

随着二级城市的发展，区域内网状多中心空间格局初步形成，城镇群开始逐步发育，城镇建设绵延一起，部分城市涌现自下而上的城际建设和生态保护需求，如区域边际城市共同开发以及各城市东江水资源利用和保护方面的合作研究等。

3. 龙岗与区域关系

（1）上层次规划对龙岗发展定位要求越发明晰。《深圳 2030 城市发展策略》提出了全市建设可持续发展的先锋城市的目标，并将包括盐田和龙岗的东部定位为与国家东部沿海发展相呼应的重要战略区域，以及向粤东北辐射的服务中心；内生型自主创新的产业基地，以及职业培训和高等教育基地；城市港口、物流发展的重要战略基地。针对龙岗地区存在大量产业集群和产业工人的情况，规划提出以职业教育基地为主要突破口，强化全区竞争力。

（2）龙岗结合区域发展形势，寻求发展突破口，强化自身深圳东部综合服务中心的发展定位。2007 年，《龙岗空间发展战略规划》出台，规划定位龙岗为城际合作的平台和重要节点功能地区，以及深圳市辐射粤东地区门户和综合服务中心。规划提出与香港共建大都市圈，与东莞、惠州同城共建的区域发展战略，可以看出，该时期的龙岗已经有了很强的区域合作需求。

（3）深圳在转型发展的节点上提出"向西"的战略部署对龙岗发展提出挑战。该时期，深圳的发展开始暴露出许多问题，例如资源能源和环境约束、人口问题、特区内外二元化等，这些问题阻碍了城市发展质量的进一步提升。为此，深圳提出转型发展的重大战略，并将下一步的城市拓展方向定为西面沿海地区。该战略部署将城市东边的龙岗置于后发地区，对龙岗的发展提出重大挑战。

(二) 珠三角东岸深度竞合（2007年后）

1. 区域发展特征

深莞惠区域的快速发展建立在外向型加工制造产业的基础上，大部分为劳动密集型产业，用地粗放，环境污染较大。随着城市建设规模不断扩大，该发展模式的弊端开始凸显，区域中心地区呈现人口、土地、资源和环境四个"难以为继"的尴尬处境，转型发展成为区域持续发展的首要任务。

随着区域经济一体化趋势加强，上层次对区域统筹发展要求越发明显。2008年，《珠江三角洲地区改革发展规划纲要（2008—2020）》明确提出促进区域协调发展，其中深莞惠以深圳为核心，以东莞、惠州为节点，优化人口结构，提高土地利用效率，提升城市综合服务水平，促进要素集聚和集约化发展，增强自主创新能力，面向世界大力推进国际化，面向全国以服务创造发展的新空间，提高核心竞争力和辐射带动能力。2009年，珠三角分别在产业布局、城乡规划、基本公共服务和基础设施建设四个方面制定一体化发展规划，落实区域协调发展内容。

此外，自下而上的城际建设协作需求越发旺盛。2009年，深圳、惠州、东莞三市联合签订了《推进珠江口东岸地区紧密合作框架协议》，提出三市的合作重点是发展规划、产业发展、区域创新、交通运输、能源保障、水资源及城市防洪、信息网络、环境生态、社会公共事物、加强与港澳合作十项内容。2012年三市合作编制《深莞惠交通运输一体化规划（2012—2030）》，提出构建现代化、一体化交通运输系统，运输服务在便捷、安全、舒适性方面达到国际大都市区先进水平的目标。与此同时，2012年至今，三市还编制《深莞惠区域协调发展总体规划》，积极探索三市协调发展战略。

2. 区域空间关系演变

随着经济发展日趋成熟，深莞惠区域多级中心体系越发明晰。深圳和香港共建世界城市，区域综合服务中心地位不可撼动。东莞定位区域制造业中心，惠州定位产业强市，是区域向东拓展的重要节点。不仅如此，区域内次级中心开始承担部分主中心外溢、配套功能，成为区域网络重要节点，如深圳宝安中心区、深圳北站中心、龙岗中心区，东莞松山湖研发中心、东部工业园制造中心，惠州大亚湾重型产业中心、惠阳服务中心等。

为了顺应"广州—香港"发展廊道的高端要素集聚,随着中心地区综合成本提高,部分高端要素开始向发展空间更大、综合成本更低的东边转移。深莞东部和惠州成为高端要素扩散的节点。

3. 龙岗与区域关系

(1)行政区划调整使龙岗面临更多区域协作。2010年以来,深圳分别成立坪山新区和大鹏新区,原龙岗土地面积缩减至388平方千米。龙岗发展模式将从原来更多的全区内部统筹转向更多的区际协作发展模式,其面临的区域关系更加复杂。

(2)制造业再受关注使龙岗在深圳的重要性得到提升。龙岗区自设立以来一直是深圳制造业布局的重点区域,随着全球经济持续低迷,以制造业为代表的实体经济成为区域发展的新兴增长点。深莞惠各城市也纷纷加强对实体经济的培育,作为深圳产业大区的龙岗也受到更多的关注,成为全市的战略发展重点之一。

(3)大运新城的建设是龙岗实现跨越式发展的重要抓手。大运会场馆设立在龙岗,推动了龙岗大运新城高标准建设。大运会的大事件营销以及大运新城的高端资源吸引力为龙岗实现跨越式发展提供抓手。

(4)龙岗能级尚未达到区域次中心等级,周边城市与龙岗竞争激烈。《深圳市城市总体规划(2010—2020)》要求龙岗在发挥对东部分区综合服务职能的同时,作为深圳辐射带动粤东地区发展的重要节点。规划对龙岗提出区域次级中心的要求,然而龙岗现有发展状态并未成长到辐射区域的次中心城市能级,且周边城镇如塘厦镇(东莞)、惠阳区(惠州)正迅速成长为片区的综合服务中心,龙岗面临来自区域的竞争。

四 生态示范区规划建设

(一)规划统筹,构建环境保护新机制

在龙岗历届区委区政府的高度重视下,从2005年编制的《深圳市龙岗区环境保护"十一五"规划》,再到2007年编制的《龙岗区生态区建设规划》《深圳市龙岗区环境保护总体规划修编(2008—2020年)》,都在不同历史时期结合最新的政策要求,对龙岗生态环境保护工作进行顶层设计,为控制城市发展规模、自然生态保护、环境污染治理等起到了非常重要的规范和保障作用。

1. 《深圳市龙岗区环境保护"十一五"规划》(2005年)

2005年,区环保局编制完成《深圳市龙岗区环境保护"十一五"规划》，该规划突出重点任务、重点领域，切实解决建设"和谐龙岗、效益龙岗"及人民群众切实关注的环境问题，并将其中的环境保护目标、环境保护指标体系、重点环境保护项目和投资4个重点内容纳入龙岗"十一五"总体规划。同年，区环保局积极配合市生态环境监察试点办公室对龙岗退果还林、生态风景林建设、古树名木保护及东部海洋保护等进行联合执法，取得显著成效；生态示范区创建顺利通过市、省、国家专家考核验收。2006年3月，龙岗顺利取得"国家级生态示范区"荣誉称号。

2.《深圳市龙岗区环境保护总体规划修编（2008—2020年）》①

2008年，龙岗根据区域经济社会发展和环境建设的实际需求，组织对《深圳市龙岗区环境保护总体规划》（1995）进行了检讨，编制《深圳市龙岗区环境保护总体规划修编（2008—2020年）》。该规划立足现状，结合龙岗未来发展的战略目标，详细地分析龙岗的环境容量和生态承载力，提出近、中、远期的总体环境保护战略目标和具体规划方案；在深圳市环境功能区划的基础上，结合有关环保法规及龙岗建设生态区发展战略的经济、社会需要，细分龙岗的环境功能区；根据深圳市、龙岗区环境建设的新要求，提出近、中、远期环境保护的任务和重点，并进行深入的社会经济环境效益分析；制定了加强环境建设、改善环境质量和建立保障体系等方面的政策措施，为推进各项环保工作提供了依据。

（二）巩固生态之基，建设城市森林保护体系

龙岗具有较好的自然生态背景，自然生态保护面临较多制约因素。首先，生态用地主要分布于地势较高、坡度较陡的区域，土壤层较薄，特别是七娘山、排牙山、马峦山、清林径水库等区域，生态环境脆弱。违法建筑、采石取土、毁林种果、陡坡开荒等行为极易使水土流失新增面积超过治理面积。其次，区域内森林资源总量不足，质量不高，结构简单，红树林等湿地面积减少，功能不断退化。最后，龙岗现存天然的生态资源在近几十年的开发中，已经受到了巨大的破坏，一些珍稀的植物群落，如红树林、银叶树、珊瑚菜、香蒲桃、滨海月见草、滨豇豆等原有的珍稀植物残留较少。随着城市发展与扩张的压力日益增大，大量

---

① 杨洪等：《新型城市化视角下的龙岗探索与实践》，海天出版社2014年版。

平整、开挖、占用生态用地等,在侵占土地资源的同时,也使区域内原生植被和原生生境急剧减少,大量林地几乎沦为人工林,生物多样性遭到巨大的破坏。

龙岗充分考虑城市生态建设、生态安全对城郊森林建设的要求,按照"区域生态绿地—绿色廊道—绿地斑块"的模式进行布局,构建有效的城市森林网络体系。为维护龙岗自然生态系统的连通性,以重要生态功能区和基本生态控制线为基础,构建由"三带三廊"六条生态轴线和一系列生态节点组成的生态网络,维护龙岗区自然生态系统的连通性。

根据生态网络连通性的需求以及城市建设的现状,重点控制5个点位的开发建设(见表5-10)。依据相关政策逐步腾退已有建筑物和构筑物,恢复至少1千米宽的自然地带。

表5-10　　　　　　　　龙岗区生态网络的关键节点

节点编号	面积（百平方米）	说明	建设目的	位置
2	240	限制1.5千米自然条带内的建设	保持东西连通	南湾与平湖之间
4	102	规划和建设横岗境内龙岗河上游地段沿河1千米河流廊道	保障龙岗河上游水系廊道的连通性	横岗工业区
6	216	控制并逐渐拆迁荷坳立交东南的建筑,恢复1千米宽的植被通道	保障铜锣径水库与北部山区的连通	荷坳立交南部区域
11	305	控制这一区域的开发建设,逐步形成1.7千米宽的南北自然通道	打开鸡公山向北的连通性	坂田与布吉之间
14	431	控制龙岗与坪地之间沿深惠公路的蔓延建设,在低山村附近打开1千米的自然通道	连通北部清林径水库与南部松子坑水库群	龙岗与坪地之间

资料来源:深圳市龙岗区环境保护和水务局。

1. 利用城郊森林,建设森林公园

龙岗有较好的自然条件建设森林公园,现已批建的有嶂背郊野公园、三联郊野公园和南湾郊野公园,总面积达37万平方米,为城市居民提供了户外运动、休闲、科普教育的场所，在生态优先的前提下，合理利用了城郊森林资源。

2. 实施生态风景林建设工程，提升森林质量

为缓解因城市化进程加快而导致生态环境与经济社会发展日益突出的矛盾，深圳市于1997年开创性地提出建设"生态风景林"，并经过示范点建设和编制总体规划，于2002年正式启动实施生态风景林建设工程。其中，龙岗实施生态风景林建设步骤包括：首先，完成城区背景山体、次级城市中心区主要山体、绿色通道两侧第一重山的森林改造；其次，完成城郊森林和远山森林的改造，形成总体和谐、局部分异的特色森林景观，改善城区生态环境；最后，实现城市森林的目标，使森林覆盖面积达到市域面积的65%。龙岗生态风景林建设情况如表5-11所示。

表5-11　　　　　　2002—2007年龙岗生态风景林建设情况

指标	2002年	2003年	2004年	2005年	2006年	2007年
改造面积（百平方米）	679.2	1113.3	1083.5	1003.8	1847.2	3238.6
投资额（万元）	1200	1875.3	1820	1922.5	3537.8	6202.6
完成情况（%）	100	100	100	100	100	100

资料来源：深圳市绿委办。

通过实施生态风景林建设工程，促进恢复和重建生态效益显著、功能稳定、景观优美的南亚热带季风常绿阔叶混交林，提高森林水土保持、加强水源涵养、改善环境、净化空气等生态功能，构建支撑城市经济社会可持续发展的森林生态体系和南亚热带滨海城市森林景观。

3. 编制林地保护利用规划

通过编制深圳市龙岗区林地保护利用规划，实行林地用途管制总量，保证实现全区林地总量的动态平衡，加强对城郊森林的保护。至2010年，全区林地保存量达到425.244万平方米；调整林种结构和布局，增加生态风景林面积，使其占林面积比例在90%左右。同时，根据生态区位的重要性和生态敏感性，确定林地的保护级别，实行分级保护；充分发挥林地的生产潜力，提高森林的生态质量，提高城郊森林在保障社会经济可持续发展中的作用。

五 探索创新存量土地再利用模式

(一) 土地历史遗留问题显现

2005年年底，原宝安、龙岗两区的集体土地国有化工作已基本结束，此举使深圳成为国内首个没有农村建制的城市。随着2008年国际金融危机的爆发和2010年深圳经济特区正式扩容，这一阶段的经济社会环境发生了深刻的变化。一方面，深圳开始面临四个"难以为继"（土地空间、能源水源、城市人口、环境承载力难以为继）的发展制约，对经济结构的优化调整和产业转型升级带来诸多不利影响。另一方面，深圳正全面落实科学发展观，致力于高标准打造综合配套改革试验区、国家创新型城市和中国特色社会主义示范市，加快推动特区一体化建设，对城市化发展提出了更高要求。根据《深圳市土地利用总体规划（2006—2020年）》，2005年深圳建设用地面积已达83942公顷，占市域面积的42%。到2020年，建设用地比例要控制在市域面积的50%以内，总规模控制在97600公顷以内。而龙岗区在2004—2007年，仅用了短短三年的时间完成了辖区844平方千米、100多个原行政村的城市化转制工作，但由于历时短、任务重，加之配套政策未能及时到位，产生了量大、面广的违法建筑和违法用地，导致存量土地难以有效利用，新增建设用地供应日趋紧张。在新的机遇和挑战形势下，土地空间资源的不足再次成为制约城市发展的短板与硬约束。

从历史沿革来看，深圳土地历史遗留问题主要是指在完成全市土地国有化之前，由于征地、规划、出让、产权登记等方面的历史原因，存在土地产权不够明晰、资源配置方式较低效以及增值收益分配不公平等一系列土地问题。这其中包括早期的为"三资"企业提供厂房、工业配套设施以及解决外来人口居住问题，由原村民及集体经济组织采取多种方式进行的占地建房，以及原集体土地国有化过程中出现的各类违法用地和违法建筑等。虽然政府在法律形式上已经实现了土地的国有化，但土地的实际控制权却仍然掌握在原村民及集体经济组织手中，最终使土地陷入"政府拿不走、原村民用不好、市场难作为"的困境。原村民对土地的实际控制逐渐形成法外控制权，在一定程度上形成房地分离的新二元结构问题。因此，一项制度的实施需要与之契合的其他配套制度，如果与制度环境不相适应，则会导致激励与约束机制失灵，带来制度绩效与预期不符。超前的制度安排可能会带来改革的失败，而制度可能会以一种隐性的法外方式继续存在，等待制度环境调整予以接纳。①

面临来自土地和空间资源难以为继的硬性约束，深圳主要土地供给方式逐步转向存量土地，率先开启城市更新、土地整备等存量土地再开发的制度创新和试验，来满足产业转型和城市发展对制度调整的新需求。土地制度改革转向探索如何破解存量土地利用难度大的现实困境，探索创新存量土地再利用模式。同时加强对全市土地的统一规划和管理，推进土地集约节约利用，逐步完善相关法律法规和具体政策。

（二）强化土地统一规划和管理

深圳推进"统征""统转"的目的在于通过土地全市域国有化，突破发展用地限制，消减国家土地管制对城市发展的约束。一方面谋求增量土地带来的利益，另一方面可以借此加强对全市土地的统一规划和管理。为破除土地对经济社会发展的制约，深圳陆续进行了一系列的制度试验，推进土地集约节约利用，逐步完善相关法律法规和具体政策。深圳率先提出"三个一"的理念，即："一个标准管理"是指强化特区内外土地管理的统一标准；"一个池子蓄水"是指建立土地储备的统一管理制度；"一个龙头放水"是指政府对土地的一级市场进行集中统一管理。为此，2006年6月，深圳正式出台《深圳市人民政府关于进一步加强土地管理推进节约集约用地的意见》，以及相继出台《深圳市土地储备管理办法》等7项配套政策，统称"1+7"文件。刚刚完成土地转制的原宝安和龙岗两区的集体土地正式被纳入全市统一的国有土地储备体系进行管理。为防止城市建设无序蔓延危及生态系统安全，促进可持续发展，2005年11月，深圳颁布《深圳市基本生态控制线管理办法》，对城市建设进行划界规范。将划入基本生态控制线内的存量建筑等逐步予以清退。为进一步完善土地交易市场机制的相关配套措施，继《深圳市土地交易市场管理规定》颁布后，2005年12月深圳在全国首次以挂牌方式成功出让工业用地，继续深化推动土地的市场化改革。此后，住宅、商业、办公等经营性用地以及工业用地全部实行招标拍卖挂牌（以下简称招拍挂）的市场化配置方式。

这一时期，针对违法建筑历史遗留问题的处理，深圳市政府分别制定"两规"来推动违法私房和生产经营性违法建筑的产权登记。但在原

---

① 王江波：《深圳土地制度变迁研究（1979—2020）》，中国财政经济出版社2022年版。

村民看来,"两规"降低了集体土地使用期限及处分权,并无实质性收益,因而政策实施的效果低于预期。与此同时,深圳在查处违法建筑方面进行了较大投入,出台了《深圳市人民代表大会常务委员会关于农村城市历史遗留违法建筑的处理决定》《深圳市规划土地监察行政执法主体及其职责规定》等配套的规章制度,但由于政策的预见性不足,加之执行过程中的妥协性,政策整体实施效果不理想,违法建筑和违法用地大量滋生的现象仍屡禁不止。为加快破解存量土地利用的现实难题,深圳在广东省《关于推进"三旧"改造促进节约集约用地的若干意见》基础上,于2009年10月出台《深圳市城市更新办法》。2011年7月,深圳实施《关于推进土地整备工作的若干意见》,开始在全市范围内推进土地整备工作。2012年10月,深圳在全国首创成立土地整备局。2019年3月,龙岗区城市更新和土地整备局揭牌成立。由此,全面进入了通过城市更新和土地整备等方式探索存量土地开发利用的新阶段。

(三) 龙岗城市更新的实践探索

1. 城市更新历程

改革开放之初,龙岗大部分区域都以村镇发展模式开启工业化的进程,那时"村村点火,处处冒烟",竞相引进"三来一补"式加工贸易产业,"种房子"替代了种庄稼,昔日的农田上逐渐建起了标准厂房,传统的民宅瓦房也渐渐被密密麻麻的农民房替代,最终使龙岗不少地区"淹没"在拥挤破旧的工业厂房和密密麻麻的农民房中,同时也留下了日益狭窄的产业发展空间和巨大的基础设施、公共服务的城市化欠账,诸如"找不出一平方千米的完整土地""一个街道没有一所高中、一所公办医院"之类的话语就是这一现状的最好注脚。

为了规范城市更新合理发展,深圳市于2004年出台《深圳城中村(旧村)改造暂行办法》,并在2006年按照该办法解决了龙岗2004年10月28日以前自行开展的70个旧城旧村改造项目,龙岗城市更新艰难地前进。

2009年8月25日广东省颁布《关于推进"三旧"改造推进节约集约用地的若干意见》(粤府〔2009〕78号),深圳吹响了全面推进城市更新的号角,进入了快速推进的阶段。自此,曾经步履维艰的龙岗城市更新进程再次启动。该阶段最重要的特征是形成了以《深圳市城市更新办法》(以下简称《办法》)及《深圳市城市更新实施细则》(以下简称《实施细则》)为核心的系统政策体系(见图5-10)。

```
┌─────────────┐          • 《关于深入推进城市更新工作的意见》
│《深圳市城市更新办法》│     • 《深圳市城市更新提速专项行动计划》
│      ↓       │  ==>   • 《深圳市城市更新单元规划制定计划申报指引》
│《深圳市城市更新│         • 《城市更新单元规划审批操作规则》
│  实施细则》  │          • 《市规划国土委城市更新项目用地审查操作规程》
└─────────────┘          • 《深圳市城市更新项目保障性住房配建比例暂行规定》
                        • 《拆除重建类城市更新项目房地产证注销操作规则》
                        • 《深圳市城市更新单元规划编制技术规定》（试行）
                        • ……
```

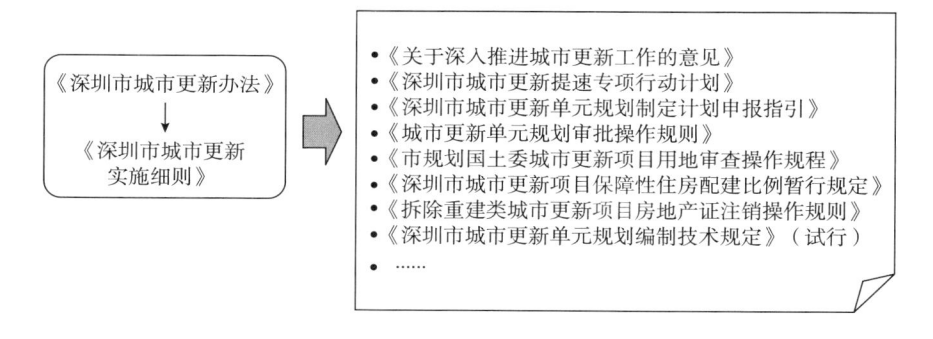

图 5-10　以《办法》《实施细则》为核心的"1+N"更新政策体系

《办法》于 2009 年 12 月 1 日正式施行，为深圳城市更新活动的开展奠定了重要的法制基础。《办法》作为国内首部关于城市更新的政府规章，提出了城市更新的概念，以及以市场为主导的存量土地再利用模式，通过引进市场开发主体，运用市场化机制，适用的更新对象实现全覆盖，包括旧工业区、旧商业区、旧住宅区、城中村及旧屋村等多种类型；首次提出了城市更新单元规划制度以及实行科学的计划管理机制，提出了多种改造方式，主要包括三类模式：综合整治、功能改变和拆除重建。规范了城市更新的运行程序。《办法》确立了深圳城市更新实行更新单元规划和计划管理制度，并严格规定了拆除重建类的城市更新活动必须以制定城市更新单元规划、纳入城市更新单元计划为前提条件。自此，深圳拆除重建类城市更新以"更新单元"为单位的实施制度得以确立（见图 5-11）。"更新单元"借鉴中国香港、台湾的成功经验，在更新范围的最小单位完成更新改造，单元内的学校、道路、文体设施、社康中心等均应按规划要求配建完成。

```
┌──────────────┐   ┌──────────────┐   ┌──────────────────────┐
│ 城市更新单元计划 │──▶│ 城市更新单元规划 │──▶│ 城市更新项目用地出让（实施）│
└──────────────┘   └──────────────┘   └──────────────────────┘
```

图 5-11　城市更新单元计划、规划、用地三阶段示意

2012 年《实施细则》出台，作为《办法》的配套性规定，重在对《办法》的规定进行细化和补充，主要呈现出五大亮点：保障公共利益，实现多方共赢；缩短审批时限，加强进度监管；强化公众参与，实现规范操作；坚持市场运行，强化政府引导；明确部门分工，实现管理下沉。

可以说,《实施细则》对规范深圳的城市更新行为更上了一层楼。

其中对历史遗留违法用地进行有效处理,即通常所说的"20/15"处理办法。何谓"20/15"处置办法?打个简单比方,一个10万平方米的城市更新单元,如果土地全部都是历史遗留违法用地(极端情况,一般合法用地超过60%),更新单元全部土地完成拆迁后,其中20%即2万平方米无偿移交政府储备,经处理后余下的80%可视为城市更新的合法土地。按规定,城市更新拆除范围内,至少又要无偿贡献15%的土地作为公共设施用地,最后剩下的才是开发单位取得的建设用地。

该阶段的城市更新活动得到了快速、全面推进,已成为深圳挖掘用地潜力、拓展发展空间的主要方式。当时,龙岗城市更新工作在项目存量及推进速度上均居全市前列。一些重点区域,如深惠路沿线、华为科技城等重点区域的城市更新加快推进,重点项目得到推进、体制建设逐步完善、民生产业导向初步确立。以创新举措破解拆迁难,成为龙岗不断创新城市更新并将其制度化的一个例证。龙岗为加快推进城市更新,先后推出了区领导挂点督办制度、拆迁赔偿的资金共管制度等一系列的创新做法,根据出台的《实施细则》,进一步调整和完善龙岗相应的程序和配套措施,制定符合《实施细则》的相关操作程序;对城市更新项目实行精细化计划管理,制订全区城市更新项目计划进度督办表,实时督促项目开发单位按计划推进实施;同时对参与城市更新企业的开发行为进行登记备案,建立城市更新诚信档案,以保障开发单位对更新项目的实际投入;鼓励社会资金投资更新项目周边公共设施等。

在城市更新过程中,用地先充分保障公共利益,再保障集体和原业主利益,最后剩下的才交给市场主体开发建设。正因如此,在龙岗城市更新的过程中,狭窄村道成了康庄大道,各村也纷纷成了九年一贯制学校。其中不乏优质教育资源,如深中附小、华师附中、外国语学校等。与此同时,龙岗还加大了工业区升级改造的推进工作,其中的典范便是占地面积达70万平方米的天安云谷项目。该项目于2010年启动,2011年年底报批,2015年一期项目基本完成招商,华为手机终端的1万多名员工从南山迁到天安云谷办公。

"十一五"时期城市更新加快推进。坂田特区一体化先行示范区规划建设全面推进;深惠路沿线、华为科技城和大运新城等重点片区改造取得实质性进展,95个拆除重建类项目列入市计划,其中75个项目已编制专项规划，15个项目开工，在建面积达348万平方米，移交公共设施用地49万平方米，城市更新的数量和面积均居全市前列；114个综合整治类项目列入市计划，为全市最多；大运新城北、龙岗中轴线、地铁3号线沿线、北通道沿线、中荷低碳城等重点片区规划研究深入开展。

"十二五"时期，龙岗城市更新土地供应总量占全市的1/3：全市总量不到11平方千米，龙岗接近4平方千米。当年的中心城西区成了大运新城，国际大学园就选址在这里；新老西村已改造成城市综合体，成为高档商务办公和住宅区，万科广场成全了很多龙岗人便利的生活；地铁3号线、宽敞的水官高速和龙岗大道，让人们的交通出行更为便捷。

未来龙岗城市更新工作主要配合龙岗产城融合示范区的建设，打造深圳东部中心。在规划建设上要以"职住平衡"的理念去考量建设时序，要让"居者优其业、业者优其居"。比如宝龙工业城、坂雪岗科技城等"有产无城"，那就要配城，提升商业、教育、公共交通等居住环境配套；龙岗中心城"有城无产"，那么，就要通过城市更新的方式，为其配备产业空间资源。在落实"东进战略"的过程中，不仅要考虑街道间的均衡发展、产城融合，还要考虑让教育等重要资源得到质的提升。教育是至关重要的，有优质的教育才能留得住人才。

2. 龙岗城市更新主要做法

（1）提升政府统筹能力

一是强化城市更新工作时序。对新的产业发展情况进行全面摸底，结合产业发展的目标、定位及相关发展要求，明确需进行产业升级的用地规模和范围，牵头开展以街道为单位的统筹城市更新单元划定研究，重点划定更新单元范围及改造捆绑的公共设施，提出分期实施的建议，基本完成全区八个街道城市更新单元的划定。

二是着力抓好计划申报和规划编制。2012年，申报城市更新单元计划项目21个，申报增补城市更新单元制订计划7个，全年9个专项规划获批（总占地约216万平方米，累计47个项目，总占地约716万平方米），列入市计划拆除重建类项目共9个（总占地约157万平方米，累计87个，拆迁范围面积约1570万平方米，建设用地面积约1000万平方米）。

三是加快重点片区城市更新。继续推行区领导挂点联系重点城市更新项目制度，共有30位区领导挂点联系31个重点城市更新项目；龙腾工业区、盛平片区城市更新单元已初步划定；完成坂田南片区城市更新规划研究，其中雅宝工业区、大光勘更新单元、荣兴工业园和新围仔更新单元完成申报，雅宝工业区项目已获规划批复；坂田华为特区一体化先行示范区建设提速。

(2) 提升推动实施能力

一是加快房屋收购和搬迁补偿安置工作。加强与街道办、开发主体沟通，协调加快重点城市更新项目，实行城市更新项目房屋收购进展周报制度，跟进重点城市更新项目进展。2013年完成25个项目（分期）房屋收购和搬迁补偿安置工作（累计完成48个）。

二是加快实施主体确认。严格做好改造实施主体确认与监管协议签订工作，完成15个城市更新项目（分期）的改造实施主体确认工作（累计37个），总占地约78万平方米（累计约183万平方米），完成约9万平方米公共设施用地的移交（累计59万平方米），建成保障性住房面积约11万平方米。

三是加强项目监管。总结龙岗大道工作经验，全市首创城市更新单元前期阶段监管，2个项目签订前期监管协议并逐步推广；加强项目实施阶段监管，明确改造实施主体在更新项目中的权利与义务，统筹安排项目市政基础及公共配套设施的立项和建设，公共配套设施建设的计划安排、资金投入等纳入重点监管内容，公共设施用地在项目一期内先行完成。

(3) 创新城市更新项目周边公共设施建设

激发社会投资的积极性，鼓励开发企业加大对城市更新项目的投资力度。共有66个城市更新单元周边公共设施项目由万科等24家开发企业投资建设，包括9所学校、3个公园、54条道路，投资总匡算近16.5亿元；华为九年一贯制学校等33个项目已签约；乐城公园等22个项目已与开发企业协商，完成签约并发放公共设施项目建设单位确认书。

(4) 加快城中村二类综合整治和原村民统建工程

一是全区正常推动的城中村综合整治二类项目有64个，占地面积695万平方米，总投资约16.91亿元。其中，3个项目通过市城整办核验（累计13个），新开工项目3个，续建项目30个，累计施工项目有33个，其余18个项目按2012年度第二次投融资会议要求已暂缓实施，施工招标前期工作仍在进行。全区累计55个项目获批总概算，总投资约13.3亿元。市发改委累计已下达5.42亿元投资计划，区发改局累计已下达2.91亿元投资计划（其中2013年下达了8648万元）。2013年城中村综合整治二类项目完成投资3.69亿元（累计8.04亿元）。通过对城中村进行综合整治，消除了安全隐患，完善了基础设施，提升了市容市貌，创造了良好的社会效益和经济效益。

二是2013年指导推进的原村民统建项目有14个，其中平湖街道新南榄树吓统建项目，为2013年8月29日区城市更新领导小组工作会议审议同意纳入扶持计划项目；布吉木棉湾村、龙城回龙埔村、龙城体育新城、横岗六约新村、坂田黄金山、横岗安良社区和南湾上李朗社区7个统建项目已完工等。

3. 城市基础设施建设

路、水、电、气等基础设施日臻完善，特别是道路建设取得突破性进展，地铁3号线、5号线通车运营；龙岗大道、水官高速、丹平快速、北通道、南通道等一批高、快速路投入使用，道路建成率从13.6%提升到49.5%，构建了龙岗与市中心区"半小时交通圈"。生态环境治理效果显著，完成157条主干道绿化升级，建成绿道529千米，建成生态风景林1.4万公顷，绿化覆盖率达45.3%，营造了"城在林中、人在绿中"的生态景观；铺设污水管网857千米，污水集中处理率从3%上升到82%；龙岗河一期治理顺利完成，初步实现水清岸绿。重点片区建设全面提速，龙岗中心城功能更加完善、配套更加成熟，一批高星级酒店、大型商业综合体和综合文化中心建成并投入使用，更好地满足了市民高品质的生活需求；大运新城、华为科技城、深圳国际低碳城、平湖金融与现代服务业产业基地四大新城建设成为龙岗新的城市名片。

第五节 小结：特征与实效

（一）把握大势机遇，深化政府体制机制改革，加速推进城市区域一体化发展进程

"全面城市化"时期，深圳发展遭遇土地、能源资源、人口及环境"四个难以为继"的严峻局面，同时支撑过去持续高速发展的优惠政策、人口红利、土地资源等传统优势已经逐步减弱和消失，粗放型发展方式弊端日益凸显。2003年后的十年间，龙岗经济社会在遭遇转型发展剧烈阵痛的同时，也迎来了城市化、大运会、特区一体化等重大历史性机遇，

龙岗进入推进科学发展的黄金十年。其间，龙岗区委、区政府通过实施非均衡发展策略，在经济结构调整与转型升级、特区一体化发展、基础设施建设与社会事业发展等方面抢抓机遇，加大投资与开发建设力度，既在很大程度上弥补了以往发展的历史欠账，又有效推动发展逐步走上以质量和效益为主要特征的科学发展之路。

一方面，在土地资源管理上，实施特区外"转地"，原属于集体所有的260平方千米土地一次性全部转为国家所有（转地过程中补偿未能一次性到位），增强政府宏观调控经济和管理城市的能力。在行政管理体制上，依法撤销镇，成立街道办事处和撤销村委会成立居委会，全区实现没有农村建制、没有农业户籍人口的一级政府管制城区，为进一步提高行政效率，降低管理成本打下了基础。再往后实施"特区扩容"，深圳发展迈进了"大特区"时代，市委、市政府先后实施了三轮特区一体化建设实施计划，着力推进区域协调发展，全面推进法规政策、规划布局、基础设施、管理体制、环境保护和基本公共服务一体化，构筑特区内外一体化的现代城市体系，把更多的资源、财力向原特区外倾斜。另一方面，政府实施投融资体制改革、区级大部制改革、"大综管"公共治理新模式等体制机制改革，提升了政府行政运作效率和社会治理水平，优化营商环境和社会治安。在投融资体制改革上，通过构建区属多元化投融资平台，多种方式引入银行或社会资金，控制风险并提高资金使用效率，利用规划资源，拓展城市建设投融资渠道，撬动社会建设资金。在"大综管"公共治理上，为保一方平安，针对400多万流动人口特征，通过建设统一信息服务平台、重塑管理架构、实行网格化管理、整合条块力量、规范运作流程等措施，实现全区社会管理成本降低和政府管理效率提升。在区级大部制改革上，通过转化政府职能，优化工作流程，合理设置部门机构，精简职数、一站式窗口服务以及市政府向区政府放权，市政府有关垂直管理部门直接向其驻区机构放权，政府机构向社会和市场放权，规划国土系统"大科室"综合改革试点等改革措施，提升行政效率，加快"计划管理型"政府向"公共服务型"政府转变，促进"小政府"，给市场更多空间。

（二）实施"腾笼换鸟"转型升级，以高新技术产业为主体，各类产业、创新要素加速集聚，经济规模高速扩张，人口逐年增长

自2003年以来，国内经济转型升级压力突增，特别是在国际金融危

机影响下外贸出口严重下滑，传统的加工制造业面临非常严峻的考验。龙岗加大对产业转型发展的扶持力度，优先发展高新技术产业和战略性新兴产业，服务业发展步伐进一步加快。这一时期龙岗由产业大区迈向了产业强区。

一方面，经济继续保持高速增长，投资驱动作用突出。至2012年，龙岗实现GDP1882.35亿元，是2003年的2.92倍，年均增速达12.64%；实现工业增加值3666.48亿元，是2003年的3.08倍，年均增速达13.31%；实现社会消费品零售总额426.04亿元，是2003年的3.31倍，年均增速达14.22%。全区三次产业结构比例为0.04∶65.16∶34.80，较建区之初有较大幅度的优化。经济发展转型加速，以华为为代表，面向国际、国内两个市场的内源型经济力量逐步替代加工贸易，成为龙岗经济的主体。尤其是在2006—2012年，外贸依存度从193.15%下降到137.27%，加工贸易出口比重从71.1%下降到38.5%，工业品内销产值占规模以上工业总产值比重（以下简称工业品内销比重）从42.3%提高到52.5%；规模以上内资工业企业数量比重（以下简称规上内资企业比重）从32.8%提高到50.0%，产值比重从45.9%提高到72.7%（见图5-12）。

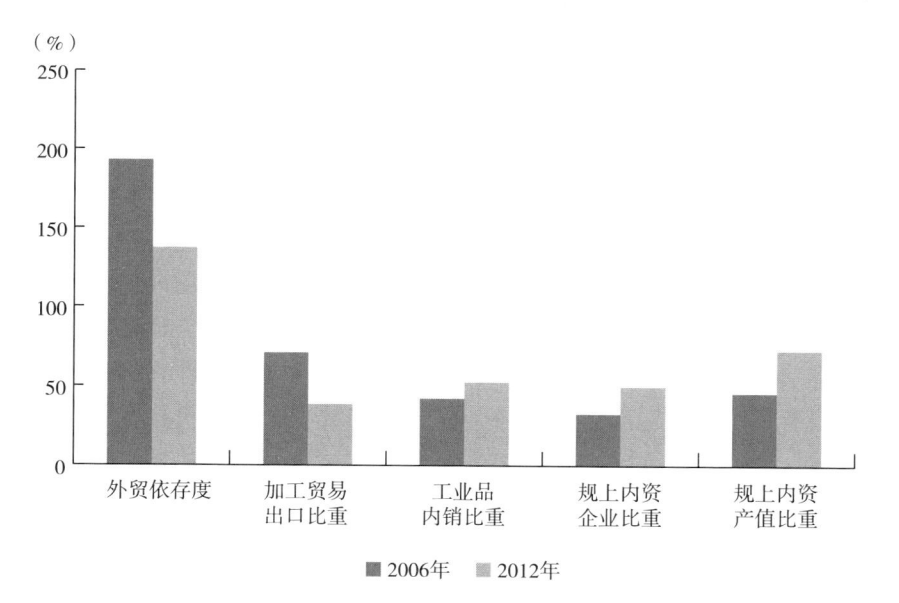

图5-12　2006年、2012年龙岗经济结构指标变化情况对比

资料来源：《龙岗区经济发展的阶段性特征、走向预判及策略建议》课题研究报告。

2003—2012 年，龙岗在固定资产投资方面持续发力，2003 年投资额仅为 168.8 亿元，2012 年增长到 502.61 亿元，较十年前增加了近两倍，年均增长 14.8%，其中 2003—2005 年增速连续三年超过 20%，2005 年甚至高达 30.6%，投资总额和增速均高于全市同期水平（见图 5-13）。

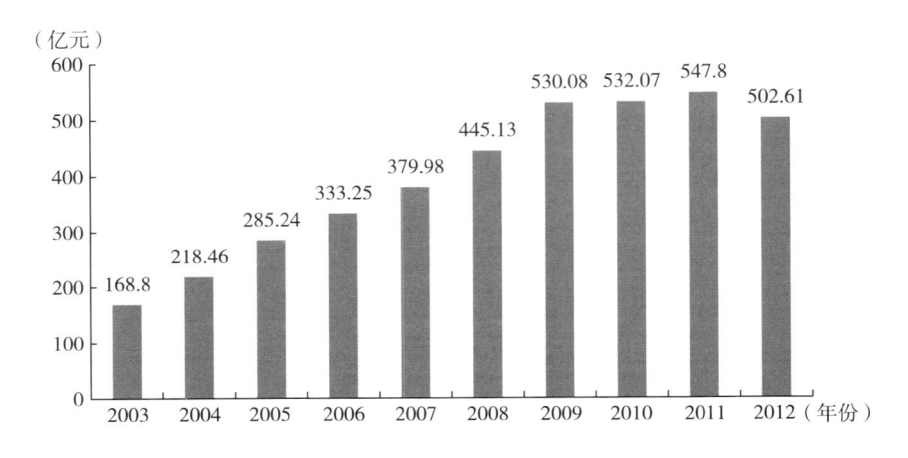

图 5-13　2003—2012 年龙岗区固定资产投资情况

资料来源：深圳市龙岗区统计局，其中 2003—2009 年数据含坪山新区、大鹏新区；2010—2011 年数据含大鹏新区，不含坪山新区；2012 年数据不含坪山、大鹏新区。

另一方面，龙岗积极引进龙头企业，大力培育和发展民营科技企业，推进传统"三来一补"加工制造业转型，不断提升经济发展的质量和效益。其间，一大批知名企业包括比亚迪、五洲龙、深圳高科、光启理工等纷纷入驻龙岗。据初步统计，2003—2012 年，龙岗累计引进规模以上工业企业 13312 家，其中 2000 万元以上企业 8290 家，5000 万元以上企业 4325 家，亿元以上企业 2573 家，到 2008 年规模以上工业企业数量达 2111 家，为建区以来历史最高值。与此同时，龙岗大力发展高新技术产业和战略性新兴产业，其占全区产业比重逐年提升，逐渐成为推动经济发展的主动力，无论是高新技术产业产值还是其占工业总产值的比重，这十年都呈现稳定增长态势（见图 5-14、图 5-15）。尤其是 2008 年国际金融危机以来，高新技术产品产值不降反升，并在总量上呈现大幅增长态势，充分体现出此期间产业结构进一步优化、经济质量不断提升的成效。至 2012 年，全区形成以高新技术和先进制造业为主导、高新技术产业以民科企业为主导、技术转移市场化运作的创新发展格局，全区高新技术产业实现产值达2600.2亿元，占工业总产值的70%以上，比建区时增长了1300多倍，高新技术产业成为龙岗经济发展的第一支柱。

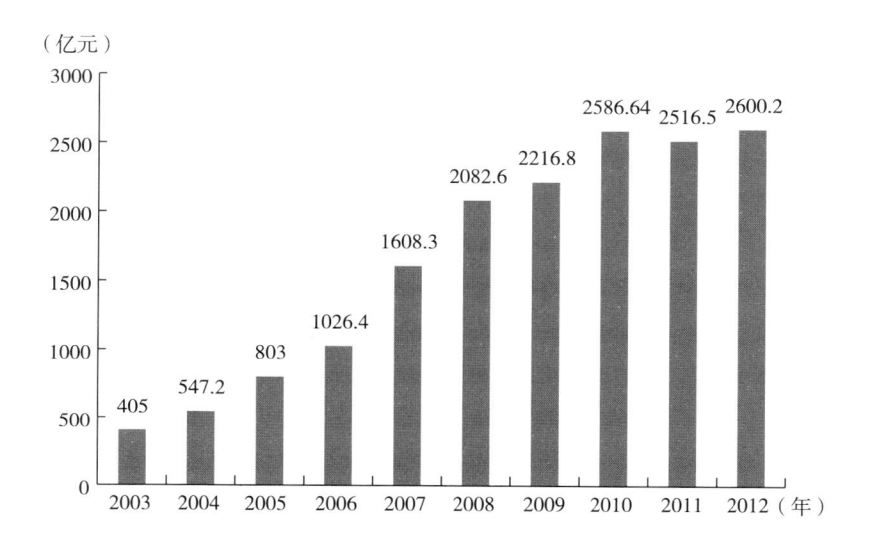

图 5-14　2003—2012 年龙岗高新技术产业产值增长情况

资料来源：《龙岗区 2003—2012 年国民经济和社会发展统计公报》。

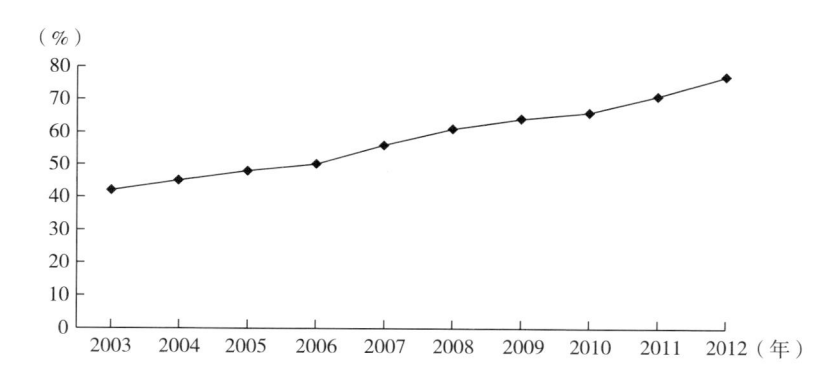

图 5-15　2003—2012 年龙岗高新技术产业产值占工业总产值比重

资料来源：《龙岗区 2003—2012 年国民经济和社会发展统计公报》。

人口发展方面，从事低端加工业的外来打工人员逐步被从事制造业的产业工人取代，工程师人才、第三产业从业人员聚集，城市常住人口规模逐年增长，外来人口增速放缓（见表5-12）。

表5-12　　　　　　2004—2012年龙岗人口变化情况

年份	常住总人口（人）	户籍人口（人）	外来人口（人）
2004	1329275	271866	1057409
2005	1839200	321800	1517400
2006	1895599	347800	1547800
2007	1930600	370100	1560500
2008	1987600	376900	1560500
2009	2011200	379500	1631700
2010	2011224	—	—
2011	2039100	380600	1658500
2012	1926800	356100	1570700

资料来源：《龙岗年鉴》（2007—2013）。

（三）抓住"大运会"时机，城区基础设施建设实现跨越式发展，形成一批特色产业空间，推进绿色生态城区建设，打造宜居宜业生活圈

一是"大运会"的召开对龙岗的发展起到了引擎作用，重点围绕大运场馆及周边地区，强力推动基础设施建设、生态环境建设和城市精细化管理，初步实现龙岗从后发展地区向配套齐全、生态优美、宜居宜业城区的华丽蜕变。2007—2009年，龙岗抓住举办大运会这一历史性机遇，城市建设投入力度、建设速度、城市发展态势形成一波高潮，仅投资额一项达240亿元，比前10年市区投资总额还多，迈出了全面城市化的关键一步。建成包括大运村在内的"体育新城"（现名"大运新城"）以及27个位于龙岗的赛时使用场馆，促进了大鹏半岛的崛起，周边地区的土地超常增值，外溢效应明显。城市交通实现跨越式发展，大运量轨道交通3号线开工建设，深惠公路进行改扩建，水官高速扩建为10车道成为全国最宽高速，龙岗逐步构建起"六横八纵"快线路网和"六横九纵"干线路网体系；区内整合建立现代供水系统，市政基础设施日益完善。与此同时，城市公共基础设施总体营运规模与成本也快速攀升。

二是随着经济的快速发展、人口的超常规增长，以及城市的快速扩张，不合理人为建设和开发增加，城区生态污染威胁日益加剧。生态环

境已经不堪承受经济社会发展所带来的重负，逐渐成为制约经济社会持续发展的因素。首先是生态空间受到侵蚀。随着城市化进程的加快，滨河地带、山前地带的生态空间不断受到城市开发建设的侵蚀。其次是生境愈加破碎化。适宜生物栖息、迁徙的生态基质和斑块破碎化程度不断加剧，生境完整性和连通性受到威胁。再次是水体环境污染严重。龙岗河、布吉河河道两岸的不合理开发和排放，导致垃圾遍布，水质污染十分严重。因此，龙岗建设和完善环保基础设施，包括加快污水处理设施建设，完善垃圾收运处理系统，推进水环境综合整治工程。通过治理饮用水源水质，提升空气环境质量，控制噪声污染等措施，构建环境安全保障体系。通过公园建设、城市绿道建设与珠三角绿道的接轨等，推进绿色生态城区建设，打造宜居宜业生活圈。

三是在前期园区发展基础上继续拓展一批工业园区，全区共有已建和在建市、区、街道、社区四级工业园229个，总占地面积100多平方千米，其中有发展高新技术产业的深圳市高新技术产业带龙岗工业片区、宝龙高新技术产业园区，工业园区经济成为龙岗工业经济可持续发展的重要增长点；同时新建或通过城市更新建设形成一批特色创意产业空间，包括天安龙岗数码新城、中海信科技园、大运软件小镇、李朗软件园、力嘉创意文化产业园、182创意设计产业园、宝福李朗珠宝文化产业园、龙岗动漫创意产业园、中国丝绸文化产业创意园、中国深圳文博宫、坂田手造街&创意园、三联水晶玉石文化村等。

（四）城区存量土地严重不足，且布局分散；用地结构失衡，综合利用率较低

首先是城市建设用地结构仍旧失衡。从龙岗土地利用现状来看（见图5-16），2011年年底龙岗已建设用地合计达到216.47平方千米，占龙岗土地面积的比例为55.75%。在已建设用地中，居住、工业、交通运输用地合计占比达到83.27%，严重挤压了公共配套用地，制约了城市公共设施配套的供给。未来，公共配套的改善以及增加大部分都要依赖城市更新的推进，城市更新在城市升级中将扮演越加重要的角色。

其次是龙岗土地产出低效、产业空间布局不平衡。在单位面积效益上（见图5-17），龙岗产出率较低，土地集约利用水平亟待提高。如在地均GDP方面，是福田的1/6、罗湖和南山的1/3、全市的3/4，略高于宝安；在地均税收方面，是福田的27%、罗湖的44%、南山的62%、全

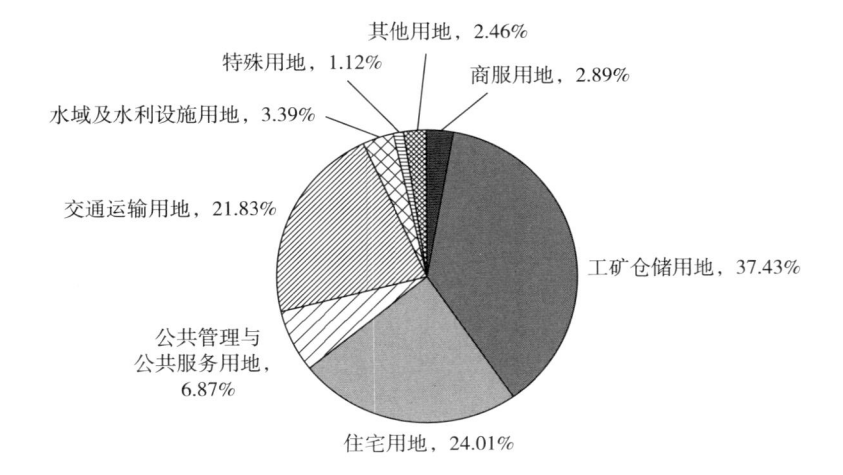

第五章 功能完善：全面城市化时期（2004—2011年） / 339

图 5-16 2011年年底龙岗已建设用地结构

资料来源：《深圳市龙岗区综合发展规划（2014—2030）》，2015年。

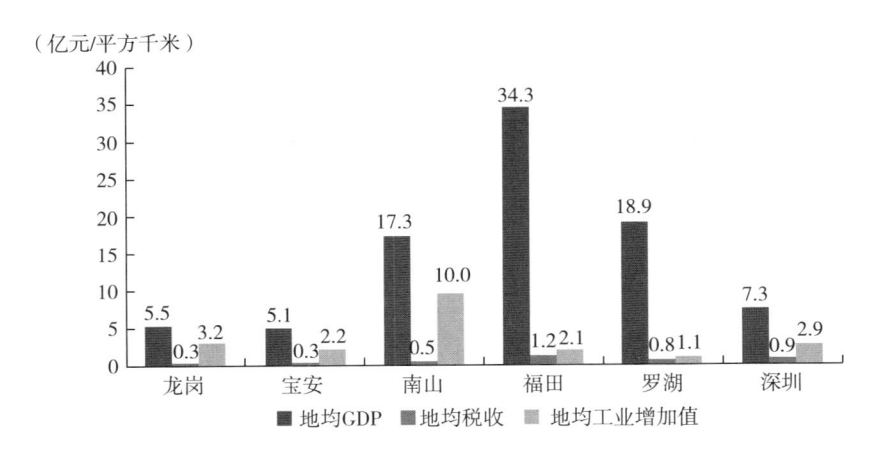

图 5-17 2012年龙岗与其他区域的地均经济产出情况

资料来源：《深圳统计年鉴》（2013）。

市的39%，与宝安大体持平；在地均工业增加值方面，不到南山的1/3，略高于全市。总体来看，龙岗的地均经济效益与原特区内差距很大，也低于全市的平均水平。

在龙岗内部，各街道的单位面积产出也存在很大的差异。坂田街道一枝独秀。产业空间分布自西向东基本形成了以高新技术和优势传统产业、先进制造业和电子信息产业、新兴产业为主导的西部、中部、东部三大特色板块，为未来工业战略规划布局奠定了基础。但龙岗"一企独大，一业独大"的局面仍未改变，本区最大的华为公司所在的坂田街道单位面积产出及研发投入远高于其他的地区，产业布局很不平衡。坂田街道工业总产值占全区的56.4%，工业增加值占全区的67.3%，地均工业总产值达到83.8亿元/平方千米，地均工业增加值达到30.2亿元/平方千米，都远高于全区平均水平（见图5-18）。其他街道的地均工业总产值和地均工业增加值最高分别只达到10.7亿元/平方千米和2.1亿元/平方千米，分别低于全市的12.04亿元/平方千米和2.95亿元/平方千米的平均值。①

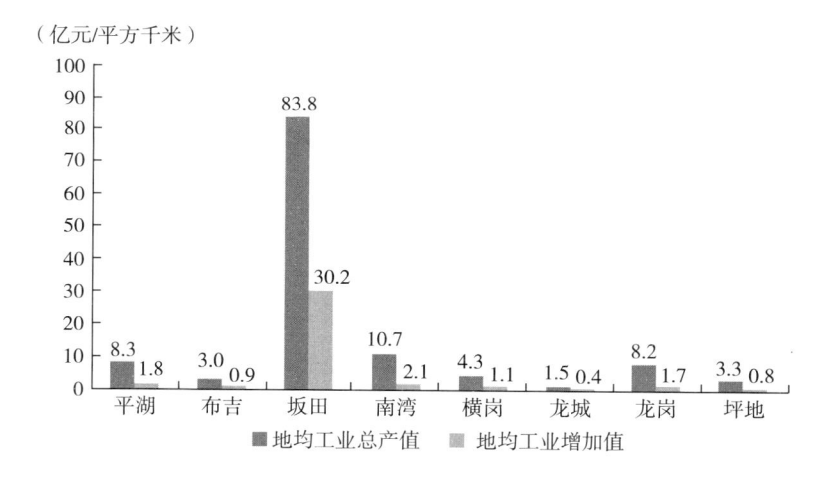

图 5-18 2013 年龙岗区各街道地均工业产值情况

资料来源：《龙岗年鉴》（2014）。

除坂田街道，全区绝大部分工业园仍是由街道和社区为引进加工贸易企业而建设，工业区缺乏整体规划。这些ICT工业区普遍存在以下问题：与居民生活区混杂，给企业生产、环境保护和城市管理带来诸多不便；设施陈旧落后，难以适应现代工业发展的需要；容积率低，造成土地资源的极大浪费；产业层次偏低且行业分散，企业之间缺乏关联和

---

① 彭伟庭：《龙岗区创新驱动发展策略研究》，硕士学位论文，华中师范大学，2016年。

互补。

最后是土地空间资源加速萎缩，亟须盘活和再开发利用。空间发展上，龙岗的增量土地空间资源加速萎缩，并基本耗竭。全区总面积387.53平方千米，其中生态控制线内面积181平方千米，生态控制线外面积206平方千米。已建设的面积达184平方千米，其中位于生态控制线内、外的已建用地分别约为20平方千米和164平方千米（见图5-19）。

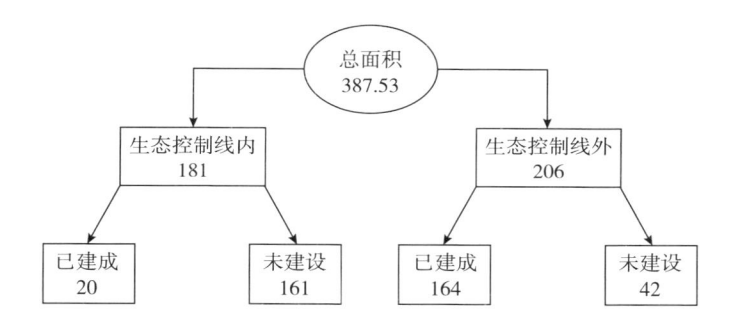

```
              总面积
              387.53
         /              \
  生态控制线内          生态控制线外
      181                   206
    /      \              /      \
 已建成   未建设       已建成   未建设
   20      161          164      42
```

图5-19　龙岗区土地利用情况（平方千米）

从增量潜力来看（见表5-13），到2020年全市用地增量指标为31平方千米，龙岗为2平方千米；全市约束性建设用地增量为72平方千米，龙岗为11平方千米；全市有条件的建设用地增量是42平方千米，龙岗为18平方千米。可见，龙岗未来的土地空间利用潜力有限，可自由使用的仅有2平方千米，29平方千米要经过大量的政策性处理，如土地整备、建设用地清退等。此外，由于历史问题等因素，有大量土地资源掌握在社区集体经济手中，其中违法和权属不清的土地占80%，开发这些土地资源困难重重，但长远来看有较大潜力，可能成为龙岗未来科技创新与产业发展的重要拓展空间，需要高超的管理智慧和极大的改革勇气来加以推进。

表5-13　　　至2020年龙岗和全市的土地增量潜力比较　　单位：平方千米

	非约束性用地增量	约束性城乡建设用地增量	有条件的建设用地增量	社区股份公司掌握的土地
全市	31	72	42	400

续表

	非约束性用地增量	约束性城乡建设用地增量	有条件的建设用地增量	社区股份公司掌握的土地
龙岗	2	11	18	合法用地：20 违法用地：30 权属不清土地：50

另据统计，全区在 23.22 平方千米的剩余可建设用地中（见表 5-14），未批未建用地 18.19 平方千米，占 78.33%；非农建设用地空地 1.49 平方千米，占 6.43%；已批未建用地 3.54 平方千米，占 15.24%。这些建设用地分布零散，可成规模开发的大约有 10 处。可以预计，在加快城市建设的背景下，龙岗未来的产业用地将面临被不断蚕食，若不能充分盘活和再开发原村集体和股份公司实际占有的土地，保有较大比例的创新和产业用地，创新驱动发展将会受到极大的空间制约。

表 5-14　　　　　龙岗剩余可建设用地类型划分　　　单位：平方千米、%

剩余可建设用地	未批未建用地	占比	非农建设用地空地	占比	已批未建用地	占比
23.22	18.19	78.33	1.49	6.43	3.54	15.24

注：彭伟庭：《龙岗区创新驱动发展策略研究》，硕士学位论文，华中师范大学，2016年。

（五）住房体系建设初具规模，集体住宅承担了"保障性住房"作用，城中村生活环境普遍改善并遏制"合法外建筑"的增长

住房体系建设上初具规模，2013 年全区商品住宅存量 1800 万平方米，随着龙岗经济的发展，产业结构的顺利转型，全区将释放出大量的有效住宅需求，住房市场依然具备较好的发展机会。商品住宅空置率方面，东龙岗较高，西龙岗较低，整体空置率处在较高的水平。由于区域的产业结构失衡，存在职住分离问题；保障性住房建设尚处在初级阶段，保障房体系的建设刚起步。2013 年年末，全区有保障性住房 58 万平方米。建成解决了部分行政事业单位职工或少量本地户籍低收入家庭的居住需求。与此同时，集体住宅也承担了保障性住房、产业工人用房等角色，至 2012 年年末，龙岗累计集体住宅面积达到 5328 万平方米，共 257 万间，平均每间的面积为 20.7 平方米。如果以每人 10 平方米的数据来测算，集体住宅至少能容纳 532.86 万人口。因此，集体住宅空置率偏高，

还有较大的腾挪空间。

城中村改造上，龙岗有 499 个大大小小的城中村，涉及 10.56 万栋建筑物，面积约 1.1 亿平方米，居住人口达 284 万人。缺乏规划、市政配套不全、治安混乱、环境卫生条件差等问题严重影响了城区面貌和城市素质。为此，政府颁布了城中村改造计划，以空间形态改造为重心，以综合整治为突破口，逐步实现城中村生活环境的普遍改善。

"合法外建筑"处理上，由于原特区外产业升级转型，劳动密集型产业的进驻，以及快速城市化发展下，土地增值收益飙升，原村集体和原村民对于统转的赔偿认可度较低，导致 2014 年以前十年间特区外新增违建持续飙升，合法外建筑面积则增长了 130%。随着有为政府对不同时期产生的违建进行区分处理，以市场化手段建立了相对合理的动态土地定价机制，合法外建筑迈入存量减缓阶段。

六 "规土"部门机构整合，建立法制化管控体系，探索存量土地再利用途径

随着龙岗迈向"大特区"时代，前期已构建的"规土"管理体系也与原特区内接轨，全区着力推进区域协调发展，全面步入法规政策、规划布局、基础设施、管理体制、环境保护和基本公共服务一体化时代。

首先是规划国土部门机构改革方面。2003 年 9 月，在深圳召开的全市规划工作南山现场会议上决定收回各区规划国土审批权力，实行全市规划国土垂直管理体制，规划审批权力、土地批地权力收归市政府。2004 年，深圳市政府考虑规划国土管理权力过于集中，深圳市规划国土局被分拆，成立市规划局、市国土资源和房产管理局，仍实行垂直管理；原住宅局被撤销，并入国土和房产管理局。"行政权三分"改革后，2009 年 8 月，新成立深圳市规划和国土资源委员会（以下简称市规土委），是在市规划局与市国土资源和房管局两局分设五年后又合并而成的，并将市城市更新办公室划归该委管理，进一步强化了城市更新的统筹。2009 年，根据市政府机构改革工作部署，市规土委成立龙岗管理局，将原市规划局龙岗分局与原市国土资源和房产管理局龙岗分局进行整合，两局合一，市规土委龙岗管理局（以下简称龙岗规土局）成立。作为市规土委驻龙岗区的派出机构，承担龙岗辖区内有关规划和国土资源管理工作。"规土"部门机构改革，推进地方国土资源职能部门与城乡规划职能部门的整合与合并，从而达到"两个规划一个部门"的协同效果，强化城市

建设发展中的"规划刚性"。

其次是"规土"法制化管理方面。立足 2008 年新颁布的《城乡规划法》有关规定，在衔接全市划定的基本生态控制线、各组团发展深化布局、新一轮总体规划编制以及几经修订的《深圳市城市规划标准与准则》的基础上，开启了法定图则全覆盖"大会战"编制工作，确定了不光每一寸土地有规划，而且每一寸土地都有了法定的规划，搭建起土地出让及"两证一书"的闭环管理。通过开展从城市发展策略、组团分区规划、基本生态控制线管理规定、四大新城规划到生态示范区规划建设等规划编制，统筹空间资源整体部署与局部使用的关系，提升了空间资源配置的合理性和规划实施的可操作性。龙岗作为深圳唯一与东莞、惠州接壤的地区，随着深莞惠区域内网状多级中心体系初步形成，在区域协同方面将强化自身深圳东部综合服务中心的发展定位。

最后是城市更新方面。在 2012 年，深圳全面进入以存量土地开发为主的时期，受法定图则难以服务市场的局限，城市更新、土地整备开始成为释放土地空间资源的重要手段。龙岗区通过加快重点片区城市更新、加快房屋收购和搬迁补偿安置工作、创新城市更新项目周边公共设施建设等城市更新举措，为挖掘用地潜力、拓展发展空间，为土地功能属性变更提供了市场化、规范化、系统化的解决途径。随后，越来越多的城市更新单元规划、土地整备单元规划相继推出。

第六章　质量引领：新型城市化时期（2012—2023年）

第一节　全面深化改革和创新发展

全面深化改革，是全面建成小康社会的根本途径。改革开放30多年的发展经验证明，只有走改革开放的道路，才能实现经济社会的快速发展，实现中华民族伟大复兴。该历史时期，我国处于改革的攻坚期和深水区，艰巨性、复杂性前所未有，党的十八届三中全会做出了全面深化改革的顶层设计，全面部署了深化改革的重点领域，将深化改革推进到了一个新的高潮。

深圳因改革开放而生，作为中国对外开放的"排头兵"，在"再全球化"的进程中，新形势、新任务、新挑战赋予了经济特区新的历史使命。2019年8月18日，中共中央、国务院正式发布《关于支持深圳建设中国特色社会主义先行示范区的意见》。该意见提出了支持深圳高举新时代改革开放旗帜、建设中国特色社会主义先行示范区，在更高起点、更高层次、更高目标上推进改革开放，形成全面深化改革、全面扩大开放新格局。

深圳改革开放为龙岗的快速发展注入了强大动力，也铸就了龙岗人改革创新的魂。龙岗发扬改革创新精神，注重改革智慧，做到敢改、会改，在实践中探索出一条基层深化改革的特色之路，形成了一系列有益经验。

一　实施城市"东进战略"

（一）"东进战略"重塑深圳城市格局

深圳经历30多年的发展，城市发展中心从罗湖到福田、南山、宝安一路向西推进，形成了"西强东弱""西密东疏"的发展格局，西部地区发展日益饱和，东部则成为全市发展洼地。东部龙岗、盐田、坪山、大鹏总面积约928平方千米，占深圳总面积的46%。2015年，四区（新区）GDP合计3856亿元，仅占全市GDP的22%，人均（地均）GDP与福田、南山等中心区域相比更是差距甚大。与此同时，东部四区（新区）尚有未建设潜力用地约40平方千米，假若加入城市更新及填海潜力用地，则拥有100平方千米的潜力用地，这对于土地空间几近枯竭的深圳来讲，尤为弥足珍贵。同时，东部地区还是深莞惠城市圈的几何中心，深圳打造全国经济中心城市，带动辐射东莞、惠州、河源、汕尾，落实省振兴粤东北战略，都需要在东部构筑具有强大资源集聚力、承载力和辐射力的核心区。

2016年年初，深圳市委、市政府提出实施"东进战略"、打造东部中心，并出台"东进战略"五年行动方案，提出交通建设、产业提升、公共服务、城市发展四大行动计划，安排"东进战略"项目355个（涉及龙岗区项目178个），总投资约1.6万亿元。[①] 加大对东部四区及罗湖在基础设施、重大产业项目和公共服务配套设施的投资力度，补齐东部地区发展短板，使其尽快成为深圳城市发展的东部"增长极"。实施"东进战略"是深圳建设全国经济中心城市、现代化国际化创新型城市的重要支撑，是深圳向东拓展腹地、实现高端要素扩容战略、突破深圳空间资源"瓶颈"的关键举措。

市"十三五"布局东部中心，就是重新塑造深圳城市格局。深圳要在东部打造一个与西部中心功能协同、交相呼应的市级中心，成为深圳走向国际一流城市、辐射粤东北地区的"火车头"。纵观历史、放眼东部，龙岗已是最优选项。这里将打造成高端商务、核心要素、高级人才、创新产业、优质服务等东进的战略平台，成为一个城市功能高度完善，具有强大资源集聚力、承载力和辐射力的深圳东部CBD。

深圳掉头东进，就是要推进城市、产业、社会形态东进，真正实现特区一体化。首先是推动现代化国际化城市形态东进，这是提升东部地区半城市化形态的需要。其次是推动高端产业形态东进，其核心是"创新"，这既是东部地区产业转型升级的需要，也契合龙岗等东部地区多年来打下的良好创新基础。最后是推动高水平社会形态东进，目的是打造

---

① 陈少雄主编：《龙岗记忆》，中国华侨出版社2016年版。

稳定有序、老百姓安居乐业的和谐家园。

大运会过后的5年，位于深圳东北部的龙岗又迎来了一次跨越式发展机遇。作为深圳的行政大区和产业大区，龙岗是深圳市东部发展轴的核心，位于珠江口东岸深莞惠汕河"3+2"城市圈的几何中心，是深圳辐射粤东、粤北地区的核心枢纽，肩负着"东部中心"建设的排头兵重任。同时也是推动深莞惠区域深度合作融合发展，为广东落实习近平总书记"四个坚持、三个支撑、两个走在前列"和粤港澳大湾区建设提供重要平台和有力抓手。

在"东进战略"中，龙岗明确了新定位——以创新创业为主要特质、具有鲜明国际化特色的东部中心。龙岗现已具备共建深圳"东部中心"的现实条件，从创新要素集聚度、高新技术产业规模、人口规模、区位交通等特征来看，都已具有一定的建设基底，对建设东部中心将有着举足轻重的关键作用。

（二）"东进战略"龙岗方案及举措

2016年，龙岗全面落实深圳"东进战略"，打造深圳东部中心，编制《龙岗区落实东进战略打造东部中心行动方案（2015—2020）》《龙岗区落实东进战略打造深圳东部中心规划建设项目库（2016—2020年）》（以下简称《东进项目库》），系统梳理"提升龙岗中心城发展能级，打造深圳东部CBD""打通东部战略通道，建设深圳东部交通核心枢纽"等落实"东进战略"7大任务和22项5年重点工作计划，明确2016年度具体工作要点。《东进项目库》涉及重点项目共396个，涵盖综合交通、基础设施、公共服务、环境资源、重点产业、产业提升6大类，项目总投资约9310.22亿元。在制定五年行动方案基础上，启动《2016年龙岗区落实东进战略大会战行动计划》编制工作。围绕交通先行、产业发展、环境提升、公共服务4大核心工作，制定全年会战计划和会战图，力促一批项目尽快开工建设。同年10月，区六届一次党代会对落实"东进战略"、打造东部中心进行全面部署，提出争当落实"东进战略"领跑者和排头兵，努力打造"三心四区"（东部产业聚集中心、东部科技创新中心、东部协同发展区域中心和产城融合示范引领区、绿色低碳合作发展先行区、普惠型质量型民生幸福城区、共建共治共享文明和谐城区）。①

2017年，编制完善《龙岗区2018年重点项目建设和征地拆迁攻坚行动实施方案（送审稿）》，建立责任推进、动态跟踪、分层协调及督查等项目推进工作机制，进一步梳理综合交通、公共服务、环境提升、治水提质及城市安全5大类项目，遴选220个"东进战略"重点建设项目。开展"东进战略"宣传报道，推出9期《东进龙岗》杂志，在各大主流媒体、新媒体，从交通东进、文化东进、产业东进等多维度解读、多形式宣传"东进战略"措施和成效。

2018年，龙岗坚持规划东进，开展大运新城、坂雪岗科技城等片区规划研究及城市设计，提升城市品质。对标国际一流城区，推进龙岗河"一河两岸"提升工程整体概念性城市设计，谋划打造龙岗河集"科技、创新、文化、生态"于一体的国际化滨水空间和"东部中心活力发展带"。坚持一体规划，强化大片区统筹，推动龙岗新生低山村城市更新单元统筹、平湖大岭片区统筹、龙腾工业区1平方千米统筹规划建设。

（三）龙岗"东进战略"落实

龙岗落实深圳"东进战略"，大力推进东进项目，以东进项目大会战形式，推动东进项目前期工作质量持续提高、重点项目开工数量持续增加、项目投资规模持续扩大，形成"规划一批、开工一批、建设一批、竣工一批"的良好局面。2016年6月17日，龙岗在坪地街道举办龙岗东进大会战首批项目集中开工仪式，项目主要涵盖交通先行、产业发展、公共服务、环境提升等建设领域。东进大会战首批项目集中开工，拉开龙岗打造深圳东部中心战略行动序幕。

交通建设方面。2016年，东部过境高速及市政连接线、外环高速、南坪三期工程开工建设，坂银通道加紧施工，银龙大道、惠盐高速龙岗中心段下沉改造开展研究工作；10号线除平湖枢纽工程外全面施工，14、16、17号线纳入《深圳市城市轨道交通第四期建设规划（2017—2022）》首批项目，14、16号线站点勘察设计已开展；完成深圳东站、平湖站等交通枢纽控制性详规编制。建设东部交通枢纽方面，完成《盐龙大道南段规划研究》并已开展设计，编制《银龙大道（一期）交通详

---

① 深圳市龙岗区史志办公室编：《龙岗年鉴》（2017），深圳报业集团出版社2017年版。

细规划》，启动《水官高速公路市政化改造交通详细规划》研究；坪山、平湖、深圳东枢纽纳入《深圳市综合交通"十三五"规划》市级枢纽。为提升龙岗中心城发展能级，开展惠盐高速下沉等详细规划及实施方案研究，中汽中心深圳汽车工程研究院于2016年11月16日签约落户龙岗；中心城"三环"交通圈加快打造，内环路综合整治和中环快速提升开展相关设计，深化《外环高速公路龙岗段沿线片区路网衔接研究》；2018年完成交通建设任务111项，实现投资10.8亿元，完成年度计划108%；31个项目实现新开工，红棉路、沙荷路等28条市政道路顺利完工。

产业提升方面。出台《深圳市龙岗区经济与科技发展专项资金管理暂行办法》及配套实施细则，加大对战略性新兴产业等支持力度；启迪协信科技园、柔宇柔性显示基地、无人直升机研制及产业化项目等一批重大产业项目开工，深港国际中心项目正加快引入；龙岗天安数码城四期、中广核工程中心、创维智能空调和智慧家园等项目顺利推进，中美低碳建筑与社区创新实验中心于10月正式开工，中海信创新产业城三期项目于10月竣工。构建现代产业体系方面，成立香港中文大学（深圳）机器人与智能制造研究院、太空科技南方研究院、"一带一路"环境技术交流与转移中心（深圳）等6家新型科研机构；重点区域开发提速，阿波罗未来产业城启动区基础设施项目、中科院育成总部基地等项目开工建设。

公共服务方面。2016年，香港中文大学（深圳）已完成主体施工，深圳北理莫斯科大学于5月奠基，院士科研中心已完成EPC总承包及监理招标，深圳墨尔本生命健康工程学院进入筹备阶段；市平湖医院完成基坑开挖及土方工程，吉华医院正按3000个床位规模进行方案设计，深圳质子重离子中心完成前期专家论证，龙城片区儿童医院由500个床位增至1000个床位，土地整备工作完成50%；"三馆"项目于5月完成主体结构工程，深圳书城龙岗城已完成基坑支护和桩基施工；"开心麻花"华南总部基地落户，DCC文创园公共服务平台等系列文化产业项目正式签约；新开工保障性住房4556套（不含棚户区改造项目），基本建成1026套，竣工8158套，超额完成年度任务目标。2018年，完成公共设施工作任务38项，实现投资19.76亿元，完成年度计划130%，9个项目实现新开工，同乐主力学校等7个项目完工。

城市发展方面。2016年，组织开展《深圳市龙岗区"东部中心"规划及实施策略研究》，举办专家咨询会和专家工作坊；推进东部治水提质工程建设，完成180千米雨污管网分流，大康河、丁山河综合整治工程分别于9月和12月开工。市东进项目涉及龙岗辖区项目共计176个，总投资6044亿元，年度计划完成投资189亿元。从各类别项目情况看，规划研究类项目共30个，总投资162亿元。前期类项目共82个，总投资300亿元。建设类项目共64个，年度计划完成投资187.5亿元。龙岗"东进战略"五年方案共分为7大行动计划，23项专项工作，其中大部分已纳入市东进主要工作，基本已经完成全年工作任务。塑造山环水润生态城区，改造21个社区公园，完成儿童公园环评批复、选址意见书，三联郊野公园、北桐郊野公园（龙岗部分）、雪象体育公园和横岗桐基山公园加快推进项目前期工作；龙城公园精品绿道完善工程开展施工图审查，龙岗河"一河两岸"EPC工程深化研究，布吉河综合整治工程已完成EPC招标。龙岗落实"东进战略"项目大会战行动计划包含4大专项行动，项目共158个，其中续建项目72个，新建项目60个，前期项目26个，总投资3030亿元，2016年度完成投资约226亿元。

二 勇当营商环境改革排头兵

加大营商环境改革力度，是党中央在新时代赋予深圳等特大城市的光荣使命，省委、市委高度重视打造市场化、国际化、法制化的营商环境。作为深圳的经济和产业大区，龙岗积极作为，把优化营商环境改革列为全区一号改革工程，勇当营商环境改革的排头兵。

（一）打造优化营商环境"龙岗样本"

2018年，针对实体经济面临的痛点、堵点和难点，龙岗将优化营商环境作为"重中之重"，出台了以优化营商环境工作为重点的区委1号文《关于优化营商环境深入推进深圳东部中心实体经济高质量发展的意见》，并将优化营商环境工作列为1号改革项目、1号政协提案，同时纳入全市改革试点。可以说，优化营商环境，已成为龙岗全区共下的一盘棋。龙岗以企业服务中心为枢纽，各部门、各街道联动，形成了"一套方案、一条路径、一个入口、一个出口"的企业服务闭环，高效协调解决企业问题；创新领导挂点服务企业模式，对辖区重点企业实现了"领导全覆盖""部门全覆盖""规上企业全覆盖"。

在上述区委1号文中，龙岗从深化供给侧结构性改革、完善区域创新生态系统和降低实体经济企业成本等方面，高标准制定了20条具体的改革措施，将优化营商环境真正落到实处。2019年，龙岗又相继出台了《关于加强科技创新引领支持高质量发展的若干措施》《关于加大力度降低实体经济成本的若干措施》等政策文件，切实增强城市的吸引力、竞争力，提振辖区企业发展信心。

在推出的多项改革措施中，龙岗紧密结合辖区实际，敢于先行先试，强有力地打造优化营商环境的"龙岗样本"。其中，特别创新了服务企业方式，不断加大龙头企业服务力度，精准服务中小微企业，打造多层次全覆盖的服务企业"龙岗模式"；完善"智慧龙岗"建设，推进"互联网+政务服务"模式改革，并在全国首创政企共建产业园区公共服务平台，将实体大厅直接延伸到企业园区，打通服务企业"最后一米"。

值得一提的是，龙岗还成为全市首个规划国土改革实践区。2018年年底，宝龙科技城"先租后让"及坪地国际低碳城"联合竞买"试点地块顺利挂牌成交，标志着龙岗探索试行"先租后让、租让结合"的产业用地供给新模式已实现重大突破。新型土地供应方式切实降低了制造业企业用地成本。

2020年，围绕龙岗优化营商环境评估报告，区工业和信息化局组织编制龙岗优化营商环境评价指标体系，形成涵盖审批执法、政务服务、公共服务等27个方面重点举措、92项具体工作任务的《龙岗区优化营商环境改革三年行动方案（2020—2022）》，制定《龙岗区2020年优化营商环境改革工作要点任务清单》，列出152项工作任务，激发市场主体活力和发展动力，促进经济持续平稳健康发展。其中，"纳税信用体系改革""涉企联合执法改革"被纳入市营商办印发的《推进优化营商环境改革区级先行先试2020年工作要点》中，发至各区学习。在首次发布的"2020胡润中国最具投资潜力区域百强榜"中龙岗总排名第二，"科技创新"子榜单排名第一，连续3年位居全国工业百强区榜首。

2021年7月，龙岗发布《深圳市龙岗区关于持续优化营商环境支持市场主体更好发展的若干措施》，通过"一套措施、一个方案、一张分工表"，从空间供给、政务体系、企业服务、要素保障、法治环境5个方面推出29条"硬措施"，加快打造一流的营商环境，进一步增强深圳东部产业大区对优秀企业、项目、人才的吸引力。

（二）一流的营商环境，配套一流的公共服务

由于历史等原因，政企内部业务系统、App系统等应用层出不穷，但

相互兼容性不够。甚至有的部门从利益、资源管控等角度考虑，视数据为部门"私产"，不愿开放，促生"数据烟囱""信息孤岛"，导致信息碎片化，集成性乏力，政务服务"心有余而力不足"。由此，2019年3月，龙岗协调打通了市场监管、网格等多部门系统，在全国率先进行了为个体工商户办理注册注销的"秒批"改革，直接拔掉了"数据烟囱"，连通了"信息孤岛"。从进入"秒批"系统开始申请，到通过人脸识别自助发照系统自助领取营业执照，全程加起来不到两分钟，实实在在方便了个体工商户。

为了让企业安心搞经营，龙岗率先践行行政审批改革，精简压缩审批前置条件，仅用8个工作日就颁发出该项改革后的第一张建筑工程规划许可证，推动"龙岗一次办成"，663个政务服务事项最多跑一次，170个高频业务实行"不见面审批"。

"数字政府"试点改革也是龙岗优化营商环境工作的一大亮点。据了解，龙岗积极推进"一中心三平台"（智慧中心、政务管理平台、信息资源基础平台、公共服务平台）建设，实现"一网通全城、一屏知全局、一图聚应用、一库汇数据、一窗惠民生、一盘棋建设"；此外，为推进企业通关便利化，龙岗还先行先试加工贸易监管改革，落实一体化通关及原产地业务便利化措施，开展企业协调员精准服务，精准优化营商环境。

（三）持续亿量级资金帮扶企业

水深则鱼跃，民企持续发展同样需要"深水位资金池"。为此，2019年龙岗区出资50亿元，通过设立天使基金等建立引导基金群，吸纳社会资本，助推股权投资方式扶持民营企业发展。

与之相配套，出台《龙岗区关于加强金融支持民营经济发展的若干措施》。这也是深圳市首个区级金融服务实体经济的相关措施，有助于进一步破解民营企业融资难、融资贵、融资慢等"瓶颈"。

为构建一流营商环境，有效打通"资金池养鱼"多渠道入水口，龙岗还同时推出了全市首个"信用贷"项目，为企业提供免费抵押、低成本、高效能、控风险的纯信用服务模式，并且信用贷额度令企业欣喜。众多优质中小企业汇聚龙岗，包括柔宇等一批成长潜力巨大的"独角兽"企业。这源于龙岗先后推出的一系列靶向性强、具有鲜明龙岗特色的资金政策，成为优化营商环境、扶持产业、吸引企业入驻的推手。其中包括经济与科技发展专项资金，每年规模不少于11亿元，覆盖了工业、服务业、科技创新等十大领域。数据显示，龙岗国家高新技术企业数量由2015年的569家增加到2018年年底的1800余家，助推龙岗的创新企业梯队快速成型。

（四）根据产业和企业特点创新推出系列领先做法

作为产业大区，龙岗的营商环境始终围绕产业发展、企业服务不断进行优化。2021年发布的《深圳市龙岗区关于持续优化营商环境支持市场主体更好发展的若干措施》（以下简称《优化营商环境若干措施》）紧紧围绕企业需求而制定，每条举措具有非常鲜明的龙岗特色。如：针对制造业企业数字化智能化转型的需求，打造了深圳首家、全国规模最大的工业互联网创新中心；针对企业外贸发展的需求，联合海关，打造了全国首个AEO高级认证实训基地，为企业进入AEO高级认证体系提供专业、高效、便捷的服务；针对企业环保技术受限、环保业务不熟等难题，在全市率先推出了"环保体检套餐"；针对工业企业污水处理难题，在全市首推"工业污水集中处理"龙岗模式，有效减轻企业负担。

此外，龙岗还从人力、科研、金融等方面，提出了一系列的创新举措。如：在人力资源方面，在全市首推企业用工需求和院校供给两张清单、在全市率先实施余缺调剂制度，解决企业招人难、用工荒的问题；在科研资源方面，实施校企资源共享计划；在金融资源方面，2021年投放应急转贷资金不少于40亿元，贷款服务规模为上年度的2倍以上。

制造业是龙岗的支柱产业，为满足区内先进制造企业对空间的需求，《优化营商环境若干措施》将增加优质丰富的空间供给作为重要方面。区工业和信息化局主要负责人表示，近两年将强力推动阿波罗科创大厦、宝龙智造园、智慧云谷等项目建设，筹集40万平方米大平层、高楼层、高荷载的符合先进智能制造需求的高标准用房。由市、区属国企建设一批可租可售、质优价廉、功能适配的高标准产业用房。同时，引导全区"工改工"城市更新项目建设一批5G等新基建配套设施完善的高品质通用型产业用房，并打造"五位一体"的资源信息平台，推动项目采用"定制化+预招商"模式实施。

此次出台的举措中还包括实施先进制造业企业住房专项分配工作。对此，龙岗区住房和建设局主要负责人表示，"十四五"时期，该局将会同相关部门，通过新增用地建设、城市更新配建、工改保等方式，保障先进制造业企业5000套住房的持续有效供应、品质供给。在推进先进制造业企业住房分配常态化工作中，修订完善具有龙岗特色的先进制造业企业住房政策，企业随时需要住房，随时可申请。分配标准也不仅仅以企业规模大小来定，并进一步打破企业对人才的界定，不再仅仅以文凭作为企业人才分配的门槛。同时，将加强与企业联系，实时、动态掌握龙岗重点企业及重点引进企业的人才住房需求，鼓励行业主管部门制定重点企业名录，加快解决企业住房困难。

在优化政务服务、提高审批效率方面，龙岗此次提出推行"一件事"集成办理改革措施，将不同单位业务纳入"一件事"平台，推动业务流程重构，实现一份指南、一次申办、一窗受理，将多个部门的多个事项集成为企业和群众视角的"一件事"。该区政务服务数据管理局主要负责人表示，龙岗以群众少跑腿、数据多跑路为目标，紧扣企业群众实际需求，将部门"单个事项"整合形成企业和群众视角的"一件事"，从办事环节、时间和材料三方面实现全面"瘦身"，把"多次填表、多个流程、多次跑动"转化为"一个窗口、一套材料、一次跑动"。推出"开办企业、办证申请、便民服务"3大类114个"一件事一次办"服务主题，2021年年底实现与企业、群众生活密切相关的高频事项基本全覆盖。

未来数年，龙岗将迎来大规模的城市更新，如何优化流程，加快推动项目建设？区城市更新和土地整备局在优化城市更新业务审批流程方面，将计划阶段审批时间压缩为17个月，规划阶段审批时间压缩为3个月。在更新单元实施阶段，则通过采取提前介入、容缺受理等超常规服务和措施，提高审批效率，加快项目推进。在资金监管方面，对原资金监管办法进行了修订，将监管类型由3类减少为2类，取消回迁过渡费专项监管资金；延后监管资金缴纳时点约为2年，并优化了监管资金缴纳方式。

三 创新社会治理新模式

（一）社区民生大盆菜

民生是最大的政治。龙岗在社区治理方面，进行了不少探索，并取得了一定成效。包括在全区构建了"横向到边、纵向到底"的社区治理网络，但也存在民生实事项目与群众诉求和愿望对接有差距的问题。民生工作没少做，社区居民认同感、参与度却不高，"政府买了单、群众不买账"的现象时有发生。究其原因，就在于政府做民生工作的方式方法是一种"由上而下"的模式：传统体制下民生项目的筛选、实施、督办基本上都是由上级政府主导进行,群众被视为接受社会治理的群体而导致表达诉求渠道较少,往往只能被动接受;上级政府囿于精力、财力等原因也只能"抓大放小",覆盖面有限,因此无论是民生工作选项还是民生工作过程乃至成果,作为受惠主体的群众,事前不知、事中不晓、事后不觉。

2015年,龙岗围绕"创新基层社会治理,探索法治、自治、共治的社区治理新模式"工作思路,在《关于改革社区治理体系提高基层治理能力》"1+7"文件基础上,创造性推出"社区民生大盆菜"项目,变"政府配菜"为"百姓点菜",进一步促进政府简政放权,激活社区居委会,为实现居民自治发挥重要"助推器""加速器"作用。"社区民生大盆菜"项目被列入2015年度区政府民生实事及2015年"6+14+3"改革计划。强化制度设计,制定并下发《社区民生大盆菜改革项目暂行管理办法》《龙岗区社区民生大盆菜专项经费实施细则》等规范性文件。营造宣传氛围,统筹组织全区首场"社区民生大盆菜"项目"点菜""定菜"现场会、首批项目集中开工仪式,召开两次"社区民生大盆菜"专责小组会议,设计"大盆菜"项目LOGO、拍摄"社区民生大盆菜"宣传短片等工作。

各街道按照项目落实标准,着力抓好"一菜单、一单一方、一方一厨、一菜一评"工作落实。"社区民生大盆菜"怎么点、怎么做、怎么吃,完全由社区民众自我决定。区政府给予每个社区200万元经费,包括工程类、服务类、货物类三种"菜"。"社区民生大盆菜"首批有416个项目,坪地街道申报的152个项目中有145个项目获审通过,占全区通过项目总量的30%以上,一跃成为全区最耀眼的"明星街道"。早在2014年,该街道开始尝试"群众点菜、街道买单"的民生服务,项目涉及雨水管网清淤、排水沟硬底化、村道路灯照明、文体设施、道路绿化、公园建设、住房保障、医疗卫生、就业保障等领域,件件与群众利益息息相关,受到了群众发自内心的点赞。南湾街道厦村社区兰花路一条长300米的道路,原来两旁没有设立人行道,经常发生人车争道、车辆乱停的现象。社区利用"大盆菜"申请30万元经费改造道路,工程完工后群众反映良好。

2015年,全区8个街道申报4批共3209个项目,总金额4.17亿元。截至年底,已完成项目2374个(工程类1030个,服务类764个,货物类

580个），占总项目的约74%；投入金额2.94亿元，占总金额的71%。

2016年，全区确定实施"社区民生大盆菜"项目2218个，经费总额3.1亿元。截至年底已完成项目1489个，占项目总数的67.13%；实施项目525个，占项目总数的23.67%。同年6月，龙岗"社区民生大盆菜"项目获得"中国社区治理十大创新成果奖"。在全市民政工作会议上，龙岗作经验介绍。

2017年，全区确定实施"社区民生大盆菜"项目2129个，经费总额2.41亿元。年底完成项目2034个，占项目总数的95.54%；实施项目95个，占项目总数的4.5%。4月，"社区民生大盆菜"项目被《深圳特区报》评为"最具群众获得感的基层改革十大案例"。同时改革创新领导挂点联系街道工作方式，由区民政局班子成员分别挂点2—3个街道，督促指导各街道落实"社区民生大盆菜"项目，加大督查督办力度，紧盯项目进度和质量。区民政局成立5个检查组，由分管局领导带队，深入各街道检查"社区民生大盆菜"资金执行率。定期组织各街道相关负责人、社区工作站、居委会负责人参加集中专题培训，对"社区民生大盆菜"规章制度进行深入学习和解读，在工作实践中总结新经验、提炼新成果。各街道、社区通过多途径广泛征集居民意见建议，扩大项目征集覆盖面，严把项目征集民意关。两批项目通过社区、街道、专责小组成员单位层层审核申报后，由区民政局局长办公会再次讨论审核，严把项目审核关。出台《关于推进"大盆菜"资金统筹使用的意见》，对资金统筹使用进行规范和明确，提升资金整体支出进度，严把操作流程规范关。强化监督机制，组织由区委基层办、区民政、财政、审计、住建等部门组成检查小组，对各街道项目落实情况进行督促检查，及时发现问题，及时督促整改。

"社区民生大盆菜"通过居民"点菜做菜"、政府"买单"的方式，构建了标准化的操作规程以及居民"点菜做菜"的路径，形成快速落地实施的机制，建立标准化流程，强化全过程的监督评估，解决了群众难题，激活了基层自治功能。通过"自上而下"与"自下而上"相结合，从"政府配菜"向"百姓点菜"转变，形成了多元主体协同的社会治理新格局，实现了基层治理的方式变革，是健全基层治理体系的有效尝试。

（二）行政权责清单

虽然我国在社会主义市场经济改革、行政审批制度改革等方面取得了显著的成绩，但在实践中，由于权责不清，产生的一些问题没得到较好解决。因此，党的十八届三中全会提出"推行地方各级政府及其工作部门权力清单制度，依法公开权力运行流程"。从龙岗区情来看，一方面，存在政府管得过多过宽、部门职能不清晰、自由裁量权过大等制约着法治型服务型政府建设的问题；另一方面，随着城市化进程提速，国际化元素不断集中，进入跨越式发展新阶段，对法治化国际化环境、法治型服务型政府提出新的要求。因此，龙岗区编制权责清单既是贯彻上级精神的实践和探索，也是龙岗区自身发展的需要。

2014年，龙岗区委、区政府根据中央、省委全面深化改革和推行权责清单制度的要求，率先破题，率先探索，以敢为天下先的特区精神，采取多种措施编制全国第一份完整意义上的权责清单。以此为契机进一步树立政府、社会和市场的边界范围，建立健全了配套机制和制度，强化了市场的资源调配作用，实行多元共治，推进简政放权和政府职能转移，以权责清单为核心构建权力运行机制，配置行政资源，打造法治政府。

同年3月，出台《龙岗区推行权责清单制度总体方案》《龙岗区深化行政审批制度改革编制行政权责清单工作方案》《龙岗区推行权责清单制度监督检查工作方案》，作为统领整个权责清单工作的核心文件。在总体时序上，按照先行政后党务的工作步骤，先把与企业、群众密切相关的行政管理和公共服务类权责事项梳理出来，再梳理党政系统内部的权责事项，分步骤全面编制权责清单，在编制内容上，将区—街道（部门）—社区三个层面的党务权责、行政权责和公共服务事项都纳入清理范围。在工作步骤上，按照"清理权责（同步推进各项配套改革）—编制清单初稿—向社会公开征求意见—专业部门审核—评议—修改完善—区委区政府审定—公布实施—完善配套制度"的工作步骤，逐个环节落实。在配套改革上，同步推进行政审批制度改革、区街权责划分、政府职能转移、执法裁量定额化改革、基层治理改革、部门绩效管理，以及聘员管理综合改革、公职人员绩效考核等多项改革，推进基层权责实现纵向横向全覆盖：7月1日，正式公布行政权责清单，包括53个单位的12934个职权事项。12月1日，公布党务权责清单，包括77个党组织机构和14个党群部门的3446个事项，同时，对710个行政审批和服务事项进行精简优化，出台两批共100家具备承接政府职能转移和购买服务资质的社会组织目录。整个权责清单编制工作体现龙岗改革工作的系统性、创新性和实效性。《经济日报》《南方日报》《深圳特区报》等中央、省、市媒体，先后对龙岗编制权责清单报道80余次。中编办刊发龙岗行政权责清单的编制情况。省纪委专题通报龙岗的做法并纳入全省试点，要求全省各地各单位学习借鉴、北京、广西、成都、佛山、肇庆等省、市相关部门，以及市编办和各区先后到龙岗进行调研或专题听取行政权责清单汇报，在11月中旬召开的全国"政府治理创新实践研讨会"上，龙岗作了主题发言，龙岗的做法和经验得到与会专家学者和参会地方政府领导的充分肯定和高度评价。

四 "智慧龙岗"建设

中共中央、国务院《关于支持深圳建设中国特色社会主义先行示范区的意见》指出，"综合应用大数据、云计算、人工智能等技术，提高社会治理智能化专业化水平"，深圳市新型智慧城市、数字政府改革建设迎来了新机遇和挑战。龙岗区作为深圳市新型智慧城市、数字政府建设探索的排头兵，自2013年就开始推进智慧龙岗建设，2015年10月，龙岗区数据统筹办成立，挂靠区委（府）办公室，成为全市首个数据统筹机构。2016年开发"多规合一"业务协同系统，接入市区两级空间规划数据，包括龙岗区综合发展规划，以及规土、发改、环水、交通、城管等部门规划，共160个图层。2017年，龙岗区整合提升区数据统筹办职能，在全市率先成立区大数据管理局，履行智慧城市建设统筹、牵引、整合和指挥职责，建立全区各街道、各部门信息化建设首席信息官（CIO）和数据专员（DA）团队，保障全区智慧城市规划布局推动落实。2020年，龙岗区推进"数字政府"综合试点改革，实现城区"一库汇数据、一图助决策、一键知全局、一盘棋建设、一体化联动"，打造广东省大数据综合试验区"龙岗样板"。

按照"需求导向、民生导向，基础先行、急用先行"的原则，龙岗区深入开展了1个智慧中心和公共服务、政务协同、基础资源3大共性平台，政务、警务、综治维稳、教育、城管、消防、安监、应急8大智慧应用建设。区委区政府以习近平新时代中国特色社会主义思想为指导，围绕建设粤港澳大湾区、中国特色社会主义先行示范区和实施综合改革试点等战略要求，以及龙岗区"一芯两核多支点"战略布局，坚持深化改革、勇于探索创新，大胆突破传统路径依赖，引入华为公司作为战略合作伙伴，共同努力将龙岗打造成为智慧城区的"全球样板点"。

智慧龙岗高起点规划、高标准建设、高质量统筹，龙岗智慧城市和数字政府建设勇于创新、率先示范，实现了从路径探索到实战应用的全方位发展，多项建设成果成为全市率先、全国首创，惠及党政部门、企业组织和广大群众。政务服务实现线上线下渠道全面覆盖和智能便捷，数据管理工作实现了从零起步到百亿级汇聚，从"烟囱林立"到共享开放，从碎片化应用到应用遍地开花，数字经济蓬勃发展。以华为、云天励飞、光启为代表的高新技术企业和战略性新兴产业集群正加速崛起。同时，龙岗区相继获得智慧城市和数字政府建设领域国内外多项殊荣：2017年，龙岗区行政服务大厅在"全国行政服务大厅典型案例展示"活动中被评为"百优"优秀案例。2018年，龙岗被列为深圳市"数字政府"改革试点区，在全市率先建成大数据管理服务平台，包括人口、法人、房屋三大基础库和政务数据共享交换系统，汇聚市69个部门、区70个单位政务数据。2019年获评广东省大数据综合试验区（全省6个），是深圳唯一入选区域，还获得由国家信息中心和国际数据集团联合颁发的"2018中国领军智慧城区奖"，"数字政府"改革建设工作获得由中国信息协会颁发的"2019中国政府信息化管理创新奖"，以及全球智慧城市中国区数字政府创新奖。此外，还获得国家信息中心和国际数据集团联合颁发的"2020年度中国领军智慧城区"殊荣，龙岗区时空信息平台项目荣获2021中国地理产业大会"地理信息优秀工程"金奖等。"智慧龙岗"的品牌效应逐渐形成，享誉国内外。

（一）基础设施支撑不断增强

在全国率先建成集运行指挥、体验展示、数据存储于一体的智慧中心，集数据存储、运行管理、视频会议、指挥调度、体验展示功能于一体，汇聚全区所有系统资源，实现"一屏知全局"。构建基于"鲲鹏+昇腾"的政务云及人工智能计算平台、大数据平台，承载全区47个委办局的224个业务系统。建成政务网，实现区、街道、社区三级政务网络全覆盖，并延伸到学校、医院和部分重点园区；建成视频专网，联网高清探头3万余个，实现20路监控设备实时在线。全市首个自建100GF5G全光政务环网实现对全区政务、视频、教育、视频会议等多个业务的统一融合承载，为全区数据资源汇聚、政务服务触达提供了有力支撑。

（二）数据资源价值有效释放

龙岗区始终以打破数据资源壁垒、发掘数据资源价值、推动数据创新应用为核心，全面推动数据共享开放。建成区大数据平台，对接140家市、区级单位业务数据，政务数据总量超130亿条，全区共建设烟感、消防栓水压、电气火灾监测等物联网设备超过40万套，设置高空全景影像采集点超700个，各类视频监控联网近20万个，物联网、视频等动态采集数据总量超过1100亿条。建成时空信息平台（GIS），整合34类400余个数据图层，为全区23个业务系统提供空间数据支撑服务。按照"需求导向、急用先行"的原则，根据应用需求有针对性地开展数据清洗、治理、融合等相关工作，建成了标准数据库，人、房、法、空间地理四大基础数据库以及政务服务、公共信用、基层治理等专题数据库；持续开展数据质量稽查工作，数据质量问题通过工单系统反馈数源部门整改。打造"数据超市"，提供数据订阅和服务，业务数据订阅使用总量超119亿条，接口调用次数超2050万次；空间数据共享交换总量超过1.3亿次，单日峰值超过320万次，视频专网的视频数据通过安全边界设备共享给政务网及公安网，实现了全区视频资源共享，数据共享交换应用持续活跃，为城市治理效能提升不断注入"新动能"。

（三）AI赋能社会治理及创新创业

数字在赋能治理的同时，也对传统治理模式带来了诸多挑战，新业态、新模式快速涌现，客观上要求政府治理能力快速适配新的发展环境，以创新驱动智慧城市和数字政府建设，加大、加快、加深新一代信息技术在政府职能转变中的作用，以新技术、新模式提升政府治理能力和治理水平，助力经济社会的高质量发展。智慧龙岗基于华为公司昇腾智城解决方案构建了集约化的智慧城市人工智能计算平台，通过人工智能计算平台在城市管理、安全生产、生态环境、公共安全、综合治理、食品安全6大领域的60+类应用场景智能采集事件，充分满足各类委办局的AI场景化应用需求，极大提升社会治理效率。同时，人工智能计算平台还对入驻龙岗大运AI小镇"算法训练基地"的AI企业提供"数据+算力+平台"一体化服务，海量城市数据与真实应用场景持续驱动算法研发迭代，开启政府赋能企业新模式。

唯改革者进，唯创新者强。龙岗区正以加强信息化基础设施建设、打破数据资源壁垒、发掘数据资源价值、促进数字经济发展为主攻方向，以数据为核心驱动政府管理、城市治理、公共服务、经济发展的理念创新、制度创新、模式创新，加快推进治理体系和治理能力现代化，向数字化转型发展先行区迈进。围绕"全域智治、全民智享"的建设目标，"十四五"时期"智慧龙岗"建设将继承和深化既往的建设体系，围绕"一中心、五体系、六转型"打造"1+5+6"的总体框架，将"智慧龙岗"建设一张蓝图绘到底。一中心：龙岗智慧中心，是全区数字孪生基座与数字城市运转智能中枢。统筹全区智能交互、智能联接、智慧应用等系统，让城市智能体协同、高效、持久地运行。五体系："一网通办"新服务体系、"一网统管"新治理体系、"一网协同"新运行体系、"一网创新"新经济体系、"一网智享"新民生体系。六转型：基于"一中心、五体系"的协同和融合，进一步从体制机制、政务服务、城市治理、政府运行、产业经济、民生福祉六个方面全方位推动龙岗城区发展数字化转型，推动实现"全域智治、全民智享"，助力城区治理体系和治理能力现代化。

五 推进粤港澳大湾区区域合作

（一）粤港澳大湾区应运而生

改革开放以来，特别是香港、澳门回归祖国后，粤港澳合作不断扩大深化，区域经济实力、竞争力显著增强。特别是香港、澳门和广东省的广州、深圳、珠海、佛山、惠州、东莞、中山、江门、肇庆9市，总面积达5.6万平方千米。2019年年末总人口超7000万人，经济总量超11万亿元，是我国开放程度最高、经济活力最强的区域之一，在国家发展大局中具有重要战略地位。这一区域文化同源、人缘相亲、民俗相近、优势互补，区位优势明显，交通条件便利，合作基础良好，且产业体系完备、经济互补性强、创新要素集聚、国际化水平领先，具备建成国际一流湾区和世界级城市群的基础条件。但粤港澳大湾区发展也面临诸多挑战，经济增长内生动力、市场互联互通水平、生产要素高效便捷流动、内部发展协同性及包容性等均有待加强，部分地区和领域还存在同质化竞争和资源错配现象。2012年12月，习近平总书记在党的十八大后首次离京视察来到广东、深圳，指出希望广东联手港澳打造更具综合竞争力的世界级城市群。

为进一步丰富"一国两制"实践内涵，破除珠三角9市和港澳的人流、物流、信息流、资金流等要素流动障碍，促进粤港澳更深层次合作，强化在国家对外开放中的支撑和引领作用，以习近平同志为核心的党中央立足全局和长远发展，作出建设粤港澳大湾区的重大谋划。2015年国家首次提出打造"粤港澳大湾区"，强调要深化与港澳合作。2017年3月，粤港澳大湾区城市群建设在全国"两会"期间首次被写入政府工作报告，习近平总书记在参加广东代表团审议时提出广东要"携手港澳打造国际一流湾区和世界级城市群"。此后，从中央到地方多项工作围绕大湾区建设展开。

2017年7月1日，在习近平总书记的亲自见证下，国家发改委、广东省人民政府、香港特别行政区、澳门特别行政区在香港共同签署《深化粤港澳合作推进大湾区建设框架协议》，标志着粤港澳大湾区建设正式上升为国家战略。随后，《粤港澳大湾区发展规划纲要》着手编制，粤港澳大湾区建设被写入党的十九大报告。

作为粤港澳大湾区的重要城市，深圳经济体量、人口规模占大湾区比重分别超过20%、30%，是全国最安全稳定、最公平公正、法治环境最好的地区之一，且与香港山水相依、联系紧密，两地每天约70万人次跨境往来，在湾区城市中拥有明显的比较优势。深圳主动服务国家战略，积极融入和服务粤港澳大湾区规划建设。2018年4月，深圳成立粤港澳大湾区机制创新专项小组，统筹全市资源、协调周边城市，进一步推动粤港澳大湾区建设这一国家战略落地实施。

2018年5月10日、31日，习近平总书记先后主持召开中央政治局常委会会议和中央政治局会议，审议《粤港澳大湾区发展规划纲要》。8月，中央成立粤港澳大湾区建设领导小组，中共中央政治局常委、国务院副总理韩正担任组长，粤港澳大湾区建设工作加速推进。随后，深圳参照中央和省粤港澳大湾区建设机制，成立由市委书记王伟中任组长、市长陈如桂任常务副组长的市推进粤港澳大湾区建设领导小组，作为全市推进大湾区建设最高决策机构，研究推进大湾区建设的重要事项和重大问题。

2019年1月，深圳市委召开六届十一次全会，明确全年十大工作第一项就是举全市之力推进粤港澳大湾区建设，努力形成全面开放新格局。在新一轮的机构改革中，深圳还组建了市委推进粤港澳大湾区建设领导小组办公室，作为市委工作机关，有力有效推进全市粤港澳大湾区建设工作。

2019年2月18日，中共中央、国务院正式发布《粤港澳大湾区发展规划纲要》，规划近期至2022年，远期展望到2035年，对粤港澳大湾区的战略定位、发展目标、空间布局等方面作了全面规划，是指导粤港澳大湾区建设的纲领性文件。按照《粤港澳大湾区发展规划纲要》，香港、澳门、广州、深圳四大中心城市作为区域发展的核心引擎，继续发挥比较优势做优做强，增强对周边区域发展的辐射带动作用，将粤港澳大湾区建成充满活力的世界级城市群、国际科技创新中心、"一带一路"建设的重要支撑、内地与港澳深度合作示范区，打造成宜居宜业宜游的优质生活圈，成为高质量发展的典范。

《粤港澳大湾区发展规划纲要》明确深圳为大湾区四大中心城市之一、四大核心引擎之一，要求深圳"发挥作为经济特区、全国性经济中心城市和国家创新型城市的引领作用，加快建成现代化国际化城市，努力成为具有世界影响力的创新创意之都"，为深圳推进大湾区建设提供了科学行动指南。深圳坚决落实党中央顶层设计和省委工作部署，迅速开展学习宣传贯彻工作，2019年9月17日、12月26日先后召开市委六届十二次全会、十三次全会，对建设粤港澳大湾区工作作出部署要求。市委、市政府制定印发《关于贯彻落实〈粤港澳大湾区发展规划纲要〉实施方案》《推进粤港澳大湾区建设三年行动方案（2018—2020）》等政策文件，明确全市推进大湾区建设的目标思路、举措路径和重点项目；聚焦服务港澳、创新合作、辐射引领、先行先试，部署国际科技创新中心共建、基础设施互联互通、优势产业协同发展、绿色湾区共筑、优质生活圈共建、扩大对外开放、平台共建"七大行动"，构建起远中近期相结合的贯彻落实体系；加快建立完善与港澳对接合作机制，推动便利港澳居民政策措施落地，学习借鉴、深入研究国际一流湾区建设经验和国际通用规则，提升贸易投资自由化便利化水平。至2019年年底，深圳共推出深港合作专项行动计划等11项政策，出台进一步便利港澳居民在深发展18条措施，建成深港国际科技园等4个创新载体，实施便利合作区人员和物资跨境流动等5方面先行先试政策，积极参与广深港澳科技创新走廊建设，成为大湾区建设中动力澎湃的"发动机"。

（二）龙岗推进大湾区区域合作

1. 政策支撑体系不断健全

龙岗区成立由区委书记任组长、区长任副组长的龙岗区推进粤港澳大湾区建设领导小组,负责龙岗区粤港澳大湾区建设统筹。印发《龙岗区推进粤港澳大湾区建设领导小组工作规则》,指导全区粤港澳大湾区相关工作。领导小组办公室设在区发改局。组织召开建设领导小组会议,传达粤港澳大湾区建设有关精神,审议龙岗区推进粤港澳大湾区建设的一系列文件。出台《龙岗区推进粤港澳大湾区建设2019年、2020年工作要点》《龙岗区贯彻落实〈粤港澳大湾区发展规划纲要〉三年行动方案(2018—2020年)》年度工作要点和龙岗区先行示范区建设"6+3+1"系列文件,实施《龙岗区推进粤港澳大湾区国际科技创新中心建设行动计划(2020—2022年)》《龙岗区关于全面深入开展〈粤港澳大湾区发展规划纲要〉学习培训工作方案》《龙岗区推动以规则衔接深化粤港澳大湾区合作发展试点行动方案》等政策措施,不断深化大湾区区域合作。区发改局配合市发改委制定《深圳市推进区域协调发展战略实施方案》,推动将龙岗区"双核引领、多轮驱动"战略融入全市发展布局,进一步明确龙岗区在全市发展战略中城市东部中心和全球电子信息产业高地的定位。

2. 全面深化深港合作①

港资成为境外投资主力。龙岗建区以来,依靠香港企业的投资,产业得到了快速的发展。截至2020年年底,龙岗区共有港资企业6892家,占全区外资企业数的78.21%;港资投资额877.76亿元,占境外投资额的85.15%。

科创平台能级不断提升。香港中文大学(深圳)面向国家及粤港澳大湾区产业发展需要,结合学科发展,集中优势力量和资源,强化产学研创新体系,在机器人与智能制造、大数据、新能源、金融和物流等前沿科研领域积极打造国际化科技创新平台。其中,香港中文大学(深圳)瓦谢尔计算生物研究院、科比尔卡创新药物开发研究院纳入深圳十大诺贝尔奖科学家实验室。

教育医疗合作水平迈上新台阶。由深圳市政府、香港中文大学(深圳)、香港中文大学三方共建的香港中文大学(深圳)医学院开工建设,香港中文大学(深圳)医学院、深圳音乐学院落户龙岗,龙岗区耳鼻咽喉医院与香港中文大学共建的"香港中文大学耳鼻咽喉头颈外科医院

---

① 张永胜、任书丹:《粤港澳大湾区背景下龙岗区深化对港合作策略研究》,《广东经济》2021年第7期。

（研究院）"列入大湾区健康合作项目。区政府与香港中文大学（深圳）签署战略合作框架协议，双方将在教育医疗等领域开展创新性务实合作。

创新创业服务日趋完善。建立深港澳青年创新创业基地、深港澳青年创新创业服务中心、龙港青年创新创业联合会、龙岗天安数码城青年创业大道、星河WORLD香港中文大学（深圳）创新创业基地等各类创新创业服务载体，2018年3月引进香港世茂集团投资建设占地面积32.2万平方米的深港国际中心（见图6-1），打造粤港合作标杆项目，为两地人才创新创业提供优质服务。

图6-1 大运深港国际中心效果图

资料来源：龙岗区重点区域规划建设管理署供图。

3. 推动区域高质量协调发展

龙岗区配合市发改委、市委政研室、市委大湾区办等上级部门开展相关规划及方案编制，将龙岗发展主张和需求切入全市粤港澳大湾区相关规划和工作方案，同时推动重点项目建设。促进区域协同发展：区发改局配合编制深圳都市圈发展规划，对接市发改委，反映龙岗区发展诉求。提出在临深片区探索开展产业合作、交通路网对接、生态环境治理、社会治理等方面合作的可行性建议，推动深莞惠联动发展。2018年，开展龙岗、惠阳交流合作，举办龙岗惠阳区长交流座谈会，牵头起草龙岗、惠阳两区区域合作框架协议，重大高端产业项目加快推进，中广核总部大厦等项目动工，柔宇科技全柔性显示屏大规模量产线投产，无人直升机研制及产业化项目开展验收，启迪协信科技园一期建设基本完工，光启未来科技城完成实验室桩基础。增补阿波罗未来产业城等3个创新节点，"4+2"重点区域全部纳入广深港澳科技创新走廊布局，节点数量占全市1/4，位居全市第一。龙岗被认定为"广东省双创示范基地"，坂雪岗科技城、宝龙科技城纳入深圳高新区扩区范畴。第3所诺贝尔奖科学家实验室、中国基因集团落户龙岗，"一带一路"环境技术交流与转移中心（深圳）启动运营，香港中文大学（深圳）机器人与智能制造研究院、深圳市大数据研究院入围全市十大基础研究机构。

积极融入区域发展新格局，加快推动铁路、城际、地铁、高快速路等交通基础设施建设，强化龙岗对外快速交通联系。深汕铁路和深惠、深大城际线深圳段及轨道14号线、16号线、3号线东延等建成使用，与周边城区在交通共联、产业共兴、环境共治等方面实现共赢。

值得注意的是，后疫情时代全球出现了生产链、供应链的"近域重组"现象，需要通过区域来形成一个比较完整的生产体系。深圳东部地区发展能够带动粤港澳大湾区东向联动，实现区域内同类产业和相似产业的联合，将优势产业集群化，形成规模经济和集聚经济效应。东部中心的崛起有助于发挥深圳东向辐射带动作用，提升粤港澳大湾区作为国内大循环中心节点和国内、国际双循环重要枢纽角色，推动构建优势互补高质量发展的区域经济格局。虽然现行市总体规划奠定了龙岗作为深圳东部中心的总体空间格局，但东部中心综合服务职能尚不完善，东部中心辐射带动作用不强。龙岗中心区居住用地比例过高，商业商务功能集聚度不够，建设标准和空间品质落后于深圳其他区。都市圈一体化发展仍需进一步提升。

第二节　创新驱动"龙岗智造"

2012年以来，全球经济发展依然处于后金融危机的严重影响下，国际需求萎靡不振，全球经济发展的不稳定性、不确定性因素依然很多，产业转移和产业结构的调整升级在全球范围内加速进行。国内经济开始步入以调结构、调速度、调动力为主要特征的新常态时代。党的十八大召开之后，深圳进入以创新驱动产业转型升级、以绿色低碳引领经济高质量发展的阶段。这一时期，深圳制定了战略性新兴产业发展规划，全面加快建设现代化国际化的创新型城市。

龙岗区从 1993 年建区以来，历经"三来一补"产业完成工业化基础，经过了高新技术产业发展时期和产业结构转型升级时期，到 2013 年左右，基本实现从产品订单加工向模仿创新，再到自主创新的转变，形成以民营企业为主导、高新技术企业为技术创新骨干、技术转移市场化运作的创新发展格局。这一时期，龙岗区高新技术产业厚积薄发，实现了由量到质的提升，战略性新兴产业强势崛起，未来产业不断孕育成长，创新驱动形成强大合力，激活龙岗经济发展的新动能。

一 高端引领，创新驱动

（一）创新驱动的提出与内涵

各地区的发展历程显示，在不同发展阶段，支撑经济增长的动力不同，要素配置的方式也不尽相同。经济学原理告诉我们：在技术条件和制度条件不变的假定前提下，要素投入量增加到一定规模后，投资的边际收益势必呈递减趋势。要破解这一难题，实现经济持续增长，根本途径在于推动经济发展由要素驱动阶段进入更高层次的创新驱动阶段，实现发展转型，形成新的竞争优势。创新驱动的本质就是依靠制度创新和技术创新，充分发挥高新技术和创新要素对经济社会发展的支撑和引领作用，大幅提高科技进步对经济增长的贡献率，不断增强经济社会的发展后劲与动力，从而推进经济社会的全面、协调、可持续发展。[1]

"创新驱动"最早由美国哈佛大学商学院教授迈克尔·波特（Michael E. Porter）在《国家竞争优势》（*The Competitive Advantage of Nations*）（1990）中提出，他从国家竞争力的视角，将国家发展的驱动力，分为要素驱动、投资驱动、创新驱动和财富驱动四个阶段。其中，创新驱动是关键，是决定一个国家能否顺利实现工业化进程、由中低收入社会迈向高收入社会的最重要因素。

创新驱动是一个系统的观点，不仅依靠科技创新，还依靠制度、组织、管理、商业模式等多方面的创新来推动发展；不仅注重创新活动本身，还强调要素间的联系及与其他组织的合作与依赖关系。联合国开发计划署（UNDP）在《人类发展报告 2001》中公布了《连线》杂志研究

---

[1] 南方日报《"四个全面"的基层实践》写作组：《"四个全面"的基层实践：深圳市龙岗区跨越式发展的路径与启示》，南方日报出版社 2015 年版。

调查所提出的全球技术创新中心的四个衡量指标，即科研高校、重要企业、创业情况、风险投资。具体而言，主要包括大学和科研机构、科技企业、人才资源、公共服务平台、融资体系、中介机构、政府服务、生活配套、区域文化等。

创新驱动并非不需要要素和投资，而是更加关注创新对要素、投资带来的影响。这种影响不只是解决效率问题，更为重要的是依靠知识资本、人力资本和激励创新制度等无形要素实现要素的新组合，是创造新的增长动力。

从整体结构和过程的视角出发，可以将创新驱动划分为前端、中端和后端三个部分。创新前端指创新投入阶段，主要进行知识创新和基础研究，对创新的资源禀赋要求较高，实践动力来自创新链的上游，多以大学、研究机构的创新活动为起点。现实中，美国硅谷建立在斯坦福大学科研基础上的高技术孵化模式、北京中关村依托众多科研院所的科技成果转化和产业化模式，就是这种自上而下的创新路径的代表。创新中端是将投入转化为成果产出的阶段，主要进行技术创新和应用研究，重点是提高科技成果转化的效率。对于科技创新资源比较丰富、产业体系健全、市场较活跃的地区（如上海），适合在这一阶段切入创新驱动。创新后端是指科技成果产业化、提高经济社会效益的阶段，主要进行商业模式创新和产品开发。这一阶段很少受到创新资源存量的约束，但对于市场发育程度要求很高，创新活动的动力和起点在处于下游的企业，在产品开发过程中形成对技术的需求，并将这种需求向创新链的上游传递，通过产学研合作等方式实现创新的目标（如深圳）。由于企业对市场变化具有天然的商业嗅觉，能够做出快速反应，科技成果产业化能力较强。

创新驱动作为一种新的经济发展方式，有助于推动"后发优势"向"先发优势"转变。主要表现在发展中国家的政策路径选择上，主要方式是通过引进、学习、模仿和利用发达国家的先进技术、设备、方法和经验，避开自行探索和研发过程的高昂成本，以期缩短追赶时间，甚至实现弯道超车。创新驱动政策选择在技术路径上强调自主创新，而不是动态追随，在要素投入上依靠技术创新和人力资本驱动，摆脱了原来更多依靠承接产业转移、劳动力密集的优势，在比较优势上用品牌竞争而不是依靠低成本的价格竞争。这种通过科技创新提高发展质量和效益的模式，将后发优势调整至先发优势的战略轨道，当然也不可避免地伴随着创新资源投入和选择性风险的增加。

党的十八大明确提出,要坚持走中国特色自主创新道路、实施创新驱动发展战略,强调科技创新是提高社会生产力和综合国力的战略支撑。习近平总书记在中央财经领导小组第七次会议上对创新驱动战略做了更加明确的阐释:实施创新驱动发展战略,就是要推动以科技创新为核心的全面创新,增强科技进步对经济增长的贡献度,形成新的增长动力源泉,推动经济持续健康发展。① 党的十九大报告提出"加快建设创新型国家",明确创新是引领发展的第一动力,是建设现代化经济体系的战略支撑。②

(二)龙岗经济结构"断层"倒逼变革

龙岗是深圳的传统制造业大区,在经济质量方面,实现了由"龙岗加工"向"龙岗制造"的转变,但不可否认,粗放式发展路径制约了龙岗经济的长远发展。

1. 企业结构存在"断层"——大中型企业缺失

根据2013年数据(见表6-1),龙岗有年产值亿元以上高新技术企业148家,绝大部分集中在50亿元以内,其中5亿元以上的50家,10亿元以上的21家,50亿元以上的4家;千亿元以上的仅有1家。据统计,2013年华为高新技术产值为1865亿元,占全区的64.2%;工业总产值为1752.94亿元,占全区的47.0%;工业增加值为615.48亿元,占全区的57.3%;税收为253.01亿元,占全区的65%。华为是龙岗高新技术产业的绝对主力,在很多重要指标方面,其他所有企业加总甚至都不及华为一家公司的产出。

表6-1　　　　2013年龙岗区亿元以上高新技术企业分布

规模区间(亿元)	1—5	5—10	10—50	50—100	100—1000	1000以上
企业数量(家)	98	29	17	3	0	1
企业名称	其他高新技术企业			伯恩光学、神舟电脑、比亚迪	—	华为
高新技术产值(亿元)	620			175	—	1865
占龙岗区比例(%)	21			6	—	64.20

资料来源:深圳市龙岗区统计局。

---

① 人民日报社评论部编著:《"四个全面"学习读本》,人民出版社2015年版,第68页。
② 刘宇濠:《深圳迈向高质量发展阶段的龙岗路径》,新华出版社2019年版。

从销售收入情况可以发现，绝大多数的高新技术企业属于中小微企业（见表6-2）。2012年龙岗251家国家高新技术企业中，20.3%的企业销售额低于0.1亿元，63.7%的企业销售额低于1亿元，83.2%的企业销售额低于3亿元。

表6-2　　　　2012年龙岗区国家高新技术企业的销售额分布

销售额（亿元）	0.1以下	0.1—0.5	0.5—1	1—3	3—5	5—10	10以上	合计
企业数量（家）	51	72	37	49	21	4	17	251
占比（%）	20.3	28.7	14.7	19.5	8.4	1.6	6.8	100

资料来源：深圳市龙岗区统计局。

完整的创新型企业梯队对于一个地区的经济和产业发展至关重要：缺乏大型企业，区域将失去主体引领和名片效应；缺乏中型企业，区域将失去经济和产业发展的稳定性；缺乏小微型企业，区域将失去创新的活力和源泉。

对于一个区域而言，良好的企业梯队应是金字塔结构，而龙岗在特大型企业和其他企业间存在巨大的断层，中型、大型的科技企业数量过少，从而使科技创新和经济发展极易受到华为一家独大的经营状况的影响，造成高度不稳定性。

2. 创新要素存在"断层"

2015年年底，全区国家高新技术企业数量为569家，占全市总数的10%，大幅低于南山区的1641家及宝安区的1232家。龙岗有各类创新平台112家（含14家企业技术中心），其中国家级6家、省级6家、市级58家，市级及以上的占62.5%，只占全市市级及以上创新平台（1283家）的5.5%，落后于宝安区，且与南山区差距非常大。

3. 企业创新能力存在"断层"

技术研发能力主要取决于研发投入水平，2013年华为研发支出费用达到306.72亿元，占收入的12.8%，近10年的研发费用支出超过1510亿元，体现了华为对创新的高度重视。为整合全球技术研发资源，华为在中国、德国、美国、日本、瑞典、印度、俄罗斯、土耳其、加拿大等地设有16个研究所，研发人员约70000人（占公司的45%）。华为聚焦在ICT领域的关键技术、架构、标准等方向的持续投入，产生了良好的创新绩效,至 2013 年年底华为累计申请中国专利 44168 件、外国专利 18791 件、国际 PCT 专利 14555 件,累计获得专利授权 36511 件。

与华为形成鲜明对比的是,其他企业在技术研发方面形成了天壤之别。据统计,2013 年在龙岗的 997 家规模以上工业企业中,从事过 R&D 活动的只有 98 家,占 9.8%;有科研机构的仅有 59 家,占 5.9%(见图 6-2)。在不同规模的工业企业中,从事过 R&D 活动和有设立科研机构企业主要为中小型企业,占全部企业的 80% 以上,大型企业相对较少,微型企业基本没有创新活动。以加工贸易为主要经营形式的龙岗传统制造业创新活动有限,创新投入很少。绝大多数已"转型"的"三来一补"企业,仅仅是企业性质的转变,即由代工厂变为了独立法人企业,可以面向国内市场销售,而技术研发、生产工艺、商业模式等并未有实质性的转型升级。龙岗的大多数企业是中小企业,这些企业大多处于产品附加值低的高新技术产业低端生产环节,对产业关键技术、核心技术的掌握不足,创新能力较弱,甚至很多企业是零发明专利。

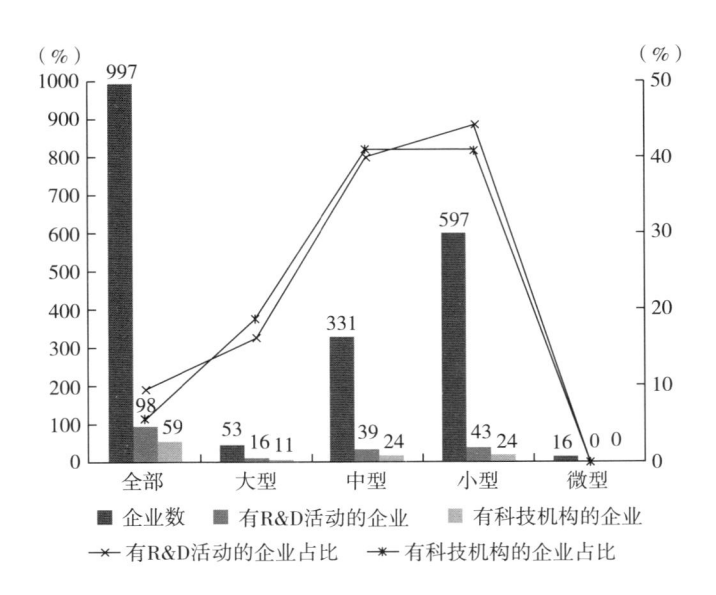

图 6-2　2013 年龙岗区不同规模工业企业科技活动情况

这种断层表明,尽管龙岗具有在研发投入强度、专利申请等反映企业自主创新能力的优势指标,如去除华为因素则要大打折扣,甚至立现大工业区的"原形"。

龙岗区经济总量发展到现阶段已跃升到了一个较高平台，同时也面临着土地、人口等生产要素难以为继的紧约束，经济整体质量亟待提升，简单模仿的路子正越走越窄。解决这一问题，关键在于转变发展方式、提升发展质量，加快推动经济、城市、社会"三个转型"，其中，创新驱动是经济转型发展的动力。

（三）搭建"三高一平台"

该时期龙岗处于后工业化阶段，按照一般规律，在这一阶段创新要素对经济增长的拉动作用将逐步放大，迫切需要在创新要素引进上下力气。因此，龙岗从传统的要素驱动、出口驱动转变为创新驱动、改革驱动，通过结构调整释放内生动力。

在创新驱动发展的背景下，龙岗正由过去的来料加工为主转变为自主制造为主，由过去的传统制造为主转变为现代制造为主，由过去的粗放制造为主转变为生态制造为主，三种转变衬托出"龙岗制造"的升级版本"龙岗智造"。

2013年以来，龙岗区从政府层面相继推出了多项带有顶层设计性质、针对性操作性强的创新体制机制改革具体方案，着力实施"高端引领、创新驱动"发展战略，积极搭建"三高一平台"（高等院校、高端企业、高层次人才及创新平台），全力打造辐射粤东闽西的深圳东部创新中心，创新载体不断集聚。

——高等院校集聚：深圳国际大学园区建设成效显著，香港中文大学（深圳）、深圳北理莫斯科大学、深圳信息职业技术学院、香港中文大学（深圳）医学院、深圳音乐学院已经落户深圳国际大学园，这是龙岗将来创新驱动发展的"智核"。

——高端企业集聚：集聚了以网络与通信、智能终端、超高清视频显示为代表的千亿级制造业集群3个、百亿级制造业集群6个，培育壮大了千亿级企业1家，即华为，百亿级企业6家，即比亚迪锂电、比亚迪精密、翠绿黄金、中金精炼兆驰和康冠，10亿级企业49家，商事主体85.5万户。还有上市企业35家、专精特新企业587家、国家高新技术企业3151家、规上企业4391家和中小企业46.6万家。

——高级人才集聚：引进培育省市创新创业团队2个，新增国家重大人才工程入选专家27人、市高层次人才406人、"深龙英才"479人。

——创新平台集聚：截至2022年，全区创新平台达278家，国家级孵化器2家。相继引进了中国工程物理研究院中试基地、国家技术转移南方中心产业化基地、中科院北京国家技术转移中心龙岗中心、国家航天员训练中心等国家级创新平台。香港中文大学（深圳）瓦谢尔计算生物研究院、科比尔卡创新药物与转化医学研究院等一大批高端实验室相继落户龙岗。

二 龙岗制造到"龙岗智造"

（一）创新驱动智能制造转型

地区生产总值从建区之初的26.7亿元到2006年突破千亿元大关，再到2013年超过两千亿元，龙岗区经济发展实现了华丽蝶变。经过多年经济发展方式的转变，如今的龙岗走上了一条高端引领、创新驱动、绿色发展的可持续经济发展道路。①

"东进战略"下，龙岗区打出创新牌，产业迎来再一次转型升级。身为深圳制造大区，龙岗区优先发展制造业、战略性新兴产业和未来产业。落实"中国制造2025"战略，加快发展先进制造业，推动由"龙岗制造"到"龙岗智造"的转变。同时，依托深圳国际低碳城、宝龙科技城等空间载体，在机器人、智能装备、可穿戴设备等领域培育若干特色产业集群；紧跟全球新一轮科技革命发展趋势，依托阿波罗未来产业城等空间载体，加快发展航空航天、生命健康等未来产业；贯彻落实"互联网+"战略，加快发展电子商务、服装贸易、跨境电商、智能制造等新业态和新平台等。

党的十八大以来，2021年龙岗区地区生产总值实现了由1881亿元到4496.45亿元的巨大跨越，规上企业增加值由1273.09亿元增加到2198.28亿元，一般公共预算收入从120.9亿元（不含大鹏、坪山）增长到292.22亿元。

2022年5月，深圳先进高分子材料研究院在龙岗揭牌，这个由香港中文大学（深圳）发起成立的科研机构，将围绕高端高分子材料国产化的问题，推动高分子材料领域的产学研合作。香港中文大学（深圳）所在的深圳国际大学园位于龙岗区大运深港国际科教城，这里是深圳重要的高校集聚区之一，也是粤港澳大湾区东部创新资源的集聚区。

---

① 陈少雄主编：《龙岗记忆》，中国华侨出版社2016年版。

十年前，因为大运会的举办，这里被定义为"体育新城"；而如今，这里成为龙岗区发展格局中最重要的一环，成为"一芯两核多支点"区域发展战略中的"智芯"。香港中文大学（深圳）、深圳北理莫斯科大学、深圳音乐学院等一批院校落户于此，其将被打造成为大湾区综合性国家科学中心的重要支撑平台，推动深港科研、产业、人才等优质资源高效汇聚，打造深港科技创新合作和香港青年创业的重要基地。

十年时间，创新已成为龙岗城区高质量发展的基因，建立起覆盖企业全生命周期的产业政策体系，从政策、资金、服务等方面打出组合拳，为企业创立、孵化、成长和壮大全方位保驾护航。如今的龙岗已成为深圳高新技术产业发展的主阵地之一，并保持了快速增长的态势。统计数据显示，龙岗高新技术产业产值逼近万亿元，占工业总产值比重超80%；全社会研发投入占GDP比重超过10%，PCT国际专利申请量占全市的1/3。

（二）集聚创新要素，增强产业竞争力

深圳龙岗区在发展产业集群过程中，注重引入高端科研机构和重点实验室，营造良好的创新生态环境，为企业打造一流的"营商服务圈"，高新技术产业和先进制造业基地的优势进一步巩固，为经济发展增添了强劲动力。

万亿级ICT产业集群变身亚太产业中枢、诺贝尔奖实验室冷冻电子显微中心落户、21世纪"黑色黄金"碳纤维实现量产应用……在深圳市龙岗区，高端科技正成为创新发展核心，推动形成源头创新要素聚集，创新产业集群越来越强大，为实体经济发展增添了强劲动力。

1. 培育产业集群

《2019龙岗区产业发展白皮书》显示，龙岗区是亚太地区ICT（信息通信技术）产业的中枢和第一集聚地，也是ICT产业的技术研发中心、生产示范中心和供应链管理中心，2018年区内企业ICT业务收入总额达7200亿元。

以ICT产业为代表，龙岗区实现产业高质量发展。2018年地区生产总值达4287.86亿元，重要的高新技术产业和先进制造业基地的优势进一步巩固，形成电子信息、智能机器人、跨境电商等重点产业集群，位居全国工业百强区榜首。

龙岗具有强大的产业配套能力，绝大多数企业的本地配套率超过

60%。以 ICT 产业链为例，除了非功率芯片（制造环节）、镜头，从芯片设计、通信软件开发与测试、光纤及信号传输装置、线路板、光电子器件，到网通设备、移动终端、服务器，再到通信运维服务、移动终端应用软件、云服务等，每个细分行业在龙岗都有至少 2 家规上企业经营。除了万亿级的 ICT 产业集群，龙岗区还有千亿级 AIoT（人工智能物联网）产业集群，以及电子元器件、绿色能源、生命科学、创意生活 4 个百亿级产业集群。

龙岗产业发展的关键在创新，而创新体系的建设主体在企业。数据显示，2017—2019 年，龙岗区专利申请量保持 20% 以上高速增长，发明专利申请及授权量稳居全市第二，中小企业专利占比由 2013 年占据"半壁江山"提升到超八成。

2. 注重源头创新

人才是创新发展的核心要素。为了培育和吸引创新人才，激活源头创新，龙岗区通过引进国内外名校办学、与名校共建特色学院等方式，致力于为产业发展培育和储备国际化高质量人才，同时把高校优秀人才和研发资源汇聚起来。2022 年，龙岗区已成为全国国际合作办学最集聚的区域之一，引进香港中文大学（深圳）、深圳北理莫斯科大学等国际合作院校。龙岗区还建成重点实验室、工程实验室、工程（技术）研究中心和企业技术中心 160 家，创新要素加快汇聚。

香港中文大学（深圳）设立了机器人与智能制造研究院，建起医疗机器人、山林机器人、物流机器人、电力机器人等实验室，为龙岗区创新发展集聚了优秀人才。2019 年 7 月 22 日，诺贝尔奖实验室冷冻电子显微中心落户，成为龙岗区第一个结构生物学科研和教学平台，将通过与世界顶尖高校开展深度合作与交流，推动产学研创新突破，加速深圳市和龙岗区在生物医药产业相关领域的产业化和项目转化。同时，冷冻电子显微中心作为龙岗区产业公共服务平台的重要组成部分，未来在优先满足学校内部使用需求的基础上，将面向重大疾病诊断、新药品开发、精准医疗等领域的企业和科研机构开放使用，力求实现价值最大化。

随着引入高端科研机构和重点实验室、集聚高端人才和创新资源，龙岗区推动源头创新以及世界产业最前沿的产学研一体化科技创新。与此同时，龙岗区还积极打造天安数码城等一批高端产业载体和孵化器，打通综合创新生态体系的关键环节，创新动能强劲释放。

众多科研创新机构带来的是源头创新能力的提升，一组数据也反映出了龙岗在科技创新能力方面的力量：2017年，区内企业获市级以上科技进步奖10项（国家级1项、省级7项），龙岗专利申请量超过2.4万件，增长22%以上，中小企业贡献超过八成；万人发明专利拥有量126件，居全市第二。

大学有了，科研机构有了，创新型企业也不少，科技成果也多了。龙岗在"双创"发展上，还需要重点关注如何在成果转化上做活、做精，打通科研成果转化为生产力的"最后一公里"。

龙岗在促进科技成果转换上一直不遗余力，龙岗区成立了广东省内首个采用"互联网+"技术、实现全流程网上技术交易的区级技术转移服务平台——龙岗区技术转移促进中心，通过构建中国领先的"互联网+"技术转移服务模式的创新平台，形成了线上与线下相结合、技术转移与技术服务相结合的技术转移新模式。

成果的转化不仅需要平台的支撑，更需要产业空间、人才支持等一系列产业链的完善。全区89.6平方千米面积纳入深圳国家自主创新示范区规划，占全市总面积的近1/4，为创新创业提供了充足的空间保障；先后实施了"深龙英才"计划和"以房引才"模式，构建起涵盖人才领域广、惠及人才层次多、支持方式灵活多样的人才政策体系。

三　战略性新兴和未来产业集群化发展

产业集群是指在特定区域中具有竞争与合作关系，且在地理上集中，有交互关联性的企业、专业化供应商、服务供应商、金融机构、相关产业的厂商及其他相关机构等组成的群体。产业集群发展状况已成为考察一个经济体或其中某个区域和地区发展水平的重要指标。

龙岗区居全国工业百强区榜首，"十三五"时期，规上工业曾创下5年年均增长10.6%的成绩，稳居深圳市第一。2020年，龙岗区提出"IT（电子信息）+BT（生物医药）+低碳"三大产业集群式发展思路，三大产业集群自西至东依次排布。2021年，依据产业发展情况，龙岗区又新增文化创意、建筑业、跨境电商、军民融合产业4个特色行业，形成"3+4"区域产业新格局，勾勒出龙岗未来产业发展的蓝图。

（一）"20+8"产业集群为龙岗赋能

2022年6月，深圳市政府印发《深圳市人民政府关于发展壮大战略性新兴产业集群和培育发展未来产业的意见》（以下简称《意见》），

《意见》梳理了 20 个战略性新兴产业重点细分领域和 8 个未来产业重点发展方向，从产业规划、产业空间、产业政策等方面系统谋划。确定"20+8"产业集群和 20 个先进制造业园区（详情参见《深圳市人民政府关于发展壮大战略性新兴产业集群和培育发展未来产业的意见》），前瞻布局 8 个未来产业，稳住制造业基本盘，增强实体经济发展后劲，加快建设具有全球影响力的科技和产业创新高地。

龙岗区以制造业立区，《意见》提出的培育发展壮大"20+8"产业集群也多次直接"点名"龙岗，明确支持 11 个战略性新兴产业集群重点细分领域在龙岗发展，为区域未来发展赋能，这也让龙岗这个"老牌"工业强区迎来了新的发展契机。

其中，网络与通信产业集群、半导体与集成电路产业集群、超高清视频显示产业集群、智能终端产业集群、软件与信息服务产业集群、数字创意产业集群、现代时尚产业集群、新能源产业集群、安全节能环保产业集群、新材料产业集群、生物医药产业集群 11 个战略性新兴产业集群重点细分领域和可见光通信与光计算、细胞与基因 2 个未来产业集群均提到了支持龙岗发展。

同时，《意见》对保障产业发展的措施也进行了部署。其中，在完善产业空间保障体系中，明确将坚持集中连片、集约节约，突出高端先进制造，在宝安、光明、龙华、龙岗、坪山、深汕等区，规划建设总面积 300 平方千米左右的 20 个先进制造业园区，形成"启动区、拓展区、储备区"空间梯度体系，加大园区土地连片整备力度，实施区域生态环境评价，建设一批定制化厂房，为战略性新兴产业发展提供坚实的空间保障。

为进一步提升对全市战略性新兴产业发展的支撑作用，龙岗将在半导体与集成电路的封测、材料、抗体药物、细胞治疗和基因药物、软件与信息服务业的工业软件等关键领域实现重大突破，核心关键产业链自主化程度有效提升，智能终端、网络与通信、超高清视频显示等集群优势地位持续巩固，现代时尚、数字创意等集群向高附加值产业环节延伸，形成一批有区域影响力的优质品牌。

20 个先进制造业园区中，其中有 3 个布局在龙岗区，分别为：西部先进制造业园区，将承载网络与通信、半导体与集成电路、智能终端等产业集群；中部先进制造业园区，将承载智能终端、现代时尚、超高清视频显示产业集群；东部先进制造业园区，将承载半导体与集成电路、新能源、生物医药、超高清视频显示、安全节能环保产业集群。

全市"20+8"产业集群最新部署，十分突出创新引领。作为全市创新强区，布局在龙岗的 11 个战略性新兴产业集群立足发展实际，"技术攻关""技术突破"等成为关键词。比如，网络与通信产业集群，将推动固网通信、移动通信和卫星通信协同发展，加强网络通信芯片、关键元器件与模组等技术攻关，建设国家 5G 中高频器件创新中心、未来网络试验设施等重大创新载体，启动前沿技术储备，加强行业标准研制。智能终端产业集群，将围绕智能手机、个人电脑、VR/AR、智能可穿戴设备、智能车机、智能家电等智能终端产品，打造从关键核心元器件到高端整机品牌的完整产业链，加快应用软件、核心器件等关键技术突破。

这也是深圳围绕产业链部署创新链、围绕创新链布局产业链在龙岗的实践，更是集中资源破解关键核心技术"卡脖子"问题的具体行动，将构建起自主安全、多元可控的产业链、供应链。

不仅如此，11 个战略性新兴产业集群的布局为龙岗带来了新的定位。在现代时尚产业集群行动计划中，提出以科技博览中心为平台，依托坂雪岗世界级电子信息产业集群承载区，打造融合高科技成果发布、信息交流、要素融合服务和成果交易等多种功能的科技会展集聚区。在软件与信息服务产业集群行动计划中，实施产业布局优化工程，在龙岗打造工业软件集聚区等。[①]

（二）多措并举承接产业集群化发展

受到疫情和外部环境因素影响，我国经济发展承受考验，备受关注，一系列稳经济部署和政策自上而下相继出台。对于作为工业大区的龙岗来说，稳经济就是稳住制造业。龙岗区第七次党代会提出，未来五年，将构建具有国际竞争力的现代产业体系，全力打造"IT+BT+低碳"三大核心产业集群，此次布局在龙岗的 11 个战略性新兴产业集群与"IT+BT+低碳"核心产业集群形成良好的衔接。

2022 年龙岗区"两会"也对稳经济工作作出了部署：全面发力稳工

---

① 张鹏：《11 个战略性新兴产业集群落子龙岗，将带来什么?》，《龙岗融媒》2022 年 6 月 7 日。

业。其中提出将完成龙岗东部、中部、西部三大先进制造业园区启动区260公顷产业空间保障，推动更多符合11个战略性新兴产业集群和未来产业的先进制造业项目落地。

1. 以"优质产业空间"力撑产业集群发展

空间是产业集群扩容升级、强基补链的关键。根据龙岗区"十四五"规划，龙岗区将加快落实"两个百平方公里级"高品质产业空间，通过规划管控、更新整改等多途径、多手段保障高品质产业发展空间。

一方面提质增效现有存量空间，加大整备集中连片产业空间，打造一批可租可售高标准产业空间；另一方面根据产业链、供应链科学规划，通过空地提容、工业上楼等措施，优化产业发展生产要素配置。数据显示，截至2022年，龙岗区战略性新兴产业集群共涉及企业2054家，占深圳全市的13.6%。[①]

以宝龙街道为例，这里已汇聚规上工业企业389家、国家高新技术企业406家、超亿元企业109家、超10亿元企业10家、超百亿元企业2家，聚集了比亚迪精密、比亚迪锂电池等一批领军企业，精锋医疗、亚辉龙、中科欣扬等一批细分领域代表企业，初步形成ICT、AIoT、BT、新能源、新材料五大产业齐头并进的发展格局。同时，龙岗宝龙街道也是深圳唯一以生物药为主导的产业园区所在地，未来将打造成全国生物药产业的前沿阵地和国际生物药产业的转化高地。

与宝龙生物药创新发展先导区毗邻的深圳国际低碳城，随着光伏、新能源产业的加速发展、空间供给与企业服务的双向提升，已吸引了314家规上企业聚集。其中，国家高新技术企业245家、上市企业14家。企业的入驻为区域发展带来了新活力，在众多低碳绿色技术赋能下，方圆53.14平方千米、曾历尽沧桑的"百年围屋"摇身变为"国内首个近零碳示范社区"。

2. 政策"组合拳"稳企惠企

产业的根基是企业。只有企业好了，产业发展才能提速换挡。为做好企业服务和培育工作，2022年6月，龙岗区发布了《企业服务行动方案（2022—2025年）》，从企业服务的体制机制、企业培育计划、企

[①] 文琳、郭嘉慧、智文学：《深圳龙岗：多措并举让战略性新兴产业"兴"起来》，《中国商报》2022年9月28日。

业赋能体系、政务服务水平以及保障措施五个方面出发，推出了22条措施，以此叠加国家、省、市各级惠企稳企政策，为企业送去实实在在的利好。

其中，在企业培育方面，龙岗区对不同企业的不同发展阶段制定针对性政策，推进"萌芽""苗圃""火种""灯塔""春笋""领航"六大培育计划，通过遴选培育对象、组建重点培育库、出台专项扶持政策、强化服务等举措，精准培育结构均衡、发展协调的企业梯队。在提升企业竞争力方面，龙岗区又提出了五大赋能体系，以企业需求和问题为导向，对市场主体升级壮大过程中普遍存在的突出问题，进一步创新政策、优化服务，精准打造创新赋能、数字化赋能、空间赋能、金融赋能、人才赋能五大体系。

数据显示，2022年，工信部公示的第四批专精特新"小巨人"企业培育名单中，有28家企业来自龙岗。据统计，龙岗区已培育国家级"小巨人"企业48家、广东省专精特新企业118家、市级专精特新企业420家。

在"个转企""小升规""规做精""精上市"方面龙岗区已形成全方位、全流程扶持体系，出台了《企业培育专项扶持细则》。其中，对于获得国家制造业单项冠军示范企业、单项冠军产品称号企业、国家专精特新"小巨人"企业和省级专精特新企业主动启动核查，自动为符合条件的企业拨付奖励资金，2022年度投入专项预算资金超4000万元，覆盖中小企业百余家，实现惠企更高效、更便捷、更精准。

3. 抓好创新驱动"主引擎"抢占产业风口

以"基础研究+技术攻关+成果产业化+科技金融+人才支撑"全过程创新生态链为基础，发力源头创新、打通创新链条、广聚创新人才，是龙岗区战略性新兴产业做大做优做强的"主引擎"。

2022年5月，由香港中文大学（深圳）发起成立的深圳先进高分子材料研究院在龙岗揭牌。该机构将围绕高端高分子材料国产化的问题，推动高分子材料领域的产学研合作。

值得关注的是，深圳先进高分子材料研究院所在的大运深港国际科教城是深圳高校集聚区之一，也是粤港澳大湾区东部创新资源的集聚区。该区域已汇聚了3家诺贝尔奖科学家实验室、2家深圳市十大基础研究机构、42个创新平台，建成产业空间150万平方米，拥有众创空间22家、科技企业孵化器 8 家，是一个正在冉冉升起的科技创新圈。

相关数据显示，2021 年龙岗区 PCT 国际专利申请量 7504 件，同比增长 2.08%，位居深圳第一。①坚守"产业立区、创新强区"的龙岗区，正抢抓"双区"驱动、"双区"叠加、"双改"示范重大机遇，加快打造具有国际竞争力的科技创新策源地，充分挖掘科创潜力，继续向产业链、价值链、创新链"三链融合"的更高目标攀升。

四 探索绿色低碳产业发展新路径

随着"碳达峰、碳中和"目标的不断深入，绿色低碳发展成为重要的"时代课题"，作为全市产业大区，龙岗区不断探索工业大区绿色低碳发展新路径。2022 年 6 月 30 日，重磅奖项花落龙岗——喜获全国唯一一项"'2022 年度低碳榜样'政府案例"荣誉。

（一）集聚效应初显：全区绿色低碳产业总产值近 800 亿元

自"双碳"目标提出后，龙岗区着力构建科技创新突出、产业绿色低碳、空间布局合理、体制机制创新的绿色低碳发展新样板。创新"降碳"长效体制机制，将绿色低碳融入全区"一芯两核多支点"区域发展战略，依托低碳核心，打造转化辐射链路，高标准举办深圳国际低碳城论坛，建设全球气候变化战略对话和交流平台，并联动"一带一路"环境技术交流与转移中心（深圳），推动国家能源（氢能）产业创新中心、国际低碳清洁技术合作与交流平台等低碳平台落户。以深圳国际低碳城为载体，深化低碳与科技创新、数字化、产城融合等战略融合，多层次建设低碳试点；依托绿色低碳产业链委员会，探索"低碳+IT""低碳+文旅"等转化链路。

龙岗区始终坚持绿色发展理念，深入实施创新驱动发展战略，大力推进 ICT、AIoT、绿色能源、生命科学等产业发展，不断淘汰低端落后产业，绿色发展成果丰硕。2019 年，全区高新技术产业产值突破 9500 亿元，占工业总产值的 82.4%；全社会研发投入占 GDP 比重保持在 11% 以上，远高于发达国家 4% 左右的通常水平，跻身全国创新百强区前五。

龙岗不断修炼产业"内功"，促进了区域发展行稳致远。龙岗在明确"IT（电子信息）+BT（生物医药）+低碳"三大产业集群式发展的思路后，持续在优势领域精耕细作，三大核心产业，特别是低碳产业取得了

---

① 文琳、郭嘉慧、智文学：《深圳龙岗：多措并举让战略性新兴产业"兴"起来》，《中国商报》2022 年 9 月 28 日。

突出进展。

2021年，龙岗区绿色低碳产业总产值达到789.01亿元，同比增长17.5%；增加值达172.6亿元，增长13.8%。龙岗区绿色低碳产业企业的集聚效应已经初显。龙岗区联合深圳东部各区，以新能源、节能环保、智能网联汽车为重点，打造"大低碳"产业集群承载区。

2021年11月，龙岗区绿色低碳产业重点项目集中签约仪式在深圳国际低碳城举行，有力壮大"IT+BT+低碳"产业矩阵，为全区绿色低碳产业行稳致远积蓄澎湃动力。截至2022年，龙岗区与国电投、润世华等11家企业签署带动力强、影响力大的项目，投资额超615亿元。

深圳国际低碳城是龙岗区绿色低碳发展的主战场，也是深圳市18个重点发展区域中唯一以绿色低碳发展为特色的重要载体和示范窗口。截至2022年，深圳国际低碳城已有规模以上企业314家，其中国家高新技术企业245家，上市企业14家。龙岗区依托深圳国际低碳城，抢抓被纳入广东省第一批碳中和试点示范市（区）的机遇，实施绿色低碳产业壮大计划，大力培育引进绿色低碳产业领军企业，构建高效节能、绿色环保的低碳产业集群（见图6-3）。

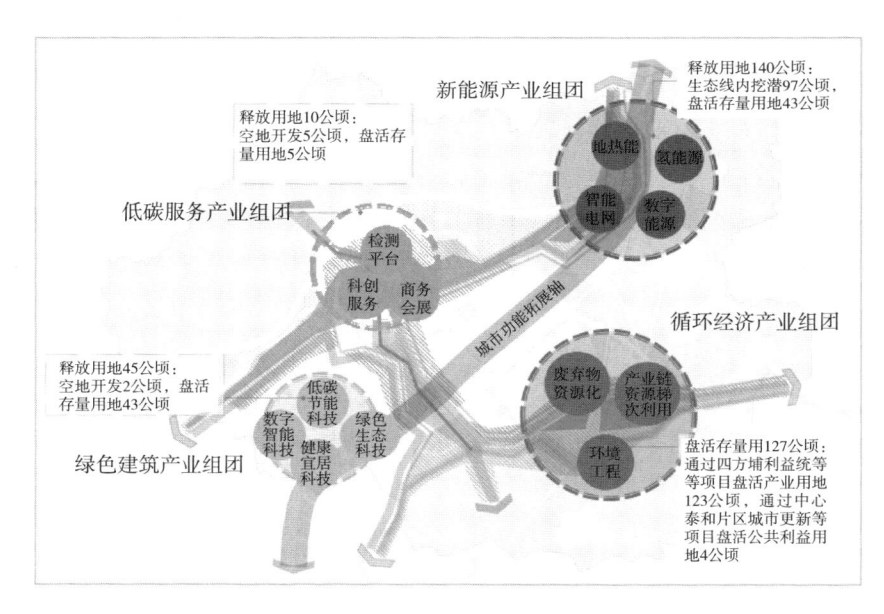

图6-3　国际低碳城产业空间布局示意

资料来源：《深圳国际低碳城综合发展规划》，2021年11月。

（二）布局4大产业组团：龙岗向深圳绿色低碳产业第一区迈进

自2013年开始，深圳已连续举办了9届深圳国际低碳城论坛，其中有6届的主会场设在位于坪地街道的深圳国际低碳城，深圳国际低碳城已然打造成为中国低碳发展的一张国际名片。2022年，是深圳国际低碳城论坛举办的第10年，龙岗绿色低碳发展也将由此开启新篇。

龙岗区围绕绿色低碳来谋划产业发展布局，不断推动低碳产业的集成发展，结合现有产业基础和深圳国际低碳城空间规划格局，布局新能源产业、绿色建筑产业、循环经济产业、低碳服务产业4大产业组团，将建设生态与高密度建成区融合发展的低碳城区。

其中，新能源产业组团中，氢能产业示范基地预计建成投产后产值达400亿—1000亿元。在绿色建筑产业组团方面，龙岗区引进了中建科技、中建海龙、中国能建等建筑智能智造重点企业，打造以高端化、绿色化、数字化为核心，集研发、试验、中试、制造功能于一体的高质量建筑产业园区。循环经济产业组团，则依托东部环保电厂、郎坤环保等重点企业，建设资源循环利用示范基地。低碳服务产业组团将重点发展绿色会展经济。[①]

预计2030年，龙岗区绿色低碳产业产值可达3400亿元，届时将成为深圳市绿色低碳产业第一区。

五　建设深圳文化创意产业东部中心

（一）文创龙岗发展及成就

在"品牌拉动、平台推动、规划带动、集群联动、创意驱动"思路的指导下，龙岗大力推进全区文化产业的全面发展。2016年，全区文化创意产业营业收入971.85亿元，增加值为264.43亿元，占GDP比重为8.32%。文化创意产业作为全区五大战略性新兴产业之一，已经成为龙岗区国民经济支柱性产业；全区共有文化企业4250家，其中规上企业342家，营业收入共723.32亿元、增加值共208.70亿元，分别占全区文化创意产业营业收入和增加值的80.73%、82.50%；全区形成了工艺美术（大芬油画村、文博宫）、文化装备（华为、兆驰、艾比森）、珠宝时尚（黄金谷、凡恩、横岗眼镜）、影视动漫（华夏动漫、太阳卡通、大地动画、注艺影视）、高端印刷（中华商务、力嘉印刷、通产丽星）五大产业

---

① 张鹏：《绿色发展路上，龙岗阔步向前！》，《龙岗融媒》2022年7月11日。

集群；全区共有 22 个文创园区，其中深圳文博会分会场 13 个，分会场数量连续 8 年居全市各区之首；以华侨城甘坑新镇、开心麻花华南总部、深圳文交所无形资产业务全国运营中心等一批重点文创项目为抓手，发挥其对周边区域、对全产业链的辐射带动作用，进而促进龙岗文创产业整体发展。

在全区 22 家文化创意产业园区中入驻企业总数为 1711 家，其中：国家级文化产业示范基地 2 个（大芬油画村、南岭中丝园），占全市同类基地总数的 25%；国家级 3A 景区 3 个；市级文化创意产业园区 10 个，占全市总数的比重超过 20%。其中，大芬油画村是深圳市首批国家级文化产业示范基地和中国（深圳）国际文化产业博览交易会分会场的开创者，具有较高的国际知名度和影响力。三联玉石村、宝福珠宝园、南岭中丝园等在行业内也具有一定的影响力和知名度。坂田创意园、2013 文化创客园、182 创意设计园、甘坑客家小镇、万科星火 ONLINE 等新的创意产业园区，崭露头角，受到关注。首批"深圳市文化创意产业百强企业"中，龙岗区占 9 席。在文化创意产业各代表性行业中拥有中华商务、华侨城文化集团、兆驰股份、通产丽星、华夏动漫、力嘉包装、艾比森等一批品牌企业和行业龙头企业。

（二）龙岗数字创意产业走廊

在广东深圳市，有一条绵延 46 千米、总面积达 32 平方千米的带状产业走廊，汇聚文化产业集聚空间 35 家、文化企业总部超 1 万家、从业人员超 28 万人，创建后短短 5 年即成为广东省唯一入选文化和旅游部第二批国家级文化产业示范园区创建名单的产业集聚区，这就是深圳龙岗数字创意产业走廊（以下简称龙岗数创走廊），2021 年创造营业收入达 1774 亿元。数字创意产业已被列入市委、市政府"20+8"产业集群和未来产业的战略规划之中，2022 年 6 月出台的《深圳市培育数字创意产业集群行动计划（2022—2025 年）》，提出构建"一核一廊多中心"的数创产业布局思路，其中"一廊"指的就是这个龙岗数创走廊（详情参见《龙岗数字创意产业走廊综合发展规划》）。

文化铸魂，科技赋能。龙岗数创走廊上布局了 5 个以云为名的园区。从西往东，星河云海、天安云谷、龙岗云中心、天健云途、低碳云城"五朵云"格外惹眼，依托区域数字技术发达和文化创意资源汇聚的优势，龙岗数创走廊通过大力推进数字技术在文化创意领域的创新应用，传统文化企业"上云、用数、赋智",呵护数创产业发展与壮大。如今,在龙岗数创走廊,华为基地、天安云谷、甘坑新镇、2013文创园等文化科技园区串点成链,万家文化企业星罗棋布,数字内容、数字设计、数字服务企业相继崛起,焕发出勃勃生机。

2017年,龙岗以数创走廊为载体规划建设了数创产业集聚区,寻求推动产业可持续发展的最佳路径。全国首个贯穿数创全产业链的集聚区逐步形成。如今,龙岗数创产业上游有数字内容、影视动漫、网络文学、文化IP;中游侧重文化内容的二次设计制作转化,以数字服务形式向周边延展;下游则依托数字装备和终端进行场景应用,包括数字艺术的展览展示、数字教育、数字文旅等,基本形成上中下游的产业闭环。但从整体来看,数创产业呈现出硬件强、软件弱的特点。

龙岗先后编制粤港澳大湾区数创产业基地综合发展规划、龙岗数创走廊综合发展规划,在全国率先推出"数创产业50条"。同时,建立1个文化产业通用扶持政策、1个走廊专项扶持政策、1个人才扶持政策和3个认定办法的"1+1+1+3"政策扶持体系,解决文化产业和数创产业政策扶持力度不够、体系不全的问题。

在关注和壮大新业态的同时,数创走廊也对传统文化产业赋能。大芬油画村重点推动传统文化业态的数字化发展,推动艺术作品数字化,开展数字展览展示,用数字灯光等元素推进街区小而美的改造升级,油画艺术家还纷纷在直播平台开启了线上营销模式。

穿梭在数创走廊,35家文化产业集聚空间、文创产业园区遍布其间,龙头企业、重大项目、特色产业鳞次栉比。这是龙岗数创走廊为发挥资源整合效能,通过构建智慧园区和服务平台、园区市场化服务打造的产业集聚效应,让越来越多的空间载体能优化配置、提升服务效率,不断降低进驻企业生产运营成本,提高数创产业效益。

沿着五和大道北行七八千米,便是龙岗数创走廊上的另一重要节点、毗邻华为总部的天安云谷产业园区,基于云服务理念构建的智慧园区服务体系,为大、中、小企业打造高端的产业空间,让金融、物流、信息等产业资源像水和电一样让用户随需使用,为新兴产业带来高效、低成本的云商务服务模式体验。

通过智慧化管理和社会资源整合,以数创产业为园区产业引入和发展重点,如今的天安云谷已拥有艾比森、康冠等"文化+科技"领域的龙头企业，洛克特视效、安奈儿设计、禄宝文化等一批行业内具有重要影响力的领军型、潜力型重点文化企业，成为新型产城融合社区平台和发展空间，成功引入文化企业390家，2021年产值已达271.3亿元。

通过建设覆盖产业全生命周期服务需求的综合服务平台，鼓励企业共享资源、生产协作，带动创新链、产业链协同发展。在"中核"建设的华为（龙岗）数创产业创新中心依托华为云强大算力，为区内企业提供大数据、人工智能、区块链技术、AR/VR技术支撑，并通过华为生态为数创走廊实施精准招商；"东核"推动电影科研所虚拟拍摄重点实验室落地，为影视企业提供基于LED背景墙的电影虚拟化拍摄制作解决方案；"西核"重点打造元宇宙XR视频拍摄基地，基于XR技术视频拍摄系统进行产业延伸和业态融合，综合运用大数据、人工智能等技术，为园区内企业提供XR技术全产业价值链服务。

未来五年，这里将成为辐射湾区、影响世界的数创产业全产业链"超级廊道"，形成超过30个数字创意产业园区，汇聚国内外数字创意产业专业人才30万人，年营收将突破3000亿元。

专栏6-1 数创走廊园区介绍

低碳云城——为深圳探索可持续发展的低碳样本。龙岗数创走廊上最为特殊的一朵"云"——低碳无疑是其最鲜明的特色。项目位于粤港澳数字创意走廊的"智造核心"和深圳国际低碳城核心启动区，处在五朵云的最东偏北部。

在这个项目上，华侨城集团立下三大发展愿景：绿色低碳、科技创新、文化旅游。这三大愿景全面贯穿在项目的每一处设计之中。三大核心产业发展方向：绿色低碳、新一代信息技术和数字创意，深度融入国家战略，构建片区产业升级转型示范园区。规划上，通过将文化会议中心、新桥世居客家围屋、低碳城滨水公园、低碳城公园统筹布局，以"山水文城"形成的低碳活力轴重建自然山水联系，创建绿色低碳、科技创新、文化体验等多元生活，构建区域全领域的生态格局，让整个核心启动区探索低碳、融入低碳、乐享低碳。

万科龙岗云中心——龙岗中心产业标杆，全区现建成的最高楼。

地处龙岗区龙城广场旁，毗邻龙岗区政府，无缝接驳地铁 3 号线龙城广场站。坐拥龙岗区级行政商务文化中心的优越位置，万科作为运营方，将其打造成龙岗中心的产业标杆。作为龙岗区现建成的最高楼，大楼共 47 层，200 米楼高。2022 年 6 月，龙岗云中心正式开业，项目作为万科龙岗中心城片区 180 万平方米旗舰综合体中的地标办公建筑，注入万科产城的生态体系运营，打造 11 万平方米优质产业空间，积极承接产业龙头的落户发展。目前，已入驻主营 3D 打印机业务的纵维立方、专注于企业网络营销推广服务的上市公司思亿欧网络等数字文化产业龙头企业，并持续吸引各行业龙头企业落户发展。

天健云途——国内首个数字建造及 BIM 建筑设计产业全产业链园区。"五朵云"中天健云途数字建筑设计产业园相对较小，但其定位非常专业化——国内首个以"数字建造及 BIM 建筑设计产业全产业链"为主题的数字建筑产业园。投资运营主体是有着国资背景的天健集团。天健云途园区占地面积 3.15 万平方米，地上建筑面积约 9.89 万平方米，其中研发办公空间约 6.9 万平方米，公寓 2.1 万平方米，其他商业及配套设施的体量约 0.89 万平方米。项目位于龙岗区回龙埔片区，毗邻盐龙大道、龙城大道等城市主干道，5 分钟连接水官高速、武深高速。

天健云途园区规划布局"4 区+2 基地+6 中心+N 配套"，"4 区"包括龙头企业引领区、技术研发加速区、BIM 设计应用区、关联产业链支撑区；"2 基地"包括数字建筑企业加速器、数字建筑产学研培训基地；"6 中心"包括数字建筑联合创新实验室、数字建筑混合云数据中心、数字建造标准研究院、建筑数据展示交易中心、智慧工地技术研发中心、装配式建筑供应链云平台；还有产业人才公寓、活力街区等生活设施配套。

产业园依托特区建工集团及天健集团，着力形成建筑业经济集群效应，高效整合现代建筑业上下游产业链，带动天健云途园区内企业共同发展。园区将力争通过 5 年的努力，构筑数字建筑设计产业集聚高地，发起设立深圳首个数字建筑行业协会，引进国内外数字化建筑设计项目 100 亿元，实现税收 1 亿元，科技投入 10 亿元，专利拥有量

1000个，与10家以上高校、研究院（所）及行业协会开展技术合作，集聚本科及以上学历人才1000余名，形成国家或行业标准10项、入园企业间采购及服务合同总量10亿元以上……

星河云海——打造全国标杆特色数创基地。作为数创走廊西起龙头，星河WORLD占据福田CBD、深圳北站商务区和坂雪岗科技城三角鼎立优势区位，享城市"东进、北拓"战略利好。项目占地约62.29万平方米，总建筑面积约160万平方米，聚焦新一代信息技术产业、高端装备制造产业、文化创意产业、生命健康产业、科技金融产业五大核心产业。

星河云海作为星河WORLD专注打造的数字创意产业基地，也是首个民营园区享有数字创意产业入驻企业扶持政策的园区。基地规划10万平方米，立足打造成全国标杆性特色数字创意产业基地，集聚数创企业超200家，创造年产值100亿元，重点发展五大业态，包括影视动漫业、游戏电竞业、网络视听业、数字设计业和数字硬件业。对入驻企业提供七大维度的扶持，包括人才奖励每年总金额达100万元，宿舍、广告位、停车场等相关配套。星河WORLD经过5年的运营，产研办公产品去化率连续位居深圳前列，目前招商入驻率高达99%，入驻企业超1200家，是深圳市商务局国际推广重点园区，运营至今获各项荣誉资质超15项。

天安云谷——以"文化+科技"为核心。天安云谷是"五朵云"中最早建成的，也是业态最成熟的。在32平方千米的数创走廊上，天安云谷位于数创总部核心区，与星河云海相距不远，都处在西核。具体而言，深圳天安云谷产业园位于深圳市龙岗区坂田街道坂雪岗科技城核心区内，毗邻华为总部，规划占地76万平方米，总规划建筑面积约289万平方米，分六期开发建设。建成后，计划引入文化、科技类企业3000余家，实现年产值6000亿元。

目前，一期55万平方米、二期83万平方米的产业研发大厦及商业配套已全部建成并投入使用，已引入企业625家，其中文化企业390家，文化企业数量占比为62.4%，文化企业年产值达271.3亿元（不含华为终端），产值占比为89.1%。文化企业类型涵盖了文化装备、影视后期制作、文化创意设计、文化软件、广告传媒、游戏动漫、互联网新媒体等多个领域。园区于2018年、2019年先后被认定为区级和市级文化创意产业园区，2020年获得省级文化产业示范园区创建资格，是粤港澳大湾区内数字创意产业的旗舰园区，也是龙岗数创走廊创建国家级文化产业示范园区的重要载体和核心节点。

在园区规划建设之初，投资及运营方天安骏业集团前瞻性地将"产城融合"理念融入规划中，瞄准"文化+科技"，特别是数字创意产业作为园区产业引入和发展的重点，充分发挥龙头带动优势，促进众多文化企业落户园区、融合发展。园区内已落户华为终端、艾比森光电、安奈儿设计、洛克特视效、禄宝文化、全游电竞、信新智本等一批在行业内具有重要影响力与代表性的领军型、潜力型重点文化企业。通过文化装备、创意设计、内容创作等领域龙头企业发挥产业带动作用，不断吸引相关产业链条的优质企业进驻，初步形成以文化智能硬件装备为核心、文化创意设计为支撑、软硬结合的数字创意产业集聚特色，涵盖国家文化产业九大分类的完备生态，产业集聚优势凸显。

(三) 深圳文化创意产业东部中心

随着龙岗文化创意产业快速发展，产值明显增加，文化创意产业以年均10%左右的速度增长，2020年全面实施深圳市"东进战略"，落实《深圳文化创新发展2020》计划，到2020年，全区文化创意产业增加值达到约400亿元，占全区GDP比重达到10%，成为龙岗区重要的战略性新兴产业和国民经济支柱产业。基本完成龙岗区文化创意产业的结构调整和优化升级，文化创意产业驱动区域整体转型升级发展成效显著，成为深圳市文化创意产业的发展亮点和创新基地，通过打造深圳市文化创新发展先行区、文创产城融合示范区和文化创客空间核心区，将龙岗区建设为深圳文化创意产业东部中心。

文化创新发展先行区：以文化创意产业内部的结构调整和优化升级实现文化创意产业的创新发展、融合发展、协调发展、跨越发展。实施"互联网+"行动，优化区内文化创意产业结构和布局，探索创新发展模式和商业运营模式，重点行业和新兴行业集聚效应进一步增强，相关产业文化含量和科技含量明显提升，新兴业态比重加大并具备持续创新能力；打造一批具有核心竞争力和外向型特征的企业和品牌，打造若干新一代文化创意产业园区；以华侨城甘坑新镇为核心区，以天安云谷、启迪协信、星河 WORLD 等"文化+科技"园区为支撑，规划建设粤港澳大湾区数字创意产业中心。

文创产城融合示范区：实施"文创+"行动，文化创意产业与科技、资本、信息及相关产业实现全方位、深层次、宽领域的融合发展，引导城市规划和城市建设与城市产业升级、社会转型、城市功能结构优化在时间和空间上的联动与匹配。以龙岗的自然环境、人文环境为依托，依据龙岗区"山环水润、产城融合"的发展战略，充分发挥人才、科技、资金、需求等要素在城市建设过程中的推动作用，强化文化创意产业与城市更新、文化消费、市民生活以及传统文化保护的深度结合，发挥文化创意产业在城市功能打造、产业结构升级中的引擎作用，进一步将文化创意产业植入龙岗战略发展格局，支撑龙岗区创新驱动发展战略，推动龙岗区向深度城市化发展、向后工业化转进。

文化创客空间核心区：积极发挥龙岗在"文化创客"概念、园区和活动载体上的探索和引领作用，利用龙岗建设国际化高等教育强区和区域文化科技创新中心的战略契机，大力提升和改善区域内文化及相关基础和配套设施，以新建园区为抓手，逐步推进全区所有具备条件的园区建设"众创空间""艺术创客空间"，吸引文化创意人才集聚，并形成富于活力的创新氛围，成为孵化文化创客的创业热土。

六　打造现代产业体系

（一）现阶段龙岗产业特征

在产业结构方面，工业是龙岗经济的主要支柱。其中计算机、通信和其他电子设备制造业为龙岗第一大行业，也是最大的产业集群，占全区工业的比重接近 74%。以华为等公司为代表的电子通信企业蓬勃发展，对龙岗产业起到了核心支柱作用。基于深圳创新创业肥沃的土壤，结合地理形态和产业空间布局，至 2022 年年底，龙岗已形成了一个金字塔状的企业发展格局。

以平湖物流园区、华南城跨境电商为核心的现代物流产业集群逐步壮大，全国前十大跨境电商企业，有 4 家在华南城。总体上，第三产业在龙岗区的产业结构中作用日益明显，并呈现出显著的上升趋势。

经过 20 多年的发展，龙岗区已形成大小产业园区近千个。从片区范畴看，龙岗产业主要集中在坂雪岗科技城、大运新城、国际低碳城、平湖金融与现代服务业基地 4 个市级重点区域，宝龙高新园、阿波罗未来产业园等区级重点区域。这些重点片区是龙岗产业发展的主战场，也是龙岗未来产业发展的核心区。此外，龙岗还积极打造各类特色园区，重点推动36个创新园区建设，其中中海信创新产业城获评全国首批"国家应急产业示范基地"，坂田天安云谷成为新一代智慧型园区。已投入运营的创新产业园区中共提供了725万平方米产业空间，吸引了近1700家企业项目入驻，其中超亿元企业83家，上市企业30家，拟上市企业67家。

（二）龙岗产业空间布局

1. 发展目标

打造龙岗现代产业体系。落实"中国制造2025"战略，加快发展先进制造业，推动由"龙岗制造"到"龙岗智造"的转变。培育企业和产业集群。加强企业的引导与服务，推动企业提升核心竞争力。

2. 产业空间体系

依据龙岗区综合发展规划，龙岗将形成"一核三带多点"的产业空间体系（详情参见《深圳市龙岗区综合发展规划（2014—2030）》），高效合理配置有限资源，推进产业转型升级、提质增效、创新发展；强化核心功能，促进"产校城"融合发展。

"一核"驱动——龙岗"智造"驱动核，即位于大运新城的深圳国际大学园。重点布局科研教育、创新创业、综合服务等产业，利用创新驱动和产城融合发展的契机，将其打造为以国际化高等教育为引领、产学研一体化的科技创新中心，以知识驱动全区产业转型的战略核心，以纽带链接促进全区产业的联动发展。

"三带"协同——"三带"即北部科技及创新发展带、龙岗大道生活及现代服务带、南部高新技术产业带。

"多点"支撑——按照"启动一批、提升一批、规划一批"的滚动发展模式，结合全区各园区的产业基础和发展优势，明确功能和产业定位，积极吸引相关企业和项目进驻，全面推进创新产业园区发展，有效支撑龙岗产业转型提升。

（三）龙岗产业发展配套服务体系

1. 科技研发体系

龙岗区已引进建设太空科技南方研究院、香港中文大学（深圳）机器人与智能制造研究院等5个新型科研机构，成立全省首家区级技术转移促进中心，新建无线通信接入技术国家重点实验室等146个创新平台，着力提升区域创新能力，五年实现翻番。规划建设龙岗天安数码、大运软件小镇等36个创新产业园区。龙岗技术转移促进中心、香港中文大学（深圳）机器人与智能制造研究院、深圳大学龙岗创新研究院、深圳太空科技南方研究院、智能视听研究院等多个高端科技基础项目陆续建成。

2. 企业孵化培育体系

继中海信产业园成为全市首个民营国家级孵化器之后，2016年，大运软件小镇获评国家级科技企业孵化器，全区科技孵化器累计达24家。新增天安云谷—德国、中海信—俄罗斯、天安云谷—澳大利亚3列国际创新创业直通车，累计7列。

与此同时，积极推进众创龙岗建设，持续加大力度支持"双创"发展。组建龙岗众创联盟，指导多家创客空间获得市级认定扶持，累计建成创客空间30家，众创服务平台6家，在孵中小微企业超过200家。

3. 成果转化体系

着力提升技术转移服务，累计整合科技成果26.3万项，专家1.3万名，高校院所1000多所，服务区内企业8600多家，提供对接服务7000多次，促成技术交易136例，合同金额1.2亿元。

依托国际大学各优势学科，按照"一大学一中心"思路，规划近期建设一批特色明显的创新中心，加快打造大学校区、科技园区相结合的创新生态圈。鼓励大学园的青年学生、老师参与创新创业，促进产学研合作和科技成果产业化，形成完整的创新链条，引领区域创新体系发展。

4. 促进产业金融创新

推进收购兼并市场发展，鼓励龙头企业以横向并购的方式整合同行业内竞争企业，以纵向并购的方式整合产业链上下游企业。

支持创客空间引进创业导师模式，探索服务换股权、租金换股权等新型园区金融模式，促进创新创业发展。

加快培育互联网金融，加大力度规范民间融资市场主体，拓宽合法融资渠道，丰富区内互联网金融的企业和产品。

推广PPP模式，探索融资租赁业务新模式，推进供应链金融发展。优化和发展工程担保模式，加强和促进工程担保与工程保险的联动作用，降低工程风险及提高工程质量。

5. 推动商业、物流业与制造业联动发展

发挥龙岗区作为深圳创新创业重点地区的优势，全面落实全区创新驱动战略，依托区内高端资源要素的不断聚集，加强商业创新，大力发展电子商务，推动智慧商业发展，提升商业现代化信息化水平，鼓励商业业态跨界融合创新，以商业创新激发商业的发展活力。

鼓励制造业企业更新业务流程，将原材料、半成品、成品购销等非核心业务分离外包，专心致力于研发等核心业务的发展。组织实施一批制造业与物流业联动发展的示范工程和重点项目，促进制造业与物流业信息共享、标准对接，实现物流设施、设备的标准化对接，促进现代制造业与物流业有机融合、联动发展。

6. 人才集聚

龙岗区积极对接国际创新资源，吸引优质项目、人才落地，取得一系列实质性成果，引进海外创新型企业和团队15个。深入实施"深龙英才"计划和"以房引才"模式，瞄准本地产业需求，争取引进更多高端创新人才团队，形成创新人才"选得准、引得来、留得住、用得好"的局面。过去5年，新增国际国内院士3名、"千人计划"专家29名、市"孔雀计划"人才124名、省创新创业团队和"孔雀计划"团队12个，引进一大批教育、医疗、文体等专业人才。在天安云谷建成华南地区首家国家级人力资源服务产业园。

> **专栏 6-2　孔雀计划**
>
> 　　深圳经济特区于2010年10月推出的引进高技术人才的项目，重点围绕深圳经济特区发展战略目标，以推动高新技术、金融、物流、文化等支柱产业，培育新能源、互联网、生物、新材料等战略性新兴产业为重点，聚集一大批海外高层次创新创业人才和团队，突出推动支柱产业和战略性新兴产业领域的人才队伍结构优化和自主创新能力提升，力争把深圳经济特区建设成为亚太地区创业创新活动活跃、海外高层次人才向往汇聚的国际人才"宜聚"城市。纳入"孔雀计划"的海外高层次人才，可享受80万—150万元的奖励补贴，并享受居留和出入境、落户、子女入学、配偶就业、医疗保险等方面的待遇政策。对于引进的世界一流团队给予最高8000万元的专项资助，并在创业启动、项目研发、政策配套、成果转化等方面支持海外高层次人才创新创业。

第三节　高起点深圳东部中心崛起

2022年10月16日中国共产党第二十次全国代表大会在北京召开，习近平总书记在党的二十大报告中提出"以中国式现代化全面推进中华民族伟大复兴"，坚持以推动高质量发展为主题，把实施扩大内需战略同深化供给侧结构性改革有机结合起来，增强国内大循环内生动力和可靠性，提升国际循环质量和水平，加快建设现代化经济体系，着力提高全要素生产率，着力提升产业链供应链韧性和安全水平，着力推进城乡融合和区域协调发展，推动经济实现质的有效提升和量的合理增长。① 实施科教兴国战略，必须坚持科技是第一生产力、人才是第一资源、创新是第一动力，深入实施科教兴国战略、人才强国战略、创新驱动发展战略，开辟发展新领域新赛道，不断塑造发展新动能新优势。

2022年，龙岗全区地区生产总值4759.06亿元，同比增长3%，比建区时增长近110倍。其中，第一产业增加值为1.46亿元，同比增加10.6%；第二产业增加值为3243.09亿元，同比增加4.2%；第三产业增加值为1514.51亿元，同比增长0.4%。昔日深圳的边缘地区已华丽蝶变为全市的城市副中心，一个宜居宜业、活力迸发的崭新城区正在深圳东部迅速崛起。重点区域建设是拉动经济发展的"火车头"，项目落地的数量关系未来经济发展的增量。一大批技术含量高、支撑作用大、带动能力强的大项目扎根落地。随着深圳国际大学园选址落户龙岗，成为大运深港国际科教城，递进式发展成"东部中心核心区、深圳城市新客厅"，以及2016年深圳市提出"东进战略"，2021年龙岗实施"一芯两核多支点"发展战略，建设现代化国际化高品质城区，龙岗将进入一个城市发展的新阶段。按照"高端引领、创新驱动"的思路，注重区域联手，共同将东部打造成深圳发展的第三极、深圳东部中心。

---

① 习近平：《高举中国特色社会主义伟大旗帜为全面建设社会主义现代化国家而团结奋斗——在中国共产党第二十次全国代表大会上的报告》，《中国产经》2022年10月15日。

一 "一芯两核多支点"发展战略

（一）"双核引领、多轮驱动"战略

2020年，龙岗区六届三次党代会明确提出大力实施"双核引领、多轮驱动"战略。"双核引领"就是发挥大运新城、坂雪岗科技城"双核"的高位发展势能，引领龙岗东、西片区均衡发展。以大运新城为龙岗东核心，依托国际大学园、深港国际中心等重点平台、重大项目，打造创新活力迸发、环境宜居宜业、产城深度融合的现代化国际化"城市新客厅"，深入辐射带动横岗、园山、龙岗、龙城、宝龙、坪地六个街道高水平建设。以坂雪岗科技城为龙岗西核心，依托世界级新一代信息技术产业集群，发挥在"广深港澳科技创新走廊"中的核心节点作用，聚集高端资源，打造以创新为引领的现代化经济体系示范区、低碳生态人文宜居的新型智慧城市标杆区，扇形辐射带动平湖、布吉、吉华、坂田、南湾五个街道高质量发展。"多轮驱动"就是推动重点区域扩容提质和均衡发展，明确整体规划和开发建设时序，强化重点区域的"引擎"驱动作用。"双核"之选重点在于打造创新发展的核心引擎。坂雪岗科技城、大运新城是全区最具有创新资源和创新基础的片区，最有潜力引领龙岗担此重任。大运新城代表的是以国际大学园为核心的知识创新体系，坂雪岗科技城代表的是以华为为核心的科技创新体系。这两个片区在过往发展中一直引领着龙岗的产业经济、城市品质转型发展。特别是坂雪岗科技城的提出，超越了以往单一以城市商务中心为核的固有思维模式，树立了以科技中心为城市发展核心的模式。坂雪岗科技城干好了，不仅代表龙岗，更是代表深圳乃至国家参与全球产业技术创新竞争的重要载体，形成辐射全球的战略区域。"多轮"构建重点在于奠定创新发展的基石。深圳的市域面积不到2000平方千米，但管理人口却与北京、上海相当。和"北上广"相比，深圳这样一个"袖珍型"城市要承载"中国特色社会主义先行示范区"建设使命，必然要大力提升城市功能，如果只是着眼于某一片、某一街，显然无法承担。针对每个街道遴选最具发展潜力、最有基础的片区作为"发动机"，带动全域发展是必要的，也是可行的。再加上龙岗已全面进入存量开发时代，只有尽可能谋划"多"的重点区域来承载更多的优质产城要素落地，才能更好带动全域高质量一体化发展。坚持"双核引领、多轮驱动"，就是充分依托各重点片区，实施高标准规划建设，推进现代化城市管理治理，促进龙岗高位均衡协调发展。

全面发挥大运新城、坂雪岗科技城双核心引擎作用,全面启动各重点片区规划建设,强化统筹联动、项目支撑,充分激发重点片区在创新、生态、文化、交通枢纽、新兴产业、城市服务等方面的优势,大力引进培育各类优质资源要素,不断提升重点区域发展能级,积极打造经济增长高速度、城区面貌高品质的产城深度融合载体,在治理体系和治理能力现代化上先行探索,在可持续发展上先行示范,更好带动全区高质量一体化发展,着力形成空间统筹利用领域深化改革、先行先试的更多成功经验,全面凸显龙岗的新动能新优势,加快确立提升龙岗在深圳发展格局中的新坐标。

(二)"一芯两核多支点"区域发展战略

进入新发展阶段,必须贯彻新发展理念、构建新发展格局,为进一步抢抓粤港澳大湾区、深圳都市圈发展机遇,加快打造创新龙岗、东部中心、产业高地、幸福家园,经过充分调研、反复论证,区委对"双核引领、多轮驱动"发展战略进一步优化提升,2021年7月22日,《深圳市龙岗区国民经济和社会发展第十四个五年规划和2035年远景目标纲要》(以下简称《规划纲要》)发布,全面总结了龙岗区"十三五"期间经济社会发展成绩,并发布了"十四五"最新战略定位和目标。

到2025年,推动龙岗经济实力再上新台阶,领跑全国工业百强区,高质量发展、可持续发展成为全省乃至全国城区范例,基本建成现代化国际化创新型的深圳城市东部中心,打造深圳都市圈区域城市中心,基本实现社会主义现代化,建设"创新龙岗、东部中心、产业高地、幸福家园"。

对此,龙岗区将实施"一芯两核多支点"发展战略(见图6-4),建设现代化国际化高品质城区,各个街道也被赋予新的定位和使命。同时,到2025年龙岗区地区生产总值预计超过6800亿元。

《规划纲要》在"一芯两核多支点"建设的基础上,对标最好最优,以高标准、新理念推进龙岗城市规划建设,指出优化提升三大城市发展轴,形成高标准城市发展新格局。

打造龙岗大道城市功能联动轴,依托龙岗大道(轨道交通3号线),重点推进各级公共中心的功能联动和服务完善,整体提升沿线城市建设品质,推动龙岗综合服务功能的东进拓展。

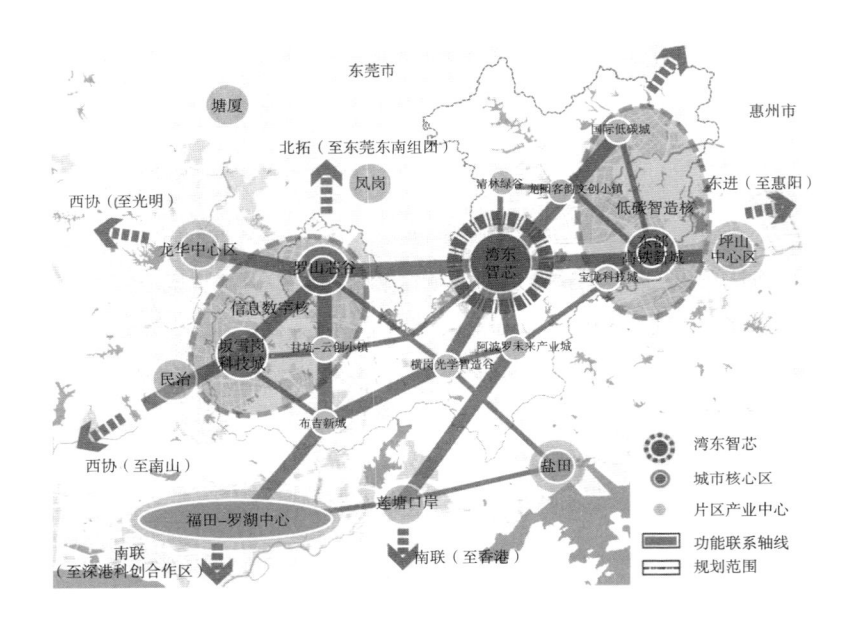

图 6-4 龙岗区"一芯两核多支点"战略布局示意

资料来源:《龙岗区国土空间分区规划(2020—2035)》。

谋划打造深港科技合作东部轴,依托莲塘口岸、东部过境高速及 16 号线南延等交通优势,链接大运深港国际科教城—宝龙科技城—阿波罗未来产业城—香港科技园等深港协同创新节点,形成深圳东部直通香港的新型创新轴。

大力发展北部区域联动轴,依托 10 号线、深惠城际线,强化龙岗与南山、龙华、坪山以及东莞凤岗等地区的空间联系,加快坂雪岗科技城、大运深港国际科教城、宝龙科技城等重大创新平台及龙岗东西片区的整合联动建设。

各个街道被赋予新定位新使命,带动全区高质量发展。物流中枢平湖、文化商圈布吉、时尚小镇横岗、东部芯城龙城……龙岗区 11 个街道被赋予了新的发展定位和使命。《规划纲要》围绕龙岗区发展目标谋划街道发展,充分发挥街道的主动性、积极性、创造性,依托各街道资源禀赋及产业优势,科学谋划各街道发展定位,构建各具特色、协作明确、定位精准的街道特色差异化发展格局,夯实街道发展基础,带动全区高质量一体化发展。

专栏6-3 龙岗区各个街道发展定位与建设重点

平湖街道：百年平湖、物流中枢、智造新城。协同坂田打造世界级电子信息产业集群承载区，加快建设平湖、白坭坑双枢纽，打造产城融合新高地、深莞合作试验区、时尚消费新中心、站城一体新门户。

布吉街道：东进门户、文化商圈、品质布吉。大力推动老旧城市二次开发，打造集站城一体的枢纽中心、商贸中心、文化创意产业集聚区、综合服务中心、多元融合的宜居家园于一体的枢纽活力新城。

吉华街道：客韵古镇、文创高地、智美吉华。全面融入世界级电子信息产业集群承载区，引导北片区产业空间升级，打造ICT移动终端产业集聚区；强化甘坑新镇休闲旅游功能；提升南片区综合服务水平。

坂田街道：产业龙头、国际街区、智慧家园。以ICT产业为核心、以世界级企业总部为龙头，建设产业生态圈、部署产业创新链、完善人才链、配套政策链，打造万亿级ICT产业集群承载区、科技产业与城市发展深度融合的国际化城区。

南湾街道：云创南湾、高端物流、生态名城。擦亮云创小镇名片，创建"涉云产业及互联网、创新创业示范基地"，建设"三生"融合、产城融合品质新城。

横岗街道：光学智谷、时尚小镇、宜居家园。北部打造龙岗区综合行政服务大厅，中部塑造时尚文化小镇，南部构建以ICT和AIoT智造为主的集成电路、光学显示等产业，建设科技智造城、和谐宜居地。

园山街道：核心枢纽、魅力山水、产业新城。依托阿波罗未来产业城，充分发挥大运枢纽等交通优势，挖掘"三山两河"独特生态资源潜力，高品质高质量打造宜居宜业的产业园山、活力园山、大美园山。

龙岗街道：智创腹地、生态龙岗、客韵新城。以高端智造融入科教之芯，挖潜龙西五联连片产业空间，打造智创高地；以绿色发展绽放生态之美，探索清林径水库、红花岭采石场群等综合利用模式，建设清林绿谷；以精品工程打造"一河两岸"示范段，提升龙园品质，

> 活化鹤湖新居,焕发客韵新彩。
> 龙城街道:科教高地、东部芯城、国际客厅。以深港合作为重要抓手,建设高水平深圳城市东部中心之"芯",将大运深港国际科教城打造成大湾区综合性国家科学中心的重要支撑、深港合作的重要基地,大力发展高端商贸服务业。
> 宝龙街道:高铁新城、科技引擎、创智宝龙。重点推进宝龙科技城、东部高铁产业新城、宝龙生物药创新发展先导区建设,打造创新强劲、产业活跃、交通互联、服务完备的湾区东翼创智中枢、深圳东部枢纽门户和龙岗经济发展"第三引擎"。
> 坪地街道:低碳示范、绿色城区、东北门户。高规格建设国际低碳城,全面推广绿色生活,大力发展绿色产业,加快绿色建筑普及,打造深圳可持续发展创新示范城区和深莞惠联动发展先行区。

1. "湾东智芯"科技创新

"一芯",即湾东智芯(见图6-5),主要是发挥大运深港国际科教城的科研创新功能和龙岗中心城的综合服务功能,推动大运深港国际科教城纳入深圳建设综合性国家科学中心框架范围,打造大湾区综合性国家科学中心的重要支撑平台;依托深圳国际大学园、深港国际中心、天安数码城等平台资源,推动深港科研、产业、人才等优质资源高效汇聚,打造深港科技创新合作和香港青年创业的重要基地;发挥龙岗中心城行政、文化、居住、商业等综合服务功能的优势,联动阿波罗未来产业城、横岗光学智谷、清林绿谷等产业和居住组团,打造文体辉映、往来便捷、产城融合的高水平深圳东部中心、现代化国际化"城市新客厅"。[①]

自2013年7月纳入全市重点区域的发展版图后,历经大运会时代的"体育新城—活力新城"、后大运会时代的"国际大学园,魅力新高地",递进式发展成"东部中心核心区、深圳城市新客厅",这一片区整体定位与发展能级不断提升。

以大运深港国际科教城为核心,一个科技创新圈正加快形成。该片区已形成以深圳国际大学园为创新核,各类创新资源加速集聚的态势。

---

① 郭嘉慧、智文学:《深圳龙岗:产城融合构筑湾区创新科技新高地》,《中国商报》2021年9月24日。

图 6-5　湾东智芯俯瞰图（龙岗区委宣传部供图）

汇聚了 3 家诺贝尔奖科学家实验室，2 家深圳市十大基础研究机构，42 个创新平台，建成产业空间 150 万平方米，拥有众创空间 22 家、科技企业孵化器 8 家。

当下，香港中文大学（深圳）、深圳北理莫斯科大学等一批国际高水平大学入驻龙岗，使龙岗具备了高新技术发展以及重大科技基础设施建设的基础条件及优势。香港中文大学（深圳）已建有广东省大数据计算基础理论与方法重点实验室、广东省未来智能网络重点实验室，以及深圳市大数据研究院、深圳市人工智能与机器人研究院等一大批高端研究机构，为深圳的基础研究和深圳头部企业研发提供了重要支撑。

大运深港国际科教城的"创新圈"加速形成。2021 年，龙岗区与香港中文大学（深圳）全面加强战略合作，大力推动深圳先进高分子材料研究院、国家健康医疗大数据研究院（深圳）、城市地下空间及能源研究院等六所科研平台的落户。通过建设大运深港国际科教城，可以使深圳东部西部的科技资源发展均衡；深圳在建设自主创新高地的同时，还要在大湾区发挥核心引擎、辐射带动作用，通过这项规划，可以增强东莞、惠州等地的协同发展。

2."东西两核"产业集聚与辐射带动

"两核"，就是东西双核。西核是信息数字核，主要是充分发挥坂雪岗科技城的电子信息产业优势，以罗山芯谷、甘坑新镇等产业空间为载体，完善公共配套设施建设，联动南湾云创小镇、布吉新城等周边区域，构建多层次产业生态体系，打造万亿级世界电子信息产业集群承载区。

东核是低碳智造核,重点推进深圳国际低碳城、宝龙科技城、东部高铁新城发展建设,高标准规划建设宝龙生物药创新发展先导区,以站城一体化推动复合型高铁枢纽建设,打造创新强劲、产业活跃、交通互联、服务完备、环境美好、产业链创新链深度融合的深圳东部枢纽门户。[①]

西核——龙岗西核正整合坂雪岗科技城、平湖以及周边潜力空间,构建多层次产业生态体系,打造龙岗世界级电子信息产业集群承载区、千亿级跨境电商产业集聚区的产业高地。

步入"轨道时代"的龙岗西部地区,其战略要地的重要性凸显。深圳地铁5号线于2011年6月22日开通运营一期工程,标志着坂田首先进入了轨道网。2020年,由平湖开往福田的地铁10号线正式通车,结束了平湖无地铁的历史。平湖南站同时也是肩负新时代"一带一路"使命的中欧班列(湾区号)的始发站。

正在建设的平湖枢纽,汇集了广深城际、深惠城际、深大城际等城际轨交系统。除了已经投入运营的地铁10号线,还规划有地铁18号线、17号线、21号线以及10号线东延线,未来将通往宝安空港新城、光明、盐田、罗湖、龙岗大运新城等核心区域(见图6-6)。

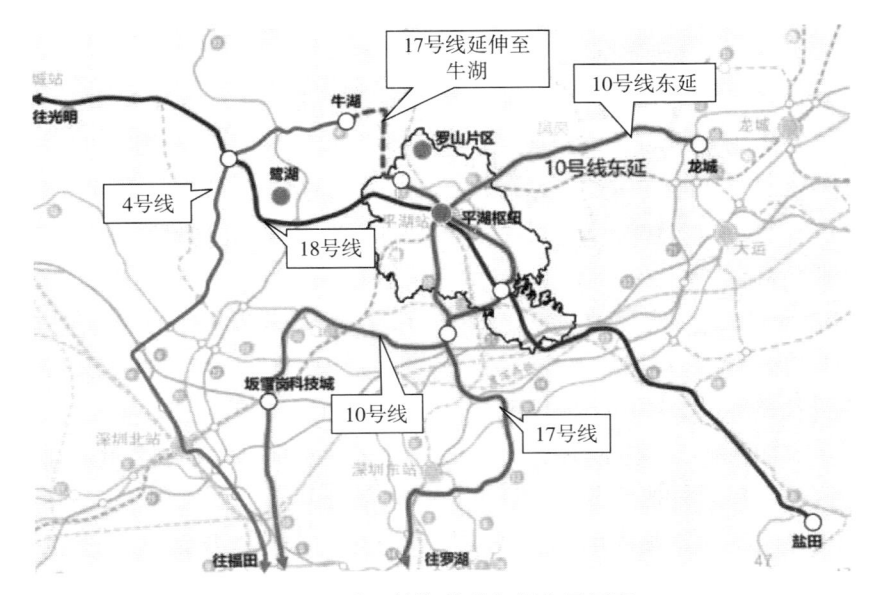

图6-6 "西核"轨道规划布局示意

[①] 郭嘉慧、智文学:《深圳龙岗:产城融合构筑湾区创新科技新高地》,《中国商报》2021年9月24日。

作为西核组成部分的坂田，将在五和交通枢纽坐拥五线换乘，成为深圳市客流量第三，仅次于前海枢纽和深圳北枢纽的交通枢纽，发挥极大的辐射力，带动龙岗西核高质量发展。

随着华为源源不断汇聚来自全球的科技和人才资源，坂田一跃成为亚太ICT产业高地。坂田被广东省定为"广州—深圳—香港—澳门"科技创新走廊十大创新平台之一，成为深圳市融入粤港澳大湾区建设发展的重要节点，也是深圳市"中优"战略重点建设片区之一，其所拥有的461家国家级高新技术企业，548家规模以上企业，奠定了世界级电子信息产业集群承载区的雄厚优势。

如今西核区域与世界的联系更加紧密。华为是世界级的企业，坂田也是亚太ICT产业中心之一，每年来自世界各国的客户、合作伙伴、华为的各国员工将龙岗的西核与世界联系起来。2000年以来，以华南城为代表的现代物流产业集聚平湖，中国跨境电商企业巨头纷纷抢滩，电商产业迅猛增长，借力电商网络，在此与世界各地联通。如今，华南城已挂牌"国家电子商务示范基地"，集聚电商企业300多家，其中跨境电商120多家，成为深圳最大的跨境电商集聚区。随着平湖ICT产业快速崛起，一批战略性ICT产业项目在此加速布局。

在西核世界级电子信息产业集群承载区热火朝天建设图景中，另一组成部分坂田正在构建全球电子信息产业创新策源地，届时将以天安云谷二期、星河WORLD双子塔等为阵地，以5G通信、智能终端、半导体、云计算、人工智能、智能汽车六大产业为重点，构建世界级电子信息产业集群生态圈。

同时坂田还将强化"三区带动"功能，全力促进产城融合再上新台阶。"三区"是指坂田北科技商务核心区、坂田中部公共服务核心区、坂田南科教核心区。其中，坂田北科技商务核心区将依托华为基地、天安云谷、宝能科技园、金园片区、康冠、航嘉等总部基地，打造电子信息产业高度聚集的科技商务核心区。坂田中部公共服务核心区依托五和枢纽城市更新单元、龙岗国际艺术中心、黄金山公园、深澳文化产业园，为居民群众和科技企业提供高度国际化、体验人性化、全域共享化的城市公共服务空间。坂田南科教核心区依托深圳科技博览中心、星河WORLD园区、坂田手造街，提升片区城市面貌，为居民群众提供集科技博览、文化体验、娱乐休闲于一体的科教核心区。

第六章　质量引领：新型城市化时期（2012—2023年）

东核——多年来，宝龙由最初的"单纯加工制造"向发展高科技制造业，再向"总部办公+研发设计+核心部件制造"转变，如今重点发展先进制造、生物医药等战略性新兴产业，成了深圳国家自主创新示范区和深圳国家级高新区重要组成部分、广深港澳科技创新走廊重要节点，拥有生物药创新发展先导区、宝龙先进制造业园区，并同其周边的东部高铁新城、深圳国际低碳城一起组团出道，成为龙岗区"一芯两核多支点"区域发展战略中的"低碳智造核"（东核）。

从加工到制造再到智造，从工业园区到科技城再到组团发展，成为"一芯两核多支点"区域发展战略的主阵地，围绕"低碳智造核"定位，打造具有竞争力的新兴产业集群和龙岗区"产业支柱"，见证龙岗东核的强势崛起。

2015年深圳"东进战略"启动之后，作为深圳制造业大区，龙岗优先发展制造业、战略性新兴产业和未来产业，落实"中国制造2025战略"，推动"龙岗制造"向"龙岗智造"转变。宝龙科技城成为龙岗的重要抓手，该片区已初步形成以新一代信息技术、新能源、新材料、生物医药、智能制造五大战略性新兴产业为主导的发展格局。

深圳（宝龙）先进制造产业园位于宝龙街道宝龙科技城片区，是深圳市在宝龙布局的又一重点园区。园区现已完成空间布局规划编制，市、区在宝龙谋划布局的方正微电子公司、精锋医疗等一批重点项目也已陆续落地落位，未来将打造"百亿级工业母厂"，构建面向未来的现代产业体系。

宝龙科技城内的生物药创新发展先导区，是全市重点打造的生物医药产业特色园区。2021年年底宝龙科技城有规模以上企业151家，国家高新技术企业201家。

宝龙科技城也带动了宝龙街道成为龙岗区重要的产业重镇。街道现有规上工业企业389家，国家高新技术企业406家，超亿元企业109家，超10亿元企业10家，超百亿元企业2家，聚集了比亚迪精密、比亚迪锂电池等一批领军企业和精锋医疗、亚辉龙等一批细分领域代表企业，初步形成ICT、AIoT、BT、新能源、新材料五大产业齐头并进的发展格局。

2021年龙岗区六届五次党代会上，东部三个重点区域——位于坪地街道的深圳国际低碳城、位于宝龙街道的东部高铁新城、宝龙科技城，被统一纳入东核低碳智造核，组团打造创新强劲、产业活跃、交通互联、服务完备、环境美好、产业链创新链深度融合的深圳东部枢纽门户。

其中，轨道交通也正加速东核心的3个重点区域之间的"硬联通"。未来将建成的深圳地铁3号线东延段、16号线、14号线，为坪地和宝龙片区搭建起了通道，推动东核心形成内畅外通的交通格局。

3."多支点"支撑产业发展

"多支点"，就是在"一芯两核"辐射带动下，以区内重点区域为载体，发挥各自优势，构建支撑龙岗产业发展的"四梁八柱"，促进龙岗全域形成优势互补、均衡协调的发展格局。其中，阿波罗未来产业城将大力发展未来产业和战略性新兴产业，打造成为深圳东部科技创新与成果转化基地、粤港澳大湾区未来产业先导区；布吉新城将重点发展商贸服务、创意生活、生命科学等产业，打造枢纽活力新城，树立渐进式城市修复典范；横岗光学智谷将重点发展光学显示、半导体、文化创意等产业，打造成为科技智造城、创意生活谷，构建时尚文化创意产业带；清林绿谷将依托清林径水库、五联河、龙西河等优质生态资源，打造成为彰显清林径片区生态本底特色的绿色智造新城、新兴产业基地；南湾云创小镇将重点发展云服务、智能软件、在线供应链金融等产业，打造成为涉云产业特色小镇和物流产业升级的新型示范区；龙园客韵文创小镇将以龙岗河为依托，以鹤湖新居、盛平都市生活配套等为基底，打造成为以客家文化和滨水生态为本底的"客韵新城"。

二 大运国际科教城建设

（一）国际大学园落户龙岗

深圳城市发展方向长期以来"西强东弱"，从罗湖到福田、到南山、再外溢到宝安，主要沿珠江东岸和广深公路"一路向西"，龙岗作为深圳的东翼，在深圳"西强"中长期处于"东弱"的"后发"地位。随着2011年第26届大运会召开，作为大运场馆主战场的龙岗迎来了千载难逢的发展机遇，龙岗实现了真正意义上的华丽嬗变，龙岗城市化的标准和水平进一步提高，其中龙岗中心城也从原来的行政区域扩至16平方千米的"大运新城"区域。2013年龙岗区提出了"高端引领，创新驱动"的发展战略，并开始编制《大运新城综合发展规划》，提出在赛后利用上引入教育科研要素。恰好当时区里了解到市教育局要跟市主要领导汇报新的深圳市大学城二期选址工作，这与大运新城规划不谋而合。龙岗区敏锐地抓住深圳高等教育加快发展的重大机遇，邀请市教育局相关领导到大运新城考察，优先考虑在龙岗选址。有了规划基础，结合国内外大学城发展的经验，在龙岗区核心地段大运新城片区划出2.66平方千米的土地用来建设国际大学园。

2013年10月，深圳市政府原则确定龙岗区体育中心地块集中建设特色学院。2014年1月，许勤市长主持召开会议明确提出在龙岗区体育中心地块启动国际大学园建设，确保2014年内具备开工条件。2014年11月，深圳市政府正式决定将大运新城2.66平方千米范围作为特色学院独立办学的集中建设区，命名为"深圳国际大学园"。按照规划，深圳国际大学园位于大运新城中部，包括深圳信息职业技术学院、香港中文大学（深圳）、深圳北理莫斯科大学等高校，以及配套建设的科研共享中心及院士村。

为了深化粤港高等教育合作，引进香港优质高等教育资源，加快培养国际化、创新型高层次人才，教育部于2014年4月28日正式批准设立香港中文大学（深圳），由广东省人民政府依法进行管理。随着特区实现一体化，高端人才不断流入龙岗，交通、教育、医疗等民生方面实现日新月异的变化，香港中文大学（深圳）经深圳市政府确定落户龙岗大运新城。学校选址位于大运中心西南侧、龙翔大道北侧，由龙岗北通道两侧地块组成，整体规划用地面积100公顷，建筑面积45万平方米，分为上园、中园、下园。香港中文大学（深圳）落户龙岗开创深圳高等教育国际化先河。

专栏6-4 香港中文大学（深圳）简介

香港中文大学（深圳）是一所经国家教育部批准，按中外合作办学条例设立，传承香港中文大学办学理念和学术体系的大学。香港中文大学（深圳）前期开设理科、工科、经济管理类和人文社科类专业。长远办学规模为国内外学生11000人，其中本科生7500人，硕士及博士研究生3500人。学校占地面积约100万平方米。学校采用与国际接轨的理事会管理机制，采用理事会领导下校长负责制，探索有中国特色的现代大学制度。2020年，香港中文大学（深圳）有经管学院、理工学院、人文社科学院、生命与健康科学学院和数据科学学院5个学院和 1 个研究生院，开设 17 个本科生专业、18 个研究生专业。筹建医学院和深圳音乐学院。开展实质性交流与合作的境外名校伙伴有 106 所，分布在世界 29 个国家和地区，各类国际合作项目达到 183 个。合作院校包括英国牛津大学、剑桥大学、伦敦大学学院、美国耶鲁大学、加州大学伯克利分校、宾夕法尼亚大学等。在校学生中具有境外学习经历的比例超过 60%，在国内高校中排名前列。引进世界知名教师 360 余位，包括诺贝尔奖得主 4 位、图灵奖得主 2 位、菲尔兹奖获得者 1 位、国内外院士 17 位、IEEE 会士 19 位、国家级专家人才 40 余人、省市区各类高层次人才项目入选者 400 余人，引进的教师 100% 具有在国际一流高校执教或研究工作经验，75% 以上的教授年龄在 40 周岁以下。香港中文大学（深圳）已组建香港中文大学（深圳）瓦谢尔计算生物研究院、香港中文大学（深圳）科比尔卡创新药物开发研究院、香港中文大学（深圳）切哈诺沃精准和再生医学研究院、香港中文大学（深圳）霍普克罗夫特高等信息科学研究院、深圳市大数据研究院、深圳高等金融研究院、深圳市人工智能与机器人研究院、未来智联网络研究院、未来网络系统优化创新实验室、全球与当代中国高等研究院等研究机构。2019 年，学校有在校生 5499 人，教职工 882 人。香港中文大学（深圳）是广东省内院校中录取分数最高的大学（连续 5 年）。

（二）龙岗成为国际大学园集聚地

香港中文大学（深圳）落户龙岗拉开了深圳国际大学园的大幕，紧随其后的是深圳北理莫斯科大学。莫斯科大学创办于 1755 年，是俄罗斯规模最大的大学和学术中心，历史最悠久的全世界最著名的一流综合性高等学府之一。2014 年 5 月 20 日，在习近平主席和普京总统的共同见证下，两国的教育（科学）部部长在上海共同签署了《中华人民共和国教育部与俄罗斯联邦教育科学部关于北京理工大学与莫斯科国立罗曼诺索夫大学合作举办"深圳北理莫斯科大学"的谅解备忘录》。该备忘录规定，中俄双方将支持中国北京理工大学与俄罗斯莫斯科国立罗曼诺索夫大学（以下简称莫斯科大学）在深圳市合作举办"深圳北理莫斯科大学"，并依据各自法律规定，为其提供政策指导。

2016 年 5 月 6 日，深圳北理莫斯科大学正式奠基。2016 年 10 月 27 日，学校获国家教育部批准设立。2017 年 9 月 13 日，习近平主席与普京总统分别为学校开学典礼致贺词,中共中央政治局委员、国务院副总理刘延东和俄罗斯副总理戈罗杰茨共同启动开学。学校是国内第一所引进俄罗斯优质教育资源的中外合作大学,以建设独具特色的世界一流国际化综合性研究型大学为目标。学校以高精尖为教育发展方向,开展本科、硕士和博士层次的学历教育以及非学历教育。学校采用中文、俄语、英语三种语言进行教学,学生毕业可以拿到莫斯科大学和深圳北理莫斯科大学颁发的两个文凭。2019年9月深圳北理莫斯科大学迁入永久校区办学。

> **专栏6-5 深圳北理莫斯科大学简介**
>
> 中俄两国政府战略合作的第一所大学,学校依托莫斯科大学和北京理工大学学科优势,结合粤港澳大湾区和深圳市科技产业集群等特点,坚持文理工并重,以服务于中俄文化教育和科技合作以及区域经济社会发展需要,推动学科交叉融合和科学布局。学校开设5个本科专业:数学与应用数学、材料科学与工程、国际经济与贸易、生物科学、俄语。开设当代俄罗斯语言文学(俄语授课)、纳米生物技术(英语授课)、基础系统生态学(英语授课)3个硕士研究生专业。2019年,深圳北理莫斯科大学有在校生541人,教职工153人。数学与应用数学和俄语2个专业被推荐申报国家级一流本科专业建设点。

2019年1月,深圳市政府、香港中文大学、香港中文大学(深圳)签署三方协议,共建香港中文大学(深圳)医学院,深化深港合作,提升深圳医疗卫生服务水平,促进粤港澳大湾区医疗健康产业发展,推动深港医学教育与医学合作。学校选址在深圳国际大学园,选址用地约21.1万平方米,位于香港中文大学(深圳)原校区西侧。香港中文大学(深圳)医学院系统采用医学学科群建设的方式,拟分阶段设立如下几个直属院系:医学院、生命与健康科学学院、药学院、公共卫生学院、护理学院、中华医药学院及若干个医学研究所。

同年8月,市政府常务会议审议并原则同意深圳音乐学院选址深圳国际大学园内龙岗体育中心地块,占地7.38万平方米。深圳音乐学院是深圳市"新时代十大文化设施"之一,学院拟由深圳市政府依托香港中文大学(深圳)建设成为一所独立法人高校。学院分阶段进行建设：第一阶段，作为香港中文大学（深圳）二级学院运营管理。第二阶段，待条件成熟，可向教育部申请独立设置深圳音乐学院。招生模式为国际化办学，面向全球招生，以国际标准制订招生计划和入学考试细则，制定符合国际标准的教学课程和考试制度，与国内外著名音乐团体交流合作。第三阶段，未来深圳音乐学院将建设成为国际化、创新型、世界一流的音乐艺术类高等院校，为粤港澳大湾区和国家培养大师级音乐艺术人才。

如今，香港中文大学（深圳）、深圳北理莫斯科大学、深圳信息职业技术学院、香港中文大学（深圳）医学院、深圳音乐学院已经相继落户深圳国际大学园，龙岗片区高校资源进一步集聚，高等教育取得突破性进展，探索了一条开放式、国际化发展的办学新道路。随着驻园高校办学规模不断扩大，深圳国际大学园在校生数逐年递增。2020年，深圳国际大学园在校生总数共2.97万人，学校教职工共2582人（专职教师1219人）。未来深圳国际大学园将成为全国中外合作大学数量最多、水平最高的国际合作大学集聚区，有望打造为深圳的"中关村"、中国的"硅谷"。

随着龙岗国际大学城的建设，大运新城片区内学生和产业人口数量将达到15万人的规模。其中，香港中文大学（深圳）办学规模1.1万人，特色学院办学规模1.2万人，深圳北理莫斯科大学办学规模5000人，深圳信息职业技术学院办学规模1.5万人等；产学研片区将带来2.5万就业人口，龙城工业园、黄阁工业区等"工改工"项目及核心商服片区的逐步建成将带来5万—6万的就业人口，加上天安数码城现有2万多就业人口，未来龙岗大运新城片区内产业人口将达到10万人。国际知名高校落户龙岗，国内教育品牌引进，将吸引众多领域的投资项目，届时龙岗的发展将进入快车道，片区楼市或搭上顺风车扶摇直上。有了众多产业的支撑，龙岗或称为下一个南山。龙岗国际大学城的建立，不仅为龙岗大运城中心带来更多的文化气质，还将通过国际高校聚集效应，成为深圳东部乃至珠三角东岸地区的智慧中枢，国际前沿的知识在这里交流碰撞，成为知识、科技的创新孵化器。龙岗区正以"国际大学园+"模式，强化校企合作，探索将国际大学园内的高校资源与龙岗的产业配套优势结合起来，推动大学与城市的互动，释放国际大学园驱动龙岗创新发展的强大动力源泉。

龙岗国际大学城的建立也为周边的物业带来较大的升值作用，对于大学城，一位美国学者曾经给出过定义：大学城就是大学及其文化对当地特色起到主流影响作用的城镇或城市。也正是这种影响，使世界各地的知名大学城附近房地产价格始终位居"高地"，备受城市中产阶级、上层人士的推崇。龙岗国际大学城不仅带动了大学城周边颐安·都会中央、中海康城、华策中心城、金地龙城中央等项目售价水平，而与之相邻的凤岗的大运城邦、名流印象及龙城雅郡项目也同样受益。

（三）国际大学园打造"东进战略""智核"

随着"东进战略"提出，作为深圳"东进战略"桥头堡的龙岗，联手坪山新区打造深圳市东部中心。东部中心的重要内容是以国际大学园为核心功能打造"东进战略""智核"。在创新驱动下，建设"深圳硅谷"，初步形成"高等院校+创新平台+科研机构+龙头企业+创新创业资本+创业人才+创客空间+孵化器加速器"的创新创业生态体系，其中创新创业新型国际大学园是整个链条中至关重要的一环。

通过国际大学园建成，龙岗大运新城至少可以增加 10 万名创新创业高端人才，大运新城片区也将成为全市 13 个重点开发建设区域中唯一的以国际高端教育引领、关注源头创新以及世界产业最前沿的产学研一体化科技创新中心。

随着世界一流大学入驻龙岗，"教育+科技"为龙岗插上科技腾飞的翅膀。"智核"效果凸显：一是高端人才集聚龙岗，龙岗高端人才总量已跃居深圳市第二，仅低于南山。二是高新技术企业持续增量。三是创新型研究机构落户龙岗。

据统计，高等院校带动了人才进驻，人才的进驻也带动了创新平台等人才载体建设。至 2022 年年底，龙岗累计引育的省市创新团队有 51 个，30 家孵化器、263 家孵化平台和 42 家众创空间，作为科技创新领域的"最强大脑"，龙岗还拥有 15 名全职院士、3 所诺贝尔奖科学家实验室和 2 家深圳市十大基础研究机构。

国际大学园落户龙岗，为其成为深圳"新智核"提供有力支撑。"国际大学园+国际教育高地"：通过探索具有深圳特色的高等教育开放式国际化发展创新路径，引进国际一流的高等教育资源，利用深圳的科技创新环境和优势产业的支撑，形成高等教育国际化和特色化的高地，大运新城将建成国内与国际优质教育资源结合，科技创新与产业结合，高层次、国际化、创新型的园区。

"国际大学园+高层次人才"：国际大学园落户龙岗，给龙岗带来的便是高端人才的聚集。高等院校带动了人才进驻，人才的进驻也带动了创新平台等人才载体。在短短数年中，制造业工人占绝大部分的龙岗区所集聚高层次人才数量，在深圳各区中已跃升至第二位，仅次于拥有深圳高新区和深圳大学城的南山区。

"国际大学园+校企合作"：借势高等院校资源特别是国际化的高等院校资源快速向龙岗集聚，打造"国际大学城+校企合作"模式，促使园内的大学与龙岗当地经济社会发展紧密结合，探索出一条大学与城市互动发展的新路。其中香港中文大学（深圳）通过与达实智能、华为等企业合作开创的"香港中文大学（深圳）+"创新合作模式已初见成效。

"国际大学园+公服配套"：通过引进一批高水准具有国际竞争力的高等学府，龙岗借助此机遇引进一所高水平的医科大学或医学院。推动市级或省级医疗资源落地龙岗，从而解决现状医疗设施短板问题。龙岗区不断增长的创新智核效应，不仅拥有以华为为代表的一大批企业，还集聚了以深圳国际大学园为代表的高端创新资源，从而释放出创新驱动的强大正能量。

专栏 6-6　大运深港国际科教城建设情况

2020 年，龙岗区建设大运深港国际科教城。大运深港国际科教城位于龙岗区中心城西部，西接东莞凤岗，北至盐龙大道，南临水官高速和横坪路，总规划面积 26.29 平方千米。项目位于深圳市都市圈的几何中心，是深圳与东莞、惠州融合，与汕尾、河源协同发展的桥头堡，是"东进战略"的核心支点。拥有国家级高新技术企业 184 家、规模以上企业 276 家、上市公司 14 家。集聚香港中文大学（深圳）、北理莫斯科大学等 5 所高校，建成 3 个诺贝尔奖科学家实验室、2 个市级基础研究机构、23 个重点创新平台，形成以深圳国际大学园为核心的创新"智核"。

> 发展定位：打造成为以产学研深度融合为核心、深港合作为特色，集国际化创新策源地与现代化高品质城市综合服务中心于一体的"湾东智芯"；打造成为大湾区综合性国家科学中心的重要支撑平台，深港科技创新合作和香港青年创业的重要基地；建设成为高水平深圳东部中心、现代化国际化"城市新客厅"。重点发展AIoT产业、电子元器件、生命科学、科技服务产业。
>
> 空间规划：构建"一主两副，三心两轴"空间发展格局。一主：中部活力客厅；两副：北部创新客厅、南部创业客厅。三心：中部活力客厅、北部创新客厅、南部创业客厅；两轴：黄阁路站城一体发展轴、龙飞大道文教公服生活轴。
>
> 轨道规划：现状和规划共有8条轨道线（4普2快2城际），途经大运片区并设有9个站点（1个区域性枢纽、2个全市性枢纽、2个一般性换乘站、4个一般站），其中已建成轨道为普线3号线；在建轨道为快线14号线、普线16号线以及深惠城际、深大城际；规划轨道为快线21号线、普线10号线东延线和23号线。交通规划形成"七横四纵"干道骨架系统。七横：龙平西路、清林路、如意路、龙翔大道、红棉路—红棉四路、龙岗大道、沙荷路—樟村三路—坳背路。四纵：博深高速、盐龙大道、龙飞大道、黄阁路。重点项目：香港中文大学（深圳）医学院、深圳音乐学院、深圳第二音乐厅。

三 重点区域园区建设

重点区域，是引领和代表全区质量型开发建设的核心地区，也是龙岗实现"东进战略"和建设全球标杆城市的重要实践地和承载地。

（一）龙岗区重点区域版图的变化历程

2013年年底，市政府按照"一区一策、错位发展""市区共建、以区为主"的原则，统筹规划了13个重点区域（现已增至18个），其中龙岗有4个，分别是坂雪岗科技城、大运新城、国际低碳城和平湖金融与现代服务业基地。

历经7年的探索发展，龙岗由4个市级重点区域发展到"4个市级+2个区级"（坂雪岗科技城、大运新城、国际低碳城、平湖金融与现代服务业基地4个"市级重点区域"和宝龙科技城、阿波罗未来产业城2个"区级重点区域"），再到"4+9"（坂雪岗科技城、大运新城、国际低碳城、平湖北部新城4个"市级重点区域"和宝龙科技城、阿波罗未来产业城、东部高铁新城、布吉新城、云创小镇、甘坑新镇、龙西—五联片区、盛平—龙园片区、横岗南片区9个"区级重点区域"），实现了每个街道都有动力的全面发展模式，空间布局不断优化、领跑作用明显。

现代化都市圈、城市群加快孕育。从广深"双子星"，到成渝地区双城经济圈，城市之间从单打独斗走向抱团发展，组建最强队伍剑指世界级都市圈。新战略框架下，"联动"一词在龙岗区各重点区域的目标愿景中多次出现，为片区之间的联系和互动关系作出了阐述。例如，建设大运深港国际科教城，要联动阿波罗未来产业城、横岗光学智谷、清林绿谷等产业和居住组团，打造文体辉映、往来便捷、产城融合的高水平深圳东部中心、国际化现代化"城市新客厅"；打造信息数字核的龙岗西核，坂雪岗科技城要联动南湾云创小镇、布吉新城等周边区域，构建多层次产业生态体系，打造万亿级世界电子信息集群承载区。新战略背后，带动区域协调发展的意味明显。未来龙岗各重点区域走向组团发展的趋势有望增强，从而促进龙岗全域形成均衡协调的发展格局。

（二）重点区域建设情况

1. 龙岗世界级电子信息产业集群承载区（信息数字核）

2020年，龙岗区建设世界级电子信息产业集群承载区（信息数字核），即坂雪岗科技城、罗山芯谷、甘坑新镇。该区域位于龙岗区西部，包含坂田、平湖、吉华、南湾、布吉5个街道辖区范围，总规划面积126.1平方千米，其中核心区规划面积82.6平方千米，由坂雪岗科技城、罗山芯谷、甘坑新镇3个重点区域组成。片区集聚了华为、中软国际、神舟、康冠、航嘉驰源等10余家电子信息行业领军企业，形成全球最完备、响应速度最快的电子信息产业链，具备打造产业链自主安全可控、产业创新生态完善的世界级集群承载区的独特优势。发展定位方面，对标全球标杆，建设高效便捷、产城融合、生态宜居的现代化科技都市，建设全球电子信息产业的重要创新策源地；发挥坂雪岗科技城在"广深港澳科技创新走廊"的核心节点作用，构建深港国际合作示范基地；联动重点临深片区，建设电子信息高端制造业生活基地和产业转移主承接区，打造深莞惠协同发展的新样板。重点发展半导体、云计算、通信、智能硬件、人工智能、智能汽车产业。

坂雪岗科技城：位于龙岗区坂田街道，南临南坪快速，北邻机荷高速，东至清平高速，西至梅观高速，总规划面积28.51平方千米，有华为、康冠、航嘉驰源等国家级高新技术企业461家，规模以上企业548家，申请专利总数超过10万个，有重点实验室、技术中心22个，有天安云谷、星河WORLD、云里智能园等园区125个。发展定位：构建"巨头引领+链网协同+孵化创新"的多层次产业生态体系，打造承载万亿级世界级电子信息产业集群的核心区、大湾区科技产业及城市融合发展示范区、5G先行示范基地。重点发展5G通信、智能终端、半导体、云计算、人工智能、智能汽车产业。空间规划："一核四翼"空间发展格局。以世界级信息通信技术企业总部为核心，北翼打造"互联网+"小镇示范区，南翼打造产融联盟引领区，东翼打造总部经济集聚区，西翼打造战略新兴产业孵化区。轨道规划：现状和规划共有9条轨道线（5普1快3城际），其中已建成轨道有普线5号线、10号线；在建轨道为深惠、深大城际线，预计2025年通车；规划轨道为快线21号线，普线22、25、27号线和广深中轴城际铁路。交通规划：片区现状规划骨架路网由外围高快速路和内部干线性主干道分别形成2个"井"字形骨架网，承担片区对外交通功能。外围骨干路网呈"两横两纵"高快速路路网结构，由机荷高速、梅观高速、清平高速和南坪快速4条高快速路围合。内部骨干路网基本形成"三横两纵一环"干线性主干道路网（三横：坂李大道、贝尔路—吉华路、布龙路；两纵：五和大道、坂雪岗大道；一环：坂澜大道—环城路。重点项目：深圳科技博览中心、深圳市城市大数据中心、龙岗国际艺术中心、五和综合交通枢纽和樟坑径山廊示范段。

罗山芯谷：位于平湖街道，地处深莞两市以及龙岗、龙华两区交界处，区位优势明显，总规划面积40.99平方千米。有麦克维尔、聚飞光电等国家级高新技术企业248家、规模以上企业289家，有全市唯一的国家物流枢纽，有华南城、海吉星2个物流基地以及傲基、通拓、赛维、有棵树4家位居全国前列的跨境电商企业。发展定位：打造成为龙岗世界级电子信息产业集群承载区科技创新和先进制造业区、深莞重要的城市枢纽经济中心及国际现代物流发展示范区。重点发展ICT制造、大数据、创意生活、金融共享服务及外包、跨境贸易产业。轨道交通：建设平湖综合交通枢纽，作为深圳市轨道"四主五辅"站点之一的辅站，汇集现状和规划共5条轨道线，其中已建成轨道有广深铁路、地铁10号线，规划轨道为深惠城际、地铁17号线和18号线。道路交通：片区范围内有4

条高速路，与深圳机场、盐田港和市中心快速接驳，"六横五纵"干线路网结构基本成型（六横：机荷高速、水官高速、平大路、龙平路、富安大道、富康路；五纵：清平高速、丹平快速、平吉大道、平安大道、凤凰大道）。重点项目：深圳半导体科技园、平湖综合交通枢纽、白坭坑综合交通枢纽、国际海鲜城、中科院育成总部基地项目、招商银行龙岗创新基地项目、宏电总部研发基地项目、山厦、辅城坳（金融基地二、三期）和鹅公岭三大土地整备利益统筹项目。

甘坑新镇：位于吉华街道，邻坂雪岗科技城，东至布澜路，西至布龙路，南至布李路，北至机荷高速，总规划面积12.37平方千米。有甘坑客家小镇，生态和文化旅游资源丰富。有广东省唯一的国家文化旅游融合先导示范区（基地）、国家应急产业示范基地和国家级中小企业上市孵化基地。有国家级高新技术企业116家、规模以上企业79家、上市企业1家、首批国家应急产业示范基地1个。发展定位：打造成为国际一流都市绿心、科技生态文旅小镇、龙岗西部生活休闲服务中心。重点发展创意生活、电子元器件、ICT产业。空间规划："一轴四区"的城市总体空间布局（一轴：吉华大道产城活力轴。四区：中海信创新产业城片区、文化创意区、ICT产业拓展区、创意产城区）。轨道交通：已有10号线设站，规划有21号线、33号线（深大城际），争取27号线南延。道路交通：水官、机荷、清平3条高速从内部穿过，内部有"四横一纵"干线路网（四横：坂李大道、甘李二路、甘李路、布龙路；一纵：秀峰路—甘李路）。重点项目：甘坑客家小镇、凉帽山公园、吉华文体大厦、甘坑客家小镇南门周边交通及慢行系统改造工程、都市田园项目。

2. 低碳智造核

2020年，龙岗区建设国际低碳城、宝龙科技城、东部高铁新城（低碳智造核），打造深圳东部枢纽门户和产业高地。

国际低碳城：位于坪地街道，深莞惠三市交界地区，处于深圳向东、向北拓展的战略通道，是惠盐高速、外环高速及地铁3号线交汇地，交通便利，总规划面积53.4平方千米。有国家级高新技术企业245家、规模以上企业314家。发展定位：成为碳达峰碳中和先行示范区、社会主义现代化强化低碳发展城区范例、人类命运共同体可持续发展先锋、绿色低碳全生命周期管理改革试验区、全球低碳产业策源地、低碳技术和人才高地。重点发展低碳生活、文化创意、科技服务、电子元器件、AIoT、绿色能源产业。空间规划：构建"一轴一带、一主三副"的城市总体空间布局（一轴：沿轨道3号线延长线以及深惠路的城市功能拓展轴，依托城市功能拓展轴，实现低碳城的对外联动。一带：丁山河城市活力带，围绕丁山河南北向打造集聚城市活力要素，编制绿色城市生活的活力带。"一主"：低碳城综合服务核心片区，位于城际铁路坪地站、地铁环城南站及地铁教育路站。"一带"：汇集低碳展示、低碳服务、低碳生活3大中心。"三副"：围绕轨道站点坪西路站、富坪街站和六联片区有轨电车站形成3个片区级的副中心）。轨道规划：规划有地铁3号线东延段、21号线和深惠城际3条轨道线。交通规划：规划形成"二高二快十主"干道系统骨架（"二高"：外环高速、惠盐高速。"二快"：盐龙大道、龙坪盐通道。"十主"：龙岗大道、富坪路、吉桥路、环坪路、环城西路等）。重点项目：氢能产业园、未来大厦、近零碳与可持续发展示范社区、节能环保产业园、零碳公园。

宝龙科技城：位于宝龙街道，总规划面积10.55平方千米，是国家级深圳高新区和自主创新示范区的重要组成部分。有科技企业435家，规模以上企业133家，国家高新技术企业164家。发展定位：以自主创新为驱动力，聚焦战略性新兴产业，打造深圳国家高新区龙岗园区；发展生物药产业，加强与国内外开展生物研究的高等院校和科研院所合作，落地产业相关科技基础设施，打造宝龙生物药创新发展先导区；依托土地优势，打造东部制造业主力企业集聚区。重点发展AIoT产业、绿色能源产业、通用电子元器件产业、生命科学产业、ICT产业，并将地方优势产业、半导体产业、生活服务业作为配套产业。空间规划：规划"一轴、两带、两心、四片"的空间结构（一轴：宝龙综合发展轴，接龙岗中轴线。两带：碧新路及深汕公路产城融合发展带。两心：宝龙创新服务中心、宝龙东综合服务中心。四片区：宝龙科技服务区、战略性新兴产业集聚区、商务研发区、嶂背产业扩展区）。轨道规划：轨道14号线和轨道16号线，远期规划23号线、31号线和33号线，未来可实现快速到达莲塘口岸，10分钟到达坪山高铁站。交通规划："两横三纵"主干道城市道路网络（两横：丹荷路、宝龙大道。三纵：碧新路—宝坪路、宝龙一路、宝龙五路）。重点项目：宝龙生物药创新发展先导区、宝龙文体中心、宝龙街道南约片区重点更新单元。

东部高铁新城：位于龙岗与坪山两区的衔接腹地，北至沈海高速，西至锦龙大道，南至坪山大道，东至绿梓大道，总规划面积约29.1平方千米（其中北片区属于龙岗区约16.4平方千米，南片区属于坪山区约12.7平方千米），处于深莞惠都市圈的关键节点及深圳高新技术产业的重要廊道。有国家级高新技术企业16家，规模以上企业48家。发展定位：建设与惠州、汕尾、河源创新资源联动的深惠汕枢纽经济核心区；依托科技交流中心与商业商务中心，打造与大运深港国际科教城、坪山中心区、宝龙科技城协同互补的深圳东部中心枢纽都市门户区；打造以光计算产业、创意生活产业、航天部件产业、环境技术产业等战略性产业为主导的深圳都市圈未来新兴产业集聚基地。重点发展通用电子元器件、光计算、航天部件产业。空间规划：构建"双核、三轴、链片区，一环、一带、融山水"的空间布局（"双核"：1个商务商业核即坪山中心商务区，加1个创新交流核即龙岗三棵松水库环湖科技交流核。"三轴"：2条科技创新轴即宝龙大道—丹梓大道科技创新轴和串联北、东、南3个产业片区的科技创新轴，加1条城市联动轴即龙坪路城市联动轴。"一环"：1个产城联动环，串联生态服务区、产业创新区和城市服务区。"一带"：1条超级公园带，与坪山中心区"半月环"绿廊相接，形成"S"形超级公园带）。轨道规划：建设坪山综合交通枢纽，承担厦深、深汕、深河3条高铁部分始发终到与通过功能，深大、龙大2条城际及16号线、23号线接驳换乘功能，服务东部中心和临深片区。交通规划：规划形成"两横三纵"路网体系（"两横"：宝龙大道、丹荷大道—丹梓西路。"三纵"：锦龙大道、深汕路、龙坪路）。重点项目：深龙投智慧云谷、坪山综合交通枢纽、宝龙街道东部高铁枢纽西片区重点更新单元。

专栏6-7 重点区域多个支点建设

阿波罗未来产业城：位于龙岗区园山街道，总规划面积17.21平方千米，是国家自主创新示范区的组成部分，深圳市首个以军民融合为主题的未来产业城。片区交通规划利好，枢纽地位凸显，东部过境高速开通后可快速到达莲塘口岸。山水资源丰富、生态本底优良，有梧桐山、园山等风景区，形成了六分山水四分城、山城相依的生态格局。有国家级高新技术企业126家，规模以上企业128家。发展定位：

打造成为深港科技转化基地、深圳未来产业先导区、龙岗品牌凸显的文化旅游休闲森林小镇。重点发展航空航天、新一代信息技术、新材料产业。空间规划：在结构上构建"一轴一带、两心两片"的整体布局，以一条16号线综合服务轴、一条滨水产业带、2个服务中心与2个发展片区，支撑全域提升，协调发展。轨道规划：现状和规划共有6条轨道线（3普3快）途经阿波罗片区，其中已建成普线3号线；在建有普线16号线二期；规划有快线18号线、普线19号线、快线21号线、快线33号线。片区设有安良枢纽（16号线二期、18号线交汇）和园山枢纽（16号线二期、19号线交汇），均为区域性综合枢纽。交通规划：形成"四条快速路、六条主干道"的骨干路网格局。重点项目：邦彦绿谷工厂、无人直升机研制及产业化项目、云科智慧园、阿波罗产服科创大厦、阿波罗未来产业城启动区基础设施项目、博荣"工改保"项目、光启未来科技城、园山文体中心项目。

布吉新城：位于龙岗区西部，南接罗湖、福田，西临坂雪岗科技城，北靠甘坑新镇，总规划面积10.88平方千米。是龙岗区的战略门户地区，有全国性客运枢纽的深圳东站，汇聚已运营的轨道3号线、5号线、在建的14号线、规划的17号线、25号线5条城市轨道及1条广深铁路，交通区位凸显。片区范围内大芬油画村被誉为"中国油画第一村"，是全国最大的商品油画生产、交易基地，也是全球重要的油画交易集散地；有融合秦、汉、唐、宋、元、明、清7个朝代宫廷建筑风格的中国南方最大的仿古集群式建筑群文博宫，是国内单面积最大的古玩珠宝艺术品交易中心。发展定位：打造成为深圳建设国际一流都市核心区重要组成部分，集站城一体的枢纽中心、24小时活力的商贸中心、文化特色产业集聚区、多元融合的宜居家园于一体的枢纽活力新城。空间规划：与罗湖区对接，构建"一心+两轴+多节点"的城市总体空间布局（"一心"：以深圳东站为核心的TOD圈层复合开发片区。"两轴"：布吉大道功能主轴，文博宫大芬文化休闲轴。"多节点"：以轨道站点为依托形成的综合开发节点）。轨道交通：至2022年，深圳东站将集中办理深圳枢纽内所有普速客车的始发终到作业；至2023年，将设置厦深铁路衔接广深铁路深圳站方向的客车联络线，承接部分高铁、动车作业；外加已运营的3号线、5号线、在建及规划的 14 号线 3 条城市轨道线，以及研究布局的 1—2 条城际线或轨道快线，深圳东站将成为"普速+高铁+动车+城际+城轨"的综合性轨道交通枢纽。道路交通：拓展对外交通接口，加强区域联系，尤其是与罗湖区的衔接；增设布吉大道，构建南北向交通骨架；"五横八纵"干线路网基本成型（"五横"：三联路、布龙路、中兴路—东西干道、莲花路—湖南路、南环路。"八纵"：清平高速、布曼路—西环路—清水河三路、布吉大道—红岗路、铁西路—粤宝路—环仓东路、金运路—兴龙路、龙岗大道、禾坑路—翠竹路、翔鸽路—东晓路）。重点项目：布吉文体中心、大芬油画村品质提升项目、石芽岭公园综合提升工程、龙岗第二人民医院迁址重建工程、龙岗区小运量轨道交通项目、布吉客运枢纽配套市政工程之穿孔桥改造工程。

清林绿谷：位于龙岗区龙岗街道北部，北靠清林径水库，南邻龙岗中心城，总规划面积为 8.18 平方千米。承接深圳国际大学园科研要素，联动"产学研"一体发展，形成环中心城科技产业环。随着外环高速公路等重大交通基础设施的建设，该片区的交通区位优势得到提升，北部门户地位凸显。有国家高新技术企业 16 家，规模以上企业 63 家。发展定位：依托清林径水库、五联河、龙西河等生态资源，打造成为彰显清林径片区生态本地特色的绿色智造新城、承担区域产业发展功能的新兴产业基地。重点发展 AIoT、生物电子、纳米技术、电子元器件、创意生活产业。空间规划：构建"一核、二带、三板块、多节点"的城市总体空间布局（一核：以中心公园为核心，打造龙西五联新中心。二带：中央核心景观带、龙西河生态景观带。三板块：西片区—五联高端制造产业板块、中片区—生态乐活配套板块、东片区—红花岭智造产业板块。多节点：产业服务中心、生活服务中心）。轨道交通：23 号线西延线至龙西五联、10 号线东延线至龙西五联，争取远期弹性线路 31 号线（远期）建设。交通规划：贯通主次干道，形成"二横五纵"的干道路网格局。重点项目：清林径水库碧道、创客绿道、野趣空中廊道、大窝岭公园、红花岭采石场群生态修复再利用、五联河综合整治景观提升。

龙园客韵文创小镇：位于龙岗区中心城东北侧，西靠龙岗中心城核心区，北接清林绿谷，处于龙岗河、龙西河、回龙河三河交界处，生态资源优越，总规划面积5.69平方千米，是龙岗河活力发展带重要节点、综合服务中心组成部分。有龙岗河、龙兴寺、鹤湖新居、龙岗老墟等自然和历史文化景观，是龙岗客家人的发源地和精神家园。有规模以上企业12家。发展定位：加强片区服务核心、活力中轴的宜居宜业功能，打造体验自然、传承历史的现代人居典范区域。以"客围水岸，文化故里"为功能内涵，盘活文化景观资源，重塑"文脉"生活；依托龙岗河活力发展带，还原"水岸"生活，构建自然与城市共生的人居环境典范。重点发展创意生活、特色商贸产业。空间规划：构建"一心、两轴、三片区、多节点"的城市总体空间布局（"一心"：依托龙园公园打造片区景观核心。"两轴"：城市公共服务轴串联盛平龙园2区，功能联动；滨水活力景观轴即沿龙岗河及其支流打造滨水景观。"三片区"：都市生活区，产业配套服务区，文化商贸区。"多节点"：规划建设区内多个邻里中心，服务社区居民）。轨道交通：有在建轨道16号线和规划21号线穿过，设有3处轨道站点。交通规划：规划形成"六横五纵"的道路体系（"六横"：新生路、内环北路、龙平东路、盛龙路、龙园路、龙岗大道。"五纵"：长兴路、龙城北路、盛平路、碧新路、福宁路）。重点项目：鹤湖新居等文物保护和活化利用、龙平站TOD开发。

横岗光学智谷：位于横岗街道，东临惠盐大道，西接盐排高速，南依沙荷路，北靠龙岗大道，总规划面积7平方千米。片区由六约、横岗和松柏社区的南部组成，现状产业以电子、光学显示、珠宝加工等传统制造业为主，现有一级工业区块2平方千米，是龙岗区工业化发展先行区之一。发展定位：作为服务"湾东智芯"的支点之一，依托粤港澳大湾区科技创新体系，打造成为"科技智造城、创意生活谷"。重点发展集成电路、ICT及AIoT、电子元器件、文创生活等产业。空间规划：构建"两轴一带三组团四园区"的空间布局（"两轴"：依托龙岗大道、地铁14号线打造综合发展轴和都市生活轴。"一带"：依托沙荷路整合南部"三山四水"自然资源，打造"三生"融合发展带。"三组团四园区"：时尚小镇组团，智能光学组团，集成电路、IcT及AIOT智造组团和航天科技园、中和珠宝园、国药医疗器械园区、特色园区）。轨道规划：现状和规划2条线路，分别为地铁3号线、规划地铁 18 号线，地铁 3 号线有六约、塘坑、横岗 3 站。交通规划：形成"三横七纵"的路网结构（"三横"：龙岗大道、康贤路、沙荷路。"七纵"：盐排高速、平安大道、牛始埔路、埔厦路、恒心路、富康路、盐龙大道）。重点项目：大功率器件用三维半导体材料项目、天安伯恩横岗六约前沿科技产业基地、航天农业科技示范园、中和盛世珠宝品牌小镇、横岗眼镜研发总部大厦。

云创小镇：位于南湾街道，西接甘坑新镇、布吉新城，3 条高快速路在此交汇，5 条轨道线在此设站，总规划面积 8.6 平方千米。片区初步形成计算机与通信、创意生活、物流供应链 3 大产业集群，实体经济基础雄厚。黄牛湖水库、沙湾河、李朗河、东深河、简坑河水网密布，生态禀赋优良。有规上企业总数 238 家（含 37 家涉云规上企业），其中规上工业企业 101 家、规上服务业和商业企业 137 家。发展定位：打造成为龙岗世界级电子信息产业集群承载区云生态产业集聚区、涉云信息产业为主导的知名云生态小镇、城市滨水休闲活力中心。重点发展涵盖服务、研发、制造的涉云产业。空间规划："一轴、两核、两片"的城市总体空间布局（"一轴"：依托坂李大道、平吉大道、轨道 10 号线，汇聚云创产业要素，承接坂雪岗科技城产业外溢，打造产城融合发展的云创产业发展轴。"两核"：依托上李朗地铁站，构建以涉云产业及创新型企业孵化为核心，引导高端要素集聚发展，兼具办公研发、企业孵化等功能的云创产业集聚核；依托南湾、丹竹头地铁站，实施站城一体立体开发，集生产性服务和生活性服务于一体的产城融合发展核。"两片"：李朗片区打造集智能制造、电子信息、供应链管理等产业于一体的现代产业新城；丹竹头片区打造集商业综合体、全时活力特色街区、产业综合体和生活配套区于一体的综合城区）。轨道交通：已建轨道 3 号线、10 号线，在建 14 号线，规划 17 号线、21 号线 5 条轨道线在片区设站，汇集厦深、广深、平南、平盐等铁路。道路交通：机荷、水官、丹平高快速路在此交汇；推动龙岗区良白路—铁东路—丹白路道路工程、李朗路（次干道）南延、布澜路铁路桥拓宽工程等断头路及涉铁道路实施建设。重点项目：沙湾河截排工程、南湾文体中心、龙岗区小运量轨道交通项目、上李朗黄牛湖水库山体公园二期建设工程。

四 国家产城融合示范区建设

（一）龙岗打造全国产城融合高地

2015年，国家发改委下发了关于开展产城融合示范区建设有关工作的通知，要求各地依托现有产业园区，在促进产业集聚、加快产业发展的同时，按照产业与城市融合发展的理念，加快产业园区从单一的生产型园区经济向综合型城市经济转型，成为产业发展基础较好、城市服务功能完善、边界相对明晰的城市综合功能区。产城融合示范区成为丰富园区功能、完善城市服务的重要结合点，也是探索新型城市面貌、新型园区形态建设的重要尝试。龙岗区作为深圳市传统的产业大区，在工业化和城市化进程中，由于园区规划理念落后、"三来一补"经济和房地产业发展过快，工业化和城市化节奏不同步，半城半村特征突出，产城分离现象严重。工业围城、园区围城的困境导致职住不平衡、设施匮乏、交通拥挤等问题，限制了城市的拓展，也制约了城市功能的进一步提升。

这一年，龙岗区积极组织申报国家产城融合示范区建设，编写《广东深圳龙岗产城融合示范区总体方案》，该方案经由省发改委上报国家发改委。龙岗主要依托深圳国际低碳城作为依托园区开展产城融合示范区申报，深圳国际低碳城已经被国家发改委列为首批8个国家低碳城（镇）试点之一，是合规设立国家级产业园区。龙岗国家产城融合示范区建设，拟以"三生一体、三化融合、三区联动"为理念，以产业转型升级发展为动力，以土地二次开发和资源集约节约利用为亮点，以实现全民共享更高水平城市服务为落脚点，配套体制机制创新，打造"国内领先创新低碳型深度产城融合示范区"。示范区建设主要任务是：优化空间发展布局，构建产城融合框架；创新驱动高端发展，强化以产兴城动力；推进公共服务均等化，夯实以城促产基础；以智慧城市建设为引领，支撑产城一体发展；盘活存量土地资源，推进绿色低碳发展；推动核心区产城融合先行发展；创新产城融合体制机制。龙岗区"十三五"规划将国家产城融合示范区建设纳入未来五年重大战略目标，作为重点工作加以推进。

2016年10月，国家发改委发布《关于支持各地开展产城融合示范区建设的通知》，龙岗区以全辖区388.21平方千米为范围，成功获批全国首批58家产城融合示范区之一，为龙岗区打造全国产城融合高地提供了国家政策支持和发展先机。龙岗区是深圳市行政大区、产业大区和人口大区，按照国家产城融合示范区建设要求，推进供给侧结构性改革，紧抓深圳实施"东进战略"重要机遇，按照中央城市工作会议关于"统筹生产、生活、生态三大布局，提高城市发展宜居性"要求，立足龙岗作为后发区域区位特征、产城混合阶段性特征及土地空间资源紧约束环境特征，合理配置产城各类要素，构建特色鲜明、互补衔接的城区空间体系，全面统筹生产、生活、生态三大布局，打造生产空间集约高效、生活空间宜居适度、生态空间山清水秀、人与自然和谐发展和产城深度融合的城区格局，探索创新低碳型产城融合发展路径，推进产业和城市双转型，在产业和城市发展模式转型方面领先全国。

为着力打造"国家级产城融合示范区"，龙岗区先后开展了《龙岗区产城融合发展策略》《龙岗区产城融合行动计划》《广东深圳龙岗产城融合示范区总体方案》《龙岗区产城融合示范区工作实施方案》等的研究，从宏观、中观两个层面分层级探索以产城融合为导向的"创新低碳型产城深度融合"之路，以发挥以下示范作用：一是以低碳发展、存量优化促进"生产、生活、生态"融合发展的示范，实现"三生一体"；二是以智慧城市建设引领"城镇化、工业化、信息化"统筹发展的示范，实现"三化融合"；三是以科技创新和体制创新双轮驱动推进"校区、园区、社区"联动发展的示范，实现"三区联动"。

2017年，龙岗区开展《广东省深圳市龙岗产城融合示范区总体方案》修编工作，并按时报省发改委审批。12月19日，广东省发改委印发《广东省深圳市龙岗产城融合示范区总体方案》，要求深圳市按照国家发改委办公厅《关于支持各地开展产城融合示范区建设的通知》《关于产城融合示范区建设管理的指导意见》要求，以探索创新低碳型产城融合发展模式，推动城市和产业双转型为主要任务，依托深圳国际低碳城，推动广东省深圳市龙岗产城融合示范区建设。

2018年，龙岗区构建"1+N+12"产城融合示范区建设工作体系，把产城融合示范区建设作为全区重大发展战略。其中"1"是编制《龙岗产城融合示范区建设行动计划》，总体把控产城融合工作方向和重点，形成全区产城融合行动纲要。"N"指各部门在医疗、教育、文体、环保、交通、住房等多个领域加大统筹力度，编制各领域专项产城融合行动计划。"12"是指针对"4+8"重点区域开展工作统筹，保障产城融合工作落地。构建产城融合空间框架。围绕产城融合发展理念高水平开展城市规划，重点以"4+2"重点区域为试点落实产城融合规划相关要求，为全区范围优化产城功能配置机构、解决不同片区产城发展不均衡问题提供经验。开展"4+2"重点区域城市设计，坂田南片区纳入坂雪岗科技城，坂田国际艺术中心项目启动。大运会中心配套设施开发利用有序推进。国际低碳城核心区34公顷土地实施整体规划，国际低碳体验中心建成使用。

2019年，龙岗区编制印发《深圳市龙岗区产城融合示范区建设行动计划（2019—2023年）》，制定237项工作任务，为全区推进产城融合示范区建设提供具有较强操作性、实施性的工作指南。依托"4+9"重点区域率先落实基本单元发展指引，推动大运新城等6大重点区域编制完成产城融合实施细则及质量型开发导则，有序推进布吉新城、南湾云创小镇等新增重点区域规划。按省发改委部署要求，完成国家发改委的评估验收，起草并上报《广东省深圳市龙岗产城融合示范区实施情况自评报告》，配合完成产城融合示范区实地评估工作。

（二）产城融合示范区建设的龙岗路径

从配套上，注重通过"生产+生活"，促进职住均衡。龙岗产城融合示范区的着力点是促进人和就业的匹配，梳理出多项产业转型升级方面的重要工作；促进人和城市的匹配，梳理出城市品质提升、环境治理等方面的重点任务；促进产业空间和城市的匹配，推动城市交通体系完善以及改革要素资源流动的体制阻碍。从动力上，注重通过"产业+科创"，强化内生动力。龙岗产城融合示范区拥有3所高等院校、3所诺贝尔奖科学家实验室，各类重点实验室、工程实验室、工程中心等创新平台160家，市级孵化基地13家，大力打造亚太地区ICT产业中枢。从载体上，注重通过"枢纽+门户"，扩大双向开放。龙岗产城融合示范区加快建设大运交通枢纽，积极践行粤港澳大湾区国家战略，努力打造为深圳发挥"粤港澳大湾区"引领作用的主要支撑点。

1. 构建产城融合基本单元布局模式

龙岗产城融合示范区总体构建起"全区—街道—基本单元"三个层级的产城融合发展模式，采取的是单元区带动的"亦产亦城"路径。龙岗将满足人的居住与发展需求作为产城融合的根本目标，始终围绕"人在龙岗生产""人在龙岗生活"，提出了"15分钟工作圈""15分钟生活圈"的发展理念。以15分钟步行1000米推算，可以覆盖3平方千米左右的范围，将3平方千米范围作为产城融合的基本单元，在此基本单元内构建合理的功能比例、专业化的生产配套设施和完善的生活配套设施，促进产城融合目标的实现（见图 6-7）。

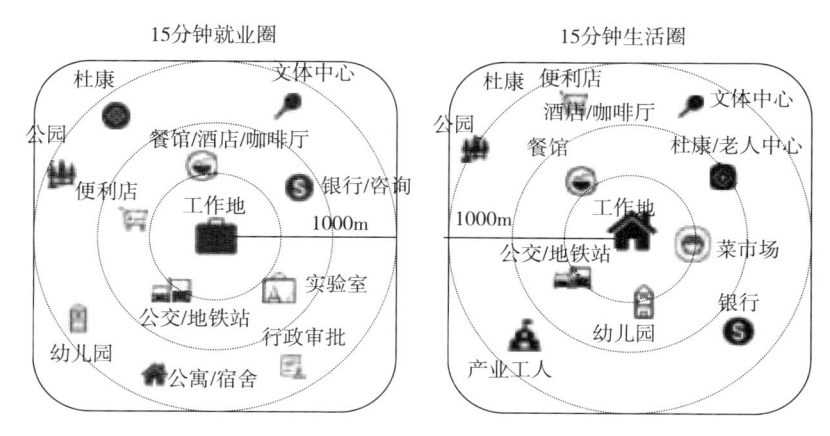

图 6-7　产城融合基本单元类型

在此基础上，确定了"4+9"重点区域，确保每个街道都有重点区域带动，并遵循步行优先、边界清晰、功能明确和便于管理的原则，以 3 平方千米左右的就业圈与生活圈为基础空间范围，以主干路网、河流和山体等作为分割边界，基本单元内某类或某几类功能相对集聚。同时，为便于后续规划实施，基本单元的划定不跨街道和园区管理范围。根据以上原则，将全区划分为 64 个产城融合基本单元（就业圈或生活圈）（见图 6-8），以辅助判断产城功能匹配情况。

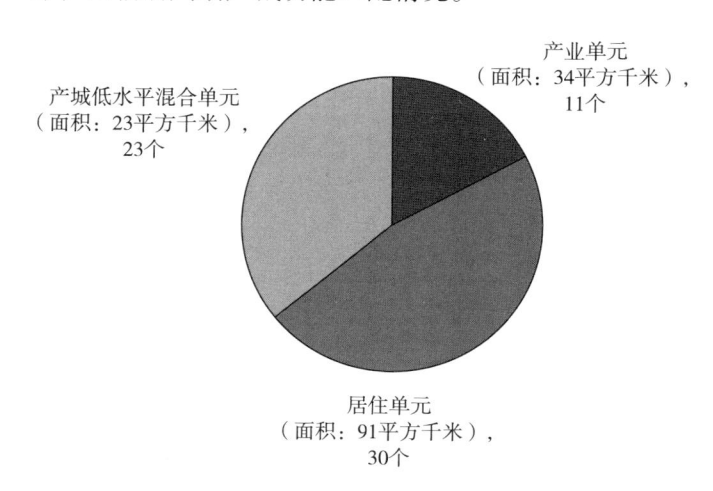

图 6-8　龙岗产城融合示范区基本单元划分

资料来源：《广东省深圳市龙岗产城融合示范区总体方案》。

总的来看，龙岗产城融合示范区的分散化布局、单元化融合，属于比较典型的成熟阶段的"亦产亦城"。这种结构的优点在于将工作圈与生活圈融合，实现比较深度的职住均衡。

同时，在产城融合空间规划方面提出了以下对策：①明确基本单元主导功能。规划基于产城融合基本单元和理想的产城融合布局方案，结合精明增长、TOD开发等模式，综合叠加产业基础、用地潜力、规划功能、空间成本和交通条件等影响要素，赋予64个产城融合基本单元五类主导功能，包括科技园13个、工业园20个、大学园/创意园2个、商务园/商贸园8个和居住区21个，每类单元按照相应的规划标准落实产城融合的功能要求和配套设施标准。②片区层面适度混合布局就业圈与生活圈。根据轨道规划，龙岗区将形成2个综合枢纽站、3个城市中心站、2个地区枢纽站，以及多个主要换乘站。针对不同线路站点定位，调整优化空间功能，使就业圈与居住圈合理分布在各等级交通枢纽上。在片区（街道）层面，每个街道布局0—1个商务园、1—2个科技园、1—4个工业园、1—3个居住区，促进面积为20—30平方千米的片区层面就业与居住的适度融合。③匹配产业升级与空间成本上升速度。产业转型升级是必然趋势，龙岗区空间资源紧缺，成本不断上涨留给现有低端制造业转型升级的窗口期十分有限。因此，除将成本中等的科技园和人才安居房作为触媒空间吸引创新产业与人才、提高产业竞争力与承租能力之外，还需控制产业与居住空间成本，为产业顺利升级争取时间。①

2. 推进重点片区开发，实现产城融合效果

市、区政府的发展规划主要是以片区作为载体。在新形势下，片区发展在吸引社会投资、承载发展项目、优化发展空间、改善城市环境方面将发挥越来越重要的作用，是名副其实的经济社会发展引擎。但是，过去重产业发展、轻城市功能、产城分离的园区开发模式已被实践证明不能适应新形势发展要求，必须坚定不移走"产城融合"的开发道路。

近几十年，我国一些城市不顾自身人口相对密集的特点，照抄照搬西方发达国家城市建设模式，进入了以消耗能源、资源为特征的"工业化+城市化"时代。因为工厂会产生很大污染，把工厂区和生活区进行独

---

① 贺传皎、陈小妹、赵楠琦：《产城融合基本单元布局模式与规划标准研究——以深圳市龙岗区为例》，《规划师》2018年第34期。

立分区，这样做的好处是居住区的环境得到一定保证，不足之处是上下班潮汐式交通导致出行耗费了大量时间。同样，在此之后出现的各大城市单纯为了旧改而旧改，竞相建设 CBD 和商品房住宅区的思路也是换汤不换药，只是把工厂换成更为高档的写字楼或商品房住宅区而已，产城分离的本质并没有改变，其带来的潮汐式交通更是有过之而无不及，另外还带来了小产权房严控难止、违建屡禁不止、民居群落见人不见税等问题。城市没有产业支撑，即便再漂亮，也就是"空城"；产业没有城市依托，即便再高端，也只能"空转"。城市化与产业化要有对应的匹配度，不能一快一慢，脱节分离。

龙岗提出了在产城融合目标下的片区开发基本思路：区属平台公司以片区为载体，以产城融合为指导，以市场化的方式寻找共同开发片区的目标公司，并与目标公司共同确定目标产业，政府可在其发展初期通过资本、资金扶持其壮大，甚至在某一方面做成产业集聚的人才、技术、实验洼地，以达到集聚产业链的目的。以天安云谷为例，其占地 76 万平方米，总面积 289 万平方米，分为六期建设，开发周期为 8 年，覆盖"产业+生活+教育+商业+商务+交通"等内容，已逐步引进以华为终端及上下游产业链为代表的科技企业。天安云谷根据自身对于智慧园区的理解，打造一个"SMAC 创新展示中心"，S（Social）即社交，M（Mobile）即移动，A（Data&Analysis）即大数据分析，C（Cloud）即云。SMAC 创新展示中心既是一个园区共享级的企业创新成果发布、展示中心，也是 SMAC 理念的传播中心，更是园区合作创新计划的重要载体。在天安云谷产业园区培育手段上，高端引领聚焦服务，重点打造差异化的产业特色，形成产业和人才的集聚。需要的平台包括产业基础平台、现代服务产业、生产性服务业、品牌、质量、高价值、载体建设、学术机构、前沿科技等。创新驱动激发市场潜力、引进创新主体，重点在于人才与企业的培育，需要的应用包括业务环节的转移（非核心业务的外包，进行专业化分工）、研发、产业环节关联、新材料新技术应用、技术转移与转化、市场发展、创意培育、优势运营环节分离提升等。

从发展形态上看，天安云谷已经形成一个产城融合的雏形，但在市场化运作上，缺少政府参与。天安云谷对于政府在其园区的扶持上，相比资金，更为关注的是在配套设施以及产业服务平台、人才服务中心等非营利性平台的建立上政府提供支持，提出过"以政府牵头并注入启动资金、园区运营商和企业参与并注入少量资金的思路进行运作,并且在平台可以依靠业务进入正常的、持续的运作后,政府可以实施原定的退出机制退出,完全交给市场化主体运作"的建议。①

五 国际低碳城新型城镇化范例

(一) 启动国际低碳城建设

党的十八大报告提出了"新型工业化、信息化、城镇化、农业现代化",同时指出"城镇化蕴含着最大的内需潜力,是现代化建设的载体"。中国的城镇化是大势所趋,在应对能源和环境问题上,城镇化进程可以作为节能减排的机会。在不同经济增长方式和能源环境政策下,能源消费显然会具有不同的特征。通过制定和执行积极的能源政策,可以使城镇化进程中的能源效率提高,能源结构更为清洁,城镇产业结构更为科学合理。新型城镇的大量涌现,为大力推广低碳城市的发展提供了更大的契机。中新天津生态城、苏州西部生态城、唐山曹妃甸国际生态城便是其中的代表城市,为打造低碳城市做了有益探索,也取得了阶段性的成果。"我国要以全球7%的耕地、7%的淡水、4%的石油来推动全球21%人口的城市化,低碳生态城(镇)是我国城镇化的必然选择。"时任中国住房和城乡建设部副部长仇保兴在首届深圳国际低碳城论坛上说。②

2010年,深圳联合日本、德国、美国、荷兰等国开展广泛多元合作,拟启动建设国际低碳城建设,将其建成国家低碳发展试验区和全球标杆性低碳发展综合示范区。深圳国际低碳城位于龙岗区坪地街道,比邻东莞、惠州,是深圳的东北门户,也是港深惠发展主轴线上重要的产业功能区。国际低碳城选址区整体生态格局良好,三面环山,三水纵横。基地北部为龙筋山生态涵养地,有黄竹坑、长坑、白石塘、屯梓河等水库;南部为龙岗河生态走廊,东部为龙岗坑梓生态廊道;规划范围内有丁山河、黄沙河两条河流,成为片区南北向重要的生态骨架。建成区内有三条连贯的生态廊道,孤立的生态斑块较多。通过生态敏感分析发现,基地生态核心区主要集中在山林地、水库周围、河流沿岸,以及城区内部的绿地斑块;建成区内有三条连贯的生态廊道,但局部地区受人工干扰较为严重,同时由于建成区的扩张,内部生态斑块孤立分布。现建成区

---

① 深圳市龙岗区史志办公室编:《龙岗年鉴》(2018),深圳报业集团出版社2018年版。
② 周强:《深圳探路低碳城建设》,《中国县域经济报》2013年6月20日。

面积约 15.8 平方千米，主要集中在龙岗大道、北通道两侧，以及坪地街道中心，土地利用较为粗放，可利用土地不断减少，大量旧工业用地开发强度较小，居住与工业用地混杂。由于经济发展水平低，改造成本低，旧工业用地具有很大的二次开发潜力。

2012 年 8 月，低碳城核心区项目启动，以高桥片区中部 33 公顷已经完成土地整备用地和 22 千米绿色低碳改造区为核心启动区，投资 103.7 亿元，启动规划面积约 55 公顷，可建设用地面积 25 平方千米，建筑面积约 180 万平方米，建设周期为 7 年，项目涉及低碳产业、低碳社区改造、绿色建筑、生态和基础设施建设等领域，共计 17 个项目。规划核心区 1 平方千米，拓展区 5 平方千米。2012 年被列为中欧可持续城镇化合作旗舰项目、首批"国家新型城镇化"十大范例、首批国家 APEC 优秀规划项目。2013 年 7 月被纳入全市重点区域，2016 年被授予中欧城镇化伙伴关系示范区称号，2019 年成为深圳市 30 平方千米产业用地全球推介的片区之一。定位为低碳发展综合实验区、低碳生活方式引领区、低碳国际合作示范区。片区致力于绿色低碳可持续发展，推进低碳试点示范建设。加快制造业智能化绿色化发展，采用先进适用节能低碳环保技术改造提升传统产业，构建绿色产业体系，是深圳市探索绿色低碳发展的重要载体和示范窗口。重点发展低碳生活、文化创意、科技服务、电子元器件、AIoT 产业、绿色能源 6 大类，构建涵盖服务、研发、制造的低碳产业体系。打造国际低碳合作示范区、深莞惠产业联动发展先行区、未来产业孵化集聚区、可持续发展智慧新城和绿色低碳创新高地（见图 6-9）。

截至 2021 年，国际低碳城入驻国家级高新技术企业 245 家，规模以上企业 314 家。不仅是首批国家低碳城（镇）试点，更已成功举办九届深圳国际低碳城论坛。通过积极的低碳发展探索实践，一批绿色低碳产业重点项目集中签约并落户龙岗。统计显示，龙岗区 2021 年绿色低碳产业总产值达到 789.01 亿元，增速为 17.5%。更加令人振奋的是，预计 2030 年可达 3400 亿元，将成为深圳绿色低碳产业第一区。龙岗区正依托深圳国际低碳城，抓住龙岗被纳入广东省第一批碳中和试点示范市（区）的机遇，实施绿色低碳产业壮大计划，大力培育引进绿色低碳产业领军企业，努力构建高效节能、绿色环保的低碳产业集群。同时，利用低碳发展实践积累的成效和优势，联合深圳东部各区，围绕新能源、节能环保、智能网联汽车等绿色低碳产业，打造万亿级"大低碳"产业集群承载区。

图 6-9　深圳国际低碳城（许能裕摄）

资料来源：《龙岗年鉴》（2019）。

（二）可持续的低碳新城开发建设模式①

深圳国际低碳城是国家级的深圳市重要项目。龙岗区在规划设计、开发建设、产业集聚、品牌打造及共建共享等方面大胆创新，运用"微市政建设""斑式生长"相结合的片区建设新方式，减少传统开发模式对市政配套建设的投入，减少道路交通市政设施空置和浪费，有效避免了传统城区开发建设中出现的高投入、无人气和空城现象，实现了低碳设计、低碳生产、低碳生活的全方位、全过程一体化，有效实现了后发展地区经济社会高品质发展的"弯道超车"。

龙岗区多举措探索开发、建设低碳城。举办国际低碳城论坛，不断提升影响力并带动国际化要素集聚；制定低碳规划，布局低碳产业集群，引进航空航天、生命健康等高端低碳产业项目，引进中美低碳建筑与社区创新中心、中国物理工程技术研究院等创新平台，推进产业集群化、低碳化布局；构建共建共享机制，整合政府、社会、市场多方资源，设计利益共享机制，使各参与主体包括社区居民分享片区发展红利。

---

① 南方日报《"四个全面"的基层实践》写作组：《"四个全面"的基层实践：深圳市龙岗区跨越式发展的路径与启示》，南方日报出版社 2015 年版。

深圳国际低碳城的建设，取得了良好的成效。①推动了经济的超常规发展。2013—2014年，低碳城所在的坪地街道GDP年均增长27.62%，规模以上工业增加值年均增长26.5%，社会固定资产投资总额年均增长38.9%，远远高于全市各街道平均增速。②带动了落后地区的跨越式转型。精心策划低碳城会展中心重点示范项目，采用十大低碳技术系统的90多项国内外领先的低碳技术，一批代表未来产业方向的项目已落户。③扩大了国际交流。每年连续举办深圳国际低碳城论坛，来自50多个国家和地区的3000多名海内外嘉宾参加。④提升了深圳的核心竞争力。作为中欧低碳合作的旗舰项目，展示了中国、深圳低碳发展的决心，促进了碳汇交易及低碳产业在中国的加速集聚发展和国际合作，并成为中国2017年国际气候谈判的重要筹码。⑤获得国家发改委和财政部节能减排财政综合奖励资金。⑥获得中国国际经济交流中心与保尔森基金会2014年度可持续发展规划项目奖，是中国首次获得该项殊荣。⑦入选APEC低碳城镇示范项目和全国十大新兴城镇化范例。⑧纳入《国家应对气候变化规划（2014—2020年）》新建低碳城（镇）试点。

六 融入"轨道上的大湾区"建设

2021年深圳市第七次党代会提出，将深入实施"东进战略"，作为"主阵地"的龙岗肩负着提升深圳东部发展能级的重任。市七届人大一次会议政府工作报告指出，高标准建设枢纽城市，打造国际性综合交通枢纽；加快"三个1000公里"骨干交通网和"四主四辅"铁路枢纽建设，推进机场、港口、轨道交通等重大工程。其中"三个1000公里"指1000多千米地铁，1000多千米高快速路，1000多千米高铁、城际铁路和轻轨系统。报告指出，深圳地铁运营总里程已达411千米、在建总里程达231千米，未来五年，地铁运营总里程将超过600千米。

（一）龙岗区轨道交通建设难以匹配东部中心的城市定位

在轨道覆盖方面，龙岗同原特区内和西部地区相比仍有较大差距。龙岗区作为"东进"的主阵地，其轨道交通建设很大程度影响到东部地区与中西部地区的交流与联系。伴随着城区定位的提升，龙岗区在过去12年迎来5条地铁的开通，城区轨道建设逐渐提速。2010年12月底，乘着大运会的东风，深圳地铁3号线正式开通，是通往龙岗的第一条城市轨道；2011年6月，深圳地铁5号线的开通，将龙岗与宝安以轨道的形式相连；2020年8月，地铁10号线的开通，带动了龙岗西部片区的发展；深圳地铁四期建设规划中与龙岗有关的14号线、16号线在2022年内通车运营；3号线东延段、16号线南延段的建设均在顺利推进。

以现状的地铁线路来看，龙岗区现有3、5、10、14、16号线，以及规划的3号线四期（东延）、16号线二期（南延）正在修建，建成后总站点78座，总里程64.3千米。以现状运营的铁路线路来看，厦深铁路、广深铁路（京九铁路）、平盐铁路（货运）、平南铁路（货运）仅设有深圳东站、坪山站和平湖站3座站点，总里程73千米，且大部分以货运为主。规划的深大城际、深惠城际、龙大城际建成后将新增站点10座，新增里程73千米。从这组数据不难看出，龙岗区通车运营的城市轨道为109.1千米，四期工程建成后龙岗轨网密度为0.45千米/平方千米，仍远低于原特区内的福田（1.36千米/平方千米）、罗湖（0.65千米/平方千米）、南山（0.63千米/平方千米），站点500米覆盖率仅17.49%，服务人口约87万人（占实际服务人口18%），仍低于全市水平。远景年规划轨道线路13条，总长约255.6千米，轨网密度为1.16千米/平方千米，仍低于全市平均水平的1.29千米/平方千米。同时，截至2022年龙岗轨道线路投入运营的仅5条，总里程64.3千米，按《深圳市轨道交通线网规划》龙岗区内总里程291千米计算，建成比例仅22%，区内轨道交通发展滞后，难以匹配东部中心的城市定位。

（二）龙岗轨道交通尚未形成交通网，制约东部发展

加大轨道交通在东部地区的规划和建设力度，是打造东部中心、加快形成深圳都市圈的重要举措。现阶段龙岗的轨道交通网尚未形成，未能与前海、东莞凤岗形成直接有效的联系。在城市快线方面，东部地区除14号线外，其余快线建设时序尚未明确。

从轨网联通程度来看，龙岗区缺乏与前海中心的快速直达轨道交通联系，同时作为深圳都市圈建设城市轨道对接融合最临近的边界地区，轨道10号线仅建设至平湖，尚未能跨域东莞凤岗，未能与龙岗中心轨网衔接，成为轨网体系上的"断头路"。不利于与坂田科技城、西丽大学城等科研创新资源、前海金融基地的金融资源等进行更频繁更高水平的客流商务流的交换。[①] 从通道布局来看，对外通道贯通性不足，尤其在龙岗

---

① 金永胜：《打造东部中心，龙岗轨道建设这些不足需补上》，南方报业传媒集团南方+客户端。

东部片区，南北向通道建设滞后，与宝安机场、福田罗湖、坪山、东莞等方向联系需加强。

（三）加快轨道交通建设

进入"十四五"时期，深圳提出率先高质量全面建成小康社会、建设中国特色社会主义先行示范区、创建社会主义现代化强国的城市范例。在轨道建设方面，截至2022年年底，全市4条线路开通（地铁12号线、14号线、16号线、6号线支线），深圳地铁的通车总里程达到545.5千米，按照国际标准，将迈入世界一流的地铁城市行列。2022年，广东省自然资源厅发布《广东省都市圈国土空间规划协调指引》，其中深圳都市圈"含金量"提升，深莞惠加速同城一体化，作为深圳唯一与莞惠两市均有接壤的行政区，龙岗区承担着深圳辐射粤东北发展的重任。

相关领域的专家指出，交通轨道基础设施的融合建设有利于降低各种成本，包括物资运输、通勤成本等，提高大湾区各类要素资源配置的效率，进一步优化产业链在大湾区各城市布局，提升产业竞争力。随着粤港澳城市群的高速发展、大湾区轨道交通版图的全面拓展，"地铁+城轨"轨道网络的不断延伸，龙岗也在加速融入"轨道上的大湾区"和深圳都市圈。

2021—2022年，龙岗迎来了轨道建设通车的"爆发期"，10号线开通运营；2022年内14号线、16号线迎来通车；按照规划，地铁3号线东延段与16号线南延段分别将于2024年、2025年建成通车运营。此外，备受关注的深惠城际、深大城际及龙大城际3条城际轨道线路均已开工，将强化龙岗与粤东北、市中心区以及机场等重大交通枢纽的轨网衔接。

如今的龙岗，作为深圳东部中心和深圳都市圈建设的关键节点，无论是从向西快速连接前海，还是从向东突破牵手莞惠的角度来看，深圳地铁五期建设规划对于龙岗未来五年轨道交通建设发展至关重要。

2022年8月26日《深圳市城市轨道交通第五期建设规划（2023—2028年）》环境影响评价公示正式发布，深圳地铁五期建设规划呈现出"多点开花"的分布，几乎每个区（新区）都有新增地铁规划。其中，6条线路与龙岗有关，分别为17号线、21号线、22号线一期、25号线、27号线一期和10号线东延（深圳段）。这些线路对龙岗发展而言具有重要意义。

17号线是联系罗湖中心区与龙岗区布吉、南湾、平湖片区的轨道线路，线路规划全长约28.7千米，共设24座车站，建成后将有效改善原布吉关、沙湾关等周边交通环境，消除南湾街道、布吉新城等轨道覆盖盲区，并通过轨道交通TOD开发，为南岭片区、老布吉片区等区域发展提供交通支撑。

21号线起自前海妈湾片区，终于坪地吉坑片区，并预留延伸至惠州的条件，是联系南山与龙岗的一条市域快线，承担完善快线网络的功能，同时承担南山对龙岗和惠州等地区的辐射带动和缓解跨关交通压力的功能，实现南山中心区与龙岗中心区45分钟、临深片区60分钟通达的规划目标。该线路不仅是促进深圳重大产业区串联的重要廊道，且经东部中心辐射惠州，是深圳落实交通强国战略、加快50千米都市圈建设的核心抓手。

25号线南起清水河，经过布吉、坂田、龙华等片区后北至石岩，线路对于拓展二圈层轨道交通覆盖、实现特区一体化发展具有重大意义，将为龙岗世界级电子信息产业集群承载区提供全面服务，加强对龙岗龙头企业及多个国家级高新技术企业的轨道交通服务，支撑坂雪岗科技城、布吉新城等近期重点片区发展。

10号线东延（深圳段）是此次规划中两条涉及东莞线路之一，是联系平湖、东莞凤岗及大运新城的普速线路，虽然地铁10号线延长线初步规划存在不足，地铁10号线的延长线约10千米，主要在东莞的凤岗境内铺设，凤岗境内设置5个站，龙岗区境内仅有一站，这使东延的意义大打折扣。但是其建设对于强化深圳东部地区"湾东智芯""信息数字核"与市中心区交通联系具有战略意义。10号线东延段建设将成为深圳都市圈建设、深莞惠大都市区轨道互联互通的重要举措，是深圳先行先试的范本。

此外，22号线一期和27号线一期均将在龙岗区西部片区设站。

按照《龙岗区综合交通十四五规划》，到2025年，龙岗区与大湾区主要城市、周边城区的联通度将进一步增强，通过轨网构建起30分钟、60分钟交通圈：实现至省城、珠江西岸、深汕合作区等地区联系时间缩短至60分钟以内；实现到达机场、口岸、高铁站等重大枢纽和福田中心区联系时间缩短至30分钟以内；交通时间圈得到扩大，城区集聚引领、辐射带动效应得到强化。[①]

---

① 张鹏：《龙岗观察》，《龙岗融媒》2022年9月4日。

（四）轨道联通加速片区成势成型

深圳东部最大的综合交通枢纽——深圳市大运综合交通枢纽（以下简称大运枢纽）于2023年建成启用，实现了地铁3号线、14号线、16号线和深大城际铁路（原33号线）四线换乘快速通达。同时，龙岗坚持"站城一体化"理念，按照TOD模式高标准建设"2+4+4"十大枢纽，打造全国性客运交通枢纽2座（坪山站、深圳东站）、区域性客运交通枢纽4座（平湖、五和、龙城北、大运）和全市性客运交通枢纽4座（白坭坑、大运北、横岗四联、黄阁坑）。

随着龙岗交通网络逐步被织密，轨道交通正加速重点片区之间的"硬联通"，推动东龙岗、西龙岗与龙岗中心城片区的重点区域各自形成内畅外通的交通格局。

产业基础雄厚的西龙岗片区，目标是打造坂雪岗世界级电子信息产业集群承载区。2021年8月开通的深圳地铁10号线，成为贯穿西龙岗片区南北的轨道交通主干线，将坂田、吉华、平湖等多个镇街串联起来，并在华为、甘坑、平湖设站点，让平湖、坂雪岗等片区加入了"地铁大家庭"。从产业地图来看，10号线不仅途经华南城、星河产业园、华为基地等极为重要的产业园区，两端也牵起坂田、平湖两大产业重镇。未来，10号线还东延至在建的16号线黄阁站，连通东龙岗片区。

从地理位置来看，大运枢纽将成为深圳东部中心唯一一个集城际、快线、普线于一体的四线交会的交通枢纽。以大运枢纽为圆心，半小时以内可以通达新战略中规划的多个重点区域。该枢纽还连通福田中心区、罗湖、布吉、横岗、坪山等片区，未来龙岗与中部、西部片区的交通衔接将更加紧密。借力发达的交通网络，大运新城将能够构筑以自身为圆心、内外互联的交通圈、物流圈、经济圈，助力其实现深圳东部区域综合性服务中心、国际化城市新客厅的目标定位。

龙岗东核"低碳智造核"，将位于坪地街道的国际低碳城、位于宝龙街道的宝龙科技城和东部高铁新城三个区域纳入其中。未来将建成的深圳地铁3号线东延段、16号线、14号线，则为东核的三个重点片区搭建起了通道。具体来说，地铁3号线东延线将通往坪地片区，并在低碳城设站。地铁16号和14号线在宝龙街道辖区内分别设同乐村站和宝龙站。未来，待3号线东延段工程建成通车后，由宝龙片区和坪地片区可经由3号线大运站进行转乘通达。

协同发展，交通先行。长期以来，产点区域分布不均衡、产业基础西强东弱、城市功能东强西弱等一直是阻碍龙岗发展的重要因素。如何打破这种不平衡不充分现状，引领带动龙岗东、西片区均衡发展？交通，一直被认为是破解区域发展长期失衡的关键之举。轨道交通的改变，也是城区融合的开始。龙岗区未来五年"创新龙岗、东部中心、产业高地、幸福家园"的目标定位，将乘着交通建设的快车从蓝图驶向现实。

七　新型基础设施建设

新冠疫情暴发对全球经济产生巨大冲击。与此同时，疫情加剧中美博弈。作为中美争端焦点的 ICT 产业中枢所在地，龙岗区的经济社会发展面临着新的挑战。在此背景下，龙岗区大力推进"新基建"，有望推动区域经济动能转换，进而顺利实现打造以创新为引领的现代化经济体系示范区的战略目标。

（一）"新基建"概念与产业范畴

推进"新基建"的政策最早于 2018 年 12 月的中央经济工作会议提出，要求加快 5G 商用步伐以及加强工业互联网、人工智能、物联网等新型基础设施建设。此后，一些国家高层会议继续提出加强"新基建"的政策举措。2020 年 3 月 4 日，中共中央政治局常委会明确提出加快 5G 网络、数据中心等新型基础设施建设进度，引发了全国范围内对"新基建"的关注。2020 年政府工作报告则明确指出重点支持"两新一重"建设，其中明确要求加强新型基础设施建设，推动新一代信息网络发展和拓展 5G 应用，建设数据中心，增加充电桩和换电站等设施，推广新能源汽车，激发新消费需求，助力产业升级。

"新基建"是以技术创新为驱动，以信息网络为基础，面向高质量发展需要，提供数字转型、智能升级、融合创新等服务的基础设施体系。根据国家发改委的定义，新型基础设施包括信息基础设施、融合基础设施、创新基础设施三大类别，涉及 5G、人工智能、云计算、数据中心、工业互联网、智慧交通、智慧能源以及技术创新研究等诸多产业，未来成长空间巨大且具有显著的带动作用。公开数据显示，到 2030 年 5G 带动的直接产出规模将达到 6.3 万亿元，人工智能相关产业规模将超过 10 万亿元，人工智能核心产业规模也将突破 1 万亿元，到 2025 年工业互联网市场规模将超过 1.2 万亿元，卫星互联网市场空间有望超过 450 亿元，到 2022 年数据中心产业规模将突破 3000 亿元。

（二）龙岗区推进"新基建"建设进程

一是 5G 建设及应用居于领先地位。至 2022 年，龙岗 5G 基站建设数量处于全球领先地位。在完成 5G 网络全面覆盖的基础上，龙岗区 5G 网络基础设施建设进入深度覆盖阶段，微基站和室分设备建设成为龙岗下一阶段完善 5G 网络基础设施的主要方向。在 5G 应用方面，龙岗也取得了一些成果，如海能达"5G+工业互联网"项目落地实施，"5G+智能网联汽车"在星河 WORLD 产业园区率先进行了试点，"5G+政务服务"为群众提供在线视频办理政务服务，龙岗区科技城外国语学校启动 5G 网络下智慧校园典型场景应用的试点项目，以及云游戏、云 VR、5G 无人机、户外巡逻机器人等应用取得快速发展。以上这些项目的开展，表明龙岗在 5G 应用领域不断尝试探索，有效推动了 5G 应用的加快发展。

二是携手龙头企业积极推进工业互联网发展。2020 年 5 月 29 日，龙岗区政府与华为公司在华为总部举行深圳市龙岗区工业互联网和鲲鹏生态合作协议签署仪式。根据合作协议，龙岗区与华为公司双方将从共建龙岗区工业互联网创新中心、共建龙岗区工业互联网云服务平台、推动龙岗区智能制造产业发展、推动成立龙岗区移动通信与工业互联网行业协会、推动人才汇聚和培养跨界人才、打造鲲鹏生态六大领域开展合作。为推动工业互联网发展，龙岗区推出了"龙岗区工业企业智能制造转型计划""龙岗区中小企业上云计划"等政策举措，为企业进行数字化、信息化转型布局提供政策支持。在上述这些政策的支持下，一批龙岗企业逐步实现了业务上云，工业互联网产业得到一定程度的发展。全区已有 8 家公司的工业互联网应用体系纳入了广东省工业互联网产业生态供给资源池，已有 1854 家工业互联网规上应用企业、5 个工业互联网应用示范企业作为工业互联网的重点平台、11 家工业互联网的解决方案供应商，企业通过使用工业互联网实现了降本、提质、增效。

三是积极推进大运 AI 小镇和人工智能创新基础设施建设。2020 年 7 月 22 日，大运 AI 小镇开工建设，2021 年 7 月实现开园；二期于 2022 年 3 月开工，2023 年 3 月开园。通过建设大运 AI 小镇产业园区，引进相关的 5G、云、AI、大数据计算等企业，最终形成 5G、云、人工智能的产业集群，推动人工智能产业的快速发展。此外，人工智能相关的创新基础设施建设发展稳步推进，拥有深圳龙岗智能视听研究院、香港中文大学（深圳）人工智能与机器人研究院、深圳市机器人与智能制造工程实验室等一批人工智能创新基础设施。

四是龙岗已拥有一定数量的大型数据中心。数据中心是云计算、大数据、人工智能等产业发展的关键基础设施之一。对于龙岗而言，ICT、AIoT等产业发展都需要数据中心作为有效支撑。在未来云计算、边缘计算不断发展的背景下，能够及时响应计算分析需求的数据中心，对于龙岗产业数字化、智能化发展具有重要意义。龙岗区现阶段已经拥有一定数量的数据中心，如龙岗区大数据中心、坂田数据中心、中国电信深圳龙岗数据中心、盘古横岗数据中心、数据港宝龙创益数据中心等。这些大型数据中心为龙岗区新一代信息技术产业和数字经济产业发展提供了有效支撑。

八 城区品质实现"精彩蝶变"

（一）"绣"出市容新面貌

过去，作为深圳的后发城区，龙岗历史欠账多，城区环境基础薄弱，城区建设和管理水平相对落后。2021年以来，"工业大区"龙岗着重在精细化管理上发力，以"绣花功夫"将城市颜值不断刷新，发起一场全面涵盖城市综合环境、城区生态环境、营商环境在内的全面行动，"美丽龙岗精彩蝶变""美丽龙岗幸福河湖"等一系列城区品质提升工程在龙岗密集开工落地，推动城市功能、品质、形象全面提升。龙岗围绕市委、市政府"打造全国最干净城市、打造世界著名花城、全面提升城市环境品质"部署，出台《"美丽龙岗精彩蝶变"行动方案（2021—2023）》，瞄准国际视野，建设更有品质的城区环境，满足市民群众对城区面貌的新期待。城区环境呈现新形象，实现"四好"新局面，包括水环境质量持续好转、大气环境质量更加优良、市容环境品质日趋向好、安全发展环境有效改善（见图6-10）。

城区品质就是最好的竞争力。雕琢城区品质的背后，是龙岗城市发展思路的一次跃升、一场重塑城区竞争力的行动。这场在龙岗全域铺开的城市品质升级行动，成为引领龙岗经济社会综合转型的新引擎，一个宜居宜业宜游的城区不断焕新。

——编制公园城区规划，让龙岗成为每个人的花园城。推动3个"三宜街区"项目开工建设，建成区有儿童公园、零碳公园动工、丁山河公园、嶂背郊野公园。打造老百姓身边的社区公园、街心公园、花园路口，营造"路在花中、景在城中、人在景中"的美景。

图 6-10　龙城广场全貌（龙岗区文化广电旅游体育局供图）

2022 年，随着嶂背郊野公园、雪竹径公园、三联郊野公园陆续开放，全区公园总量增加至 260 座（100 公顷以上的大型公园高达 9 座），超前完成龙岗区"十四五"规划建成 250 座公园的建设目标，其中自然公园 5 座、城市公园 22 座，社区公园 226 座，让市民在城市也"望得见山、看得见水、记得住乡愁"。

挖掘与塑造"龙岗特色"是公园建设的重点。在众多公园相继落地过程中，雪竹径公园、三联郊野公园正彰显着山水风光的自然郊野魅力；儿童公园将成全市规模最大的森林系儿童公园；低碳城滨水公园和零碳公园成为体验低碳生态、滨水休闲的好去处；龙城公园活力谷、龙湖文体公园将是市民全季活动、全民锻炼的运动主题公园。在不久的将来，龙岗将为市民提供近 20 个特色显著、风格各异、功能丰富的休闲生态新天地。

——打造"一河三廊"生态骨架重塑城园共融新格局。落实全市"一脊一带二十廊"山海连城计划，在公园绿道建设过程中，龙岗始终树立精品意识，紧扣"一芯两核多支点"区域发展战略布局，凝心聚力、发力赶超打造一批标杆示范项目。围绕"一芯"，龙岗建设嶂背郊野公园、儿童公园、龙城公园活力谷、大运智慧公园、大运 AI 小镇绿道等公园绿道，为湾东智芯打造一芯绿廊。聚焦"两核"，龙岗布局雪竹径公园、三联郊野公园、岗头科技公园、樟坑径山廊示范段、凉帽山公园、罗山片区公园群等公园绿道，为信息数字核打造西部绿廊；推出低碳城滨水公园、零碳公园、龙湖文体公园等，为低碳智核打造东部绿廊。着眼于"多支点"，龙岗推出南湾郊野公园、石芽岭公园、布心山绿道、园山绿道等公园绿道以及龙岗河生态活力水廊，让全区居民群众从均衡体验中更添幸福感和获得感。

随着龙岗河干流碧道示范段工程启动建设，建成32.3千米碧道、7.2千米绿道，新增2.2万平方米立体绿化，贯通81千米远足径、郊野径，串珠成链、连绿成网，打造生态绿廊龙岗品牌。"龙岗河水廊、一芯先锋绿廊、西核科创绿廊、东核低碳绿廊"一河三廊复合型生态骨架渐次形成，一个集山水润城、公园融城、绿道阅城、人文趣城、花景美城和生态智城的新龙岗正在照进现实，优美的城区环境连续不断为优化营商环境加分赋能。得益于龙岗一以贯之坚持山环水润的自然生态与绿色低碳的发展理念，龙岗还荣获全国唯一的"2022年度低碳榜样政府案例"荣誉。

——全覆盖推进"公厕革命"。打造一批高质量市政公厕和街头艺术公厕，包括新改建公厕326座，升级改造垃圾转运站19座。同时深入挖掘城中村的空间形态、产业业态、文化内涵等特征，打造一批"宜居宜业宜游"的活力城中村。

——贯彻"城市可持续发展"理念。撬动社会资本投入美丽龙岗建设项目，探索"城市管家"大环卫服务，推动环卫作业模式向机械化、精细化转变，以"科技赋能"全面提升城市管理效能，消除一批城市管理死角，为老百姓营造干净清爽的城区环境。

——开展正本清源改造。新建、修复雨污分流管网117千米，完成209个小区正本清源改造，整治暗涵、暗渠36.1千米。纳入考核的25条河流27个断面水质全部达到国家、省、市级考核标准。推动沙湾河截排工程加快建设，深入实施"深圳蓝"可持续行动计划，打造"清新城区"，使清澈的河流、湛蓝的天空成为龙岗最常见的景致。

——深入开展"利剑五号"等22项专项执法行动。以扬尘、机动车尾气、挥发性有机物为重点，扎实推进大气污染源治理，PM2.5浓度由20.4微克/立方米降至19.1微克/立方米，成为全省第一批碳中和试点示范市（区）。[①] 深入实施龙岗区节能减碳总体方案，推进重点行业领域降

---

① 梅云霞：《90后龙岗，向"新"而立》，南方报业传媒集团南方+客户端。

碳行动。依托深圳国际低碳城,打造一平方千米零碳示范区,加快建设绿色低碳生产生活示范区。全面启动"绿水青山就是金山银山"实践创新基地创建。高标准筹办第十届深圳国际低碳城论坛。

坚持"软硬环境"提升同步发力,龙岗区正坚定地攻下绿化美化亮化、城市建设、环境问题、碳达峰碳中和等城区环境提升的各个"城池",筑造城区环境品质新高地。

(二) 构筑安居乐业幸福家园

作为原特区外地区,龙岗区的城区面积、人口数均为全市第二,民生基础相对薄弱,历史欠账较多。为了补民生短板、增民生福祉,龙岗区不断加大民生投入。2021年,全区九大类民生支出379.87亿元,增长19.9%,占一般公共预算支出的80%以上。"十三五"期间,龙岗区民生投入更是从2016年的152亿元增长到2020年的318.3亿元,公共财政支出占比从45%提高到80%。

民生大事,教育先行。教育是攸关国家发展的百年大计,也是寄托亿万家庭对美好生活期盼的民生工程。教育事业不断强化硬件供给,积极提高教育发展质量,夯实教育优质均衡发展基底,让龙岗孩子在家门口就能享受"幼儿园到博士"全序列教育。"十三五"期间,新增公办学位6.39万座,超额完成幼儿园"5080"攻坚任务;2021年,新增公办义务教育学位1.87万座、学前教育学位7560座,全区招聘了1000多名来自国内外一流大学的毕业生充实教师队伍;大力实施"名校长、名班主任、名教师"三名工程,培育出一批本土名校长和优秀教师;龙岗高中园项目封顶;南方科技大学、深圳中学、深圳高级中学(集团)等合作办学项目签约落户。新组建1个基础教育集团和9个幼教集团。3名校长获评首届深圳市特级正校长,54名教师摘取市教学能力大赛一等奖。高考本科上线率69.1%,创历史新高。香港中文大学(深圳)医学院、深圳音乐学院实现首届招生。香港中文大学(深圳)、深圳北理莫斯科大学发展壮大,朝着高水平研究型大学目标迈进,并入选省高水平大学建设计划。龙岗中专、龙岗二职入围省高水平中职学校建设行列。枫叶教育集团总部开工建设,全区11所学校获评市优质特色民办学校,占全市的近30%。

医疗水平进步明显。坚持硬件建设与内涵建设双轮驱动,满足群众多层次卫生健康服务需求。2021年新增病床位2173张。全区医院病床位增至1.24万张,在全市率先实现专业公共卫生服务机构街道全覆盖。6

个市属、12个区属公立医院项目建设加快推进。一些重点专科发展水平进入全国前列，国家癌症中心南方分中心落户。区妇幼保健院、区人民医院通过三甲医院评审，辖区三甲医院达到6家。区耳鼻咽喉医院两个学科进入中国医学科学院"学科全国百强榜"。中医药服务"龙岗经验"荣登2021年全国中医药创新发展成绩单榜首。引进2个深圳市医疗卫生"三名工程"高层次医学团队。新增20家社区健康服务机构，总量155家。2022年，龙岗加快推进市第三儿童医院等18个公立医院项目建设，推进10家以上社区健康服务机构建设，推动医疗服务水平显著提升。

健全完善社会保障体系。"十三五"期间，龙岗筹集建设公共住房7.3万套，数量全市最多；建成社区养老服务中心103家，覆盖92%的社区；实施创业带动就业"龙翔工程"，建设一批高水平创新创业孵化基地，城镇登记失业率控制在3%以内。区级首家普惠性托育示范园揭牌运营，新建市级儿童友好基地24个。

文体事业蓬勃发展。坚持文化惠民浸润百姓生活，让优质文化服务在龙岗变得"触手可及"。在城区面貌发生喜人变化的同时，建设中的文体基础设施大项目也让人对下一张"城市名片"充满期待，深圳·红立方、深圳书城龙岗城等文化地标拔地而起。推动深圳第二音乐厅完成立项，深圳音乐学院、国际大学园综合训练中心启动建设，龙岗国际艺术中心主体动工。获评全省首个精准公共文化服务体系示范区。龙岗数字创意产业走廊建设有序推进。大芬油画村、甘坑新镇品质提升及大运北国际化文创街区加快建设。文博会分会场数量连续11年位列全市各区之首。鹤湖智库成立。推出文体公益培训2.6万多课时、惠民演出100多场。国家田径队、冰球队训练基地落户。龙岗籍运动员斩获1枚奥运会金牌及6枚全运会金牌。建设7大街道文体中心、实现111个社区综合文化服务中心全覆盖。其中宝龙、横岗、布吉、坂田街道文体中心动工建设。

> **专栏6-8　龙岗文体中心建设情况简介**
>
> 布吉文体中心：位于布吉街道布吉社区，中兴路南面、政清路以西、布吉街道行政中心西北侧，规划建筑面积117943平方米，包括体育馆、游泳馆、体育馆训练馆及图书馆、文化馆、剧院、艺术展厅及

配套设施等。项目预计2023年交付使用。布吉文体中心立足解决布吉街道等片区民众对文体基础设施的迫切需求，满足区域群众举办文化展览、文艺演出、图书阅读、小型体育比赛、日常体育训练和体育活动等文体活动需要，并兼具音乐、书法、美术等文化项目和各类体育项目的培训和管理功能。项目建成后将成为集全民健身、文化生活、休闲娱乐于一体的街道级文化体育中心，推动龙岗建成"文体高地""文体强区"。

坂田街道文体中心：位于坂田街道坂雪岗科技城片区，紧邻华为园区，总用地面积12540.57平方米，总建筑面积73592平方米，地下3层，地上9层，包括文化设施、体育设施、配套设施及辅助用房等。项目将于2023年基本完工。该项目设计理念为"建一座融于环境中的建筑，还市民一个更大更有趣的公园"，集合专业电子竞技场馆、专业小剧场、篮球馆、羽毛球馆、乒乓球馆、图书馆、攀岩馆等多种文体活动场馆，立足于坂田、辐射深圳、面向湾区并与坂田片区特色科技产业联动，旨在打造一个以智慧体育科技赛事为特色的文化体育乐活中心。

宝龙文体中心：位于宝龙街道宝龙大道西北侧、锦龙大道西南侧，建设用地面积23708.9平方米，总建筑面积78705.95平方米。整个文体中心由地下室、1#楼体育馆、2#楼综合楼组成，设计有体育馆、游泳馆、乒乓球馆、文化馆、剧场、配套用房等多重功能，是集竞赛、训练、培训、观演、娱乐、交流、展示于一体的现代化综合文化体育设施。计划2023年12月竣工。宝龙文体中心是龙岗宝龙片区实现"质量型、创新型产业名城、宜业宜居活力之区"的城市发展目标，打造"国际水准、国内一流"的公共文化体育设施，建设有影响力的标志性城市文化体育建筑的重要举措，将打造成一个集最新设计理念、绿色生态技术与高科技互动体验于一体的多维信息平台，一座体现最大化公众参与倡导竞技、健身、文化展示与多元市民生活并存的先锋文化体育综合体。

九　国家生态文明示范区建设

2020年国家生态环境部公布的第四批国家生态文明建设示范市县名单中，龙岗区荣获"国家生态文明建设示范区"称号。龙岗区一直深入贯彻落实习近平生态文明思想，践行"绿水青山就是金山银山"的理念，实现经济社会和生态环境全面协调可持续发展。把生态文明建设作为提升龙岗核心竞争力的重大战略，作为龙岗创新发展、低碳发展的重要抓手，实行最严格的生态环境保护制度，全力开展水体、大气、固体废弃物等污染防治，坚决打赢污染防治攻坚战，让龙岗天更蓝、山更绿、水更清、环境更优美。

持续巩固"山环水润"生态格局是龙岗区生态环境质量不断提升的基础。龙岗区严守47平方千米生态红线、182平方千米基本生态控制线，实施"美丽龙岗精彩蝶变"行动，累计建成公园260座、绿道549千米，建成区绿化覆盖率近50%。碧水蓝天，环境优美，62条干支流纵横交错，42座水库星罗棋布，龙岗区2021年纳入考核的25条河流27个断面水质全部达到国家、省、市考核标准；PM2.5年均浓度下降至19.1微克/立方米，空气优良率达到94%。在"无废城市"建设中，龙岗区深化垃圾资源化利用，建成国内单体规模最大的无害化、减量化、资源化焚烧处理设施，年垃圾处理能力达198万吨，年发电量超12亿度，厨余垃圾、可回收垃圾实现循环利用。

生态龙岗的背后，是多年以来全区在水污染治理、擦亮"龙岗蓝"、落实"无废城市"建设、优化产业结构、发展低碳循环的绿色经济的大手笔投入和深入探索。

（一）治理水污染，补齐历史欠账

水污染治理工作方面，2016—2019年，全区分别完成治水提质投资额18.45亿元、31.58亿元、87.43亿元、162.5亿元，平均年度投资增长率超100%，累计建成污水管网1780千米，完成正本清源小区改造3657个，提升污水处理能力至168.6万吨/天，[①] 补齐近四十年历史欠账。

特别是2019年深圳市水污染治理决胜年，龙岗区上下一心，以"5+2""白+黑"的工作作风，采用"大兵团作战"模式开展水污染治理，高峰期近2万名施工人员、4000台施工机械在1200多个工程点同时作业。实现龙岗区40条黑臭水体全面"消黑"，780个小微黑臭水体全部"销号"，涉及深圳河国考的布吉河、沙湾河交界断面顺利达标，省考西湖村断面2019年年底提升至Ⅴ类，提前达到上级考核要求，集中式饮用

---

① 《龙岗成功创建国家生态文明建设示范区》，《深圳侨报》2020年10月16日。

水源地多年100%稳定达标。

（二）空气优良擦亮"龙岗蓝"

自2013年起，龙岗区每年制订大气质量提升计划，不断擦亮"龙岗蓝"金字招牌。11个街道建成空气质量监测"一街一站"站点，实现公交车和出租车纯电动化，燃气电厂机组排放达到世界最优水平，锅炉全部实现电或天然气清洁能源改造，汽车、自行车、家具制造行业全面完成水性漆改造。

尤其是2019年以来，持续深入实施"深圳蓝"可持续行动计划，严格落实工地扬尘污染"7个100%"，完成73家重点挥发性有机物企业"一企一策"综合整治、17台工业燃气锅炉低氮化改造、1.4万台次机动车路检。全年空气优良天数346天，空气质量优良率达96.4%，同比提高6.1个百分点，位于全国第一梯队；PM2.5浓度连续6年下降，2019年全区PM2.5年均值为26.9微克/立方米，创2006年全市有监测数据以来最低水平。

（三）"无废城市"建设，推动生态龙岗可持续发展

龙岗区建有全球单厂规模最大、烟气排放标准最高的东部环保电厂，全区生活垃圾全部实现无害化处理。红花岭垃圾填埋场彻底关闭，结束了龙岗生活垃圾填埋处置历史。

建有全市唯一的医疗废物集中处置中心，满足全市所有医疗废物的无害化处置，确保新冠疫情期间全市医疗废物应收尽收、日产日清。

建有建筑废弃物综合利用场所7个，2019年建筑废弃物综合利用总处理量突破500万吨。

建有危险废物处置基地、餐厨垃圾综合利用项目等环保基础设施，推进固体废物减量化产生、无害化处置、资源化利用。同时，区里还出台生活垃圾强制分类两年行动方案，2019年分类减量生活垃圾24万吨，全市第一。全面完成438个物管小区生活垃圾楼层撤桶，并实现"集中分类投放+定时定点督导"模式全覆盖。10月9日，《深圳生活垃圾分类管理条例》正式进入执法阶段。龙岗开出了全市"第一张处罚告知书"。

（四）"先行示范"担当推进体制机制创新

龙岗生态的综上"蝶变"，是全区坚决扛起"先行示范"担当，持续推进体制机制创新使然。2016年成立区创建国家生态文明建设示范区工作领导小组，建立完善的沟通、协调、督查机制，统筹推进生态文明建

设工作。建立健全生态、公安等多部门联合执法长效机制,纵深推进"利剑""散乱污"综合整治等专项行动,严厉打击环境违法行为。

全市首创跨界联合执法模式,与惠州、东莞等地建立联合会商机制,推动河流精细化联防联治。构建巡查、整治、执法"三张网",实行"环保管家""环保主任"等环境治理新举措,不断加强污染源精细化管理。

制定环境准入负面清单,实施环境违法企业"黑名单"制度,从源头控制污染排放。加强重点污染源环境监管信息公开,充分维护和保障公众对生态文明建设的知情权、参与权、决策权和监督权。

龙岗区成功创建"国家生态文明建设示范区",开创了生态环境保护工作新局面,为满足人民群众对美好生活的向往提供良好的生态环境保障。

第四节 规划国土创新引领

"新型城市化"时期,深圳迈入由早期快速发展到高质量发展阶段,土地制度也在最初的满足城市空间发展需求、支撑产业发展体系、提供城市建设资本等基础上进一步提出更高层次的需求,要求提高土地利用效率,满足深度城市化下的居住、产业、公共服务等具体要求。深圳在高质量城市发展阶段,需将土地供应与土地利用方式作为调控城市系统运行方向的"节点开关",优化城市空间资源配置,来撬动产业结构、就业人口乃至社会结构的整体联动转型。[1] 由此,2012年深圳启动了新一轮土地制度改革,实现了"城市规划""土地利用指标"两权合一,[2] 从而得以对城市中"原农村集体组织占地"展开全面清理与解决,推动原农村集体土地使用权入市等制度试验,提高土地供给能力和利用效率,进而实现经济增长与用地、人口、环境、资源的协调。

2012年至今,龙岗在注重规划创新引领和项目落地实施的同时,面临的土地空间对经济社会发展形成的约束条件也更多,如何处理土地的历史遗留问题,破解存量土地的利用困境,倒逼龙岗开启了城市更新、

---

[1] 唐杰等:《深圳生长——土地与城市更新》,北京大学出版社2020年版。
[2] 王江波:《深圳土地制度变迁研究(1979—2020)》,中国财政经济出版社2022年版。

土地整备等存量土地再开发利用的模式探索。土地制度需要在成功经验的基础上不断突破，以土地制度优化城市空间资源的重新配置，同时规划也为创新生态系统的关键要素留出空间，为创新型人才打造宜居宜业城市。

一 "规土"综合改革实践

2012—2023年龙岗城市规划建设的特征是在土地紧约束下城市更新与土地整备，规划建设重点片区、选择性的产业发展、高质量的公共服务设施、精细化的功能安排、以人为尺度的公共空间城市设计、传承历史文化的精神场所，以及创建规划国土综合改革实践区等。

（一）"规土"改革背景综述

2012年，党的十八大关于城市化工作精神强调以人为核心，尊重自然生态环境，传承历史文化脉络。应提高城镇建设用地利用效率，盘活存量土地，不能再无节制扩大建设用地。从此，深圳城市规划的主旋律就是优化规划布局和形态，让城市融入大自然，让居民望得见山，看得见水，记得住乡愁。同年《深圳市土地管理制度改革总体方案》获得国土资源部、广东省政府联合批复，标志着深圳新一轮的土地管理制度改革全面启动。《深圳市土地利用总体规划（2006—2020）》获国务院批复，成为指导深圳土地利用和管理的纲领性文件。2012年，深圳特区一体化建设三年实施计划全面完成，城市规划建设进入以深圳质量、陆海统筹的新阶段。这一年，市政府出台《深圳市鼓励总部企业发展暂行办法的通知》《深圳市城市更新办法实施细则》《关于加强和改进城市更新实施工作的暂行措施》等，城市规划加大对总部经济的空间保障，有效推动全市城市更新项目实施。这一年深圳城市更新用地首次超过新增用地。

2013年是中国改革开放35周年，是落实党的十八大战略部署的开局之年。国家层面要求县市建立统一的空间规划体系、限定城市发展边界、划定生态红线。要求"划定生产、生活、生态空间开发管制界限，落实用途管制"。12月，中央城镇化工作会议提出建立空间规划体系，建设以人为本、保护耕地和自然生态环境的新型城镇化，避免"大拆大建"，将从以空间效率为主转向以空间安全为主，要兼顾经济发展、环境保护和历史文化三个维度。

深圳市出台了《深圳市全面深化改革总体方案（2013—2015）》《深

圳市 2013 年改革计划》，首次提出在"三化一平台"（市场化、法治化、国际化和前海战略平台）上实施重点攻坚，牵引和带动全局改革。同年，深圳市土地管理制度改革取得突破，深圳颁布实施《深圳市人民政府关于优化空间资源配置促进产业转型升级的意见》"1+6"文件，对产业规划、用地用房供给、土地二次开发利用和产业监管服务等方面提出了纲领性要求。11 月启动深圳市产业用地供需服务平台，首批位于龙岗、坪山的 26 宗产业用地通过平台出让。工业用地等一系列弹性灵活的土地制度，成为深圳的活力之源。对建立全国城乡统一的建设用地市场具有借鉴作用。

2014 年国家首次将生态保护红线写入法律，修订后的《中华人民共和国环境保护法》规定"国家在重点生态功能区、生态环境敏感区和脆弱区等区域划定生态保护红线，实行严格保护"，明确了生态保护红线的法律地位。深圳市在《关于推进生态文明建设美丽深圳的决定》及其实施方案中明确要求"严格实施生态红线管控制度，在基本生态控制线基础上划定生态红线"。

同年，国家公布《国家新型城镇化规划（2014—2020）》，描绘了我国新型城镇化发展蓝图，进一步明确了新型城镇化的发展路径、主要目标和战略任务。深圳 2004 年全面实现农村城市化，成为全国第一个没有农村建制、没有本市户籍农业人口的城市，但仍存在着"特区内城市包围农村，特区外农村包围城市"现象；还有大量原农村集体土地的权属尚未厘清；原特区外的市政交通等基础设施建设滞后、政府公共产品供应不足等不完全城市化特征。深圳已完成了传统意义上的城镇化任务，未来将要进入真正意义上的新型城镇化之路。

这一年，住建部发出《关于开展县（市）城乡总体规划暨"三规合一"试点工作的通知》，要求编制县（市）城乡总体规划时，实现经济社会发展、城乡总体规划、土地利用规划的"三规合一"或"多规合一"，逐步形成统一衔接、功能互补的规划体系。2014 年深圳市规划国土建设工作聚焦于"两规合一"、生态体系构建，扩大了"农地"入市范围；创新了"整村统筹"利益共享机制。推动了深圳城市规划条例修订；加快推进重点片区规划建设，加大城市更新、土地整备力度，拓展城市空间，保障了一批重大项目和民生工程落地建设。

2015 年是"十二五"收官之年，国家首次提出打造"粤港澳大湾区",再次强调要深化与港澳合作。这一年中国城市规划工作进入新时期,中央城市工作会议要求城市转变发展思路,统筹规划、建设、管理三大环节,促进城市规划从编制到实施管理工作转型。提倡城市修补、文化传承、城市有机更新。坚持集约发展,框定总量、限定容量、盘活存量、优化增量,尽力提高城市发展持续性。在建成区要注重城市设计,打破"千城一面",加强城市整体风貌设计,使城市公共空间富有特色、充满活力。自 2015 年起,城市设计的重要性受到空前重视。

这一年,深圳提出未来五年的目标是率先全面建成小康社会,努力建成现代化国际化创新型城市,其中包括未来 5 年要全面落实《深圳国家自主创新示范区发展规划纲要(2015—2020)》,率先形成符合创新驱动发展要求的体制机制,建成一批具有国际先进水平的重大科技基础设施,成为具有世界影响力的一流科技创新中心。

同年,深圳以罗湖区城市更新改革为试点,率先在规划国土体制机制方面进行改革突破,在此背景下提出了"强区放权"改革方案。作为落实"放管服"改革的措施,深圳实施《全面深化规划国土体制机制改革方案》,在全市各区推广罗湖区城市更新试点模式,并要求市规土委进一步加大"强区放权"力度,确保城市更新、土地整备、产业用地、民生工程、储备土地、临时用地、规划土地监察执法、矿产资源管理八项重点领域职权调整改革工作落地实施。

为了推进强区放权改革,2016 年,深圳市编办出台了《关于进一步推进强区放权改革的若干措施》,重点涉及在政府投资、规划国土、城市更新、环保水务、交通运输、建设工程等领域下放事权,加强强区放权全面统筹工作,规范事权下放程序,这有利于精简市直部门审批权,扩大重点领域区级事权。随后,深圳市为了进一步推动政府职能转变,不断提高放权的"含金量",增强监督的效率,提高服务的质量,通过减少事前审批,加强事中、事后监管,加快工程建设项目的实施,出台了《深圳市住房和建设局关于进一步转变政府职能大力实行强区放权的通知(试行)》(深建法〔2016〕10 号)。2017 年 9 月,通过了《深圳市推进简政放权放管结合优化服务改革工作要点》,继续深化转变政府职能相关工作。同年发布《深圳市人民政府关于深化规划国土体制机制改革的决定》,在深圳市政府"强区放权"重大改革措施的背景下,提出了规划国土相关事权由市政府调整至区政府的决定。主要包括以下几方面内容：一是明确需由市政府授权、委托区政府行使的职权事项，包括除商品住宅用地外的土地招拍挂供应方案及其农转用实施方案审批、划拨或者协议方式供应的建设用地及其农转用实施方案审批等；二是明确需由规划国土主管部门授权、委托区政府及其职能部门行使的职权事项，包括临时用地和临时建筑审批、探矿权人与采矿权人之间勘查作业区范围和矿区范围争议的裁决；三是明确市规土委派出机构的行政主体地位及执法职责；四是规定承接职权的区政府及其职能部门的责任。

2018年，适逢中国改革开放40周年，国家赋予深圳新的历史使命，要求深圳"朝着建设中国特色社会主义先行示范区的方向前行，努力创建社会主义现代化强国的城市范例"。国家自然资源部要求全国启动国土空间规划编制，根据统一部署，深圳市2018年暂停了《深圳市城市总体规划（2017—2035）》编制工作，相关成果作为国土空间规划的工作基础，深圳新版城市总体规划将探索新模式。由于"强区放权"，2018年深圳市政府与各区政府签订《2018年深圳市"拓展空间保障发展"十大专项行动及城市建设与土地利用实施计划责任书》，建立常态化监督工作机制。2018年1月，国务院同意撤销深圳经济特区管理线。多年来，深圳城市规划致力于打破城市"二元化"结构，实现特区内外公共设施均等化配置的目标。

为落实中央和省委要求，2019年1月中共深圳市委六届十一次全会确定深圳市机构改革工作进入全面实施阶段。改革后，一是不再保留市规划国土委，组建市规划和自然资源局，将市规土委（市海洋局）的职责、市林业局的职责、市发展和改革委员会的配合编制主体功能区规划职责、市经济贸易和信息化委员会的渔业管理职责、市水务局的水资源调查职责，以及相关部门的自然保护区、风景名胜区、自然遗产、地质公园等管理职责整合，组建市规划和自然资源局，加挂市海洋渔业局、市林业局牌子，市规划和自然资源局在区设分局，实行市以下垂直管理体制；二是组建市城市更新和土地整备局，将市城市更新局、市土地整备局的行政职能整合，由市规划和自然资源局统一领导和管理。

同年8月，国家正式发布《关于支持深圳建设中国特色社会主义先行示范区的意见》，赋予深圳五大战略定位，提出了以深圳为主阵地建设综合性国家科学中心。12月颁布《深圳市建设中国特色社会主义先行示范区的行动方案（2019—2025）》，指出将深港科技创新合作区作为七大布局之一，以科技创新为突破口，全力支持深圳建设中国特色社会主义先行示范区。

(二) 创建规划国土综合改革实践区

为破解土地难题，加快落实"东进战略"，高质量建设深圳东部中心，落实市委、市政府"城市质量提升年"各项工作要求，深化委区合作交流，2018年5月16日，龙岗区率先与深圳市规土委在城市规划及城市设计、土地管理、土地整备、违建查处、生态线管理、田园综合体建设六个方面共同签订了《规划国土管理改革与实践合作框架协议》（以下简称《框架协议》），《框架协议》既是深圳范围内第一个委、区合作框架协议，又是龙岗区和深圳市规划国土委共同推进的一项规划国土管理改革与实践，对龙岗的发展而言至关重要。6月，龙岗区制定落实委区合作框架协议工作方案和2018—2020年三年行动计划，就如何落实《框架协议》进行全面部署，确定13个改革项目，以"任务上墙、挂图督办"的方式明确责任分工，扎实推进框架协议。为深圳市深化规划土地改革实践提供"龙岗探索"。

1. 分区规划设计

2018年，龙岗区"自下而上"率先启动全市第一个分区规划——《龙岗区分区规划（2018—2035）》的编制，反馈发展诉求；充分发挥规划引领统筹作用，构建"东西片区、双核引领、两带融合、多轮驱动"的城市空间结构。探讨战略定位强化、土地资源配置、自然资源管控、用地功能布局、城市空间拓展、公共服务设施配套、综合交通网络等内容，做好国土空间规划与法定图则之间的衔接。完成《龙岗区分区规划（2018—2035）》现状调研，初步划定"三线三区"，形成现状及规划评估报告，完成全区建设用地规模需求梳理，初步确定全区功能定位、发展目标及城市空间结构。基于现阶段的存量土地开发模式，探索建立以问题为导向的"过程式、协商式"的法定图则修编新模式，以法定图则为平台衔接各层级规划，强化片区统筹作为法定图则中的基础与核心内容，加强规划的实施，大运枢纽站、宝龙科技城等法定图则修编试点已经形成规划草案；在总结试点经验的基础上编制《龙岗区法定图则编制与管理操作指引》，从图则的编制流程、管控内容、表达方式、技术手段等方面入手，探索制定龙岗区法定图则修编样板，形成可复制、可推广的模式，指导后续图则修编项目。开展《龙岗区基本生态控制线调整服务及用地梳理研究》，探索基本生态控制线管控新模式，汇编形成《龙岗区基本生态控制线局部优化调整操作指引（试行）》。探索城市设计成果与法定图则相衔接、弹性内容与刚性内容相衔接，城市更新、土地整备等专项规划落实城市设计要求的管理机制，开展并完成《坂雪岗科技城城市设计》《大运新城城市设计》的编制及报批工作，完成龙岗河城市设计活力发展带城市设计国际咨询，形成龙岗河整体概念性城市设计国际咨询成果整合及实施方案、龙园片区详细设计深化方案成果，并建立重点片区总设计师制度，创新建立"概念规划+城市设计+实施方案"规划编制新机制，确保城市设计有效落地，全面提升龙岗区城市空间品质，高水平、高标准打造东部中心及其核心区，完成建设"城市新客厅"的目标任务；全面建立"市域规划—分区规划—法定图则—城市设计"的规划体系和逐级传导机制，实现"一张蓝图绘到底"。

2. 土地供应机制创新

2019年，龙岗区在全市率先探索先租后让、联合竞买、行政划拨、协议出让等供地模式，实施差异化精准供应，更好地甄别、吸引和留住真正优质的产业。完成宝龙先租后让、坪地联合竞买2个试点项目。6月，完成龙岗区首单产业用地划拨（横岗阿波罗园区产业用地项目），以低租金提供产业空间，大力扶持实体经济。综合运用拆违、整备、更新、用地清退、立体开发等方式释放大片区空间。完成全区已批未建用地清查工作，梳理出已批未建用地137宗，面积共219.06公顷，逐宗核实确认用地情况并建立数据库，分门别类制定"一地一策"初步处置方案。完成处置用地共38宗，有效盘活用地70.73公顷；未来通过"一类一策"方式处置，预计还可盘活产业空间约1.5平方千米。推动城市立体开发，借鉴东京及中国香港等地的先进经验，以重点片区、重要节点建设为核心，以大运及平湖枢纽规划建设为契机，率先启动《龙岗区轨道枢纽核心地区立体开发指引研究》工作，探索以公共交通为导向的城市发展新模式。形成较为完善的指引成果，经区政府审议原则通过，应用到大运枢纽的规划设计当中，提升节约集约用地水平。

3. 都市田园建设规划

2019年，龙岗区以宝龙街道同乐片区（规划用地面积286.62公顷，涉及基本农田面积98.99公顷）为试点，探索现代都市田园保护利用新模式。完成都市田园同乐试点规划方案编制工作，以现代农业、休闲农业为核心，以互融共享为理念，创新土地开发利用模式，通过生态修复、景观再造、主题植入、科研技术引进、综合整治、功能转换等手段，布局都市菜园种植区、现代农业科普区、综合服务区、田园观光区、兰花休闲区、互动娱乐区、原乡体验区7大各具特色的功能分区，打造集都市农业、科普教育、田园观光、休闲体验于一体的深圳都市田园明信片。

4. 图斑梳理

2019年，龙岗区全面梳理法定图则、城市更新、土地整备、棚户区改造等专项规划中独立占地的公共基础设施，探索构建基础设施空间布局、土地供给、建设时序"一张底图"，涵盖教育、医疗、文体等10大类基础设施共1406个地块及1155块绿地，实现全口径管理。以数据平台为支撑，精准掌握建设现状。以辖区面积、规划人口为核算基础，依托时空信息平台，对文体、消防、公交场站等各类公共基础设施进行权属核查、现状调查等全面筛查。从建设实施率、空间布局合理性、现状建设集约度等维度，科学研判各街道需求缺口，并按照"规划统筹、计划管理、空间整合"原则，指引法定图则修编、二次开发专项规划，引导片区征地拆迁和土地整备实施。建立"区—街道—单元"逐级传导机制。重点对公共基础设施进行分类、分级，将每类设施逐级传导到实施单元层面，形成《公共基础设施梳理及实施路径研究》及实施意见。结合项目用地的实际情况，建立"近期开工建设一批、中期土地入库一批、远期纳入二次开发计划一批"的三年行动计划清单，循序推进土地供给。成立以区委书记为组长、区长为副组长的推进公共基础设施建设领导小组，统筹协调基础设施选址、投资、供地、建设等全流程工作。推动了多项民生项目的落地。推动6所学校、8家公立医院等一批重大项目集中开工；完成深圳音乐学院、香港中文大学（深圳）医学院及附属学校、区体育中心公共项目选址研究工作。

2020年，针对城市规划实施率低、传导不足、部门计划不协同等问题，创新合作机制，探索实施"分区规划指引+三年用地计划+优化备用库"公共配套项目新模式，实现公共配套项目从规划到建设有序衔接、高效落地。是年，龙岗区公共基础设施建设总量翻两番，新增用地供给比上年增长288%。

5. 大服务网络建立

2019年，为完成《框架协议》与基层的对接，凝聚起改革的最大公约数，龙岗区面向区政府、职能部门（街道办）、社区、企业4个层面建立全方位的大服务网络，建立起涵盖11个街道的挂点社区规划师团队，开展社区调研走访，收集社区诉求，为基层社区在发展规划、空间利用、土地开发、产业引进等方面提供科学公允的建议和意见。年内，开展76次社区走访活动，共收集问题176个，其中163项完成，完成率93%；发布24期微信"规划资源小课堂"政策解读，对非农建设用地、土地整备、工业及其他产业用地供应、密度分区与容积率修订等相关政策进行解读，提高街道、社区股份合作公司的政策理解能力。

二　建立国土空间规划体系

（一）国土空间规划体系的建立

2012年，深圳市在全国率先构建规划、国土、海洋"三合一"的规划管理体制，为国土空间规划的系统性重构奠定了良好的基础。2018年3月，根据国务院机构改革方案，组建自然资源部，承担起建立空间规划体系并监督实施的重要职责。2019年5月，中共中央、国务院《关于建立国土空间规划体系并监督实施的若干意见》（以下简称《若干意见》）颁布实施，全国积极开展国土空间规划体系重构，推动实现"多规合一"，标志着国土空间规划体系的顶层设计和"四梁八柱"的基本形成，空间规划编制工作也从过往的城乡规划向国土空间规划拓展和转变。由建设部门主导的城市（乡）总体规划作为城乡空间规划体系中的上位规划，在我国城镇化快速发展、促进国土空间合理利用方面曾发挥了积极作用，但由于城乡总规偏重于中心城区建设及城乡布点，缺乏全域特别是规划区外要素的统筹，长期存在与土地利用规划、经济社会发展规划等各类型规划内容重叠或冲突、缺乏衔接协调等问题。国土空间规划正是要克服此前我国各级各类空间规划存在的种种弊端，其重点是转变规划思路，实现保护与发展的平衡、全域全要素的覆盖，强调多规合一、刚性管控传导等，旨在全面提升国土空间治理的现代化水平。国土空间规划将主体功能区规划、土地利用规划、城乡规划等空间规划融合为统一的国土空间规划，形成一个平台，即国土空间基础信息平台，形成全国的国土空间规划"一张图"，建立起"五级三类"的国土空间规划体系。

在国家"五级三类"的空间规划体系框架下，各大城市根据自身国土空间特点、行政体系构架以及城市精细化管理需求，积极探索构建符合当地实际的国土空间规划体系，深圳市紧跟国家空间规划体系改革步伐，依托长期以来形成的规划国土合一的体制优势，基于对现行空间规划体系的梳理和不足，提出了新时期国土空间规划体系建立的思路。结合深圳市辖区以及全面城市化的特点及管理需求，探索构建全域覆盖、分层管理、分类指导、逐级传导的"两级三类"深圳国土空间规划体系（见图 6-11）。"两级"是指国土空间总体规划分为全市国土空间总体规划和分区国土空间总体规划（以下简称分区规划）两个层次，"三类"与国家国土空间规划体系中的三类保持一致，是以国土空间总体规划为统领、专项规划为管理支撑、全域全要素的单元详细规划为实施平台的三类规划。

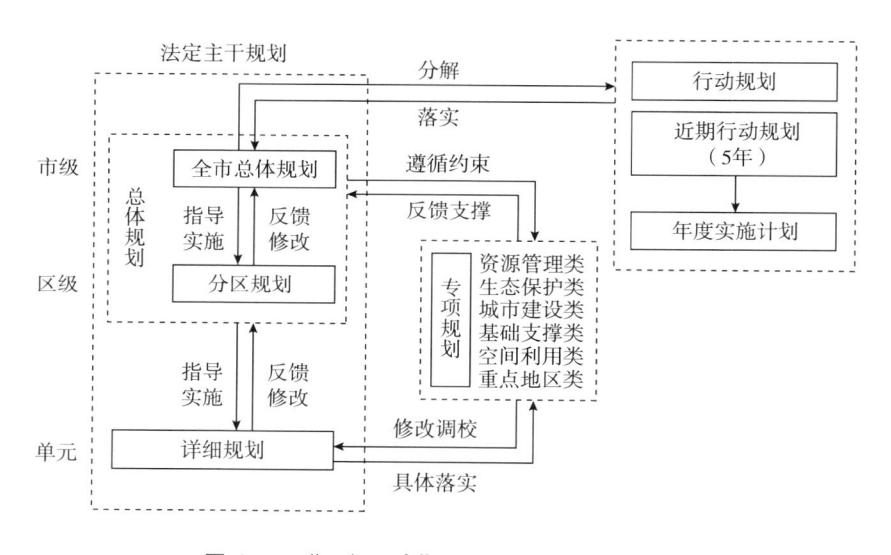

图 6-11　"两级三类"深圳国土空间规划体系

1. 权责对等的两层次总体规划体系

与事权管理相对应，深圳市国土空间总体规划分为全市国土空间总体规划和分区规划两级。全市国土空间总体规划由市政府组织编制，分区规划由各区政府及市规划和自然资源主管部门联合编制，实现编制主体与实施主体相一致，充分调动各级政府的主动性、积极性。全市国土空间总体规划强调宏观统筹与指导作用，提出全域国土空间的管控性要素与指标，制定分区指引，通过边界、指标、位置、名录等传导载体，将"三条控制线""人一地一房"规模、市级重大公共服务与基础设施、生态修复重大工程等强制性内容分解落实至分区规划中。分区规划起到承上启下的作用，全面落实全市国土空间总体规划的战略性与强制性管控内容，指导约束下层级详细规划的编制，保障规划的有效传导。

> **专栏 6-9** **《深圳市国土空间总体规划（2020—2035）》**
>
> 这是深圳城市的第四版总体规划，2020 年推进《深圳市国土空间总体规划（2020—2035）》编制工作，基本形成包括文本、图件、说明书以及"双评价""双评估"等 20 个专题研究报告在内的一整套规划成果。
>
> 1. 编制背景
>
> 根据国家国土空间规划主要目标：到 2020 年，基本建立国土空间规划体系，逐步建立"多规合一"的规划编制审批体系、实施监督体系、法规政策体系和技术标准体系；基本完成市县以上各级国土空间总体规划编制，初步形成全国国土空间开发保护"一张图"。到 2025 年，形成以国土空间规划为基础、以统一用途管制为手段的国土空间开发保护制度。到 2035 年，基本形成生产空间集约高效、生活空间宜居适度、生态空间山清水秀，安全和谐、富有竞争力和可持续发展的国土空间格局。深圳站在新的历史起点上，市规自局启动了《深圳市国土空间总体规划（2020—2035）》的编制工作。本次规划牢牢把握新形势、新使命、新理念，贯彻落实生态文明思想，在资源环境承载力和国土空间开发适宜性评价的基础上，强化生态保护底线约束，为可持续发展预留空间。努力探索一条符合深圳超大型城市特色、适应高质量发展要求的新路子，为深圳创建社会主义现代化强国的城市范例、迈向全球标杆城市描绘了一幅宏伟的空间发展蓝图。
>
> 2. 发展目标
>
> 朝着建设中国特色社会主义先行示范区的方向前行，努力创建社会主义现代化强国的城市范例。到 2025 年，经济实力、产业创新能力跻身全球城市前列，生态环境质量、公共服务水平、文化软实力大幅提升，建成现代化国际化创新型城市。到 2035 年，成为全国高质量发展的典范，建成具有全球影响力的创新创业创意之都和宜居宜业幸福家园。

3. 城市性质

卓越的国家经济特区、中国特色社会主义先行示范区、粤港澳大湾区核心城市、国际科技创新中心、全球海洋中心城市。

4. 主要内容

平衡好生态空间与城市空间的相互依存关系，提升城市空间品质，增加市民幸福指数。例如：①统筹划定城市开发不可逾越的三条红线，即生态保护红线、永久基本农田、城镇开发边界三条控制线；②坚持保护优先、生态修复为主的方针；③土地二三产业混合利用、立体开发、存量更新；④新增建设用地优先保障居住、教育、医疗、养老等民生服务设施；⑤积极应对全球气候变化，全面提升城市防灾、救灾、减灾能力，保障超大城市系统安全等。

总体规划构建了一个完整和系统的规划体系。在现状基础与风险识别的基础上，构建国土空间保护开发格局、自然资源保护利用与生态修复、城市空间资源配置、立体开发与存量更新、城市支撑体系（交通、基础设施、安全韧性、智慧城市）、风貌塑造与文化传承、规划实施保障机制，还制订了各区的分区规划指引与近期行动计划。

2. 全域覆盖的单元详细规划

详细规划是依据全市及分区国土空间总体规划，落实专项规划的内容，对具体地块用途和开发建设强度等作出的实施性安排，是开展国土空间开发保护活动、实施国土空间用途管制、核发城市建设项目规划许可、进行各项建设等的法定依据。基于深圳市高度城市化的特点以及全域全要素精细化的管理需求，补齐非建设用地规划管控的短板，深圳市在市域范围内进行了全覆盖单元详细规划管控的探索。

3. 全面支撑的专项规划

专项规划按照内容分为特定区域（流域）的专项规划和特定行业领域的专项规划两类。一般特定行业领域规划包括交通、能源、水利、农业、市政、公共服务，以及生态环境保护、文物保护、林业草原等专项规划。

（二）龙岗区国土空间分区规划编制

围绕"东部区域的综合性服务中心""国际合作高等教育和文化体育交流中心""电子信息产业高地和先进制造业集聚区"等目标，龙岗区与深圳市规划和自然资源局于2018年6月开展了《深圳市龙岗区国土空间分区规划（2020—2035年）》编制工作。分区规划作为市区上下联动的媒介，是上层次目标指引与下层次实施的结合点；是一个在落实全市对于国家空间管控要求的前提下，从分区诉求出发的空间规划；是全区的纲领性文件蓝图的法定文件。其编制任务包括执行、落实市级总体规划，并与其他相关专项规划衔接；对区级国土空间保护和利用进行统筹安排和综合部署；指导下层次详细规划编制。龙岗区以"1个主体规划+11个专项研究"的组织模式开展分区规划编制工作（见图6-12）。

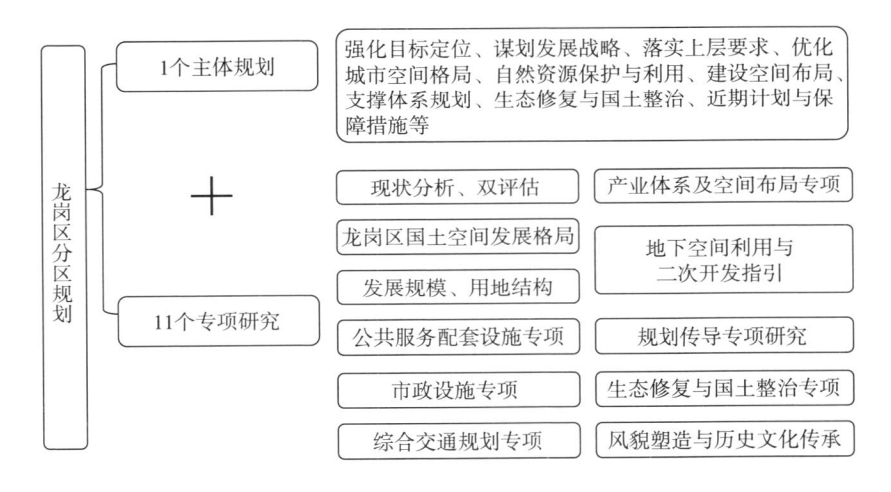

```
                    ┌─────────────────────────────────────┐
        1个主体规划 ─┤ 强化目标定位、谋划发展战略、落实上层要求、优化 │
                    │ 城市空间格局、自然资源保护与利用、建设空间布局、│
                    │ 支撑体系规划、生态修复与国土整治、近期计划与保 │
龙                  │ 障措施等                            │
岗                  └─────────────────────────────────────┘
区    +
分         ┌──────────────────┐  ┌──────────────────┐
区         │ 现状分析、双评估  │  │ 产业体系及空间布局专项│
规         ├──────────────────┤  ├──────────────────┤
划         │龙岗区国土空间发展格│  │ 地下空间利用与    │
           │局                │  │ 二次开发指引      │
           ├──────────────────┤  ├──────────────────┤
  11个专项研究│ 发展规模、用地结构│  │                  │
           ├──────────────────┤  ├──────────────────┤
           │ 公共服务配套设施专项│  │ 规划传导专项研究  │
           ├──────────────────┤  ├──────────────────┤
           │ 市政设施专项      │  │ 生态修复与国土整治专项│
           ├──────────────────┤  ├──────────────────┤
           │ 综合交通规划专项  │  │ 风貌塑造与历史文化传承│
           └──────────────────┘  └──────────────────┘
```

图6-12　龙岗区组织模式示意

规划依托大运新城和龙岗中心城，建设深圳东部综合服务中心，承担区域性创新服务中心及高端国际化文体赛事活动中心功能；以平湖综合交通枢纽、华南城商圈为核心打造市级功能中心，辐射带动深圳北部与东莞临深地区一体化发展；加快推动坂雪岗科技城建设，打造产学研一体化发展的世界级新一代通信技术产业基地；加快宝龙科技城、阿波罗未来产业城等重点片区建设，携手坪山共同打造深圳东部高铁新城，依托坪地国际低碳城积极探索率先实现碳中和的路径；打造核心生态绿廊、环大运深港国际科教城生态绿廊、国际低碳城滨水生态区三大"绿廊"，维护生态系统的完整性和连续性；积极弘扬以红色文化、客家文化、节庆文化为主的传统文化，高标准完成大芬油画村、甘坑客家小镇两个市级特色文化街区品质提升，高水平推进鹤湖新居、大田世居等不可移动文物的活化利用，不断激发传统文化新活力。到2035年，全区耕地保有量不低于6200亩，林地保有量不低于83.3平方千米，湿地保有量不低于1.41平方千米，建设用地总规模控制在243平方千米以内，建筑总规模控制在33500万平方米以内，按照不低于410万常住人口规模配置较高品质住房以及基础教育设施。

三 重点规划研究与编制

2012年以后是龙岗创新发展和精细化发展的阶段，特别注重规划创新引领和项目的落地实施。龙岗区抓住该时期深圳存量发展阶段城市土地及建设空间供给侧面临的难点问题，发挥规划国土部门和区政府在规划建设管理上的双重优势，助力龙岗破解土地紧约束的发展"瓶颈"，将潜在的土地空间优势释放出来，为深圳市深化规划土地改革实践提供"龙岗探索"。该时期重点规划研究与编制成果如下。

（一）总体规划

1.《深圳市城市总体规划（2017—2035）》

该总体规划对龙岗的定位：深圳市东部城市中心。东部中心（龙岗—坪山中心）是具有区域影响力的市级中心，重点完善龙岗中心城、大运新城和坪山中心区的功能，完善市级公共服务和商务服务职能，建设成为与周边地区协同发展的区域服务中心，强化引领作用，辐射带动粤东和粤东北地区发展。促进龙岗—坪山—惠阳等跨界地区的协作发展，成为辐射带动深莞惠经济圈（"3+2"）和粤东地区发展的战略空间。

2.《龙岗区分区规划（2018—2035）》

该时期龙岗处于转型发展、创新发展、跨越发展的关键节点，恰逢国家实施"一带一路"建设、"粤港澳大湾区一体化"战略，省委、省政府将大湾区建设摆上重要日程，广东将对标国际一流湾区和世界级城市群，把粤港澳大湾区建设成为全球创新发展高地。同时，在市委、市政府提出实施"东进战略"等多重机遇叠加下，龙岗的区位由"特区的边缘"向"深莞惠（3+2）地区的中心"转变，角色由"原特区的产业基地和后花园"向"深圳发展第三极"调整。新时期、新形势、新的历史使命下，龙岗区亟须一个立足长远、传导总体规则、兼顾近期实施的分区规划指导全区工作、满足新时期城市发展和规划管理需要。

在"强区放权"及区委共同推进规划国土管理改革与实践的大背景下，龙岗率先启动了龙岗分区规划的编制工作，充分发挥规划引领统筹作用。要探索一个体现生态文明、以人为本理念的全域空间指引；探索更具指导性的分区规划，关注总体规划的传导落实；统筹全区发展思路，编制指向实施的分区规划；构建存量规划的管理体系，关注龙岗城市品质提升。

全面统筹全区山水林田湖草城等各类资源，实现"多规合一"；以国土空间为抓手，传导落实城市总体规划要求；统筹全区民生、交通等公共设施以及重大产业项目等，指引法定图则修编。

龙岗区发展定位：现代化国际化创新型深圳东部中心，深圳东部区域的综合性服务中心（突出综合服务职能）、全球电子信息产业高地和先进制造业集聚区（突出产业创新职能）、国际合作高等教育和文化体育交流中心（突出国际科教职能）。

城市空间布局结构：建立多向开放、区域融合的城市格局。顺应全市"多中心、组团式、生态型"城市空间结构发展趋势，落实龙岗区战略发展意图，将"一芯两核多支点"发展战略转化为龙岗区的城镇开发格局，构建发展平衡、联系紧密的城市中心体系。

（二）详细规划

1.《深圳国际低碳城拓展区控制性详细规划》

2014年《深圳国际低碳城拓展区控制性详细规划》完成了编制，并通过了市政府审议。国际低碳城作为深圳市13个重点片区之一，规划占地面积约53平方千米，建筑面积约180万平方米，未来将发展以新能源、生命健康、航空航天和低碳服务业为主导的低碳产业，同时适当融合科技研发、会展交流、教育培训、文化创意、居住配套等功能。

2. 法定图则修编（2018年）

2018年开展大运、宝龙两片区法定图则修编，2019年开展平湖、横岗老墟—大康—安良、龙西—五联三个片区的法定图则修编。同时，在法定图则修编试点的基础上，将开展《龙岗区法定图则试点改革及实践创新模式研究》，系统梳理图则修编改革模式及经验，形成制度化的法定图则创新编制和管理机制，并开展对法定图则的定期评估，健全动态修编机制，继续选取试点。

（三）专项规划

1.《深圳市龙岗区综合发展规划（2014—2030）》

按照深圳市第六次党代会的部署要求，以前瞻的思维、具有战略性的高度来谋划未来，龙岗区委、区政府组织编制了《深圳市龙岗区综合发展规划（2014—2030）》（以下简称《综合规划》），促进国民经济与社会发展规划、城市规划、土地利用总体规划及其他规划的"多规协同"，推进经济、社会、城市、文化和生态协调发展。

在《综合规划》中，龙岗规划定位为深圳东部创新中心，即抓住深圳成为国家自主创新示范区的机遇，以"高端引领、创新驱动"作为城市发展的主导战略，通过"三高一平台"（高等院校、高端企业、高级人才及创新平台）的搭建加快高端创新要素集聚，系统推进机制创新、技术创新、市场创新等多领域的创新，构建以知识为本、科技为核、活力迸发的创新生态体系，形成创新人才、科技要素和高新技术企业集聚度高，创新创意成果多，创新服务体系完善的综合性开放型创新中心，成为深圳市乃至珠三角持续推动创新发展的重要地区。

发展定位："三心四区"。"三心"是指将龙岗建设成为东部产业聚集中心、东部科技创新中心、东部协同发展区域中心，"四区"是指将龙岗打造成为产城融合示范引领区、绿色低碳合作发展先行区、普惠型质量型民生幸福城区、共建共治共享文明和谐城区。

城区职能：深莞惠一体化协作及综合服务中心，深圳东进战略核心区，深圳辐射粤东北的门户地区，深圳东部区域性综合交通枢纽；国际化高等教育强区，区域科学研究及文化交流中心，创新创业人才摇篮；新兴产业引领区，先进制造业集聚区，传统产业提升示范区，现代服务业集聚区；深圳国家自主创新示范区，产城融合示范引领区，绿色低碳合作发展先行区，国家社会组织创新示范区，深莞惠、河源、汕尾"3+2"区域协作先行示范区。

发展目标：生态龙岗、科教高地、创业新城、乐活家园。

布局结构：构建更具竞争力的"双轴聚合"的整体空间结构，推动龙岗与区域一体化发展，优化城市功能结构、推动各组团功能协同互动，加强区域协作与一体化发展，实现龙岗区整体功能提升。规划形成"双心（近中期为'一心'）、双轴、三城、多枢纽、多点"的空间结构。"双心"指龙岗综合服务中心、平湖综合服务副中心（中远期）。"双轴"指城市功能联动轴、区域同城化发展轴。"三城"指大运新城、坂雪岗科技城、深圳国际低碳城。"多枢纽"指坪山站枢纽、平湖枢纽、深圳东站枢纽、大运枢纽、龙城广场枢纽、国际低碳城枢纽。"多点"指平湖金融与现代服务业基地、阿波罗未来产业园、宝龙高新园区、李朗产业新城、横岗商业文化中心、布吉商业文化中心（详情参见《深圳市龙岗区综合发展规划（2014—2030）》）。

2.《深圳市龙岗区国民经济和社会发展第十三个五年规划纲要》

"十三五"时期，龙岗将以"建设深圳东部中心和自主创新引领区、高端商务集聚区、国家产城融合示范区、绿色低碳发展引领区"为目标，增强综合功能，提升发展能级。该规划纲要提出七大发展路径：

坚持创新驱动发展路径。实施创新驱动战略，形成以创新为主要引领和支撑的经济体系及发展模式，构建具有龙岗特色的综合创新生态体系。

坚持质量引领发展路径。牢固树立标准意识，把质量作为新常态下第一追求。在创新发展上勇于对标硅谷，在城市发展上勇于对标新加坡，在社会治理上勇于对标上海。

坚持产城融合发展路径。科学配置产城资源，全面提升城区均衡发展水平与质量，逐步缩小与原特区内发展差距，真正实现以产兴城、以城促产，构建产城融合、功能复合的城区组团，把宜居宜业打造成龙岗创新创业的新优势。

坚持绿色低碳发展路径。依托本体山水格局，统筹全区山、水、公园、绿道、人文等资源，打造生态复合体验空间；大力推进绿色、低碳、循环产业发展，加大环境保护力度，倡导绿色生活方式，促进人与自然和谐共生，建设绿色低碳美丽家园。

坚持民生优先发展路径。持续加大民生投入力度，加快实现基本公共服务均等化，增强居民的获得感，实现全区居民共建共享、包容发展，建设更高质量的民生幸福城区。

坚持文化强区发展路径。健全重大功能性文化设施，完善公共文化服务体系，发展现代文化产业，彰显区域特色文化，增强文化原创力、影响力，不断提升城区文明程度。

坚持开放共赢发展路径。积极融入"一带一路"建设，坚持内外需求协调、"走出去"和"引进来"并重、引资和引技引智并举，构建新型国际合作平台，营造优质的国际化营商环境，提高在全球产业链、价值链、物流链分工中的地位，整体提升开放型经济发展水平。

3.《深圳国际低碳城空间总体规划研究》

2015年7月，市规划部门联合龙岗区低碳办组织开展了《深圳国际低碳城节能环保产业园空间规划研究》，根据上层次规划及《深圳国际低碳城空间总体规划研究》等相关规划研究成果，在产业需求、空间规划、生态保护及社区发展之间寻求平衡，探索"环保产业园"项目规划实施的有效路径。此外，经过两年研究，组织完成了《深圳国际低碳城空间总体规划研究》项目编制工作。

4.《深圳市城市更新"十三五"规划》

2016年11月，深圳市印发实施《深圳市城市更新"十三五"规划》作为指导全市城市更新工作的纲领性文件和各区五年规划编制、更新单元计划制订的重要依据。该规划的总体目标是以创新、协调、绿色、开放、共享为理念，加快建设宜居宜业的现代化国际化创新型城市，提高城市发展质量和提升土地利用水平。

（1）鼓励各类旧区综合整治，推进以城中村、旧工业区为主的拆除重建，探索历史文化地区保护活化，优化空间布局、升级产业转型、改善环境，提升公共配套水平，提高基础系统支撑能力与城市安全保障能力，实现城市有机更新，促进城市可持续发展。

（2）"十三五"规划期内，深圳全市争取完成各类更新用地规模30平方千米，其中：拆除重建类，更新用地12.5平方千米；非拆除重建类（综合整治、功能改变等），更新用地17.5平方千米。

（3）提倡有机更新，"十三五"时期力争完成：100个旧工业区项目（复合式更新：拆建为主、整治为辅；或综合整治：融合功能改变、加建扩建、局部拆建），100个旧居住区项目（综合整治，包括城中村、旧商业区）。

（4）规划期内力争通过更新配建人才住房和保障性住房约650万平方米，配建创新型产业用房约100万平方米，另外实现违法建筑存量减少1000万—1200万平方米的目标。

5.《龙岗区城市空间总体规划（2017—2035）》

定位：与西部中心功能协同、交相呼应的东部中心，深莞惠经济圈（3+2）综合服务核心区，深圳东进功能辐射中枢，区域性创新创业服务中心，区域性现代服务业基地及市级文化赛事活动中心。

目标：全面提升龙岗城市发展能级，加快建设以创新创业为特质、以鲜明国际化为特色的深圳东部城市中心，打造深莞惠经济圈（3+2）综合服务核心区、深港科技创新合作拓展区、深圳东进功能辐射中枢、国际高等教育示范区，承担区域性综合交通枢纽、区域性科技创新中心、区域性现代服务业基地及市级文体赛事活动中心功能，推动区域协同发展。

城市空间结构：龙岗区初步形成"一心、三城、三带"的城市空间结构，未来龙岗区的城市空间结构将充分衔接深圳市新一轮城市总体规划修编，并在《龙岗区城市空间总体规划（2017—2035）》中进一步明确。

"一心"，即深圳市东部城市中心。围绕中央科学公园，整合龙岗中心城、大运新城、国际大学园、宝龙科技城和阿波罗未来城，以科技创新、行政商务、文体娱乐、知识教育等为重要内涵，城市核心功能高度完善，具有强大资源集聚力、承载力和辐射力，融合创新和生态特质的深圳东部知识创新中枢及综合服务中心。

"三城"，即坂雪岗科技城、深圳国际低碳城、平湖综合枢纽和金融现代服务城，是龙岗区面向区域协同的战略门户。以坂雪岗科技城引领区域科技创新；以深圳国际低碳城引领区域低碳生态合作示范；以平湖综合枢纽和金融现代服务城，引领龙岗辐射东莞的区域服务功能强化。

"三带"，即城市综合功能服务带、科技创新产业带、滨水文化休闲带。城市综合功能服务带主要依托龙岗大道（轨道交通3号线）和布龙路，构建龙岗区各主要功能组团的联系主轴，串联布吉南湾中心、横岗中心、龙岗综合服务中心、深圳国际低碳城，推动龙岗西区和东区的各功能区联动发展，提升区域综合服务职能；科技创新产业带位于龙岗中部，串联坂雪岗科技城、李朗未来科技城、大运新城、国际大学园、宝龙科技城、坪山站枢纽周边地区，整合科技、产业、社区和教育资源，建设深圳东部自主创新示范核心区；滨水文化休闲带则重点依托龙岗河，串联坪地、龙岗、宝龙、龙城、横岗等主要空间，高标准高水平打造科技服务创新区（四创新高地）、城市综合服务区（东部中央活力区）、历史文化创意区（东部文化新天地）、生态低碳区（低碳生态谷），建设市民生活休闲的滨水景观带和文化长廊。

6.《龙岗区地下空间总体发展规划》及"十三五"建设规划

在深圳市面临土地紧约束的发展时期，地下空间成为城市重要的空间资源，随着经济和社会的快速发展，尤其是轨道交通的建设，龙岗区也将进入地下空间资源利用的拓展阶段，为科学有序地引导龙岗区城市地下空间的整体开发和利用，发挥宏观统筹作用，开展《龙岗区地下空间总体发展规划》及"十三五"建设规划。该规划通过系统梳理龙岗区现有地下空间情况，结合地质条件评估、轨道交通等影响因素，提出以轨道交通网络、重点片区地下空间建设为主导，因地制宜，逐步构建人性化的地下空间发展体系。

7.《深圳市工业区块线划定研究》

2018年8月市政府正式印发《深圳市工业区块线划定研究》，提出按照"严守总量、提质增效、产城融合、刚性管控"的原则，严禁在工业用地中安排住宅及大规模的商业和办公等建筑功能，稳定工业用地总规模，提高工业用地利用效率。《深圳市工业区块线划定研究》主要内容如下。

（1）研究背景

2018年市政府提出要出台工业区块线管理办法，稳定全市工业用地总规模，严控"工改居""工改商"，加大"工改工"支持力度，推广"工业上楼"。划定工业区块线制定《深圳市工业区块线管理办法》是深圳破解"发展紧约束"问题的主动作为，是落实国家要求把经济发展着力点放在实体经济的体现。

科技创新与实体经济特别是制造业是"毛"与"皮"的关系。深圳正在建设国际科技产业创新中心，更需要发挥工业尤其是制造业等实体经济的支撑作用。研究表明，深圳制造业占GDP比重近几年下降明显，2011年深圳制造业占比为33.5%，2016年降至28.3%，已经降至与美国硅谷（28%）齐平，再降将危及深圳科技创新中心建设。有专家谏言，深圳工业占GDP比重在2020年应守住34%，否则会影响经济发展后劲。

（2）工业用地现状情况

根据2016年深圳市土地利用变更调查数据，2016年深圳全市有现状工业用地约273.42平方千米，占全市建设用地比重约29.65%。纳入统计的现状工业用地面积以宗地和净地块为主（含地块内的宿舍等相关配套设施、不含市政道路用地）。现状工业用地273.42平方千米中，原特区内面积约21.85平方千米，原特区外面积约251.57平方千米（约占92%）。故原特区外工业用地的比重相对较高，分布也不均衡。现状工业用地面积最大的是宝安区，达77.49平方千米；其次是龙岗区，达70.68平方千米；大鹏新区仅9.81平方千米。原特区内，最小的是盐田区0.74平方千米，依次是罗湖1.74平方千米、福田2.74平方千米、南山区16.90平方千米。特区内工业用地规模尽管不能与特区外相比，但其用于高新技术创新性产业，其规模也基本可以满足其产业承载空间。

深圳现状工业用地约274平方千米，工业用地总规模偏小，远低于北京、上海、广州等大城市。深圳要加强工业区块线管理，严守工业区块线规模，严控"工改商""工改居"，严格管理"工改M0"。

（3）工业区块线的划定原则

工业区块线分为两级进行划定：一级线是为保障城市长远发展而确定的工业用地管理线，将现状工业基础较好、集中成片、符合城市规划要求的用地划入一级线内，部分现状工业基础较好、用地规模较小、符合城市规划要求确需予以控制的用地也可划入一级线内；二级线是为稳定城市一定时期工业用地总规模、未来逐步引导转型的工业用地过渡线，可将位于基本生态控制线外、现状工业基础较好，虽在城市规划中确定为其他用途，但近期仍需保留为工业用途的用地划入二级线内。

（4）全市及龙岗区工业区块线规模

深圳市工业区块线总规模原则上不少于270平方千米。各区区块线规模分为基本规模和划定规模。基本规模是根据全市区块线总规模要求，分解到各区必须完成的指标；划定规模是各区结合辖区产业发展情况拟定的辖区区块线具体指标，划定规模原则上应不低于基本规模。各区区块线规模以市政府批准并公布的区块线为准。

龙岗区实际划定工业区块线面积65.95平方千米，其中一级线64.17平方千米，二级线1.78平方千米。其中，坂田街道8.2平方千米，布吉街道1.73平方千米，南湾街道5.1平方千米，平湖街道9.19平方千米，横岗街道10.55平方千米，龙城街道5.56平方千米，龙岗街道15.56平方千米，坪地街道10.06平方千米。根据《深圳市工业区块线管理办法》，因城市发展需要，规划对区块线进行局部调整，局部调整遵循"基本规模不减少、产业布局更合理"的原则。龙岗开展了对区块线的局部调整，做好总量占补平衡的统筹安排。

8. 大运新城整体城市设计

2018年3月启动项目，城市设计范围包括龙岗"大运新城地区"法定图则范围和"爱联地区""荷康地区""回龙埔及龙城公园地区"3个法定图则的部分地区以及"三所"片区、"大学园"片区。总城市设计范围面积14.3平方千米。规划研究范围在城市设计范围的基础上，包括了周边的龙城公园、神仙岭、龙口水库。总规划研究范围面积20.9平方千米。至2019年6月，进行该方案专家评审会讨论的项目成果明确"一个城市新客厅""三个客厅""五大策略""七个重点组团"整体方案。

9.《深圳市城中村（旧村）综合整治总体规划（2019—2025）》

2019年3月，市政府正式发布《深圳市城中村（旧村）综合整治总体规划（2019—2025）》，该规划落实市政府保留城中村战略部署，是指导各区（含新区）开展更新单元计划制订、土地整备计划制订、棚户区改造计划制订及城中村有机更新工作的重要依据。同年6月，市政府同意并开始实施《关于深入推进城市更新工作促进城市高质量发展的若干措施》，以此，城市更新从"全面铺开"向"有促有控"、从"拆建为主"向"多措并举"转变。

10.《东部中心创新中轴线规划研究》

规划背景：粤港澳大湾区建设上升为国家战略，《深圳市实施东进战略行动方案（2016—2020年）》提出：按照打造新的市级中心标准和要求，全面提升深圳龙岗—坪山东部中心发展定位，赋予龙岗区构建深圳东部中心、辐射带动粤东粤北地区发展的区域职责。龙岗区积极响应深圳市市委六届二次会议提出的"东进战略"思想，开展东部中心规划实施策略研究。

规划内容：提前谋划东部中心，积极对接深圳市城市总体规划修编，将总体规划对龙岗区的定位提升为市级中心。以龙潭公园、龙城广场和区行政中心为起点，以比亚迪回购地块为终点，总长度约为6千米，用地规模约11平方千米。规划布局和集聚面向"3+2"区域产业发展和技术创新，集聚创新型高端服务业，打造一条综合服务功能一流的区域性城市中轴线，使其成为深圳东部中心的"龙骨"，成为比肩国际一流、个性魅力彰显的城市形象展示区（见图6-13）。

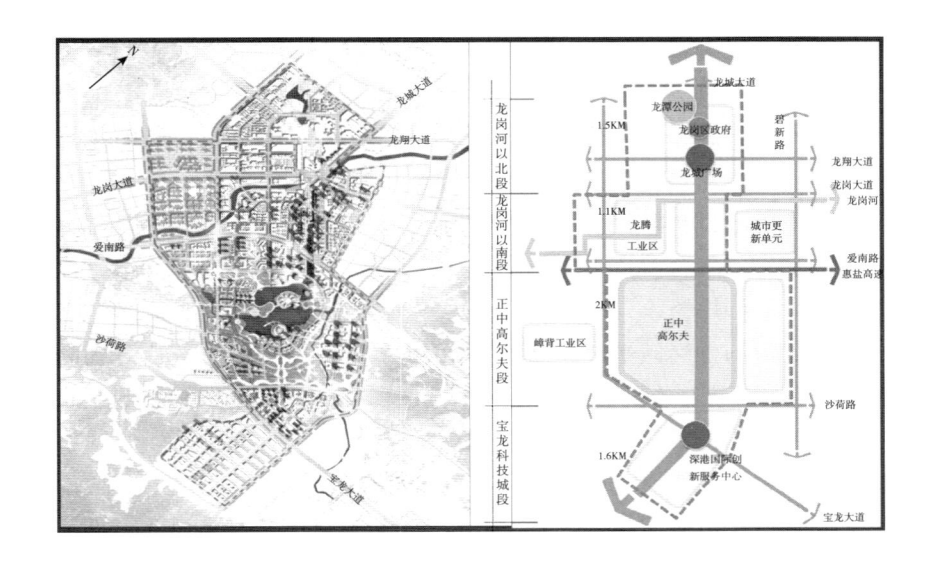

图 6-13　龙岗区东部中心创新中轴线规划方案

资料来源：《东部中心创新中轴线规划研究》，2016 年 11 月。

11.《龙岗河沿线用地规划空间及实施方案》

规划背景：在龙岗区深入落实《东进战略》，打造深圳东部中心和构建龙岗国际化标准城区的战略背景下，开展本规划，打造龙岗河国际标准水岸，塑造龙岗中心形象，打造城市公共开放体系，改善市民生活。

规划意义：结合龙岗河流域治理和沿线产业空间发展要求，提出沿线土地空间的规划控制指引以及具体的行动方案，最终实现规划的一张图管理。

规划内容：结合龙岗河河道水环境治理，加强龙岗河沿线各类规划的衔接，强化龙岗河沿线周边用地空间潜力挖掘，对沿线土地开发、空间建设、实施行动计划等提出具体指引，将龙岗河沿线打造成功能完善、形象优美、产业创新、活力汇聚、标志突出的东部活力纽带。

12."4+2"重点片区规划

龙岗区现有六大重点片区，其中坂雪岗科技城、大运新城、平湖金融与现代服务业基地、坪地国际低碳城为市级重点片区，阿波罗未来产业园、宝龙科技城为区重点片区。各重点片区的相关规划由区重点区域署负责开展。

13.《广东省都市圈国土空间规划协调指引》

2022年规划提出深圳都市圈将构筑"一主两副七廊多节点"的多中心分布式结构。其中，将构建湾区级产业科技创新功能节点，沿深圳—东莞和深圳—惠州边界，自西向东构建湾区科创头部企业与现代服务业节点、国家综合性科学创新中心节点、湾区制造总部技术转换节点与湾区先进制造产城融合节点［详情参见《广东省都市圈国土规划协调指引》（以下简称《指引》）］。

东莞塘厦与龙岗区平湖北/坂雪岗以及大运新城将联手打造湾区制造总部技术转换节点。《指引》指出，依托深圳华为、富士康等制造业总部优势，开展"卡脖子"关键技术攻关，引领资源辐射，加强产业创新协同发展，围绕新一代电子信息产业、新材料及高端装备制造等产业方向，联动惠州仲恺、河源高新区，建设世界级战略性新兴产业基地。

《指引》在深圳都市圈交通建设方面进行了十分具体的指引阐述：围绕深圳都市圈多中心分布式的空间结构，以高速铁路、城际铁路、市域（郊）快线的复合交通走廊为骨架，形成"三横四纵"的网络综合交通格局。在"三横"中：第一圈层以深圳轨道2号、5号线所形成的环线与深珠通道—南坪高速—盐排高速形成的综合交通走廊为"一横"。第二圈层以深圳轨道18号线快线与深圳外环高速形成的综合交通走廊构成"二横"，将串联深圳外围5个新城与重点平台的主要交通通道。第三圈层则以中南虎城际与常虎高速延长线—佛莞高速形成综合交通走廊构成"三横"。"四纵"自西向东分别是西部沿海走廊、中部隧洞走廊、东部谷地走廊和东部盆地走廊。其中，东部盆地走廊将依托深汕高速、深汕高铁、深圳轨道交通14号线形成的渡河交通走廊，串联深圳中心区—龙岗—惠阳。

《指引》提出了建设N个重点平台与区县公服中心：由原深圳特区外的宝安、光明、龙岗等城市重点平台，东莞滨海湾、松山湖、东南板块和惠州惠阳、大亚湾、仲恺构成，规划重点建设培育共建共享的N个公共服务中心，扭转相对错配的梯度格局。同时，结合边界地区发展特点，《指引》提出了特色公共服务和基础公共服务两种共建共享策略。在凤岗—平湖、大运和坪山—惠阳地区，尚未形成具有区域影响力的服务中心，可充分借用深圳优质公共服务资源，通过东莞、惠州提供土地资源与硬件配套、深圳提供技术平台与人才团队的模式，探索教育、医疗、体育等基础公共服务设施跨界深度合作，共同打造边界地区高标准的公共服务协同示范区。

（四）行动规划

1.《深圳市实施东进战略行动方案（2016—2020年）》

2016年5月7日，省委副书记、市委书记马兴瑞主持召开《东进战略》领导小组第一次会议，审议并原则通过《深圳市实施东进战略行动方案（2016—2020年）》（以下简称《行动方案》）及相关配套方案。行动方案明确提出，加大对东部资源配置力度，提前布局更多具有显著带动功能的重大基础设施、产业项目和民生工程，着力提升东部地区发展能力。

（1）产业提升

《行动方案》对于东部中心未来产业发展提出明确部署，以国际大学园等创新要素聚集区为引擎，构建东部创新产业带，打造东部产业智造高地。

落实国家大科学工程计划和广东省大科学中心计划，规划建设科学公园，布局大科学创新中心、科技博物馆等项目，积极承接创新技术和重大科学工程。依托宝龙科技城、深港国际创新科技合作区，重点培育和引入一批工程实验室、技术中心和工程中心。

加快建设赛格国际电子产业中心、龙岗天安数码城等高端产业聚集区；依托清华大学科技和产业资源，融合大运新城产学研功能，突出智能制造、信息互联等方向，重点引进一批重大科技领军企业、国家级实验室和研究机构，加快建设启迪协信科技园，打造成为清华大学华南地区成果转化重要平台。

（2）城市发展

《行动方案》对于东部中心未来城市建设提出了明确目标，按全市发展第三极要求，打造集创新、商务、科技、高校、文体等服务功能于一体，具有强大资源集聚力、承载力和辐射力的深圳东部CBD。

依托龙城广场商务区、龙腾工业区城市更新、活力水城、科学公园，集聚创新要素、高端服务业，打造综合服务功能一流的城市中轴线。

规划建设以基础研发、创新服务为核心的大运新城科技商务区，打造与港澳等海内外技术创新资源互联互通的深港创新科技创新合作区。

提升东部中心城区景观，实施龙岗河两岸提升工程，充分挖掘文化资源和生态景观价值。实施重点路段、重要节点景观提升工程，打造"山环水绕"的城市景观形象。

2. 《龙岗区落实东进战略打造深圳东部中心行动方案（2016—2020年）》

以龙岗中心城为龙头引领，全面提升城区发展能级，按照资源整合、优势互补、创新融合原则，加快高端要素集聚，强化综合交通辐射力，突出产校城功能承载，推动"三区联动"、构筑"三生一体"，将龙岗打造成多功能、复合型、以创新创业为主要特质、具有鲜明国际化特色的深圳东部中心，努力建成自主创新引领区、高端商务集聚区、国家产城融合示范区和绿色低碳发展引领区。其中六大行动计划包括：①提升龙岗中心城发展能级，打造深圳东部CBD；②打通东部战略通道，建设深圳东部交通核心枢纽；③大力实施创新驱动战略，打造东部创新中心；④加快产业转型升级，构建现代产业体系；⑤大力提升公共服务，建设高品质民生幸福城区；⑥构筑"三生一体"系统，塑造山环水润生态城区。

3. 《龙岗区"十三五"近期建设和土地利用规划》

判断发展需要进行哪些规划项目的编制。土地综合利用近期行动包括区域协作行动、产业优化行动、城区提质行动、民生普惠行动、交通提升行动、市政支撑行动、生态保障行动、其他重要行动。

有效地把城市发展需求与城市规划项目进行连接，判断评估后形成项目库。在与各部门进行多轮校核的基础上，形成"十三五"近期重点建设项目，分重大公共设施、重大交通设施、重大市政设施3大类20小类，总项目数高于"十二五"。

四　土地整备再开发利用

（一）土地整备利益统筹的发展沿革

深圳在面对土地紧约束条件背景下，加大城市更新和土地整备力度应对"缺地"问题。2012年，深圳城市更新的用地首次超过新增建设用地，深圳步入存量土地供应为主的发展新阶段，城市发展的用地需求更多通过存量空间的二次开发来解决，土地整备正是作为这种二次开发的主要手段进行的制度设计。

土地整备立足于实现公共利益和城市整体利益的需要，针对深圳统征统转后土地全部国有化过程中的历史遗留问题用地及其各类零散低效用地进行重新整合和科学布局,以求最大化利用空间资源。且由于能够实现整理出大规模大范围用地,土地整备对城市空间结构带来的是功能性、结构性、全局性的调整,以及"一盘棋"的空间资源调配,有利于实现掌握城市发展主动权的战略意图,因此近几年在深圳得以大力推进。从 2012 年成立全国第一家土地整备局以来,在多年的工作中,通过体制机制、政策模式、整备方式等多途径的创新,以"用地+规划+资金"的利益协调与统筹方式,探索出了一套极具特色的土地整备模式。① 从试点开始至今,土地整备利益统筹可划分为以下四个阶段。

1. 土地收购阶段

2011 年,深圳市下发《深圳市人民政府关于推进土地整备工作的若干意见》(深府〔2011〕102 号),明确土地整备工作立足于实现公共利益和城市整体利益的需要,综合运用收回土地使用权、房屋征收、土地收购、征转地历史遗留问题处理、填海(填江)造地等多种方式,对零散用地进行整合,并进行土地清理及土地前期开发,统一纳入全市土地储备。基于传统征收的固有局限,土地收购脱颖而出,并成为行政机关及其他组织解决土地问题的首选,较城市更新为私企开展的土地收购,土地整备利益统筹系由原农村集体经济组织继受单位开展的土地收购。

2. 坪山封闭试点之"整村统筹"阶段

2011 年,《坪山新区特区一体化社区转型发展试点工作方案》《坪山新区"整村统筹"土地整备工作组织方案》下发,两个方案以"土地+规划+资金"为框架,以社区实际掌握用地为对象,在借鉴中国台湾市地重划经验的基础上,通过规划赋权的方式调解公共利益、集体利益和个人利益,以实现增值共享。此阶段系利益统筹的初步探索阶段,没有明确的审批流程、技术标准,在无案例借鉴的情况下,留用地规模、被搬迁人的补偿、社区股份公司与开发主体之间的利益平衡等均处于"摸着石头过河"的状态。代表性案例为南布社区整村统筹项目、沙田社区整村统筹项目。

3. 整村统筹与片区统筹阶段

2015 年,市规划国土委印发《土地整备利益统筹试点项目管理办法

---

① 陈美玲:《存量时代的规划路径探索——以深圳市土地整备实践为例》,载《2019 年中国城市规划年会论文集》,2019 年。

（试行）》，明确"片区统筹""整村统筹"两大方式，提出土地整备资金、"片区统筹"与"整村统筹"适用对象、原农村集体经济组织继受单位的职责、留用地的核算等，并出台配套文件用以实施方案编制、容积率测算等。尽管在留用地核算方面的优势不及城市更新，但该阶段仍在试点阶段的基础上向前迈进一大步，特别是土地整备资金、审批流程的上位制度支持。代表性案例为观湖下围土地整备利益统筹项目、国际低碳城坪西片区土地整备利益统筹项目。

4. 土地整备利益统筹阶段

2018年，市规划国土委印发《深圳市土地整备利益统筹项目管理办法》，提出土地整备利益统筹项目按照政府主导、社区主体、社会参与的原则，综合考虑项目范围内未完善征（转）地补偿手续用地和原农村集体经济组织继受单位合法用地，通过规划、土地、资金、产权等统筹手段，完成整备范围内土地确权，"一揽子"解决历史遗留问题，实现政府、原农村集体经济组织继受单位及相关权益人多方共赢，促进社区转型发展。此阶段的利益统筹被赋予了很多活力，整备范围从同一社区到同一街道、合法指标与城市更新接轨、留用地规模达55%、国有储备用地可纳入、土地整备资金增加等方面都有所体现。在此基础上，各区结合实际情况，在推进方式上亦予以调整。其中，龙岗区在该阶段分别开展了坂田街道雪象片区利益统筹项目、宝龙街道上井工业区土地整备利益统筹项目、平湖鹅公岭工业区土地整备利益统筹项目以及坪地街道坪西社区澳头片区土地整备利益统筹项目等研究。

深圳自2011年启动土地整备工作以来，至2018年年底共释放了188平方千米土地，年均释放约27平方千米，为重大项目落地、市政基础设施建设和生态保护等提供了用地保障。这对于用地相对紧张的深圳而言，提供了非常宝贵的空间资源，解决了其在快速城市化进程中的各类用地需求，保障了生产力布局等城市发展战略意图的实现。但也存在一些问题，主要表现为，除了政府为保障道路交通、公共配套设施等公共利益可强制实施的房屋征收，其余土地收购、处理征转地历史遗留问题等方式，由于成本过高、博弈空间较大、政策不完善等问题，推进效果不甚理想，导致土地整备经常被诟病为仍沿袭传统征地拆迁的老路子而没有实现较大突破。这也从侧面反映了土地整备实践的难度很大，探索过程比较艰辛。

(二) 土地整备的具体实施路径

1. 土地整备的核心实施机制——利益共享

利益共享就是实现政府、社区、原村集体成员等参与土地整备中利益各方的多赢,这是推动整备或低效用地再开发的核心动力,也符合中共十八届三中全会制定的《中共中央关于全面深化改革若干重大问题的决定》精神。土地整备中的利益共享,体现在通过规划、土地、资金等政策手段统筹各方利益,即所谓的"规划+用地+资金"手段。在实施过程中主要依托于两个重要的成果来体现:一是土地整备项目实施方案;二是土地整备(单元)规划。前者主要对公共基础设施对应的收回地块范围、留用地规模、资金补偿方案进行安排,后者主要对留用地选址、功能、开发强度等进行明确,两者同时报批。批准后的土地整备(单元)规划成果将纳入深圳市法定图则"一张图"系统,实现按规划实施的目的。

2. 土地整备的实施载体——土地整备规划

深圳的土地整备规划有两个层面的含义:一是宏观层面的专项规划;二是实施层面的针对具体项目的专项规划研究,特别是针对项目留用地的规划研究。因涉及利益平衡和测算,已经达到了控制性详细规划深度,以实现对深圳现有法定图则的完善和补充。

《深圳市人民政府关于推进土地整备工作的若干意见》(深府〔2011〕102号)第四点第七条提出,"完善土地整备规划的编制实施,加强土地整备规划统筹力度,以规划引导土地整备",要求"市规划国土部门会同各区政府、市发展改革、财政部门及其他相关主管部门,根据国民经济和社会发展规划、土地利用总体规划、城市总体规划,组织编制土地整备规划,统筹土地整备数量和空间分布"。并明确了土地整备规划的内容:"土地整备规划应当明确全市土地整备的区域及其方向、目标、时序、总体规模和整备策略,规划期限为5年。整备规模应当在近期建设用地需求基础上,预留一定弹性。"同时,对土地整备计划和项目实施方案分别提出了具体的要求。结合后续第六点第十四条"土地整备涉及房屋征收的,可依据土地整备专项规划、土地整备年度计划、土地整备项目实施方案作出房屋征收决定"。可以判断,此文中明确的土地整备规划其实是一个专项规划,与其他市政专项规划、交通专项规划、环境专项规划等类似,是土地整备工作在未来一段时期(5年)的具体指引。

根据《土地整备利益统筹试点项目管理办法（试行）》（深规土〔2015〕721号）第七条："如留用土地的安排涉及未制定法定图则的地区，或者需要对法定图则强制性内容进行调整的，必须开展规划研究。规划研究成果纳入土地整备项目实施方案。土地整备项目实施方案批准后，留用土地安排的相应内容应纳入法定图则，并作为规划管理的依据。"因此，实施层面的土地整备规划其实是深圳市法定图则（控规）的一种深化和补充形式，是在深圳市法定图则成果尚不健全（没有实现对全市所有地区的全覆盖）、由于补充完善周期较长无法适应快速开发建设需要的情况下，通过土地整备工作对局部地区按照法定图则要求和深度进行的规划编制，其研究成果仍以落实到法定图则中来体现其法定作用，所以在规划体系上，土地整备规划并没有独立的法定地位，也没有突破现行"总规—控规"的两层次法定体系结构。

实施层面的土地整备规划曾有"土地整备单元规划"的提法，后因有引起规划体系混乱的顾虑而被官方叫停。为了解决规划实施难的问题，促进存量用地开发，深圳在规划制度上进行了很多的探索，其中就有面向实施通过协商方式进行编制的"城市发展单元规划"，也是因其法定地位、与规划体系的关系等问题而不了了之，但却为后来的土地整备单元规划、城市更新单元规划等提供了极具操作性和极大体现规划公共政策属性的规划范式，包括通过谈判进行地籍的规整重划和权属的理顺明晰、各地块规划指标的确定、单元范围内公共基础设施的保障等，所谓的通过"规划、用地、资金"等几个手段和"规划统筹、利益统筹"等几个统筹来在规划方案和实施方案中体现"利益共享"，实质就是以整备单元规划统筹土地收益分配，通过利益的平衡来一揽子解决土地历史遗留问题，从而加强规划实施，促进社区转型，真正实现有质量的城市化。

土地整备规划是深圳基于存量用地开发的一种创新性、实施性规划，在规划体系中有别于原控制性详细规划的范式，但属于在控规这一层级对于存量开发进行的拓展性研究。其最显著的特点包括：①强调规划的可实施性。与曾被诟病为"墙上挂挂"的很多规划不同，土地整备规划因充分考虑土地权利属性，能够体现各方主体达成的共识，所以实施动力非常强，而且一定是极具可实施性的。②强调过程的公众参与。或者说因程序的合理性保障了公共利益的实现。在整备实施方案和整备规划编制过程中，不仅是征求了原权利主体的意见，而且是在原权利主体以及各相关方广泛和深度参与下形成的，既体现了政府"自上而下"的引导，也在很大程度上体现了"自下而上"的社区自觉意识和自治诉求，提供了城市民众参与城市建设的一个平台，发挥了他们共同参与城市发展的积极性，充分体现了"共建共享"思想，促进了效率与公平。③强调规划的公共政策属性。不管是留用地的规模，还是留用地的规划设计条件，都不是传统规划"一刀切"的结果和方式，都有相应的政策规则进行明确和引导。例如上述留用地范围的划定和《土地整备留用地规划研究审查技术指引》对于留用地建筑面积的确定等。规划实施方案都可在这些政策规则的调剂下来进行把控，充分发挥了规划作为公共政策来配置资源的作用。

3. 龙岗土地整备利益统筹实践

龙岗区作为全市土地整备重点区域，"十二五"时期，累计整备土地约20平方千米，为龙岗区重点产业、交通、民生项目落地提供了用地空间，有力支撑了龙岗发展大业。其中重点项目包括阿波罗工业区、国际大学园、金融产业服务基地、香港中文大学（深圳）；民生项目包括"二线插花地"棚户区改造项目、坂银通道工程、布吉小学、骨科医院（手外科）、国际低碳城坪西片区土地整备利益统筹试点项目、龙岗河干流综合治理一期工程、平湖人民医院、坪地四方埔上坑塘整备地块（东部环保电厂）；交通项目包括10号线、东部过境高速公路、南坪快速路三期和外环高速公路。

2018年，龙岗区积极探索片区统筹发展模式，优化盘活片区功能。在分区规划的指导下，结合道路、山体、河流等边界划定城市功能单元，通过"统一规划、政策联动、主体协调、分步实施"，实现居住与产业相对分离、公共配套复合利用、产业集聚发展的目标。如在龙东社区上井片区试点探索土地整备片区统筹，对该片区产业、居住、公配整体规划布局优化调整，在保障群众利益和公共配套不受损害的基础上，将增加72万平方米产业空间；在新生社区低山村试点开展城市更新规划片区统筹，坚持TOD发展理念，新的规划将形成沿龙岗大道的产业办公集聚区，建立"一河两岸"城市天际线，成为"三生融合"精品示范项目。"十三五"期间累计土地整备用地包括居住用地72.93公顷、商业服务业用地20.33公顷、公共管理与服务设施用地107.50公顷、工业用地311.58

公顷、交通设施用地 206.02 公顷、公用设施用地 21.59 公顷、绿地与广场用地 64.96 公顷、水域及生态林用地 181.44 公顷和发展备用地 30.40 公顷。

2020年，龙岗空间保障能力不断增强。出台土地整备"1+6"政策体系，探索实施"预整备""先整备后统筹""大兵团作战"等工作机制，努力实现公共利益最大化。抽调干部全力推进征拆工作，确保产业、治水、交通等项目顺利落地。整备土地 684 公顷，城市更新供应土地 80.4 公顷，拆除消化违建 638.8 万平方米。出台公共基础设施三年用地保障计划，供应用地 76.5 公顷，超前三年总和。① 依法依规、综合施策。水径石场群用地明确移交时序并启动移交，历时近 20 年的历史遗留问题取得突破。探索历史遗留建筑片区统筹新路径。南联第六工业区被列为全市唯一历史遗留建筑处理示范点。健全从规划到整备、供应、监管的全生命周期土地管理使用机制，打造按需"随用随供"产业用地标准库。

2021年，统筹规划落实，实现连片开发。单个利益统筹项目实施面积原则上不小于 30 公顷，鼓励以平方千米级大片区或以社区股份合作公司及其成员实际掌握用地为单元进行立项。为避免存量开发项目自下而上申报过程中出现"挑肥拣瘦""吃肉丢骨头"的现象，加强政府规划统筹力度，引进大型优质企业参与平方千米级重点更新单元和重点利益统筹项目的计划、规划申报及实施路径研究等前期工作，打造精品项目，形成典型示范效应。

2022年1月，龙岗区贯彻"经营城市"工作部署，探索指标奖励机制，正式出台了《龙岗区城市更新单元公共配套设施投资建设模式及审批环节操作规程》（内部操作规程），同时区土地整备事务中心拟定《龙岗区关于促进土地整备利益统筹项目实施及其公共配套设施建设的指引》，在不突破相关政策的前提下，探索建立指标奖励机制，对提前供地、大规模连片开发以及承建独立占地公共配套设施的土地整备项目，给予一定指标或容积奖励，引导社会资本参与公共配套设施建设，加快国土空间储备进度。

五　"M1 改 M0"土地功能属性细分化突破

"M1 改 M0"旧工业区改造是深圳在城市更新市场化、规范化、系统

---

① 深圳市龙岗区史志办公室编：《龙岗年鉴》（2021），深圳报业集团出版社 2021 年版。

化机遇下的一项创新型探索，是对城市产业转型升级中土地功能属性进一步细分化的探寻。土地资源在不同产业之间的配置和利用在区域和结构上表现为产业布局，而产业布局在一定程度上决定并指引工业用地的利用和规划。随着深圳城市化不断推进，工业化进程不断加快，经济发展与产业优化的迫切需求倒逼土地资源再配置与土地功能转变。深圳产业转型升级的基本原则是城市更新与产业转型相结合，通过创新土地政策推进城市更新改造，为产业发展腾出土地空间。[①] 旧工业区改造的主要特点如下：

一是采用差别化的用地政策支持创新型产业发展，加大对实体经济政策倾斜和支持力度。通过设置产权政策调节系数，同时给予使用者容积率、地价方面的优惠政策，为企业的转型升级提供低成本的空间支持。

二是单一功能向混合功能转变。创新型产业用地的功能混合度增强主要源于产业发展与从业人员的配套服务需求驱动，创新型产业用地往往集科研、办公、商务、休闲等功能于一体。M0用地通过允许制造业与商务、办公和公寓进行一定比例的混合，增加土地利用的兼容性，更好地适应创新产业对空间日益多样化、灵活化的选择需求。

三是促进产业用地的集约利用。产业的转型升级对应的是产业空间载体的转型升级。一方面，通过放宽建筑年限要求、合法用地权属要求和更新范围要求，鼓励更大范围的工业改造升级；另一方面，在存量规划及城市增长边界划定的背景下，工业园区的用地拓展受限，低层厂房的建设模式难以持续，以工业楼宇为主的产业空间形态为提高容积率、促进土地集约利用创造条件。

四是通过宽严结合的政策保证产业用房的落实。通过严控建筑设计规定、加大产权分割面积、提高产业准入与分割转让门槛等方式，避免空壳企业套利，保障产业发展空间，合理配置工业土地市场资源，确保工改项目维持产业升级本质。

（一）旧工业区改造演化历程

旧工业区改造大致经历了自发升级改造（1990—2006年）、政府主导试点（2007—2012年）以及系统规范改造（2013年至今）三个阶段。20世纪90年代，在产业结构调整、城市空间资源约束和土地区位价值攀升

---

① 唐杰等：《深圳生长——土地与城市更新》，北京大学出版社2020年版。

的综合作用下，以上步工业区为代表的部分深圳原特区内的工业区开始了自发升级改造活动。由于针对个别工业片区制定的升级改造规划滞后于发展现状，在改造方向与模式上缺乏系统性指引，在可操作性方面略显不足。

为加快旧工业区改造，提升土地使用价值，2006年深圳市政府出台《深圳市人民政府关于进一步加强土地管理推进节约集约用地的意见》《深圳市人民政府关于印发深圳集约利用的工业用地地价计算暂行办法的通知》等一系列政策，通过地价手段鼓励新建工业用地高效开发利用，鼓励旧工业用地追加投资、转型改造、提高容积率，鼓励使用存量土地，促进节约集约用地。

2007年3月，深圳市政府进一步推出《深圳市人民政府关于工业区升级改造的若干意见》，提出三方参与（政府引导、市场运作、社会参与）的改造策略，倡导施行综合整治及拆除重建两种改造模式，并指出：工业区升级改造涉及局部重建或整体重建的，与国土房产部门重新签订出让合同后，原有合法建筑面积不再计收地价，增加部分按现行地价标准的0.5倍计收；因产业发展需要增加生产性服务业用地的，可按比例（控制在工业区总占地面积的7%以内）享受工业地价优惠。至此，深圳的旧工业区改造由市场自发阶段进入政府主导试点阶段。

2008年，市政府选取天安数码、水贝珠宝等12个改造项目为试点进行综合整治类改造。但囿于整体制度和政策，上述工业区改造政策趋于谨慎保守，对涉及巨大利益格局调整的重建类改造指导能力有限。此外，由于当时法定图则覆盖率低，上层规划无法落实，缺乏细化配套措施的重建类改造指引，该阶段的改造仍以产权清晰的综合整治类项目为主。

2009年，《深圳市城市更新办法》的出台标志着工业区的升级改造被正式纳入城市更新范畴。同年，《深圳市工业区升级改造总体规划纲要（2007—2020）》出台，成为指导全市旧工业区升级改造的重要规划依据，旧工业区升级改造也由项目试点逐步进入全面开展阶段。

2013年1月，深圳推出"1+6"政策，对产业用地供应机制、创新型产业用房、地价测算、工业楼宇转让等方面进行了系统化的明确规范，大力推进存量工业用地盘活，实现产业转型升级。同年12月推出《深圳市工业楼宇转让管理办法（试行）实施细则》，完善和规范受让人资格、增值收益缴纳等内容。该细则中工业楼宇及配套设施销售比例逐步放宽，无自用比例限制,均可分割转让;明确受让方为符合产业标准条件的企业,转让费用逐步细化,明确上缴政府的增值收益;创新型产业用房对企业进入要求严格,限制转让,转让时政府优先回购。至此,旧工业区改造走向系统规范改造阶段。

2013 年版《深圳市城市规划标准与准则》将工业用地分为"普通工业用地"(M1)与"新型产业用地"(M0),并定义了新型产业用地的"研发、创意、设计、中试、无污染生产"等功能范围。随着城市更新政策体系的逐步完善,深圳旧工业区升级改造活动进一步规范。旧工业区改造项目分为"工改工""工改商居""工改保"。其中,"工改工"项目又细分为"工改 M1""工改 M0"两类。"工改 M1"项目即旧工业区拆除重建类城市更新方向为普通工业用地的更新项目,项目容积率上限为 4.0;"工改 M0"项目即旧工业区拆除重建类城市更新方向为新型产业用地的更新项目,该类改造项目为创新型产业发展提供了空间聚集、配套完善的高端载体,项目容积率上限为 6.0。

城市更新政策规范了容积率、人才住房和保障性住房配建、创新型产业用房配建、审批流程、土地出让年限等一系列改造实施条件。不断完善的旧工业区改造背后,是对不同土地功能属性转变的探索,是根据深圳实际产业需求情况进一步提升土地利用效率的创新突破改革路径。

(二)"M1-M0 工改"经验与探索

截至 2014 年,深圳全市工业用地面积达到 273.68 平方千米。城市更新政策体系的完善极大地促进了深圳旧工业区升级改造。随着拆除重建类"工改工"项目逐渐增多、范围逐步扩大,各政府部门也相继出台相关政策促进并规制其有序发展。截至 2016 年,已纳入城市更新计划的旧工业区改造面积约为 25 平方千米。

2010 年年底,已批计划中的"工改工"项目仅为 15%,2017 年增至 32%,2018 年上半年达到 50%。在 2018 年上半年拆除重建类城市更新项目计划中,"工改工"23 个,拟拆除重建面积 111 万平方米,土地移交率约 30%。其中,"工改 M1"项目 6 个,拟拆除重建面积 39 万平方米;"工改 M0"项目 17 个,拟拆除重建面积 72 万平方米。

"M1-M0 工改"是旧工业区改造中一项重大的制度探索,是对土地功能属性细分化的重要突破。"M1-M0 工改"是基于法定图则、《城市用地分类与规划建设用地标准》、《深圳市城市规划标准与准则》等一系列制度标准，为适应深圳产业创新及转型升级趋势、解决新型产业空间不足难题、盘活存量工业用地实现产业升级的一次探寻。从政府角度出发，旧工业区升级改造需推进产业结构优化、促进"产学研"一体化，实现技术密集与土地集约利用的协同产业发展模式；从市场角度出发，除自身产业升级带来企业利润增加的远期收益需求外，还有实现单位土地面积改造收益最高的近期收益需求。

"M1-M0工改"进一步拓展提升了土地利用效率。深圳工改类项目开发强度总体趋势不断提升（见图6-14）。提高容积率可以有效提升单位土地产出效益，但盲目提升容积率会给未来城市发展带来巨大风险。2017年版《深圳市城市规划标准与准则》根据不同地块密度等级设置不同基准容积率（见表6-3），充分发挥了因地制宜的决策理念。

表6-3　　　　　　　　工业用地基准容积率

分级	密度分区	新型产业用地（M0）基准容积率	普通工业用地（M1）基准容积率
1	密度一、二、三区	4	3.5
2	密度四区	2.5	2
3	密度五区	2	1.5

资料来源：2017年版《深圳市城市规划标准与准则》。

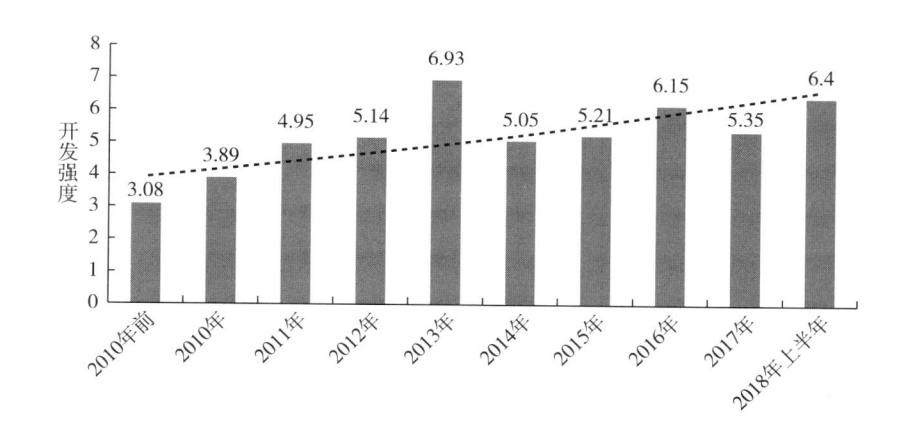

图6-14　深圳历年工改项目开发强度

资料来源：唐杰等：《深圳生长——土地与城市更新》，北京大学出版社2020年版。

"M1-M0工改"政策通过创新土地政策推进城市更新改造，为产业发展腾出土地空间，带动效应明显推动了土地的精细化管理，是深圳土地政策的成功经验之一。从深圳旧工业区改造的政策过程可以发现，深圳旧工业区改造政策经历了模糊化、明细化、系统化和规范化四个阶段。从2013年开始，政府对工业区改造开始重视，政策逐渐形成体系，随着工业楼宇及配套设施可分割转让叠加房价持续上涨，旧工业区改造项目利润空间大增，地产商纷纷参与旧工业区改造项目，引领了深圳旧工业区改造大潮。但是，由于监管体系尚未形成，地产化操作方式在市场上普遍存在。限制产业空间地产化，鼓励"工改M1"，收紧"工改M0"，是旧工业区改造政策的未来方向。从建筑年限、合法权属要求、更新范围要求等方面看，政策是逐步放松的，支持工业区的改造升级且对旧工业区改造方向有所控制。旧工业区改造项目涉及的资金量大、土地成本高、收益周期长、产业要求高，要求开发商企业必须同时具备产业规划能力、招商能力和运营能力。开发商不能停留在原有的住宅思维，物业销售短周期和快周期获取收益的传统手法已行不通，未来开发商要与产业运营者紧密联系在一起，从原来传统的开发商转变为城市配套服务商，从单纯的开发销售升级为持有资产、运营资产。政策趋势虽然是去房地产化，但并未限制房地产企业参与旧工业区改造项目，房地产企业在资金、市场、整合和建筑等方面具有优势，房地产企业的参与能推动旧工业区的改造升级，快速实现产业载体的全面升级。

六 探索空间供给新模式

（一）"先租后让""联合竞买"

"降低企业成本，改善营商环境"是深圳全力打造国际一流营商环境，实现经济高质量发展总体目标的重要路径。针对持续改造中地价上涨速度过快、产业大量外迁的潜在问题，龙岗区于2018年5月与深圳市规划国土委签订了《深圳市规划和国土资源委员会与龙岗区人民政府共同推进规划国土管理改革与实践合作框架协议》（以下简称《协议》）。根据《协议》对于创新产业用地供给与监管全链条机制的相关改革要求，龙岗区探索"重点项目遴选、先租后让、租让结合、联合竞买"的新型土地供应方式。其中，"先租后让"模式是政府以租赁方式供应一宗产业用地，租赁期限为5年。企业竞得该地块，需与政府签订土地使用权租赁合同及产业发展监管协议。在租赁期限内，如果企业的产值、税收等各项指标通过履约考核，则上述土地使用权由租赁转为出让；如果未能通过履约考核，租赁期满后政府将收回土地使用权。

《协议》签订后，龙岗区制定了工作方案及三年行动计划并迅速落实，自《协议》签订以来，龙岗区就对规划国土工作"深水区""攻坚区"进行一系列的改革创新，为全市改革树立典范。2018 年 12 月 24 日，龙岗区产业用地"先租后让""联合竞买"试点地块顺利挂牌成交。这标志着龙岗区率先在一线城市探索试行"先租后让、租让结合"的产业用地供给新模式已实现重大突破。新模式为城市更新改造提供了新思路，同时也是土地功能属性细分化与细分化定价机制不断完善的又一重大举措。

挂牌出让两宗工业用地，其中 G02203-0013 号宗地为"先租后让"工业用地，G10221-0606 号宗地只接受联合竞买。G02203-0013 宗地位于宝龙新能源产业基地西北侧，宝龙二路与丹荷大道交会处东南侧，用地面积 7394.36 平方米，总建筑面积 29577 平方米。规划容积率 4.0，其中厂房≥22917 平方米、小型商业≤1000 平方米、宿舍≤4980 平方米、食堂≤680 平方米。G02203-0013 号宗地为深圳首次推出的"先租后让"工业用地。该宗地的竞拍准入行业类别为新能源产业或新一代信息技术，且租赁申请人从事该地块准入行业不少于 5 年，租金按年缴纳，租赁期满后既可以选择"续租"也可以选择"出让"。最终，G02203-0013 号宗地由深圳市永联科技股份公司（以下简称永联科技）以 3270 万元竞得。永联科技是一家集能源高端装备研发制造和能源互联网方案提供与建设运营于一体的国家级高新技术企业，2017 年度营业收入 5.33 亿元，纳税约 1240 万元；2018 年全年营业收入预计约 8.5 亿元，该企业的加入为龙岗区战略性新兴企业注入了新生力量。永联科技竞得该土地后首先获得 5 年承租权，租金按年缴纳，年租金按照该宗地 20 年期国有建设用地使用权最终成交出让地价 3270 万元的 5%确定，即仅为 163.5 万元，租赁期满后既可以选择"续租"也可以选择"出让"，出让金扣除已缴纳租金，大大降低了企业用地成本，有助于该企业继续将大部分资金用于科技研发，促进实体经济发展。城市经济的高质量发展离不开产业的兴旺，"先租后让"的模式一方面允许深圳选择并留住地均产出高的企业；另一方面又预留了城市土地出让的弹性空间，对深圳未来的产业发展是一个不错的路径选择。

G10221-0606 号宗地为龙岗区首宗以"联合竞买"方式出让的普通工业用地。该地块位于坪地国际低碳城北通道与教育北路交会处西北侧，用地面积17648.03平方米，总建筑面积70394平方米。规划容积率4.0，其中厂房49524平方米、宿舍16400平方米、食堂1420平方米、小型商业1000、社区服务中心（党群服务中心）1000平方米、警务室50平方米、文化活动室1000平方米。根据竞买要求，该地块联合竞买申请人应分别从事新一代信息技术产业和文化创意产业均不少于3年，必须由2家企业联合竞拍、建设；联合竞买申请人须签署联合竞买协议书，明确双方出资比例、产权分割、项目建设职责以及承诺事项等内容；该宗地中社区服务中心、警务室、文化活动室建成后无偿移交政府，6000平方米宿舍用房建成后以成本价移交政府；竞买联合体各成员所持物业限整体转让，且任意一方物业持有比例不低于45%（不含移交政府部分）。最终，G10221-0606号宗地由深圳市裕富照明有限公司（以下简称裕富照明）与深圳市光祥科技股份有限公司（以下简称光祥科技）以底价7200万元联合竞得。裕富照明是专注于LED室内照明产品的研发、设计、生产和销售的国家高新技术企业。光祥科技是从事室内、室外表贴全彩LED显示屏相关产品研究、开发、生产、销售和提供技术服务的国家高新技术企业。2017年两公司营业收入均超过5亿元。联合竞买模式降低双方拿地成本，分散了开发风险，实现了双方资质、品牌、资源共享，有助于提高双方经营管理水平，以空间聚集推动产业升级，促进土地资源的集约节约高效化利用，且竞买土地为一手地，土地没有债权债务，交地标准清楚，风险相对较小。

龙岗区积极探索的"先租后让""联合竞买"土地供应模式盘活了存量用地，形成一定改革成效：一是科学设置准入门槛，降低竞得企业用地成本及投资风险，提高企业生产积极性，促进企业加大科技投入，推动实体经济发展、产业结构转型升级；二是鼓励多家企业"联合竞买"产业用地，优化产业空间资源配置，促进土地集约高效利用；三是加大对已租赁用地和联合竞买用地监管力度，分时段、分时点对产业项目的履约情况及用地开发建设情况实施"产业、规土、经促、税务"等多部门联动"全生命周期管理"机制管理，确保真正想做实业的优质企业能够专注于事业发展和转型升级，形成良性循环。

（二）"工业上楼"首宗第二、第三产业混合用地综合试点改革

按照《深圳市优质产业空间供给试点改革方案》等文件要求，市规划和自然资源局结合产业规划、空间规划，在龙岗区宝龙科技城选取

G02203-0022号宗地作为优质产业空间试点项目，与第二、第三产业混合用地综合试点改革内容叠加，打造政府主导、国企实施的"低成本开发+高质量建设+准成本提供"的高标准优质产业空间供给模式。

该项目位于龙岗区宝龙街道宝龙科技城，属于深圳市20大先进制造业园区之一的龙岗东先进制造业园区核心地带，建设用地面积8.84万平方米，计容总建筑面积40.04万平方米，其中高端制造业厂房34.16万平方米、工业配套3.16万平方米、酒店及商业等公共配套2.72万平方米，计划2023年12月底前建成使用，预计总投资超过25亿元。

在粤港澳大湾区和先行示范区"双区驱动"背景下，高质量发展成为经济社会持续发展的基本要求，随着产业的转型升级，各类产业尤其是创新活动之间的交流互动与分工合作关系越发紧密，对多元化、高品质配套的诉求也越来越高，这些都对空间利用的综合性、灵活性等提出了更高要求。

2022年3月21日成交的地块项目是深圳探索在片区尺度下第二、第三产业的综合开发和混合利用的创新案例，突破了单一地块的规模，在片区内均衡配置产业、商业、宿舍、酒店，以及产业发展和生产生活所需要的公共服务设施，将研发生产功能与城市生活服务功能协同发展，实现生产、生活、休闲一体化，以促进片区内不同产业的规模聚集和组团发展，提高片区土地利用综合效益，实现片区土地在横向和纵向上功能兼容、空间联动，打造产城综合体。

项目产业定位突出"IT+BT+LC"，结合深圳市20大产业集群的规划布局对龙岗东的定位，宝龙优质产业空间试点项目将产业重点聚焦IT（宽带网络通信、半导体与集成电路、超高清视频显示、智能终端等）、BT（高端医疗器械、生物医药等）和低碳（新能源、安全节能环保等），辅助引进产业链上的配套环节，形成适度专业化园区。

项目空间设计突出"基础标准+个性化定制"，围绕先进制造业需求建设高标准厂房，厂房充分体现"工业上楼"立体复合形态，采用退台式建筑设计。1—4层可以建设单层面积6000—10000平方米的大平层，可以布局半导体和集成电路的精加工生产线，或者5亿元以上大型企业的自动化生产线；5层以上单层面积3000—5000平方米，适合亿元级企业布局超净车间或无菌车间。楼宇之间也呈现有机连通，同一地块的楼栋间可以根据企业需求建设连廊，形成更大面积的工业厂房，同时增加了货梯的利用率，提升了厂房的物流效率。按照大部分通用高标准、小部分定制化设计，柱距宽大于8米、首层高不低于8米、首层地面荷载每平方米不低于1.5吨的高标准制造业厂房，并同步考虑地下采取局部挖建地下车库，室外建设生产辅助设施，是全市标准最高的工业厂房。待企业遴选结束后，根据企业实际需求，以"一企一案"的方式对建设指标进行调整优化。

项目出让方式突出"分割销售+低成本"，项目厂房按"总成本+微利"的模式，具体售价结合楼层、朝向等因素综合考虑，售价仅为市场价格的30%—50%。项目配套宿舍也可分割销售，并按照深圳市不动产登记的有关规定办理不动产权证书。企业购置的厂房和宿舍可按不超过剩余年期的建筑物残值抵押贷款，持有一定年限且符合监管条件的允许二次流转。

（三）存量土地开发的其他方式

1. 非农用地及征地返还地上市交易

深圳非农建设用地是城市化转地过程中为满足原农村集体经济组织生产发展或生活需要，根据1993年《深圳市宝安、龙岗区规划、国土管理暂行办法》、2004年《深圳市宝安龙岗两区城市化土地管理办法》等规定，按照一定的标准划定给原农村集体经济组织的建设用地。除非农建设用地外，深圳还存在征地返还用地，是指政府征收原农村集体所有的土地后，返还给原农村集体经济组织的建设用地，征地返还用地的利用模式与非农建设用地基本相同。

1993年和2004年，深圳市分别对原特区外的土地即宝安和龙岗两区所谓农村集体经济组织全部成员转为城镇居民后，原属于其成员集体所有的土地征转为国家所有。在这次城镇化的过程中，为了对原集体土地权利人和村民予以补偿，宝安和龙岗两区分别出台了相关的政策性文件，划定出一定面积的非农建设用地返还给原村集体和村民作为工商、居住和公共设施用地。根据《深圳市宝安龙岗两区城市化土地管理办法》，按照"工商用地指标100平方米/人、居住用地100平方米/户、公共设施用地200平方米/户"的标准返还非农建设用地。

为了盘活非农建设用地及征地返还地的开发利用，深圳市人民政府于2011年出台了《深圳市原农村集体经济组织非农建设用地和征地返还用地土地使用权交易若干规定》，原农村集体股份公司通过转让、自主开发、合作开发、作价入股等方式进入市场交易非农建设用地及征地返还地，开发商投入全部开发建设资金，并将建成后的一定面积的物业分配给原农村集体股份公司。

2. 棚户区改造

随着深圳土地资源的发展需求，老旧住宅区期望改善居住环境的诉求越来越强烈。2016年，深圳启动罗湖二线插花地棚户区改造，项目涉及土地总面积56.7万平方米，房屋约1400栋，建筑面积138.5万平方米，当事人约9000户。体量之大、难度之高，被各方专家普遍认为是中国棚户区改造第一难。该项目是深圳第一个棚户区改造项目，由罗湖、龙岗区政府作为项目实施主体，罗湖区住房保障中心作为签约主体，天健集团作为承接单位。项目在补偿标准、工作机制、实施程序等方面进行了积极探索，采取"两阶段、三方式"推进，即先民事协商，协商期满后，采取行政征收或行政处罚方式，实现项目收尾保障。依靠合理的补偿安置标准、高效的组织管理，经过各方努力，项目在4个月时间内即完成99%以上当事人的签约工作，创造了深圳搬迁史上的一个奇迹。罗湖二线插花地项目具有独特性，封闭试点运作，不具备复制条件，但棚户区改造政策在深圳的落地执行、"政府+国企"的工作机制、项目先协商后征收的成功经验，都为深圳旧住宅区拆除重建改造带来了启示，指出了方向。

在项目试点操作的同时，深圳棚户区改造政策也在不断完善。2016年6月，市住房和建设局印发《深圳市棚户区改造项目界定标准》。市城市更新相关规定也对城市更新与棚户区政策之间的衔接做出了要求。2017年1月深圳市政府办公厅印发的《关于加强和改进城市更新实施工作暂行措施》明确，对使用年限较久、房屋质量较差、建筑安全隐患较多、使用功能不完善、配套设施不齐全等急需改善居住条件的成片旧住宅区，符合棚户区改造政策的，按照棚户区改造相关规定实施改造；2017年4月印发的《关于规范城市更新实施工作若干问题的处理意见（一）》，进一步强调，对于急需改善的成片旧住宅区，符合棚户区改造政策的，应优先按照棚户区政策实施改造。2017年8月，市住建局发出《关于加快推进棚户区改造工作的若干措施（征求意见稿）》，首次触及旧住宅区改造的核心问题，包括项目实施的路径、程序、实施主体的选定、拆迁阶段的收尾措施等，在业内引起极大反响。2018年5月，《深圳市人民政府关于加强棚户区改造工作的实施意见》发布，明确了棚户区改造对象、主体、组织规则、程序，重点是明确了补偿标准和方式。

3. 农地入市交易

党的十八届三中全会提出农村集体土地入市的政策之后，2013年深圳市率先出台了拓宽产业用地供应的办法，即《深圳市完善产业用地供应机制拓展产业用地空间办法（试行）》（以下简称《试行办法》）。这个办法的主要思路在于改变了以往只有政府可以向市场供应产业用地的做法，允许农村集体将自己村集体的符合规划的工业用地，拿到政府指定的公开交易平台，以挂牌方式公开出（转）让土地使用权，所得收入由政府和村集体进行分成。根据《试行办法》，村集体收益为土地出让收益的五五分成或者三成收益加两成物业。

2015年4月，深圳市为鼓励养老服务设施的供应，又出台了《深圳市养老服务设施用地供应暂行办法》，鼓励村集体将自有用地自行建设养老设施或者拿到政府指定的公开交易平台挂牌，收益五五分成。2015年5月，深圳市规划国土委又出台《关于促进安居型商品房用地供应暂行规定》，将农村集体土地入市的范围再次扩大到安屋型商品房用地，村集体收益为土地出让收益的六四分成或者一成收益加一成物业。2015年12月，深圳市又将教育用地纳入农地入市的范畴。

第五节　小结：特征与实效

2012年以后，龙岗已经步入工业化中后期发展阶段，既面临着该发展阶段所谓的"中等收入陷阱"等普遍性问题，如经济增长有回落和停滞之势、社会公共服务短缺和不均衡、社会矛盾激化等现象，也呈现出龙岗特殊的区情特征，即产业发展从规模扩张型向质量效益型转变，城市建设从农村城市化向深度城市化转变，社会治理从管理型向服务型转变，公共服务从保基本向提质量转变。传统的以增大要素投入为驱动力的经济发展模式，不仅条件已经不复存在，而且其弊端也日益凸显，实施创新驱动发展战略成为必然选择。

龙岗区委、区政府以党的十八大精神为指引，把宏观发展背景的重大变化和龙岗的现实发展区情紧密结合，明确提出实施"高端引领、创新驱动"发展战略，以落实"三高一平台"（高等院校、高端企业、高级人才、创新平台）策略为着力点，将创新作为破解发展难题，促进经济、社会和城市转型发展的总引擎，龙岗经济社会发展开始迈入创新驱动发展的新征程。

（一）立足城市新发展战略，创新政府服务机制，打造深圳东部综合中心

2013年以来，全球经济发展依然处于后金融危机的严重影响下，国际需求萎靡不振，不但发达经济体的增速降低、就业状况恶化，而且主要新兴经济体一度强劲的经济增长也开始放缓。世界经济正面临前途未卜的不确定局面。新冠疫情暴发更是给全球经济复苏蒙上阴影，国内经济开始步入以调结构、调速度、调动力为主要特征的新常态时代。

一是立足全市实施"东进战略"、重塑深圳城市格局的实际部署，确立龙岗区新的城市发展定位：以创新创业为主要特质、具有鲜明国际化特色的东部中心，促进全区融入区域合作、协同发展。以东进项目大会战形式，推动东进项目工作质量持续提高、重点项目开工数量持续增加、项目投资规模持续扩大，形成"规划一批、开工一批、建设一批、竣工一批"良好局面。龙岗在打造深圳东部中心战略行动项目中主要涵盖交通先行、产业发展、公共服务、环境提升等建设领域。

二是社会治理从管理型向服务型转变，公共服务从保基本向提质量转变。在全市市场化、法治化、国际化和"强区放权"推进下，立足"放管服"改革，政府实施"社区民生大盆菜、行政权责清单、优化营商环境"等改革措施，缩减在微观经济领域的行政力量，精简审批事项及流程，提升营商环境。优化营商环境方面，龙岗区针对实体经济面临的痛点、堵点和难点，出台相关政策，配套人力、科研、金融等方面公共服务支持市场主体更好发展。社区民生大盆菜方面，通过建立居民"点菜"、政府"买单"标准化流程机制，解决群众难题，健全基层治理体系，实现了基层治理的方式变革。行政权责清单方面，采取多种措施完成了全国首份编制行政权责清单工作，并以此为契机进一步树立政府、社会和市场的边界范围，以权责清单为核心构建权力运行的配套机制和制度，强化了市场的资源调配作用，促进了政府职能转变。

三是以"互联网+政务服务"模式建设"数字政府"，打破数据资源壁垒，发掘数据资源价值，促进数字经济发展，加快推进治理体系和治理能力现代化，实现城区"一库汇数据、一图助决策、一键知全局、一盘棋建设、一体化联动"，打造广东省大数据综合试验区"龙岗样板"。

（二）以创新驱动主导，经济向质量效益型转变，战略性新兴和未来产业集群化发展，人口规模快速增长

从 2013 年始，龙岗区以党的十八大精神为指引，把宏观发展背景的重大变化和龙岗的现实发展区情紧密结合，提出"高端引领、创新驱动"发展战略，明确以战略性新兴产业为主导，构建未来产业政策体系。2020 年，龙岗区提出"IT+BT+低碳"发展思路，三大产业集群自西至东依次排布，同时大力培育壮大建筑业、文化创意、跨境电商、军民融合产业，加快构建"3+4"区域产业格局，勾勒出龙岗产业发展新格局。十年时间，创新已成为龙岗城区高质量发展的基因，建立起覆盖企业全生命周期的产业政策体系，从政策、资金、服务等方面打出组合拳，为企业创立、孵化、成长和壮大全方位保驾护航。如今的龙岗已成为深圳高新技术产业发展的主阵地之一，并保持了快速增长的态势。统计数据显示，龙岗高新技术产业产值逼近万亿元，占工业总产值比重超 80%；全社会研发投入占 GDP 比重超过 10%，PCT 国际专利申请量占全市 1/3，位居深圳第一。

1. 经济实现量、质"双提升"，由产业强区向创新高地迈进

党的十八大以来，2022 年龙岗地区生产总值实现了由 1881 亿元到 4759 亿元的巨大跨越，规上企业增加值由 1273.09 亿元增加到 2162.7 亿元，一般公共预算收入从 120.9 亿元（不含大鹏、坪山）增长到 263.2 亿元。工业经济具绝对优势，工业增加值大幅高于其他地区（见图 6-15），约为第二名、第三名南山区、宝安区的 2 倍，制造业中心性最强。近五年连续位居全国工业百强区榜首。至 2022 年年底，龙岗已形成了一个金字塔状的企业发展格局。集聚了以网络与通信、智能终端、超高清视频显示为代表的千亿级制造业集群 3 个、百亿级制造业集群 6 个，培育壮大了千亿级企业 1 家，即华为，百亿级企业 6 家，即比亚迪锂电、比亚迪精密、翠绿黄金、中金精炼、兆驰和康冠，10 亿级企业 49 家，商事主体 85.5 万户。另外还有上市企业 35 家、"专精特新"企业 587 家、国家高新技术企业 3151 家、规上企业 4391 家和中小企业 46.6 万家。2020 年龙岗 R&D 强度高达 10.77%，远高于其他城市，发明专利授权量与东莞相当，PCT 授权量远超其他市区，具有显著的科技创新影响力，但由于大部分专利来自华为，其中心性有所局限。仍存在大中型企业缺失结构"断层"、创新要素"断层"、企业创新能力"断层"的问题。从

2020年深圳地区生产总值和人均 GDP 对比看出，虽然当时龙岗经济总量已与福田相当接近，但人均 GDP 在区域内不占优势，在深圳地区属于中等偏后的位置（见图 6-16、图 6-17）。

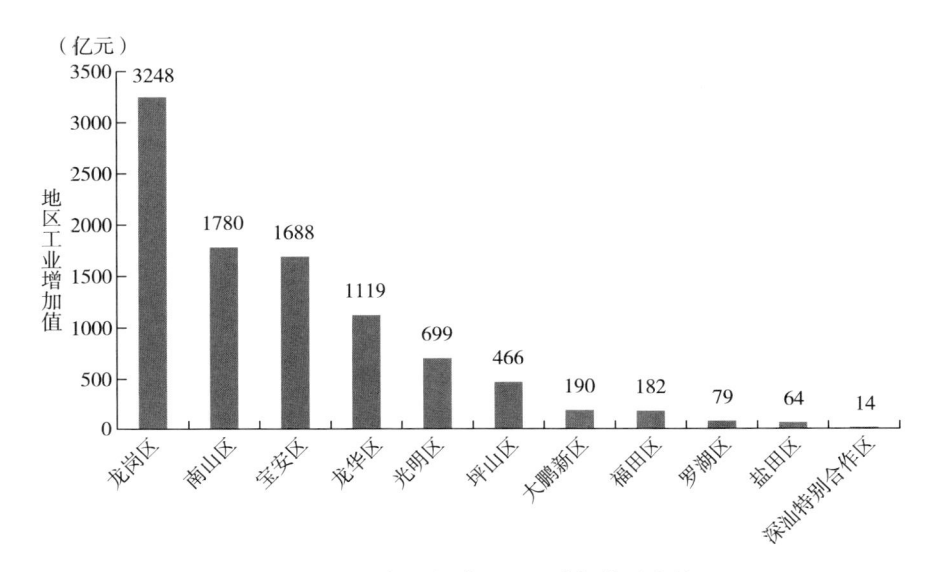

图 6-15　2020 年深圳地区工业增加值对比情况

资料来源：《深圳统计年鉴》（2021）。

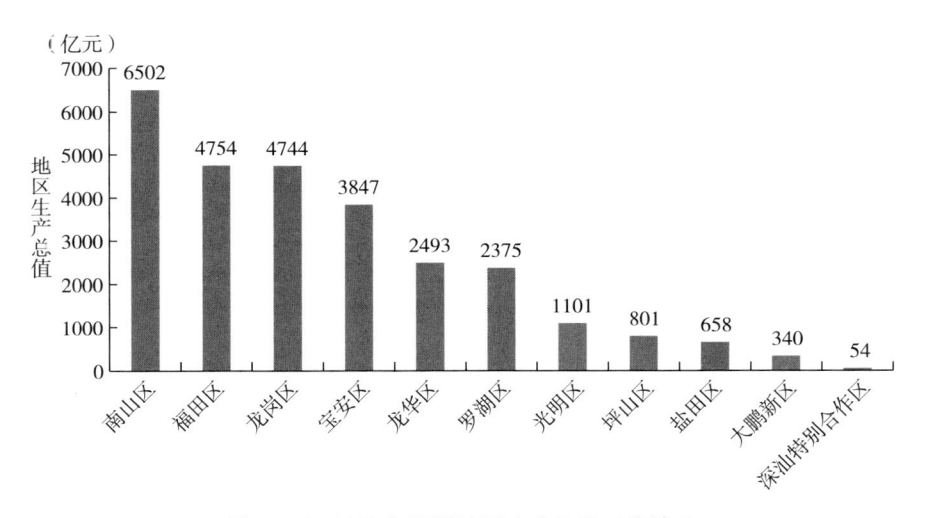

图 6-16　2020 年深圳地区生产总值对比情况

资料来源：《深圳统计年鉴》（2021）。

第六章 质量引领：新型城市化时期（2012—2023年）

（亿元）
40 ┤ 36.04
35 ┤
30 ┤   30.71 30.59
25 ┤
20 ┤   21.69 20.7
15 ┤   14.45
10 ┤   11.86 9.98 9.8   8.57 8.23
 5 ┤
 0 ┤
     南山区 盐田区 福田区 大鹏新区 罗湖区 坪山区 龙岗区 光明区 龙华区 宝安区 深汕特别合作区

人均GDP

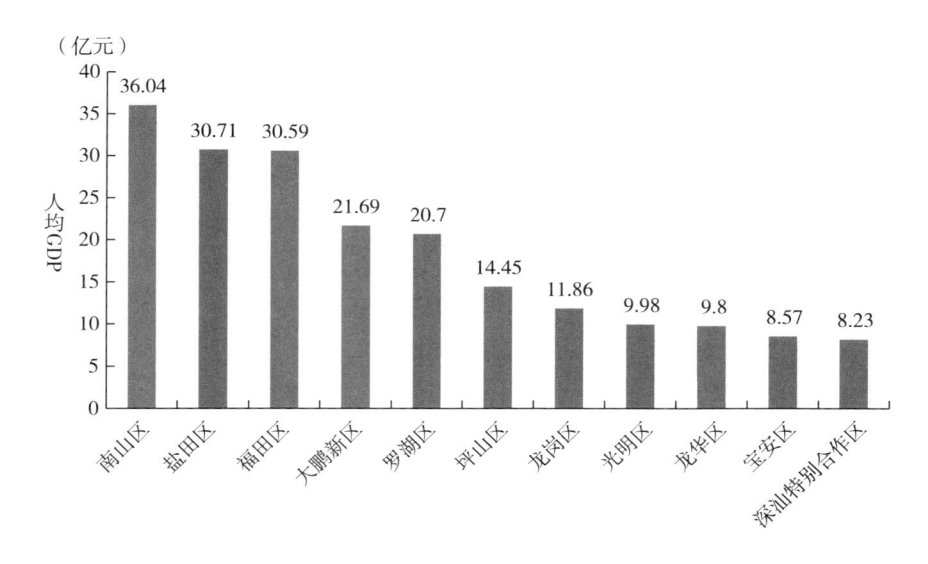

图 6-17　2020 年深圳地区人均 GDP 对比情况

资料来源：《深圳统计年鉴》（2021）。

2. 战略性新兴产业强势崛起，未来产业不断孕育成长

"20+8"产业集群为龙岗赋能，龙岗围绕产业链部署创新链、围绕创新链布局产业链，集中资源破解关键核心技术"卡脖子"问题，构建自主安全、多元可控的产业链、供应链。

加快发展先进制造业，推动由"龙岗制造"到"龙岗智造"的转变。同时，依托深圳国际低碳城、宝龙科技城等空间载体，在机器人、智能装备、可穿戴设备等领域培育若干特色产业集群；紧跟全球新一轮科技革命发展趋势，依托阿波罗未来产业城等空间载体，加快发展航空航天、生命健康等未来产业；贯彻落实"互联网+"战略，加快发展电子商务、服装贸易、跨境电商、智能制造等新业态和新平台等。

3. 初步形成创新生态体系

打造创新发展"智核"。龙岗已成为全国国际合作办学最集聚的区域之一，引进香港中文大学（深圳）、深圳北理莫斯科大学等国际合作院校。龙岗还建成重点实验室、工程实验室、工程（技术）研究中心和企业技术中心 160 家，创新要素加快汇聚。

随着引入高端科研机构和重点实验室、集聚高端人才和创新资源，龙岗推动源头创新以及世界产业最前沿的产学研一体化科技创新。与此

同时，龙岗还积极打造一批高端孵化器，打通综合创新生态体系的关键环节，创新动能强劲释放。

打造优质创新载体，以"优质产业空间"力撑产业集群发展。一方面，提质增效现有存量空间，加大整备集中连片产业空间，打造一批可租可售高标准产业空间；另一方面，根据产业链、供应链科学规划，提出空地提容、工业上楼等措施，优化产业发展生产要素配置。数据显示，至2022年，龙岗战略性新兴产业集群共涉及企业2054家，占深圳全市的13.6%。已投入运营的创新产业园区共提供了725万平方米产业空间，吸引了近1700家企业项目入驻，其中超亿元企业83家、上市企业30家、拟上市企业67家。

进入城市化后期，服务业从业人员、外来商旅人员、产业工人、工程师人才、高层次研发与管理人才等大量聚集，伴随引才与住房政策，人口持续在地转化落户。2022年，常住人口397.9万人（见表6-4），管理服务人口478.8万人，均在全市位列第二，仅次于宝安区（见图6-18），其中常住人口相对2010年增长4.58%，增速全市第一。人口吸引力上升，外来人口多，适龄劳动力资源丰富，但以低学历产业工人为主。初中及以下学历实有人口213.59万人，占比44.01%，从业人员中第二产业占比70%（2018年数据）。人口分布西密东疏，临近原特区地区集聚度更高，围绕人口流量的服务产业具有一定中心性基础。

表6-4　　　　　　　2013—2022年龙岗区人口变化情况

年份	常住总人口（人）	户籍人口（人）	外来人口（人）
2013	1944700	391700	1553000
2014	1945200	424900	1550300
2015	2052400	477200	1575200
2016	2143800	540600	1603200
2017	2278900	651300	1625800
2018	2386400	727800	1658600
2019	2508600	838000	1670600
2020	3979000	—	—
2021	4015300	1215400	2799900
2022	3979000	—	—

资料来源：《龙岗年鉴》（2014—2023）。

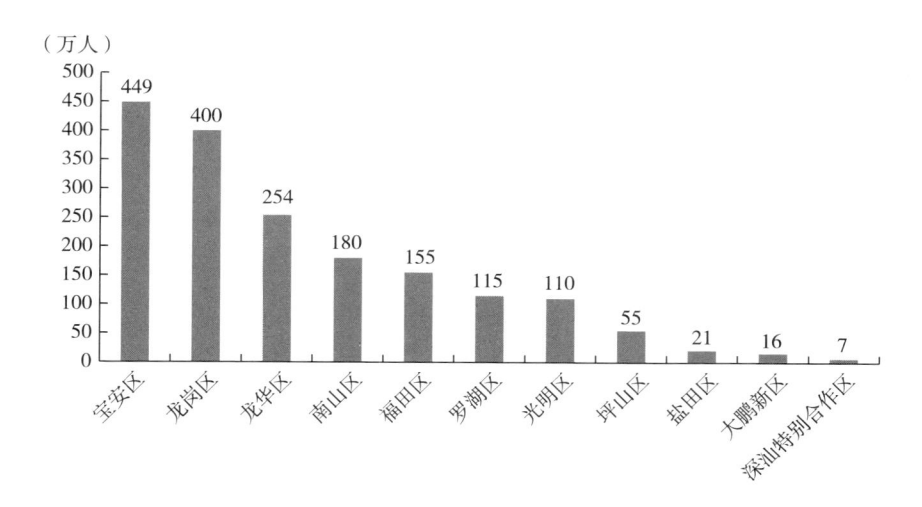

```
（万人）
500
450  449
400       400
350
300
250            254
200                180
150                    155
100                        115  110
 50                                   55
  0                                        21  16   7
     宝  龙  龙  南  福  罗  光  坪  盐  大  深
     安  岗  华  山  田  湖  明  山  田  鹏  汕
     区  区  区  区  区  区  区  区  区  新  特
                                        区  别
                                            合
                                            作
                                            区
```

图 6-18　2020 年龙岗区与周边区县常住人口分布情况

资料来源：《深圳统计年鉴》（2021）。

4. 典型的工业经济城市，产业结构高度不平衡，服务业发展严重滞后；ICT 产业一业独大，重硬轻软，ICT 服务化发育不足

龙岗是典型的工业经济城市，工业用地占城乡建设用地的 30.02%（见图 6-19）。公共服务设施用地和公园绿地比例均较低，人均指标均低于国标要求。服务业占比近年一直维持在 30% 以下，服务业发育不足。2019 年在全国百强区前 20 位中，经济总量排名第四，但服务业占比最低。根据深圳市产业结构变化，在第二产业比重达到高峰后第三产业每年以约 1 个百分点增长，南山区在第二产业达到高峰后第三产业年均增长 2.5 个百分点，基于此，龙岗应大力发展服务业。

龙岗服务业潜力巨大，区生产性服务业发展基础较好，科学研究、信息技术服务业、租赁和商务服务业体量和增速均在龙岗区服务业前列；龙岗区信息传输、软件和信息技术服务业体量较小，但增长极快。未来激活香港中文大学资源，强化深港高等教育合作、高教人才培育、国际职教和产教融合发展等，打造龙岗在区域中的科教资源配置中心；围绕国际文化体育活动、国际医疗与康养服务等方面强化对周边的辐射力。

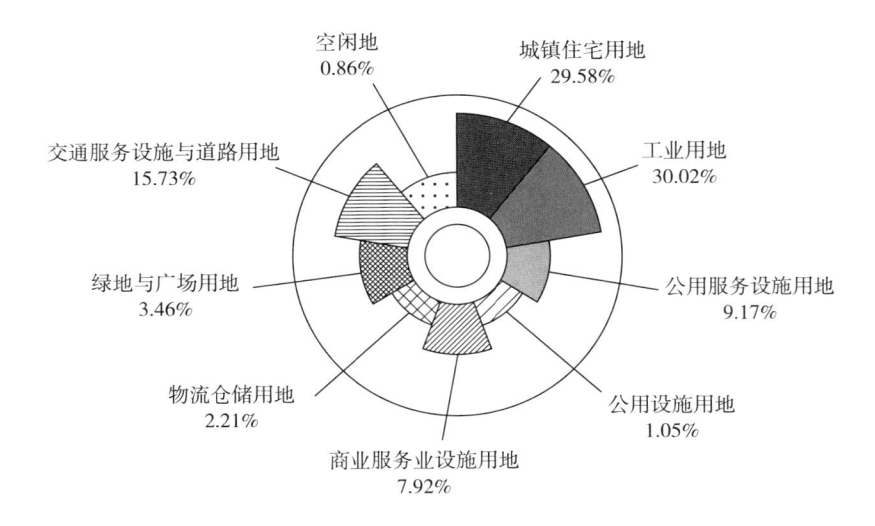

空闲地 0.86%
城镇住宅用地 29.58%
交通服务设施与道路用地 15.73%
工业用地 30.02%
绿地与广场用地 3.46%
公用服务设施用地 9.17%
物流仓储用地 2.21%
公用设施用地 1.05%
商业服务业设施用地 7.92%

图 6-19　2019 年龙岗区现状用地结构

资料来源：《龙岗区国土空间分区规划（2020—2035）》。

主导产业发展方面，龙岗现有六大主导产业，即 ICT、AIOT、电子元器件、绿色能源、生命科学、创意生活，增加值占龙岗 GDP 的比重为 66%。其中：仅 ICT 产业占比即高达 58%；ICT、AIOT、电子元器件三大主导产业 2018 年工业增加值占龙岗规上工业增加值约 99%，其中，仅 ICT 产业增加值占比即高达 89%；ICT 产业主要集中在通信系统设备制造，以网络设备和 ICT 交互终端等硬件产品生产为主，是计算机、通信和其他电子设备制造业的核心，2018 年产值约 6900 亿元，占比高达 88%（见图 6-20）。

华为是龙岗的龙头企业，产值占龙岗工业总产值的 70% 左右，占龙岗 ICT 产业总产值的 97%。然而，在剔除华为后，龙岗多项指标排位下滑至全市中下游位次。另外，华为核心配套厂商极少布局于龙岗，产业链本地化配套严重不足。据统计，华为在全国总计约有 450 家核心配套企业，其中 138 家（30.7%）位于广东省；在深圳华为核心配套企业有 87 家（19.3%），其中仅 5 家（1.1%）位于龙岗区。由于增量空间不足，缺少可供企业生长的产业空间，受空间限制，华为上游供应商企业大多数落户莞惠地区，坂雪岗科技城落户较少。

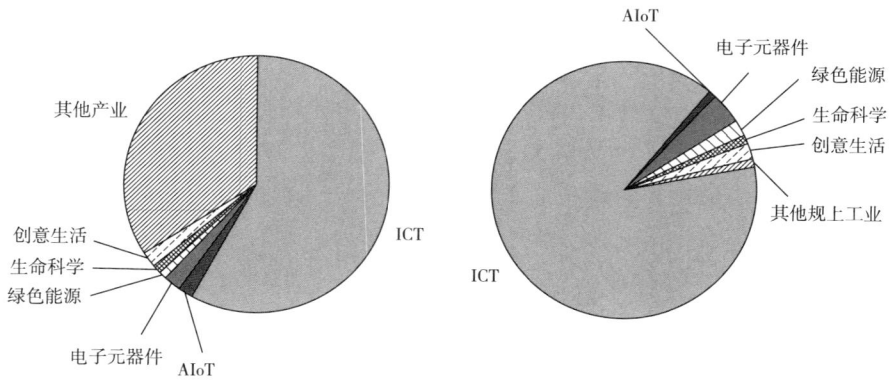

第六章　质量引领：新型城市化时期（2012—2023年）　/ 495

（a）2018年六大主导产业增加值占龙岗区GDP比例

（b）2018年六大主导产业工业增加值占龙岗区规上工业增加值比例

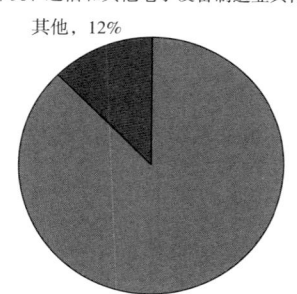

计算机、通信和其他电子设备制造业具体划分

（c）ICT产业增加值占比

图 6-20　2018 年龙岗区主导产业占比情况

资料来源：《龙岗年鉴》（2019）。

5. 工业用地碎片化分布，大量工业用地被低效企业锁定；城中村占比较高，城市空间品质欠佳，更新整治任务艰巨

一方面，龙岗工业用地总规模为60.19平方千米。其中，龙岗区小于5公顷的工业用地占总数的79%（1346块）；5—20公顷的工业用地占总数的18%（305块）；超过20公顷的工业用地仅占总数的3%（39块）（详情参见《龙岗区国土空间分区规划（2020—2035）》）；2019年龙岗区内48.9%（822家）的企业年产值不足5000万元，大量工业用地被小、乱、散、污等低效企业锁定。

另一方面，龙岗共有499个"城中村"，用地面积约为87.8平方千米，占建成区面积的43.9%。居住类"城中村"用地面积约36平方千米，占"城中村"用地面积的41%；居住建筑面积6365万平方米，占全区住宅建筑面积的43%；城中村居住人口达265万人（约占总居住人口的57%）。现状空间呈现出"三高三低"的典型特征，即高建成、高密度、高强度、低生态度、低人本度、低认知度。城中村、旧工业区分布广，可利用土地较为紧缺；工业和居住、医疗、学校等用地混杂，公配、交通和市政设施欠账增多；城、村夹杂，整体环境不利于吸引科创人才。

6. 高校、科研院所的创新策源力薄弱，缺乏高能级基础科研平台；科教成果转化不足；国际化发展程度较低；创新空间潜力不足

创新绩效方面，大运科教城创新专利申请、授权数量偏少、占比偏低，弱于前海、西丽湖、光明，略好于河套，整体创新产出能级不足。

科创平台方面，大运科教城缺乏国家级和省级实验室、工程中心、研发平台、大科学装置等高能级科创平台，无法对综合性国家科学中心建设提供实质性支撑（见表6-5）。

表6-5　　深圳4大科教城/科学城创新资源情况

数据指标	大运深港国际科教城（26.29平方千米）	光明科学城（99平方千米）	西丽湖国际科教城（69.8平方千米）	河套深港科技创新合作区（深圳园区3.02平方千米，香港园区0.87平方千米）
高校	5所：深圳北理莫斯科大学；深圳信息职业技术学院；香港中文大学（深圳）；香港中文大学（深圳）医学院（筹）；香港中文大学（深圳）音乐学院（筹）	2所：中山大学·深圳；中国科学院深圳理工大学（明珠校区）	11所：深圳大学西丽校区；南方科技大学；哈尔滨工业大学（深圳）；清华大学深圳国际研究生院；北京大学深圳研究生院；天津大学佐治亚理工深圳学院；中国科学院深圳技术大学；深圳职业技术学院；清华—伯克利深圳学院（筹）；香港大学（深圳）（筹）；哈尔滨工业大学深圳国际设计学院（筹）	—

续表

数据指标		大运深港国际科教城（26.29平方千米）	光明科学城（99平方千米）	西丽湖国际科教城（69.8平方千米）	河套深港科技创新合作区（深圳园区3.02平方千米，香港园区0.87平方千米）
国家级创新载体	工程实验室	1	2	6	
	工程中心		1	1	1
	公共服务平台			2	
	科技企业孵化器	1		1	
	企业技术中心				
	重点实验室			3	
	合计	2	3	13	1
省级实验室		龙城实验室（申创）	3所：人工智能与数字经济广东省实验室（深圳）（光明实验室）；鹏城实验室（分中心）；深圳湾实验室（分中心）	2所：鹏城实验室；深圳湾实验室	1所：鹏城实验室（分中心）
诺贝尔奖科学家实验室		3所：香港中文大学（深圳）瓦谢尔计算生物研究院；香港中文大学（深圳）科比尔卡创新药物与转化医学研究院；切哈诺沃精准和再生医学研究院	1所：中山七院诺贝尔奖科学家实验室	9所：深圳格拉布斯研究院；南方科技大学杰曼诺夫数学中心；斯发基斯可信自主系统研究院；帕特森RISC-V国际开源实验室；深圳盖姆石墨烯研究中心；马肆尔生物医学工程实验室；索维奇智能新材料实验室等	—

续表

数据指标	大运深港国际科教城（26.29平方千米）	光明科学城（99平方千米）	西丽湖国际科教城（69.8平方千米）	河套深港科技创新合作区（深圳园区3.02平方千米，香港园区0.87平方千米）
大科学装置（重大科技基础设施）	—	6个大科学装置：材料基因组大科学装置平台；空间引力波探测地面模拟装置；合成生物研究设施；脑解析与脑模拟设施；空间环境与物质作用研究设施；精准医学影像大设施	1个大科学装置；国家超级计算深圳中心	1个重大科技基础设施（12个节点城市之一）；未来网络试验设施
院士数量	院士8人	院士10人（近50位国家级人才）	全职院士35名（高层次人才4900名）	海内外院士专家11名
国家级高新技术企业数量	288家	341家	684家	85家

资料来源：《大运深港国际科教城发展思路》，2022年7月。

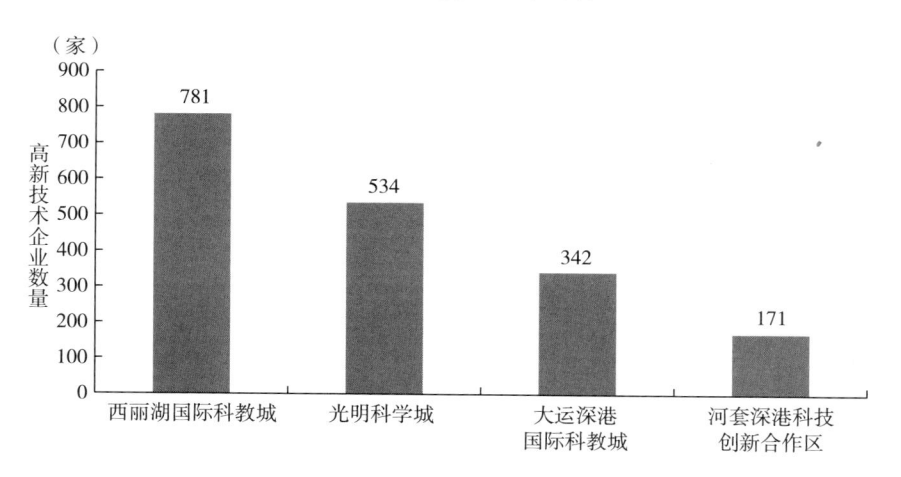

图6-21 深圳各片区高新技术企业数量对比

西丽湖国际科教城 781
光明科学城 534
大运深港国际科教城 342
河套深港科技创新合作区 171

资料来源：《大运深港国际科教城发展思路》，2022年7月。

科教成果转化方面，大学园与产业集聚区空间分离，产学研联动不足。从空间上来看，国际大学园周边 1—2 千米区域内本应是产学联动最活跃最紧密的区域，现阶段却只有极少量的高新技术企业。从专利产出上来看，校企创新合作、产学联动尚未起步。反观深圳西丽湖国际科教城片区与周边已形成了紧密的产学联动关系，培育、招引了一大批高新技术企业（见图 6-21）。另外，大运科教城产学联动溢出效应较低，未能带动周边科学研究、技术服务类企业快速增长，尚未形成知识经济圈。

空间发展潜力方面，现阶段大运仅有 105 公顷连片潜力用地，未来通过土地整备利益统筹可收储产业用地 79 公顷，可利用土地较为紧缺（见表 6-6）。大运场馆等文体设施优势未得到充分发挥，缺乏适合青年人的创意时尚与文化消费空间。

表 6-6　　深圳市重点科技创新平台创新空间比较分析　　单位：平方千米

	光明科学城	西丽湖国际科教城	河套深港科技创新合作区	前海深港现代服务业合作区	大运深港国际科教城
规划面积	99	69.8	3.89	120.56	26.29
规划建设用地	31	27.7	3.89	92.38	19.75
现状建设用地	35.23	25.33	3.24	93.14	16.26
现状工业用地	10.28	3.84	0.27	9.94	3.68
现状商业服务业用地	2.56	3.47	0.4	9.81	1.71
增量空间	—	3.3	0.4（土地收储再开发）	11	1.05
存量改造潜力空间	—	9.71（其中旧村旧工业区 6.35）	0.58（包括拆除重建和综合整治）	13.7	0.79

资料来源：《大运深港国际科教城发展思路》，2022 年 7 月。

7. 以重大项目建设为引擎，创新城市空间组织发展新模式，升级城市基础设施和城市公服配套设施水平，全面提升城市生态环境品质

一是空间统筹利用领域方面，在区级"双核引领、多轮驱动"发展战略基础上进一步优化提出"一芯两核多支点"区域发展策略，通过"湾东智芯"科技创新、"东西两核"产业集聚与辐射带动以及"多支点"支撑产业发展，建设龙岗现代化国际化高品质城区。

二是重点区域空间建设方面，随着香港中文大学（深圳）、深圳北理莫斯科大学、深圳信息职业技术学院等高校相继落户深圳国际大学园，龙岗通过国际高校聚集效应，成为深圳东部乃至珠三角东岸地区的智慧中枢，创新"智核"的潜力显现。重点区域建设是拉动经济发展的"火车头"，项目落地的数量关系未来经济发展的增量。龙岗区重点区域版图历经4个市级重点区域发展到"4个市级+2个区级"，再到"4+9"，实现了每个街道都有动力的全面发展模式，引领和代表全区质量型开发建设。

三是在空间组织方面，通过产城融合示范区建设，将工作圈与生活圈融合，实现比较深度的职住均衡，推进产业和城市双转型。国际低碳城新型城镇化建设引入近零碳、碳中和等理念，创造性地解决城镇化、工业化进程中的资源、环境、人口等问题，构建科技创新突出、产业绿色低碳、空间布局合理、体制机制创新的高质量低碳发展新样板。

四是基础设施方面，为提升深圳东部发展能级，龙岗"地铁+城轨"轨道网络不断延伸，加快轨道四期、五期交通建设，是形成深圳都市圈，打造枢纽城市、国际性综合交通枢纽的重要举措。通过加快5G商用步伐以及加强工业互联网、人工智能、物联网、大型数据中心等"新基建"建设，为龙岗新一代信息技术产业和数字经济产业发展提供了有效支撑。

五是通过实施"美丽龙岗精彩蝶变"城区品质提升行动，升级城市景观绿化、公服配套设施，全面提升城市生态环境品质；创建"国家生态文明示范区"，开展水体、大气、固体废弃物等污染治理，为市民提供良好的生态环境保障。

8. 龙岗东部中心辐射带动作用不强，都市圈一体化发展亟须提升。深港合作内容单一，与香港的联系水平有待提升，亟须融入粤港澳大湾区一体化发展，促进区域国内国际双循环

2019年国家发布《粤港澳大湾区发展规划纲要》，明确了粤港澳大湾区的战略定位、发展目标、空间布局,并指导粤港澳大湾区建设。一方面,龙岗全面深化大湾区区域合作,积极融入区域发展新格局。但与广州、东莞、惠州等地区联系较弱,东部中心综合服务职能尚不完善,亟须融入粤港澳大湾区一体化发展,促进深莞惠汕区域内循环。发挥龙岗的创新与产业比较优势,推进深莞惠区域产业深度协同,创建深圳都市圈一体化发展示范区、中国(广东)自由贸易试验区的扩展区等。

另一方面,龙岗的香港企业分支机构数量显著低于福田、罗湖、南山、宝安等地,深港合作内容单一,外资与港资规模偏小,与香港的联系水平亟须提升,推动深港国际大循环。通过东部过境通道连接莲塘口岸,融入香港北部都会区,依托平盐铁路、盐田港对接香港东部知识及科技走廊。协同香港"2030+"及北部都会区建设,推动深港合作融合再升级,进一步链接国际资源;瞄准香港高新技术、高等教育与高端服务资源,鼓励香港青年创新创业,推动合作模式从"三来一补"向"三高一创"(高质量发展、高品质生活、高效能治理、自主创新)转变。

深港合作国际化发展方面,龙岗缺乏国际化平台载体和政策环境(见表6-7)。大运科教城高校数量偏少、办学规模较小,深港科教合作的深度与广度有待拓展(见表6-8);另外,香港在电子、计算机、医学领域具有领先的科创实力,在金融、贸易、资讯等高端服务业上具有优势,大运科教城在以上产业领域均缺乏与香港的合作。

表6-7 "三城一区"外资、港资企业分布数量、密度和注册资金对比

	光明科学城	西丽湖国际科教城	大运深港国际科教城	河套深港科技创新合作区
外资企业数(家)	114	220	85	253
外资企业密度(家/平方千米)	1.15	3.15	3.23	65.04
港资企业数(家)	137	438	286	771
港资企业密度(家/平方千米)	1.38	6.28	10.88	198.2
港资企业注册资本(亿元)	23.62	76.66	37.73	103.36
港资企业注册资金密度(亿元/平方千米)	0.24	1.1	1.44	26.57

资料来源:《大运深港国际科教城发展思路》,2022年7月。

表 6-8　　大运科教城重点学科对比

所在地	高等院校名称	国际排名	重点与特色学科	在校生数量
大运深港国际科教城	香港中文大学（深圳）	39	金融学、经济学、会计学、统计学、计算机科学与技术、数学与应用数学、电子信息工程、生物信息学、翻译学	8549 人
	香港中文大学（深圳）医学院（在建）	—	临床医学、生物信息学、生物医学工程、药学、生物科学	—
	深圳音乐学院（在建）	—	音乐表演、音乐学、作曲与作曲技术理论	—
	深圳北理莫斯科大学	78	经济学、国际经济与贸易、俄语、数学、生物学、材料科学与工程、电子与计算机工程	1314 人
	深圳信息职业技术学院	—	软件技术、通信技术、计算机应用技术、电子商务	20902 人
				合计 30765 人
西丽湖国际科教城	清华大学深圳国际研究生院	17	材料科学、信息科技、医药健康、海洋工程、未来人居、环境生态和创新管理	4677 人
	北京大学深圳研究生院	18	信息工程、化学生物学与生物技术、环境与能源、城市规划与设计、新材料、商学、法学、人文社会科学	3590 人
	哈尔滨工业大学（深圳）	236	力学、机械工程、仪器科学与技术、材料科学与工程、动力工程及工程热物理、控制科学与工程、计算机科学与技术、土木工程、管理科学与工程	9000 人
	深圳大学	601—650	工程学、临床医学、材料科学、生物学与生物化学、化学、物理学、环境科学/生态学、药理学与毒理学、植物学与动物学	41164 人
	南方科技大学	275	数学、物理学、生物学、力学、化学、地球物理学、材料科学与工程	9069 人
	天津大学佐治亚理工深圳学院（在建）	334	电子与计算机工程、分析学（大数据分析）、计算机科学、环境工程、工业设计	—
				合计 91757 人

续表

所在地	高等院校名称	国际排名	重点与特色学科	在校生数量	
西丽湖国际科教城	香港大学（深圳）（在建）	22	理学、医学、法学、工程、建筑、智慧城市、生命科学、数据与智能、先进材料、金融科技	—	合计 91757人
	深圳职业技术学院	—	电子与通信工程、电子信息工程、计算机工程、计算机科学与技术、机电工程、机械设计制造及其自动化、应用化学与生物技术、食品科学与工程	24257人	
光明科学城	中科院深圳理工大学（在建）	—	合成生物学、脑科学、机器人与人工智能、生物医学工程、材料科学与工程、生物医药	—	合计 5678人
	中山大学·深圳校区	260	电子科学与技术、材料科学与工程、基础医学、临床医学、药学、工商管理、生物学、生态学	5678人	

注：国际排名数据来自 QS 世界大学排名，各异地办学的高校排名参考本部的排名。

资料来源：《大运深港国际科教城发展思路》，2022 年 7 月。

9. 建立国土空间规划体系，探索"存量时代"下土地整备二次开发制度设计，突破创新规划国土管理改革与实践

党的十八大关于城市化工作精神强调以人为核心，尊重自然生态环境，传承历史文化脉络。提出"绿水青山就是金山银山"论，标志着由"经济建设为中心效率优先"向"底线安全与发展保护并重"的转变，空间政策的重心由原来对土地和空间的管理，开始转向到对包括土地与空间在内的自然资源全领域、全要素的管控与治理。这一时期深圳全面进入以存量土地开发为主的时期，在空间政策实施工具上逐年出台了一系列制度改革措施。2012 年《深圳市土地管理制度改革总体方案》获得国土资源部、广东省政府联合批复，标志着深圳新一轮的土地管理制度改革全面启动，这一年深圳城市更新用地也首次超过了新增用地。2013 年中央城镇化工作会议提出建立空间规划体系，限定城市发展边界、划定生态红线。要求"划定生产、生活、生态空间开发管制界限，落实用途管制"。2014 年，开展经济社会发展、城乡总体规划、土地利用规划的"三规合一"或"多规合一"，形成统一衔接、功能互补的规划体系。2015—2017 年，深圳以罗湖区城市更新改革为试点，率先在规划国土体

制机制方面进行改革突破,提出了"强区放权"改革方案,规划国土相关事权由市政府调整至区政府的决定。2019年,深圳市机构改革组建了市规划和自然资源局,并在区设分局,实行市以下垂直管理体制。

建立国土空间规划体系方面,在国家机构改革和空间规划体系重构的背景下,深圳结合市辖区以及全面城市化的特点及管理需求,构建全域覆盖、分层管理、分类指导、逐级传导的"两级三类"国土空间规划体系。2018年6月,龙岗区开展了《深圳市龙岗区国土空间分区规划(2020—2035年)》编制工作,分区规划在落实市级总体规划基础上,与其他相关专项规划衔接,对区级国土空间保护和利用进行统筹安排和综合部署,并指导下层次详细规划编制。

规划国土管理改革与实践方面,2018年,龙岗率先与深圳市规划国土委在城市规划及城市设计、土地管理、土地整备、违建查处、生态线管理、田园综合体建设六个方面共同签订了《规划国土管理改革与实践合作框架协议》,这既是深圳范围内第一个委、区合作框架协议,又是龙岗区和深圳市规划国土委共同推进的一项规划国土管理改革与实践,确定了13个改革项目,为深圳市深化规划土地改革实践提供"龙岗探索"。

二次开发制度设计方面,由于深圳全面进入存量规划时代,迫切需要通过城市更新、土地整备等方式探索城市高质量内涵型发展模式。现阶段龙岗全面更新优化存量步履维艰,主要表现为:

第一,更新模式单一,更新项目实施率不高。已列更新单元计划183个,已批单元规划99个,尚有84个规划未批;实施率27%,低于全市平均水平,在各区中处于中游水平(见表6-9)。土地整备利益统筹纳入年度计划33项,总共23.1平方千米,已完成规划和实施方案审批的项目5项,总规模1.66平方千米。

表6-9　　截至2020年6月深圳市各区更新项目实施率对比

项目情况	福田区	罗湖区	南山区	盐田区	宝安区	龙岗区	龙华区	坪山区	光明区	大鹏新区	全市
列入计划项目数(项)	63	82	108	39	175	183	135	33	39	28	885

续表

项目情况	福田区	罗湖区	南山区	盐田区	宝安区	龙岗区	龙华区	坪山区	光明区	大鹏新区	全市
计划批准用地面积（公顷）	305.9	349.4	503.1	177.4	1575.4	2344	923.9	405	276.8	198.4	7059
规划批准用地面积（公顷）	270.8	222.5	316.4	124	656.7	1378.2	408.9	275.8	164.2	132.6	3950.1
土地供应用地面积（公顷）	112.4	137.9	195.4	54.9	392.5	636.8	233.2	99.3	139.9	38.2	2040.5
实施率（%）	37	40	39	31	25	27	25	25	51	19	29

资料来源：深圳市城市更新和土地整备局政府信息公开平台。

第二，二次开发缺乏整体统筹。现阶段更新整备模式中，有关规划建设及空间管控的关注点，主要在留用地上，对整个二次开发涉及的其他区域，在整体环境打造、空间营造、开发时序上缺乏整体考虑，导致留用地、收储用地二次开发后，剩下的区域（如城中村，保留的居住、工业等用地）仍旧停留在"老破旧"，甚至"脏乱差"的状态。

第三，"协商式"规划难以保障大项目落地。在满足政策门槛的前提下，往往以"谈得拢"为原则，划定土地整备的实施范围，因此整备形成的土地往往存在空间犬牙交织、碎片化明显、与规划实施的契合度不足等问题，一些关系城市持续发展和能级提升的重量级、战略性的大装置、大项目难以落地。

第四，空间与产权碎片化制约行业规模集聚及运营效益。①用地功能与空间分布的碎片化、产权分散，难以满足一些基于空间集聚、规模效应从而产生竞争力的行业发展需求。②利用公用设施用地推动的复合经营性功能的开发项目：空间分散，大多数规模比较小，所处位置很多缺乏商业引流与经营条件；供给与需求可能错位，后期经营收益难以覆盖前期投入及日常运营成本，可能形成未来城市资产包袱，增加城市财务压力。

创新土地政策改革方面，根据深圳实际产业需求情况，"M1-M0工改"政策通过创新土地政策推进城市更新改造，为产业发展腾出土地空间，推动了土地的精细化管理，是进一步提升土地利用效率的创新改革路径；"先租后让""联合竞买"土地供应模式盘活了存量用地，优化产业空间资源配置，促进土地集约高效利用；首宗第二、第三产业混合用地综合试点改革"工业上楼"项目打造政府主导、国企实施的"低成本开发+高质量建设+准成本提供"的高标准优质产业空间供给模式。此外，存量土地开发还开展了如非农用地及征地返还地上市交易、农地入市交易、立体空间分层确权、土地复合利用等一系列规划与国土改革的突破创新。

第七章　龙岗实践总结与展望

一　实践总结

1993年1月1日，龙岗区正式挂牌成立，2023年龙岗区迎来了建区30周年。伴随着特区发展的脚步，龙岗在深圳东北部土地上书写了一个又一个跨越式发展的历史篇章。从彼时特区的"关外"、城市的"边陲"，如今跨越发展成为连续五年蝉联"全国工业百强区"榜首的现代化城区。回首中国改革开放过往历程，龙岗砥砺奋进。40余年来，龙岗不断激发全社会创新创业活力，从引育华为、比亚迪等行业领军企业，到系统培育一大批"小巨人"，一个动能效能持续提升的"创新龙岗"活力澎湃；40余年来，龙岗不断营造宜居宜业宜游的生活生产生态空间，如今的龙岗，城在景中、人在绿中，神仙湖畔书声琅琅，科技园区创梦闪耀，商业中心鳞次栉比，轨道路网四通八达；40余年来，龙岗始终坚持"产业立区"不动摇，从"三来一补"起家，不断推动产业转型升级，GDP增长超过90倍，工业总产值增加超过100倍；40余年来，龙岗始终坚持把民生改善作为发展的"试金石"，特别是党的十八大以来，龙岗聚焦"民生七有"目标，全方位高品质改善人民生活，入园难、入学难、就医难、出行难问题基本解决，加快营建了一座温度质感持续提升的"幸福家园"。

随着党的二十大召开，中国进入全面建设社会主义现代化国家、向第二个百年奋斗目标进军新征程的重要一年，龙岗区也站上一个新的历史起点。在我国改革开放的大背景下，在深圳市全局改革部署的指引下，龙岗区经济发展和社会进步取得了很大的成就，总结龙岗建区30年以来的发展历程和经验教训，为探索中国特色、科学发展的新型城市化道路提供了重要的参考和有益的借鉴。其发展实践示范价值和推广意义主要有以下五个方面。

（一）大胆探索，敢为人先

敢闯敢试、主动作为，是龙岗实现城区持续进步的内在动力。"摸着石头过河""敢闯敢试"，既是中央赋予深圳改革探索的特权，也是龙岗区在几十年发展实践中一直坚持和践行的精神内核。从改革开放初期发展"三来一补"招商引资开始，第一批龙岗人，带着"地富反右分子"平反通知书奔赴香港，宣讲中央政府政策、热忱欢迎港商；到后来发展遭遇产业和城市发展困境，主动"腾笼换鸟"转型升级，明确"引进与培育"并举的科技发展新思路，全区形成以高新技术和先进制造业为主导、高新技术产业以民营科技企业为主导的新格局；再到聚焦产业和企业需求，为华为、比亚迪等龙头企业提供保姆式、贴心式服务，建立"服务华为不过夜"的快速反应机制；着力实施"高端引领、创新驱动"发展战略，积极搭建"三高一平台"，已建成重点实验室、工程实验室、工程（技术）研究中心和企业技术中心 160 家，高新技术产业产值逼近万亿元，占工业总产值比重超 80%；全社会研发投入占 GDP 比重超过 10%，PCT 国际专利申请量占全市的 1/3，位居深圳第一。在一路发展中，龙岗人大胆探索，敢为人先，不断突破体制、制度束缚，探索服务产业发展、企业发展的新路子、新模式，是真正激发市场活力和城市动力的根源所在。

（二）把握规律，顺应大势

龙岗由原处深圳特区之外的"边缘化"地区，基础差、底子薄，发展成为以自主创新为特征的现代化城区，其核心在于对发展机遇的把握，对资源流动规律、科技创新规律、产业发展规律、城市建设规律的遵循。通过科学规划，强化顶层设计，以此统筹城市、社会建设的推进。改革开放之初，承接特区外溢，以"三来一补"的模式，合法引进港商台商，龙岗的经济由此起步并奠定了工业发展基础；此后，遵循国际产业趋势变化，大力发展高新技术产业。再后来，随着产业创新竞争的加剧，专注于源头创新资源导入、战略性新兴产业布局与区域创新体系建设，逐步实现从"龙岗加工"向"龙岗制造"，再到"龙岗创造"的转变。1992 年、2010 年，深圳经济特区两次扩容，实现了区域协调发展，全面推进法规政策、规划布局、基础设施、管理体制、环境保护和基本公共服务一体化，构筑特区内外一体化的现代城市体系。华为总部的迁入，使龙岗一跃成为深圳高新技术产业的发展高地。深圳大运会的召开，使龙岗城市建设、交通布局、发展理念、城市品牌、环境面貌得到极大提升，城市化水平至少加速提前了 10 年。大运国际科教城的建设，实现了国际高校聚集效应及多个诺贝尔奖科学家实验室、院士科研中心等高端创新资源的导入，成为深圳东部乃至珠三角东岸地区的智慧中枢。新时期，龙岗正围绕粤港澳大湾区建设、深圳"东进战略"、广深科技创新走廊、深莞惠河汕"3+2"经济圈等多重战略叠加机遇，立足新发展阶段、贯彻新发展理念、构建新发展格局，充分发挥"双区"驱动、"双区"叠加、"双改"示范效应，大力实施"一芯两核多支点"区域发展战略，加快建设现代化国际化创新型深圳东部中心。

（三）实干兴区，勇于担当

处非常之时，行非常之事，建非常之功，需非常之人。现阶段我国正处于全面建成小康社会的关键时期，改革发展已经进入攻坚期、深水区，艰巨性、复杂性前所未有。作为改革开放前沿地带的基层，龙岗区矛盾多、困难大、任务重。面对艰巨繁重的改革发展任务，龙岗牢记使命、勇于担当，以实干铸实业兴盛，以实干促创新勃发。比亚迪在这里创立，华为在这里壮大，全球第三大电子信息产业集群在这里诞生，中欧班列"湾区号"在这里始发。龙岗区在全面深化改革综合改革试点过程中蹄疾步稳，资料统计显示，自党的十八届三中全会以来，龙岗自觉承担起多项改革试点任务，包括新建低碳城（镇）试点、国家节能减排综合示范项目、国家级生态示范区、全国首批产城融合示范区、全国社会组织建设创新示范区、国家生态文明建设示范区等国家级改革试点；权责清单制度、广东省大数据综合试验区等省级试点；深圳市"数字政府"改革试点区、深圳全市首个规划国土综合改革实践区、二三产混合用地等市级试点，改革红利持续释放。"可持续低碳新城开发建设新模式"项目被评为"深圳市优秀改革项目"，"数字政府"改革建设工作获得全球智慧城市中国区数字政府创新奖，"社区民生大盆菜"项目获得"中国社区治理十大创新成果奖"，"构建党政全覆盖的区级权责清单"等一系列改革项目获评"最佳实效性改革项目"。

（四）开放包容，兼收并蓄

深圳市龙岗区的发展实践表明，资源存量不是一个城市发展的决定性因素，开放的竞争环境、包容的文化氛围、有效整合利用外部资源，才是制胜关键，创造性利用外部资源是改变城市基因的重要路径。"开放包容"彰显了"深圳与世界没有距离"的开放视野、"来了就是深圳人"的宽广胸襟和"鼓励创新、宽容失败"的恢宏气度。既是来者不分东西南北的包容,也是英雄不问出处的情怀,成为龙岗获取外部资源和力量的价值观念。深圳作为当代中国最典型的移民城市,大批的移民带入了各地文化、价值观和生活方式,不同形态的文化在这里碰撞和交融,在互相包容中人们各展所长,各得其所。这里继承了中原文化厚重的底蕴,凸显岭南文化开放务实的特质,吸收港澳文化的灵活开放元素,学习西方文化科学理性特色,兼收并蓄营造出丰富多彩的人文环境。从第一代移民到21世纪的海归和高科技人才,源源不断的人才大军,成为这座城市铸就辉煌的不竭动力。"和而不同,兼容并包"的多元文化价值观、宽松的社会环境和宽容的文化氛围激发着社会的活力和进步,成为培育创新精神的土壤。

龙岗以包容开放、兼收并蓄、善于学习的心态,将各类优势资源和新生事物吸引进来,包括外来资金、科技成果、管理经验、科技人才、文化信息、流行时尚等。在发展过程中,主动对接,创造性借助外部资源,是龙岗一以贯之的重要做法。以对接香港资源来看,从早期深港合作的"前店后厂"到后来的"后院式""融合式""互补式"等多种合作模式;再到新时期,两地政府层面的高层统筹合作,香港的教育医疗资源、金融资本、资讯高端服务、企业实体以及其成熟的市场经济运行制度、高效的行政管理体制、完善的法律法规体系、先进的企业经营理念等隐性资源也在龙岗潜移默化地扩散。随着龙岗大运国际科教城建设深入推进,香港中文大学(深圳)、深圳北理莫斯科大学、香港中文大学(深圳)医学院等一批中外合作办学项目开始运转,搭建与硅谷等国内外创新资源集聚区域的"创新创业直通车"等资源通道,创新工作机制,不断吸收和利用外部资源,弥补了资源匮乏的天然短板,形成了城市持续的竞争优势。

(五)深化改革,创新机制

全面深化改革,激发市场主体活力是全面建成小康社会的根本途径,是城市持续发展的根源所在。改革开放40余年的发展经验证明,只有走改革开放的道路,才能实现经济社会的快速发展,实现中华民族伟大复兴。深圳因改革开放而生,历经40余年发展,这也是市场经济体制改革的实践过程。作为中国对外开放的"排头兵",深圳在更高起点、更高层次、更高目标上形成全面深化改革、全面扩大开放新格局。作为市场经济的重要特征，"大市场，小政府"也是龙岗在体制改革、创新发展中的重要遵循。围绕产业、企业、人才等市场主体需求，龙岗做好了改革和服务两方面的核心工作。一方面，落实市级改革部署，推动了包括土地供应制度、社会保障体系、人才引进制度、国有企业股份制改造、投融资体制改革、股份合作公司制度等一系列改革，引入竞争机制和市场规则，充分激发市场活力。另一方面，创新服务机制，龙岗创新性地提出了企业服务现场办公会、成立全市首个"大数据管理局"、实行有龙岗特色的"智慧政务""分批多次立项"审批等实用性工作举措，在全市市场化、法治化、国际化和"强区放权"推进下，立足"放管服"改革，政府实施社区民生大盆菜、行政权责清单、"大综管"公共治理新模式、优化营商环境等改革措施，缩减在微观经济领域的行政力量，精简审批事项及流程，提升了政府行政运作效率和社会治理水平，营造了亲商、安商、宜商的良好市场氛围，激发了企业、个体发展的能动性。

站在新的历史起点，龙岗将抢抓粤港澳大湾区、深圳建设中国特色社会主义先行示范区和深圳实施综合改革试点的重大历史机遇，聚焦高质量发展，立足高标准规划，推动高水平建设，坚持高效率管理，构建更具国际竞争力的现代产业体系，打造全球电子信息产业高地，优化产城空间新格局，推进社会治理体系和治理能力现代化，大力提升公共服务水平，切实提高人民群众获得感、幸福感。

二 展望

展望未来新途，龙岗初心如磐，将在建设现代化国际化创新型深圳东部中心征途上绘就发展宏伟蓝图：

到 2025 年，基本建成现代化国际化创新型的深圳城市东部中心，打造深圳都市圈区域城市中心，基本实现社会主义现代化。经济实力、发展质量大幅提升，研发投入强度不断加大，创新能力跻身湾区前列，文化软实力大幅提升，公共服务水平和生态环境明显改善。

到 2030 年，建成现代化国际化创新型的高水平深圳城市东部中心，以及更具竞争力、辐射力、带动力的深圳都市圈区域城市中心，社会主义现代化建设跃上新台阶。综合实力明显增强，基础研究和原始创新能力大幅提升，实体经济支撑作用更加稳固；参与粤港澳大湾区开放合作和竞争的新优势明显增强，城市承载力和辐射带动能力进一步提升；建成高水平公共服务体系，人民生活更加美好，天更蓝地更绿水更清成为常态，社会文明达到新高度。

到 2035 年，龙岗将成为具有国际影响力的创新创业创意之区，全面建成社会主义现代化强国的城区范例。

到那时，龙岗将成为高质量发展城区，经济实力、科技创新能力进一步提升，经济总量、人均地区生产总值在 2020 年基础上翻一番，居民人均可支配收入迈上新台阶。

到那时，龙岗将成为具有全球影响力的新兴产业聚集地、科技创新策源地，拥有国际一流的营商环境，处处涌动干事创业的激情，人人都有奋斗出彩的机会。公民素质和社会文明程度达到新高度，城区文化软实力显著增强，各类优质企业、优秀人才竞相汇聚，灵感、创意与梦想在这里变成现实。

到那时，龙岗将成为粤港澳大湾区一颗璀璨的"明珠"。富有生命力、感染力和国际范的现代化城区形象生动呈现，传统与现代、人文与科技交汇融合，生态本底充分涵养，交通路网四通八达，高等学府、艺术殿堂、商业中心掩映在青山绿水间，资本、技术、数据等要素在这里高效流动配置。

到那时，龙岗将成为宜居宜业宜游的诗意栖居地，民生幸福标杆城区。建筑可阅读、街巷有韵味，推窗见绿、漫步进园，全面实现"幼有善育、学有优教、劳有厚得、病有良医、老有颐养、住有宜居、弱有众扶"，成为"近者悦、远者来"的幸福家园；基本公共服务实现均等化，成为可持续发展先锋城区，广泛形成绿色低碳生产生活方式，实现美丽龙岗建设目标。

回顾建区 30 年，更能读懂今日之龙岗；了解今日龙岗之发展，更能读懂未来之龙岗。三十而立，龙腾高岗。龙岗将以深圳大区的担当和作为，扛起使命责任，明确目标任务，为深圳建设中国特色社会主义先行示范区作出新的更大贡献。

参考文献

《邓小平文选》（第三卷），人民出版社1993年版。

《邓小平文选》（第二卷），人民出版社1994年版。

白积洋：《"有为政府+有效市场"：深圳高新技术产业发展40年》，《深圳社会科学》，2019年第5期。

宝安县地方志编撰委员会：《宝安县志·方言》，广东人民出版社1997版。

毕国学：《龙岗经济增长与转型升级双轨并进》，《深圳商报》2011年3月1日第A14版。

陈芳、韩洁等：《世纪战"疫"的中国答卷》，《人民日报》2023年1月20日。

陈芳路、陈波摄：《龙岗区的股份合作经济》，《中国农民合作社》2009年第12期。

陈宏军、施源：《深圳市村镇建设问题探析及应对策略》，《城市规划汇刊》1999年第3期。

陈锦华：《国事忆述》，中共党史出版社2005年7月版。

陈美玲：《存量时代的规划路径探索——以深圳市土地整备实践为例》，载《2019年中国城市规划年会论文集》，2019年。

陈少雄主编：《龙岗记忆》，中国华侨出版社2016年版。

陈一新：《深圳城市规划简史》，中国社会科学出版社2022年版。

段亚兵：《创造中国第一的深圳人》，人民出版社2010年版。

方苞：《宝安：走在改革开放的前列》，《源流》2008年第12期。

方苞：《宝安巨变源于开放改革动力来自农民》，《深圳特区报》2008年10月27日。

顾新、王妍芳、许彦曦：《深圳法定图则20年历程回顾与思考》，《城市规划》2018年第42卷。

广东省档案馆编：《广东改革开放三十年重要文献档案文献》，中国档案出版社 2008 年版。

郭嘉慧、智文学：《深圳龙岗：产城融合构筑湾区创新科技新高地》，《中国商报》2021 年 9 月 24 日。

国家统计局：《人口总量平稳增长，人口素质显著提升——新中国成立 70 周年经济社会发展成就系列报告之二十》，http：//www.stats.gov.cn/sj/zxfb/202302/t20230203_ 1900430.html，2019 年 8 月。

国家统计局：《新中国成立 60 周年经济社会发展成就回顾系列报告之一》，http：//www.stats.gov.cn/zt _ 18555/ztfx/qzxzgcl60zn/202303/t20230301_ 1920380.html，2009 年 9 月。

贺传皎、陈小妹、赵楠琦：《产城融合基本单元布局模式与规划标准研究——以深圳市龙岗区为例》，《规划师》2018 年第 34 期。

胡野秋：《深圳传：未来的世界之城》，新星出版社 2020 年版。

黄伟：《关于深圳村镇工业化的探讨》，载中共深圳市龙岗区委宣传部《迈向文明——龙岗十年探索文集》，海天出版社 2003 年版。

江南鸢：《深圳首推"先租后让"工业用地》，《深圳商报》2018 年 12 月 25 日。

兰荣禄：《新中国农村剩余劳动力转移的历史轨迹与现实走向》，硕士学位论文，福建师范大学，2005 年。

李芬、林英志：《经济发展新常态下的生态城市产业发展战略研究——以深圳市龙岗区为例》，《建设科技》2014 年第 23 期。

厉有为：《我们尽了力，算是不辱使命》，载深圳市政协文化文史和学习委员会编《追梦深圳：深圳口述史精编（中）》，中国文史出版社 2020 年版。

林惠华、肖靖宇：《小城镇规划建设的探索——以深圳市龙岗区坪地镇为例》，《建筑学报》2001 年第 9 期。

刘宇濠：《深圳迈向高质量发展阶段的龙岗路径》，新华出版社 2019 年版。

刘佐：《我国改革开放后涉外税制的建立与内外税制统一》，《涉外税务》2010 年第 1 期。

梅云霞等：《为深圳土地改革实践提供"龙岗探索"》，《南方日报》2018 年 12 月 25 日。

孟丹：《深圳市龙岗区村镇规划建设的探索与实践》，《华南理工大学学报》（社会科学版）2003年第3期。

南方日报《"四个全面"的基层实践》写作组：《"四个全面"的基层实践：深圳市龙岗区跨越式发展的路径与启示》，南方日报出版社2015年版。

彭伟庭：《龙岗区创新驱动发展策略研究》，硕士学位论文，华中师范大学，2016年。

《深圳土地管理二十年》，《深圳特区报》2006年6月22日。

深圳博物馆编著：《宝安三十年史（1949—1979）》，文物出版社2014年版。

深圳史志办公室：《李灏深圳特区访谈录》，海天出版社2010年版。

深圳市宝安区档案局（馆）等：《宝安史志》2008年第3期。

深圳市规划国土局：《深圳市土地资源》，中国大地出版社1998年版。

深圳市龙岗区地方志编撰委员会：《龙岗区志（1993—2003）》，方志出版社2012年版。

深圳市龙岗区史志办公室、深圳市龙岗区档案局（馆）编：《龙岗年鉴》（2007—2013），海天出版社2007—2013年版。

深圳市龙岗区史志办公室编：《龙岗年鉴》（2014—2022），深圳报业集团出版社2014—2022年版。

深圳市委党史研究室、深圳市史志办公室：《深圳改革开放四十年》，中共党史出版社2021年版。

司马晓、周敏、陈荣：《深圳市五层次规划体系——一种严谨的规划结构的探索》，《城市规划》1998年第3期。

唐杰等：《深圳生长——土地与城市更新》，北京大学出版社2020年版。

王成义：《深圳经济特区立法权：历史、学理和实践》，《地方立法研究》2019年第1期。

王江波：《深圳土地制度变迁研究》，博士学位论文，深圳大学，2020年。

温铁军：《我们是怎样重新得到迁徙自由的》，《中国改革》2002年第5期。

文琳、郭嘉慧、智文学：《深圳龙岗：多措并举让战略性新兴产业"兴"起来》，《中国商报》2022年9月28日。

谢非：《加快高新技术产业发展，带动全省经济上新台阶——在珠江三角洲地区发展高新技术产业座谈会上的讲话（摘要）》，《科技管理研究》1993年第4期。

熊小平：《龙岗——科技自主创新的沃土》，《特区经济》2005年第10期。

徐天：《深圳：求解立法权之路》，《中国新闻周刊》2013年第20期。

许慧：《深圳外围地区空间演变研究》，博士学位论文，华南理工大学，2014年。

许建波、熊震：《1970年代末反偷渡外逃的经验教训》，《特区实践与理论》2009年第6期。

杨洪等：《新型城市化视角下的龙岗探索与实践》，海天出版社2014年版。

杨阳腾：《强大"朋友圈"释放发展新动能》，《经济日报》2019年10月15日。

杨阳腾：《这里为何动能强劲》，《经济日报》2022年7月27日。

姚康、周丽亚：《从快速城市化到深度城市化——深圳新型城镇化道路探索》，《住宅与房地产》2017年第24期。

张斌、张春杰：《村镇规划：如何建构有效的公众参与机制》，《规划师》2000年第4期。

张鹏：《11个战略性新兴产业集群落子龙岗，将带来什么?》，《龙岗融媒》2022年6月7日。

张鹏：《龙岗观察》，《龙岗融媒》2022年9月4日。

张鹏：《绿色发展路上，龙岗阔步向前!》，《龙岗融媒》2022年7月11日。

张永胜、任书丹：《粤港澳大湾区背景下龙岗区深化对港合作策略研究》，《广东经济》2021年第7期。

中共广东省委党史研究室：《广东改革开放决策者访谈录》，广东人民出版社2008年版。

中共中央文献研究室编：《邓小平年谱（1904—1997）》（第四卷），

中央文献出版社 2020 年版。

中共中央文献研究室编：《邓小平年谱（1975—1997）》（上），中央文献出版社 2004 年版。

钟坚：《经济特区的酝酿、创办与发展》，《特区实践与理论》2010 年第 5 期。

周路明：《深圳市 1993 年科技大事记》，《特区科技》1994 年第 1 期。

周强：《深圳探路低碳城建设》，《中国县域经济报》2013 年 6 月 20 日。

庄秉柯：《城市化进程中社区集体经济发展研究——以深圳市龙岗区为例》，硕士学位论文，厦门大学，2012 年。

庄鹏：《深圳市龙岗区规范推动政府和社会资本合作（PPP）对策研究》，硕士学位论文，兰州大学，2017 年。

后　　记

深圳市龙岗区自1993年建区开始实施城市化工作以来，在我国改革开放的大背景和深圳市全局改革部署的指引下，由初期深圳市设立的一个经济社会发展水平相对落后的行政区跨越式发展成为实现现代化、国际化的新城区。其在产业转型升级、城市功能提升、城区环境改善等各方面都取得了辉煌成就，实现了经济社会的快速发展和城区面貌的历史性巨变。应该说，龙岗区的城市化是一个先行先试的过程，在没有现成经验的情况下，创出一条有龙岗特色的城市化之路。本书真实客观地记述龙岗工业化、城市化、现代化、国际化的奋斗历程，以及推进和谐龙岗、效益龙岗、平安龙岗、生态龙岗的历史业绩，系统总结龙岗改革开放以来的城市发展实践与创新经验，可以为现阶段我国正在全面开展的新型城镇化工作提供参考和借鉴。

本书记述起于1978年改革开放兴起之时，止于2023年龙岗建区30周年之际。全书由魏广玉、邓春林、周晖共同编著，魏广玉统稿和总体质量把关，各章具体编写分工——第一章至第四章：魏广玉、邓春林；第五章：周晖；第六章至第七章：魏广玉、周晖。

需要指出的是，本书的编写得到了深圳市规划和自然资源局龙岗管理局、龙岗区发展改革局、龙岗区工业和信息化局、龙岗区住房和建设局、龙岗区重点区域规划建设管理署、龙岗区城市更新和土地整备局、龙岗区土地整备事务中心、龙岗区规划国土发展研究中心及龙岗区各相关职能部门的帮助和支持，在此表示特别感谢！

由于时间仓促，编者水平有限，研究尚欠充分，本书难免有所疏漏，数据统计、资料整理方面或有不尽如人意处，恳请广大读者不吝批评指正。